정조의 복수
그 화려한 여드레

정조의 복수

그 화려한 여드레

박영목

시간의 물레

4

머리말

　미쳐야 미친다고 했던가? 초로(初老)에 접어든 사내가 한 여인을 그리워하듯 한 남자에게 마음을 빼앗긴 지가 어언 몇 해였던가? 물론 전에도 정조에 대해 전혀 관심이 없었던 것은 아니다. 사랑하는 아버지를 하늘이 주신 명대로 사별(死別)하지 못하고 할아버지가 직접 죽인 일은 역사상 극히 드문 예이기 때문이다.

　그것도 단번에 목숨을 빼앗는 참형, 교수형이나 사약을 내린 것도 아니고, 하나밖에 없는 세자인 자식을 손수 뒤주에 가두고 못질까지 하여 여드레를 굶겨 참혹하게 죽였다는 사실은 시대와 상식을 뛰어넘는 일대 사건이었다. 순간적으로 분기충천(憤氣沖天)하다가도 시간이 흐르면 풀어져 버리는 것이 아비 마음이 아닌가?

　세손은 아비가 비명횡사(非命橫死)하는 순간 이미 죽은 목숨이나 다를 바 없었다. 그것이 바로 역사요 정치며 권력의 속성이기 때문이다. 그가 죽을 고비를 수없이 극복하고 마침내 왕위에 오를 수 있었던 것은 기적이기 전에 우리민족의 축복이다.

　왜냐하면 정조가 후손에게 남긴 유무형의 교훈이 참으로 훌륭하고 대단하기 때문이다. 국교인 유교의 장점을 위시하여 북학·불교·도교·풍수·서학(西學) 심지어 민간신앙에 이르기까지 장점을 모두 섭렵하여 취한 임금이다. 주자성리학의 나라에서 잡학(雜學)까지 몸소 아울러 성리학과 처절하게 싸워 일가(一家)를 이룬 임금이라고 나는 서슴없이 말하고 싶다.

정조 주위에는 늘 천주교인·서얼(庶孽)·승려·화원(畫員)·지사(地師) 등과 같은 인물들이 곁을 떠나지 않았을 뿐 아니라, 그들을 적극 감싸 안았다. 그리하여 마침내 조선 르네상스의 꽃을 활짝 피울 수 있었던 것이다.

파벌을 뛰어넘는 정치, 이념을 초월한 정치, 지역적 차등과 적서는 물론 능력 있는 양인(良人)들을 장용영의 정예군으로 활용하여 파격적인 정국을 운영한 용단은 지금 우리들이 깊이 반성하고 시급히 받아들여 실천해야 할 당면과제들이다.

아버지에 대한 지극한 '효(孝)'를 행하는 방법도, 아버지를 죽음으로 내 몬 사람들에게 복수하는 방법도 성인(聖人)의 경지를 이루었다.

여드레 동안의 화성행차를 통하여 아버지를 왕으로 추숭하는 장엄한 행사와 더불어 윤오월 염천, 뒤주에 갇혀 돌아가시기까지 8일이라는 날짜를 되짚어 소리 없이 정적(政敵)을 한꺼번에 응징한 뛰어난 상징성 때문이다.

오랜 숙고 끝에 오직 하늘·땅·자신만이 아는 아름다운 복수이자 대화합의 장을 동시에 열수 있었던 그 대범함과 과단성을 나는 한 없이 존경한다.

감히 그 어느 누구도 흉내 낼 수 없는 진정한 용서이기 때문이다. 정말 천지인[三]을 하나[丨]로 아우른 왕(王)이기에 저절로 마음이 숙연해 진다.

그는 치밀하고 용의주도하게 33년이란 세월을 감내하며 자신이 목적한 바를 비로소 구현한 임금이다. 왕위에 오르며 '규장각 설치·장용영 창설·문체반정과 정국운영·현륭원 천봉·용주사 창건·화성 및 화성행궁 건설·한강 배다리설치'는 꿈을 이루기 위한 초석을 다지는 험난하고도 지난한 일종의 도박이었다.

그 결과 칼에 피 한 방울 묻히지 않고 아버지를 죽음으로 내어 몬 사람들을 통쾌하게 복수하고 용서하여 함께 사는 상생(相生)과 화합(和合)의 장을 열 수 있었다.

내가 그를 사랑하여 공부하며 가장 주목한 것이 역 사상(易思想)이다. 한걸음 더 나아가 민간신앙·도교·불교·서학·풍수까지 아우르며 아버지의 영혼을 위로하기 위하여 무리수를 두지 않고 합리적인 방편을 도모하여 편안한 안식처를 마련해 드리는데 온 심혈을 기울였다는 점이다.

6

　　그것도 백성의 마음을 하나로 모으며 이룩한 일이기에 더욱 값지고 중요하게 여기는 것이다. 동시에 노론·소론·남인을 가리지 않고 백성을 위할만한 능력이 있다고 판단되면 과감하게 발탁, 적성에 맞는 자리를 마련해 주는 통 큰 정치를 실현하였다. 모든 학문의 장점을 취해 부국강병의 꿈과 인본주의에 입각한 정사를 펼친 것이다.

　　이 책을 읽는 데는 어느 정도의 인내를 요구할 수도 있다. 더구나 역사를 처음 대하거나 조금 흥미를 가졌다 해도 반차도를 처음부터 끝까지 해설한 부분과 장용영, 현륭원 천봉, 배다리 설치 등은 진도가 다소 늦을 수도 있다. 그러나 왕의 치열하고도 아름다운 삶을 한자라도 더 이해하고 싶어 덜어내지 못한 미욱함을 이해해 주시기 바랄 뿐이다.

　　다만 정사(正史)를 바탕으로 새롭게 역사를 재해석하는 방법을 모색하는 일에 온몸을 던졌다. 무식하면 용감하다고 했던가? 역사학자도 아닌 백면서생(白面書生)이 세상에 새로운 이론을 발표한다는 일은 애초 발걸음을 내어딛기조차 힘들고 어려운 작업이었다.

　　나는 폐암 수술을 받아 완치되고, 노년을 맞는 인생전환기에서 수필집『내 별을 찾아서』를 출간하였고, 희귀 불치병 소뇌위축증(小腦萎縮症)과 다시 맞서며 한 사내에게 매달렸다.

　　늘 죽음과 동고동락했던 임금과 같을 수는 없겠지만, 어쩐지 절박한 군주의 마음을 조금은 읽어 낼 수 있을 것 같아서 내 병마와 싸우기가 한결 수월하지 않았을까? 더불어 이미 200년 전 선인(先人)이었던 그와 살아 있는 내가 수많은 날을 함께 껴안고 뒹굴며 푼 해답이다.

　　연필로는 한 글자도 쓸 수 없어 독수리 타법으로 시시각각 다가오는 죽음의 검은 그림자를 온몸으로 받아내며 정조, 오직 그만을 생각했다. 졸작을 탈고할 수 있는 시간을 허락한 신께 감사드린다.

마지막 능행이 될지 모른다는 생각에서 인지 아내는 나를 융·건릉으로 안내했다. 8월 무더위가 기승을 떨치고 내 마음은 울컥 눈물이 솟았다.

융릉 앞 곤신지(坤申池)는 원형(圓形)이요, 건릉 앞 천연지는 방형(方形)이다. 하늘인 아버지는 네 개의 가산(假山)이 말해주 듯 이미 4선대(四仙臺)에서 하늘과 땅을 자유롭게 넘나들며 신선(神仙)이 되어 편히 쉬실 것이다.

죽어서도 아버지와 아들은 하늘과 땅인 천원지방(天圓地方)일 수밖에 없는 것이다.

'용주사' 현판이 붙은 용주사는 사천왕문(四天王門)을 후대에 세워 본래의 의미를 많이 퇴색시켜 놓았다. 원래는 홍살문, 삼문, 천보루(天保樓)를 들어서면 금당이었다. 여기서도 홍재루(弘齋樓)가 대웅전(大雄殿)을 마주하며 북쪽을 향해 예를 올리는 모습이 참으로 눈물겹다.

아들 성빈, 며느리 혜정, 딸 혜진, 사위 호승, 그리고 철철이 피는 들꽃을 외출이 어려운 할아비를 위해 꺾어다 주고 가을이면 곱게 물든 각종 나뭇잎을 주어다 주며 적은 용돈을 아껴 단팥빵을 사다줄 줄 아는 작은 하느님, 밤마다 잠자리를 같이해 준 장중보옥(掌中寶玉)의 손녀 아리영(阿利英)이 있어 이 글을 끝 낼 수 있었다.

글쓰기 또한 아내의 도움이 없었다면 엄두를 내지 못했을 작업이었다. 환자에게는 가족이 하느님이고 부처님이다. 수월관음보살 같은 아내 정진순님에게 합장으로 대신한다.

끝으로 평범한 사람의 졸고를 선뜻 책으로 엮어주신 시간의물레 권호순 사장에게 감사드린다.

2010. 7.
느진재에서

* 가족이름을 굳이 문자화한 것은 매일 수 없이 부르며 죽음을 이겨낸 원동력이 되었기 때문이다. 살아 있어 그립고 애타도록 불러도 또 부르고 싶은 희망이었다. 날마다 이름을 부르며 이 책을 끝마칠 수 있는 난 축복받은 삶을 산 사람이다.

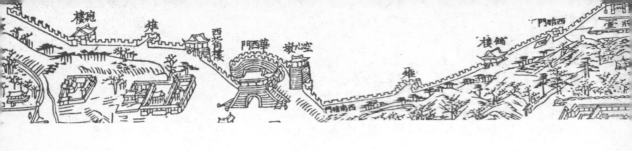

❙ 차 례 ❙

華城全圖

圖說

1부

정치적 배경

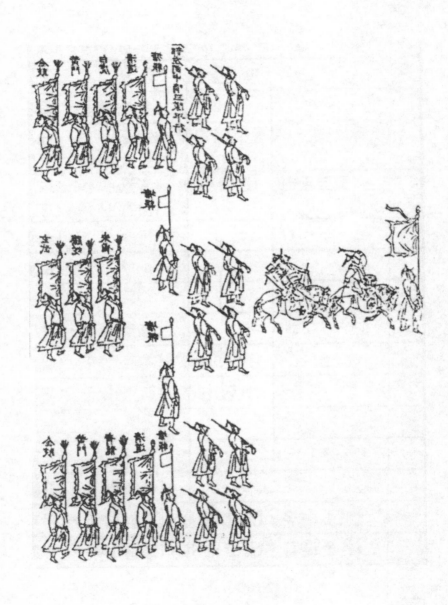

1. 조선의 왕위계승과 정치세력

고려 말 젊은 성리학자(性理學者)들이 중심이 되어 조선(朝鮮)을 건국(建國)하며 숭유억불(崇儒抑佛)을 내세워 새로운 치국이념(治國理念)을 국시(國是)로 삼았다. 왕조(王朝)가 바뀌면 자연히 전(前) 왕조(王朝)와 건국이념을 차별화시켜 구세력을 축출하고 새 주류가 권력을 장악하는 것이 정치의 속성이기 때문이다.

성리학은 전통적인 도가(道家)나 불교(佛敎)에서 내세우는 '무(無)'나 '공(空)'과는 정면으로 대립하는 '유(有)의 철학(哲學)'이다. 우주 속 삼라만상(森羅萬象)에는 형이상(形而上)의 '이(理)'와 형이하(形而下)의 '기(氣)'가 결합되어 이루어지는데, 인간에게도 성(性)의 근원인 정신, 즉 이(理)와 그 형상인 육신, 즉 기(氣)로 이루어졌다는 것이다. 결국 신라, 고려의 통치기반인 '무(無)·공(空)'을 불식시키고 '무에서 유를 창조'하는 이념으로 새롭게 태어나고자 한 것이다.

왕즉불(王卽佛)이 아니라 유교에서 받드는 군자상(君子像)을 내세워 성인(聖人)을 왕으로 삼겠다는 것이다. 군자란 자기를 극복하고 절대적 실재인 예로 돌아가라는 극기복례(克己復禮)와 자신을 죽이고라도 인을 이룩하라는 살신성인(殺身成仁)이 궁극적 구현 목표이기 때문이다.

한편으로 왕위 계승이 더 중요한 현실적 문제였다. 건국하면 제일 먼저 좌묘우사(左廟右社)를 세워 왕위계승에 대한 종법제도(宗法制度)와 농경시대인 만큼 땅과 곡식을 관장하는 신(神)에게 천지간의 일을 고해야 했다. 누가 어떤 종법에 따라 왕위를 계승 하는가와 풍년이 들어야 민심이 수습되고 나라가 안정되었다. 그리

고 적정한 세금부여로 백성들을 배불리 먹이고 고된 부역을 되도록이면 적게 부
과하는 것이 왕조시대의 가장 큰 과업이었기 때문이다.

종법제도를 정착시키기 위해 성리학적 이념과 건국세력인 사림(士林)[1]은 아주
밀접하고도 깊은 관계를 갖게 된다. 이런 까다로운 절차를 거쳐 완성된 곳이 종
묘(宗廟)다. 즉, 그 왕조의 모든 것이 응집된 결정체의 상징이 바로 종묘이다.

이성계가 신진사류의 도움 속에 1392년 7월 17일, 역성혁명(易姓革命)에 성공하
여 조선건국의 아버지 태조가 등극한다. 그리고 한 달 뒤인 8월 26일, 무엇이 그
리 바쁘다고 둘째부인 신덕왕후 강씨(神德王后 康氏)의 11살짜리 막내아들 방석(芳
碩)을 세자로 책봉하게 된다. 이 자리에 조준(趙浚)·정도전(鄭道傳)·배극렴(裵克廉)
이 함께 있었는데, 신하들이 장자(長子) 또는 건국에 공이 있는 대군을 거론하자
태조는 강씨 소생에 마음이 있음을 은근히 내비쳤다. 눈치 빠른 배극렴(裵克廉)이
말하길, '막내아들이 좋습니다.' 하니 '임금이 드디어 뜻을 정하여 그를 세자로 세
웠다(裵克廉曰, 季子爲可. 上, 遂決意立之)' 이것이 조선 최초의 세자를 탄생시킨 과정
이다.

장성한 자식을 너무 과소평가한 탓일까? 건국에 큰 공을 세운 태조의 다섯째
아들 방원(芳遠)은 개국공신 책록(冊錄)에서 제외된 것은 물론 세자 자리마저 빼앗
겨 버리자 아버지에 대한 배신감을 참을 수 없었다. 이에 방원은 1398(태조7)년 8
월 26일, 아버지 병을 틈 타 신의왕후 한씨(神懿王后 韓氏) 소생 동복(同腹) 형제들과
합심, 사병(私兵)을 동원하여 방번·방석과 정도전·남은·심효생 등을 죽이는 '왕자
의 난'을 일으켰다. 이는 결국 아버지를 왕위에서 강제로 물러나게 한 '부자(父子)
의 난(亂)'으로 보는 게 더 정확한 표현이다. 태조는 마침내 다섯째 아들 방원의

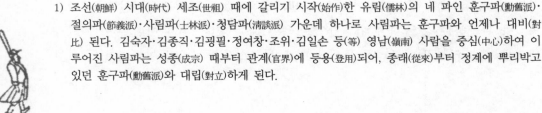

1) 조선(朝鮮) 시대(時代) 세조(世祖) 때에 갈리기 시작(始作)한 유림(儒林)의 네 파인 훈구파(勳舊派)·
   절의파(節義派)·사림파(士林派)·청담파(淸談派) 가운데 하나로 사림파는 훈구파와 언제나 대비(對
   比) 된다. 김숙자·김종직·김굉필·정여창·조위·김일손 등(等) 영남(嶺南) 사람을 중심(中心)하여 이
   루어진 사림파는 성종(成宗) 때부터 관계(官界)에 등용(登用)되어, 종래(從來)부터 정계에 뿌리박고
   있던 훈구파(勳舊派)와 대립(對立)하게 된다.

힘에 밀려 영안군(永安君)을 책명(策命)[2]하여 세자로 삼고, 교지(敎旨)를 내렸다.

'적자(嫡子)를 세우되 장자(長子)로 하는 것은 만세(萬世)의 상도(常道)이며, 종자(宗子)[3]는 성(城)과 같으니 과인(寡人)의 기대(期待)이다. 다만 그대의 아버지인 내가 일찍이 나라를 세우고 난 후에 장자(長子)를 버리고 유자(幼子)를 세워 이에 방석(芳碩)을 세자로 삼았으니, 이 일은 다만 내가 사랑에 빠져 의리에 밝지 못한 허물일 뿐만 아니라, 정도전·남은 등도 그 책임을 사피(辭避)할 수가 없을 것이다.'(이때 배극렴은 이미 죽고 없었다.)

첫째 아들 방우(芳雨)는 1393(태조 2)년에 이미 죽었으므로 태조는 대신 둘째 아들 영안대군(永安大君) 방과(芳果)에게 내선(內禪)[4]을 하도록 한다는 어명을 내린 후에야 방원과 한씨(韓氏) 소생들은 비로소 각기 집으로 돌아갔다. 한편 방원은 적장자상속을 표방하며 둘째형으로 하여금 왕위를 계승하게 하고, 실권자인 자신은 왕세제로 전권을 행사하다 마침내 왕위를 이어받는 형식을 취한다. 이것이 바로 명(明)의 주자성리학을 모방하고 있는 권근(權近)·하륜(河崙) 등 주자성리학 이해단계에서 일어난 태종의 왕위 계승 방법이었다.

태종 말, 적장자인 양녕대군(讓寧大君 : 1394~1462)을 폐하고 셋째 아들 충녕대군(忠寧大君)을 세자로 책봉할 때에는 군자(君子)인 성인(聖人)에게 왕위를 물려주어야 한다는 명분을 내세워 둘째를 제치고 셋째에게 물려준 것이다. 이는 어쩜 자신의 왕위계승의 정당성과 아울러 성리학의 이념을 확실히 매듭짓는 결정적 계기를 마련하고 싶어서였을 것이다. 그 후 정도전과 사이가 극히 나빴던 우대언(右代言 : 우승지) 서선(徐選)은 정도전이 첩의 아들이라는 점을 들어 서얼의 자손은 대대로 벼슬을 주어서는 안 된다고 주청을 한다. 이에 1413(태종 13)년 왕은 이를 받아들여 서얼의 벼슬길을 막아 버렸다. 이후 태종이 주장한 적통(嫡統)에 대한 시시비

---

2) 임금이 신하에게 명령(命令)하는 글발이다.

3) 종가(宗家)의 맏아들이다.

4) 임금이 왕세자에게 양위(讓位)는 하였으나 아직 즉위(卽位)의 예(禮)를 올리지 않은 것을 이른다.

비는 조선시대 전반을 뒤흔드는 불씨가 되어 많은 사건을 불러일으킨다. 일반 사대부는 말할 것도 없고 왕실에서 조차 골칫거리가 되어 언제나 역사의 중심에 서야 했다.

　태종대에 어느 정도 진행되던 형이상적 성리학을 바탕으로 세종은 집현전(集賢殿)을 만들어 젊고 참신한 유생으로 하여금 확실한 이론적 기반을 구축하게 하였다. 따라서 문종(文宗)·단종(端宗)은 종법에 따라 적장자 왕위계승이 아주 자연스럽게 승계되었다. 하지만 12살 어린 단종이 왕위에 오르자 숙부 수양대군(首陽大君)은 1453(단종 1)년 10월 계유정란(癸酉靖亂)을 일으켜 고명대신(顧命大臣)[5] 영의정 김종서(金宗瑞)·좌의정 황보인(皇甫仁)·우의정 정분(鄭苯) 등을 죽이고 전권을 휘두르자 이징옥(李澄玉)의 난이 일어나기도 하였다. 그 뒤 수양대군이 왕위에 올라 북도(北道)의 수령(守令)을 남도(南道) 사람으로 임명하자 이는 부당한 처사라며 1467(세조 13)년 함길도(咸吉道) 길주(吉州) 사람인 이시애(李施愛)가 동생 이시합(李施合), 매부 이명효(李明孝)와 함께 난을 일으켰으나 관군에 의해 진압되는 바람에 북도(北道·황해·평안·함경도)의 벼슬길도 영영 막히게 된다.

　이제까지 쌓아온 성리학의 이해(理解)는 조카인 단종을 죽이고 숙부인 세조가 왕위를 찬탈함으로 일시에 무너지고 만다. 집현전(集賢殿)은 혁파되고 사육신(死六臣) 등 숱한 희생자가 뒤따랐다. 더구나 세조를 왕으로 만드는 데 중추적인 역할을 한 공신 한명회(韓明澮 : 1415~1487)의 사위 예종(睿宗 : 1450~1469)과 성종(成宗 : 1457~1494)이 연이여 왕위에 오른다. 이는 세조의 적장자인 의경세자(1438~1457 : 덕종)가 죽자, 예종이 적장자로 세자에 책봉되어 왕위에 오르고, 예종이 죽자 성종은 예종의 양자가 되어 왕위에 오르게 된다. 그러나 의경세자에게는 적장자 월산대군(月山大君 : 1454~1488) 정(婷)이 있고, 예종에게는 적장자 제안대군(齊安大君 : 1466~1525) 현(琄)이 있었다. 그렇기 때문에 적장자 적장손으로 이어지는 종법원칙이나 『경국대전(經國大

---

5) 세자·종친·신하에게 왕이 유언으로 나랏일에 관한 뒷일을 부탁하거나, 또는 그 부탁을 받은 대신을 말한다.

典)』과도 맞지 않는 일이었다.

『경국대전』에 따르면 '적장자(嫡長子)에게 후사가 없을 경우에는 맏아들 이외의 모든 아들[衆子] 중에서, 중자마저 후사가 없으면 첩의 자손이 장손이 되어 아버지와 할아버지를 대신할 수 있게 한다.'는 것을 원칙으로 삼았다. 원칙은 있으나 힘에 의해 무력화된 것이다.

한편, 사림이란 향촌에 살며 열심히 공부에 몰두하는 사람들을 말한다. 이들은 유향소(留鄕所)를 통해 영향력을 키웠다. 성리학 이념을 바탕으로 하는 사회를 이루고 싶은 부류이다. 예를 들자면 농업 중심의 체제 하에서 지주(地主)와 전호제(佃戶制 : 소작농제)를 정착시켜 중소 지주의 생활을 안정시키는 것은 물론 향약(鄕約) 등을 통하여 실질적인 향촌공동체(鄕村共同體)를 확고히 이루고자 했다. 이를 기틀 삼아 전제 왕권과 재상 중심체를 배격하고, 언론과 문필을 중요하게 여기는 사헌부·사간원·홍문관인 삼사(三司) 중심의 정치를 실현하려는 사람들을 사림이라 일컫는다.

고려에 대한 충절로 일관한 길재(吉再 : 1353~1419)의 제자인 김숙자(金淑滋)·김종직(金宗直) 부자(父子)는 그 후 많은 제자를 길러낸다. 특히 김종직이 함양군수(咸陽郡守)로 부임하여 김굉필(金宏弼)·정여창(鄭汝昌)·김일손(金馹孫) 등, 샛별 같이 빛나는 제자들이 세력을 형성하게 된다. 이들은 관학파(官學派)[6]와는 확연히 다른 주자성리학을 전공하여 그 이념을 실천·궁행하는 사람들이었다. 길재와 같은 여말선초(麗末鮮初)의 성리학자 권근(權近)은 조선건국에 적극 참여하였다. 유교에서 가장 중히 여기는 절의(節義)를 굽혀 명분에 어긋나는 역성혁명(易姓革命)으로 나라를 빼앗은 임금을 섬겼다는 비판을 무릅쓰고 묵묵히 길러낸 제자들이 세조의 왕위 찬탈을 도와 권신(權臣)이 되었다.

신숙주(申叔舟)·정인지(鄭麟趾)·양성지(梁誠之)·정창손(鄭昌孫)·강희맹(姜希孟)·한

---

6) 사림파와 대비되는 훈구파 또는 보수파를 가리킨다. 조선 건국이나 조선 초기의 각종 정변(政變)에서 공을 세워 높은 벼슬을 해오던 관료를 말한다.

명회(韓明澮)·권람(權擥) 등이 조정의 실권과 토지·노비에 이르는 경제력까지 장악하고 있었다. 훈구세력인 권근과 그의 제자들은 문물제도를 정비하는 데 중요한 역할을 하며, 나름대로 많은 치적을 쌓아 건국 초기에는 사림과 직접적인 마찰만은 피할 수 있었다.

성종은 너무 비대해진 훈구세력(勳舊勢力)을 적절히 막아야 할 필요성을 느끼게 되자, 사림을 중앙정계로 끌어 들여 주로 삼사(三司)의 직책을 주었다. 치세 후반기에 접어들며 정국이 안정되자 다시 사림(士林)이 성리학 이해를 주도함에 따라 잡음이 따르기는 했어도 폐비(廢妃) 윤씨(尹氏)가 낳은 연산군(燕山君)이 적장자로 왕위를 이어받을 정도로 원칙을 충실하게 지켰다. 그러나 적장자 원칙에 따라 왕위에 오른 연산군은 무오(1498년)·갑자사화(1504년)를 일으키며 그동안 축적한 성리학적 이념과 질서를 일시에 와해시켜 버리고 만다. 『경국대전』 체제로 이루어 놓은 주자성리학에 입각한 질서는 1506년 9월, 중종반정(中宗反正)을 주도한 사림으로부터 또 한 번 심한 도전을 받아야 했다. 사림은 군자인 성인(聖人)이 왕이 되어야 한다는 원칙을 내세우는 반면, 왕위 계승은 종법에 따라야 한다며 『경국대전』의 변형된 종법에만 집착하는 훈척(勳戚)과 맞서게 된다. 사림과 훈척 간 충돌로 기묘사화(己卯士禍:1519년)가 일어나 정암(靜庵) 조광조(趙光祖)를 비롯한 숱한 사림이 화를 입어야했다. 이런 상황에서 중종이 죽고 인종(仁宗)이 왕위에 올랐으나 왕조사상(王朝史上) 가장 짧은 8개월 치세(治世)로 생을 마친다.

이번엔 동생 명종(明宗)의 왕위 계승 문제를 놓고 대윤(大尹) 윤임(尹任)과 소윤(小尹) 윤원형(尹元衡)의 충돌로 윤임 일파가 죽는 을사사화(乙巳士禍:1545년)가 일어나 훈척과 사림의 갈등은 한마디로 바람 잘 날 없었다.

명종이 죽고 선조(宣祖)는 명종의 양자(養子)가 되어 1567년 경복궁 근정문(勤政門)에서 등극한다. 명종에게 후사가 없었던 것은 아니다. 순회세자(順懷世子:1551~1563)는 12살 때 세자로 책봉되었으니 마땅히 선조는 순회세자의 양자가 되어 즉위하였어야 종법(宗法)에 맞는다. 그럼에도 불구하고 사림(士林)은 군자(君子)인 성

인(聖人)이 왕이 되어야 한다는 유교의 이념을 성취시키고자 선조를 왕으로 추대한 것이다.

1575(선조 8)년 조선성리학으로 이상사회를 실현하려는 사림들 간에 보수와 개혁의 갈등이 일어나 동인과 서인으로 분열하게 되는데 이를 을해분당(乙亥分黨)이라 한다. 이조 정랑(吏曹 正郎, 정5품)을 놓고, 김효원(金孝元)과 심의겸(沈義謙) 간의 감정대립으로 시작되었는데, 김효원의 집이 한양 동쪽에 있다고 하여 동인(東人), 심의겸의 집이 한양 서쪽에 있다고 하여 서인(西人)이라 했다. 훈척정치(勳戚政治)의 청산을 주장하는 젊은 사림을 동인, 훈척정치와 타협하려는 선배사림인 서인과의 노선대립이 직접적인 분당의 계기가 된다.

이황(李滉)·조식(曺植)·서경덕(徐敬德) 계열에 속하는 영남사림(嶺南士林)을 동인, 이이(李珥)·성혼(成渾) 계열의 기호사림(畿湖士林)을 서인이라 하는데 이는 학맥의 대립이기도 했다. 이런 상황 아래 1592(선조 25)년 임진왜란(壬辰倭亂)을 맞아 국가의 존망이 백척간두(百尺竿頭)에까지 몰리게 된다. 전쟁 중에는 국토를 되찾기 위한 구국충정(救國衷情)에서 의병을 일으켜 목숨을 걸고 싸웠으며, 전쟁이 끝나자 삶터를 다시 일으켜 세우기에 여념이 없었다.

1608년 2월 1일, 정릉동 행궁에서 선조가 죽자 다음 날 광해군(光海君)이 즉위하여 북인이 정권을 주도하게 되자 왕위 계승에 걸림돌이 된다하여 친형 임해군(臨海君)을 어쩔 수 없이 죽인다. 그 후 인목대비(仁穆大妃 : 1584~1632)를 서궁(西宮 : 경운궁)에 유폐시키고 적자인 영창대군(永昌大君 : 1606~1614)을 죽이는 등 성리학적 명분론에 어긋나는 정치를 펼쳤다. 그리고 명·청 교체기에 두 나라 사이에서 실리를 추구하는 등거리 외교를 펴니 성리학자들의 불만은 커질 수밖에 없었다. 특히 서인들의 반발이 심했다. 서인이 주도한 1623년 3월, 인조반정(仁祖反正) 이후 사림들은 대동사회(大同社會) 건설을 추진하고 의리명분론에 입각하여 친명배청(親明排淸) 외교를 전개한다.

반정(反正)이란, 나쁜 임금을 폐하고 새 임금을 대신 세워 원래의 바른 상태로

되돌린다는 명분 하나로 역성혁명은 아니라도 하늘을 바꾸는 엄청난 일을 저지르는 것이다. 굳이 공과(功過)를 따진다면 광해의 실리외교(實利外交)가 빛을 잃게 된 것은 그를 정치적 희생양으로 삼아 강제로 왕위를 박탈한 서인(西人)일 것이다. 명(明)은 임진왜란 때 우리를 구해준 은인이며, 청(淸)은 우리나라를 어버이라 부르던 오랑캐 즉, 여진족이 세운 나라라는 것이 그 이유였다. 이런 서인의 명분은 새로 받들어 앉힌 인조와 시대를 바로 읽지 못한 사림이 다시 백성들에게 돌이킬 수 없는 엄청난 치욕을 겪게 만들었다.

청나라는 정묘·병자호란을 일으켜 소현세자(昭顯世子)·봉림대군(鳳林大君)과 삼학사(三學士) 등 척화파(斥和派)를 잡아간다. 이에 청나라에 굴복한 사실을 현실로 받아들이려는 주화파(主和派)와 자주성을 회복하려는 척화파의 대립이 전개된다. 척화·주화가 머리를 맞대면 해결할 수 있는 사안을 놓고도 충신·역적으로 모는 양시쌍비론(兩是雙非論)으로 평행선을 달리고 있었다. 이런 소용돌이 가운데 명나라가 망하자 비로소 볼모로 잡혀갔던 소현세자·봉림대군과 척화파의 수장 김상헌(金尙憲 : 1570~1652) 등이 귀국한다. 당시 국제정세를 누구보다 상세하게 꿰뚫어 보고 있던 소현세자는 귀국하자마자 김자점(金自點 : 1588~1651) 등의 친청(親淸) 주화파세력에게 독살당하고, 소현세자 부인 강빈(姜嬪)은 인조 독살음모 누명을 씌워 죽인다. 그것도 모자라 아들 셋을 제주도로 유배를 보내 두 아들 석철(石鐵)·석린(石麟) 죽고, 막내아들 석견(石堅)만 살아남게 된다. 종법으로 보자면 석견이 당연히 살아있는데 봉림대군이 즉위한 것도 주자성리학적 이해 단계에서는 용납되지 않는 일이다. 아무튼 광해군에 이은 두 번째 억울한 희생자가 소현세자인 셈이다. 사림이 저지른 국치(國恥)이기도 하다.

인조는 종법과 군자인 성인을 내세우거나 따질 필요도 없이 청에 대한 분노 하나로 둘째 아들 봉림대군을 효종(孝宗 : 1619~1659)으로 앉힌 것이다. 효종은 주화파인 장유(張維 : 1587~1638)의 사위로 친청(親淸) 주화세력을 처단하는 한편, 현물로 바치던 공물(貢物)을 미곡(米穀)으로 환산하여 바치게 하던 대동법(大同法) 등의 개

혁을 추진하며 민심 잡기에 주력하였다. 그러나 북벌을 추진하던 효종이 10년 만에 죽자 개혁도 멈춰 버리고 만다. 이를 계기로 정권 탈환을 노리던 윤선도(尹善道), 허목(許穆) 등 남인 세력들이 인조의 계비 자의대비(慈懿大妃＝莊烈王后) 조씨(趙氏)에 대한 효종의 복상(服喪)문제로 예송논쟁(禮訟論爭)을 일으킨다. 효종의 1년상·3년상 문제는 단순한 복상문제가 아니라 효종이 원칙에 맞게 왕위에 등극하였는가를 판단하는 일종의 기준을 가리는 논의였다. 소현세자의 상중(喪中)에는 장자(長子)에게 행하는 예(禮)로 3상을 치렀는데 효종의 상을 당해서는 어떻게 할 것인가의 논쟁이었다. 지금까지는 성종 때 완성된 『오례의(五禮儀)』의 길례(吉禮)·가례(嘉禮)·빈례(賓禮)·군례(軍禮)·흉례(凶禮)에 따라 모든 의식을 치러 왔었다. 그런데, 효종과 자의대비(慈懿大妃 : 莊烈王后) 조씨(趙氏)의 관계와 같은 사례는 없고 흉례에 그저 상복(喪服)과 도설(圖說)만 있는 게 화근이었다. 이러한 예송논쟁은 종가(宗家)를 운영하는 가족제도의 원칙은 물론 왕위계승의 원칙이기도 한 종법(宗法)을 둘러싸고 일어나는 이념논쟁(理念論爭)이었다.

기호학파인 서인 송시열(宋時烈)·송준길(宋浚吉) 등은 「가례」에 의해 임금으로부터 백성에 이르기까지 똑 같은 종법(宗法)을 지켜야 한다는 주자학파(朱子學派)이고, 반대로 영남학파인 남인의 허적(許積)·윤선도(尹善道)와 소윤인 윤휴(尹鑴) 등은 「주례(周禮)」, 「의례(儀禮)」, 「예기(禮記)」 등에 따라 임금에게 일반인과 같은 종법을 적용하는 것은 잘못이라는 탈주자학파(脫朱子學派)였다. 결국 주자학파와 탈주자학파 사이의 이념논쟁이었던 셈이다. 이때는 임금이 서인의 손을 들어주어 기년복(朞年服)을 입도록 하는 바람에 일단 수면 아래로 가라앉았다. 그런데 1674(현종 15)년 효종비(孝宗妃) 인선왕후 장씨(仁宣王后張氏)가 죽자 또 다시 예송논쟁이 일어난다. 「가례」에 따라 인선왕후를 큰며느리로 보면 기년상(朞年喪)이 되고, 둘째 며느리로 보면 9개월인 대공상(大功喪)인데, 『국조오례의』에는 맏이, 둘째를 불문하고 기년상을 입도록 명시하여 놓았다. 당연히 서인은 대공설을, 남인은 기년상을 주장하기에 이른다. 그런데 이번에는 변수가 터졌다. 현종의 장인 김우명

(金佑明)과 조카 김석주(金錫冑)가 남인에 가담하며 기년설에 손을 들어 주었기 때문이다. 이는 서인에서 자연스럽게 남인으로 권력이 이동되었음을 뜻한다.

1674년 숙종(肅宗 : 1661~1720)이 즉위할 당시는 허목(許穆)·윤휴(尹鑴) 등 남인이 정국을 주도하고 있었다. 1680년 남인의 영수(領袖)인 영의정 허적(許積)의 집에서는 그의 조부 허잠(許潛)에게 내린 시호(諡號)를 받는 잔치인 연시연(延諡宴)을 열고 있었다. 당연히 남인의 모임처럼 되었는데 마침 그날 비가 내렸다. 걱정이 된 숙종은 기름을 먹여 비가 새지 않도록 특별 제작하여 궁중에서만 쓰던 용봉차일(龍鳳遮日)을 보내라는 명령을 내렸다. 그러나 이미 용봉차일을 가져다 쳤다는 보고를 받은 숙종은 경신환국(庚申換局)을 일으켜 남인을 몰아내고 서인이 집권하도록 한다. 그러나 장희빈(張禧嬪 : ?~1701)이 아들 균(昀)을 낳자 3세 때 세자로 책봉한다. 그런 후 인현왕후(仁顯王后 : 1667~1701) 민씨(閔氏)를 폐출시키고 희빈(禧嬪)을 왕비로 추대하는 한다. 한편 남인들은 송시열(宋時烈) 등 서인들을 내쫓아 사사시키거나 유배시키는 기사환국(己巳換局, 1689)을 일으킨다.

다시 인현왕후 민씨가 복위되고, 장희빈이 사약을 받는 갑술환국(甲戌換局, 1694)이 일어나 남인이 실각하고 서인이 정권을 주도하게 된다. 이제는 서인 내부에서 척화·주화를 둘러싸고 노론·소론으로 갈리는 이념논쟁이 시작된다. 이의 발단은 윤증(尹拯)이 병자호란 때 강화도에서 몰래 도망한 윤선거(尹宣擧 : 윤증의 아버지)를 스승인 송시열이 실절(失節)한 사람으로 폄훼하자 갈라지는 것으로 나타나지만 크게는 척화·주화라는 의리명분을 둘러싸고 일어나는 대립이었다. 회니시비(懷尼是非)[7]라는 논쟁으로 대립하던 척화·주화논쟁은 숙종 말년에 노론이 승리하는 것

7) 송시열이 살던 곳이 회덕(懷德)이고, 윤증이 살던 곳이 니산(尼山)이어서 그 첫 자를 따 회니시비라 했다. 회니시비는 주자학의 도통주의에 입각하여 정국을 운영하려했던 노론계와 이의 경직성을 비판하고 현실적으로 정치를 운영하고자 했던 소론계의 대립이 송시열과 윤증사이의 감정과 얽혀 일어난 사건이다. 이후로 노론과 소론은 경종·영조·정조대에 이어지며 격렬히 대립했으나, 18세기 중반 이후에는 노론이 승리하면서 노론 일당 전제정치체제로 굳어지고 말았다.

으로 결말이 난다. 그러나 장희빈의 아들 경종(景宗 : 1688~1724)이 즉위하게 되자
소론이 득세하게 되고, 조태채(趙泰采)·김창집(金昌集)·이건명(李健命)·이이명(李頤
命) 등 노론 4대신이 역모로 몰려죽는 신임사화(辛壬士禍, 1721)를 몰고 온다. 원래
몹시 병약했던 경종이 재위 4년 만에 승하하고 영조(英祖)가 즉위하자 정권은 다시
노론으로 바뀌게 된다. 이에 반발, 소론이 한데 뭉쳐 이인좌(李麟佐)의 난(1728)을 일
으켰다. 난(亂)이 토벌된 뒤, 노론이 정권을 주도하며 성리학이념에 입각한 이상사
회 건설을 추진하게 된다. 그러나 지금까지 이어진 붕당정치는 수많은 역기능(逆
機能)을 불러오는데, 그 가운데 붕당 간의 지나친 대립으로 상대방의 존재마저 부
정하는가 하면 심지어 자당·자파만의 이익을 추구한 나머지 사도세자 사건 같은
벌열(閥閱) 간의 정쟁이 일어나 씻을 수 없는 폐단을 불러일으킨다.

1750년대에 이르면 외적으로는 산업혁명을 통해 근대사회로 이행하는 서양문
화가 동양으로 밀려오고, 내적으로는 장시(場市)·명산지(名産地)가 발달하여 상공
업이 활기를 띠자 농업중심의 이상사회를 구현하던 성리학은 쇠퇴하고 새로운
사상에게 자리를 내주게 되는데 이것이 바로 북학사상(北學思想)이다. 규장각(奎章
閣)[8]을 중심으로 하여 일어난 홍대용(洪大容 : 1731~1783)·박지원(朴趾源 : 1737~1805)·박

8) 내각(內閣)이라고도 하며 정조(正祖)가 즉위한 1776년 궐내(闕內)에 설치, 역대 국왕의 시문,
친필(親筆)의 서화(書畫)·고명(顧命)·유교(遺敎)·선보(璿譜:王世譜)·보감(寶鑑) 등을 보관 관리하
던 곳이다. 규장각의 명칭은 1464(세조 10)년 양성지(梁誠之)가 헌의(獻議)한 일이 있고, 1694
(숙종 20)년에는 종부시(宗簿寺)에 예속된 어제(御製)·어필(御筆)을 보관하는 한 소각(小閣)의
각명(閣名)으로 쓰기도 하였으나 곧 폐지되었다. 정조는 즉위하자 곧 창덕궁(昌德宮)의 북원
(北苑)에 새로 집을 짓고 고사(故事)를 따라 규장각이라 명명(命名), 직제(職制)를 갖춘 한 독
립된 기구로서 국립도서관의 기능을 가지게 하였다. 그러나 정조가 규장각을 설치한 목적
은 단순히 역대 국왕의 어제·어필을 보관하는 일뿐만 아니라, 당시왕권을 위태롭게 하던
척리(戚里)·환관(宦官) 들의 음모와 횡포를 누르고, 건국 이래의 정치·경제·사회 등의 현실문
제의 해결은 곧 학문적으로 이루어져야 한다고 판단, 국가적 규모로 도서를 수집하고 보존
간행하는 데 있었다.
　　정조는 당색(黨色)을 초월하여 학식이 높은 사람을 모아 우대하였고, 그들 학자들은 조선
왕조가 지니고 있던 구조적(構造的)인 모순에 대한 비판과 재검토를 하였다. 정조는 세손(世

제가(朴齊家 : 1750~1805) 등의 북학파가 청나라의 앞선 문물을 도입하여 체계를 세
워나가는 사상이 이른바 북학사상이다. 당연히 이들은 상공업의 발달을 내세우
게 된다. 이들과 북벌론(北伐論)을 고수하는 노론 벌열세력과 대립이 첨예화되는
것이 정조대 정국이었다.

孫)으로 있을 때부터 정색당(貞賾堂)이라는 서고(書庫)를 지어 도서수집에 전념하였으며, 명나
라에서 기증해 온 중국본을 모았으며, 또 입연사절(入燕使節)을 통하여 새로운 서적을 구입
하기도 하였다. 부속기구로서 서고(西庫)와 열고관(閱古館)을 두었으며, 서고에는 조선본, 열
고관에는 중국본을 나누어 보관하였고, 열고관의 도서가 늘어남에 따라 다시 개유와(皆有窩)
라는 서고를 증축하였다.
　규장각의 도서는 1781(정조 5)년경에 장서 정리가 되면서 총 3만여 장서의 도서목록이 서
호수(徐浩修)에 의하여 작성되어 이를 『규장총목(奎章總目)』이라 하였다. 규장각은 도서를 수
집하고 보존하는 데만 그치지 않고 그와 함께 도서를 편찬하는 데도 힘을 기울여 많은 책
을 편찬하였다. 그 중에서도 매일 매일의 정사(政事)를 기록한 『일성록(日省錄)』은 대표적인
것으로, 정조 때 편찬하기 시작한 이 편년체(編年體) 사서(史書)는 한말(韓末)까지 계속되었다.

2. 사도세자와 임오화변 壬午禍變

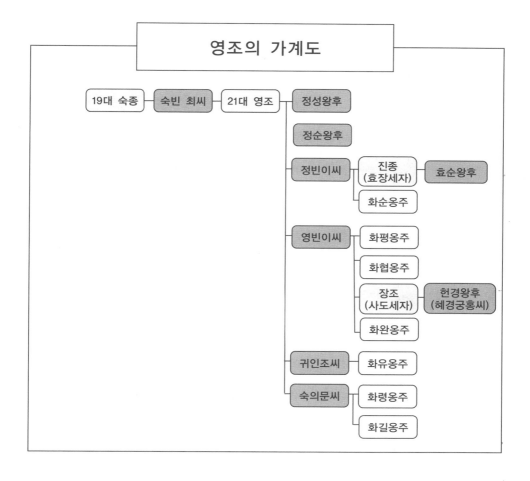

영조의 가계도

19대 숙종 — 숙빈 최씨 — 21대 영조	정성왕후		
	정순왕후		
	정빈이씨	진종 (효장세자) — 효순왕후	
		화순옹주	
	영빈이씨	화평옹주	
		화협옹주	
		장조 (사도세자) — 헌경왕후 (혜경궁홍씨)	
		화완옹주	
	귀인조씨	화유옹주	
	숙의문씨	화령옹주	
		화길옹주	

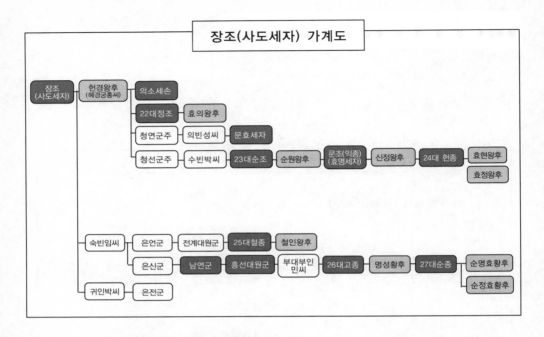

사도세자(思悼世子 : 1735~1762)의 이름(諱)은 선(愃), 자(字) 윤관(允寬), 호(號)는 의재(毅齋)이다. 영조는 첫째왕비 정성왕후(貞聖王后) 서씨(徐氏), 둘째왕비 정순왕후(貞純王后) 김씨(金氏)에게서는 소생을 보지 못했다.

정빈이씨(靖嬪李氏)가 효장세자(孝章世子 죽은 뒤에 추존되어 眞宗 : 1719~1728)와 화순옹주(和順翁主 : 1720~1758, 金興慶의 아들 金漢藎에게 출가 하였으나 후사 없음)를 낳았는데 효장세자는 10살 어린 나이로 죽었다. 다행히 영빈이씨(暎嬪李氏)와의 사이에서 누님인 화평옹주(和平翁主 : 1727~1748, 박사정의 아들 朴明源에게 출가하였으나 후사 없음)·화협옹주(和協翁主 : 1731~1752, 申晩의 아들 申光綏에게 출가하였으나 후사 없음)를 낳고 선(愃)이 태어났다. 그리고 아래로 누이 화완옹주(和緩翁主 : 1737~1808, 鄭羽良의 아들 鄭致達에게 출가하였으나 1757년 남편이 죽자 鄭厚謙을 양자로 들임)가 있다.

1736(영조 12)년 1월 4일, 2살 때 이름을 선(愃)으로 짓고 3월 15일, 세자로 책봉되었다. 1742(영조 18)년 3월 26일 입학례(入學禮)를 행하고, 다음해 3월 17일 시민

당(時敏堂)에서 관례(冠禮)를 거행하였다. 1744(영조 20)년 1월 11일, 10살 때 동갑인 세마(洗馬) 홍봉한(洪鳳漢)의 딸(惠嬪 洪氏)과 가례(嘉禮)를 올렸다. 선조의 계비 인목왕후(仁穆王后)의 딸인 정명공주(貞明公主 : 1603~1685)와 혼인한 영안위(永安尉) 홍주원(洪柱元 : 1606~1672)의 현손(玄孫)이 바로 홍봉한이다.

1749(영조 25)년 1월 27일 영조는 55세가 되자 15살 된 왕세자에게 대리청정(代理聽政)을 태묘(太廟)에 고하고 팔도에 전교를 반포하였다. 세자에게는 15세 무렵부터 가끔 착란증세가 일어나면 이성(理性)을 잃고 미친 짓을 하는 버릇이 있었다고 전한다. 그런데 이 증세는 대리청정 후 더욱 악화되어 심한 우울증과 더불어 생각하는 것이 서로 뒤섞여 어지럽고 어수선한 상태에 깊이 빠져들며 심한 시달림을 겪었다고 한다. 자신을 소리 없이 해치려는 눈에 보이지 않는 세력의 끈질긴 모함과 아버지로부터 사랑과 인정을 받지 못하게 되자, 세자는 정서불안으로 인한 우울증이 심화되었을 것으로 보인다. 왜냐하면 세자는 본래 타고난 성품이 넓고 도량이 활달하며 신의가 두터웠을 뿐 아니라 학문적 자질도 뛰어났다는 것이 당시 일반적인 중론이었다. 이런 세자가 대리청정 이후 아버지를 비롯한 궁중 안팎 친인척과 결탁한 노론(老論)대신들의 농간으로 정사를 돌보는 와중에 툭하면 까닭 모를 좌절을 겪는 일이 자주 일어났다. 특히 세자는 아버지가 경종(景宗)의 뒤를 잇는 세제(世弟)로 책봉되어 즉위하기까지의 사이에 일어났던 신임사화(辛壬士禍)에 대해 매우 민감한 반응을 보이는 경우가 가끔 있었는데 그게 탈이었다. 이유인 즉, 숙종(肅宗)이 죽고 희빈 장씨(禧嬪 張氏)의 소생인 경종이 소론(少論) 추대로 왕위에 오른 것에 관한 문제였다. 경종은 불행하게도 34세가 되도록 자녀를 낳지 못하였을 뿐 아니라 몸이 쇠약하고 고질병까지 있었다. 이에 노론 4대신으로 일컬어지는 영의정 김창집(金昌集)·좌의정 이건명(李健命)·영중추부사(領中樞府事) 이이명(李頤命)·판중추부사(判中樞府事) 조태채(趙泰采) 등의 사주를 받은 사간원 정언 이정소(李廷熽)는 1721(경종 1)년 8월 20일 '후사(後嗣)를 하루 속히 책봉하라.'는 상소를 올린다. 경종은 대신(大臣)과 의논하여 품처(稟處 : 아뢰어 처리함)하라 명하였

다. 노론들이 모여 일사천리로 연잉군(延礽君)으로 세제를 정한 후 승지 조영복(趙
榮福)이 아뢰기를, '대신들과 여러 신하들의 말은 모두 종사의 대계이니, 청컨대
빨리 윤허(允許)하여 따르소서.' 하니, 임금이 윤허하여 따를 것을 명하였다. 여러
신하들이 모두 '이는 종사의 무강(無疆)한 복(福)입니다.'라고 말하였다. 그리고도
모자라 이건명이 청하기를, '반드시 자전(慈殿 : 숙종 妃 仁元王后 金氏)의 수찰(手札)
이 있어야만 거행할 수 있습니다.' 하니, 임금이 책상 위를 가리키며 말하기를,
'봉서(封書)는 여기에 있다.' 하였다. 김창집이 받아서 뜯어보니, 봉서 안에 두통의
종이가 있었는데, 하나는 해서(楷書)로 '연잉군(延礽君)'이란 세 글자를 써 놓았고,
하나는 언찰(諺札)[9]로 교서하기를, '효종대왕의 혈맥과 선대왕(先大王)의 골육은
단지 주상(主上)과 연잉군뿐이니, 어찌 다른 뜻이 있겠는가? 나의 뜻이 이와 같으
니, 대신(大臣)에게 하교함이 마땅할 것이다.' 하였다. 이에 여러 신하들이 읽어보
고 모두 울었다. 이건명이 사관(史官)으로 하여금 해자(楷字)로써 언교(諺敎)를 번
역하여 써서 승정원에 내리게 하고, 승지로 하여금 전지(傳旨)[10]를 쓰게 할 것을
청하니, 임금이 옳게 여겼다. 조영복(趙榮福)이 탑전(榻前)에서 전교를, '연잉군 휘
(諱)를 저사(儲嗣 : 왕세자)로 삼는다.'라고 받아썼다. 이렇게 4~5인에 의하여 후사가
결정된 것이다. 그러자 1721(경종 1)년 6월 22일 소론의 사간(司諫)[11] 유봉휘(柳鳳輝)
등이 거세게 반대하였으나, 결국 노론세력에 밀려 경종의 배다른 동생 연잉군(淑
嬪 崔氏 소생)을 왕세제로 책봉하기에 이른다. 그것도 모자라 두 달 뒤인 10월 10일

---

9) 지금의 한글 편지를 얕잡아 부르던 말이다.

10) 임금의 뜻을 담아 관청이나 관리에게 전하는 것.

11) 사간원(司諫院)의 종3품 관직으로 정원은 1명이다. 1392(태조 1)년에 문하부(門下府)에 낭사
(郎舍)로 설치한 종3품의 직문하(直門下)를 1401(태종 1)년에 사간원지사(知事)로 이름을 바꾸
었다가, 1466(세조 12)년에 사간으로 개칭 『경국대전』에 그대로 전한다. 1894(고종 31)년 갑
오개혁으로 사간원이 폐지되면서 함께 없어졌다. 간관으로서 국왕에 대한 간쟁(諫諍)과 봉
박(封駁)을 담당하였다. 그러나 실제 임무는 이에 제한되지 않고 사간원의 다른 관료 및 사
헌부(司憲府)·홍문관(弘文館)의 관료와 함께 간쟁·탄핵·시정(時政)·인사 등에 대한 언론과 경
연(經筵)·서연(書筵)의 참여 및 인사 문제와 법률 제정에 대한 서경권(署經權), 국문(鞫問) 및
결송(決訟) 등에 참여하는 막강한 자리였다.

사헌부 집의(執義)[12] 조성복(趙聖復)은 한발 더 나아가 세제가 대리청정을 하면 어떻겠느냐며 은근히 임금의 마음을 떠보는 상소를 올렸다. 경종이 답하기를, '진달한 바가 좋으니, 유의(留意)하지 않을 수 있겠는가?'라고 하였다. 이후 왕세제가 대리청정을 하자, 이에 우의정 조태구(趙泰耉)·사간 유봉휘·사직(司直)[13] 이광좌(李光佐) 등 소론세력이 강하게 들고일어나 대리청정(代理聽政)을 철회시킨다. 이 와중에 12월 김창집은 거제부(巨濟府)·이이명은 남해현(南海縣)·조태채는 진도군(珍島郡)에 안치(安置)시킨다.

 일이 이렇게 소용돌이치는 가운데 소론의 승지(承旨) 김일경(金一鏡)이 1722(경종 2)년 1월 26일 상소(上疏)를, 목호룡(睦虎龍)은 3월 27일 고변(告變)을 왕에게 올려, 앞의 노론 4대신이 역모를 꾀하고 있다고 무고(誣告)하여 4월 23일 이이명·김창집을 사사(賜死), 8월 14일 이건명 참형, 10월 29일 조태채를 사사시킨다. 그밖에 많은 노론들을 사사, 또는 유배시키는 신축(辛丑 : 1721년)·임인(壬寅 : 1722년) 옥사를 일으켜 정권을 잡는다. 12월 22일에는 환관(宦官) 박상검(朴尙儉)과 문유도(文有道), 궁인(宮人) 석렬(石烈)과 필정(必貞)이 왕세제를 살해하려 하다 미수에 그치는 일이 발생하였다. 경종이 신임하는 환관 박상검은 대궐 안에 여우가 왕래한다 하였으며 여우를 잡는다고 핑계하고는 동궁(東宮)이 문안하러 다니는 청휘문(淸暉門)을 폐쇄하고 길목에다 기계와 그물을 설치하여 동궁을 살해하려 하였다. 그리고 세

---

12) 사헌부(司憲府)에 속한 종3품으로 정사를 비판하고 관리들을 규찰하며, 풍속을 바로잡던 직제로, 1401(태종1)년 관제를 개혁하면서 기존의 종3품 중승(中丞)을 집의로 바꾸었다. 정원은 두 사람을 두었으며, 『경국대전』에서 법으로 정한 뒤 조선시대 전반을 통하여 집행되었다. 위에는 종2품 대사헌(大司憲), 아래는 정4품 장령(掌令), 정5품 지평(持平) 2인, 정6품 감찰(監察) 24인(25인이었는데 세조 때 1인을 줄임)을 두었다. 사헌부는 시정(時政)의 시비(是非)를 분별하여 밝히고, 관리들의 비행과 불법행위를 규찰함과 아울러 어지러운 풍속을 바로잡고, 백성들의 민원을 풀어 주며, 지위를 이용하여 함부로 월권하는 것을 방지하는 등 국정 전반을 바로 잡는 일을 맡았다. 벼슬아치들의 비행에 대한 탄핵(彈劾) 검찰권은 물론 일반 범죄에 대한 검찰권, 인사와 법률 개편에 대한 동의권·거부권을 행사할 수 있는 서경권(署經權)까지 가지고 있는 아주 중요한 직책이었다.(署는 '서명' 經은 '거친다'의 뜻)

13) 지금의 법관(法官), 재판관(裁判官)으로 오위(五衛)에 속하던 정5품(正五品)의 벼슬이다.

제가 올리는 문안(問安)과 시선(視膳)14)까지 막아버렸다. 박상검은 심익창(沈益昌)·
김일경·원휘(元徽) 등과 밀의(密議)한 후 사주에 의한 것이라 한다. 다음날 박상
검·문유도·석렬·필정을 사형에 처할 것을 경종에게 대여섯 번 간청하여 비로소
허락을 받았다. 아마 정황으로 보아 경종도 사전에 이미 알고 있었던 일이 아니
었을까.

왕세제는 사위소(辭位疏) 초본을 여러 대신들에게 보냈다. 그리고 인원왕대비
(仁元王大妃)에게 호소를 했다. 일이 무사히 마무리되자 조태구 이하의 관원들이
모두 일어나 절하여 사례(謝禮)하고, 이어서 동궁을 위안하여 화락(和樂)을 엄하게
신칙(申飭)15)하여 이간을 단절시킬 것을 청하니, 임금이 말하기를, "알았다."고 하
였다. 다시 조태구가 물러나와 왕대비 합문(閤門) 밖에 가서 문안(問安)하니, 대비
(大妃)가 언서(諺書)로 하교하기를, '선왕(先王)의 혈속(血屬)으로는 다만 대전(大殿)
과 춘궁(春宮)이 있을 뿐이며, 책건(册建)한 이후에 양궁(兩宮)이 화협(和協)하였는
데, 중인(中人)16)과 나인(內人)들이 서로 이간시킴으로 인하여 세제가 장차 불측한
지경에 빠지게 될 것이다. 선왕이 내려 주신 작호(爵號)에 의해서 세제로 하여금
밖으로 나가도록 하라.' 하여 간신히 목숨을 보존할 수 있었다.

소론이 일으킨 신축·임인 두 해에 걸쳐 노론을 죽이거나 유배시킨 일을 흔히
'신임사화(辛壬士禍)'라 부르며 소론의 목호룡은 지사(地師) 신분으로 출발 동성군
(東城君)이란 작위(爵位)까지 받는다. 소론이 신임사화로 정권을 잡은 지 채 2년이
못된 1724년 8월 25일 경종이 환취정(環翠亭)에서 승하(昇遐)하고 만다. 따라서 8월
30일 왕세제인 연잉군이 창덕궁 인정문(仁政門)에서 왕위에 오르니 대세는 다시
뒤바뀌게 된다. 소론 일파들은 정계에서 쫓겨나 참혹한 죽임을 당하거나 유배된
다. 이 일로 인해 결국 1728(영조 4)년 3월 15일 '이인좌(李麟佐)의 난(亂)17)'이 일어

---

14) 아침저녁으로 임금이 드실 수라상을 왕세제가 몸소 돌보는 일을 말한다.

15) 단단히 타일러 경계하는 일이다.

16) 양반과 상인의 중간 계급으로 내의원, 사역원(司譯院)의 직원이 되거나 서울, 시골 관아의
    아전 등을 통칭한다.

17) 1728(영조 4)년 이인좌 등, 소론(少論)이 주도한 반란으로 간지(干支)를 따서 무신란(戊申亂)이라고도 부른다. 소론은 경종 재위 시 왕위 계승을 둘러싼 노론과의 대립에서 일단 승리하였으나, 노론이 지지한 영조가 즉위하자 위협을 느끼게 되었다. 이에 박필현(朴弼顯) 등 소론의 과격파들은 영조는 숙종의 아들이 아닐 뿐만 아니라 경종의 죽음에 관계되었다며 영조와 노론을 제거하고 밀풍군(密豊君) 탄(坦)을 왕으로 추대하고자 하였으며, 남인 일부도 가담하였다. 즉, 1720(숙종 46)년에는 세자 전(昀 : 경종)을 지지하는 소론과 연잉군(延礽君 : 영조)을 지지하는 노론 간의 갈등이 심화되었는데, 그해 경종의 즉위로 소론이 집권하게 되었다. 이에 노론은 연잉군을 세제(世弟)로 책봉하고 이어 세제청정(世弟聽政)까지 실현하려다가 축출당했으며, 뒤이은 목호룡(睦虎龍)의 고변으로 많은 사람이 숙청되었다. 이때 소론내에는 노론에 대한 처벌방법을 두고 과격파인 준소(峻少)와 온건파인 완소(緩少)로 분열되었다. 1724년 경종의 죽음으로 영조가 즉위하여 김일경(金一鏡) 등이 제거되고 노론정권이 성립하자 김일경파의 박필현(朴弼顯)·이유익(李有翼) 등은 비밀조직을 결성하기 시작하여, 궁중에서는 이하(李河)·민관효(閔觀孝)·윤덕유(尹德裕) 등이, 지방에서는 정준유(鄭遵儒)·나만치(羅晩致)·조덕규(趙德奎)·조상(趙鏛)·임서호(任瑞虎)·정세윤(鄭世胤)·권서린(權瑞麟)·이호(李昈)·민원보(閔元普)·민백효(閔百孝)·김홍수(金弘壽)·이일좌(李日佐) 등과 평안병사 이사성(李思晟)과 중군별장 남태징(南泰徵)이 가담했다. 이들은 김홍수·정세윤 등 재지사족층(在地士族層)을 제외하고는 거의 세가명족(世家名族)의 후예이지만 현실적으로 정치에 참여할 수 없었으므로, 영조와 노론의 제거를 통해 정치에 진출하고자 했다. 따라서 영조는 숙종의 친아들이 아니며, 경종을 독살했다는 등 영조의 왕위계승 부당성을 선전하며 명분을 확보함으로써 밀풍군 탄을 추대하기로 하고, 정변의 기본전략을 외방(外方)에서 먼저 일으키면 경중(京中)에서 이에 내응하는 외기내응(外起內應)으로 확정했다.

그리하여 경중내응은 준소·탁남·소북계 세력이, 외방기병은 정세윤·이인좌의 지도 아래 외방토호와 재지 사족층이 맡기로 했다. 외방기병의 지휘권을 맡게 된 이인좌는 감사를 지낸 이운징(李雲徵)의 손자로 남인명가의 출신이었지만 관직으로 진출할 수 없었다. 그는 경기·호서·영남 세력의 중개역할을 하는 한편 남인명가의 후광을 업고 영남의 사족과 접촉했다. 또한 정세윤은 정인지(鄭麟趾)의 후손이지만 몰락양반으로 600~700명의 세력을 포섭했다. 그런데 이때 영조와 탕평파는 정미환국(丁未換局)을 일으켜, 노론의 일부를 후퇴시키고 청남(淸南)과 완소를 정계에 기용함으로써 소론·남인을 무마하여, 삼남흉황과 유민의 속출, 노론의 민정실패에 따른 외방의 동요에 대처하고자 했다. 이로써 반 남인·반 소론적인 영조와 노론을 제거한다는 명분이 약화됨에 따라 일단 서울의 주도층은 거사준비를 중지하고 사태추이를 관망했으나, 이인좌·정세윤·한세홍(韓世弘) 등의 재지사족들은 준비를 계속했다. 이인좌는 영남기병을 정희량(鄭希亮)·김홍수에게 맡기고, 호남기병은 태인현감 박필현(朴弼顯)에 맡겼으며, 자신은 정세윤과 경기기병을 추진하여 중도에서 영남병·호남병과 합세하기로 했다. 한편 정세윤은 호남 사족층에게 협조를 요청하고, 금영(禁營)의 조총을 사들여 무장하고, 평안병사 이사성에게 군자금을 요구했다. 이때 경중주도층은 한세홍을 통하여 거사강행의 소식을 전달받고 군사·자금을 모집했으나, 실천의지가 약했다. 한편 정미환국으로 재기용된 온건소론에 의해 정변모의가 노출되어 봉조하(奉朝賀) 최규서(崔奎瑞) 등이 각지의 취군상황에 대해 고변하자, 영조는 친국을 설치하고 삼군문에 호위를 명했다.

나게 된 것이다.

　새로 즉위한 영조는 탕평책을 써 정국을 안정시키려 애썼지만 신임사화를 둘러싼 시시비비는 좀처럼 그칠 줄 몰랐다. 다시 말하면 소론과 남인세력은 노론을 경종에 대한 역적으로, 노론세력은 소론이 영조에 대한 역적이라고 맞받아쳤다.

　한편 이들의 거병에는 유민(流民)의 증가, 도적의 치성, 기층 민중의 저항적 분위기가 중요한 바탕이 되었다. 그리하여 반군은, 지방의 사족과 토호가 지도하고 중간계층이 호응하며, 일반 군사는 점령지의 관군을 동원하거나 임금을 주어 동원하는 형태로 구성되었다. 이인좌는 1728(영조 4)년 3월 15일 청주성을 함락하고 경종의 원수를 갚는다는 점을 널리 선전하면서 서울로 북상하였으나 24일에 안성과 죽산에서 관군에 격파되었고, 청주성에 남은 세력도 상당성에서 박민웅(朴敏雄) 등의 창의군에 의해 무너졌다. 영남에서는 정희량(鄭希亮)이 거병하여 안음·거창·합천·함양을 점령하였으나 경상도관찰사가 지휘하는 관군에 토벌당했다. 호남에서는 거병 전에 박필현 등의 가담자들이 체포되어 처형당하였다.

　즉, 1728년 3월초 이인좌를 대원수로 한 반란군은 안성·양성에서 거병하여, 3월 15일 충청병사 이봉상(李鳳祥), 영장 남연년(南延年), 군관 홍림(洪霖)을 죽이고 청주성을 함락했다. 반군은 각 창고의 전곡·미·포를 민간에 분급하고 '불살인 불약민재(不殺人 不掠民財)' 및 '제역감역(除役減役)'의 민정강령을 내세움으로써 민의 참여를 유도하여, 청주의 군관·향임층·일반 행려·상인 등으로 반군세력이 확대되었다. 반군은 황간·회인·청안·목천·진천 등지를 점령하고, 수령을 파견하여 환곡을 분급하며 관노비에게 상급을 주고, 장정을 선발했다. 그런데 영남병·호남병의 합세가 이루어지지 않았다. 영남에서는 이인좌의 동생 이웅보(李熊輔)가 3월 20일 안음·거창·합천·함양을 점거했으나, 안동·상주입성에 실패하고 결국 관군에게 패했다. 호남에서는 박필몽과 박필현이 각각 괘서를 살포하는 등 취병을 했으나 태인 거병이 좌절당한 뒤 잡혀 처형당했다. 한편 정부는 관문·성문의 파수를 강화하고, 금위영·어영청의 군사를 각 진에 파견하여 내성유입을 통제하는 한편, 탁남세력과 윤휴(尹鑴)·이의징(李義徵) 등의 자손, 김일경·목호룡의 가속(家屬)을 체포했다. 또한 민심동요를 막고자 강창세곡(江倉稅穀)을 성내로 운반했고, 체불했던 공가(貢價)와 삭료(朔料)를 지급했으며, 아울러 도성 사수론을 내리고 황해·강원의 향병징발과 한강 수비령을 하달했다. 경중내응을 효과적으로 저지한 뒤 오명항(吳命恒) 지휘의 도순무군(都巡撫軍)을 남파했다. 이에 반군은 경중내응과 영남병·호남병 북상의 실패에도 불구하고 각 처의 유민·소상인·화전민을 포섭하면서 도성을 향해 진천을 지나 안성·죽산으로 진격했다. 그러나 3월 24일 안성·죽산에서 관군에게 격파되어 이인좌·권서봉·목함경(睦涵敬)이 잡혔으며, 청주에 남아 있던 반군세력인 신천영과 이기좌(李騏佐)는 창의사인 박민웅(朴敏雄)에게 체포되었다. 이 소식은 영남·호남 지방에도 알려져 잔존했던 반군세력은 소멸되었다.

　난의 진압에는 병조판서 오명항(吳命恒) 등, 소론 인물들이 적극 참여하였으나, 이후 노론의 권력 장악이 가속화하였고 소론은 재기불능의 상태가 되었다. 이 사건 이후 정부에서는 지방 세력을 억누르는 정책을 강화하였고 토착세력에 대한 수령들의 권한이 커져갔다. 또한 이때 반군이 군사를 동원한 여러 방식은 뒤의 홍경래의 난으로 이어졌다.

사도세자는 이런 예민한 사건에 대해 경종을 동정하거나 소론을 실각시킨 노론을 비판하는 등 가끔 소론을 감싸는 의견을 은연중 드러내 보였다. 그것이 강직한 성격의 소유자였던 사도세자의 정치적 소신이었을 것이다. 노론에 의해 좌지우지되는 왕권을 바라보며 아버지를 위한 충심이 자신도 모르는 사이 심중에 자리 잡고 있었기 때문이다. 세자는 그런 자신을 몰라주는 아버지가 야속하였을 것이다. 아들이 사선을 넘나들며 어렵게 보위에 오른 아버지를 잘못했다며 비판하는 그런 불효자식이 세상에 어디 있겠는가. 다만 경종이 어려서부터 겪었을 어려움과 배 다른 동생을 지극히 사랑한 큰아버지에 대한 순수한 동정과 무소불위인 노론이 미웠던 것이다. 이런 행동을 보이는 세자를 탐욕스런 권력에 사로잡힌 노론이 그냥 넘어갈리 만무하였다. 다시 말하자면 노론의 덫에 걸린 것이다. 사도세자는 아직 정치의 속성을 속속들이 알 나이도 아니지만 그의 강직한 성격도 한몫을 한 것이다. 이에 불안해진 노론세력은 세자의 행동을 사사건건 트집 잡아 왕에게 기회 있을 때마다 잘못한 일만 골라 진언하였다. 이런 일상이 반복되자 '열 번 찍어 안 넘어가는 나무 없다'는 속담처럼 노론에 의해 왕이 된 아버지마저 마음이 돌아서 버리며 서서히 세자를 미워하게 된다. 세자가 경종에 대하여 동정적이었던 까닭은 당시 세자를 모시던 궁녀와 환관들이 경종과 어대비전(魚大妃殿 : 宣懿王后)에 있다가 대비 국상 이후 나간 최상궁 이하 모두를 그대로 불러들여 원자궁에 나인으로 만들었던 것이다. 일이 이렇게 되자 세자는 자연스럽게 일상적인 생활 속에서 자신도 모르는 사이에 그들의 영향을 직·간접으로 많이 받을 수밖에 없는 환경에 방치되었던 것이 사실이다. 더구나 이들은 기회 있을 때마다 아직 어린 세자에게 경종의 억울하고 딱했던 사정을 들려주어 세자로 하여금 소론을 동정하게 하고 노론을 경이원지(敬而遠之)하도록 하였을 것이다. 이런 생활여건 속에서 자란 탓으로 부자(父子) 사이에 자연스러운 의견 차이를 보이게 된다. 거기에다 집권층인 노론세력과 정순왕후, 후궁 문소의(文昭儀)와 동복누이 화완옹주(和緩翁主)까지 집중적인 모략과 참언(讒言)을 하면서 뒤에 불행한 사태를

불러오는 직접적인 원인이 된다. 더구나 정순왕후는 노론 골수 김한구(金漢耆)의 딸로 영조와 51세의 나이 차이가 났다. 김한구는 임오화변의 주모자로 사도세자와는 그야말로 정적 중 정적이다. 아들 김귀주 역시 그 아버지에 그 아들이었다.

1751(영조 27)년 11월 14일 좌의정 조문명(趙文明)의 딸인 효장세자(孝章世子)의 비(妃) 현빈 조씨(賢嬪趙氏 : 1715~1751)가 창덕궁 건극당(建極堂)에서 죽자 영조는 매우 애통해 하며 장례와 삼년상을 주관한다. 그런 가운데 그곳의 시녀 문녀(文女 : 문소의)를 눈여겨보았다가 장례 후 가까이하여 화령옹주(和寧翁主)와 화길옹주(和吉翁主)[18] 둘을 낳는다. 문소의와 그 오라비 문성국(文性國)은 대·소조의 관계가 범상치 않음을 알고 영조의 총애를 빌미로 시간 나는 대로 세자를 헐뜯기 시작했다.

화완옹주(和緩翁主 : 1737~1808)는 남편이 죽자 불과 12살 차이인 16세의 정후겸(鄭厚謙)을 양자로 들인다. 정후겸은 사도세자보다 2살 아래다. 그는 어머니 덕분에 과거에 병과로 합격하면서 20살에 좌승지에 오르며 홍인한 등과 손을 잡는다. 이때부터 세자를 경쟁상대로 삼아 이들 모자는 왕에게 들락거리며 모함을 일삼는다. 자신의 분수를 지키는 일이 참으로 힘든 것이 사람인가 보다. 그럴 리야 없겠지만 존읍도참설(尊邑圖讖說)을 믿어 정씨가 왕이 될지도 모른다는 일설을 화완옹주 모자가 믿었다고 한다. 사실이라면 인간이 가지고 있는 욕심의 끝은 과연 어디까지 가야 멈출 것인가? 하여간 사도세자의 정적은 의도되지 않은 사람들로부터 시작되었다는 점이다. 게다가 어미가 무수리 출신이라는 아킬레스건(Achilles 腱) 때문에 영조는 여자에게 취약했다. 어머니에 대한 연민 때문에 여성에게는 다분히 동정적이어서 이들 여성들의 모함이야말로 사도세자에게는 치명적일 수밖에 없었다. 아버지로부터 미움과 불신을 받게 된 세자는 한층 심한 우울증과

18) 영조와 숙의(淑儀) 문씨(文氏) 사이에서 태어난 화령옹주(1752~1821)는 1764(영조 40)년 10월 16일 심정(沈鼎)의 아들 심능건(沈能建)과 혼인을 하고 청성위(靑城尉)라는 위호를 받았으며 1817년 7월 7일 죽었다. 한편 동생 화길옹주(1754~1772)는 1765(영조 41)년 7월 12일 혼례를 호군(護軍) 구현겸(具顯謙)의 아들 구민화(具敏和)와 정하고 능성위(綾城尉)라는 위호(尉號)를 받았으며 1800년 12월 4일 죽었다.

강박관념에 시달리게 된다. 세자에게 아무 잘못이 없어도 꾸짖었다니 아버지에 대한 애정 결핍증이거나 공포증이었을 것이다. 그렇다고 잘못이 없는 줄 뻔히 알면서도 세자의 편이 되어 진언(進言)을 하는 근친 하나 없었다. 심지어 혜빈(惠嬪)마저 같은 장소에 있으면서 꿀 먹은 벙어리였다.

이후 세자는 때때로 정신병 증세를 보였다가 다시 제정신으로 돌아오면 학문에 매진하곤 하였다. 학문으로 덕을 닦았으나 병은 점점 깊어지고 거기다 의대증(衣帶症)까지 겹치게 된다. 의대증이란, 옷을 갈아입을 때, 옷이 마음에 들지 않거나 시중드는 것이 성에 차지 않으면 여러 벌의 옷을 찢거나 불에 태워버리는 등 일종의 의복에 대한 공포증이다.

세자의 대리청정(代理聽政)도 문제였다. 일을 혼자 처리하면 '어찌 그런 중요한 일을 내게 묻지 않고 너 혼자 결정하다니,' 하며 꾸중을 내리고, 신하가 올린 상소나 그 밖의 나랏일에 대한 언사가 있어 결정해 주실 것을 청하면 '그만한 일도 스스로 처리 못하고 묻는단 말이냐. 내가 네게 정사를 맡긴 보람이 없구나.'라고 영조는 질책하기 일쑤였다. 이럴 수도 저럴 수도 없는 입장이 되는 바람에 세자의 화증(火症)은 더욱 깊어만 갔을 것이다. 왜냐하면 아버지가 아들의 진심을 몰라주고 트집을 잡아 꾸중하니 세자의 병세는 날로 악화되어 갔다. 여러 가지 일이 겹치자 마침내 아들 산(祘 : 正祖)의 3간택일인 1761(영조37)년 12월 22일, 옥관자(玉貫子) 문제를 트집 잡아 '너는 보지 말고 돌아가라.'는 하교를 내린다. 다음해 2월 2일 가례(嘉禮)를 마치고 양궁(兩宮)이 한곳에서 세손빈의 조현(朝見)[19]까지 받았으나 이내 동궁에게 떠날 것을 명령하여 3일간 함께 아들, 며느리를 지켜보려던 꿈마저 무참히 깨지고 만다. 이런저런 서러움을 겪으면서 억눌린 심정을 풀려는 일시적 감정으로 동궁은 기녀와 여승까지 궁궐로 끌어들였다. 참을 수 없는 지경에 이를 경우 시중드는 궁녀와 환관을 죽이기까지 한다. 심한 우울증과 반발심리로 인한 정신착란이 작용하여 벌어진 사건이라 보는 것이 더 타당하다.

---

19) 신하가 입궐하여 왕을 뵙는 일이다.

그 후 세자는 임금의 허락 없이 1761(영조 37)년 3월 그믐께 관서(關西)지방을 20일 동안 유람하다가 돌아왔다. 세자가 관서지방으로 간 이유는 평안도관찰사가 정희량(鄭希良)이기 때문이었을 것이다. 정희량은 정우량(鄭羽良)의 동생으로 화완옹주의 시삼촌이며, 소론이기에 답답한 소회를 말하고 싶어서 안심하고 미행(微行)을 하였던 것이다. 그런데 장령(掌令 : 사헌부 종4품) 윤재겸(尹在謙)이 이를 알고 5월 15일 상소를 올리자 영조는 이 일에 관여했던 심발(沈墢)·유한소(俞漢簫) 등 8명을 9월 22일 모두 삭직시켜 버리고 만다.

노론의 벽에 갇힌 세자가 위로받기 위해 찾아간 곳에서 오히려 독화살을 맞게될 줄은 꿈에도 생각 못했다. 세상을 읽는 눈이 그만큼 부족했던가, 아니면 세자의 편은 이미 어디에도 없었다. 그리고 관서행(關西行)에 대해 계속 압박을 가해 왔다. 경륜은 짧고 혈기 왕성한 세자는 자신의 행동에 대해 큰 잘못이 없다고 생각, 별다른 대책을 강구하지 않았다. 그러니 나경언(羅景彦)을 움직이는 노회(老獪)한 노론세력들이 비밀리에 음모를 꾸미고 있다는 사실을 알 리가 있었겠는가.

아무 것도 모르는 세자는 5월에 땅을 파고 세 칸 집을 궁중에 짓고 사이에 장지문을 달아 마치 묘 구덩이처럼 만들었다. 떼까지 덮어놓고 위로 문을 내어 옥(玉)으로 만든 등(燈)을 달았다. 뿐만 아니라 속에는 병기(兵器)와 같은 것을 감추어 놓고 가끔 그곳에 앉아있을 때도 있었다니 기가 찰 일 아닌가. 물론 이는 무예를 좋아하는 세자를 시기하여 조작된 사실인지 모른다. 하여간 이런 좋지 못한 일이 일어나는 틈을 이용하여 1762(영조 38)년 5월 22일 형조판서 윤급(尹汲)의 청지기 나경언이 정순왕후의 아버지인 김한구와 그 일파인 김상로(金尙魯)·홍계희(洪啓禧) 등의 사주를 받아 세자의 비행 10여 조목을 고변(告變)하는 상소를 올렸다. 한마디로 있을 수 없는 일이 벌어진 것이다. 미천한 청지기가 세자를 고변하는 상변서(上變書)를 올린다는 것은 전고에 없는 일이기 때문이다.

양인(良人)의 상변서를 받은 신료는 임금에게 올리는 대신 불에 태워 버리는 것이 상례였다. 조선의 법을 따지기 전, 사대부라면 그렇게 하는 것이 당연한 처사

였다. 누가 보더라도 형조판서 윤급이 올려야 마땅한 일을 자신의 청지기가 저질렀다면 그건 눈 가리고 아웅 하는 격이나 무엇이 다를까. 다만 자신의 목숨이 아까워 순진한 청지기를 꼬드긴 것이 분명하다.

나경언은 액정별감(掖庭別監) 나상언(羅尙彦)의 형으로 사람됨이 불량하고 남을 잘 꾀어냈다고 한다. 나경언은 가산(家産)을 탕진하여 자립할 수 없게 되자 이에 춘궁(春宮)을 제거할 계책으로 형조에 10여 조의 비행(非行)과 함께 장차 불궤(不軌)를 도모한다고 고변하였다.

세자에 대한 일을 일개 청지기가 마치 나라에 모역(謀逆)이라도 일어난 긴박한 상황처럼 촌각을 다투며 급히 임금에게 고변을 올린 것은, 말할 나위 없이 세자를 죽이고자 하는 노론의 흉측한 음모가 사전에 용의주도하게 이루어졌기에 가능했다. 그것도 다른 사람 아닌 세자의 장인 홍봉한을 거쳐 아무렇지도 않게 왕에게까지 올라갔다니 얼마나 기막힌 일인가.

세자가 죽기 전, 혜경궁을 가리켜 '참 무섭고 흉한 사람이로세. 자네는 세손을 데리고 오래 살려하는 구려.'라고 말한 것으로 보아 빈궁은 이미 무엇인가 사전에 알고 있었으면서 남편에게 모른 척 시치미를 떼었다는 사실이다. 왜냐하면 나경언 사건을 확대시킨 사람이 바로 혜경궁 외삼촌인 형조참의 이해중(李海重)과 아버지 홍봉한이라는 것을 세자는 벌써 간파하고 있었다고 보아야 한다. 한낱 청지기의 신분으로 세자의 일거수일투족을 안다는 것 자체가 불가능한 일이다. 그런데 어느 누구하나 의심하지 않고 임금에게 올렸으며, 임금 또한 묻지도 따지지도 않았으니 나라의 법을 조금만 아는 사람이라면 실소를 금할 수 없는 일이다.

나경언의 상변서를 참의 이해중(李海重)이 영의정 홍봉한에게 달려가 고하니, 홍봉한이 말하길, '이는 청대(請對)[20]하여 임금께 아뢰지 않을 수 없다.' 하므로 이해중이 이에 세 차례나 청대하였다. 처남 매부가 세자에 관한 중대사를 혜경궁 홍씨에게 말하지 않았을 리 없다. 임금이 놀라 이해중의 입시를 명하니, 이해중

---

20) 신하가 급한 일이 있을 때에 임금 뵙기를 청하는 일.

이 드디어 그 글을 아뢰었다. 임금이 상(床)을 치면서 크게 놀라 말하길, '변란이 주액(肘腋)[21]에서 있게 되었으니, 마땅히 친국(親鞫)하겠다.'고 하였다.

일개 청지기의 고변에 혜빈(惠嬪)의 외삼촌과 아버지, 입시하고 있던 경기감사 홍계희가 성문 및 아래 대궐문을 닫아걸고 호위를 한 것이 우연의 일치일까. 당시의 정치적 실상이 적나라하게 나타나는 대목이다.

임금이 동궁의 입시를 명하자 세자가 입(笠)과 포(袍)차림으로 들어와 뜰에 엎드렸을 때 창문을 열며 큰 소리로 책망하기를 '네가 네 자식인 은언군(恩彦君) 이인(李䄄)과 은신군(恩信君) 이진(李禛)의 어머니인 양제(良娣) 임씨(林氏)를 죽이고, 여승(女僧)을 궁으로 들였으며, 서로(西路)에 행역(行役)하고, 북성(北城)으로 나가 유람했는데, 이것이 어찌 세자로서 행할 일이냐? 사모를 쓴 자들은 모두 나를 속였으니 나경언이 없었더라면 내가 어찌 알았겠는가? 왕손의 어미를 네가 처음에 깊이 사랑하여 우물에 빠질 것 같은 지경에 이르렀는데, 어찌하여 마침내는 죽였느냐? 그 사람이 아주 강직하였으니, 반듯이 네 행실과 일을 간(諫)하다가 이로 말미암아서 죽임을 당했을 것이다. 또 장래에 여승의 아들을 반드시 왕손(王孫)이라고 일컬어 데리고 들어와 문안할 것이다. 이렇게 하고도 나라가 망하지 않겠는가?' 하니 세자가 분함을 이기지 못하고 나경언과 대질하기를 청하였다.

임금이 책망하기를 '이 역시 나라를 망칠 일이다. 대리(代理)하는 저군(儲君)이 어찌 죄인과 면질해야 하겠는가?' 하니 세자가 울면서 대답하기를 '이는 과연 신의 본래 있었던 화증(火症)입니다.' 하매, 임금이 말하기를 '차라리 발광(發狂)을 하는 것이 어찌 낫지 않겠는가?' 하는 부자의 대화에 나타나듯 대신과 근친들은 이미 세자를 제거할 치밀한 계획을 꾸몄던 것이다. '나경언이 없었더라면 내가 어찌 알았겠는가?'라는 영조의 말을 뒤집어 보면 조정의 그 많은 벼슬아치들은 무엇을 하고 있었기에 일개 청지기가 고변을 하였겠느냐는 말이 된다. '간신이 주액에서 요동치니 마땅히 중신을 엄중 문책하지 않을 수 없다.'고 하여야 기강이

---

21) 팔꿈치와 겨드랑이, 자기 몸과 가장 가깝다는 뜻의 비유이다.

바로 서지 않았을까?

　진상을 규명하는 과정에서 노론의 꾐에 넘어간 애꿎은 나경언만 처형되었다. 그의 사람 됨됨이가 어쩌고저쩌고 하는 기록도 따지고 보면 순진한 사람을 불량하게 만들어 자신들만 쏙 빠져나가기 위한 치졸한 방편이었을는지 모르겠다는 생각이 자꾸 고개를 든다. 세자는 나경언의 동생 나상언을 잡아다 형벌을 가하였다. 아울러 그 배후로 지목되는 영의정 신만(申晩)을 미워한 세자는 그의 둘째아들 영성위(永城尉) 신광수(申光綏)를 잡아다 위협하며 그의 관복 등을 불태우는 소동을 벌이고 만다. 이런 소용돌이 속에 세자의 생모 영빈 이씨(暎嬪李氏)마저 남편인 영조에게 '세자의 병이 점점 깊어 바라는 것이 없사오나 소인이 차마 이 말씀을 정리(情理)에 못할 일이로되 성궁(聖躬)을 보호하옵고 세손(世孫)을 건져 종사를 편안히 하는 일이 옳사오니 대처분을 하오소서.' 울며 영조의 결단을 촉구했다는 점이다. 아들을 살려야 할 위치에 있는 생모(生母)의 진언(進言)이라고는 도저히 믿을 수 없는 상식 밖의 행동이다. 그 아비에 그 어미다.

　마침내 윤(閏) 5월 13일, 영조는 경희궁을 나와 창경궁 휘령전(徽寧殿)으로 거둥하여 세자를 크게 꾸짖은 다음, 폐하여 서인(庶人)[22]으로 삼았다. 노론과 근친(近親)의 계략에 말려든 부모가 결탁하여 내린 마지막 결단이 자식을 죽이는 일이었다. 세자는 8일간을 뒤주 속에 갇혀 굶어 죽었다.

　조선후기 민진강(閔鎭綱 : 1659~1727)이 편집한 『사백록(俟百錄)』[23]에 의하면 당시

---

22) 서민(庶民)과 같은 말이다. 서인, 서민이란 말은 중국 춘추전국(春秋戰國) 시대 이전에서 찾아볼 수 있다. 그 당시는 성(姓)이 있는 사람을 백성(百姓)이라고 불렀다. 왕족(王族)이나 귀족(貴族)은 어머니로부터 성(姓)을 이어 받을 수 있었으나, 나머지는 그럴 수 없었다. 쉽게 이야기 하면 특권계급인 소수의 사람에게만 성이 있고 나머지는 권력에서 소외된 피지배자인 것이다. 적자의 반대가 서자이듯 서인, 서민은 지배계층과 반대되는 피지배계층을 일컫는다.

23) 민진강(閔鎭綱)이 편집한 조선 숙종 때부터 정조까지 전개된 붕당정치에 관련된 자료를 모은 책으로 내용은 1680(숙종 6)년의 경신대출척부터 1792(정조 16)년 윤구종(尹九宗)의 처형 사건까지를 다루었다. 특히 1721~1722년에 일어난 신임사화(辛壬士禍) 관계 자료에 치중하고 있다. 숙종대의 남인의 정치적 몰락과 노론·소론의 대립, 경종·영조대 소론의 집권과

뒤주를 지키던 포도대장과 부하들의 모욕과 희롱은 '떡을 먹고 싶으냐. 떡을 줄까. 술을 마시고 싶으냐. 술을 줄까.' 하는 지경에 이르렀다.

어린아이가 우물가로 가면 자신도 모르는 사이에 달려가 보호하는 게 인간의 본성이라며 측은지심(惻隱之心) 인(仁)을 제일로 내세우는 성리학의 나라에서 이미 노론은 사대부가 아니었다. 권력의 화신인 저승사자였던 것이다.

사도세자의 정신병이 15세부터 갑자기 발병된 것은 대리청정을 하면서부터라는 말과 일치한다. 그렇다면 청정을 시켜놓고 자신들과 입장을 달리하는 세자를 모함하기 위해 몰아붙여서 병이 생긴 것은 아닐까? 어떠한 일도 세자의 뜻대로 하지 못하게 하자 자연히 우울증이나 화병이 생겼을 것이다. 정신병자에게 14년이나 대리청정을 시켰다는 것은 아무리 생각해도 납득이 안 된다. 용케도 대리청정을 할 때는 정신착란증에 대한 언급이 없는 점은 깊이 연구해 보아야 할 과제이다. 하기야 자기를 낳아준 생모가 아들을 죽이라고 읍소를 하고, 18년을 함께 살을 맞대고 산 아내마저 직·간접으로 죽음에 간여하였으니 더 말해 무엇하랴.

당시 임오화변을 두고 '사도세자를 죽인 것은 광명정대하여 영조의 빛나는 성덕대업(聖德大業)이라 하늘의 이치에 어긋남이 없다.'라는 설과 '사도세자는 병환이 없으신데 원통하게 정쟁의 희생물이 된 것.'이라는 양분된 의견이 있었으니 하늘만 아는 일이다.

1761(영조 37)년 1월 5일 영중추부사(領中樞府事) 이천보(李天輔:1698~1761)가 죽었는데[추], 그의 유소(遺疏)에 대략 이르기를 '돌아보건대 지금의 한없는 여러 가지 일 중에 성궁(聖躬)을 보전하고 아끼는 것 만한 것이 없습니다. 기쁨과 노여움이 간혹 갑자기 발하게 되면 그 중정(中正)한 도리를 잃을 뿐 아니라 기혈(氣血)이 손상될 우려가 있으며, 시행과 조치가 간혹 격렬하거나 번뇌를 이루게 되면 교령(敎令)에 해로움만 있을 뿐 아니라 정신이 소모되고 허물어지는 조짐이 있게 됩니다. 삼가

신임사화에 관련된 내용이다. 신임사화 후의 영조의 탕평책, 이인좌·정희량이 일으킨 무신란(戊申亂)과 나주괘서사건, 소론의 몰락과 신임사화로 죽은 노론 4대신의 복권 과정 등이 주류를 이룬다. 그리고 사도세자의 죽음과 관련된 시파·벽파의 대립이 수록되어 있다.

원하건대, 중화(中和)하는 도리를 더욱 힘쓰시어 강령(康寧)하는 아름다움을 누리도록 하소서.'라고 남겼다. 영조를 가까운 곳에서 22년 동안이나 보필하면서 영의정까지 지낸 원로가 지켜본 영조의 심리상태에 대하여 남긴 글이다. 일설에 이천보도 천수를 다하지 못한 죽음이라 한다. 그렇다면 임오화변을 다시 한 번 되돌아보게 하는 대목이 아닐 수 없다. 화증(火症)은 아들이 아니라 아버지에게 있었던 게 아닐까? 그래서 윤 5월 염천(炎天)은 그리도 혹독하게 더웠나 보다.

3. 정조 正祖

정조는 1752(영조 28)년 9월 22일 사도세자와 영의정 홍봉한의 딸 혜빈 홍씨[本貫; 豊山] 사이에서 둘째아들로 창경궁 경춘전(景春殿)에서 태어났다. 첫아들 정(琔)은 1750(영조 26)년 8월 27일 태어났으나, 1752(영조 28)년 3월 4일, 세살 나이로 짧은 생을 마친다. 그가 바로 의소세손(懿昭世孫)이다.

사도세자의 『능허각만고(凌虛閣漫稿)』 권7(卷七) '경춘전 화룡찬(景春殿 畵龍贊) 병소서(并小序)'에 따르면 정조가 태어나기 하루 전인 '1752(영조 28)년 9월 21일 밤 꿈에 황룡이 꿈틀거리며 경춘전 침상으로 날아 들어오는 것을 보았는데, 그 다음날 아들을 낳았으니 과연 기이한 일이다. 꿈속에서 본 바를 벽 위에 손수 그렸는데 비늘과 껍질이 뻔쩍거리며 빛나니 건괘(乾卦)의 구오(九五)이다. 축복의 말을 써 짓고 나아가 비룡재천(飛龍在天), 이견대인(利見大人)을 운(韻)으로써 기리고자 한다. 그를 기려 말하길,

해와 달이 빛을 더욱 발하고, 바람에 구름이 밝게 나네.
사해(四海)에 물고기 따르니, 신룡(神龍)이 있다 말하겠네.
오방색(五方色)이 아름다움을 이루니, 덕을 두루두루 베풀겠네.
저녁에는 조심하고, 아침에는 굳세겠으니 임금이 되겠네.
때가 기이하고 상서로우니, 백성에게는 아름답고 이롭겠네.
춘방(春坊)은 옥(玉)빛이고, 보통 방도 높아지네.
불꽃이 풍패(風沛)에서 비롯되고, 제왕의 업적 크리니.

억만년을 버리처럼, 나에게 오는 사람을 도우리라.

(壬申九月二十有一日之夜, 夢見黃龍蜿蜒飛入於所居景春殿之寢室, 其翌日, 有朱芾弄璋之慶, 可謂奇哉, 手畵夢中所見于壁上, 鱗甲燦然, 乾之九五, 用作祝釐之詞, 遂以飛龍在天 利見大人爲韻, 以贊之, 其贊曰, 日月鼎輝, 風雲景飛, 四海鱗從, 曰有神龍, 文成五彩, 德施普在, 夕惕朝乾, 以御于天, 時則奇瑞, 民也美利, 甲觀之現, 平室之見, 炎肇風沛, 帝業其大, 維億萬春, 佑我來人.)

는 글로 보아 그림에도 능하고 서(書)에도 상당한 재질이 있음을 알 수 있다.

세손은 세상 밖으로 나오자마자 울음소리가 마치 큰 쇠북소리와 같아 궁중 사람들이 모두 놀랐다고 한다. 아기의 용모 또한 기상이 의젓하고 오뚝한 콧날과 용같이 생긴 눈, 크고 깊숙한 입 등 범상치 않았다. 특히 할아버지 영조는 자신을 닮았다며 크게 기뻐했다고 전한다. 자랄수록 체구가 건장하고 늠름하였으며 장차 국왕으로서의 면모까지 유감없이 보여주었다고 한다. 왕손(王孫)이 탄생한 것이다. 이보다 더 큰 경사가 있을 수 없었다. 내국(內局)의 여러 신하들이 들어가 축하했는데, '원손(元孫)'이라 일컫는 사람이 있었다.

임금이 말하기를, ''원(元)' 자는 곧 '장(長子)'를 이르는 것이니, 정호(定號)하기 전에 어찌 원손이라 일컬을 수 있겠는가?' 하니, 여러 신하들이 드디어 정호하기를 청하였다. 임금이 너무 빠르다는 것으로 어렵게 여기자, 여러 신하들이 다시 힘써 청하니, 임금이 하교하기를, '올해 안에 어찌 다시 왕손을 볼 줄 생각했으랴? 슬픔과 기쁨이 마음속에서 엇갈린다. 지금부터 이후로 국본(國本)이 다시 이어지게 되었다. 1750(영조 26)년의 의소세손(懿昭世孫)과는 차이가 있다. 그러니 이름을 지은 뒤에라야 이에 능히 국본을 공고히 하고 인심을 안정시킬 수 있을 것이다. 빈궁(嬪宮)에게서 탄생한 아들을 원손이라 정호하고, 고묘(告廟)·반교(頒敎)하는 등의 일을 7일이 지난 이후에 거행토록 하라.' 하였다.

이름은 산(祘), 자는 형운(亨運)이며 호(號)는 홍재(弘齋), 또는 만천명월주인옹(萬川明月主人翁)이라 했다. 이밖에 기자(箕子)가 무왕(武王)을 위하여 홍범(洪範)을 진

술(陳述)하였는데 '임금은 그 극(極)을 세우는 것이다(皇建其有極)' 하여 인(仁)이 나오기 전 임금의 덕목인 극(極)과 만기지가(萬機之暇)라는 인장도 사용했다.

'홍재'란 '홍우일인재(弘于一人齋)'에서 나온 말로 '임금 한 사람으로부터 밀어 넓혀간다.'는 뜻이다. 즉 수신(修身) < 제가(齊家) < 치국(治國) < 평천하(平天下)와 같이 임금의 덕(德)이 점차 안에서 밖으로 둘레를 넓혀 나가는 모델(model)을 말한다.

정조는 정치적인 기반이 확실히 잡혔다는 자신감이 붙은 1798(정조 22)년 12월 3일부터 자신의 호를 스스로 '만천명월주인옹'이라 짓고 자호(自號)를 설명하는 자서(自序)를 남긴다.

『홍재전서』 제10권, 서인3(序引三)에 왕은

"태극(太極)이 있고 나서 음양(陰陽)이 있음으로 중국 고대 제왕(帝王)으로 3황5제(三皇五帝)의 첫째를 차지하며, 팔괘(八卦)를 처음으로 만들고 그물을 발명하여 고기잡이의 방법을 가르쳤다고 전하는 복희씨(伏羲氏)는 음양을 점괘로 풀이하여 이치를 밝혔다. 음양이 있고나서 오행(五行:金·木·水·火·土)이 있음으로 우(禹)는 오행을 기준으로 하여 세상 다스리는 이치를 밝혀 놓았으니, 물과 달을 보고서 태극·음양·오행에 대해 그 이치를 깨우친 바 있었던 것이다. 즉, 달은 하나뿐이고 물의 종류는 일만 개나 되지만, 물이 달빛을 받을 경우 앞 시내에도 달이요, 뒤에 있는 시내에도 달이 있어 달과 시내의 수가 같게 되므로 시냇물이 일 만 개이면 달 역시 일 만 개가 된다. 그러나 하늘에 있는 달은 물론 하나뿐인 것이다. 하늘과 땅이 오직 올바른 것을 우리에게 보여주고, 해와 달이 오직 밝음을 보여 주며, 모든 물건들이 서로 보는 것은 남방의 괘(卦)이다. 밝은 남쪽을 향하고 앉아 정사(政事)를 들었을 때 세상을 이끌어갈 가장 좋은 방법을 나는 터득할 수가 있었다. 그리하여 무(武)를 숭상하던 분위기를 문화적인 것으로 바꾸고 관부(官府:정부)를 뜰이나 거리처럼 환하게 하였으며, 어진 사람은 높이고 임금과 척분 있는 신하는 낮추며, 환관(宦官:내시)과 궁첩(宮妾:궁녀)은 멀리하고 어진 사대부를 가까이 하고 있다. 세상에서 말하는 사대부라는 이들이 반드시 다 어질다고는 할 수 없겠지만, 그래도 금시 검었다 희었다 하면서 남인지 북인지도 모르며 임금에게 아첨하는 신하나 말을 다루는 사람과는 비교가 안 될 것 아닌가.

내가 많은 사람을 겪어 보았는데, 아침에 들어왔다가 저녁에 나가고, 무리지어 쫓아다니며 가는 것인지 오는 것인지 모르는 자도 있었다. 모양이 얼굴빛과 다르고 눈이 마음과 틀어지는 자가 있는가 하면 트인 사람, 막힌 사람, 강한 사람, 부드러운 사람, 바보스러운 사람, 어리석은 사람, 소견이 좁은 사람, 마음이 얕은 사람, 용감한 사람, 겁이 많은 사람, 현명한 사람, 교활한 사람, 뜻만 높고 실행이 따르지 않는 사람, 생각은 부족하나 고집스럽게 자신의 지조를 지키는 사람, 모난 사람, 원만한 사람, 활달한 사람, 대범하고 무게가 있는 사람, 말을 아끼는 사람, 말재주를 부리는 사람, 엄하고 드센 사람, 멀리 밖으로만 도는 사람, 명예를 좋아하는 사람, 실속에만 주력하는 사람 등등 그 유형을 나누자면 천 가지, 백 가지일 것이다.

내가 처음에는 그들 모두를 내 마음으로 미루어도 보고, 일부러 믿어도 보고, 또 그의 재능을 시험해 보기도 하고, 일을 맡겨 단련도 시켜 보고, 혹은 흥기시키고, 혹은 진작시키고, 규제하여 바르게도 하고, 굽은 자는 교정하여 바로잡고 곧게 하기를 마치 맹주(盟主)가 훌륭한 인품으로 제후(諸侯)들을 통솔하듯이 하면서 그 숱한 과정에 피곤함을 느껴온 지 어언 20년이 되었다.

근래에 와서 다행히도 태극, 음양, 오행의 이치를 깨닫게 되었고 또 사람은 각자의 생김새대로 이용해야 한다는 이치도 터득했다. 그리하여 대들보감은 대들보, 기둥감은 기둥으로 쓰고, 오리는 오리, 학은 학대로 살게 하여 천태만상을 나는 그에 맞추어 필요한데 이용만 하는 것이다.

다만 그 중에서 단점은 버리고 장점만 취하며, 선한 점은 드러내고 나쁜 점은 숨겨주고, 잘한 것은 안착시키고 잘못한 것은 뒷전으로 하며, 규모가 큰 사람은 진출시키고 협소한 사람은 포용하고, 재주보다는 뜻을 더 중히 여겨 서로 반대되는 두 쪽의 끝인 양단(兩端)을 잡고 거기에서 중(中)을 택했다. 그리하여 마치 하늘의 중앙으로 상제(上帝)의 궁(宮)인 균천(鈞天)·동북은 창천(蒼天)·북동은 변천(變天)·북은 현천(玄天)·북서는 유천(幽天)·서는 호천(昊天)·남서는 주천(朱天)·남은 염천(炎天)·동남은 양천(陽天)인 구천(九天)의 문이 열리듯 앞이 탁 트이고 훤하여 누구라도 머리만 들면 시원스레 볼 수 있도록 만들었던 것이다.

그리하여 트인 사람을 대할 때는 규모가 크면서도 주밀(周密)한 방법을 이용하고, 막힌 사람은 여유를 두고 너그럽게 대하며, 강한 사람은 부드럽게, 부드러운 사람은

강하게 대하고, 바보스러운 사람은 밝게, 어리석은 사람은 조리 있게 대하며, 소견이 좁은 사람은 넓게, 마음이 얕은 사람은 깊게 대한다. 용감한 사람에게는 방패와 도끼를 쓰고, 겁이 많은 사람에게는 창과 갑옷을 쓰며, 총명한 사람에게는 차분하게, 교활한 사람에게는 강직하게 대하는 것이다.

술을 취하게 하는 것은 뜻만 높고 실행이 따르지 않는 사람을 대하는 방법이고, 다른 것이 전혀 섞이지 않은 전국으로 된 순주(醇酒)를 마시게 하는 것은 생각은 부족하나 고집스럽게 자신의 지조를 지키는 사람을 대하는 방법이며, 모난 사람은 둥글게, 원만한 사람은 모나게 대하고, 활달한 사람에게는 나의 깊이 있는 면을 보여 주고, 대범하고 무게가 있는 사람에게는 나의 온화한 면을 보여 준다. 말을 아끼는 사람은 실천에 더욱 노력하도록 하고, 말재주를 부리는 사람에게는 되도록 종적을 드러내지 않도록 하며, 엄하고 드센 사람에게는 산과 못처럼 포용성 있게 제어하고, 멀리 밖으로만 도는 사람은 포근하게 감싸주며, 명예를 좋아하는 사람에게는 내실을 기하도록 권하고, 실속에만 주력하는 사람에게는 달관을 갖도록 스스로 힘써 노력하도록 하는 것이다.

중니(仲尼 : 공자)의 제자가 3천 명이었지만 각자의 물음에 따라 대답을 달리했고, 봄이 만물을 화생(化生)하여 제각기 모양을 이루게 하듯이, 좋은 말 한 마디와 착한 행실 한 가지를 보고 들으면 터진 강하(江河)를 막을 수 없을 것 같았던 대순(大舜 : 순임금)을 생각하고, 현명한 덕이 있으면 서토(西土)를 굽어 보살피던 문왕(文王)을 생각한다. 그리하여 한 치의 선이라도 다른 사람이 아니라 내가 하고 이 세상 모든 선이 다 나의 것이 되도록 한다. 물건마다 다 가지고 있는 태극의 성품을 거스르지 말고 그 모든 존재들이 다 나의 소유가 되게 하는 것이다. 태극으로 미루어 가보면 그것이 각기 나뉘어 만물(萬物)이 되지만, 그 만물이 어디에서 왔는가를 찾아보면 도로 일리(一理)로 귀결되고 만다.

따라서 태극이란 상수(象數)가 나타나기 이전에 이미 상수의 이치가 갖추어져 있음을 이름이며, 동시에 형기(形器)가 이미 나타나 있는 상태에서 그 이면에 보이지 않는 이치를 말하기도 한다. 태극이 음양인 양의(兩儀)를 낳았으나 태극 그 자체는 그대로 태극이고, 양의가 사상(四象)을 낳으면 양의가 태극이 된다. 또한 사상이 팔괘(八卦)를 낳으면 사상이 태극이 된다. 사상 위에 각각 획(劃)이 하나씩 생겨 다섯 획까지 이르

게 되고, 그 획에는 홀수와 짝수인 기우(奇偶)가 있게 된다. 그리고 그것을 24로 제곱하고 또 제곱하면 1,677만여 개에 달하는데, 그것은 또 모두 36분(分) 64승(乘)에서 기인한 것으로서, 그 수는 우리 창생(蒼生)들의 수만큼이나 많다. 그러므로 거기에는 한계를 지을 것도, 멀고 가까울 것도 없이 그 모두를 자기의 아량과 자기의 본분 내에 거두어들이고, 거기에다 일정한 표준을 세워 그 표준을 기준으로 왕도(王道)를 행하며, 그것을 정당한 길, 또는 정당한 교훈으로 삼아 모든 백성들에게 골고루 적용하면 여러 방면의 훌륭한 인물들이 배출되고 오복(五福)이 두루 갖추어질 것이다.

따라서 그 온화한 빛을 내가 받아들이면 되는 것이니, 그것이야말로 얼마나 깊이 있고 원대한 제도이겠는가. 공부자(孔夫子)가 『주역(周易)』의 「계사전(繫辭傳)」을 쓰면서 맨 첫머리에 태극을 내세워 후인들을 가르치고, 또 『춘추(春秋)』를 지어 대일통(大一統)의 뜻을 밝혀 놓았다. 구주(九州) 만국(萬國)이 한 왕(王)의 통솔 아래에 있고, 천 갈래 만 갈래 물길이 한 바다로 흐르듯이 천자만홍(千紫萬紅)이 하나의 태극으로 합치되는 것이다. 땅은 하늘 가운데 있어 한계가 있으나, 하늘은 땅 거죽을 싸고 있으면서 한도 끝도 없다.

공중에 나는 놈, 물속에서 노는 놈, 굼틀대는 벌레, 아무 지각없는 초목들 그 모두가 제각기 번영과 쇠퇴를 거듭하면서 상대의 영역을 침범하지 않는다. 그러므로 그 큰 쪽을 말하면 천하 어디에도 둘 곳이 없고, 그 작은 쪽을 말하면 두 쪽으로 깰 것이 없을 정도이다. 이것이 바로 참찬위육(參贊位育)의 일인 동시에 성인이 하는 것이다.

내가 바라는 것은 성인을 배우는 일이다. 비유하자면 달이 물속에 있어도 하늘에 있는 달은 그대로 밝다. 그 달이 아래로 비치면서 물위에 그 빛을 발산할 때 용문(龍門)[24]의 물은 넓고도 빠르고, 안탕(雁宕)[25]의 물은 맑고 여울지며, 염계(濂溪)[26]의 물은 검푸

---

24) 중국 황하(黃河) 중류의 물살이 센 여울목으로 잉어가 이곳을 뛰어오르면 용이 된다는 전설이 있다. 산서성(山西省) 하진(河津)의 북서, 섬서성(陝西省) 한성(韓城)의 북동에 있는 산악이 대치한 성의 경계[省境]이다.

25) 절강성(浙江省) 낙청현(樂淸縣) 동쪽 90리에 있는 산으로 반곡(盤曲)이 수백리(數百里)이고, 봉우리가 102개, 골짜기 10곳, 동(洞)이 8개, 바위[巖]가 90개로 이루어진 기묘한 경치를 다툰다는 쟁기경승(爭奇競勝)으로 절정에 호수가 있다.

26) 호남성(湖南省) 도영현(道營縣) 여산(廬山) 기슭에 염계서당(濂溪書堂)으로 은퇴하여 후학을 가르쳤기 때문에 주돈이(周敦頤)를 염계라 불렀다.

르고, 무이(武夷)[27]의 물은 소리 내어 흐르고, 양자강(揚子江)의 물은 차갑고, 탕천(湯泉)[28]의 물은 따뜻하고, 강물은 담담하고, 바닷물은 짜고, 경수(涇水)[29]는 흐리고, 위수(渭水)[30]는 맑지만, 달은 각기 그 형태에 따라 비춰줄 뿐이다.

　물이 흐르면 달도 흐르고, 물이 멎으면 달도 함께 멎고, 물이 거슬러 올라가면 달도 같이 거슬러 올라가고, 물이 소용돌이치면 달 또한 소용돌이친다. 그러나 그 물의 원뿌리는 달의 정기(精氣)이다. 거기에서 나는, 물이 세상 사람들이라면 달이 비춰 그 상태를 나타내는 것은 사람들 각자 얼굴이고 달은 태극인데, 그 태극이 바로 나라는 것을 알고 있다. 이것이 바로 옛사람이 만천(萬川)의 밝은 달에 태극의 신비한 작용을 비유하여 말한 그 뜻이 아니겠는가.

　그리고 또 나는, 저 달이 틈만 있으면 반드시 비춰준다고 해서 그것으로 태극의 테두리를 어림잡아보려고 하는 자가 혹시 있다면, 물속에 들어가서 달을 잡아보려는 것과 다를 바 없는 아무 소용없는 짓임도 알고 있다. 그리하여 나의 연거(燕居)처소에 '만천명월주인옹(萬川明月主人翁)'이라고 써서 자호(自號)로 삼기로 한 것이다."

라는 말속에 정조의 모든 사상과 치국이념이 그대로 함축되어 있다.

　정권이 어느 정도 안정을 찾자 자신이 지향하는 정치적 포부를 나타내어 보인 것이다. 호(號) 속에다 앞으로 이룰 대통일의 비전을 담아 인사의 방향을 확실하게 제시한 것이다. 왜냐하면 사람을 때와 곳에 따라 어떻게 부릴 것인가에 대한 용인술(用人術)을 이미 터득하여 부리고 있음이 확연하게 나타나 있기 때문이다.

　'극(極)'이란 개인용 인장이다. 극자를 가운데 양각(陽刻)으로 새기고 좌우에는

27)　넓이는 약 70평방킬로미터로 복건성(福建省)에 있는 무이산(武夷山)이다. 중국 동남부에서 보존이 제일 완벽한 아열대 삼림으로 풍부한 생활자원의 보고로 남송(南宋) 때 주희(朱熹)가 무이구곡이라 하며 '무이구곡가(武夷九曲歌)'를 지었다.

28)　섬서성(陝西省) 임동현(臨潼縣) 남쪽 여산(驪山) 기슭에 있는 역대 제왕들의 온천 휴양지이다. 화청지(華淸池)는 당 현종과 양귀비의 로맨스에서 비롯된 이름이다.

29)　경수는 물이 흐리고 위수는 물이 맑은데서 청탁(淸濁)이 분명하다는 뜻으로 사용하였다. 그래서 경위(涇渭)는 엉클어진 일의 내용에서 가려내는 옳음과 그름을 말한다.

30)　길이 870km로 중국 감숙성(甘肅省) 남동쪽에서 발원하여 동쪽으로 흘러 섬서성(陝西省)으로 들어가 경수(涇水), 분수(汾水), 풍수(灃水) 등의 지류와 합류되면서 함양(咸陽), 서안(西安)의 북쪽을 지나 동관(潼關)부근에서 황하(黃河)로 흘러든다.

음각(陰刻)으로 두 마리의 용(龍)을 둘러 새겼다. 이 인장은 정조가 왕권 강화를 뒷받침하기 위해 그가 내세운 이념(理念)인 황극(皇極)사상을 나타낸다.

황극이란 제왕(帝王)이 국가를 다스림에 한 쪽으로 치우치지 않는 대중지정(大中至正)의 도(道)로 『서경(書經)』, 「홍범(洪範)」편에 '왕이 최소의 극점에 서서 초월적 존재로 군림하며 만물을 탕탕평평(蕩蕩平平)하게 다스린다.'는 견해이다.

사도세자는 어릴 때부터 유달리 글을 좋아하여 말을 하기도 전에 글자를 보면 기뻐하였고 효자도(孝子圖)나 성적도(聖蹟圖) 등을 즐겼다고 한다. 글씨 쓰기를 좋아해 두 살 때부터 글자모양을 만들기 시작했으며 4세에 사부로부터 『소학(小學)』을 배웠다고 한다. 이때부터 이미 글자의 획이 이루어졌으며 세손에게 글을 가르치던 보양관 남유용(南有容 : 1698~1773) 앞에서 서슴없이 책을 읽고 뜻을 알 정도로 총명했다고 한다. 5~6세 때 쓴 붓글씨로 병풍을 만든 사람이 있을 정도였다니 놀라운 일이다.

「혜경궁이 내린 행록」에 따르면 타고난 성품이 검소하고 질박하여 어려서부터 화려하고 사치한 것을 좋아하지 않았고, 학문에 매달려 날이 밝기 전에 일어나 책을 읽었다고 한다. 어머니가 어린 아들의 몸이 상할까 염려되어 너무 일찍 일어나는 일을 만류하자 세수한 뒤 몰래 불을 가리고 책을 읽었다고 한다. 효성 또한 남달리 지극하여 할아버지와 부모에게 순응했고 교훈에 어긋나는 일이 없었다. 여섯 살 때인 1757(영조 33)년 2월 15일, 정성왕후 서씨(徐氏)가 관리합(觀理閤)에서, 3월 26일에 인원왕후(仁元王后 : 숙종의 계비 金氏)가 영모당(永慕堂)에서 돌아가셨을 때는 울음소리를 듣고 어린나이에도 사람이 없는 곳에 제물을 차려 놓고 명복을 빌었다고 한다. 또 그해 겨울과 다음해 겨울 할바마마가 병으로 자리에 눕자 곁에서 정성껏 간호하여 쾌유하자 세손의 효성이 하늘을 감응케 한 탓이라며 모든 사람들이 칭송을 아끼지 않았다. 세손이 어릴 때 영조가 글의 뜻을 물어보면 곧 조리가 분명하여 마음이 시원하도록 대답하였다. 별안간 밤중에 잠자리에 든 것을 알면서도 불러내어 시험 삼아 글을 외우게 한 다음 뜻을 물어보아도 그

대답이 바르고 옳아서 영조의 칭찬이 떠나지 않았다고 한다.

영조실록 35(1759)년 윤 6월 22일에 영조는 면복을 갖추고 명정전(明政殿)에 나아가 원손을 책봉하였는데 원인손(元仁孫)은 대제학 김양택(金陽澤)이 지어 올린 교문(教文)을 읽었다.

"왕은 말하노라. 왕손(王孫)이 숙성(夙成)하고 준수했으니 바야흐로 무릎에 앉히는 기쁨이 깊었고, 원손(元孫)의 작호(爵號)를 봉(封)했으니 계체(繼體)의 뜻을 밝혔다. 이는 진실로 드물게 보는 경사인데, 어찌 널리 반포(頒布)하는 전례(典禮)31)가 없겠는가? 돌이켜 보건대 양덕(涼德)한 이 몸이 삼종(三宗)32)의 나머지를 이어 받았는데, 동궁(東宮)에서는 한 가닥의 길조(吉兆)를 얻었도다. 과인(寡人)은 아들이 있어 그가 아들을 낳았으니 열조(列朝)의 권우(眷佑:친절히 보살펴 도와줌)하는 아름다움을 힘입었고, 자성(慈聖)에 있어서는 손자의 아래에 또 손자를 보았으니 석년(昔年)에 기뻐하시던 뜻을 생각하게 하였다. 특이(特異)한 자질(資質)을 하늘에서 내렸으니 엄연(儼然)히 성덕(成德)이 부합(符合)된 것 같고, 아름다운 덕이 날로 빛나니 진실로 양정(養正)의 효험이로다. 어려서부터 효우(孝友)가 이미 돈독했고, 학문을 배움에 미쳐서는 오직 공부에 부지런했다. 이마를 어루만지면서 5척(尺)으로 자란 것을 기뻐했으니 하늘에서 도와주었고, 업적(業績)을 이어받아 만세(萬世)의 장원(長遠)함을 열었으니 내가 다시 무엇을 근심하겠는가? 종적(宗嫡)이 이미 귀정(歸正)되었으니 원손(元孫)의 작호(爵號)를 내렸는데, 전례(典禮)를 조금 기다린 것은 선왕(先王)의 규범(規範)을 따르고자 한 것이다. 지금 교양(教讓)할 나이가 차고, 또 육덕(育德)의 공(工)이 드러난 것을 알았도다. 오장(五章:다섯 가지 문채)의 몸에 맞는 옷을 내리니 예의(禮儀)가 매우 아름다웠고, 팔역(八域)의 목을 늘여 기다리는 여망(輿望)에 부응(副應)하니 국세(國勢)가 더욱 굳건하리로다. 이를 가사(家嗣:종손)라 이르나니 큰 책임이 있는 바를 양지(諒知)하겠고, 충인(冲人)이라 이르지 말지니 도의(道義)의 계승(繼承)을 기약하리로다. 이에 진실로 정통(正統)을 세우고 조선(祖先)을 높이며, 대개 앞으로 아들을 돕고 손자를 편케 하리로다. 홍도(洪圖:크고 넓은 계획)를 어루만져 후손을 넉넉케 하리니 이는 공고(鞏固)한 기틀과 근본을 생각하는 데

---

31) 왕실(王室) 또는 나라의 길흉(吉凶)에 관(關)한 의식(儀式)이다.
32) 효종, 현종, 숙종을 말한다.

서 나왔고, 슬기로운 교화를 더위잡아 복을 연장(延長)했으니 부조(父祖)의 업적을 계승(繼承)하는 방도를 넓히리로다.

　지난날에 종서(宗緒:선조의 업)가 고위(孤危)하여 항상 철류(綴旒)[33]의 두려움을 품었었는데, 지금은 자손(子孫)이 번연(繁衍)하니 깊이 반석(盤石)과 같은 안정을 굳혔도다. 휴상(休祥:아름다운 상서)이 성해(星海)와 일월(日月)의 노래를 이어받았으니 문명(文明)이 잇달았고, 보록(寶籙)[34]은 칠저과질(漆沮瓜瓞)[35]의 가영(歌詠)[36]을 점(占)쳤으니 본지(本支)가 면면(綿綿)하도다. 이에 청묘(淸廟)에 제사 드리고, 넓은 전정(殿庭)에서 고유(告諭)를 반포(頒布)했노라. 혜택(惠澤)이 비와 같았으니 대소(大小)가 모두 함께 삶을 누렸고, 희기(喜氣)가 봄과 같으니 상하(上下)가 모두 경사(慶事)에 참여했도다. 아! 영성(盈成)한 경운(景運)이 바야흐로 흡족했으니 겸손한 도(道)로서 자신을 간직하였고, 인도(引導)하여 몸으로 가르침이 엄격했으니 만년(晩年)에 들어 학문에 더욱 힘썼노라. 어찌 나라가 편안하다 하여 혹 방일(放逸)[37]하겠는가? 덕화(德化)의 유신(維新)에 힘쓸 것을 바란다. 이에 교시(敎示)하는 바이니, 모두들 상세히 알도록 하라."

하였다.

　어릴 때부터 비범한 천품과 영특한 자질을 타고난 산(祘)은 8살에 왕세손으로 책봉되면서 옥인(玉印)·죽책(竹冊)·교명(敎命)을 받았다. 영조는 옥인에 '왕세손인(王世孫印)'이라는 글자를 새겨 내렸다. 그날 특별히 영조가 세손을 위하여 별도로 내린 죽책과 교명에는 교훈과 경계의 글이 기록되어 있는 것이 특징이다.

---

33) 면류관(冕旒冠)에 매단 구슬이 떨어질 것처럼 위험한 것.
34) 제왕의 위에 오를 전조나 수보록무(受寶籙舞)로 대궐 안의 잔치 때에 추던 춤의 일종으로 당악(唐樂)이며 여악(女樂)이다. 봉족자(奉簇子)·보록(寶籙) 각 한 사람과 지선(地仙)·죽간자(竹竿子)·인인장(引人仗)·용선(龍扇)·봉선(鳳扇) 각 두 사람과 정절(旌節) 여덟 사람과 합(合)하여 스물 네 사람의 여기(女妓)가 수악절(隨樂節)에 맞추어 수보록사를 부르며 족도(足蹈)하고 춤을 춘다. 조선(朝鮮) 태종 때 지어 전(傳)한다.
35) 주(周)나라의 시조(始祖) 후직(后稷)이 칠수(漆水)와 저수(沮水)의 연안(沿岸)에 기지(基地)를 잡아 자손이 번창(繁昌)한 것을 말한 것.
36) 시가를 읊음. 범패의 하나로 부처를 찬미하는 내용으로, 범패승이 독창한다.
37) 제멋대로 거리낌 없이 방탕하게 노는 일을 말한다.

〈교명(敎命)〉

　왕은 이렇게 말한다. 국본(國本:세자)을 소중히 하는 것은 만년의 운수를 여는 때문이요, 대를 이을 손자를 세우는 것은 일통(一統)의 도적(圖籍)을 계승하기 때문이다. 뭇 사람들의 마음이 매여 있음으로 이에 큰 책임을 내린다. 생각건대 너 원손(元孫) 산(祘)은 왕세자의 맏아들이고 맏손자이다. 인품은 임금으로서 예의, 용모의 상서(祥瑞)가 엉겨있고 신인(神人)의 소명에 참으로 합하였다. 성대하고 민첩한 칭예(稱譽 : 칭찬)를 강구하니 스승의 공을 번거롭게 하지 않는다. 네 이마를 어루만지니 실로 내 노년의 마음을 위로하고, 제왕의 대를 이으니 큰 복을 영원히 전하리로다. 어린 자질이 점차 장성하는 날을 기다리니 손꼽아 기다리는 마음이 매우 간절하다. 소학(小學)에서 처음 가르치는 나이인 8세에 이르러 왕세손으로 책봉하는 의의를 생각한다. 이에 너를 책명(册命)하여 왕세손으로 삼는다. 너는 마땅히 어린 교육을 독실이 하여야 하니 아름다운 왕세손의 책명을 공경히 받을지어다.

　효제(孝悌)는 실천하는 원천이 되고 성실과 공경은 몸을 닦는 근본이 된다. 진기한 놀음이나 물건을 물리치니 이목(耳目)이 부귀(富貴)·명리(名利)·외물(外物)에 부림을 당하는 일이 없고, 경전(經傳:성현이 지은 책)을 존중히 하니 좌우에 항상 바른 사람이 가까이 있다. 성인의 공부는 제가(齊家)·치국(治國)에 이르도록 목표해야 하니 높은 곳을 오르는 데에는 아래로부터 시작하고, 타고난 지능(知能)은 반드시 넓혀서 완전하게 해야 하니, 뿌리를 북돋우어 가지에 사무치게 한다.

　자손을 위한 좋은 계책을 주노니 부귀장수의 복을 축원한다. 아! 300년 우리 왕실의 기업(基業)이 지극히 크니 내가 항상 깊은 못에 임한 듯 살얼음을 밟듯 두려워하였다. 누천 말씀 훈계의 책이 더욱 밝게 전하니, 너는 그 조상이 이룩한 일을 이어받기를 힘쓰기 바란다. 이에 짐짓 교시(敎示)하노니, 아마도 마땅히 잘 알리라.

기묘(영조 35)년 윤6월 22일
〈시명지보(施命之寶)〉

　열 살이 되던 1761(영조 37)년 3월 10일, 입학례(入學禮)를 하고 3월 18일에 경희궁 경현당(景賢堂)에서 관례(冠禮)를 거행했다. 세손은 11세가 되던 1762(영조 38)년 2월 2일, 왕세자(王世子)와 세자빈(世子嬪)이 창덕궁(昌德宮)으로부터 와서 조현(朝見)하였다. 임금이 경현당에 나아가 왕세손(王世孫)의 가례 초계(醮戒)[38]를 행하였

다. 임금은 동벽서향(東壁西向)하고, 왕세자는 북향하여 부복(俯伏)하였으며, 왕세손은 북쪽에 앉아서 남향하니, 임금이 친히 초계(醮戒)하였다. 또 세손에게 하유하는 글을 친히 지었는데, 이르기를, '이제 네가 먼저 삼가(三加)³⁹⁾의 예를 행하였고, 또 초례(醮禮)를 행하였으니, 4백 년에 가까운 나라가 장차 의탁할 곳이 있게 되었다. 이는 참으로 3백 년만에 처음 있는 일이어서 추모(追慕)하고 기쁜 마음이 가슴 속에 간절하게 교차된다. 나이는 성동(成童)에 이르지 못했으나 예(禮)로는 성인이 되었으니 이후부터는 더욱 강학(講學)에 부지런하고 본심(本心)을 잃지 아니하여, 우리 종팽(宗枋 : 종묘)을 계승하고 선조의 업(業)을 계술(繼述)하라.' 하였다.

청원부원군(淸原府院君) 좌참찬 김시묵(金時黙)의 딸을 배필로 맞아 신시(申時)에 명광전(明光殿)에서 가례(嘉禮)를 올렸다. 이분이 효의왕후(孝懿王后) 김씨(1753~1821)이다. 그러나 불행하게 둘 사이에서는 아이를 낳지 못했다. 그해 윤5월에 아버지 사도세자[죽은 뒤 영조가 내린 위호(位號)]가 28살 젊은 나이로 비운의 죽음을 당하는 임오화변(壬午禍變)의 참상을 겪으며 어린마음에 씻을 수 없는 깊은 상처를 받는다. 아버지가 노론의 집요한 공격을 받아 세상을 떠난 후, 영조는 일찍 요절한 배다른 아들인 효장세자(孝章世子 : 眞宗으로 추존)의 대를 잇는 후사(後嗣)로 1764(영조 40)년 2월 23일에 입적시켰다. 1775(영조 51)년 12월 7일, 임금이 왕세손에게 명하여 서정(庶政)을 대리청정(代理聽政)하게 하였다. 하교하기를, '이제 서야 순조롭게 결말이 났다. 83세가 다 되어 충자(沖子 : 어린아이)가 나에게 효도함을 보게 되니 천만다행이다. 구저(舊邸)로 가겠다는 하교를 잠시 보류하라.' 하였다. 이듬해 3월 5일 묘시(卯時)에 왕이 경희궁(慶熙宮) 집경당(集慶堂)에서 승하하자 3월 10일 오시(午時)에 숭정문(崇政門)에서 왕세손은 25세의 장년으로 우여곡절 끝에 어렵사리 왕위에 오르는데 이분이 바로 조선 제22대 정조대왕(正祖大王)이다.

---

38) 세자가 세자빈을 맞으러 가기 전 임금을 뵙는데 이 때 임금이 세자에게 내리는 술이 초(醮)이고 아울러 경계의 말을 당부함으로 초계라 한다.
39) 관례(冠禮) 때 세 번 관(冠)을 갈아 씌우는 의식이다.

영조는 아들을 죽인 일을 나이가 들수록 후회했다. 그 예가 바로 친·외척, 노론으로부터 수없는 모함 속에서도 세손만은 끝까지 지켰다는 사실이 이를 뒷받침한다. 1776(영조 52)년, 보령 83세의 노 임금은 왕세손 산에게 내린 은인과 유서를 통해서도 알 수 있다. 아버지 사도세자의 죽음과 관련된 『승정원일기』의 기록 삭제를 요청하고 아버지를 그리워하는 세손의 효심에 영조가 감동하여 만들었다. 도장 인면(印面)에는 영조가 친필로 '효손 팔십삼서(孝孫 八十三書)'라 새겼다.

〈유세손서(諭世孫書)〉
"아! 해동(海東)의 300년 우리조선은 83세의 임금이 25세의 손자(孫子)에게 의지한다. 오늘날 종통(宗統)을 바르게 하니 나라는 태산반석(泰山盤石)처럼 편안함이 있고 또 진달한 글을 보니 말은 엄명하고 뜻은 정대하여 천백세(千百歲)를 전할 수 있다. 일기(日記)를 세초(洗草)하는 것은 실로 네 뜻을 따른 것이다. 또 듣건대, 어제 무덤 위에서 행동에 대해, 들은 사람은 눈물이 옷깃을 적실만 하였다.
건국초기 보인(寶印)을 만든 고사(故事)를 따라서 '지효(至孝)'라 새겨 네게 주려 하였는데 네 스승 영상(領相)의 충성스러운 말이 나로 하여금 감동케 하였다. 그런고로 그 명을 중지하기는 하였으나 그 행적을 어찌 후세에 남을 흔적까지 아주 없어지게(泯滅)할 수 있겠는가. 특별히 효(孝) 한자로써 그 마음을 금세(今世)에 드러내고 그 일을 후세의 본보기로 삼는다면 비록 해동의 초목(草木)과 곤충(昆虫)일지라도 누가 모르겠는가.
특별히 정전(正殿)에 임어하여 선유(宣諭)하고 이어서 하례를 받는다. 할아버지와 그 손자가 서로 의지하니 오늘날에 광명정대(光明正大)하다.
아! 내 손자야!
할아버지의 뜻을 체득하여 밤낮으로 두려워하고 삼가서 우리 300년 종묘사직을 보존할 지어다. 내 즉위 52년, 나이 83세에 25세 되는 내 세손에게 이르노라.

라는 글을 남겨 세손을 보호했다.
왕은 조회(朝會)나 거둥 때면 항상 이 은인(銀印)과 「유세손서」를 앞세웠다고 하니 정권 초기가 얼마나 어렵고 불안하며 험난하였나를 가늠하기에 족하다.
어느 정도 자리를 잡아갈 1782(정조 6)년 9월 7일, 의빈(宜嬪) 성씨(成氏)가 문효세자(文孝世子) 향(暳)을 출산한다. 왕이 말하길 '비로소 아비라는 호칭을 듣게 되었

으니, 이것이 다행스럽다.'며 무척 기뻐하였다. 3살 되던 1784년 8월 2일, 인정전(仁政殿)에 나아가 책봉사를 떠나보내고 임금이 명하여 왕세자로 하여금 중희당(重熙堂)에서 책문을 받게 하여 왕세자로 책봉하였다. 그러나 불행하게 1786(정조 10)년 5월 11일 5세로 창덕궁의 별당에서 홍역으로 죽고 만다. 5월 20일 정조는 묘(廟)를 문희(文禧)로, 묘(墓)는 효창(孝昌)이라 하였다. 그래서 지금의 효창동, 효창공원이란 이름이 생겨난 것이다.

천하 명당의 길지를 골라 아버지 사도세자를 화산(花山) 현륭원(顯隆園)으로 천봉하던 때에 잉태하여 1790(정조 14)년 6월 18일 신시(申時)에 수빈(綏嬪) 박씨(朴氏)가 창경궁 집복헌(集福軒)에서 원자를 낳았다. 이분이 순조이다. 아버지가 태어난 집복헌에서 그것도 어머니 혜경궁 홍씨가 태어난 날과 같은 날이었으니 조상의 음덕(蔭德)이 아니고는 이루어질 수 없는 경사였다. 정조는 틀림없이 아버님께서 점지해 주신 아들이라고 굳게 믿었다.

왕은 문효세자를 잃은 경험 탓인지 원자가 11살 되던 1800(정조 24)년 정월 초하룻날에 가서야 종묘·진전(眞殿)·경모궁(景慕宮)을 배알하고 원자(元子)의 책례(冊禮)·관례(冠禮)·가례(嘉禮)에 대한 사유를 친히 고하였으니, 예조로 하여금 '좋은 날을 가리고 인하여 응당 해야 할 여러 가지 절차를 품정(稟定)[40]하도록 하라.' 하였다. 1월 25일에 왕세자의 이름을 홍(玜), 자는 공보(公寶)라 정하고, 2월 2일에는 왕세자 관례와 책봉례를 집복헌 바깥채에서 치렀다.

그는 왕위에 오르기 전 수없는 죽음의 문턱을 드나들면서도 전심전력으로 학문에 매달렸다. 얼마나 책을 많이 보았는지 정조 23(1799)년 7월 10일 실록에, '내가 눈으로 보는 것이 점점 전과 같지 않고 성현들이 지은 책도 안경이 아니고는 알아보려 힘써도 어려운즉, 안경은 200년에 이른 초유의 물건이다.(上曰 予之眼視 漸不如前 經傳文字 非眼鏡則難以辨認 而眼鏡乃二百年來初有之物也)'라고 매달 여섯 차례씩 의정(議政)·대간(臺諫)[41]·옥당(玉堂)[42]들이 입시하여, 중요한 정무(政務)를 상주

---

40) 웃어른에게 여쭈어 의논하여 정함.

(上奏)하던 차대(次對)에서 신하들에게 말했다. 조회 때 안경을 쓰면 놀라울 정도로 잘 볼 수 있지만 안경이 없으면 경전이나 서류를 보기 힘들다는 말이다.

지금처럼 인쇄술이 발달하여 글자가 작은 때도 아니고 당시만 하더라도 지금보다 훨씬 큰 활자였던 점을 감안하면 정조가 얼마나 지독한 독서광이었나를 미루어 짐작할 수 있을 것이다. 정조를 가리켜 호학군주(好學君主), 군사(君師)라 부르는 말이 자연발생적으로 생길 수밖에 없도록 한 대목이다. 왕은 책에서 백성 사랑하는 법을 배웠다. 그리고 무엇보다 훌륭한 점은 사사건건 맞서며 호시탐탐 자신을 제거하려는 무서운 정적, 노론(老論)을 아무도 모르게 복수하는 법을 터득하였다는데 있다. 그 복수란 실형(實刑) 대신 현실적인 사안 모두를 포용(包容)하여 이 땅에 다시 아버지나 자신과 같은 슬픈 역사가 되풀이 되지 않기를 간절히 바라는 고뇌에 찬 성인의 마음으로 돌아가서였을 것이다. 그 예로 1796(정조 20)년 실록 9월 6일자에, 관학유생(館學儒生) 심래영(沈來永) 등이 김인후(金麟厚)의 문묘 종사를 청하는 상소에 비답을 내린 후 노론 강경파인 봉조하(奉朝賀)[43] 김종수(金鍾秀)가 우의정 윤시동(尹蓍東)에게 글을 보내길, '무릇 혈기가 있는 무리는 모두 군사부(君師父)의 은혜로 살아가기 때문에 똑같이 섬겨야 하는 도리가 있다. 우리 임금은 성인이시다. 총명함이 임금의 자리에 있으면서 스승을 겸하고 있으니, 종수는 늙어 머리가 하얀 지금까지도 우러러 존경하는 마음이 더욱 깊어지기만 하여 내 임금이 바로 내 스승이라는 것만을 알고 있을 뿐이다. 한수재 권상하(權尙夏 : 1641~1721) 선생께서 일찍이 오늘날 사림의 영수는 주상이 아니고 누구이겠는

---

41) 관료를 감찰 탄핵하는 임무를 가진 대관(臺官)과 임금에게 글을 올려 일의 옳지 않음을 논박하거나 혹은 옳지 않은 조칙(詔勅)을 그대로 돌려보내 그 반박 의견을 나타내는 임무를 가진 간관(諫官)을 합쳐 부른 말이다.

42) 홍문관(弘文館)의 부제학(副提學), 교리(校理), 부교리(副校理), 수찬, 부수찬을 통틀어 일컫는 말이다.

43) 조선시대 전직 관원을 예우하여 종2품의 관원이 퇴직한 뒤에 특별히 내린 벼슬로 종신토록 신분에 맞는 녹봉(祿俸)을 받으나 실무는 보지 않고 다만 국가의 의식이 있을 때에만 조복(朝服)을 입고 참여하였다.

가라고 말씀하였다.(凡有血氣之倫, 莫不有生三事一之義, 吾君, 聖人也, 聰明有臨君而兼師, 鍾秀今至老白首, 而仰彌高信彌爲, 只知吾君之爲吾師, 寒水齋先生, 嘗言當今士林領袖.)'라는 것만으로 왕의 학문이 어느 정도인가를 가늠하기에 충분하다.

할아버지 영조는 부끄러운 부분을 세초(洗草)토록 하여 기록을 아예 없애버렸거나 가능한 한 기록하기를 꺼려한 반면, 정조는 일일이 모든 것을 기록으로 남겨 후세에 전하도록 하였다. 그만큼 자신의 치세(治世)에 대한 당당함이었으리라.

정조의 글을 모아서 찬수(撰修)한 『팔자백선(八字百選)』, 『주서백선(朱書百選)』, 『오경백선(五經百選)』과 시문(詩文)·윤음(綸音)·교지 등을 한데 모아 엮은 문집(文集)인 『홍재전서(弘齋全書)』 등이 이를 반증한다. 정조는 다산(茶山) 정약용(丁若鏞), 혜강(惠岡) 최한기(崔漢綺 : 1803~1877)와 더불어 가장 많은 글을 지어 책을 만든 조선의 3대 저술가 중 한 사람이기도 하다.

2부 8일간의 그 화려한 복수

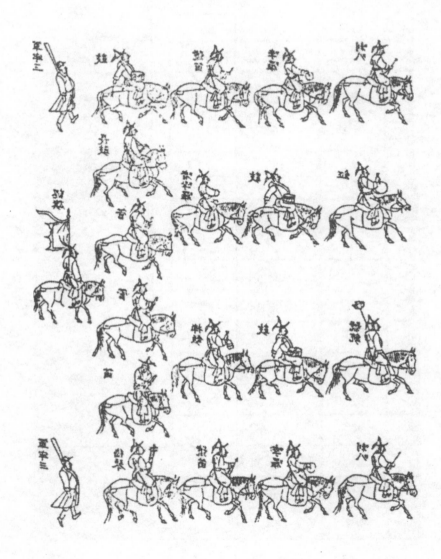

1. 회상回想, 오늘이 있기까지

　　정조는 아름다운 연꽃받침에 8각 면마다 안상(眼象)을 아로새긴 촉대부(燭臺跗)로 고정시킨 날렵한 화촉대(畵燭臺) 위에, 여의주를 희롱하며 금방이라도 구름을 박차고 튀어나올 것 같은 용촉(龍燭)을 쌍으로 대낮같이 밝혀놓고 망부석처럼 미동도 하지 않는다. 숨 막힐 듯 조용한 가운데 소리 없는 눈물이 흘러 용포자락을 적실뿐이다.

　　지금으로부터 꼭 33년 전인 1762년, 임오화변(壬午禍變)이 있었다. 그때 자신의 나이 11살이었다. 한창 감수성이 예민한 사춘기 소년이 할 수 있는 일이란 울며 할바마마인 영조(英祖)에게 아비를 살려달라고 애원하는 것이 고작이었다.

　　그날도 지금처럼 밤이었다. 깊은 밤 어린 자신은 그저 아버지에게 겁을 주기 위하여 할바마마가 펼치는 연극이라고 생각했다. 그런데 심상치 않았다. 사람에게는 미구에 일어날 일을 예견하는 힘이 누구에게나 있는 것일까? 그것은 막연하지만 아주 불길한 조짐이 어린 자신의 머리를 번개처럼 스치며 지나갔다. 황급한 마음에 산(祘)은 아버지가 막다른 위험에 처했다는 말을 듣자마자 앞뒤 가리지 않고 창경궁 휘령전(徽寧殿) 앞뜰로 달려가 관(冠)과 도포(道袍)를 벗고 아버지 뒤에 엎드려 '제발 아비를 살려주옵소서.' 하며 할바마마에게 울며 매달렸다. 그러자 할바마마가 안아 시강원(侍講院)으로 데려다 놓고 어영대장 김성응(金聖應)과 그 아들 김시묵(金時黙)에게 다시 들어오지 못하도록 엄히 지켜야 한다고 추상같은 명령을 내렸다. 겁에 질린 김시묵은 정조의 장인이요, 김성응은 장인의 아버

지이다. 그래도 어린 손자만은 사랑하셨던가 보다.

　말이 세손(世孫)이지 너무 어린 탓으로 이렇게 급박한 상황을 헤쳐 나갈 지혜나
힘이 없었다. 게다가 더욱 참담한 일은 자신을 진정으로 도와주는 친척이나 신하
한 사람이 곁에 없다는 사실이 더 서러웠다. 할머니 영빈(暎嬪) 이씨(李氏)나 어머
니마저 아버지편이 되어주지 못하는 현실을 보며 어린 정조는 억장(億丈之城)이
무너지듯 분하고 억울한 마음으로 하늘을 치받고 싶었다. 사람이 무섭고, 정말
야속하다는 마음이 어린 소년의 가슴 속으로 가득 밀려들어 왔다.

　온화하던 할바마마의 모습은 오간데 없고 서리 발 같은 소름끼치는 살기(殺氣)
가 휘령전(徽寧殿) 넓은 뜰을 무겁게 내리누르고 있었다.

　임오년(壬午年)년 윤5월 13일, 무더위가 기승을 부리던 때 아버지 세자는 창경
궁 휘령전 앞뜰에 엎드려 용서해 달라고 빌고 있었다. 할바마마의 명에 따라 땅
에 엎드린 채 관(冠)이 벗겨지고, 맨발에 머리로 땅을 두드리게 하는 구두(扣頭)도
모자라 자결(自決)할 것을 전교하니 이마에 선혈이 낭자했다. 아직 보름은 아니건
만 둥그런 달이 더욱 처연한 분위기를 자아내게 하는 기분 스산한 밤이었다. 영
의정 신만(申晩), 좌의정 홍봉한(洪鳳漢), 판부사 정휘량(鄭翬良), 도승지 이이장(李彝
章), 승지 한광조(韓光肇) 등이 뜰 안으로 들어 왔으나 한마디 진언(陳言)[1]도 못하고
벌벌 떨기만 하던 모습이 눈에 밟힐 듯 뚜렷하다. 할바마마가 칼을 들고 자결할
것을 불같이 재촉하니 아바마마는 스스로 목매어 자살[世子欲自經]하고자 하였으
나 세자시강원(世子侍講院)의 여러 신하들이 제지하여 그 뜻마저 이룰 수 없게 하
였다고 한다.

　'할바마마가 창덕궁에 거둥하여 세자를 폐하여 서인으로 삼고, 안에다 엄히 가
두었다.(上幸昌德宮, 廢世子爲庶人, 自內嚴囚)'이때에도 역시 신만·홍봉한·정휘량 등
이 다시 들어왔으나 아무 말도 못하였으며, 여러 신하들 역시 공포에 질려 벌벌
떨기만 할뿐 나아가 진언하는 사람이 아무도 없었다니 그 때 아버지는 이미 죽은

---

1) 참됨과 참되지 못한 말을 이른다.

목숨이나 다를 바 없었다. 신만·홍봉한·정휘량 그들이 누구인가? 모두 할바마마와 사돈지간 아닌가. 사돈이 자식을 죽인다는데 꿀 먹은 벙어리였으니 더 무슨 말이 필요했겠는가. 할바마마 역시 가장 대하기 어렵다는 사돈 앞에서 자식을 죽이겠다니 참으로 어처구니없는 일 아닌가?

할바마마가 당신을 호위하는 군사를 시켜 시강원의 여러 신하들을 모두 내쫓았는데 한림(翰林) 임덕제(林德躋)만이 굳게 엎드려 떠나지 않았다. 한림이란 정9품 예문관 검열(檢閱)로 사초(史草)[2]를 기록하는 사관(史官)이다. 할바마마는 엄하게 하교하기를 '세자를 폐하였는데, 어찌 사관이 있겠는가?' 하고 역시 군사를 시켜 내보내니, 세자가 임덕제의 옷자락에 매달려 울며 '너 마저 나가 버리면 나는 장차 누구를 의지하란 말이냐?'라며 전문(殿門)에서 나와 시강원의 여러 관원에게 어떻게 하여야 좋을지 물었다 한다. 목을 매어 자살까지 하려던 세자가 과연 임덕제의 옷자락에 매달려 사정을 하였을까? 아무튼 실록은 그렇게 전한다. 지푸라기라도 잡고 싶으셨을까? 이때 세자시강원에서 경사(經史)와 도의(道義)를 가르치던 사서(司書:정6품) 임성(任晟)이 '이 일은 마땅히 다시 휘령전 앞뜰로 들어가 처분을 기다리셔야 합니다.' 라고 말하니 세자가 울면서 다시 들어가 땅에 엎드려, '지난날의 잘못을 고쳐 앞으로는 착하게 되겠다.[改過爲善]'며 아버지에게 마지막 용서를 구했다고 한다. 그러나 할바마마 전교는 더욱 엄해지고 영빈(映嬪)이 고한 바를 대략 진술하였는데, 영빈은 바로 세자를 낳은 어머니 이씨(李氏)이다. 남편에게 자기 자식의 잘못을 고해 죽음에 이르게 한 비정한 사람이 바로 정조 자신의 친할머니였던 것이다. 남편인 영조에게 '세자의 병이 점점 깊어 바라는 것이 없습니다. 소인이 이 말씀을 차마 어미 된 정리로 보아 못할 일이오나 성궁(聖躬)을 보호하옵고 세손을 건져 종사를 편안히 하는 일이 옳사오니 대 처분을 하시오소서.' 울며 남편의 결단을 촉구한 하늘아래 오직 하나밖에 없는 비정한 어미일 것이다.

---

2) 사관(史官)이 시정을 적어 둔 사기(史記)의 초고(草稿), 실록(實錄)의 원고(原稿)가 되었다.

자식에게 병이 있으면 백방으로 손을 써서라도 구완하여 고치려는 것이 부모의 마음이다. 병을 구실 삼아 자식을 죽였다는 일은 전고에 없는 일이다. 차라리 아비를 해칠 위험 때문에 정적을 제거했다는 편이 훨씬 어울리지 않았을까?

도승지 이이장(李彝章)은 '전하께서 깊은 궁궐에 있는 한 여자의 말로 어찌 국본(國本 : 왕세자)을 흔들려 하십니까?' 하며 아뢰었으니, 사돈 셋보다 훨씬 나은 도승지이다.

'할바마마가 진노하여 빨리 나라의 형률을 바르게 시행하라고 명하였다가 곧 그 명을 중지하였다. 마침내 세자를 깊이 가두라고 명하였다.(上震怒, 命亟正邦刑, 旋寢其命, 遂命世子幽囚.)'

산(祘)이 다시 황급히 들어와 아비를 살려 달라고 울면서 할바마마에게 간청하였으나 아무 소용이 없었다. 아버지는 이미 뒤주에 갇힌 뒤였다. 어린 세손이 보기에도 정상적으로는 도저히 이해하거나 또 상상할 수 없는 일이 벌어진 것이다. 어쩜 자식으로 보아서는 안 될 현장을 목격한 것이다. 아버지에 대한 그 뼈아픈 기억을 어떻게 지울 수 있단 말인가? 그래도 손자와 며느리 보기에는 민망하였던지 할바마마는 혜경궁 홍씨인 어머니와 자신을 포함한 여러 왕손을 홍봉한의 집으로 보내라고 명하였는데, 이때는 밤이 이미 반이 지나있었으니 윤5월 14일이 된 것이다. 그렇게 피 말리는 하루를 넘긴 한밤중 뒤주 속에 갇혀 있는 사랑하는 아버지를 끝끝내 뵙지 못한 불효자식이 되고 말았다. 할바마마가 전교를 내려 안팎으로 널리 알려 보이도록 하였는데, 그 전교를 사관(史官)이 꺼려 감히 쓸 수 없었다니 인륜의 덕목(德目)을 성리학의 근간으로 아는 벼슬아치로서는 너무나 당연한 일이었을 것이다. 사관이 차마 글로 도저히 담을 수 없는 하교였다는 것은 한 마디로 누가 보아도 납득할 수 없는 견강부회(牽强附會)라는 말 아닌가? 그 때 유교(儒敎)의 강상(綱常)은 이미 이 나라에 없었던 것이다. 여북하면 유생 한유(韓鍮)가 뒤주를 받친 홍봉한을 참하라는 지부상소(持斧上疏)[3]를 올렸을까? 임금을

지칭할 수 없으니 그리하였으리라. 어느 누가보아도 할바마마와 외할아버지가 자식과 사위를 합심하여 죽음으로 내어 몬 것이다.

이후 아버지는 뒤주 안에 갇혀 염천(炎天)의 나라로 가시는데 8일이나 걸렸다. 28살의 한창 피 끓는 나이였다. 그 8일간 많은 옥사(獄事)가 뒤따르기는 하였으나, 왕은 19일 육상궁(毓祥宮)에 나아가 전배하였다. 육상궁은 할바마마의 어머니인 숙빈 최씨(淑嬪崔氏)를 기리기 위하여 임금으로 즉위하던 1725(영조 1)년 12월 23일 숙빈묘(淑嬪廟)를 세웠다가 1744(영조 20)년 3월 7일에 묘호(廟號)를 육상(毓祥), 묘호(墓號)는 소령(昭寧)으로 하였다. 1753(영조 29)년 6월 25일에는 숙빈(淑嬪) 최씨(崔氏)에게 화경(和敬)이라 추시(追諡)하고 묘(廟)는 궁(宮), 묘(墓)는 원(園)으로 하였다. 임금이 말하길,

'화경(和敬)이라는 글자가 진실로 나의 뜻에 맞는다. 오늘 이후로는 한이 되는 것이 없겠다. 내일 마땅히 내가 육상궁(毓祥宮)에 나아가 고유제(告由祭)를 지내고 친히 신주(神主)를 쓰겠으니, 이에 의거하여 거행하라.'

이렇게 당신의 어머니에게 정성을 다한 할바마마가 아들을 죽이기 위해 뒤주에 가두어 놓고, 그것도 모자라 직접 자신의 손으로 못질까지 하고는 윤5월 19일 육상궁에 나가 전배하며 돌아가신 당신의 어머니에게 과연 무슨 말을 어떻게 하였을까?

'어머니 저에게 비수를 꽂으려는 손자를 도저히 용서할 수 없어 죽이고자 합니다.'라고 고하였을까? 아니면, '노론 때문에 더 이상 나라를 다스릴 수 없어 어쩔 수 없이 자식을 죽이는 불효자입니다.' 하였을까?

그 다음날, 할바마마는 휘령전 전문(殿門)에 이르러 죽어가는 자식을 지키는 군사를 위로하고 이어 성군(聖君)인양 주강(晝講)을 행하였다. 반면 일설에 의하면 외할아버지란 분은 죽어가는 사위를 외면하고 한강에 나가 뱃놀이를 즐겼다니

---

3) '받아들이지 않으려면 머리를 쳐 달라'는 뜻으로 도끼를 지니고 올리는 상소이다.

정신병 환자는 이 두 사람이 아니었을까? 할아버지와 외할아버지는 아무리 좋게 생각하려 해도 이해할 수 없는 분들이었다. 윤 5월 21일 마침내 아버지는 다시 돌아오지 못할 길로 떠나신 것이다. 지금은 모두 고인이 되었으니 저승에서 아들과 사위를 만났을 것이다. 과연 뭐라고 변명을 하였을까?

할바마마는 '이미 이 보고를 들은 후이니, 어찌 30년에 가까운 부자지간(父子之間)의 은의(恩義)를 생각하지 않겠는가? 세손(世孫)의 마음을 생각하고 대신(大臣)의 뜻을 헤아려 단지 그 호(號)를 회복하고, 겸하여 시호(諡號)를 사도세자(思悼世子)라 한다'고 하였다. 복제(服制)는 비록 개월 수가 정해져 있으나 성복(成服)은 제하고 오모(烏帽)와 제사지낼 때에 제왕이 입는 연한 청색 옷인 참포(黲袍)로 하고 모든 벼슬아치들은 제사 때에 입는 엷은 옥색 옷인 천담복(淺淡服)으로 한 달에 마치도록 하라. 세손은 비록 3년을 마쳐야 하나 진현(進見)할 때와 장례 후에는 담복(淡服)으로 하라.'는 명령을 내렸다. 또 전교하기를 '이제 이미 처분하였은즉 빈궁(嬪宮)은 효순(孝純)과 같으니, 구인(舊印)을 사용해서는 안 된다. 혜빈(惠嬪)이란 호를 주어 일체(一體)로 옥인(玉印)을 내리고, 조정(朝廷)은 정후(庭候)하라.' 하였다.

세손을 생각하여 호를 회복하고 사도세자라는 시호를 내렸다면 의당 아들로서의 예의를 갖출 수 있도록 배려했어야 한다. 그러나 할바마마는 진현시와 장례 후에는 담복으로 하라고 하였다. 그렇다면 할바마마가 '대신들의 뜻을 헤아렸다.'는 말은 그때까지 노론의 눈치를 살피고 있었다는 것이리라. 정조 자신은 다행히 어려서부터 학문을 좋아하는 사람이었다. 특히 아버지 사도세자의 죽음을 직접 목격하고, 정치가 얼마나 냉혹하고 더러우며 무서운가를 온몸으로 체험하였다. 정작 자신들은 온갖 중상모략, 부정부패 등을 예사롭게 여기면서 겉으로는 깨끗하고 예의와 염치를 아는 고고한 선비인양 행동한다. 그러면서 인륜, 부자지정까지 죽음으로 내모는 것이 냉혹한 정치의 속성이었다. 아직 어리긴 하였지만 정조는 아버지의 죽음이 바로 자신을 향하여 쏟아질 독화살이 될 것을 예감(豫感)하기에

충분한 나이라는 점이 그나마 다행스러웠다.

어머니가 문벌 없는 한미한 출신이라 하여 돌아가신 후 존호를 몇 번씩 올리고 틈만 나면 육상궁을 찾는 효성스러운 할바마마가 부모자식 사이의 천륜을 그토록 잔인한 방법으로 끊어버린 사실을 정조는 이해하기 어려웠다.

할바마마는 아버지가 돌아가셨다는 말을 들은 연후에야 30년에 가까운 부자지간의 은의(恩義)와 세손(世孫)을 생각하여 사도(思悼)라는 시호를 내린다고 했다. 사도란 '세자를 생각하며 추도한다.'란 뜻이니 어찌 해석해야 좋을지 갈피를 못 잡았다.

하여간 할바마마가 아버지를 죽인 그 순간부터 자신의 신세는 외줄을 타는 삶의 연속이 되어야 했다. 아버지를 비명에 잃은 것도 주체할 수 없는 슬픔인데, 거기다 아버지가 세자였으니 자신을 노리는 반대세력들이 가만히 있을 리 없었다. 사방에서 자신을 향한 비수가 쉴 새 없이 날아오고 있다는 사실을 11살 때부터 스스로 감내하며 살아내야 했다.

'살아야 한다! 살아남기 위해 몸을 낮추고 오직 학문에 몰두하여야 한다.'는 생각에 이르자 정조는 혼신의 힘을 다해 책과 씨름을 했다. 독서로 세상에 대한 눈을 뜨기 시작하며 정조는 어느 누구와 겨루어도 당당히 상대를 제압할 수 있는 최고의 실력을 갖춘 참된 군자가 되기로 굳게 마음먹었다. 그러나 지금까지 방법으로는 후일을 도모하기에 부족하다고 자책(自責)했다. 그때부터 다방면에 걸친 책을 읽어 완전히 이해하여 자기 것이 될 때까지 손에서 그 책을 놓지 않았다. 자신과의 끝없는 싸움이 책이었던 것이다. 그것은 앞으로 자신이 살아남을 수 있는 유일한 비책이 될 수 있는 길이기도 했지만, 왕위를 이어받을 경우 백성을 위해서도 꼭 필요한 일이었다.

한편, 학문으로만 자신을 지킬 수 없다는 사실을 뼈저리게 체험했다. 스스로를 지키기 위해서는 최소한 자신을 방어하고 상대를 제압할 수 있는 무예를 익히고 아울러 무예에 대한 지식도 넓혀야 했다. 그리고 자신을 지켜줄 힘 있는 군대가

절실히 필요했다.

　그러나 지나치게 무예·무술에 치중하면 숭문억무(崇文抑武)의 유교국가에서 사대부들에게 또 구설수가 되어 화를 불러올 수 있기 때문에 살얼음 위를 걷듯 마음 조이며 조심조심해야 했다. 그러자면 자연히 눈에 띄지 않게 병법·병술(兵術)에 관한 책을 열심히 독파하는 것 뿐 다른 방법이 없었다. 문무겸전(文武兼全)의 조화로 심신을 단련하는 데 최선을 다하며 지금까지 살아왔다.

　1749(영조 25)년 아버지 사도세자는 대리청정을 하며, 원래 명(明)나라 장수 척계광의 『기효신서(紀效新書)』에 나오는 곤봉(棍棒)·등패(籐牌)·장창(長槍)·낭선(狼筅)·당파(鐺鈀)·쌍수도(雙手刀)의 6가지 기예(技藝)에다 죽장창(竹長槍)·기창(旗槍)·예도(銳刀)·왜검(倭劍)·교전(交戰)·월도(月刀)·협도(挾刀)·쌍검(雙劍)·제독검(提督劍)·본국검(本國劍)·권법(拳法)·편곤(鞭棍)의 12가지 기예를 합하여 18가지를 도해(圖解)하여 『무예신보(武藝新譜)』를 편찬하였다.

　이에 정조는 1790(정조 14)년 4월 29일 검서관 이덕무(李德懋), 박제가(朴齊家), 장용영 백동수(白東脩) 등에 명하여 아버지가 편찬한 『무예신보』를 보완하여 당시 전장에서 새롭게 부각된 기병의 전투 무예훈련을 위해 기창(騎槍)·마상월도(馬上月刀)·마상쌍검(馬上雙劍)·마상편곤(馬上鞭棍)·격구(擊毬)·마상재(馬上才)의 6가지를 더하여 24가지 기예(技藝)인 『무예도보통지(武藝圖譜通志)』 5권과 별도로 『총보(總譜)』 1권을 만들어 언해(諺解)[4]를 붙여 연습에 편리하도록 보완하여 편찬(編纂)하였다. 편찬이 완성된 후 박제가에게 다시 명하여 고칠 곳을 찾아 모두 수정하여 내용을 완전하게 한 다음 베껴 써서 판각케 하여 장용영에 보관 훈련에 활용토록 지시했다.

　할바마마는 어머니의 신분에 대한 콤플렉스(complex)를 극복하기 위해 노심초사한 분이셨다. 경종의 후계자인 왕세제(世弟)로 책봉되자 경종편인 소론(少論)과 자

---

4) 중국어(中國語) 곧 한문을 한글로 번역하는 경우에만 사용된 용어이다. 이 밖에 내용상 약간 차이는 있으나 현토(懸吐)·석의(釋義)·음해(音解)·훈의(訓義)·역훈(譯訓)·언석(諺釋) 등 여러 이름으로 사용되었다.

기편인 노론(老論) 사이에 서서 권력투쟁의 희생양이 되지 않을까 좌불안석의 세월을 보내야 했다. 다행히 경종의 미적지근한 성격 덕분에 운 좋게 살아남을 수 있었다. 경종이 죽고 1724년 할바마마가 왕위에 올랐다. 그러나 1727(영조 3)년 소론이 대거 실각하자 1728(영조 4)년 3월 15일 이인좌(李麟佐)·정희량(鄭希亮)·김영해(金寧海) 등이 주동이 되어 '소현세자(昭顯世子)의 증손(曾孫)인 밀풍군(密豊君) 탄(坦)을 왕으로 세워 왕통을 바르게 한다.'라며 반란을 일으켰다. 다행히 소론 원로인 최규서(崔奎瑞 : 1650~1735)가 용인(龍仁) 어비곡(魚肥谷)에 은거(隱居)하고 있었는데 하루 전에 이 계획을 알고 79세의 노구(老軀)를 이끌고 도성으로 올라가 임금께 고변(告變)하는 바람에 오명항(吳命恒) 등이 이끄는 관군에 의해 진압된다. 할바마마는 정말 운(運)을 좋게 타고난 분이시다. 최규서는 홍랑(洪娘)과의 사랑으로 유명한 최경창(崔慶昌)의 현손으로 1723(경종 3)년 영의정까지 지낸 인물이다. 영조는 그 공을 높이 사 일사부정(一絲扶鼎)[5]이란 어필을 내리고 공신(功臣)에 책봉(冊封)하려 했으나 어필만 받고 공신은 끝내 받지 않고 사양했다. 난이 평정되자 말할 것 없이 밀풍군 탄은 스스로 목숨을 끊어버리고 만다.

아마 이런 일련의 사건들이 후일 할바마마가 자식을 죽이는 심리적 작용이 되었을 수도 있었겠구나 하는 생각이 들었다. 다행히 자식을 죽인 죄의식으로 손자는 꼭 지켜야겠다는 중압감을 가졌다면 그건 참 역설적이다.

왜냐하면 아버지가 돌아가시자 자신의 운명은 그 시간부터 한 치도 자유로울 수 없는 몸이 되어 버렸다. 호랑이 굴에 내버려진 어린아이마냥 지금껏 안간힘을 쓰며 버티어 왔기 때문이다. 정조는 1775(영조 51)년 12월 10일부터 할바마마를 대리하여 집정(執政)을 하기 시작하였다. 다음해인 1776년 3월 5일, 경희궁 집경당(集慶堂)에서 세손과 영의정 김상철(金尙喆), 승지 서유린(徐有隣)이 함께 지켜보는 가운데 할바마마는 희미하나마 모두가 알아들을 수 있는 어조로 '대보를 왕세손에

---

5) 한 가닥의 실올로 솥을 붙든다는 뜻으로 다시 말하면 한 가닥 절의로서 나라를 붙든다는 것을 일컬음.

전하여라.' 하는 옥음(玉音)을 내리고 승하하였다. 할바마마는 조선역사상 역대 가장 긴 52년간의 왕위와 최장수인 83세를 기록한 임금으로 파란만장한 생을 마감한다. 그러나 할바마마는 아들에 대한 기록을 세초하여 아예 없앴을 뿐 아니라 임오화변 문제를 재론하면 역률(逆律)로 다스리라는 유훈을 공개적으로 남겨 정조에게 족쇄를 채워 아버지를 추숭(追崇)할 수 없도록 못을 박아놓았다. 그것이 끝끝내 그림자처럼 붙어 다니며 자신을 괴롭힌 윤위(閏位)이다. 할바마마가 승하한 닷새 뒤에 왕세손이었던 자신은 경희궁 숭정문(崇政門)에서 25세의 나이로 정말 우여곡절 끝에 제22대 왕위를 이어 받는다. 임금이 된 초기부터 임오화변 때 비참하게 희생된 아버지 사도세자의 원통한 한을 풀고 자신의 정통성을 찾으려는 계획을 더욱 은밀(隱密)하게 준비하고 있었다. 물론 그 한(恨)은 11살 세손시절부터 꾸어온 꿈이자 꼭 이루어야 할 지상명령과 같았다. 분하고 억울하게 돌아가신 비원(悲願)을 깨끗이 씻어 아버지의 실추된 명예를 회복시켜드리는 것이 급선무였다. 이는 자식의 도리(道理)인 효(孝)를 실천함은 물론 왕권을 강화하는 데 꼭 한 번은 집고 넘어가야 할 통과의례(通過儀禮)이기도 했다. 그래서 세손시절부터 구상한 아버지에 대한 추숭사업들을 아무도 모르게 하나둘 실천에 옮기기로 다짐을 하고 또 했다.

왕위에 오르며 제일성이 '아! 나는 사도세자의 아들이다.(嗚呼! 寡人思悼世子之子也.)'라고 선언할 때 이미 자신의 모든 것을 다 걸고 정면 돌파를 결심한 터였다. 얼마나 하고 싶었던 말이었던가? 얼마나 참아왔던 말이던가?

즉위 초 아버지를 죽음으로 내어 몬 반대세력들 앞에서 어쩜 무모할 만큼 담대한 정치적 승부수를 던진 행위로 다른 사람들은 받아들였을 것이다. 14년간 심중에 감추어 두었던 망양지탄(望洋之嘆)의 발로였다. 얼마나 부르고 싶었던 말이었던가? 아버지를 아버지로 부를 수 없게 만든 창살 없는 감옥에 갇힌 죄인처럼 답답한 세월을 참고 살아온 자신이 아니던가. 이는 죽고 사는 문제를 뛰어 넘어 사람에게 주어진 본연지성(本然之性)인 것이다.

　즉위(1776)한 10일 후인 3월 20일 사도세자의 존호(尊號)를 추후하여 '장헌(莊獻)'
이라 하고, 수은묘(垂恩廟 : 현재의 서울대학교 의과대학 구내)의 봉호(封號)를 '영우원(永
祐園)'이라 하고, 사당을 '경모궁(景慕宮)'이라 하였다. 5월 1일에는 대신·예관과 태
상시(太常寺)·장악원(掌樂院)의 제조를 불러 보며 차례차례 물어 보아 희생을 사용
하고 음악을 사용하기로 정하여, 희생은 소와 양을 쓰고, 음악은 3성(成)[6]을 쓰고,
춤은 6일(佾)[7]을 쓰도록 하였다. 대사(大祀)는 임금이 몸소 제사를 지내는 친향(親
享)으로 하고 중사(中祀)는 임금을 대신하여 지내는 제사인 섭향(攝享)을 하며, 친
향 때의 희생은 대뢰(大牢)로 하고, 친히 나아가 희생을 살필 때에는 또한 친향 때
의 준례대로 하였다. 춘향(春享)·하향(夏享)·추향(秋享)·동향(冬享)·납향(臘享)인 오
향(五享) 때에는 변(籩)[8] 10개, 두(豆)[9] 10개, 등(䪼)[10] 3개, 형(鉶)[11] 3개, 보(簠)[12] 2
개, 궤(簋)[13] 2개, 조(俎)[14] 6개, 작(爵)[15] 3개, 비(篚)[16] 1개, 간료등(肝膋䪼)[17] 1개,

---

6) 세 성(成)을 말하는데, 성은 긴 음악의 전곡(全曲) 중 크게 몇으로 나뉜 단락이다. 곧 현대 음악
　에서의 악장(樂章)과 같은 것으로 악생(樂生)의 취재(取才)에서 아악(雅樂) 중 삼성을 시험하였다.
7) 일무(佾舞)의 하나로 악생(樂生) 36명이 여섯 줄로 정렬하여 아악에 맞추어 추는 문무(文舞)나
　무무(武舞)이다.
8) 양(陽)에 속하며, 대나무 제기(祭器)로 물기 없는 마른 제수(祭需)를 담아 신위 앞 제상(祭床)
　의 왼쪽에 세로 2줄, 가로 6줄로 놓는다. 제수는 오른편으로부터 은행, 개암, 밤, 마른 대추,
　대구포, 소금, 인절미, 기주 떡, 검은 떡, 흰떡, 사슴고기 포, 호두의 순서에 따른다.
　9) 음(陰)에 속하며, 나무에 옻칠을 하여 만든 제기로 물기가 있는 음식을 담아 신위 앞 제상
　의 오른 쪽에 세로 2줄, 가로 6줄로 진설한다. 오른편으로부터 부꾸미, 경단, 익힌 돼지갈
　비, 익힌 소의 천엽, 조기젓, 죽순, 절인 토끼고기, 미나리, 사슴고기, 무청, 장조림, 부추의
　순서에 따른다.
10) 상고(上古) 때에는 진흙을 구워 만들어 와두(瓦豆)라고도 불렀으나 후에 쇠로 만들어 간을
　하지 않은 대갱(大羹:국)을 담는 제기가 되었다.
11) 등과 같은 재료로 만들었으며 세 개의 발이 있어 형정(鉶鼎)이라고도 하였다. 간을 하여 오
　미(五味)를 갖추어 끓인 국을 담는 제기이다.
12) 청동기 시대에는 동(銅)으로 만들어 사용하였으나 점차 놋쇠로 만들었다. 바깥은 네모지고
　안의 모양은 둥근 제기이다. 벼, 기장을 담으며 외형을 방형으로 만든 것처럼 음(陰)에 속
　한다. 신주(神主) 1위(位)에 한 쌍을 올린다.
13) 보와 같은 절차를 밟았으며 모양도 반대로 만들어졌다. 메기장과 찰기장을 담으며 외형은

모혈반(毛血槃)[18]을 1개씩으로 하였다. 삭망속절고유제(朔望俗節告由祭) 때는 변 2
개, 두 2개, 보 1개, 궤 1개, 조 1개, 작을 1개씩으로 하되, 고유제에는 폐백(幣帛)
을 썼다. 작헌례(酌獻禮)[19] 때는 변 2개, 두 2개, 작을 1개씩으로 하였다. 5향은 네
계절의 각각 가운데 달인 음력 2월·5월·8월·11월인 사중삭(四仲朔)에 하되 상순
동안에 날짜를 가려 정하고, 납일(臘日)[20]에 당해서는 향축(香祝) 전달을 여러 묘

원형으로 양(陽)에 속한다. 신주 1위에 한 쌍을 올린다.

14) 제향 때 희생을 얹는 일종의 도마로 양끝은 주칠(朱漆), 복판은 흑칠(黑漆)을 하여 삼성(三
腥)·삼숙(三熟)을 올려놓는 상(床) 역할을 하는 제기이다.

15) 각종 제례와 궁중에서 쓰는 술잔을 높여 부르는 말로 놋쇠로 만든 동양의 삼재 천지인 사
상인 삼천양지이기수(參天兩地而倚數)로 하늘은 셋이기 때문에 홀수인 기수(倚數), 땅은 둘이
라 짝수인 우수(偶數)로 하여 수를 세운다는 뜻으로 두 귀와 세 발이 달린 술잔이다. 종묘
제례와 같은 큰 제사 때는 신주 1위에 3개의 작을 올리는데 초헌(初獻) 때 단술인 예제(醴
齊), 아헌(亞獻) 때 거르지 않은 흰빛 술인 앙제(盎齊), 종헌(終獻) 때 청주를 올리기 때문이
다. 결국 천지의 감응 다시 말해 혼백의 감응을 비는 역(易)사상이기도 하다.

16) 신에게 흰모시 등 폐백 등을 올릴 때 사용하는 대나무로 만든 광주리이다.

17) 놋쇠로 만든 항아리 모양의 제기로 희생의 간과 기름을 담으며 폐백의식이 끝나면 제상(祭
床)에 올렸다가 제찬(祭粲:제사 밥)을 올리는 천조례(薦俎禮) 후에 쑥, 기장, 피와 버무려 부
정을 막는 뜻으로 신실(神室) 밖으로 나와 화로에 타고 있는 숯에 태워 버린다.

18) 종묘(宗廟), 사직(社稷)의 제향(祭享) 때 바치는 짐승의 털과 피를 불사를 때에 쓰는 받침 그
릇으로 천조례가 시작되면 부정을 막는다는 뜻에서 묻어버린다.

19) 국왕이 친히 참배하고 잔을 올리는 극히 드문 제례이다. 선대(先代)의 왕릉, 왕후의 능, 선
대 임금의 진영(眞影)을 모신 영전(影殿), 사친(私親:嬪으로서 임금의 생어머니)의 사당, 공자
의 위패를 모신 문묘(文廟) 등에 참배하고 잔을 올리는 것으로 추모하는 뜻에서 임시로 하
는 예절일 뿐, 관례로 이루어지는 것이 아니며 의식도 간소하다. 1482(성종 13)년에 보면,
'포(脯)·해(醢)를 제물로 쓰고 술은 한 잔만 올리며, 축문도 없다.'고 했다. 1799(정조 23)년에
는, 명절날 제사지내는 것과 같은 제수(祭需)를 쓰고, 술은 한 잔만 올리는 것으로 격식을
정했다.

20) 동지(冬至) 후 셋째 미일(未日)로 납평(臘平)·가평절(嘉平節)이라고도 한다. 납일은 원래 중국
에서 유래된 풍속이지만, 그 날짜를 정하는 데는 나라마다 달라서 한(漢)·송(宋)에서는 술
일(戌日), 위(魏)에서는 진일(辰日), 진(晉)에서는 축일(丑日)로 하였으며, 그 후 대개 술일로
하였으나 조선시대에 미일(未日)로 정하였다. 그 이유를 이수광(李晬光)의 『지봉유설(芝峰類
說)』에서는 채옹(蔡邕)의 설을 인용하여 '청제(淸帝)는 미랍(未臘)으로 목(木)에 속하며 동방은
목에 속하기 때문'이라고 하였다.
　이날 나라에서는 납향(臘享)이라 하여 새나 짐승을 잡아 종묘·사직에 공물(供物)로 바치

(廟)의 묘재(廟齋)에 앞서 하고, 향관(享官)이 친히 제사하게 한다. 봄·가을 전배(展拜)할 때의 복색과 봄·가을 봉심(奉審)할 때의 복색은 태묘(太廟)에서와 같이 한다. 예의나 범절을 미리 익혀 향사 하루 전에 내신문(內神門) 밖에서 하는 것으로, 기록하여 정식(定式)을 삼았다.

또 9월 30일, 경모궁(景慕宮) 개건(改建)의 역사가 완성되었다. 정조는 창의궁(彰義宮)에 나아가 고동가제(告動駕祭)[21]를 행하고 신연(神輦)을 받들어 도로 봉안하고 제례(祭禮)를 의식(儀式)대로 행하였다. 재전(齋殿)에 나아가 개건한 당상·낭관 이하에게 차등 있게 시상하고 창경궁(昌慶宮)으로 돌아왔다.

경모궁은 한성(漢城) 동부(東部) 숭교방(崇敎坊 : 현재 명륜동)에 있었는데, 1764(영조 40)년 봄에 처음으로 북부(北部) 순화방(順化坊 : 현재 신교동 1번지 맹아학교 터)에 세웠다가 여름에 옮겨 건립하고는 수은묘(垂恩廟)라고 칭호하였다.

정조가 즉위한 뒤로는 도감(都監)을 설치하여 개건하였는데, 4월에 역사(役事)를

고 대제(大祭)를 지냈는데, 4맹삭(四孟朔)과 더불어 5대제향(五大祭享)이라 불렀다. 백성의 집에서도 제사를 지냈는데, 명절에 사당에 올리는 제사와 같았다.

　민간에서는 참새를 잡아 어린이에게 먹이면 두창(痘瘡 : 마마)이 낫는다 하여 참새를 잡았고, 호남 지방에서는 길일인 납일에 엿을 고면 잘 되고, 납일의 엿이 맛이 있고 약으로도 쓴다 하여 납일 밤에 엿을 고는 풍속도 있었다. 궁중의 내의원(內醫院)에서는 각종 환약을 만들었으며, 이것을 납약(臘藥)이라 하여 임금은 근시(近侍)와 지밀나인(至密內人) 등에게 나누어 주었다. 특히 청심원(淸心元)·소합원(蘇合元)·안신원(安神元)은 가장 중요한 것이었는데, 청심원은 소화 불량에, 소합원은 곽란병(霍亂病)에, 안신원은 열병에 쓰였다.

　1790년(정조 14)에 새로 제중단(濟衆丹)과 광제원(廣濟元)의 2가지를 지어 각 영문(營門)에 나누어 주어 군졸들의 구급약으로 사용하였더니 소합원에 비해 효과가 배나 컸다고 한다. 납일에 눈을 받아 녹인 납설수(臘雪水)는 약용으로 썼다. 납설수로 장을 담그면 구더기가 생기지 않는다 하여 이것을 마련하였다가 환약을 만들 때나 장을 담글 때 사용하였고, 납설수로 눈을 씻으면 안질에도 걸리지 않으며 눈이 밝아진다고 했다.

　또한 납일 전에 큰 눈이 3번 오면 보리뿌리에 벌레가 나지 않는다고 하였다. 이는 의서(醫書)에 '납설수는 염병과 모든 병을 다스린다.'라고 한 데서 이 풍속이 생겼다.

21) 길일과 길시를 잡아 진전(眞殿)에 봉안(奉安)하였다. 봉안 절차는 상당히 엄격하여 봉안 선고사유제(先告事由祭)를 올리고, 신위(神位)를 받들어 제례의식을 지내기 전 정조는 새벽에 아버지의 신주(神主)를 실은 가마를 모시고 먼저 경모궁에 도착하여 봉안한 후에 아침에 작헌례(酌獻禮)를 행하였다.

시작하여 8월에 완공(完工)하였으며, 경모궁이라 어필(御筆)로 써 부르게 하였다.

한편 1777(정조1)년 1월 19일 정조는 특별히 윤숙(尹塾)을 홍문관 부교리에 제수하였다. 고 현감(縣監) 임덕제(林德躋)를 사헌부 대사헌에 추증하고, 고 집의(執義) 박치륭(朴致隆)을 사간원 대사간에 추증하였다. 하교하기를, '아! 선대왕(先大王)에게 진달한 것은 곧 신자(臣子)의 분의(分義)[22]인 것이지만 나에게 진달한 것은 차마 거론하여 말할 수 없는 것일 뿐만이 아니라 역적이라고 단정한다. 또 나의 역적이 될 뿐만이 아니라 선대왕의 역적이 되고 경모궁(景慕宮)의 역적이 되는 것이다. 다시 상세히 하유하려 하니, 오장(五臟)이 무너져 내리고 목이 메어 길게 말할 수가 없다. 오늘 윤숙을 병랑(兵郎)의 부망(副望)으로 의망(擬望)[23]한 것을 보고 특별히 낙점(落點)하여 내린 것은 곧 선대왕께서는 직접 제문(祭文)을 지어 한광조(韓光肇)에게 제사지내 주었으나, 나는 한광조를 엄히 신문하는 뜻인 것이고 또한 내가 선조(先朝) 때 소장(疏章)을 올리자 선대왕께서 또 '이 뒤에 감히 거론하는 자는 역적으로 단정할 것이다.'라고 하교한 뜻인 것이다. 이것이 어찌 의리를 밝히고 시비를 바르게 하는 하나의 큰 관렴(關捩)이 아니겠는가? 전조(銓曹)에서 이미 검의(檢擬)[24]했으니, 조정의 마음이 나의 마음과 같다는 것을 볼 수 있다. 그런데 어떻게 낭료(郎僚)의 자리에 오래 둘 수 있겠는가?' 하고, 이어 이 명이 있게 된 것이었다. 윤숙과 임덕제는 임오년의 궁관(宮官)이었고, 박치륭은 임오년에 상소하여 홍봉한(洪鳳漢)을 토죄(討罪)[25]한 사람이었다.

정조는 윤숙, 임덕제, 박치륭을 승직(昇職) 또는 추증(追贈)시킴으로 아버지를 위하여 목숨을 걸었던 사람에게 은의(恩義)를 베풀어 아버지가 억울하게 돌아가셨다는 사실을 은연중에 선포한 것이다. 그래야 아버지에 대한 추숭사업이 더 빛을 발할 수 있다는 숨은 계산이 깔려 있기 때문이다.

---

22) 자기의 분수에 알맞은 정당한 도리.

23) 관원을 임명할 때 이조·병조에서 세 사람의 후보자를 추천하던 일이다.

24) 벼슬아치를 선발할 때에 잘 검토하고 후보자로 추천하던 일이다.

25) 저지른 죄목을 엄히 꾸짖음.

1779(정조 3)년 10월 21일에는 월근문(月覲門)에 동가(動駕)[26]하는 항식(恒式)을 정하였다. 월근문을 거쳐 경모궁(景慕宮)에 전배(展拜)할 때에는 승지·사관(史官)과 병조·도총부(都摠府)의 입직(入直)한 당상(堂上)·낭청(郎廳)과 입직한 무겸 오위장(武兼五衛將) 2원(員)과 선전관(宣傳官)[27]·승전색(承傳色)과 이 밖의 입직한 사람이 배종(陪從)하고 협련군(挾輦軍)·창검군(槍劍軍)·금군(禁軍)·선후상군(先後廂軍)을 덜고서 부근의 영문(營門)과 입직한 삼영(三營:훈련도감, 금위영, 어영청)의 군병 중 60명과 30명으로 포장(布帳) 밖을 둘러싸고 30명으로 궁대문(宮大門)을 파수(把守)하고 출궁(出宮)·환궁(還宮)·전배(展拜) 때에는 곤룡포(袞龍袍)을 입고 동문(東門) 밖에서 행례(行禮)하여 융쇄(隆殺)[28]를 구별하는 뜻을 붙인다고 기재하여 정해진 법식으로 삼았다.

1773(영조49)년 4월 5일 임금이 숭정전(崇政殿)의 동월대(東月臺)에 나아가 친히 하향대제(夏享大祭)의 의식을 익혔다. 한림(翰林)과 주서(注書)의 소시(召試)[29]를 행하여 정민시(鄭民始)와 홍국영(洪國榮) 등 4명을 뽑았다. 홍국영은 과거에 급제하여 한림에 들어가 춘방설서(春坊說書)를 겸하면서부터 자신의 신변보호를 철저히

---

26) 임금이 탄 수레가 대궐(大闕) 밖으로 나가는 것.

27) 선전관청(宣傳官廳)에 속하여 왕의 시위(侍衛)·전령(傳令)·부신(符信)의 출납과 형명(形名:기와 북으로 군대의 동작을 호령하는 신호법) 등을 맡아본 일종의 무직승지(武職承旨)의 구실을 한 무관(武官)이다. 종9품부터 정3품 당상관(堂上官)까지 있었는데, 초기에는 8명, 후에는 25명으로 증원하여 정3품 당상관(堂上官) 4명, 참상관(參上官)은 7명으로 하나 품계를 정하지 않고, 14명은 참하관(參下官)으로 하였다. 이들은 대개 내금위(內禁衛)·겸사복(兼司僕)·별시위(別侍衛)·갑사(甲士) 등에서 승서(陞敍)하는 경우가 많았으며, 모두 체아직(遞兒職)을 받았다. 종6품 문관이 이를 겸직하는 경우도 있었는데, 이를 문겸(文兼)이라 하였다. 이 직은 1882(고종19)년 선전관청의 폐지로 없어졌다.

28) 높은 자에게는 예(禮)가 높고 낮은 자에게 예가 적어지는 것을 분별하는 것.(隆殺之義辨矣)

29) 영조 17(1741)년 문과급제자가 중요한 관직으로 나가는 관문에 해당하는 예문관(藝文館) 검열(檢閱)을 뽑기 위해 만들어진 시험이다. 본래는 전직·현직의 한림(翰林)이 모여 후임자를 추천하는 방식이었다. 그러다가 영조대(英祖代)에 탕평책의 일환으로 전·현직 한림이 모여 후보자의 이름에 권점(圈點)을 하여 차점자까지를 선발하면, 영사(領事)·감사(監事)·관각(館閣)의 당상이 모여 다시 권점을 하였고, 여기서 뽑힌 최종 대상자를 왕 앞에서 시험을 보이게 했던 제도이다.

막아 주었을 뿐 아니라 즉위초인 1777년 11월에는 불안한 정국을 타개하기 위하여 숙위소(宿衛所)를 강력히 강화하였다. 원래 겸사복(兼司僕)·내금위(內禁衛)·우림위(羽林衛)는 1651(효종 3)년 금군영(禁軍營)으로 통합 관리되어 금군(禁軍) 전체를 아우르는 내삼청(內三廳)이라 부르며 왕실 호위를 담당하고 있었으나 정조가 이를 믿지 못하여 별도로 숙위소를 설치하여 궐내 각처는 물론 궁궐문과 이에 딸린 관원을 통솔하는 막강한 힘을 행사하였는데, 홍국영의 몰락과 함께 막을 내리고 장용위(壯勇衛)로 바뀐다. 이는 군권을 장악하기위한 수순으로 후에 장용영(壯勇營)이라는 최정예부대를 예고한 것이다. 혹자는 자신의 즉위 초기를 홍국영의 세상이라고 할 것이다. 그러나 정조는 정권초기의 혼란을 막기 위하여 홍국영이 아니었더라도 누군가 임시 방패막이 필요한 시점이었다. 다만, 세손시절부터 인연을 맺은 홍국영이 그중 여로 모로 효용가치가 높아 이용했을 뿐이다.

한편, 어제봉안(御製奉安)이란 명분을 내세워 규장각(奎章閣)이 설치되었다. 규장각은 젊고 참신하며 유능한 관리를 양성하는 세종대(世宗代)의 집현전(集賢殿)과 같은 인재육성(人材育成)의 산실로 원대한 목적을 갖고 태동시킨 정조의 야심작이다. 서얼 출신들을 파격적으로 기용, 기득권을 누리던 노론에게 일대 가격을 했다. 어디 그것뿐인가. 초계문신제(抄啓文臣制)[30]를 통하여 젊은 선비들을 적재적소에 전격적으로 등용시켜 자연스럽게 썩어빠진 노론관료들을 물갈이 하는 데 힘을

---

30) 조선 후기 규장각에서 특별교육과 연구과정을 밟던 문신(文臣)들을 칭하는 용어이다. 이 제도는 세종 때부터 시행되었던 사가독서제(賜暇讀書制)의 전통을 이어받은 것이며 그 운영 방식은 1781년 편찬된 문신강제절목(文臣講製節目)에 규정되어 있다. 초계문신은 37세 이하의 당하관 중에서 선발하여 본래의 직무를 면제하고 연구에 전념하게 하며 1개월에 2회의 구술고사와 1회의 필답고사로 성과를 평가하게 하였는데 규장각을 설립한 정조 스스로 강론에 참여하거나 직접 시험을 감독 채점하기도 하였다. 교육과 연구의 내용은 유학을 중심으로 하였으나 문장 형식이나 공론에 빠지는 것을 경계하고 경전의 참뜻을 익히도록 하였으며 40세가 되면 초계문신에서 졸업시켜 관직을 주고 연구 성과를 국정에 적용하게 하였다. 1781(정조 5)년부터 1800년까지 10차에 걸쳐 138인이 선발되었으며 정약용(丁若鏞)·홍석주(洪奭周)·김재찬(金載瓚)·이시수(李時秀) 등을 배출시켰다. 『초계문신제명록(抄啓文臣題名錄)』에 전체 명단이 기록되어 있다.

다했다. 어느 정도 자신의 입지를 굳힌 정조는 비로소 아버지 원소를 옮기는 일을 고모부 박명원(朴明源)과 사전에 조율하였다. 천봉(遷奉)은 아주 자연스럽게 조정신료들 건의를 받아들여 정조가 허락하는 절차를 취했다. 정조가 천봉하는 목적은 단순히 명당에 모시기 위한 효자나 범부, 사대부가 갖는 그런 욕심이나 바람이 아니었다. 정조는 원소(園所)에 지문(誌文)31)을 묻는다는 구실로 『홍재전서』 제16권 '지(誌)'를 보면 알 수 있듯 현륭원지에 전문을 실어 만천하에 억울하게 돌아가신 아버지의 누명과 잘못된 과오를 바로잡아 후대 사람들에게 명백히 밝혀주고 싶었던 것이다.

영우원은 할바마마의 하교에 따라 석물(石物)과 정자각(丁字閣)32)을 의소세손(懿昭世孫) 묘의 예를 넘지 못하게 하여 원소라기엔 너무 초라하기 짝이 없었다.

정조는 아버지를 왕릉과 같은 격식을 갖춤으로 왜 천봉을 했는지 누구나 쉽게 이해가 가도록 의도적으로 조영(造營)에 특별한 배려를 했다. 영조 대 최고의 조각가 최천약(崔天若)을 비롯하여 변이진(卞爾珍), 김하정(金夏鼎), 변흥서(卞興瑞), 서극제(徐克悌), 방응문(方應文) 등이 조각한 장점을 본떠 이룩한 조선 왕릉의 백미가 현재의 융릉이다. 특히 많은 꽃과 나무를 심어 원소(園所)로는 우리나라 최초의 인공조림(人工造林)이다. 아버지를 향한 정성이 특별한 역사성을 갖는다. 그러나 원소(園所)만으로는 부족했다. 아버지의 원혼을 풀어줄 원찰(願刹)이 필요했다. 그래서 유교의 나라에서 아버지를 위한 용주사(龍珠寺)를 갈양사(葛陽寺) 터에 짓기로 한 것이다. 그것도 모자라 용주사 상량문을 좌의정 채제공(蔡濟恭)에게 제술하

31) 죽은 사람의 성명과 태어나고 죽은 날, 그리고 그 사람의 행적·무덤이 있는 곳·좌향 따위를 적은 글.

32) 왕릉(王陵)의 봉분(封墳) 앞에 丁자 모양(模樣)으로 지어 놓은 제전(祭殿)이며 혼백이 쉬는 침전(寢殿)이다. 조선은 제후국이라고 황제의 나라인 중국보다 작게 지어 왕의 위패를 모셨다. 제례(祭禮) 때에는 이곳에 제물을 차려놓고 제사를 지냈으며 부속 건물이 옆과 아래에 있어 음식을 장만하도록 하였다. 『조선왕조실록』1420(세종2)년 9월 16일 산릉 만드는 법에 '또 아래 뜰 중앙에는 남쪽 가까이 땅을 파고 배석(拜石) 하나를 묻는데, 그 돌의 면이 아래 뜰의 평평한 데와 같게 한다. 아래 뜰 정남쪽 50보(步) 2척(尺)되는 곳에 정자각 5칸을 짓는다.(又於下階之中央近南掘地, 埋拜石一, 其石面齊下階地平, 下階直南五十步二尺間, 構丁字閣五間.)'라는 기록이 최초이다.

게 하여 생존 당시 대리청정으로 쌓은 선정을 칭송함으로 명실상부한 왕이었음을 공공연히 온 나라에 선포한 것이다. 할바마마가 그 중요한 금등지사(金騰之事)[33]를 노론이 아닌 남인 채제공에게 내려주었다. 정조는 그런 채제공으로 하여금 상량문을 쓰게 하여 중압감을 한층 크게 하고 향후 변혁을 꾀하겠다는 의도를 공개적으로 나타내 노론을 압박했음도 알아야 한다.

원찰의 건축양식도 전통을 살리는 것처럼 하면서 삼도(三道)[34], 삼문(三門)의 궁궐형식을 따르게 했다.

천보루(天保樓)와 홍재루(弘齋樓)는 궁궐형식에서나 볼 수 있는 장초석(長礎石) 위에 나무기둥을 올렸다. 그리고 웅장한 건물 앞뒤로 편액을 걸어 아들이 아버지의 정을 사모하는 예절의 공간을 마련한 것이다. 그것도 부족하여 일편단심으로 홍재루가 아버지를 모신 금당을 향하여 마주 대함으로 부자(父子)만의 오롯한 시간을 갖는 평소의 꿈을 이루었다. 누구의 간섭도 없는 부처님의 나라에서 한(恨) 맺힌 부자지간(父子之間)의 이야기가 고요한 침묵이 되어 역사의 아픔을 대신하고 있는 것이다.

후불탱화(後佛幀畵), 인로왕보살도(引路王菩薩圖), 불설대보부모은중경판본(佛說大報父母恩重經板本) 등 어느 누가 보아도 아버지의 극락왕생을 비는 정조의 효심이 절절이 묻어난다. 아버지에 대한 따뜻한 마음이 사방에 널려있다.

수원부가 있던 용복면(龍伏面)은 이름 그대로 용이 숨어 있는 곳이라는 지명이니 명당일 수밖에 없다. 반룡농주(盤龍弄珠)의 터는 이미 예부터 정해진 것이다.

---

33) 금등은 「서경」의 편명이다. 주(周)나라 무왕(武王)이 병이 들어 위독하자 무왕의 아우 주공(周公)이 형님 대신 자기를 죽게 해달라고 신(神)에게 비는 글을 지어서 그것을 궤짝에 넣고 쇠줄로 봉하여 놓았다는 고사(古事)로 영조가 사도세자에 관한 일을 채제공에게 주었는데 정조와 채제공이 보았을 것이라는 추측만 전할 뿐 그 내용은 전해지지 않는다.

34) 종묘나 일부 왕릉에 3도가 있는데 가운데 길은 조상신(祖上神)을 모시는 향·축·폐(香·祝·幣)를 나르는 신도(神道)로 높이가 높으며 오른쪽 길은 임금이, 왼쪽 길은 세자가 다니는 길인데 울퉁불퉁한 박석(薄石)을 깔아 자연적으로 고개를 숙이고 걷게 함으로 존경심과 아울러 엄숙한 마음이 들도록 했다.

그러니 처음부터 음택(陰宅)으로 될 땅이었다.

정조는 조용하나 혁신적인 반전을 꿈꾼다. 바로 신도시 건설이었다. 신도시 건설이란 권력의 이동 즉 기득권의 박탈 내지는 분산을 목적으로 기존 정치세력을 물갈이 하여 새로운 변화를 꾀하는 고도의 정략인 것이다.

정조는 부궁(副宮)이란 사실을 일체 들어내지 않고 아버지의 원소를 배행하기 위한 행궁이란 점을 내세운다. 그러나 600칸인 경희궁과 맞먹는 규모니 행궁이 아니라 궁궐을 지은 것이다. 독진에는 부교(浮橋), 노량진에는 진정(鎭亭), 과천행궁, 시흥행궁, 안양참(安養站)에는 발사(撥舍), 안산행궁, 사근평(沙斤坪, 肆覲坪)에는 창사(倉舍)를 짓는 선상에서 물 흐르듯 자연스럽게 화성(華城)과 화성행궁(華城行宮)을 건설할 수 있었다. 물론 도로보수와 다리 놓는 일도 병행했다. 화성은 현륭원(顯隆園)을 수호하고 국방의 요충지로 서울의 날개가 되어 도성을 도와주는 아주 큰 진(鎭)의 역할과 함께 성안에 있는 행궁을 보호한다는 명분을 갖는다.

정조는 아버지를 늘 동궁이라고 생각했다. 아니, 동쪽에서 언제나 뜨는 태양 같이 찬란한 왕이라는 마음을 한 번도 지워본 적이 없었다.

1794(정조 18)년 정월 7일 묘시(卯時)에 화성성역(華城城役)을 알리는 신호탄인 돌을 뜨는 것을 시작(始作)으로 25일 묘시에 성지(城址)의 터를 닦는 첫 삽을 들었다. 그 후 장안문(長安門) 정초입주(定礎立柱), 상량(上樑)·낙남헌(洛南軒) 개기(開基), 입주상량(立柱上樑)·장락당(長樂堂) 정초, 입주상량·서장대(西將臺) 개기, 정초입주·방화수류정(訪花隨柳亭) 정초입주·화홍문(華虹門) 입주상량·문선왕묘(文宣王廟) 정초입주·창룡문(蒼龍門) 개기, 상량·동장대(東將臺) 개기·화서문(華西門) 개기, 정초입주, 상량·영화정(迎華亭) 입주상량·화양루(華陽樓) 개기, 정초입주, 상량·성신사(城神祠) 개기, 입주상량(立柱上樑), 위판조성(位版造成) 등 26번이 모두 묘시(卯時)이다. 나머지는 진시(辰時)가 13번 오시(午時) 4번 기타 3번을 택한 것이 어찌 우연의 일치라고 보겠는가. 정조의 깜짝 쇼(show)에 모두가 넋을 놓고 있는 사이 은밀한 계획이 착착 진행되어진 것이다. 아버지에 대한 일을 추진하는 데는 내놓아야 할 부

분과 철저히 감추어야 할 부분이 있기 때문이다. 이것이 당시 정조의 가장 큰 고민거리였다.

정조는 신읍치(新邑治)를 결정하는데 팔달산(八達山) 신기리(新機里) 일대를 버들잎 모양의 형태로 정하여 유천(柳川)이 흐르도록 자리 잡았다.

성을 쌓고 각루(角樓)를 4곳에 지었다. 각루란 성곽 가운데 높은 구릉을 택하여 누각모양의 건물을 지어 주위를 경계하고 때에 따라 휴식을 취하는 복합기능을 갖춘 일종의 정자와 비슷한 특성을 갖는다. 그 중 동북각루는 방화수류정(訪花隨柳亭)이란 이름이 더 유명하다. 북수문의 동쪽 구릉 정상에 서서 자태를 뽐내며 사람의 눈길을 사로잡는다. 화성의 백미를 꼽으라면 누구나 방화수류정을 꼽을 것이다. 정자의 외관도 뛰어나고 주위의 아름다운 경관이 일품이다. 정조는 이곳에 심혈을 쏟았다.

1794(정조18)년 9월 4일 진시(辰時 : 8시)에 착공하여 10월 7일 오시(午時 : 12시)에 상량을 하고 10월 19일에 완공하였다. 용두(龍頭)라고 불리는 바위 위에 만(卍)[35]자 평면도를 설계토록 하여 지어진 아주 특이한 건축이다. 각루 바로 앞에는 반달형 용연(龍淵)이 있고 연못 가운데 자연적인 섬이 있다. 그 섬에는 버드나무를 심어 운치를 더했다. 착공 시간을 진시(辰時)로 한 것은 왕을, 상량을 오시(午時)로 한 것은 자좌오향(子坐午向)을, 완공을 19일(癸酉)로 정한 것은 건괘(乾卦)와 일진(日

---

35) 범어 수리밧살크사나(Srivatsalksana)를 万·萬·卍字라고도 한다. 길상해운(吉祥海雲), 길상희선(吉祥喜旋)이라고도 쓴다. 길상(吉祥)과 행운의 표시이다. 삼십이상(三十二相)의 하나로 불타의 가르침에 덕상(德相)이 있고 또 불타의 수족(手足), 두발(頭髮)과 허리에도 있다고 한다. 이에 상당한 범어는 네 가지가 있지만 슈리밧사(Srivatsa)란 말은 바로 여기에 해당한다. 이 말은 모발이 말리어 겹치고 합해져 해운(海雲)같은 모양이란 뜻이다. 따라서 만(卍)자란 길상만덕(吉祥萬德)이 모이는 곳을 뜻한다. 또한 만(卍)자는 십(十)자와 마찬가지로 예로부터 세계 각지에서 사용되었는데, 그 기원에 관해서는 여러 설이 있다. 한국에서는 일반적으로 불교나 절을 나타내는 기호나 표시로 쓰이고 있다. 무속인(巫俗人·일명 만신)들도 붉은 깃발에 만(卍)를 내어 걸어 표시를 한다. 모양은 중심에서 오른쪽으로 도는 우만자(右卍字)와 왼쪽으로 도는 좌만자(左卍字)로 크게 나누어진다. 그런데 이 만(卍)자를 입체적으로 형상화시켜서 세워 놓고 볼 때 앞에서 보면 卍모양이 되지만 뒤쪽에서 보면 우만(右卍)자 모양으로 보이는 것을 알 수 있다. 인도의 옛 조각에는 우만(右卍)자가 많으나 중국, 한국, 일본에서는 굳이 구별하지는 않는다.

辰) 상 아버지의 원혼이 서방정토에서 극락왕생하기에 아주 적합한 날이기 때문이었다. 용연의 반달 섬을 지연(紙鳶)의 꼭지로 상징, 하늘로 날아오르는 용의 형상을 이미지화 한 것이다.

현륭원에 식목도감을 두어 치산할 때 천량(千兩)을 내려 소나무 500그루와 버드나무 40그루를 심어 지금의 노송지대가 되었다. 말할 것도 없이 소나무는 왕의 능 또는 신성한 성역이 있음을 미리 알려주는 이정표 역할을 겸했다. 그리고 서울에서 일어났던 임오년의 사악한 기운이 혹시라도 넘어오지 않을까 염려되어 버드나무를 심어 화성을 보호하려는 정조의 의지가 숨어있었다.

어디 그뿐인가?

둔전경영과 전천후 농업을 위하여 화성의 사방에 저수지를 만들었다. 만석거(萬石渠 : 일왕저수지), 축만제(祝萬堤 : 서호), 만안제(萬安堤 : 안양), 만년제(萬年堤 : 현륭원 입구)에서 보여 주듯이 '만(萬)'자를 모두 썼다. '만'이란 속에는 벽사의 뜻이 숨어 있다. 그리고 만승(萬乘)에서 보듯 황제를 가리킨다. 물샐틈없을 정도로 원소·용주사·화성·화성행궁을 풍수·비보(裨補) 등으로 철저히 보호, 아버지의 영혼을 마음 놓고 쉬실 수 있게 해드리고 싶었다.

양류관음(楊柳觀音)은 자비심이 많아 마치 버드나무가 바람에 나부끼듯 중생의 소원을 모두 들어 주며 특히 병고(病苦)를 잘 들어 준다. 왼손 수인(手印)은 시무외인(施無畏印)으로 누구든지 두려워하지 말라는 뜻이다. 오른 손에는 버드나무 가지를 쥐고 있다. 일반적으로 남쪽 보타락가산(補陀洛迦山)에 거주하며 기암괴석 위 안락좌(安樂座)에서 흰 사라와 백의를 입고 중생을 제도한다. 버드나무는 이와 같이 여러 가지 의미를 포함하며 유교의 이상은 물론 불교, 도교 및 민간신앙까지도 아우르는 신목(神木)이다. 아버지의 원혼을 달래드리는 한편 최대로 편안한 장소를 마련하였다. 정조는 영혼이나마 아버지를 왕으로 추숭시켜 드리려는 노력을 조금도 아끼지 않았다.

농경사회에서 사방에 저수지를 만들었으니 그야말로 사시만사택(四時滿四澤)이

다. 물은 생명의 원천이요, 물에서 나무가 생겨나니[水生木] 용연 속 버드나무가 파란 싹을 틔우며 하늘을 향하는 모습이야말로 신목(神木)이자 봄을 알리는 환희의 전령이 아닌가. 그래서 양류관음을 수월관음(水月觀音)이라 하지 않던가? 방화수류정이 화성의 백미인 까닭이 여기에 있는 것이다. 버드나무는 동궁이었던 아버지와 너무나 닮은 성목(聖木)이자 신목(神木)이었던 것이다. 그것이 정조의 마음이자 자식 된 최소한의 도리였다.

현륭원, 용주사, 화성과 화성행궁에 노론·소론·남인을 망라하여 편액·상량문·기적비 등을 쓰게 하거나 제술하도록 하여 모두 참여하도록 유도하였다. 정조는 탕평이 아니라 대통합을 이루려는 성군이며 야심가였다. 피비린내가 진동하는 세월을 살아온 정조는 화성을 통하여 아버지의 억울한 죽음을 밝고 맑게 씻어내어 자신의 정통성을 확립하고 반목, 질시, 무고, 모함, 야합하는 정치 풍토를 일신하여 서로 협조, 의논, 타협, 합심, 상부상조, 정론(正論)과 선의의 경쟁을 통하여 용서와 화해의 큰 틀을 만들고자 전심, 전력을 다했다.

복수는 또 다른 복수를 낳는 법이다. 결국 악의 순환 고리는 선(善)으로 갚아야 끊어지는 것이다. 원수를 내 몸같이 사랑하는 것만이 다시는 적을 양산해 내지 않을 것이다.

한강을 계속 건너야 하는 문제를 해결하기 위하여 1789(정조 13)년 12월 4일 비변사(備邊司)가 병선(兵船)·방선(防船)에 차원(差員)[36]이 조사한 것을 임금에게 아뢰었다. 이날 「주교사(舟橋司)」가 처음 탄생한 것이다. 비변사의 보고를 들은 정조는 1790(정조 14)년 7월 1일 『주교지남(舟橋指南)』을 직접 써 가장 효율적인 배다리 건설의 기본원칙을 내놓았다.

80~90척이 이용될 것으로 추산되던 당초 예상이 교배선(橋排船) 36척으로 가능해진 것이다. 물론 좌우로 위호선(衛護船) 12척이 있어 48척이다. 그밖에 기록되지 않은 배들이 더 있을 것이다. 1795(정조 19)년 1월 28일자로 주교사 당상에 경기감

---

36) 어떤 임무를 맡겨 다른 곳에 파견하던 벼슬아치를 말한다.

사 서용보(徐龍輔)를 임명하였다. 그리고 회갑 준비 1년 전부터 정조는 10만 냥을 내놓아 운영하던 정리소(整理所)를 2월 8일에 복심지신(腹心之臣)인 총리대신 우의정 채제공으로 하여금 총괄책임자가 되게 한다.

배다리 건설은 2월 13일에 시작 11일 만인 2월 24일에 완전히 놓았다. 윤 2월 4일에는 도강(渡江) 예행연습을 실시해 사전 점검을 철저히 했다. 아버지 사도세자는 왕이 아닌 관계로 정조는 언제나 경모궁에 나아가 존호가 담긴 죽책(竹冊)과 옥인(玉印)을 올렸다. 어머니에게 존호를 올려도 역시 마찬가지였다. 이는 선왕인 할바마마의 유지이기도 했다.

표면적으로는 1795년 1월 1일부터 부모님 회갑경축행사 준비가 시작되었다. 정조는 아버지 회갑일인 1월 21일 이전에 꼭 풀어야 할 숙제가 있었다. 그것은 아버지에게 옥책(玉冊)과 금인(金印)을 올리는 일이었다. 정조는 머리를 썼다. 할머니 왕대비 정순왕후(貞純王后 : 1745~1805) 김씨가 51세로 망 육순(望 六旬)이 되자 전례에 따라 존호와 책보를 올려야 했다. 이와 아울러 회갑을 맞는 어머니 혜경궁에게는 어떻게 해야 할지 의논해 올리라는 교지를 내렸다. 물론 그 중심에 아버지가 자리하고 있음은 더할 나위 없다. 교지를 받은 신료들에게 존호 문제는 어려울 것이 없으나 책보(冊寶) 올리는 일이 난감했다. 정순왕후는 당연히 옥책과 금인을 올려야 하나 사도세자와 혜경궁이 문제였다. 아무도 입을 떼지 못하고 정적만 흘렀다. 그때 눈치 빠른 김종수가 말문을 열었다. "제 소견으로는 교지를 받은 신하의 예로 어찌 차등을 둘 수 있겠습니까? 상주하는 바에야 똑 같이 '옥책(玉冊), 금인(金印)'과 8자존호(八字尊號)를 올리는 게 어떻겠습니까?" 숨 막히는 시간이 잠시 흐르는가 싶더니 모두 그 안에 동의하였다. 아니, 동의할 수밖에 없었다. 정조 즉위 20년이자 부모님 회갑을 맞는 경사스러운 일에 아무리 노론인들 반대는 할 수 없었을 것이다. 거기다 혜경궁 또한 노론에 적극 동참하거나 협조한 여인이 아니었던가? 김종수가 누구인가. 혜경경 홍씨 당고모(堂姑母)의 아들로 촌수로는 6촌이요, 벽파와 시파를 넘나들며 출세를 향한 줄타기의 명수가 아니던

가. 이로써 자신이 왕위에 오른 지 20년만에야 비로소 할바마마의 유지 하나를 겨우 건너 뛸 수 있었다. 김종수의 의견에 따른 조정신료들에 의해 정조는 그간의 한을 풀었다. 물론 머리 좋은 정조가 예견하지 못했을 리 만무하다. 정해진 답을 올리라는 어명과 같았기 때문이다.

어머니를 앞세우면 아무리 할바마마의 유지라 해도 노론인들 거부할 수 없으리라는 정조의 계산이 기저에 깔려 있었다. 먼저 1월 16일 왕대비에게 존호(尊號)를 더 올렸다. 상이 명정전(明政殿)에서 직접 옥책(玉冊)과 금보(金寶)를 올리고, 수정전(壽靜殿)에서 치사(致詞)[37]와 전문(箋文)[38]과 표리(表裏)[39]를 바쳤다.

명정전에 가서 네 번 절한 뒤 무릎을 꿇고 옥책과 금보를 받아서 이를 상전(尙傳)[40]에게 주어 상(床)에 놓게 하였다. 상이 또 네 번 절하고 나서 서쪽을 향해 서자 상전이 책함(冊函)과 보록(寶盝)을 받들고 나왔다. 상이 이를 지영(祗迎)하고 나서 수정문 밖에 마련된 소차(小次)[41]에 이르렀다. 자전(慈殿)이 적의(翟衣)[42] 차림에 머리장식을 하고 수정전에 오르자 장락곡(長樂曲)이 연주되고, 행사직(行司直) 정창순(鄭昌順)이 지은 내용에 이르기를, '영원한 이 즐거움 우리 대모(大母) 편안하리. 융성한 그 교화 하늘처럼 자애롭고 화합시키는 그 덕화 땅처럼 두텁도다.

---

37) 경사(慶事)가 있을 때에 임금께 올리는 송덕(頌德)의 글이나 악인(樂人)이 풍류(風流)에 맞춰 올리는 찬양(讚揚)의 말이다.

38) 임금이나 왕후, 태자에게 올리던 글이다. 중국 한(漢)나라 때 이후 신년, 탄일(誕日) 등 기념일에 맞추어 축하하는 목적으로 시작되었으며 대체로 사륙변려체(四·六騈儷體)를 썼다. 우리나라에서는 고려 시대 이후에 사용되었다.

39) 임금이 신하에게 내리거나 신하가 임금에게 받치는 옷의 겉감과 안찝.

40) 조선시대 이조(吏曹)의 속아문(屬衙門)인 내시부(內侍府)에 속한 정4품 관직이다. 내시부는 궁중의 잡무를 맡아보던 기관으로 실무를 담당한 사람은 모두 환관이었다. 상전은 왕명을 전달하는 일을 맡아 보았으며 정원은 2명이다.

41) 임금이 거둥할 때 잠시 쉬기 위하여 쳐 놓은 막(幕)이다.

42) 왕비의 예복(禮服)으로 법복(法服)이라고도 한다. 붉은 바탕에 청색 꿩을 수(繡)놓고 깃고대 둘레에는 붉은 선을 두르고 선위에 용(龍)이나 봉(鳳)을 그린 옷이다. 대례복(大禮服)으로서 이에는 활수대의(闊袖大衣)의 포제(袍制)에 속하는 적의와 중단(中單)·상(裳)·폐슬(蔽膝)·대대(大帶)·혁대(革帶)·옥패(玉佩)·수(綬)·말(襪)·석(舃)을 착용하고 규(圭)를 든다.

옛적에 주(周)나라 문·무왕(文·武王)처럼 천하를 안정시키고 돌아가신 영묘(英廟)께서 도우시며 여자 중 요(堯)·순(舜)이었어라. 속에 간직된 바른 그 덕 음공(陰功)으로 나타났네. 훌륭한 손자 도와주며 종사(宗社) 안정시키셨지. 주실(周室)의 아름다움 그대로 이어받고(문왕의 부인 太姒처럼 어진 덕을 갖추었다는 말) 한전(漢殿)의 태후(太后)처럼 함이(含飴)[43]를 하셨도다. 오십 넘긴 귀한 연세 해옥(海屋)[44]처럼 장수 누리소서. 옥에 새겨 노래하며 경사를 드날리나이다.' 하였다.

우의정 이병모(李秉模)는 옥책문(玉册文)을 지어,

'만물을 대지처럼 포용해 주신 그 공 아름다운 노래로 널리 퍼뜨리고, 대연수(大衍數 : 50)[45]에 일책(一策)이 더해졌기에 옥책문 지어서 융숭함 더하는 이 때, 성대한 의식 거행하며 전범(典範)대로 따를까 합니다.

삼가 생각건대 예순 성철 장희 혜휘 익렬 명선(睿順聖哲莊僖惠徽翼烈明宣) 왕대비 전하께서는 장락궁(長樂宮)에 높이 임하시어 인원왕후(仁元王后)를 계승하셨습니다. 말씀을 주렴(珠簾)과 장막 밖으로 내보내지 않으셔도 조야(朝野)가 그 교화를 받고, 행동은 도서(圖書)와 사적(史籍)대로 준수하시어 궁중이 그 덕을 흠뻑 받았습니다. 바야흐로 소자(小子)가 즉위한 지 20년이 되는 때에 아, 태모(太母)께서는 육순(六旬)을 바라보는 춘추에 접어드셨습니다. 봄볕을 음미하며 서루(西樓)를 생각하니 첩자(帖子)를 써 붙이던 해가 마침 지금의 춘추를 맞으신 때와 서로 부합

---

43) 만년에 은퇴하여 손자를 상대하며 세월을 보내는 일이다.

44) 해옥첨수(海屋添籌)의 준말로 오래살기를 기원하는 말이다.

45) 『주역(周易)』에 있어서 하늘이 생긴 수를 3으로 잡고, 땅이 생긴 수를 2로 잡아, 그 합한 수인 5가 각각 10까지 늘어서 이루어진 수 50을 말한다. 『계사전(繫辭傳)』 상(上)에 대연의 수(數)는 五十이나 사용하는 수는 四十九라 하였다. 왕필(王弼)은 중국 위(魏)나라 사람으로 그의 『역주(易注)』에 따르면 천지(天地)의 수를 펼쳐 보임이니 의뢰하는 바는 五十이나 사용되는 수는 四十九로 하나는 쓰지 않는다고 하였다. 1은 사용하지 않으나 쓰여 통하고, 수가 아니나 수로 이루어져 이는 역(易)의 태극이며 四十九는 수의 지극함이다. 무릇 삼라만상(森羅萬象)은 그 근본을 찾아야 하는데 이점이 바로 '무(無)'이며 유(有)'인 태극인 것이다. 태극이란 태양이다. 즉 1은 태양이며 四十九는 삼라만상이니 곧 태양과 지구가 대연수인 것이다.

되는데, 선대(先代)의 아름다움을 밝히고 자궁(慈宮)을 받들어 모심에 그 주갑(周甲)을 맞게 되는 기쁨 또한 함께 누리게 되었습니다. 이는 천 년에 한 번 만나기도 어려운 기회로서 그야말로 태평시대가 도래하는 시기를 맞게 되었다 할 것인데, 지금부터 영원히 지속될 이 경사를 어떤 방법으로 아름답게 장식해야 할지 모르겠습니다.

자전께서 지나치게 겸퇴(謙退)[46]하고 계십니다만 그래도 존호(尊號)는 올려야 이 경사를 드러낼 수 있지 않겠습니까. 일반 서민들이 노년(老年)을 축하할 때에도 오히려 풍성하게 진행하는데, 더구나 온갖 물건을 갖추어 봉양해야 할 왕가(王家)에서야 더더욱 성대하게 기쁨을 드러내야 하지 않겠습니까. 자전께서 흉년이 들었다고 사양하시니 풍정(豊呈)은 우선 늦춘다 하더라도 이 날을 아끼고 싶은 심정에 비추어 볼 때 존호 올리는 일만큼은 우선 거행함이 마땅합니다.

기자(箕子)의 홍범구주(洪範九疇)[47]의 5복 가운데 강령(康寧)함을 누리시어 앞으로 백 세 넘게 사시고 사제(思齊)[48]의 주범(周範)을 끼치심 한결같이 엄숙하고 공경하는 모습을 보여 주셨기에 사관(史官)의 붓도 더욱 신이 나고 옥첩(玉牒)도 함께 빛납니다. 이에 삼가 옥책문과 금보(金寶)를 받들어 수경(綏敬)이라는 존호를 더 올립니다.

삼가 생각건대 하늘이 내려준 길일(吉日)을 맞게 되었으니 이는 지년(知年)의 정성(精誠)[49]과 부합된다고 여겨집니다. 언덕처럼 묏부리처럼 순일한 복을 받아 장수하시고, 번성하고 번창하여 영원히 남은 경사가 이어지게 해 주소서.'하였다.

상이 수정전(壽靜殿) 안으로 들어가 절하는 자리에서 네 번 절하고 꿇어앉아 대

---

46) 겸손하여 사양하고 물러남.
47) 『서경』 주서(周書) 홍범에 기록되어 있는, 우(禹)가 정한 정치 도덕의 아홉 원칙으로 오행(五行), 오사(五事), 팔정(八政), 오기(五紀), 황극(皇極), 삼덕(三德), 계의(稽疑), 서징(庶徵) 및 오복(五福)과 육극(六極)을 이른다.
48) 주나라 왕실 부인의 덕을 칭송함을 가리킨다.
49) 어버이가 오래살기를 바라는 자식의 마음이다.

제학 서유신(徐有臣)이 지은 치사(致詞)를 올렸는데, 그 내용에, '높은 덕 지니시고 장락궁에 임하심에 우리 동방 그 교화에 흠뻑 젖었도다. 남몰래 두루두루 큰 은혜 내리시고 보배로운 계책 더욱 융성하셨도다. 옥 같은 법도 더더욱 바르시고 아름다운 분부 크게 드러내셨도다. 빛나게 옥책문에 이를 밝히면서 옛 제도 따라서 거행하나이다. 대궐 뜰 만세 소리 진동을 하고 온 누리에 경사가 흘러넘치네. 장수와 강령함 누리셨기에 즐겁고 기쁜 마음 그지없도다.' 하였다.

그리고 대제학 서유신이 지은 전문(箋文)을 올렸는데, '자전을 모시면서 늘 장수하시기를 축원하는 마음 간절하였는데, 옥첩(玉牒)으로 아름다움을 선양하면서 삼가 미천한 정성 바치나이다. 이 해에 다섯 가지 경사 겹치게 되었는데 오늘에 와서 만세를 부릅니다.

삼가 생각건대 예순 성철 장희 혜휘 익렬 명선 수경(睿順聖哲莊僖惠徽翼烈明宣綏敬) 왕대비전하께서는 문왕(文王)의 모친처럼 되려 하시었고 멀리 여중요순(女中堯舜)의 자태를 보이셨습니다. 대지에 짝하는 덕으로 부드럽게 교화시켜 왕대비의 미덕을 퍼뜨리셨고, 장락궁(長樂宮 : 대왕대비)을 융숭하게 모신 그 범절은 임금의 덕을 더욱 빛나게 하였습니다. 춘추가 더욱 높아지시면서 덕음(德音)이 널리 전파되길 원하옵니다.

선조(先朝) 때인 1744(영조 20 : 사도세자와 혜경궁의 가례)년의 성대한 일을 준행(遵行)하는 것은 예(禮)를 상고해 볼 때 그렇게 해야 하기 때문입니다. 그런데 비궁(閟宮 : 사도세자)[50]과 자위(慈闈 : 어머니의 높인 말로 혜경궁)에게까지 존호를 올리게 되었으니 오늘보다 더 큰 경사가 어디에 있겠습니까. 일단 옥책문을 올리라는 윤허

---

50) 『시경』 "2장" '노송(魯頌)' 편에 비궁이 나오는데,
　　깊숙이 닫힌 사당은 고요하며 견실하고 치밀하도다.
　　밝고 밝으신 강원(姜嫄)은 그 덕이 사특하지 아니하시기에
　　하느님이 이를 돌보시어 재앙이 없고 해가 없게 하시니
　　산달이 되자 망설임 없이 후직(后稷)을 낳으심에
　　(이하 생략)
　　후직으로부터 노나라까지 이어지는 송(頌)이다.

를 힘들여 받았기에 감히 하례(賀禮)하는 의절(儀節)을 행하게 되었습니다.

삼가 생각건대 신은 하늘과 같이 보호해 주시는 은혜를 받았기에 뜻을 갖추어 올릴까 합니다. 탁룡(濯龍 : 왕대비의 처소)에 나아가 문안드릴 때마다 기거가 편안하심에 마음이 기뻤는데, 술잔 올려 장수하시기를 기원하면서 우선 마음을 비우고 아름다운 뜻을 따를까 합니다.' 하였다.

상기(尙記)[51] 등이 각각 치사와 전문과 표리(表裏)의 함(函)을 받들고 무릎을 꿇은 자세로 상(上 : 상감의 준말)에게 바치니, 상(上)이 함을 받아 상궁(尙宮)에게 주면서 자전(慈殿)의 좌석 앞에 놓게 하였다. 상이 절을 네 번 하고 소차(小次)로 돌아왔다. 내전(內殿 : 왕비)이 적의(翟衣)차림에 머리 장식을 하고 자리에 나아가 네 번 절한 뒤에 대제학 서유신이 지은 치사(致詞)를 올렸는데, '동조(東朝 : 왕대비)의 복록 하늘에 잇닿았고 만수무강하여 51세 되셨도다. 옥책문 올리니 범절 더욱 빛이 나고 육궁(六宮)[52]에 기쁨 드날려 칭송하는 소리 양양하도다.' 하였다.

정순왕후는 만면에 미소를 머금고 있었으나 좌불안석이었다. 궁중법도에 어긋나는 일이 아니건만 얼굴이 빨개졌다. 7살 차이밖에 안 되는 정조는 절을 하면서 이렇게 통쾌해본 적이 없었다.

상기(尙記)가 표리함(表裏函)을 받들어 올리니, 내전이 함을 받아 여관(女官)과 맞들고서 상궁에게 준 다음 자전의 좌석 앞에 놓게 하였다. 내전이 절을 네 번 하였다.

정조는 무섭도록 영리한 군주였다. 마음에 없는 아름다운 글로 노론의 정신적인 지주 정순왕후를 극찬하여 부모님의 옥책과 금인을 받는다는 사실을 정정당당하게 만천하에 들어내 놓은 것이다. 이제 아버지에게는 아무 죄가 없을 뿐 아

---

51) 궁내 문서와 장부를 관장한다. 내명부에는 빈(嬪)·귀인(貴人)·소의(昭儀)·숙의(淑儀) 등 왕의 후궁인 내관(內官)과 궁중의 자질구레한 일을 맡아보던 궁관(宮官)의 두 종류가 있다. 종4품 숙원(淑媛)까지만 내관이고 그 이하는 모두 궁관이다.

52) 중국(中國)의 궁중(宮中)에서 황후(皇后)의 궁정(宮庭)과 부인(夫人) 이하(以下)의 다섯 궁실(宮室)을 말한다.

니라 노론으로부터 왕으로 묵인 받는 계기를 마련한 셈이다. 그리고 옥책문, 치사, 전문, 표리를 통하여 칭찬 받은 몇 배의 치욕을 치러야 할 일이 기다리고 있었다.

정순왕후에게 존호를 올리기 무섭게 뜻을 이룬 정조는 아버지의 존호가 담긴 옥책과 금인을 모시고 경모궁으로 달려갔다. 하룻밤을 재궁(齋宮)에서 묵으며 희생과 제기를 살피고 재계(齋戒)[53]했다.

다음날 그렇게 마음으로 소망하던 옥책과 금인을 올린 다음 몸소 제사를 지내며 주체할 수 없는 감격의 눈물을 흘렸다.

특히, 우의정 이병모(李秉模)가 지은 치사 중 일부를 보면, '정성을 쏟고 애모(愛慕)하신 것은 독실하고 지극하여 인륜이 이로 말미암아 밝게 되었고, 규모와 도량은 높다랗고 깊어 우주와 넓이를 같이 했으며, 하늘로부터 역년(歷年)과 길(吉)함을 명받아 태산과 반석처럼 큰 기업을 열어놓았고, 해가 떠오르듯 달이 차오르듯 후손을 편하게 해준 위업이 빛나기만 하옵니다.

이에 삼가 옥책문을 받들어 '장륜 융범 기명 창휴(章倫隆範基命昌休)'라는 존호를 추후로 올리게 되었는데, 삼가 깊이 살피시어 미천한 정성을 이해해 주셨으면 하는 마음 간절합니다. 우리자손과 백성들을 보호하시며 만물이 그 교화를 입도록 해 주시고, 상제의 좌우에서 오르내리시면서 그 공이 천지(天地)와 하나가 되도록 해 주소서.'라며 아버지의 은혜를 빌려 온 나라에 선포하였다.

또한 같은 날 정조는 창경궁 명정전에서 어머니에게 '휘목(徽穆)'이라는 존호(尊號)와 더불어 '옥책(玉冊)과 금인(金印)'을 주칠(朱漆)한 나무함(24.0×33.5×34.5cm)에 넣었는데, 앞면에는 매화·대나무·난초를, 뚜껑인 윗면에는 봉황 두 마리를 금니

---

53) 재계는 산재(散齋)와 치계(致戒)를 합친 말이다. 산재(散齋)할 때에는 일보기를 전과 같이 하되 함부로 술을 먹지 말 것, 상가에 가지 말고 문병도 하지 말 것, 마늘, 파, 부추, 염교를 먹지 말 것, 음악을 듣지 말 것, 형벌은 물론 형살문서(刑殺文書)를 결재하거나 서명도 하지 말 것, 오예(汚穢)나 악한 일에 참여하지 않고 마음을 씻는 것(洗心日齋)이며, 치계(致戒)할 때에는 오로지 향사(享事)만을 행하는데 목욕을 하고 새 옷으로 갈아 입고 근심, 괴로움, 고통을 막아 마음을 편안히 하는 것(防患日戒)이다.

(金泥)로 장식하여 사신(使臣)에게 전달하는 의식을 치러 한을 풀었다.

정조는 내전인 수정전(壽靜殿)으로 나아가 직접 어머니에게 치사와 전문 그리고 겉옷과 속옷을 바쳤다. 이틀 뒤인 1월 19일 정조는 다시 경모궁에 나아가 참배하고 옥책과 금인을 정식으로 봉안(奉安)하는 의식을 치른다.

『원행을묘정리의궤』 '의주(儀註)'를 보면 아버지의 회갑일인 1월 21일에는 할머니 정순왕후, 어머니 혜경궁, 왕비 효의왕후와 함께 경모궁에 가서 작헌례(爵獻禮)를 행하였다.

왕대비전은 적의를 입고 머리 장식을 더하고 상궁이 무릎을 꿇고 여(輿)에 오를 것을 계청(啓請)하여 궁을 출발하였다. 왕대비전은 여(輿)를 타고 상궁이 앞에서 인도하여 계단을 통해 정문에 올라 경모궁에 이르러 안의 욕위(褥位 : 요를 깔아 마련한 자리)에서 북쪽을 향해 섰다. 상궁은 인도를 마치고 문밖에 대기하고, 사찬(司贊)이 재배(再拜)를 알리자 전찬(典贊)[54]의 창(唱)에 따라 국궁(鞠躬 : 존경의 뜻으로 몸을 굽힘)·재배(再拜 : 두 번 절함)·흥(興 : 일어 섬)·평신(平身 : 엎드려 절한 후에 몸을 그 전대로 폄)을 했다.

아무리 계모(繼母)라 하지만, 자신이 죽이는 데 앞장섰던 그 자식에게 절을 하는 최대의 수치와 모욕을 당한 것이다. 존호를 올리며 받은 미사여구(美辭麗句)의 대가(代價) 치고는 너무 가혹했다.

정조가 미리 짠 통쾌한 복수극이자 아버지의 원혼을 위로해 드리는 엄숙한 의식이기도 했다. 조선역사상 어머니가 아들의 사당(祠堂)에 나아가 절을 한 경우는 이것이 처음이자 마지막이기 때문이다. 7살 차이의 손자에게 절을 받은 대신 10살 위의 아들에게 국궁·재배·흥·평신으로 신하의 예를 올린 것이다. 정조는 속으로 파안대소 했고 왕대비는 복수설치를 다짐했으리라.

1월 16일부터 1월 21일까지 6일간 정조는 가장 중요한 사안을 처리한 것이다. 그것은 아버지를 정식 왕으로 모시는 작업이었다.

---

54) 연회를 준비하는 일을 맡아 보던 내명부 정8품이다.

11살 어린나이에 겪었던 슬픔과 회한을 가슴에 묻은 지 실로 33년 만의 대반전(大反轉)이었다. 얼마나 많은 날들을 두려움과 공포 속에 지냈으며, 수없는 사선(死線)을 넘나들었었던가. 사방에서 노리는 맹수보다 무서운 정적(政敵)의 마수에서 벗어나려 발버둥친 세월이 아직도 끝난 것은 아니다. 혈연이 정적보다 무섭고, 정적은 충신처럼 숨어서 노린다. 아버지를 왕위에서 끌어내리고 그것도 부족해 외척의 발호를 사전에 제거한 태종이 떠올랐고, 단종을 몰아낸 세조도 떠올랐다. 그 중 가장 비난받을 사람은 자식을 죽인 친아버지, 친어머니다. 또 있다. 고모, 장인, 후궁, 계모는 물론 겉으로 드러나지 않지만 아버지의 일거수일투족을 일일이 친정아버지에게 밀고한 어머니가 있었다. 어쩜 제일 흉측한 사람이 어머니일지도 모른다. 정조는 자경전(慈慶殿)을 경모궁(景慕宮)과 마주보게 지어 살아 생전 남편에게 지은 죄가 있으면 속죄하게 하라는 고통을 어머님께 안겨드렸을 것이다. 자신은 혈연, 척신(戚臣) 그리고 벼슬아치들이 권력과 명예를 위해서 얼마나 위선적이며 냉혹한 사람들이라는 사실을 몸으로 뼈저리게 체험했기 때문이다. 그래서 정조는 정치를 오직 백성을 위하여 펴고 싶었다. 무지렁이라고 사대부들로부터 천시와 멸시를 받으며 착취당하는 백성에겐 파벌도 없고 중상모략, 음해, 공작, 술수도 없었다. 그저 나라에서 받아갈 만큼의 적정한 세금이나 걷어가고 가만히 내버려 두면 된다. 그러면 열심히 일해 스스로 가족을 부양하고 이웃과 어울려 정을 나눌 줄 아는 마음 착한 사람들이 백성이다. 그러다가 정작 나라가 위태로워지면 누가 시키지 않아도 구국(救國)에 앞장서 목숨을 헌 신짝 버리듯 버린 사람들이 백성이다.

임진왜란, 정유재란, 병자호란, 정묘호란이 일어났을 때 사대부나 왕이 나라를 지킨 것이 아니라 백성이 최 일선에 서 있었다. 창의(倡義)하고자 어렵사리 의병을 모아놓으면 어느새 알았는지 그 알량한 힘을 이용, 툭하면 관군(官軍)에 편입시켜 버리기 일쑤였다. 약삭빠른 벼슬아치들이 자신의 공명심(功名心)에 불타 의병의 사기를 꺾어버리는 것이다. 그래도 여전히 의병은 들불같이 사방에서 일어

났고 혁혁한 전과(戰果)를 올렸다. 나라에 위급한 상황이 벌어지면 도망치기에 급급하다가도 수습되는가 싶으면 언제 알았는지 발 빠른 논공행상(論功行賞)으로 편 가르기를 일삼는 사람들이 사대부요, 벼슬아치들이다. 백성의 죽음을 밟고 공신, 충신을 놓고 네 편, 내편하며 염치없는 싸움질을 하는 것이다.

이순신(李舜臣 : 1545~1598) 장군의 경우만 살펴보더라도 백척간두(百尺竿頭)에 선 나라를 구할 때마다 칭찬이 아니라 모함과 시기가 뒤따르지 않았던가.

신하는 그렇다 치고 심지어 임금까지 혹시 이순신에게 민심이 쏠릴까 두려워 전전긍긍하며 기회를 보아 없애버리려는 속내를 거리낌 없이 들어낸 부끄러움의 역사를 정조는 자신의 손으로 꼭 바로잡아 새로 세우고 싶었다. 역사를 바로 세우기 위하여 이순신 장군과 임경업(林慶業 : 1594~1646) 장군의 글과 행적을 모아 엮은 『이충무공전서(李忠武公全書)』·『임충민공실기(林忠愍公實記)』를 간행하여 읽도록 권장했다.

지금까지 조선의 역사는 임금, 벼슬아치 모두가 똑같이 무치(無恥)로 얼룩진 나라였다. 그래서 계획한 것이 화성에서의 회갑연이다. 어머니를 내세워 돌아가신 아버지를 살려내는 고도의 정략인 것이다. 어머니에 대한 효는 포장된 것일 수밖에 없다. 돌아가신 아버지가 살아있는 어머니를 통하여 새롭게 부활하는 것이다. 그래서 '혜경궁진찬의궤'라 하지 않고 『원행을묘정리의궤』라 하여 현륭원 참배를 위주로 하겠다는 정조의 확고부동한 의지를 적나라하게 표출한 것이다. 아버지를 위한 공식행사라는 것을 만천하에 떳떳하게 나타낸 것이다. 어머니를 앞세워 아버지를 상징시키고 싶었을 뿐 어머니에게는 아무것도 주고 싶지 않은 것이 정조의 솔직한 마음이었는지 모를 일이다. 왜냐하면 남편이 뒤주에 갇혀 죽어갈 때 어머니는 친정에서 아들과 함께 있으며 할바마마에게 나아가 석고대죄(席藁待罪)[55]라도 하여야 한다는 말조차 없던 분이시다. 당신이 석고대죄를 할 상황에서

---

55) 거적을 깔고 엎드려 벌(罰) 주기를 기다린다는 뜻으로, 죄과에 대(對)한 처분(處分)을 기다리는 것이다.

꽁꽁 숨어버린 것이나 진배없다. 오히려 정조가 두 눈으로 생생이 확인한 사실마저 "네가 아직 어릴 때라 잘 몰라서 그러니 어느 누구의 말도 믿지 말고 오직 이 어미의 말만 들어야 한다."는 의중(意中)에는 친정의 멸문지화(滅門之禍)를 막기 위해 발버둥친 외척의 발호(跋扈)에 이용당한 한낱 나약한 여인일 수밖에 없었다. 정조는 그 사실을 어느 누구보다 잘 알고 있었다. 정조의 회상이 여기에 이르자 너무 비감했다. 그것은 성리학을 이념으로 삼는 나라이기 때문에 더욱 견디기 힘든 일이었다. 온몸을 저미듯 아파온다. 강상(綱常)은 이미 땅에 떨어졌는데 주우려는 유학자는 어디에도 없었다. 산림(山林)·사림(士林)도 아니요, 덕망 있다는 인사는 더더욱 아니었다. 그나마 다행히 살아 있다면 유교가 무엇인지도 모르는 백성들에게 남아 명맥을 유지하고 있을 뿐이다. 지킬 줄도 모르는 염치없는 치자(治者)들의 사술(詐術)에 물든 어리석은 백성들이 유교를 지키고 있는 현실이 너무나 슬펐다.

정조는 벼슬아치와 이들 백성에게 모범을 보이고, 노론에게는 장용영이라는 막강한 군사력을 앞 세워 왕권을 넘보지 못 하도록 입지를 확고히 다지는 데 있었다. 백성은 삼강오륜을 아는데 벼슬아치는 무소불위의 힘을 두려워 할 뿐이다. 권력은 무치(無恥)여야 꽃을 피우는 속성을 지녔나 보다. 정조는 몇 년 안에 치러질 일이지만 아들 공(玜 : 순조)이 즉위하여 할아버지를 임금으로 추존하여야 한다는 사실이 늘 마음에 걸렸다. 그래서 정조는 이번 회갑연(回甲宴)의 모든 의식절차를 임금과 같은 형식을 취하여 아버지를 명실상부하게 추숭함으로 아들로서의 책임을 다하고 싶었다. 정조의 한(恨)은 정말 컸다. 할바마마는 아버지의 발인(發靷), 반우일(返虞日)에 자식이 대궐 문밖에서 행하는 봉사(奉辭)[56]·봉영(奉迎)[57]하

---

56) 하직(下直) 즉 윗사람에게 작별을 고하는 일이다. 『견전의(遣奠儀)』에 의하면 통례원(通禮院)의 임시벼슬인 섭통례(攝通禮)는 영가(靈駕) 앞에 나아가 꿇어앉아 영가가 떠난다고 계청(啓請)하고, 부복하여 있다 물러난다. 의위(儀衛)가 차례로 인도하면 전하(殿下) 및 종실이하 문무백관은 차례로 곡(哭)하며 따르기를 의(儀)같이 한다. 도성(都城)에 남아 있는 여러 관원들은 앞질러 성(城)밖으로 나가 봉사(奉辭)하기를 의(儀)같이 한다.

57) 귀(貴)한 사람이나 존경하는 사람을 받들어 맞이함을 말한다.

는 절차도 그만 두게 하였다. 그 뿐인가? 상례(喪禮)[58]도 없었다.

일정을 들여다보면 누구나 금방 알 수 있듯이 묘월 묘일 묘시를 이용하거나 진시에 시작 한다. 더구나 아버지의 생신일인 1월 21일로부터 48일 후인 윤2월 9일 한강을 건너 아버지를 뵈러가는 것이다. 하룻밤을 자고나면 49일째가 되는 것이다. 그리고 윤위(閏位) 문제를 해결하기 위하여 윤2월을 택하여 '극은 극으로 제압[以極制極]' 하려는 정조의 의도가 참으로 빛난다.

이것이 후일 김일부(金一夫 : 1826~1898)가 주장한 정역(正易)이란 현재의 윤력도수(閏曆度數)에서 미래의 정력도수(正曆度數)로 넘어가는 다가올 일월역수 변화인 윤변위정(閏變爲正)을 정조는 이미 알고 있었던 것이 아닐까.

아버지를 임금의 예로 회갑연을 베푸는 자리에 노론을 모두 참여 시켰으며, 상징적인 정순왕후마저 경모궁에서 작헌례(酌獻禮)를 치르게 함으로 완벽을 기했다. 할머니를 홀로 대궐에 계시도록 해서는 안 된다는 명분을 내세워 중전인 왕비와 아들로 하여금 시중을 들게 하는 치밀성을 보인다.

앞으로는 정적·노론·소론·남인·서얼·양인 등이 없는 새로운 나라가 될 것이다. 다시는 이 땅에서 물리고 물리는 악순환의 고리는 없을 것이다. 정조는 자신의 힘으로 탕평책이라는 말 대신 오직 유능한 인재를 발탁하여 빠르게 변화하는 세계흐름에 대처하고 싶을 뿐이었다. 화성 축조 시 서양기술을 응용하여 공기를 단축시키며 정조는 많은 생각을 하게 된다. 서학을 보면, 천주님 앞에서는 임금으로부터 천민에 이르기까지 모두 평등하다는 사상으로 사대부의 나라를 고집하는 유교사상보다 한발 앞서나간다는 사실을 알 수 있었다.

우리나라를 어버이 나라로 받들던 여진족이 청나라를 세우자 망한 명나라를 흠모하며 우리 조선이 그 사상을 이어 소중화(小中華)가 되고자 대보단(大報壇)[59]

58) 상제로 있는 동안에 행하는 모든 예절을 일컫는다.
59) 임진왜란 때 우리나라를 도와 준 명(明)나라의 태조(太祖)·신종(神宗)·의종(毅宗)을 제사지내던 사우(祠宇)로 1704(숙종30)년에 창덕궁(昌德宮)에 설치했다.

을 쌓고 없어진 나라를 위해 발버둥치는 성리학자들이 측은해 보였다. 허공에 집을 짓는 사람들이었다. 연경을 드나들며 찬란한 문물을 보고도 어느 사람은 감탄하고 어느 사람은 비하하는 양상이 나타났다. 서얼, 중인 계층과 일부 선진적 사고를 가진 한미한 위치에 있는 사람들은 앞장서 나가려 하는데 권문세가들의 사고는 성리학이라는 굴레에서 한 발짝도 움직이지 못하고 있었다.

미리 막을 수 있었던 임진왜란, 병자호란도 그 놈의 파벌, 다시 말해서 권문세가들의 권력다툼에 현철하지 못한 군주가 이리 끌려 다니고 저리 끌려 다니다 종래 나라를 누란지경에까지 몰고 간 것이 우리 역사다. 선비들은 명(明)과 청(淸)이 싸움질을 하는 사이 정신을 차렸어야 했다. 그러나 썩어빠진 사대부들은 나라가 불치병에 걸린 줄 뻔히 알면서 치료할 생각은 고사하고 오히려 수렁에 빠뜨려 허우적거리게 몰아가고 있었다.

정조는 조선의 등불이 되고 싶었다. 세종대왕과 같은 성군이 되고 싶었다. 그래서 집현전 대신 규장각을 지었고, 물렁한 왕권을 바로세우기 위하여 장용영이란 막강한 군대를 만들었다. 다방면에 걸쳐 인재를 고루 등용하여 적재적소에 배치하도록 힘썼다. 정조의 한계라면 할바마마이신 영조가 52년이라는 치세기간 동안, 엄청나게 깊이 뿌리내리도록 만든 노론이란 거대한 세력이 난마처럼 전국을 장악하고 있는 병폐를 뜯어고치는 일이었다. 왕조시대의 한계는 치세기간이 각각 다르므로 적당한 주기로 순환되어야 하나 일당 독재 식으로 어느 계파에 의한 정치가 반세기를 넘는다는 것은 상당한 문제를 야기시켰다.

더구나 왕비는 하루라도 비워둘 수 없다는 유교의 이상한 논리에 따라 선조는 51세에 19세의 인목왕후(仁穆王后)를, 인조는 44세에 15세의 장렬왕후(莊烈王后)를, 한술 더 떠 할바마마는 66세에 15세의 정순왕후(貞純王后)와 가례를 올림으로 결국 나라의 운명을 바꾼 계기가 되었던 것이다. 하늘이 있으면 땅이 있어야 한다는 논리는 참 이상도 하다. 땅이 있으면 하늘도 있어야 한다는 논리는 없으니 말이다. 군신이 권력을 잡기위해 짜낸 지혜가 나라를 뒤흔들고 역사를 후퇴시킨 것이다.

태조 이성계와 신덕왕후 강씨의 정확한 나이 차이는 알 수 없다. 강씨의 출생 연대가 없기 때문이다. 신의왕후(神懿王后) 한씨(韓氏)의 장남 방우(芳雨 : 1354~1393)와 신덕왕후 강씨의 장남 방석(芳碩 : 1382~1398)의 나이차가 29살이나 나는 것으로 미루어 태조와 강씨의 나이차도 상당하였을 것이다. '부자의 난'으로 왕위에서 물러난 태조도 따지고 보면 젊은 여인에 대한 집착이 자초한 결과라고 보아야 한다.

그 가운데서도 일곱 살밖에 차이가 나지 않는 젊은 할머니로 인해 지금까지 가장 뼈에 사무치도록 갖은 고초를 당하고 겪은 당사자가 바로 정조 자신이라는 생각이 들었다. 정조는 규장각에서 배출한 초계문신과 장용영을 바탕으로 한 군권 장악을 하는데 거의 20년이라는 각고의 세월을 보내야 했다. 이제 겨우 기초를 닦았다고 생각한 정조는 자신의 오랜 구상을 화성에서 화려하게 펼쳐 보이려는 것이다. 그 정점이 『원행을묘정리의궤』에 나타나 있듯 어머니 회갑을 한다는 명분을 앞세워 아버지의 회갑을 성대하게 치르는 것이다.

아울러 백성을 구휼하며 세금을 탕감하고 부로(父老)들을 공경하는 등 선정의 극치를 선보이며 사도세자의 아들인 나 정조는 결코 윤위(閏位)가 아닌 정위(正位)라는 사실을 아주 당당하게 만백성 앞에 극명하게 밝히는 자리가 될 것이다.

정조의 머리가 여전히 컴퓨터처럼 정확, 치밀하게 작동하는 사이 인정2각(寅正二刻)인 04시 30분에 긴 초엄(初嚴)[60]이 울려 퍼진다. 그때서야 정조는 흐르는 눈물을 용포자락으로 씻고 자세를 고쳐 앉았다. 어느새 날이 밝아오고 있는 것이다.

정조는 벌떡 일어섰다. 그리고 다음과 같이 중얼거렸다.

"공자(孔子)에 와서야 인(仁)을 말했고, 맹자(孟子)에 이르러 비로소 인의예지(仁義禮智)를 말함으로 미진한 것을 없었다.

임금은 모두 인(仁)으로 마음을 삼아야 한다. 인(仁)과 서(恕)는 서로 뜻이 같은데, 다

60) 조선시대에 행사·행군 등의 준비를 알린 신호로 나라의 큰 의식이나 행사에 임금이 거둥할 때 궁중에서 이에 참여하는 여러 관원에게 준비를 서두르도록 알린 첫 번째 북소리이다. 이엄(二嚴 : 中嚴)·삼엄(三嚴)까지 있는데 삼엄의 북이 울리면 거둥을 시작한다. 행군의 경우는 초엄에 대오(隊伍)를 갖추고 이엄에 병장기를 갖추며, 삼엄에 행진을 시작하였다.

른 점이 있다면 서(恕)에는 공부를 아직 다하지 못하고 인(仁)은 아주 자연스럽다는 차이를 갖고 있었다.

맹자가 말하길 '서(恕)를 힘써 구하면 인(仁)을 구하는데 이보다 더 가까운 것은 없을 것이다.' 즉 자기를 다스리는 마음으로 다른 사람을 다스리고, 자신을 사랑하는 마음으로 다른 사람을 사랑 하는 것을 서(恕)라고 한다는 「대학(大學)」속의 구절을 꼭 실천하여 모두 풀어버리리라.

그래 인(仁)과 서(恕)는 같은 것이다. 이번 기회에 용서를 하여 나 자신은 물론 나라의 인(仁)을 구현하여 아버님께 바치리라."

『역경(易經)』에도 '천지(天地)의 대덕(大德)은 생(生)이고 성인(聖人)의 대보(大寶)는 위(位)이니, 무엇으로 위(位)를 지키는가 하면 인(仁)으로 할 것이다.' 하지 않았던가.

화룡촉(畫龍燭) 속의 용은 언제 여의주를 물고 하늘로 올랐는지 마지막 구름마저 태우고 있었다. 이제 바꿀 때가 되어가고 있는 것이다. 정조의 오랜 신념으로 세상을 바꾸듯이. 아버님을 만나러 갈 채비를 서둘러야겠다. 참으로 오래간만에 마음에 평정을 찾는다. 33년간의 수수께끼를 풀러가는 날이라서 인가보다. 마음이 앞서는 첫째 날이다.

2. 아버지를 향하여

◆ 하나

사도세자가 겁에 질려 뒤주 속으로 들어갈 때만 해도 '설마 아바마마가 날 죽이기야 하겠나.' 하는 생각이 들었을 것이다.

한편 금지옥엽(金枝玉葉)으로 자란 동궁의 몸이니 분노가 하늘을 찔렀으리라. 아버지와 생모에 대한 배신감·정순왕후·숙의 문씨·누이 화완옹주·외조부 홍봉한·배는 다르지만 작은 외조부 홍인한·누이의 아들 정후겸·부인 혜빈 등 어느 한사람 자신을 위해 발 벗고 구명(求命)을 해줄 사람이 없다는 사실에 서운함을 넘어 분통이 터졌을 것이다. 아바마마의 생모나 자신의 생모는 여러 가지로 닮은꼴이다. 당신의 처지를 생각해서라도 자식에게만은 깊고 넓은 사랑을 주실 줄 굳게 믿었었다.

혼인할 때 음보로 출사 정9품 세마(洗馬)에 불과했던 장인은 1744(영조 20)년 10월 19일 임금이 정시(庭試)의 문과전시(文科殿試)에 친히 나갔는데, 바로 임금의 병후가 회복된 것을 경축하는 과거였다. '이때 홍봉한이 왕실과 혼인을 맺었음으로 조정에서 반드시 그를 물색(物色)하고자 하였는데 이때에 이르러 과연 급제하였다.'는 기록과 같이 홍봉한을 위한 과거였다. 11월 20일 정5품 문학(文學)에 제수되면서 승승장구하여 풍산(豊山) 홍씨(洪氏) 홍봉한 가문은 고관대작이 즐비하였다. 모두가 누구 때문인데 배은망덕도 유분수였다. 더 가관인 일은 인천에서 생선장수를 하던 정석달(鄭錫達)의 16살 된 아들 정후겸(鄭厚謙 : 1749~1776)을 입양시

킨 누이는 피한방울 섞이지 않은 양자(養子)와 더불어 친오빠를 죽이려 시도 때도 없이 아바마마에게 온갖 중상모략을 했으니 정말 기가 막히는 세상이었다. 권력이란 피도 인륜도 없는 그런 것이란 말인가?

현장에 있으면서 꿀 먹은 벙어리였던 홍봉한, 신만, 정휘량이 사돈이니 더 말해 무엇 하겠는가?

11살 철부지 산(祘)이 그나마 울고불고 할바마마에게 '우리 아버지 좀 살려 주세요.' 하고 매달릴 것이다. 어린 두 딸은 무서워 그냥 벌벌 떨며 어찌 할 바를 모른 채 겁에 질려 있을 모습이 눈에 선하다.

나라에 녹을 받는 노론의 벼슬아치들이야 후에 자신들에게 닥칠지 모를 후환의 뿌리를 미리 뽑아 없애버린다고 속으로 쾌재를 부르며 공공연하게 박수를 치고 있을 것이다. 분기충천한 사도세자는 차라리 뒤주를 치받고 죽는 것이 훨씬 낫겠다는 생각이 들었다. 땅에 이마를 짓찧어 아직도 혈흔이 그대로 남아 있었다. 까만 밤을 하얗게 지새웠다. 천추(千秋)처럼 길게 느껴지던 악몽 같은 밤이 밝았나 보다.

윤 5월 염천(炎天)에서 내리쬐는 강렬한 햇볕은 뒤주를 불가마로 만들었다. 몸에서 내뿜는 분기와 어울려 숨조차 제대로 쉴 수 없는 고통과 억울함이 온몸을 엄습한다. 뒤주는 몸 하나 마음대로 움직일 수 없이 비좁았다. 흘러내리는 땀만큼 갈증은 몇 배나 심했다. 폐서인이 되어 뒤주에 갇힌 신세인데도 세자는 28살이라는 나이 탓인지 죽음을 생각해본 일도, 죽음이 있는 줄도 모르고 살아온 삶이었다. 분노로 치닫던 마음이 애절한 심사로 바뀌면서 그래도 오늘만 지나면 아바마마께서 노여움을 풀고 살려 주시겠지. 자식에게 겁을 주어 개과천선하라고 일부러 이러실는지 몰라. 그런 가운데 분노와 한편으로는 애절한 심사(心事)가 번갈아 파도처럼 밀려왔다 밀려간다. 세자는 삶의 끈을 도저히 내려놓을 수 없었다.

하루가 살아온 세월만큼이나 길게 지나가고 있었다. 아무리 소리를 지르고 고함을 질러도 소용이 없었다. 분노가 성난 파도처럼 온몸을 때리고, 억울하다는

생각에 치가 떨릴 때마다 뒤주 안에서 두 주먹, 두 발로 밖을 향하여 사정없이 두드리고 걷어찼다. 뒤주 속 금지옥엽의 처절한 울부짖음을 들었는지 못 들었는지 밖에 서있는 파수병들 얼굴에는 땀인지 눈물인지 분간할 수 없는 물기가 흥건히 흘러내리고 있었다. 세자도 숨조차 제대로 쉴 수 없는 상황에서 죽음과 정면으로 맞서며 오직 살아야 한다는 일념 뿐 다른 생각을 할 겨를이 없었다. 이 세상에 태어나 오늘처럼 온몸으로 삶과 죽음 사이에서 몸부림치고 한편 오늘만큼 냉철한 이성을 한 번도 지녀보지 못했다. 서늘해지는 걸 보니 어느새 밤이 꽤 깊었나 보다. 뒤주에 못질하는 소리가 마치 뇌성벽력 같았던 그 무서운 밤이 또 찾아왔다. 그것도 모자라 밧줄로 묶는 소리를 들으며 사람이 얼마나 잔인한가를 태어나 처음으로 느낀 소름끼치는 밤이 어김없이 돌아온 것이다.

정순왕후·문소의·화환옹주·노론들의 깔깔대는 웃음소리가 사방에서 귀를 때린다. 승리자들의 환호소리가 함성이 되어 점점 더 크게 들려오고 있었다. 아예, 두 손으로 귀를 막아보지만 막히지도 막혀지지도 않는 그런 밤이 무섭다. 아니, 아버지가 무서웠다.

◆ 첫째 날(윤 2월 9일)

정조 19(1795)년 윤 2월 초아흐레부터 열엿새까지 8일간 왕의 화성행차가 이루어졌다. 이 행렬을 그림 기록으로 남긴 것이 『원행을묘정리의궤(園行乙卯整理儀軌)』이다.

의궤(儀軌)란 의식(儀式)과 궤범(軌範)의 준말로 궤(軌)는 '굴대, 법, 좇다.'이고, 범(範)은 '법, 모뜨다, 본보기'란 말이 의미하듯, '법을 그대로 본뜨는 것이다.' 유교이념에 따라 예전부터 내려오는 다양한 행사를 잘 정리하여 후대에까지 원형 그대로 보존, 잘 전해질 수 있도록 하려는 것이 목적이다.

바꾸어 말하면 가장 이상적이며 모범적인 전례(典禮)를 지속적으로 전수시키겠다는 것이다. 의식은 왕실에서 행하는 왕의 혼례·세자 책봉·궁중잔치·궁궐건축·장례 등 중요한 행사를 차질 없이 치르기 위해 진행과정을 기록해 두었다가 행사가 끝난 후에 임시기구를 설치, 기록이나 그림을 곁들여 만드는 일종의 전범(典範)이다.

의궤에서 가장 큰 특징은 그림이다. 행사의 내용을 생생하게 알 수 있는 반차도(班次圖)가 그 중 백미다. 특히 「화성능행도(華城陵幸圖)」는 총길이 15.4m로 행렬을 선도하는 대신·군사·호위병 등 등장인물이 무려 만여 명이 넘는 대작이며 그림솜씨 또한 사실적으로 매우 뛰어난 걸작 중 걸작이다.

의궤의 중요성은 건물, 기계, 물품 등의 도설(圖說)이 있을 뿐 기록만으로는 부족하거나 알 수 없는 부분을 풀어주는 열쇠가 되기 때문이다. 의궤가 지니는 가치는 이미 '세계문화유산'으로 등재 되어 우리 민족의 자부심을 넘어 세계적 보배가 되었다. 왕실에서는 행사가 있기 전 먼저 도감(都監)을 임시로 구성하여 행사준비에 들어가는 것이다. 가례도감(嘉禮都監)에서는 왕실의 혼인·책례도감(冊封都監)에서는 왕비, 왕세자 책봉의식·영접도감(迎接都監)에서는 사신을 맞이하는 영접행사·영건도감(營建都監)에서는 궁궐건축·국장도감(國葬都監)에서는 왕실의 장례를 주관하였다.

　정조대에는 화성신도시의 건설에 대한 도설과 특히 『원행을묘정리의궤』에 그려진 아주 길고 사실적인 반차도(班次圖)가 있어 조선 왕실사(王室史) 연구에 귀중한 사료적 역할을 한다. 물론 「능행도8폭병풍」에 화성성묘전배도(華城聖廟展拜圖), 낙남헌방방도(洛南軒放榜圖), 봉수당진찬도(奉壽堂進饌圖), 낙남헌양로연도(洛南軒養老宴圖), 서장대성조도(西將臺城操圖), 득중정어사도(得中亭御射圖), 시흥환어행렬도(始興還御行列圖), 주교도(舟橋圖) 등이 있어 당시를 사실적으로 들여다 볼 수 있다.

　지금부터 『원행을묘정리의궤』 반차도(班次圖)를 중심으로 장엄하고 화려했던 정조의 행차와 행사 장소를 낱낱이 따라가 보기로 한다.

　정조 19(1795)년 을묘 윤2월(묘월) 초아흐렛날(신묘) 인정2각(寅正二刻)인 4시 30분에 북을 두드려 초엄(初嚴)을 알리자 행차에 참여할 인원들이 잠자리에서 일어나 무기와 깃발 등을 챙긴다. 말을 책임진 병사들은 말에게 먹이를 먹이고 행여 빠진 마구는 없는지 골고루 살피는 일까지 하여야 한다. 묘초1각(卯初一刻)인 05시 15분에 2엄(二嚴)을 알리자 각자 할 일을 마치고 무기·깃발·말·가마·악기 등을 챙겨 자신이 행군하여야 할 진형(陣形)으로 신속하게 이동, 출발에 대비하여 추호의 차질이 없도록 세심한 신경을 써야 한다. 각기 맡은 소임 별로 책임자는 일일이 점검하여 행차 시 마치 기계의 부속품이 돌아가는 것처럼 하기 위하여 세심한 주의를 환기시켜야 한다. 워낙 많은 인마(人馬)의 행렬이다 보니 자칫하면 실수할 우려가 있기 때문이다. 혹시 인원이나 의장 중 빠지지는 않았는지 하나하나 점검(點檢)하는 것이다.

　물론 그간 여섯 차례의 현륭원 행차로 많은 경험이 축적 되었지만 잘 마쳐야 본전인 것이 행사의 특성이다. 특히 이번 행차는 상감께서 각별한 정성과 관심을 기우리는 까닭에 백전노장들도 여간 중압감을 느끼는 게 아니었다. 그래서 3엄(三嚴)을 무려 55분이나 앞두고 서두르는 것이다. 이제 모든 준비가 끝났다는 보고를 받자 정해진 묘정초각(卯正初刻)인 06시 10분에 3엄(三嚴)을 알린다. 마침내 행차가 움직이기 시작한다. 이렇게 시간을 정한 것도 정조의 의도이다. 아주 먼

옛날 처음 시작된 하(夏)나라의 역(易)은 연산(連山)으로 산을 상징하는 중산간괘(重山艮卦 : ䷳)를 처음 놓는 괘로 하였다. 그래서 하(夏)나라는 세수(歲首 : 설)를 3월인 인월(寅月)로 하여 인생어인(人生於人)으로 삼았다. 정확히 고증할 수는 없으나 공자(孔子)도 역법은 하역(夏曆)을 따르고 싶다고 한 것으로 보아 「연산역(連山易)」이 존재하였음을 시사한다.

또 『주례(周禮)』에 '예조에서 삼역을 맡았는데, 첫째가 연산, 둘째가 귀장, 셋째가 주역이라.(春官掌三易, 一曰連山, 二曰歸藏, 三曰周易)'고 한 것으로 보아 인생어인(人生於人)을 생각하고 윤이월을 마치 삼월처럼 계산하였을는지 모를 일이다. 그래서 초취를 인정(寅正)으로 택하였을 것이다.

묘년, 묘월, 묘일, 묘시 정조는 황금색 융복(戎服)[61]을 입고 모자에 깃을 꽂고 출발에 앞서 수정전(壽靜殿)으로 가서 할머니에게 인사를 드린 후, 임시로 설치한 장막 안에서 어머니를 기다렸다. 동쪽의 청룡은 강서대묘에서 보듯 남쪽을 향해 힘차게 나는 모습이다. 해는 중천에서 남쪽을 비출 때 가장 찬란하다.

정조는 돈화문(敦化門) 앞에서 어머니께 문안을 여쭙는 의식을 행한 뒤 드디어

---

61) 전투에서 입던 갑옷은 물고기 비늘모양처럼 생긴 쇠나 가죽 조각을 의복 안에 대고 머리가 둥근 쇠못으로 고정시킨 두정갑(頭釘甲)을 말한다. 정조가 「을묘원행」에서 입은 융복은 구름무늬가 있는 비단을 안감으로 넣고, 붉은 용을 겉감으로 대었으며 갑옷의 끝단은 귀한 담비의 털가죽을 사용해 화려해 보이도록 했을 것이다. 뿐만 아니라 쇠못은 금으로 도금을 하고 양 어깨에는 용 문양을 달아 임금의 갑옷이라는 것을 나타냈다. 그리고 옷 앞·뒷면에 금동일월(金銅日月)과 잎사귀 등의 장식을 하여 보는 사람으로 하여금 화려함의 극치를 이루도록 하였다. 갑옷은 보통 몸통을 보호하는 상갑(上甲)과 허리 아래인 하갑(下甲:甲裳)으로 구분된다. 보조 장구로 양 옆구리를 보호하는 호액(護腋), 심장이나 낭심을 보호하는 엄심(掩心)을 하기도 한다. 투구는 무쇠에 은입사를 입혀 당초문을 새기고 용과 봉황을 마주 보도록 하여 왕의 권위를 한껏 드높였을 것으로 추측한다. 투구를 세분하면 머리가 들어가는 곳을 감투, 귀를 덮고 어깨까지 길게 늘어뜨린 부분을 옆막이[耳掩], 목 뒤로 등까지 내려가도록 늘어뜨린 부분을 뒷막이라고 한다. 투구는 보통 4조각을 대어 붙이다보니 정수리가 벌어지는 단점이 생긴다. 그래서 이음매 끝에 둥근 판을 덧씌우고 그 위에 간주(幹柱)를 세워 전투에 필요한 표시와 장식성을 하기도 한다. 삼지창, 불꽃 모양으로 벽사와 신성함을 나타내기도 하고, 높낮이로 계급을 표시하거나 작은 깃발을 달아 색깔로 공격, 방어방향이 달라지는 전투지시용으로 사용되기도 한다.

세 번째 치는 우렁찬 북 소리에 맞추어 말을 타고 자궁가교(慈宮駕轎) 뒤를 따라 출발하였다.

묘(卯)는 동쪽이며 양(陽)이고 동궁(東宮)이다. 세자이셨던 아버지를 뵈러 가기에는 가장 길일인 것이다. 아울러 한강을 건너가기 가장 좋은 날이기도 하다.

음력 초9일과 24일을 무쉬라 하는데 한 달에 썰물과 밀물의 차가 가장 적은 날을 가리킨다. 오늘이 바로 9일이니 한강 수위(水位)에 영향을 제일 적게 미치기 때문에 부교를 건너가기에는 가장 안성맞춤이었다. 거기에다 날수에 따라 4방위로 돌아다니면서 사람의 활동을 방해한다는 귀신인 손 없는 날[62]이니 어느 곳으로 출행을 해도 무방하지 않은가.

어가를 수행한 인원은 총리대신 채제공을 비롯하여 1,779명이고 말(馬)도 799여 필이다. 이밖에 거둥길에 동원된 실제 인원은 6,000여 명이 넘을 것으로 추산된다.

특히 이번 「을묘원행」의 행차는 대규모 행렬로 왕실의 권위를 안팎으로 알리는 아주 중요한 의식이다. 그래서 악기 연주자가 115명, 각종 의장용 깃발을 든 기수를 238명으로 하였다. 행렬의 5분의 1 정도가 되도록 하여 행차의 조화를 꾀하고 품격을 한결 경쾌하고 장엄하게 하는 역할을 담당하도록 했다. 악대(樂隊)를 중간 중간에 넣어 때론 장중하게 또한 신명나게 연주하여 행렬의 보조를 일정하게 유지 시켰다. 또 많은 기수를 통하여 행차를 더욱 웅장하게 하였다. 구경꾼들이 바람에 펄럭이는 깃발을 보며 딱딱하거나 위압적이지 않은 자유로운 분위기가 되도록 기획 단계부터 아주 세심한 연출을 한 것이다. 이는 행차를 백성에게 되도록 친근하게 보이고 싶은 정조의 뜻이기도 하며 대가노부(大駕鹵簿)의 형식을 따르려 애썼다. 동원된 인마(人馬)·의장(儀仗)이 노부사상 유례를 찾기 힘든 가장

---

62) 민속신앙에서 '손'이란 날수에 따라 동서남북 4방위로 다니면서 사람의 활동을 방해하고 사람에게 해코지한다는 귀신을 부르는 말로 '손님'을 줄여 부르는 것이다. 따라서 손 있는 날이란 손실, 손해를 본다는 날로서 예부터 악귀와 악신이 움직이는 날을 말한다. 그래서 악귀와 악신이 움직이지 않는 날을 '손 없는 날'이라고 해서 각종 택일의 기준으로 삼았다. 이 귀신은 음력 9일과 10일, 19일과 20일, 29일과 30일이 되면 하늘로 올라가기 때문에 이 날들이 손 없는 날이 된다.

큰 행차이기 때문이다.

임금이 직접 어머니를 모시고 왕복 이백 리가 넘는 길을 어좌마(御座馬)에 앉아 백성들 보는 앞에서 대로(大路)로 대규모 행렬을 이끌고 행차하는 일은 전고(前古)에 없는 일대 사건이었다. 국난(國難)이 아니고는 도저히 상상할 수 없는 일이다. 그러자니 백성에게는 자연히 장엄하면서도 흥겨운 볼거리를 제공해야 하고, 내적으로는 눈에 보이지 않는 경호를 더욱 엄격히 해야 하는 이중삼중의 부담이 뒤따랐다. 매년 원행 때 노상(路上)에서 적(敵)의 형편이나 지형 따위를 정찰하고 탐색하는 척후(斥候), 경호 임무를 띤 말 탄 군사 즉 당마(塘馬)를 일정한 지점에 배치시키는데, 당마는 마병(馬兵) 3인, 별무사(別武士) 1인이 1조가 되어 시흥경로의 경우에는 돈화문 밖을 제1당으로 현륭원 작문(作門)까지 모두 24개소에 배치시켰다. 창덕궁에서 노량까지 여섯 곳, 노량에서 시흥행궁까지 네 곳, 시흥에서 사근참까지 여섯 곳, 사근참에서 수원작문까지 세 곳, 화성에서 현륭원 작문까지 다섯 곳에 나누어 중요한 길목마다 배치시켰다. 작문(作門)이란 파수병을 두어, 외인이 마구 드나들지 못하게 경계하는 군영(軍營)의 문을 말한다. 인가(人家)가 있는 곳은 인가를 당마 장소로 이용했으나, 인가가 없는 다섯 곳은 가건물(假建物)을 지어 사용하였다.

한편 원행경로 주위에는 광역 경호 일환으로 일정한 자리에 척후(斥候)를 둔다. 장교 1인, 군졸 3인이 1조가 되며 지대가 높거나 4방의 조망이 좋은 30곳의 요충지에 배치시켰다. 이 밖에 노량주교 이남의 교통 요지에는 적이 지날만한 길목에 방어하기 위하여 군사를 숨겨 배치하는 복병(伏兵)[63]을 두어 물 샐 틈 없는 경호를 했다. 복병은 1개소에 장교 1인, 군졸 7인을 1조로 하여 보통 삼거리 16곳을 지키도록 했다. 반차도에는 나타나 있지 않으나 행차를 안전하게 보호하고 혹 발

---

63) 갑작스럽게 공격, 이동해 오는 적을 내리치려고 다른 곳으로 빠져나갈 수 없는 중요한 좁은 통로에 은밀하게 배치시킨 비교적 소규모의 병력을 말한다. 이들의 임무는 적의 병력 규모, 통과 예상시간 등을 사전에 탐지하여 본영에 보고함으로 미리 공격방법 등을 준비하여 적을 섬멸하거나 치명타를 입히는 것이 대부분 주목적이다.

생할지 모를 불상사를 미연에 방지하기 위하여 첨병(尖兵)이 행렬의 전방(前方)에서 경계(警戒)·수색(搜索)을 하며 주위를 세심하게 살피며 나갔을 것이다. 보통 전시에는 4㎞ 전방으로 첨병을 보내 적의 동태유무를 살피는 게 상례였으나 이번 행차에서는 그렇게까지 행하지 않아도 되었을 것이다. 이미 이중삼중의 경계병들이 지키고 있기 때문이다. 이렇게 치밀한 경호가 따른다 해도 임금이 공개적으로 거둥하는 것은 큰 모험이다. 그렇기 때문에 정조는 외곽경비로부터 근접경호원에 이르기까지 한 치의 허점도 보이지 않았다. 이른 아침인데도 불구하고 도성과 인근의 백성들이 모여들어 거리는 글자 그대로 인산인해(人山人海)를 이루었다. 밤잠을 설치며 좋은 자리를 잡으려 자리다툼이 이곳저곳에서 심심찮게 일어나는 모습도 있었을 것이다.

드디어 끝 모를 길고 긴 행렬이 화려하고 웅장한 모습을 드러내기 시작했다. 행차의 선두는 현재의 특수부대 군인에 해당하는 군뢰(軍牢)로부터 시작되었다. 붉은 전(氈)으로 만들며, 족두리와 비슷한 반달 모양으로 된 전을 걷어 올리고, 앞의 길이 10cm, 나비 8cm의 주석으로 만든 '勇(용)'자를 붙이고, 꼭지처럼 만든 장식에는 지름 4cm, 길이 10cm 가량의 둥근 몽둥이처럼 생긴 것에 남빛 새털을 입혀서 좌우로 돌릴 수 있도록 한 전립(氈笠)인 군뢰복다기를 썼다. 거기에다 한 명은 큰 칼을, 다른 한 명은 장봉(長棒)을 메고 우락부락한 인상에 우람한 체격을 자랑하며 좌우측으로 각 2명이 앞을 선도하여 보는 사람으로 하여금 지레 겁을 먹게 하였다. 대장의 전령으로 호위를 맡거나 또는 순시기·영기를 드는 순령수(巡令守)가 바로 뒤를 따른다. 보통 병사와 병사 사이는 좌우로 5보, 전후로 4보의 간격을 유지해 개인 무기를 자유자재로 움직일 수 있게 하는 것이 일반적 예이지만 이번 행차는 인마(人馬)와 긴 깃대 같은 특수 의례용 의장 등으로 인하여 융통성 있는 형태를 유지하였다.

평소 부대 안에서 군인들 행동을 두루 살펴 죄지은 자를 적발하고 처벌하는 임무를 수행할 때 사용하던 기로 남색바탕에 '순시(巡視)'라고 붉게 두 글자를 새겨 붙인다. 기는 사방 1척(一尺)이며 깃대길이는 4척이다. 그러나 임금이 거동할 때, 어전(御前)의 순시기는 붉은 바탕에 '순시'라고 푸른색으로 썼으며 제도는 영기(令旗)와 같다. 이 기를 좌우 각 1명이 오른손으로 들고 왼쪽 허리에는 패검(佩劍)을 한 채 사방 동정을 살피며 군뢰의 뒤를 쫓는다. 패검은 왼 허리 뒤춤에 꽂는 뒤꽂이 방식을 따랐다. 영기(令旗)는 영전(令箭), 영패(令牌)와 같이 장수의 명령을 전달하는 데 사용한다. 사방 1자 가량의 푸른 바탕에 붉은색으로 '영(令)'자를 썼으며 길이는 5자로 깃대 끝은 넓적하고 긴 마름모 쇠에 끝이 날카롭고 양옆은 얇아 날처럼 된 촉으로 되었고, 그 아래에 납작한 주석방울을 꿴 다음 비녀장을 질러 놓아 기를 흔들면 쩔렁쩔렁 소리가 났다. 일명 '쩔렁기'라 하는 데 오른손으로 들고 왼쪽허리에 패검을 한 기수(旗手) 각 2명이 요란스럽게 행차중임을 알려 주의를 환기시킨다. 가운데 좌우로는 왕의 갑옷을 실은 갑마(甲馬)와 직인인 신인(信印)을 실은 인마(印馬)가 나가는데, 갑옷과 신인을 호랑이 가죽으로 정성스럽게 싸 눈길을 끈다. 그래서인지 말을 모는 군졸이 왼손으로 말고삐를 잡고 오른손엔 칼을 쥐고 조심스럽게 나란히 줄을 맞추어 나간다. 뒤에는 군졸을 앞세우고 말을 탄 경기감사 서유방(徐有防)이 전투복차림에 검은 광대(廣帶)를 두르고 그 위에 또 흰 전대(戰帶)를 묶은 모습으로 위용을 자랑하며 행차 선두에 섰다. 이는 고위 무관들만 광대를 두른 위에 전대로 묶을 수 있지 하급군사들은 전대만 두르도록 제도화 되어 있기 때문이다. 전동(箭筒)에 화살을 가득 채워 메고 왼손엔 활, 왼 허리에 환도(環刀)를 찬 차림으로 앞에서 길을 안내한다. 그것도 모자라 말에는 기창(騎槍)까지 갖추었다. 서유방이 맨 앞에 선 것은 행차의 목적지가 자기 관할인 현륭원과 화성이며 임금의 행차와 의식을 준비한 정리소의 정리사(整理使)를 겸한 지금의 경기도지사(京畿道知事)와 같기 때문이다. 완전무장(이하 경기감사와 같은 차림을 완전무장이라 한다.)을 하고 말을 탄 군무집사인 장교(將校) 1명, 고관에 딸려 관청의 사무를 보조하는 아전인 서리(書吏) 1명이 왼 허리에 환도를 차고 좌우에서 경기감사를 호위하며 나란히 뒤따른다. 이들 좌우로 군뢰 3명이 나가는데 앞

1명은 칼을 메고 뒤 2명은 오른손으로 장봉(長棒), 왼쪽허리에 뒤꽂이 방식으로 칼을 찼다. 순시기를 든 군졸 각 1명, 영기를 든 각 2명도 역시 왼쪽허리에 칼을 찼다. 뒤에는 아버지인 사도세자를 복권시켰을 뿐 아니라 화성건설에 임금을 도와 실무적 뒷받침을 하고 이번 행사를 총괄한 실세 중 실세인 총리대신 우의정 채제공(蔡濟恭)이 왼쪽에 환도를 차고 말몰이꾼을 앞세워 백마(白馬) 위에 높이 앉아 공작우(孔雀羽)를 꽂은 화려한 모자를 쓰고 나간다. 약간 떨어져 군무집사인 장교(將校)는 완전무장 차림으로, 고관(高官)의 사무를 보조하는 녹사(錄事)는 공작우(孔雀羽)을 꽂은 모자를 쓰고 오른손으로 말고삐를 잡았으며 왼 허리에 환도를 차고 장교와 좌우로 호위를 하며 말을 타고 위엄 있게 뒤를 따른다. 인기(認旗)는 각 지휘관의 지위를 나타내고 휘하 부대에게 명령을 내릴 때 사용하는데 사명기(司命旗) · 영장인기(營將認旗) · 천총인기(千摠認旗) · 파총인기(把摠認旗) · 초관인기(哨官認旗)가 있다. 인기를 제자리에 세워두면 기(旗) 아래에서 상황을 보고한 후 명령을 받으라는 것이고, 흔들면 휘하 장령(將領)에게 달려와서 집합하라는 신호, 계속 흔들면 장령이하 모든 지휘관도 집합하라는 신호이다. 깃발의 색은 소속 상위 부대의 방위 색에 따르도록 되어있다. 바꾸어 말하면 주장에서부터 말단병사에 이르기까지 계급과 소속을 식별하기 위하여 지니는 깃발이다. 대장 · 파총 · 초관은 별도의 병사가 인기를 들고 따르며 기총, 하급 지휘관들은 자신의 단창에 창기를 단다. 일반 군졸들은 투구나 전립위에 작은 기치를 달아 소속 부대를 표시하는 비표(秘標)로 쓴다. 전 부대원이 기치 하나씩을 지니는 것이다. 각 기치는 자신이 속한 부대를 오방색(五方色)으로 나누어 표시한다. 전군은 홍색, 후군은 흑색, 좌군은 청색, 우군은 백색, 중군은 황색을 사용하여 자연스럽게 방위까지 나타낸다. 행차에서는 주장(主將)이 휘하를 지휘 · 호령하는 용도로 기면(旗面)은 다섯 자 평방, 깃대 길이 열여덟 자, 영두(纓頭)[64] · 주락(珠絡)[65] · 장목[66]으로 장식한 기를

---

64) 끝에 술이 달려있는 장식용 끈으로 깃발을 꾸민다.
65) 붉은 줄과 털로 꾸민 치레를 말한다.

사용했다. 대장 이외의 각 장수가 모두 따로 쓰기 때문에 각 영(營)의 장수마다 색깔을 달리한 인기(認旗)를 사용 한다. 인기를 오른손에 든 기수(旗手)가 말을 타고 왼 허리에 칼을 찬 채 가운데 줄 선두에 처음 등장한다. 그 뒤로 마상(馬上)에 앉아 신나게 북을 치는 고수(鼓手), 마병(馬兵)을 지휘하는 종9품 무관인 초관(哨官)과 역시 말을 탄 금위영 소속 별기대 84명 5마작대(別騎隊八十四名五馬作隊)가 오른손으로 말고삐를 잡아 속도를 조절하며 완전무장을 한 채 행마(行馬)한다. 초(哨)는 보통 약 125명 내외의 군대 편제를 일컫는다. 다시 중앙엔 인기(認旗)를 든 군졸과 북을 치는 고수가 각각 말을 타고 따르며, 고수 뒤에는 군졸이 모는 갑마(甲馬)와 말몰이꾼을 앞세우고 무장한 마병별장(馬兵別將)이 말을 탄 채 뒤를 좇아 간다.

행렬 길 좌우측으로 빨강·파랑 깃발에 신장(神將)[67]을 그린 신기(神旗)를 든 군졸 각 1명, 왼쪽엔 징을 치는 군졸, 큰 칼을 멘 군뢰, 영기를 든 영기수가 호위하고, 오른쪽엔 긴 나무통 끝에 은으로 사발모양의 부리를 달아서 만든 큰 나발인 대각(大角)을 부는 군졸, 군뢰, 영기를 든 영기수가 나가는데 큰칼 멘 군뢰를 제외하고 모두가 왼 쪽 허리에 뒤꽂이 패검을 했다. 그 가운데 악대가 칼을 차고 있는 모습이 눈길을 끈다. 아마도 군악대(軍樂隊)일 것이다. 역시 중앙에 말을 타고 인기를 든 군졸과 말위에 앉아 북을 힘차게 치는 고수가 앞서나가고 마병을 지휘하는 마병초관(馬兵哨官)이 좌좌초5마작대(左左哨五馬作隊)와 함께 말을 타고 완전무장을 한 채 행마(行馬)한다. 그 뒤 중앙으로 지금의 예비대에 해당하는 기병과 주장의 친위병인 아병(牙兵)을 호령하고 지휘할 때 쓰는 군기의 하나로 기면(旗面)이 동·서·남·북·중앙의 방위에 따라 청·백·홍·흑·황의 오방색(五方色)에 팔괘(八卦)를 그렸으며 화염(火焰)과 기미(旗尾)는 상생지리(相生之理)에 따라 청기는 적색, 백기는 흑색, 홍기는 황색, 흑기는 청색, 황기는 백색으로 하며, 그 깃발마다 기

66) 꿩의 꽁지깃을 모아 묶어서 깃대 끝에 꽂는 장식이다.
67) 신병(神兵)을 거느리는 장수이다.

폭은 모두 비단으로 하되, 길이 12자, 깃대 높이 15자, 제비꼬리는 2자이고 꼭대기에는 영두·주락·장목이 있고, 영두에는 초롱이 달린 홍고초기(紅高招旗)가 나간다. 이 고초기는 밤이 되면 세워놓고 풍향기의 역할을 하게 한다. 이어 역시 인기(認旗)를 든 병사가 따른다. 이어 말 탄 고수가 북을 울리며 나가고 뒤에는 보군초관(步軍哨官)이 말 위에 앉아 완전무장을 한 채 앞에서 지휘하며 좌부좌사전초3대평행(左部左司前哨三隊平行)으로 4명씩 3열 횡대로 조총(鳥銃)[68]을 멘 보병이 늠름한 모습으로 행진을 한다. 길 가운데 오른손으로 인기(認旗)를 들고 왼 허리엔 칼을 찬 군졸, 말을 타고 북을 치는 고수, 종4품의 무관인 파총(把摠)이 말을 모는 군졸을 앞세우고 완전무장을 한 채 나가고 좌우로 영기를 든 군졸이 칼을 차고 따른다. 이어 인기를 들고 칼을 찬 군사, 말위에서 신나게 북을 치는 고수 뒤에는 완전무장한 보군초관이 통솔하는 좌부좌사중초3대(左部左司中哨三隊)가 역시 조총을 메고 패검을 한 채 4명씩 3열 평행으로 행진한다.

훈련 가운데 가장 힘든 훈련은 강이나 늪지를 통과하는 일이었다. 바꾸어 말하면 전쟁 중 가장 위험을 수반하는 것이 도강(渡江)이었을 것이다. 그래서 근처의 높은 곳에 올라 적의 매복 흔적을 찾거나 기습공격에 대비하는 일이 매우 중요했다. 그래서 '둑[塘]에 올라 알린다[報].'라는 뜻으로 몰래 적의 동정과 형편을 살펴보는 군사가 당보(塘報)다. 낮에는 사방 1척, 깃대길이 9척의 황기(黃旗)를 가지고 높은

---

68) 16세기 초반 스페인의 아퀴버스(arquebus)에서 유래된 소총으로 1550년경 포르투갈 상인에 의해 일본에 전해 졌다. 조선은 1589(선조 22)년 황윤길(黃允吉), 김성일(金誠一), 허성(許筬) 등이 일본 사신으로 갔다 오는 길에 대마도주(對馬島主)로부터 몇 자루 선물로 받아온 것이 그 시초이다. 당시 조정에서는 이 신무기 성능에 대하여 별로 주의를 기울이지 않다가 임진왜란 때 왜군이 쏘는 것을 보고서야 그 위력을 실감했다.
　『난중일기』에 의하면 1593년 9월에 이순신(李舜臣) 장군이 조총을 만드는 데 처음으로 성공했다. 그 후 1653(효종 4)년 제주도에 표류된 네덜란드 선원 하멜(Hamel) 등 36인으로부터 새로운 조총을 입수했다. 또 1658(효종 9)년 청의 요청으로 파병된 군대가 연해주 지역에서 러시아군이 부싯돌로 점화하는 수석식(燧石式) 소총을 입수하였으나 조정에서 적극적인 노력을 하지 않았다.
　1615년 이상의(李尙毅)의 『화기도감의궤(火器都監儀軌)』에 보면 조총의 제작과정과 1603년 한효순(韓孝純)이 지은 『신기비결(神器秘訣)』에 조총의 발사 절차가 자세히 나온다.

곳에 올라 적의 동정과 형편을 미리 알리던 임무를 띠었다. 노란색은 명도(明度)가 가장 높아 멀리서도 잘 볼 수 있기 때문에 택한 색이다. 적병의 형세가 느리면 기를 세우고, 급하면 급히 흔들고, 적의 수가 많고 형세가 긴박하면 몸을 삥 돌려 황급히 흔든다. 일이 없으면 원(圓)을 세 번 그려 신호를 보내고 밤에는 깃발 대신 횃불로 적정을 알리던 당보가 칼을 찬 채 당보기(塘報旗)를 들고 4명이 횡렬로 나간다. 뒤 중앙엔 대오방기로 진영 남쪽인 앞문에 세워 전군(前軍)·전영(前營)·전위(前衛)를 지휘하는 128×150cm, 화염각 34cm의 주작기수(朱雀旗手), 진영 중앙에 세워 중군·중영·중위를 지휘하는 등사기수(螣蛇旗手), 검은 바탕에 구름과 거북을 그려 군영 북쪽인 후문에 세워 후군·후영·후위를 지휘하는 현무기수(玄武旗手)가 따르는데 여기서는 의식용(儀式用) 깃발인 것이다.

　좌측 당보수 뒤로는 행군할 때 앞에서 잡인들을 물리치고 길을 여는 데 사용하였고, 군영에서는 중심부 맨 앞쪽에 세워 두는 청색 바탕에 붉은 색으로 청도(淸道) 두 글자를 오려 붙였으며, 가장자리에는 붉은 화염각으로 장식한 청도기수(淸道旗手), 대오방기의 하나이며 의장기(儀仗旗)인 청룡기수(靑龍旗手), 각 군영의 문밖에 세워 문을 표시하고 출입을 단속할 때 사용하던 황문기수(黃門旗手), 명령을 내릴 때 신호로 징, 북 등을 치던 취타대(吹打隊)를 인도하는 군기(軍旗)로 취타수(吹打手)를 부르거나 앉고 일어서고 걷고 서는 것을 지휘할 때 사용하는 군기로 누런 운문대단(雲紋大緞)의 바탕에 가장자리와 화염(火焰)은 붉은 색이며 한 가운데는 검은빛으로 '금고(金鼓)'라는 글자를 오려 붙이고 영두·주락·장목이 달린 금고기수(金鼓旗手)가 따라간다. 우측 당보수 뒤로도 좌측과 같은데, 다만 청룡기와 대칭으로 백호기수(白虎旗手)가 섰을 뿐, 각 군의 위용을 뽐내며 화려한 각종 기(旗)를 들고 바람에 펄럭이며 보무도 당당히 나아간다. 뒤를 이은 첫째 열의 한 무리 행렬은 중앙 좌우측에 일종의 대포인 호총(號銃)을 멘 병사와 오른쪽에 징을 든 병사가 각 1명, 좌우측 각 1명씩은 나발(喇叭)을 불고, 둘째 열 중앙 두 명은 북, 역시 좌우측으로 꽹과리보다 작은 동라(銅鑼)인 바라(哱囉)를 든 2인, 셋째 열

에는 좌우측 마상에 각 1명씩 호적(號笛 : 일명 태평소)잡이가 나가고, 가운데 두 줄 좌우에는 놋쇠로 만든 요령인 솔발(摔鈸 : 일명 鐸)과 두 짝으로 된 금속 타악기인 제금 또는 예전에는 발(鈸)이라 부르던 자바라(啫哞囉)를 들었으며 모두 말을 탔다. 그 뒤 좌측으로부터 군악대 중 취타가 아닌 둥글게 된 속이 빈 오동나무통 위에 구붓한 자루처럼 만든 가는 나무를 박고, 그 끝과 한쪽 머리에 두 줄의 명주실을 걸쳐 매고, 긴 나무를 꽂아 줄을 활모양으로 건 악기로 명주실을 문질러서 여러 소리를 내는 일명 '깡깡이'인 해금(秨琴·奚琴), 길이가 두 자 가량으로 위에는 다섯 개, 아래에는 세 개의 구멍이 있는 대나무로 만든 피리(笛), 길이 한 자 정도로 다섯 쌍의 구멍이 난 오죽(烏竹)으로 만든 피리로 한쪽 편을 떼어서 두 개를 맞대어 붙인 관(管)을 든 기수 2인, 장구(長鼓), 북(鼓)을 연주하는 세악수(細樂手)인 군악병(軍樂兵)이 칼을 차고 신나게 한껏 흥을 돋운다.

음악부대 뒤를 이어 다시 길 중앙에는 인기(認旗)를 든 마상의 인기수와 군졸이 끄는 갑마(甲馬), 인마(印馬)가 나란히 따른다. 관이(貫耳)는 임금이나 장수가 가지고 있는 생사여탈권의 상징이다. 특히 전진에서 군율을 어긴 사형수를 처형하기 전 죄인임을 표시하기 위하여 두 귀를 꿰어 여러 사람에게 보이던 관이전(貫耳箭)을 든 군졸과 특이하게 칼날 모양이 초승달을 닮았다는 길이 약2.1m, 칼날길이 78cm, 자루가 1.3m정도 되는 월도(月刀)를 멘 군뢰가 따른다. 영전과 관이는 화살 모양이나 무기는 아니다. 임금의 거둥 때와 장수의 행렬에는 반드시 좌우로 관이와 영전을 받쳐 든 군사가 따른다. 그래서 인마 뒤에는 임금이나 장수가 명령을 전할 때 또는 성문·궁문을 여닫거나 영문을 통과할 때도 신표(信標)로 사용하였으며 때에 따라 화살을 쏘아 올려 명령을 전달하던 영전(令箭)을 든 군졸이 나란히 나간다. 뒤에는 주로 의장용으로 사용하던 초승달 모양의 월도(月刀)를 멘 군뢰가 따라간다. 그리고 좌우측으로 칼과 장봉을 멘 군뢰 각 3명, 기를 든 순시 각 2명, 영기군 각 3명이 따른다. 다시 한 무리를 이루는데, 중앙에는 군졸이 이끄는 마상에 무장을 한 훈련대장 이경무(李敬懋)가 나가고 좌우로 궁방을 책임지던 차

지집사(次知執事), 뒤로는 장교 3인이 각각 말을 탄 채 완전무장 차림으로 호위하며 좇아간다. 중앙에는 군졸이 끄는 갑마, 갑마 뒤에는 좌우로 관이전과 영전을 든 군졸이 따른다. 길 좌우측으론 칼을 멘 군뢰 각 1명, 순시기와 영기를 든 기수가 각각 1명씩 나간다. 그 뒤 중앙으로 군졸이 이끄는 말위에 무장한 군영의 장수인 중군(中軍)이 나가고 뒤 줄 좌측부터 말 탄 악사들이 횡렬로 해금(秸琴; 奚琴) 1명, 적(笛) 1명, 관(管) 2명, 장구 1명, 북 1명이 나가고, 그 뒤로 역시 말 위에 앉아 북 1명, 징 1명이 장중하게 연주를 하며 행군을 더욱 위엄 있게 한다. 길 중앙으로 말을 탄 군졸이 인기(認旗)를 들고 나가며 이어 좌우에는 말몰이꾼이 갑마와 인마를 선도하고, 갑마 뒤로는 관이를 든 관이수가 인마 뒤로는 영전을 든 군졸이 따른다. 바로 뒤에 포졸(捕卒)이 각 1명씩 손에 육모 방망이를 쥐고 좇아가며 좌우 끝으로 군뢰, 순시, 영기가 각 1명씩 간다.

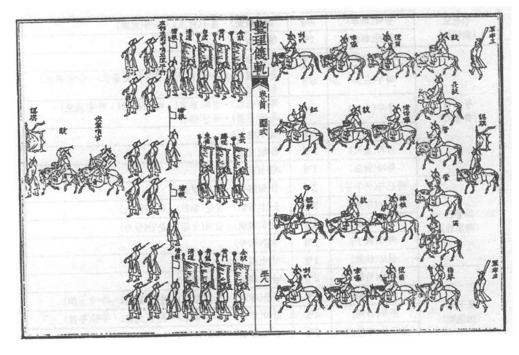

이제 비로소 본진행렬이 시작된다.

금군별장은 궁중에서 임금을 지키는 본분과 똑같이 행행(行幸)길에서도 임금을 지켜드리는 일을 직분으로 한다.

군졸이 모는 말위로, 국왕의 친병을 실제로 통솔하는 각 군문의 중군(中軍)·평안도병마·통제사 등을 역임한 자 중에서, 포도대장·각 영문의 대장이 합의하여 천거한 사람 가운데 국왕이 친히 임명한 직책이 바로 금군별장이라는 막중한 자리다. 1755(영조31)년 금군청이 용호영(龍虎營)으로 개편된 뒤에도 변함없이 궁중을 지키고 임금 행차 시 호위와 경비를 책임 맡은 종2품 가선대부(嘉善大夫)인 금군별장(禁軍別將)이 길 중앙에서 위풍당당하게 본진의 선두에 서서 지휘를 총괄하는 것이다. 어느 거둥이건 금군별장이 나오면 임금 행렬의 전체 호위를 맡는 군사들이 따라오는 것이다. 이들을 선상군병(先廂軍兵)이라 해서 투구와 갑옷차림에 검(劍)을 갖추며, 행렬의 마지막에 나오는 후상군병(後廂軍兵)과 짝을 이루게 된다. 별장 뒤에는 완전무장한 장교 2명이 좌우로 따르고 이어서 금군청(禁軍廳)에 딸려 궁중을 지키고, 임금이 거둥할 때 기마(騎馬)에서 선도(先導)하는 말을 탄 선구금군25인5마작대(先驅禁軍二十五人五馬作隊) 역시 완전무장을 한 채 삼엄한 경계를 하며 나간다.

임금이 행차할 때 행렬에 위엄을 과시하기 위해 배치하는 의장(儀仗)을 든 충좌위(忠佐衛)에 딸린 군대로 공신(功臣)의 자손으로 승중(承重)[69]된 충의(忠義) 3인이 좌측으로부터 나무로 만들어 금칠한 의례용 도끼를 붉은 창대에 꿰어 들었는데 이는 임금의 권위와 군권을 상징하기 위한 금월부(金鉞斧)이다. 해 가리개인 일산(日傘)과 비슷하나 가로 둘러 꾸민 헝겊이 늘어지고 자루가 긴 양산(陽繖), 나무를 깎아 수정모양으로 금색을 입힌 자루가 긴 수정장(水晶杖)을 들고 따르고, 좌우엔 병조에 딸린 군사로 1789(정조13)년부터 20명을 정원으로 하여 궁궐마다 1명씩 배치, 사람들의 궁문(宮門) 무단출입을 경계하고, 임금이 거둥할 때에는 14명이 장

69) 장손으로 아버지와 할아버지를 대신하여 조상의 제사를 받듦.

막이나 어가(御駕)를 호위하고 나머지는 주변을 순찰·감시하는 근장군사(近仗軍士) 중 2명이 가죽 등(藤) 채를 손에 쥐고 함께 보조를 맞추며 먼저 나간다.

연이어 좌우엔 병조에 딸린 관아의 군대로 대궐 내에서나 임금이 거동할 때 소란스럽게 떠드는 것을 금하는 임무를 띤 결속색서리(結束色書吏) 2명이 칼을 찬 채 말을 타고, 그 사이 10보쯤 거리를 두고 가운데 좌측엔 총당(摠堂 : 총융청 당상관), 우측엔 병당(兵堂 : 병조 당상관)이 완전무장을 한 채 말 모는 군졸과 함께 나아간다.

좌우에는 자주두건(紫紬頭巾)·청면포원령(靑綿布圓領)·청란대(靑襴帶) 복장으로 길을 안내하는 인로(引路) 두 명 사이 가운데로 국새(國璽)를 실은 어보마(御寶馬)를 2명이 조심스럽게 앞에서 몰고 나가고, 뒤 왼쪽에는 통례원 소속으로 의식을 행할 때 식순에 따라 사회를 맡아보던 종6품 문관인 인의(引儀) 최정(崔珽)·김동람(金東覽)·허숙(許鷫)·조덕부(趙德敷), 오른쪽에는 조회(朝會), 제사(祭祀) 등을 맡아보던 통례원(通禮院) 소속의 정3품 통례 이주현(李周顯)이 말을 타고 공작우를 꽂은 화려한 모자를 쓰고 어보마(御寶馬) 뒤를 호위하며 뒤따른다.

길 좌우측으로 칼집은 어피(魚皮)로 싸 주홍색으로 칠하고, 백은(白銀)으로 장식한 운검(雲劍)을 차고 금군(禁軍)보다도 더 임금 가까이에 서서 특별히 임금의 충복(忠僕)임을 나타내며 권위를 상징하는 별운검(別雲劍)이 무장을 한 채 말 모는 군졸을 앞세우고, 가운데 3명은 좌로부터 새보(璽寶)[70], 부패(符牌)[71], 절월(節鉞)[72]

---

70) 임금의 인(印)인 국새와 임금의 존호를 새긴 옥보(玉寶)이다.

71) 조선시대 군대(軍隊)를 동원(動員)하는 표지(標識)로 쓰이던 둥글납작한 나무패이다. 한 면에 '발병(發兵)'이란 두 글자를 쓰고 또 다른 한 면에 길이로 관찰사(觀察使), 절도사(節度使)들의 이름을 기록(記錄)한 다음 가운데를 쪼개어 오른쪽은 그 책임자(責任者)에게 주고, 왼쪽은 임금이 가지고 있다가 군대(軍隊)를 동원(動員)할 필요(必要)가 있을 때 임금이 교서와 함께 그 한 쪽을 내리면, 지방관(地方官)은 두 쪽을 맞추어 보고 틀림없다고 인정(認定)되면 군대(軍隊)를 동원(動員)하던 병부(兵符)이다. 또는 발병부(發兵符)·순장(巡將)이 밤에 거리를 순회할 때에, 차고 다니던 둥근 모양의 패로 한 면에 '신(信)', 다른 면에 '순패(巡牌)'라 새긴 순패·역마를 징발(徵發)하던 표로 나라에서 공무(公務)로 지방(地方)에 출장(出張)하는 관원(官員)에게 역마(役馬) 사용(使用)을 위(爲)하여 주던 말을 새긴 패(牌)다. 구리로 지름 약 10cm 정도(程度)로 둥글게 만들었는데, 한 면(面)에는 파견(派遣)되는 관원(官員)의 품위(品位) 등급(等級)에 따라 사용(使用)하는 마필의 수효(數爻)를 새겨 넣고, 다른 한 면에는 자호(字號), 날짜, 상

등을 맡아보는 상서원관(尙瑞院官), 특별한 사무를 맡기기 위해 임시로 임명한 차비선전관(差備宣傳官) 김명우(金明遇), 임시로 차출하여 왕의 명령을 전하던 차비중사(差備中使)가 무장을 하고 말을 탄 채 나란히 나간다. 그 뒤 중앙으로 왕이 지방 장관에게 중대한 명령서를 내릴 때 그 명령서의 내용을 기록한 문서를 유서차비(諭書差備)가 큰 대나무 통에 넣어 튼튼한 줄과 잠금장치를 하여 변조할 수 없도록 한 유서통을 어깨에 메고 마상에 높이 앉아 공작우(孔雀羽)가 꽂힌 모자를 쓰고 나간다.

길 좌우측으로 얼굴을 너울73)로 가린 나인 각 9명씩 18명이 말몰이꾼이 모는 말을 타고 가는데 이들 중에는 회갑연에서 각종 무용을 공연할 여령(女伶)들도 포함되었을 것이다. 나인들이 궁궐 밖 출입을 할 때에는 얼굴을 가렸음을 알 수 있는 장면이다. 나인의 행렬 8~9번째 사이에는 이들을 인솔하는 궁임(宮任) 2명이 좌우 1인씩 배치되어 말 위에 앉아 칼을 차고 함께 동행한다. 나인 뒤 좌측 끝에는 바르게 행진하도록 검속, 단속하며 주위를 경계하는 검칙장관(檢飭將官) 1명, 우측 도로변으로 2명, 합해 3명이 완전무장을 하고 나란히 말을 타고 나간다. 다시 중앙 좌우로 2명이 모는 말 두필에 자궁의롱마(慈宮衣籠馬), 즉 혜경궁 홍씨의 옷궤를 실은 말을 조심스럽게 4명이 몰고 나간다. 뒤에는 특별한 물품을 맡아보는 차

서원(尙瑞院)의 인(印)을 새겼다. 또한 암행어사(暗行御史)의 도장(圖章)으로 사용(使用)되어, 어사가 출두(出頭)할 때에는 역졸이 손에 들고 암행어사(暗行御史) 출두(出頭)를 외쳤다. 조선(朝鮮) 시대(時代) 때 각 전(殿)에서 사용(使用)하는 말의 수효(數爻)를 규정(規定)하던 산유자(山柚子)로 만든 둥근 패(牌)로 한쪽 면에는 말의 수를 새기고, 다른 면에는 전자(篆字)로 마(馬)자를 새긴 마패(馬牌) 등의 총칭이다.

72) 관찰사·유수(留守)·병사(兵使)·수사(水使)·대장·통제사 등이 부임할 때 주던 절(節)과 월(越)이다. 절은 수기(手旗)와 같고, 부월(斧鉞)은 도끼같이 만든 것으로 군령(軍令)을 어긴 자에 대한 살생권(殺生權)을 상징한다.

73) 비(妃)·빈(嬪)·상궁(尙宮)·유모·시녀·기행나인(騎行內人) 등이 머리에 써 얼굴 가리개로 사용한다. 너울은 유형원의 「반계수록」에 나올(羅兀)이라는 표기로 처음 보이나 그 이전 문헌에는 개두(蓋頭)·여립모(女笠帽)·면사(面紗)라는 이름으로 기록되어 있다. 너울은 색과 천으로 신분의 차이를 엄격하게 구별하였다. 더구나 영자(纓子)를 부속품으로 달아 멋을 내기도 했다. 조선 말기에는 궁중 여인들의 전용 쓰개로 사용된다.

지장교(次知將校) 2명이 완전무장으로 엄히 호위하고 그 뒤엔 갑마(甲馬)와 인마(印馬)를 군졸이 몰고 간다. 길 양편 좌우측으로 칼을 멘 군뢰 각 2명, 기를 든 순시 각 1명, 영기를 든 군졸 각 2명씩 행진한다.

드디어 행렬의 하이라이트인 임금님의 행차가 그 모습을 나타내기 시작한다. 길 중앙으로 군졸이 모는 말에 정리사(整理使) 겸 수어사(守禦使) 심이지(沈頤之)가 앞장서고, 좌측으로 장교가 각각 완전무장 차림으로, 우측에는 경각사(京各司)에 딸린 아전(衙前)인 서리(書吏)가 칼만 차고 말을 탄 채 뒤따르며, 금군 이외에 특별히 뽑아 행렬 앞을 호위하게 하는 가전별초50인5마작대(駕前別抄五十人五馬作隊)가 완전무장을 갖추고 용맹스럽게 역시 말을 타고 진군한다.

가운데 2열로 2필, 앞뒤로 2필 모두 4필의 말에 각각 두 사람이 모는 정가교마(正駕轎馬)를 교대해줄 예비용 말이 나간다. 그리고 좌우측에는 임금님 거동 시 의장용으로 사용하는 붉은 생초(生綃)에 용을 그린 홍개(紅蓋)를 든 군사 각 1명, 상상의 신수(神獸)로 사람의 말을 하며 유덕한 임금님 치세에 나타난다는 백택기(白澤旗)를 든 각 1명, 옥황상제(玉皇上帝)가 하늘에서 타고 다닌다는 천마(天馬)를 그린 삼각기(三角旗)를 든 각 1명, 하루에 만리(萬里)를 달리고, 각 지방 언어가 통한다는 동물인 각단(角端)과 구름을 그린 각단기(角端旗)를 든 각 1명, 머리와 발이 3개로 표현된 주작과 운기(雲氣)를 그린 주작기(朱雀旗)를 든 각 1명, 푸른 봉황과 사괘에 운기(雲氣)를 그린 벽봉기(碧鳳旗)를 든 각 1명 등 총12명이 형형색색의 깃발을 휘날리며 나가는 모습에 백성들은 매료되어 눈을 떼지 못한다. 시선이 각종 기에 쏠리는 가 싶더니 바로 임금이 탄 정가교(正駕轎)가 위용을 뽐내며 나타난다. 가마는 지붕, 몸체, 가마채[74]로 이루어져 있으며 네 모서리에는 용을 그린 둥근 기둥을 세우고 둥근 기둥 사이에 각기둥을 세운 후 아랫부분에만 난간을 돌렸다. 주칠을 한 후 난간 부분에 금색으로 백택(白澤), 기린(麒麟) 등 다양한 상상의

---

74) 가마 밑 양편에 앞뒤로 나오게 세로로 지르는 기다란 나무로 가마를 멜 때 이 나무 끝에 멜빵을 걸고 손으로 잡는다.

동물들을 그려 넣었다. 네 면에 주렴을 드리우고 다시 휘장을 내려 열고 닫을 수 있도록 하였으며, 지붕 네 모서리는 봉황장식에 고리를 달아 예쁜 술을 고정시켜 내려뜨렸으며 가마채 끝 부분엔 도금한 용머리 장식을 끼워 마감하였다. 겉에는 운룡(雲龍)을 그려 왕을 나타내고 안에는 봉황(鳳凰)을 그려 성천자(聖天子) 하강의 징조를 나타내어 성군이 되도록 마음가짐을 다잡으라는 메시지를 담았다.

  여기에 두 필의 말을 앞뒤에 한 필씩 배치하여 안장 좌우에 있는 채의 끝을 걸어 멍에를 씌우고, 앞뒤 양쪽에 11명의 견마부는 채가 조금도 흔들리지 않게 껴누르고 나아간다. 말고삐를 잡고 최측근에서 임금을 모시는 견마부를 영조 때는 11명을 두었으나 정조는 잦은 장거리 원행으로 교대에 필요한 예비인원 10명을 더 늘려 21명이 되도록 했다. 그러나 정조가 이번 거둥에는 자궁가교(慈宮駕轎) 뒤에서 금빛 찬란한 융복차림에 직접 어좌마(御座馬)를 타고 배행(陪行)하고 있었다. 그렇기 때문에 정가교는 실제로 임금이 타지 않은 공가교(空駕轎)가 된 것이다. 바로 뒤에는 행렬이 바르게 행진할 수 있도록 검속, 단속하며 주위를 경계하는 검칙장교(檢飭將校)가 말을 타고 무장을 하였으며, 좌우로는 말을 모는 군졸이 이끄는 마상에 너울을 쓴 나인(內人)이 나란히 따른다. 정가교 좌우측엔 말을 탔을 때 두 발로 딛게 되어있는 제구를 나무로 만들어 은 칠을 한 은등자(銀鐙子), 금칠을 한 금등자(金鐙子)가 앞선다.

  임금을 시위하는 군사들이 가지고 다니는 의장용 철퇴로 그 모양이 참외를 닮았다고 하여 과(瓜)라고 한다. 이번 행차에는 나무로 참외 모양을 깎아 은 칠을 하여 세운 은입과(銀立瓜), 금칠을 하여 횡으로 꿴 참외모양의 금횡과(金橫瓜), 은 칠을 하여 횡으로 꿴 참외모양의 은횡과(銀橫瓜)를 사용했다. 깃대 끝에 새의 깃으로 꾸민 장목을 늘어뜨린 정(旌), 금칠한 도끼를 장대에 꿴 금월부(金鉞斧), 연꽃 위로 화려한 날개를 편 두 마리 공작을 그린 의장용 부채로 길이 54.5cm, 전체길이 233cm의 작선(雀扇), 두 마리 봉황을 그려 중앙위로 여의주형 구름을 좌우로 펼쳐 전체적으로 대칭을 이루게 한 길이 50.5cm, 전체길이 222cm의 봉선(鳳扇),

구름 속에서 상하로 생동감 있게 용을 그린 길이 55.5cm, 전체길이 257cm의 용선(龍扇)과 청개(靑蓋)를 든 군졸이 각 11명씩 22명이 양편으로 나뉘어 보행하는 광경은 장엄 미려하여 누구라도 감히 범접할 수 없는 신성한 영역임을 상징적으로 말없이 보여준다. 한 가운데로 말을 모는 군졸이 이끄는 말위에 완전무장한 종4품 첨정(僉正)이 나가고 그 뒤에 둑(纛)을 장교 한 사람이 양손으로 단단히 잡고 말 뒤로 벌이줄을 두 줄로 늘여 양편에서 각각 2명의 보졸(步卒)이 받들어 잡고 간다. 둑은 주로 정가교 앞에 위치하며 전체 행렬을 왕이 총지휘한다는 의미를 나타낸다. 큰 삼지창(三枝槍)에 소의 꼬리나 꿩 꽁지를 달았다. 또는 끝이 세 갈래로 나누어진 긴 창인 극(戟)에 술이나 이삭 모양으로 만든 붉은 빛깔의 가는 털로 기를 창끝에 달도록 만드는 것이 보통이다. 행진할 때 대가에 서너 필의 말을 함께 멍에 지울 적에 제일 앞에 나란히 세운 두 필의 말 조금 뒤 좌우에 곁달아서 멍에 하던 곁말인 비마(騑馬)의 머리에다 세운다.

임금이 거동할 때 의장을 화려하게 장식하는 노부(鹵簿)에는 둑 다음에 따르는 가장 큰 용기(龍旗)가 있다. 용기는 용대기(龍大旗)·황룡대기(黃龍大旗)기라고도 한다. 용기는 황색 바탕 기면(旗面)에 용틀임과 구름을 채색하고 가장자리에는 화염(火焰)을 상징하는 붉은 헝겊을 달았다. 깃대는 5m가 넘는 삼지창이고, 그 밑에 붉은 삭모(槊毛)가 달렸다. 삼지창으로 둑기(纛旗)나 용기(龍旗)의 깃대로 쓰는 것은 홍살문 위에 달려 있는 것처럼 군왕의 위엄이나 권위를 나타내는 상징이다. 삼지창은 나졸이 문을 지키거나 죄인을 뒤쫓아 가서 체포할 때 사용했는데 이 또한 실질적인 무기가 아니라 관아와 포졸의 신분을 나타내는 의장이라고 보아야 한다.

구군복(具軍服)에 말 탄 장교가 깃대를 두 손으로 꽉 잡고 4명의 군사가 깃대에 맨 줄을 한 가닥씩 앞뒤 2명씩 붙어 잡아당겨 고정시키는 역할을 하며 나간다. 그 뒤로 마상 군악대답게 각자 자신의 악기를 연주하며 왼 허리에 칼을 차고 행진한다. 앞 줄 4명은 대각(大角), 둘째 줄과 셋째 줄 8명은 나발(喇叭), 넷째 줄 4명은 북, 그리고 맨 끝 좌우엔 타악기로 '전(田)'자 모양의 정간(井間)이 있고, 자루가

달린 틀에 면의 두께가 다른 소라(小鑼) 4개를 달아 왼손에 쥐고 오른손에 북채를 들고 치는 점자(點子) 2명이 나간다. 또 다시 자바라(啫哱囉) 4명, 두 줄로 호적(號笛) 8명, 이어 3명씩 열을 지어 해금(稀琴; 奚琴) 3명, 적(笛) 3명, 두 줄은 관(管) 6명, 장구 3명, 북 3명, 그리고 맨 뒤 좌측에는 징, 중앙엔 패의 우두머리인 패두(牌頭), 우측엔 놋쇠로 대접과 비슷한 타악기 라(鑼)[75]로 총 51명이 분위기를 한껏 고조시키며 신명나게 음악을 연주한다. 이들은 장용영에서 차출된 군악대로 행렬의 중앙부를 인도하는 역할을 겸한다. 평시에는 궁중에서 연주를 하다가 임금 거둥 시 군악(軍樂)을 시작할 것을 왕에게 아뢰며 호위까지 맡아야 하는 겸내취(兼內吹)인 선전관청 소속의 계라선전관(啓螺宣傳官) 유성규(柳成逵)가 그래서 완전무장을 한 채 말을 타고 나가는 것이다. 좌우에는 말을 모는 군졸의 인도아래 너울을 쓴 나인(內人)이 좇아간다. 말을 타고 완전무장한 검칙장교(檢飭將校)가 중앙에 서고 뒤 횡렬 좌우 각6명의 군사가 각종 기를 들고, 한가운데 줄에는 5방향을 가리키는 5방색 고초기(高招旗)를 든 5명이 따르는데 모두 칼을 찼다. 이 무리에서 검칙장교 뒤로 첫째 줄 좌우에 청도기(淸道旗)를 든 2명의 군졸기수가 섰다. 청도는 글자 그대로 앞에서 행렬이 지나는 길에 잡인의 출입을 금하여 통행을 금지시키며 좌우 각 1개로 바탕은 남색이고 가장자리와 화염(火焰)은 붉은 빛으로 '청도'라고 썼으며 깃대 길이는 8자로 앵두(纓頭)·주락(珠絡)이 있고 깃대강이는 창인(鎗刃)[76]으로 되어 있다.

각기(角旗)는 군영의 네 귀퉁이에 설치한다. 군영의 각 모서리에 두 개씩의 각기를 설치하고 위로 장대를 가로질러 끼워 군사들이 드나드는 문으로 사용하기도 한다. 위는 푸른색, 아래는 붉은색이 반반 혼합된 동남각기(東南角旗), 황문기(黃門旗), 위는 푸른색, 아래는 검은색이 반반 혼합된 동북각기(東北角旗), 대오방기

---

75) 우리나라 타악기 중 하나. 놋쇠로 둥글넓적하고 배가 나오게 만든 악기로, 징보다 조금 작고 대금(大金)보다는 조금 큰 면의 지름이 34cm, 울의 운두 12cm 가량으로 둥글넓적하고 배가 나온 악기.

76) 넓적하고 긴 마름모 쇠에 끝이 날카롭고 양옆은 얇아서 날처럼 된 창의 촉이다.

의 하나로 진영 전문(前門)에 세워서 전군(前軍)·전영(前營)·전위(前衛)를 지휘하며, 기면은 1.75㎡, 깃대길이는 4.5m로 붉은 바탕에 주작과 운기를 그리고, 가장자리와 화염은 남빛이며 영두·주락·장목을 단 주작기(朱雀旗), 대오방기의 하나로 진영 동쪽인 왼편 문에 세워서 좌군(左軍)·좌영(左營)·좌위(左衛)를 지휘하며 기면은 5척 평방, 깃대 길이는 15척으로 푸른 바탕에 청룡과 운기를 그리고 가장자리와 화염은 검은빛의 깃발인 청룡기(靑龍旗)가 따른다.

우측 청도기(淸道旗) 뒤로는 대기치의 하나로 진중에서 방위를 표시하던 군기로 깃발은 4척의 정방형(正方形)이고 깃대의 길이는 12척, 영두와 주락이 달린 서쪽을 나타내는 백색과 남쪽을 나타내는 붉은색을 반반 혼합한 서남각기(西南角旗), 황문기(黃門旗), 서쪽을 나타내는 백색과 북쪽을 나타내는 흑색을 반반 혼합한 서북각기(西北角旗), 대오방기의 하나로 진영의 서쪽인 오른편 문에 세워서 우군(右軍)·우영(右營)·우위(右衛)를 지휘하며 기면(旗面)은 5척 평방, 깃대 15척으로 흰 바탕에 백호(白虎)와 운기(雲氣)를 그리고 가장자리는 누런빛으로 영두(纓頭)·주락(珠絡)·장목을 단 백호기(白虎旗), 대오방기(大五方旗)의 하나로 검은 바탕에 구름과 거북을 그려 군영(軍營)의 후문에 세워 후군(後軍)·후영(後營)·후위(後衛)를 지휘하고 기면은 5척 평방, 깃대 15척으로 영두·주락·장목이 있는 현무기(玄武旗)가 나간다. 한가운데 줄에는 깃대 길이가 여덟 자로, 영두(纓頭)·주락(珠絡)이 있고 깃대강이는 창인(鎗刃)으로 된 홍고초(紅高招)·남고초(藍高招)·황고초(黃高招)·백고초(白高招)·흑고초(黑高招)기를 들고 5명이 따른다. 이들 고초기는 군대를 지휘하고 호령할 때 쓰던 군기(軍旗)로 기면(旗面)은 동·서·남·북·중앙의 다섯 방위에 따라 5개로 방위에 맞게 푸른빛·흰빛·붉은빛·검은빛·누른빛으로 나타내고, 팔괘(八卦)를 그렸다. 화염(火焰)과 기미(旗尾)의 빛깔은 상생지리(相生之理)에 따라서 푸른기(旗)는 붉은빛, 흰 기는 검은빛, 붉은 기는 누런빛, 검은 기는 푸른빛, 누른 기는 흰빛으로 한다. 각 깃발마다 기폭은 비단으로 하되 길이 12자, 깃대 길이는 15자이고, 꼭대기에는 영두(纓頭)·주락(珠絡)·장목이 있고 영두에는 초롱이 달려있다.

모두 17명이 일사불란하게 행진하며 한껏 멋을 풍긴다.

　뒤를 이어 좌우측으로는 취타수(吹打手)의 좌작진퇴(坐作進退)를 지휘하는 데 쓰던 군기인 금고기(金鼓旗), 중앙에는 대오방기의 하나로 진영 중앙에 세워서 중군·중영·중위를 지휘하며 기면은 5척 평방, 깃대 길이는 15자이며 누른 바탕에 나는 뱀과 운기를 그렸고 가장자리와 기각(旗脚)은 붉은 빛이며 영두·주락·장목이 달린 등사기(騰蛇旗)를 든 기수가 행진하는데 바람에 펄럭인다. 바로 뒤 열 좌측으로 임금의 지시나 명령을 기다리는 대령교련관(待令敎鍊官)이 무장을 한 채 말을 타고 나간다. 가운데에는 역시 말을 타고 무장을 한 대기치차지교련관(大旗幟次知敎鍊官)이다. 이 교련관은 진지에서 방위를 표시하는 기(旗)로 청도기(淸道旗)·문기(門旗)·각기(角旗)·금군별장인기(禁軍別將認旗)·금군청번기(禁軍廳番旗)·대오방기(大五方旗)·고초기(高招旗)·신기(神旗)·표범꼬리 모양으로 만든 비단 깃발로 주장의 군막 옆에 세워 아무나 함부로 접근하지 못하도록 하는 표미기(豹尾旗) 등을 각 영문마다 달았는데 기치의 수와 면이 달랐으며 이를 관장하는 소임을 맡았다. 우측엔 임금이 거둥할 때 어련(御輦) 앞에 서던 궁(宮)의 장교로 진법(陣法)·사격법·강서(講書)에서 수석 합격한 자로 현대식 군제에 의하여 군대를 조련하던 전배차지교련관(前排次知敎鍊官)이 무장을 하고 말을 탔으며 이들도 모두 패검을 하고 행진해 나간다.

　대기치차지교련관과 대령교련관 사이의 뒤로는 장용영초요기(壯勇營招搖旗)를 오른손으로 든 말 탄 군졸이 패검을 하고 따른다. 장용영초요기는 정조 15(1791)년에 수원에 설치했던 군영인 장용영에서 행군할 때 대장이 장수들을 부르고 지휘호령하던 신호기의 하나로 영문 방위에 따라 바탕색을 달리하고, 가장자리와 화염은 상생(相生)의 이치를 따른다. 전배차지교련관과 대기치차지교련관 사이의 뒤로 훈련도감초요기(訓鍊都監招搖旗)를 역시 오른손으로 들고 칼을 찬 채 말을 탄 군졸이 따른다. 대기치차지교련관은 수도 수비의 책임을 맡는다. 훈련도감초요기는 포수(砲手)·살수(殺手)·사수(射手)의 3수군(三手軍)을 양성하는 훈련도감에서,

행진할 때 대장이 장수들을 부르고 지휘·호령하던 신호기의 하나로 영문(營門) 방위에 따라 바탕의 색을 달리하고, 가장자리와 화염은 상생의 이치를 따른다. 물론 여기에 나오는 기는 훈련도감과 장용영에서 군대를 동원할 때 실제 사용하는 깃발인 것이다. 이번 화성행차에서 주야간 성대한 군사훈련을 하기 위해 특별히 준비한 실전용인 것이다. 그 뒤로 6명의 악대가 횡대로 말을 타고 따르는데, 맨 좌우측으로 북 한 쌍, 북 안쪽 열 좌우로 길이 40cm쯤의 소라고등의 위쪽을 깎아내어 구멍을 뚫고 동(銅)으로 만든 부리를 달아 혀를 대고 부는 나각(螺角) 한 쌍, 한가운데에서는 둥글넓적하고 배가 나온 라(鑼)와 징(鉦)을 치며 어가(御駕)의 대미를 멋지게 마무리한다. 비록 임금이 타지는 않았으나 위엄찬 정가교 행차 모습을 생생하게 보여주기에는 충분한 장면이다.

이제 음식을 실은 수라가자(水剌架子)가 뒤를 따른다.

중앙엔 용기초요기 겸 차비선전관(龍旗招搖旗 兼 差備宣傳官) 유명원(柳命源)이 말을 타고 무장을 한 채 수라가자(水剌架子)의 선두에 섰다. 수라가자(水剌架子)를 보호하기 위해 칼을 멘 군뢰 각 1명, 영기를 든 군졸 각 2명이 좌우로 나간다.

중앙에는 말 한 필이 수라가자에 어머니, 두 누이동생, 그리고 정조가 휴식시간에 먹을 음식이나 미음다반을 올릴 필요한 도구가 실려 있을 것이다. 앞에 선 말몰이꾼은 말고삐를 잡고, 수레바퀴 앞 양쪽을 2명이 호위하고 수레 뒤 1명은 두 손으로 양쪽 수레 채를 붙잡고 조심스럽게 나간다. 바로 뒤엔 수라가자를 안전하게 운반하도록 책임을 맡은 혜경궁 홍씨의 장조카이며 영조가 친히 이름을 지었다는 정리낭청(整理郎廳) 홍수영(洪守榮)77)이 말몰이꾼을 앞세운 채 무장차림으로 마상(馬上)에서 삼엄한 감시를 한다. 그것도 모자라 뒤 좌우측으로 말을 타고 칼을 찬 서리와 무장한 장교가 수라가자와 홍수영을 따르며 경비하는 눈초리가 매섭다. 그토록 아버지를 죽이지 못해 안달을 하던 풍산(豊山) 홍씨(洪氏)였기

---

77) 홍수영(洪守榮)은 혜경궁 홍씨의 오빠 홍낙인(洪樂仁)의 아들이다.

에 수라가자만이라도 외가(外家)에 맡겨야 안팎으로 모양새가 좋으리라는 판단에 서였다. 어머니를 흡족하게 해 드리기 위한 정조의 마음이 담겨진 치밀한 계산일 것이다. 모르긴 해도 어머니 혜경궁 홍씨는 기쁜 마음으로 미음, 다반소과 등을 드실 것이다.

길 좌우측으로 칼을 멘 군뢰 각 2명, 기를 든 순시 각 1명, 영기를 든 영기병(令旗兵) 각 2명이 나간다. 이들 안쪽 중앙 좌측에는 갑마(甲馬), 우측에는 인마(印馬)가 말을 모는 군졸과 함께 나간다. 이어 임금이 거둥할 때 총책임자로 총융청 청사(廳使)인 정리사(整理使) 겸 총융사(摠戎使) 서용보(徐龍輔)는 군졸이 모는 말을 타고 완전무장 차림으로 앞서 나가고, 그 뒤 우측으로 장교가 말을 타고 완전무장을 하였으며 좌측에는 서리 신재원(申載源)이 비무장으로 나가 대조를 이룬다. 그리고 길 좌우로 말을 타고 너울을 쓴 나인(內人)은 견마 잡이를 앞세웠으며 그 뒤를 무장한 내관(內官)이 말을 타고 따른다. 아마 18명 이외의 선예나인(先詣內人)은 왕과 어머니 혜경궁, 그리고 두 옹주의 수발과 회갑연을 돕기 위한 상궁이나 궁인일 것이다. 완전무장한 검칙장교가 길 가운데로 말을 타고 나간다. 이어 거둥 때 임금이 탄 어가 뒤를 따르는 가후선전관작대(駕後宣傳官作隊) 4명, 둘째 줄에는 왕명을 전하던 선전관청의 무관직으로 정원은 25명으로 4명 또는 8명씩 교대를 하였으나, 이번 행차에는 승전선전관작대(承傳宣傳官作隊) 3명, 셋째 줄에는 거둥 때 임금의 시위(侍衛) 및 적간(摘奸)[78]을 담당하는 별군직작대(別軍職作隊) 3명, 넷째 줄에는 거둥 때 임금을 모시고 따라다니는 수행 장수인 별수가장관작대(別隨駕將官作隊) 5명, 다섯째 줄 길 좌우 끝으로 차지교련관(次知敎鍊官) 2명 등 모두 18명이 완전무장을 하고 말을 탄 채 행진한다.

드디어 어머니 혜경궁의 행차가 시작되는 것이다.

훈련도감에 딸려 임금의 거둥 때 연(輦)을 호위하는 협련군(挾輦軍)이 좌우측으로 40명씩 나가는데, 선도 1인과 마지막 1인은 의장용 중월도(中月刀)를 메고 나머

---

78) 난잡(亂雜)한 죄상이 있나 없나를 밝히기 위하여 살핌.

지 군사는 긴 창날 옆에 갈고리가 달린 미늘창을 들었다. 이 창은 허리에 갈고리가 달려 있다고 요구창(腰鉤槍)이라 부르는데 오른손으로 들고 왼쪽에는 패검을 했다. 역시 좌우측으로 40명씩 왕을 호위하는 명사수 무관으로 구성된 무예청총수(武藝廳銃手)가 우로어깨총을 하고 칼을 찼으며 현재의 특수부대 군인에 해당하는 군뢰가 좌우로 10명, 총 180명이 섞여 보무도 당당하게 행진한다.

이렇게 철통같은 호위 속에 임금의 어머니인 혜경궁 홍씨가 탄 자궁가교(慈宮駕轎)행렬이 시작된다.

이번 행차를 위하여 별도로 제작한 자궁가교는 임금의 정가교보다도 훨씬 공(功)을 더 들였다. 이름만 가마지 한 채의 화려한 집을 지은 것이다. 가마지붕 위에는 절병통을 얹어 궁전양식을 표현했으며, 네 개의 양(梁)으로 복발(覆鉢)79) 형상인 지붕 네 모서리에는 봉황머리 장식을 하였다. 둥근 기둥을 세우고 사이마다 각기둥을 세웠다. 처마와 휘장을 둘렀으며 출입문을 달았다. 유소(流蘇)80)를 늘어뜨려 장식미를 한껏 돋우고 가로 가마채 끝에는 용머리 장식으로 마감을 했다. 정가교처럼 가마 안에 앉아 계시기 편안하게 주칠(朱漆)한 교의(交椅 : 의자)에 각답(脚踏 : 발판)을 만들어 장거리 이동에 대비하였을 것이다. 규모로 보나 장식으로 보나 정가교보다 더욱 찬란하여 오늘의 주빈임을 누구나 쉽게 알아볼 수 있도록 했다.

길 복판으로 자궁가교인마(慈宮駕轎引馬)가 나가는데 앞사람은 긴 고삐를 잡고 바로 뒷사람은 오른 쪽 말머리 곁에 채찍을 들고 따르며 이어 한 사람이 모는 말, 다시 두 사람이 모는 말과 뒤로 한 사람이 모는 말이 좌우로 각 4필씩 모두 8마리가 나간다. 바로 뒤에는 2명이 모는 말에 임금의 갑옷과 투구를 실은 어갑주마(御甲胄馬) 2필과 이어 군졸이 모는 말 위에 너울 쓴 나인(內人) 2명이 좌우로 나간다. 중앙으로 칼을 찬 검칙장교(檢飭將校)가 말을 타고 나가며, 뒤에 병조에 딸려

---

79) 불탑(佛塔)위에 있는 상륜(相輪)의 한 부분으로 모양이 바리때를 엎어 놓은 것처럼 보인다.
80) 기(旗)·가마 따위에 다는 술.

임금이 출궁할 때 잡인을 단속하는 임무를 맡은 철릭[81] 입은 근장군사(近仗軍士) 12명이 사방을 두루 살피며 씩씩하게 걸어간다. 근장군사 좌우로 2명이 모는 어승인마(御乘引馬)가 나가고, 뒤에는 말몰이꾼을 앞세운 액정서(掖庭署) 소속의 중금(中禁)[82] 2명이 따른다. 이어 임금이 교외로 거둥할 때 선전관(宣傳官)을 시켜서 각 영(營)에 군령을 전하는데 쓰던 화살로 수효는 다섯이며 살촉에 '영(令)' 자를 새겼고 깃 아래에 '신(信)' 자를 쓴 삼각형의 각색 비단조각의 표를 하나씩 나누어 달았으며 병조(兵曹)·훈국(訓局)[83]·단영(單營)[84]에는 누른빛, 금위영(禁衛營)[85]에는 푸른빛, 어영청(御營廳)[86]에는 흰빛, 수어청(守禦廳)[87]에는 붉은빛, 총융청(摠戎

---

81) 옛 무관의 제복으로 깃이 곧게 되여 있으며 허리에 주름이 잡히고 큰 소매를 달았다.

82) 별감 밑에 딸린 심부름꾼.

83) 훈련도감(訓練都監)을 이르는 말로 1594(선조27)년에 실시한 5군영(五軍營)의 하나로 임진왜란 후 5위(五衛)의 군제가 무너지면서 생겼다. 도성(都城)의 경비를 맡았으며, 포수(砲手)·살수(殺手)·사수(射手)의 3수군(三手軍)을 양성시켰다.

84) 다른 영문(營門)의 절제(節制)를 받지 아니하는 독립된 군영(軍營)이다.

85) 조선후기 국왕 호위와 수도 방어를 위해 중앙에 설치되었던 군영(軍營)이다. 조선후기 오군영(五軍營) 가운데 하나로서 훈련도감, 어영청과 함께 국왕 호위와 수도 방어의 핵심 군영이다. 따라서 초기에는 병조판서가 금위영 대장직을 겸직하다가 1754(영조30)년에 독립된 군영이 되었다. 금위영은 인조(仁祖) 때 기병(騎兵) 중에서 정병(精兵)을 선발하여 병조 산하에 두었던 정초군(精抄軍)과 훈련도감의 별대(別隊)를 통합하여 1682(숙종8)년에 설치되었다. 초기의 편제는 1영 5부 20사 105초(哨)로 구성되었으나 1704년 군제를 개혁할 때 1영 5부 25사 125초로 편제되어 그 수가 증가하였다.

86) 조선 시대에 둔, 삼군문 또는 오군영의 하나이다. 1652(효종3)년에 이완(李浣)을 대장으로 삼아 처음 설치하였고, 경상도·전라도·충청도·강원도·경기도·황해도의 육도에 배치하였는데, 고종 때 장어영(壯禦營)에 합치기도 하였고, 별영·총어영 따위로 고쳤다가 갑오개혁 때 없앴다.

87) 조선후기에 설치된 중앙 군영으로 조선후기 5군영(五軍營) 가운데 하나로 1626(인조4)년 서울 동남쪽의 방어선인 남한산성을 개축하고 이 일대의 방어를 위해 설치되었다. 처음에는 경기병사 겸 총융사가 관할하였으나 병자호란 이후 군영으로 독립하여 수어사(守禦使)를 두었다. 처음에는 수어청의 본청을 한성부 북부 진장방(鎭長坊·삼청동)에 설치하고 수어사를 한성부윤이 겸직하도록 하였다. 그리고 현장인 남한산성의 관할은 광주부윤을 부사로 임명하여 운영하였다. 이후 운영의 효율화를 위해 1795(정조19)년 본청을 완전히 남한산성으로 옮기고 광주부윤을 광주유수(廣州留守)로 승격시켜 수어사를 겸하도록 하였다. 그리고 서울 본청의 청사는 호조로 이속시켰다.

廳)[88]에는 검은빛을 쓰다가 뒤에는 누른빛을 쓴 신전(信箭)을 든 군졸이 좌우로 걸어간다. 그 뒤에 군졸이 모는 말을 타고 무장을 한 채 신전선전관(信箭宣傳官)인 김진정(金鎭鼎)·이석구(李石求)가 좌우측으로 나간다.

중금(中禁) 바깥쪽에는 순시(巡視) 군졸이 좌우측으로 4명씩 행진한다. 바로 뒤 약 125명을 단위로 한 군제(軍制)의 위관(尉官)인 초관(哨官), 군영(軍營)의 종4품인 파총(把摠)이 각각 말을 타고 완전무장을 한 채 좌우측에서 180명의 군대를 통솔해 나간다. 좌우측 초관, 파총 뒤엔 훈련도감의 무예청(武藝廳)[89] 소속인 문기수(門旗手)가 나간다. 뒤 좌우측으로 군중(軍中)에서 군령(軍令)을 전하던 때 사용하던 영기(令旗)를 든 군사 5명이 따른다. 그리고 근장군사 좌우로 말몰이꾼이 모는 말 위에 너울을 쓴 나인(內人)이 따르고 그 뒤 좌우로 역시 대전별감, 중궁전(中宮殿)별감, 처소(處所)별감 등이 있는 액정서(掖庭署) 소속의 무예가 아주 출중한 별감 6명이 초립에 공작우(孔雀羽)를 꽂은 화려한 모자를 쓰고 자궁가교(慈宮駕轎)를 빈틈없이 호위하며 나간다. 왕실의 주요인물을 호위하는 이들의 위세는 하늘을 찌를 듯 대단했다.

자궁가교가 드디어 그 위용을 드러내었다. 정조는 어머님을 모실 자궁가교를 만들기 위해 2,785냥의 비용과, 스물아홉 종류나 되는 이름난 장인(匠人) 약 120명을 동원했다. 가마의 길이는 5척 4촌, 너비가 3척 5촌으로 가마의 양끝을 말의 안장에 연결하여 두 마리의 말이 앞뒤에서 끌도록 제작되었는데 정교하고 아름다워 눈이 부실만큼 최고의 탈것을 만들었다.

---

88) 1624(인조2)년 서울의 외곽인 경기(京畿) 일대의 경비를 위해 서울 사직동(社稷洞) 북쪽에 설치하였던 조선시대의 군영(軍營)으로 임진왜란을 계기로 새로이 편제된 5군영의 하나이다. 개설 당시에는 완풍군(完豊君) 이서(李曙)가 총융사(摠戎使)가 되어 남양(南陽)·수원(水原)·장단(長湍) 등 3진(鎭)의 군무를 관장하였다.

89) 조선(朝鮮) 때 왕을 호위(護衛)하는 일을 맡아보던 무관(武官)의 관청(官廳)으로 무예청인기(武藝廳印旗)는 조선(朝鮮) 시대 임금이 교외로 거동(擧動)할 때에 무예청(武藝廳)을 호령(號令)하는 기(旗)다. 바탕과 가장자리와 길게 처지게 꾸미는 장식이 모두 누른 비단(緋緞)으로 되어 있다.

당시 1전이면 쌀 2되 반값이었다니 가마 만드는 데만 시세로 약 2,500만 원 정도가 되는 셈이다. 물론 단순 비교이지만 당시의 쌀값과 지금의 쌀값을 동일하게 비교할 수는 없다. 거기에 앞뒤로 말 두필이 딸렸으니 지금의 최고급 승용차에 해당되고도 남는다. 그밖에 지붕이 있는 6인교(轎)를 새로 만들어 수리·보수하고, 각종 물품과 인력에 들어간 돈은 3천 9백 19냥 5푼이다.

가운데로 혜경궁 홍씨의 이 아름답고 고절(高絕)한 가교(駕轎)가 나가는데 가마 양끝을 말안장에 연결하여 두 마리 말이 앞뒤에서 끌도록 만들었기 때문에 아주 실용적이다.

앞에서 말의 고삐 줄을 잡고 조심스럽게 한 명이 나가고 뒤로 두 명이 말을 잡고 두 명은 양쪽에서 가로 가마채를 잡고 간다. 뒤쪽 두 사람 역시 좌우에서 가마채를 잡고 또 두 사람은 말안장에 연결된 가마채 끝 부분을 양쪽에서 붙들고 마지막 두 사람이 맨 뒤에서 조심스럽게 앞사람들과 일사불란하게 11명이 보조를 맞추며 나간다.

혹시 연로한 어머님이 가마멀미라도 하실까 노심초사하는 정조의 효심은 행차 내내 이어진다.

중간 중간에 불편한 점은 없는지 문후를 여쭙고 적당한 거리를 이동한 후 행차를 멈추고 휘장을 두른 다음 미음소반(米飮小盤)을 올리며 충분한 휴식을 취할 수 있도록 했다.

자궁가교는 정가교(正駕轎)와 똑 같은 의례에 따랐으나 한 층 격을 높여 화려하고 정교하게 만듦으로 아들의 효심을 누구나 쉽게 알 수 있도록 했다.

자궁가교 뒤 좌측으로 각 군영에 딸린 권무군관(勸武軍官)·별무관(別武官)·지구관(知殼官)·기패관(旗牌官)·별무사(別武士)·패교련관(牌敎鍊官)·별기위(別騎衛) 등에서 알 수 있듯이 장교(將校) 2명, 우측에는 장수인 장관(將官) 2명이 일렬횡대로 말을 모는 군졸을 대동하고 무장을 한 채 마상에서 자궁가교를 호위하며 나간다.

좌측 군졸사이로 무예별감의 으뜸장수인 통장(統將)이 말을 타고 무장을 한 채

나가고, 우측 역시 군졸 틈에 왕명을 전하던 선전관청의 무관인 승전선전관(承傳宣傳官) 이동선(李東善)이 무장을 하고 말을 탄 채 나간다. 승전선전관이 나오는 것은 이제 임금의 행차가 곧 이어진다는 신호인 것이다.

좌우측으로 칼을 멘 군뢰 2명씩, 의금부에서 주로 관리의 감찰과 규탄(糾彈)을 맡아보던 금부도사(禁府都事) 2명도 무장을 한 채 말몰이꾼을 앞세워 말을 타고 나가는데, 좌우측 금부도사는 이광덕(李光德), 신익현(申翼顯)이다. 그 뒤로 영기를 든 기수가 좌우측 각 3명씩 그리고 경각사(京各司)에 소속된 서리(書吏)가 영기 뒤를 따른다.

의금부에서 죄인을 매질하던 군아(軍衙)의 사령(使令)인 나장(羅將)이 길 좌우 끝으로 각 10명, 임금이 탄 말을 감추고 에워싸는 별감(別監)으로 지금의 신변 경호원에 해당되는 협마무예청(挾馬武藝廳) 군사가 좌우측 나장 안쪽으로 각 15명, 임금의 명령전달과 호위(護衛)를 맡고 있는 특수무예로 훈련된 군뢰(軍牢)인 협마순뢰(挾馬巡牢) 역시 나장 안쪽 좌우측으로 각 15명이 왕이 탄 좌마(座馬)를 겹겹이 에워싸고 맨 앞에는 근장군사(近仗軍士) 2명이 나란히 서서 나가고 좌마 바로 앞에는 별감(別監)이 두 줄로 3명씩 6명이 나간다.

드디어 정조가 철통같은 경호를 받으며 금빛 찬란한 융복차림에 성군다운 풍모로 그 위용(偉容)을 만백성에게 드러내 보인다.

임금이 탄 말 바로 우측엔 훈련도감의 장교인 보행지구관(步行知彀官)이 칼을 차고 근접호위하며, 임금이 탄 좌마(座馬)는 두 사람이 모는데 한 사람은 긴 고삐를 잡고 앞서 나가며 또 한 사람은 말머리 우측에 말과 함께 나간다. 그리고 임금의 용안을 가리기 위하여 비단으로 만든 붉은 일산(日傘)을 높이 받쳐 든 한 명의 의전병(儀典兵)과 역시 임금의 거둥 때 쓰는 의전용 부채를 든 두 명은 옥체(玉體)가 노출되지 않도록 하면서 조심스럽게 따른다. 요즘으로 말하면 선팅(Sunting)을 한 방탄차와 같이 특수하게 제작된 장비이다. 그리고 임금의 거둥 때 호위하는 임무를 맡고 있는 위내사령(衛內使令) 16명이 2열 횡대로 좌마 뒤를 철통 같이

지키고, 뒤에는 왼쪽으로 내사복시(內司僕寺)에서 임금이 타는 수레와 말을 관리하는 당상내승(堂上內乘)과 우측엔 임금행차 시 특별 호위 소임을 전후좌우로 맡아 수행하는 위내별수가(衛內別隨駕) 3명이 말 모는 군졸을 앞세우고 완전무장을 한 채 횡대로 나간다. 그 뒤로 무예청 소속의 파수병 9명이 횡대로 행진하는데 가운데 병사는 군기를 들었다. 그리고 훈련도감에 딸려 거둥 때 임금의 연(輦)을 호위하던 군진(軍陣)행렬의 마지막 부분인 협련미국(挾輦尾局) 군졸 각 2명이 조총과 요구창(腰鉤槍)을 메고 좌우로 나간다. 행렬 가운데 군졸이 끄는 힘센 수컷 말에 임금이 쓸 용품을 싣고 호피로 싼 어용복마(御用卜馬) 3필이 나간다. 뒤따라 중앙으로 난후군(攔後軍)의 특수부대로 마병의 한초를 둘로 나누어 반은 가전(駕前)·반은 가후(駕後)에 두었다가 뒤에 합하여 초를 이루는데, 말을 타고 무장을 한 난후초관(攔後哨官)이 따르고, 이어서 난후군의 특수부대로 대장휘하에 있는 난후아병(攔後牙兵) 34명이 조총을 메고 뒤를 따른다. 협련군으로부터 특수부대인 난후아병에 이르기까지 철통같은 호위 속에 만분지일(萬分之一)이라도 발생할지 모를 사태에 대처하는 모습을 반차도 그림을 통해 보면서 지금의 대통령 경호보다 더 치밀했음을 확인할 수 있다. 길 좌우로 칼을 멘 군뢰가 2열로 각 4명, 기를 든 순시가 2열로 각 2명, 영기를 든 군졸이 2열로 각 4명씩 모두 20명이 질서 정연하게 나가고 있다. 뒤 좌측에는 왕의 행차 때 모든 일을 관장하는 종1~2품인 정리사(整理使) 사복제조(司僕提調) 이시수(李時秀), 우측에는 정리사부제조(副提調)인 정3품 윤행임(尹行恁)이 말몰이꾼을 앞세우고 완전무장을 한 채 나아가고 그 뒤를 좌측으로부터 일열 횡대로 서리(書吏), 큰 의식이 있을 때 실제로 일을 맡아 주관하는 집사(執事)·서리·서리·집사·서리 순서로 6명이 말을 타고 나가는데 그 중 집사 2명만 무장을 하였다.

다음은 누이동생들의 행차가 이어진다. 그래서 쌍교마(雙轎馬)가 좌우측으로 두 필씩 4필이 나오는 것이다. 임금보다 2살 아래인 첫째 누이 청연군주(淸衍郡主 : 1754~1814)가 탄 덩[德應] 앞 우측엔 한 사람이 말을 몰고, 좌측 말은 2명이 몰고 나

간다. 덩은 공주, 옹주 등 왕실 여인들이 타는 유옥교자(有屋轎子)의 하나이다. 왕
비가 되기 전 삼간택이 정해진 규수(閨秀)도 덩을 탔다니 이미 옹주와 같은 반열에
올랐다는 의미일 것이다. 덩은 전체 주칠을 하고 앞에는 출입문, 양쪽 옆면으로
창문을 내었다. 아래 난간에는 꽃·박쥐·수(壽)·넝쿨무늬 등을 돋을새김으로 화려
하게 장식하였다. 지붕에서 길게 검정 비단 휘장을 늘여 창문을 가렸다. 지붕은
반달이나 활등 모양의 궁륭형(穹窿形)으로 하고 꼭대기는 납작한 보주로 마무리
를 하였다. 교군(轎軍) 여덟 명이 멘다하여 8인교라고 불렀다.

4살 아래인 둘째 누이 청선군주(淸璿郡主 : 1756~?)가 탄 덩도 앞과 같은 형태이다.
첫째 누이는 우측, 둘째 누이는 좌측으로 가는데 가마의 격만 다를 뿐 자궁가
교(慈宮駕轎)와 똑같은 방법으로 모시고 간다. 원래 쌍교는 고위관료들이 타는 가
마인데 제아무리 지위가 높아도 도성 내에서는 타지 못했다. 다만 이번 행차를
통하여 청연·청선 두 누이만 탔을 뿐이다. 물론 3간택이 정해진 그간의 왕비나
동궁(東宮)의 비는 제외하고 하는 말이다. 어머니와 두 누이는 이장한 아버님 원
소를 처음으로 찾아뵙는 길이다. 뒤에는 견마 잡이를 앞세운 외척이 좌우로 공작
우(孔雀羽)를 꽂은 화려한 모자를 쓰고 따르고 가운데에는 말위에 무장한 궁임(宮
任)이 수행한다.

임금님 가족의 행차는 끝이 나고 길 중앙으로 말을 타고 무장을 한 검칙장교가
앞서고 뒤에 훈련도감의 장교인 지구관작대(知穀官作隊) 5명, 관아(官衙)나 일터에
서 일꾼을 거느리는 제본사패장작대(除本仕牌將作隊) 5명, 충무위(忠武衛)[90] 소속으
로 말을 잘 타는 선기장용위작대(善騎壯勇衛作隊) 5명, 말을 잘 타고 달리기를 잘하

---

[90] 조선시대의 오위(五衛) 중 후위(後衛)인 정규군인 정병(正兵)으로 구성된 충순위(忠順衛)와 600
명으로 이루어진 장용위(莊勇衛)를 예하에 두었다. 충무위는 다시 5부(部)로 나누어 중부(中
部)는 서울 북부와 함경도 북청진관(北靑鎭管), 좌부(左部)는 갑산(甲山)·삼수(三水)·혜산진(惠山
鎭), 우부(右部)는 온성(穩城)·경원(慶源)·경흥(慶興)·유원(柔遠)·미전(美錢)·훈융(訓戎), 전부(前部)
는 경성(鏡城)·부령(富寧)·회령(會寧)·종성(鐘城)·고령(高嶺)·동관(潼關), 후부(後部)는 영흥(永興)·
안변(安邊) 진관의 군사들이 속해 있었는데, 각 부는 다시 4통(統)으로 나누어져 있었다. 위
(衛)는 위장(衛將:종2품)이, 부는 부장(部將 : 종6품)이 통솔하였다.

는 장용영 기마부대인 주마선기대작대(走馬善騎隊作隊)가 5명 횡대로 4열이 되어 말을 타고 완전무장을 한 채 행진한다. 좌측 끝으로 마적을 담당하는 마적색서리(馬籍色書吏), 우측 끝에는 상사의 지시나 명령을 기다리는 대령서리(待令書吏)가 각각 마상에 앉아 칼을 차고 간다. 뒤로 4명 횡대 2줄로 평소 액정서나 또는 장원서(掌苑署)에서 정원(庭園)관리를 하며 국왕의 시중을 드는 당별감(唐別監)이 말을 타고 나가고 다시 좌측 끝으로 규장각(奎章閣) 각신(閣臣)이 말을 몰고 가는 사람을 앞세우고 화살을 가득 채운 전동(箭筒)에 활을 들고 칼을 찬 채 말을 타고 나가고, 우측 끝의 병방승지(兵房承旨) 역시 각신과 같은 모습으로 나간다. 좌측 끝으로 규장각에 속한 각속관(閣屬官), 우측 끝에는 승정원에서 사초(史草)를 쓰는 주서(注書), 안쪽으로는 예문관 검열인 한림(翰林)이 각각 말몰이꾼을 앞세우고 무장을 한 채 말을 타고 나간다. 주서 뒤엔 임금의 재가를 맡는 서류에 찍는 '계(啓)'자 도장을 지참한 내시인 계자중관(啓字中官), 안쪽으로 종4품의 첨정(僉正), 그 안쪽으로 내사복시(內司僕寺)에서 말과 수레를 맡아보던 내승(內乘), 각 속관 뒤에는 오늘날 대통령 주치의라 할 수 있는 약물대령의관(藥物待令醫官), 내승과 첨정 뒤로는 등촉방중관(燈燭房中官)이 주서와 같은 모습으로 나간다. 이어 좌우로 임금님 거둥 때 수레 뒤를 따르던 가후선전관2원작대(駕後宣傳官二員作隊)가 말을 타고 무장을 한 채 나가고, 그 뒤를 사대부(士大夫) 가운데 선발한 감관4원작대(監官四員作隊) 4명이 역시 말을 타고 무장을 한 채 횡대로 나간다. 중앙 좌우로 임금님 옷과 무기를 실은 치중마(輜重馬)와 직인을 실은 인신마(印信馬)는 호피(虎皮)로 덮어서 말몰이꾼이 몰고 나간다.

그 뒤를 장용영 소속의 고위 군관을 앞세운 장용위96인5마작대(壯勇衛九十六人五馬作隊)가 완전무장을 한 채 5열 횡대로 행진한다. 다시 말을 타고 인기(認旗)를 든 기수가 길 중앙에 서고, 이어서 말 탄 고수가 북을 신나게 치는데 그 뒤로 말을 모는 군졸에 의해 갑마(甲馬)가 따르고 좌우로 큰 칼을 멘 오늘날의 특수부대 대원과 같은 군뢰가 나간다. 말 잘 타는 선기대의 기총(騎摠 : 기마대장)인 선기장

(善騎將)이 말잡이를 앞세우고 완전무장을 한 채 앞서고, 그를 따라 5열 횡대로 장
용영 기마부대인 선기대좌초5마작대(善騎隊左哨五馬作隊)가 역시 완전무장을 한 채
늠름한 모습으로 행진한다. 또 중앙으로 인기수와 고수가 말을 타고 나간다. 이
어 취타수(吹打手)의 하나로 군중(軍中)에서 대포를 쏘던 군사가 총열이 세골로 파
인 총통(銃筒)에 화전(火箭)을 넣어서 발사시키는 대포수가 장대로 된 신호용 대포
(大砲)를 들고 보행하며, 뒤에는 말몰이꾼이 갑마를 몰고 나간다. 이들 좌우에는
전쟁 때 쓰는 군기(軍旗)의 하나로 기면(旗面)에는 말을 탄 신장(神將)을 그렸으며
삼중으로 된 진의 중앙에 세우던 신기(神旗)를 든 기수(旗手), 그 뒤 좌측에는 호
적(號笛)을 부는 호적수, 우측에는 나발(喇叭)을 부는 나발수, 뒤로 군뢰(軍牢) 각 2
명, 순시(巡視) 각1명, 영기(令旗)를 든 기수가 각 2명씩 따르고, 영기수 안쪽 좌우
로 포도청(捕盜廳)[91] 군사인 포졸(捕卒) 2명이 행진한다. 길 중앙으로 선기별장(善
騎別將)이 말몰이꾼을 대동하고 완전무장을 하고 나간다. 이어 말을 타고 인기를
든 기수가 따르고, 인기 뒤로 역시 말을 탄 고수가 북을 울리며 나간다. 북 뒤엔
말몰이꾼이 갑마(甲馬)를 몰고 나가고, 갑마 좌우에는 큰 칼을 멘 군뢰(軍牢)가 각
1명씩 따른다. 다시 중앙엔 말몰이꾼을 앞세운 말 탄 선기장(善騎將)과 장용영 선
기대우초5마작대(善騎隊右哨五馬作隊)가 완전무장을 하고 5열 횡대로 위용을 한껏
뽐내며 행렬속도를 적당히 맞추며 나간다.

　적정을 정찰하는 군사로 낮에는 당보수(塘報手)가 당보기(塘報旗)를 가지고 높은
곳에 올라가 적병의 형세를 판단하여 기를 흔들어 신호를 보내고, 밤에는 횃불로
대신하던 당보(塘報)가 좌우로 각 3명, 중앙엔 4명이 누른 바탕에 사방 30cm정도
크기의 당보기를 들고 나가고, 좌우측으로 청도기(淸道旗)가 따른다. 이어 좌측으

---

91) 오늘날의 경찰관서이다. 병조(兵曹)에 딸린 무관직소(武官職所)로 포청(捕廳)으로 약칭되기도
　　했다. 성종 때부터 중종에 이르는 동안에 그 제도적 완성을 본 것으로, 좌·우포도청으로
　　나누어, 좌포도청은 한성부 정선방(貞善坊) 파자교(把子橋) 북동쪽(서울 종로구 단성사 일대)
　　에 두고 한성부의 동부·남부·중부와 경기좌도(京畿左道) 일원을 관할하였고, 우포도청은 서
　　부 서린방(瑞麟坊) 혜정교(惠政橋) 동쪽(서울 동아일보사 일대)에 두고, 한성부의 서부·북부
　　와 경기우도(京畿右道)를 관할하였다.

로 동남각기(東南角旗)·황문기(黃門旗)·동북각기(東北角旗)·주작기(朱雀旗)·청룡기(靑龍旗)·금고기(金鼓旗)가 나간다. 우측으로는 서남각기(西南角旗)·황문기·서북각기(西北角旗)·백호기(白虎旗)·현무기(玄武旗)·금고기가, 중앙에는 홍고초기(紅高招旗)·남고초기(藍高招旗)·황고초기(黃高招旗)·백고초기(白高招旗)·흑고초기(黑高招旗)·등사기(騰蛇旗)를 든 기수들이 바람에 펄럭이며 행군하는 모습이 장관을 이룬다. 이어 좌우 바깥으로 대포(大砲)를 든 군졸, 안쪽으로 대각을 부는 대각수(大角手) 2명, 그 뒤로 나발(喇叭)을 부는 군졸, 안쪽으로는 북을 치는 고수 2명 등 8명이 말을 타고 신나게 연주하며 흥을 돋우어 행렬의 보조를 일정하게 유지하도록 한다. 다시 중앙으로 말을 탄 인기(認旗), 인기 뒤 좌우로 갑마(甲馬), 인마(印馬)가 말몰이꾼을 앞세우고 따른다. 이들 좌우 양편으로 군뢰(軍牢) 각 5명, 순시(巡視) 각 2명, 영기(令旗)를 든 기수 각 5명씩 행진한다. 길 가운데 2명이 좌우로 영전(令箭), 관이(貫耳)를 들고, 뒤엔 월도(月刀)를 들어 멘 군뢰(軍牢) 2명이 나가고 이들 좌우에는 차지집사(次知執事)가 말을 타고 무장을 한 채 나간다.

길 중앙으로 장용대장(壯勇大將) 서유대(徐有大)가 말잡이를 앞세우고, 뒤에는 4명의 장교(將校)가 횡대로 말을 타고 완전무장을 하고 따른다. 그 뒤를 말 탄 서리(書吏) 2명이 쫓는다. 이어서 대장휘하에서 대열 후미를 경비하는 특수군(特殊軍)이 'ㄱ'의 형태로 좌우 각 3명, 횡대로 4명의 아병10명난후병(牙兵十名攔後兵)이 조총을 메고 후미를 호위하며 나간다. 이 뒤 좌우측 끝으로 큰칼을 멘 군뢰(軍牢), 순시(巡視), 영기(令旗)를 든 영기수가 각각 1명이 따른다.

다시 길 가운데로 각 군영(軍營)·포도청에 딸린 종6품 종사관이 말몰이꾼을 앞세우고, 그 뒤에 장교(將校) 1명이 역시 말위에 앉아 완전무장을 하고 따른다. 이어서 당보(塘報), 고초(高招), 인기(認旗)를 든 기수가 앞서나가고 이어 말을 탄 고수가 북(鼓)을 치고, 그 뒤엔 무장을 한 초관(哨官)이 말을 타고 앞서 나가며 조총을 멘 중사중초3대평행(中司中哨三隊平行)으로 6명씩 2줄로 12명이 뒤를 질서정연하게 발을 맞추며 행군한다. 뒤에는 인기(認旗)가 서고, 좌우엔 신기가 나간다. 이

어서 말을 탄 고수가 북을 치고 좌우에서는 호적을 불며 걸어간다. 이어 대포(大砲)를 든 군졸이 따르고, 다시 견마배(牽馬陪) 2명이 갑마를 몰고 나간다. 이들 좌우로 군뢰 각 2명, 순시 각 1명, 영기 각 2명이 따른다.

중앙에는 말몰이꾼이 모는 말 위에 무장을 한 종4품 무관인 중사파총(中司把摠)이 앞서고, 인기를 든 기수(旗手)는 도보로 따른다. 이어 말 탄 고수, 말을 타고 완전무장한 초관(哨官)과 뒤에는 중사중초3대평행과 똑같은 형태로 중사후초3대평행(中司後哨三隊平行)의 후초군이 보무도 당당히 나간다. 가운데 말을 타고 무장을 한 내시(內侍) 2명이 좌우로 나란히 나가고, 그 뒤 좌측으로부터 일을 많이 알고 또 손에 오래 익어 능숙하게 처리하는 사지(事知) 4명, 의술에 종사하는 의관(醫官) 4명, 액정서(掖庭署)에 딸려 대전(大殿) 및 각 문(門)의 열쇠를 맡아 관리하는 사약(司鑰) 2명, 역시 액정서 소속으로 임금의 명령을 전달하는 사알(司謁) 4명, 병조의 낭관(郎官) 중에서 임명되어 전좌(殿座)[92]와 거둥 때 떠들거나 질서를 문란하게 하는 사람을 다스리는 임무를 띤 금훤낭(禁喧郎) 1명이 각각 무장 차림으로 횡대로 열을 지어 말을 타고 나가는데 의관(醫官)만 비무장이다.

지금의 대통령 비서실장인 도승지(都承旨) 이조원(李祖源)이 중앙에 서고 뒤를 승지(承旨) 3명이 횡대로 나란히 무장을 하고 따른다. 좌우로 예문관 한림(翰林)과 승정원 주서(注書)가 각각 말몰이꾼을 앞세워 무장을 하고 말을 타고 간다. 길 중앙으로 병조 소속의 군사로 궁문(宮門)을 경계하고 출가(出駕)할 때에는 가마를 지켜 보호하는 근장군사(近仗軍士)가 도보로 앞서고 뒤에는 규장각 아전인 각리(閣吏) 2명이 좌우로 말을 타고 나가고, 각신(閣臣) 2명은 말몰이꾼의 안내를 받으며 무장을 하고 말을 탄 채 각리를 뒤따른다. 길 가운데로 다시 말몰이꾼이 모는 말 탄 내의원(內醫院)의 제조(提調)인 내국제조(內局提調)가 나가고 길 좌우엔 군뢰(軍牢) 각 2명, 순시 각 1명, 영기 각 2명이 좇아간다.

정조 9(1785)년, 왕은 종전의 숙위소(宿衛所)를 폐지하고 새로운 금위체제 조직으

---

92) 친정(親政), 조하(朝賀) 때 임금이 어좌에 나와 앉는 것.

로 개편, 처음에는 장용위라 하다가 장용영으로 개칭하였으며, 왕 17(1793)년 장용영은 다시 도성(都城) 중심의 내영(內營)과 그 외곽인 화성(華城;水原) 중심의 외영으로 확대 편제되어 기존 5군영(五軍營)[93]보다도 더 큰 비중을 차지하게 되었다.

정조 19(1795)년에는 다른 군영의 군대를 흡수하여 5사(司) 25초(哨)로 개편 장용사(壯勇使;장용영대장)를 두었다. 이를 총지휘토록 한 군영의 장용영제조(壯勇營提調) 이명식(李命植), 그 뒤로 임금이 학문을 닦기 위하여 신하들 가운데 학식과 덕망이 높은 사람을 불러 경적(經籍)과 사서(史書) 등을 강론하게 하던 경연관(經筵官) 2명이 좌우로 각각 말몰이꾼의 안내를 받으며 공작우를 꽂은 화려한 모자를 쓴 채 말을 타고 나간다. 이어서 용호영에서 차출하여 국왕 행차의 후방 경호를 책임 맡은 가후금군50인5마작대(駕後禁軍五十人五馬作隊)가 완전무장을 한 채 말을 타고 5열 횡대로 늠름하게 행진한다.

임금 거동 때, 앞에는 용기(龍旗)가 나가고 반듯이 후미에는 병조를 상징하는 주기(主旗)인 표기(標旗)가 나가게 된다. 표기는 주장(主將) 이하 각급 장수들을 상징하기도 하고, 상급부대의 명령을 따르는 데 사용하는 깃발이다. 구군복(具軍服)을 입고 말을 탄 장교가 깃대를 잡고, 앞 뒤 2명씩의 군사가 깃대에 맨 벌이줄을 한 가닥씩 잡아당겨 고정시키며 나가고, 이어서 말몰이꾼이 모는 말 위에 무장을 한 차비총랑(差備摠郎)이 뒤따른다. 뒤에는 차비총랑이 말해주듯 각 군문에서 골

---

93) 당(唐) 태종(太宗)과 병법가 이위공(李衛公) 이정(李靖)이 나눈 「이위공문대(李衛公問對)」 중권(中卷)에 나오는 5행진법(五行陳法)이 바탕이 되어 5위진법(五衛陳法)이 나왔으며, 이를 바탕으로 5사, 5초 등이라 부른다. 이정은 5행(五行 : 木, 火, 土, 金, 水)·5방(五方:東, 南, 中央, 西, 北)·5색(五色:靑, 赤, 黃, 白, 黑)·5계절(五季節:春, 夏, 土旺, 秋, 冬)을 이용해 가장 기본적 진(陣)인 구부러진 모양의 곡(曲), 뾰족한 형태의 예(銳), 직선형의 직(直), 사각형인 방(方), 동그란 모양인 원(圓)의 형태와 특징을 설명했다. 진법도 우주만물의 변화를 오행으로 풀이했듯이 음양가(陰陽家)의 전통을 받아들여 다섯 가지 기본적인 형태의 진을 바탕으로 다양한 전투상황을 만들어 활용코자한 병법가의 예지를 담고 있다. 조선왕조에서도 이런 오행의 개념을 받아들여 중앙 군사조직의 편제 단위인 위(衛)와 결합해 생긴 것이 오위진법이다. 조선의 개국공신 정도전(鄭道傳)이 지은 「진법(陣法)」을 비롯한 다양한 병법서들이 이를 기본바탕으로 하여 이루어졌다. 오위진법은 크게 전위, 후위, 중위, 좌위, 우위로 나누어 보병과 기병을 배치하는 형태를 취했다.

라 뽑은 진법(陣法)·사격법·강서(講書)에 뛰어난 장교로 승정원에서 내린 명령을 소지하고 있는 각군문정원지령교련관별무사9인(各軍門政院持令教鍊官別武士九人)이 무장을 하고 말을 탄 채 일렬횡대로 완전무장을 하고 뒤따른다. 이어 중앙 두 줄로 말몰이꾼이 갑마·인마를 인도해 나가고 이어 근장군사 2명이 말 뒤를 도보로 따른다. 길 좌우로 칼을 멘 군뢰(軍牢) 각 2명, 순시(巡視) 각 1명, 영기를 든 기수 각 2명이 행군한다.

이제부터 각 부처 문무관 행렬이 시작된다.

먼저 중앙으로 병조판서(兵曹判書) 심환지(沈煥之)가 말잡이를 앞세우고 무장을 한 채 말을 타고 나가고, 뒤이어 역시 말 탄 장교도 무장을 하고 뒤따른다.

길 좌우로 말잡이를 앞세운 동반(東班)·서반(西班)이 공작우를 꽂은 화려한 모자를 쓰고 말을 탄 채 각 4명씩 나간다. 그 뒤를 난후금군25인5마작대(攔後禁軍二十五人五馬作隊)가 5명씩 횡대로 완전무장을 하고 말을 탄 채 행진한다.

길 가운데로 당보(塘報), 고초(高招), 인기(認旗)를 든 기수가 나가고 이어서 말을 타고 북을 치는 고수가 나간다. 뒤에는 말 탄 초관(哨官)이 무장을 하고 나가고, 이어 조총을 멘 좌사전초군3대평행(左司前哨軍三隊平行)이 2명씩 4명이 3열 횡대로 총 12명이 행군을 한다. 다시 신기(神旗)를 든 기수 3명, 중앙으로 인기를 든 기수, 좌우로 호적, 나발을 부는 악대가 나간다. 가운데에는 말을 타고 북을 치는 고수, 대포(大砲)를 든 군사가 따르고 그 뒤를 견마배에 의한 갑마가 쫓는다. 이들 좌우로 큰칼을 멘 군뢰 각2명, 순시 각1명, 영기를 든 기수 각 2명씩 나간다.

중앙으로 좌사파총(左司把摠)이 완전무장을 하고 말을 탄 채 앞서고 인기를 든 군사가 도보로 가고 이어 말을 탄 고수가 따르며 뒤로 무장을 하고 말을 탄 초관(哨官)이 앞에 서서 조총을 멘 좌사중초군3대평행(左司中哨軍三隊平行) 12명의 행진을 지휘한다. 끝으로 길 중앙엔 인기를 든 기수(旗手), 뒤에는 말을 타고 북을 치는 고수가 나가고 이어서 역시 말을 타고 무장을 한 초관(哨官)이 앞서고 조총을 멘 좌사후초군3대평행(左司後哨軍三隊平行) 12명이 대미(大尾)를 화려하게 마무리 한다.

　왕의 행렬은 그 목적에 따라 대가노부(大駕鹵簿)·법가노부(法駕鹵簿)·소가노부(小駕鹵簿)가 있다. 대가노부는 종묘·사직에 제사를 지낼 때, 중국에서 조서(詔書)를 가지고 오는 칙사(勅使)를 맞이하기 위해 거둥 시 사용하는 가장 큰 노부이다. 의장물(儀仗物)도 다양하게 156가지나 사용하며, 동원되는 인원도 가장 많았다. 법가노부는 그보다 한 단계 낮아 왕실의 원묘, 문소전(文昭殿), 선농단(先農壇), 성균관 대성전에 제사지낼 때 등이다. 소가노부는 능행(陵幸) 및 성문(城門)밖으로 행차할 때 가장 간단하게 하였다. 이렇게 시행하던 3가지 노부는 영조대(英祖代)에 『국조속오례의(國朝續五禮儀)』로 수정개정 되어 수록하였다. 구성 요소의 내용과 변화는 다음과 같이 요약된다.

　　임금이 거둥할 때 관원이 먼저 나가 백성으로 하여금 길을 쓸고 황토(黃土)를 깔게 한 후 행렬의 가장 선두에 서서 시위(侍衛)하는 사람인 도가(導駕)·선상군병(先廂軍兵)·의장(儀仗)·어연(御輦) 및 호위관(護衛官)과 어연 시위(侍衛)·가후각차비(駕後各差備) 및 수가백관(隨駕百官)·후상군병(後廂軍兵)의 순으로 이루어진다.

　이번 행차도 이런 배열을 기준으로 삼았으나 대가노부를 능가하는 규모, 의장, 각양각색의 동원 인원 등 아마도 조선왕조 노부사상 그 유래를 찾아보기 힘든 가장 웅장하고 화려하며 백성들에게는 왕실의 신성한 권위와 함께 태평성대에나 볼 수 있는 어마어마한 행사였다. 그것도 백성과 함께하는 잔치마당을 벌였다는 점이 더욱 빛을 발한다. 지금으로 말하면 대통령과 그 가족이 탄 4대의 승용차를 경호하기 위해 출동한 경호원과 숙소, 음식은 물론 행사에 필요한 인원이라고 보아야 하나 문명, 문화의 발달과 차이 등으로 단순 비교는 별 의미가 없다.

　다만 200년 전 83리(里 : 1리는 5.4Km임으로 45Km)에 이르는 이동을 생각하면 왕이 묻은 가슴의 한이 얼마나 깊고 큰가를 추측할 수 있다. 능원(陵園)은 도성 밖 백 리를 넘으면 안 된다하여 수원 백리라 하지 않았던가. 그래서 수원은 백 리다. 물론 지금의 융릉(隆陵)까지 거리를 가리킨 말이다.

종루(보신각)를 거쳐 동현(명동)부근, 숭례문을 나가 어가가 지금의 원효로 2가에서 용산 쪽 언덕으로 추정되는 밤울재[栗園峴] 앞길에 다다르자 큰 길거리에서 갈려나간 골목골목마다 관광민인(觀光民人)[94]이 모여들었다. 정조는 백성들이 구경하는 것을 막지 말라는 어명을 내린다.

용산 나루에서 배다리를 건너기만 하면 노량진이다. 임금님 행차가 배다리를 건너는 것은 상상도 할 수 없는 큰 구경거리였다. 그것도 사람 1,799명, 말 799필이라고 기록되어 있으나 주교를 지키고 지원하는 사람까지 합치면 2000명이 훨씬 넘었을 것이니 생각만으로도 흥분되는 일이 아닐 수 없다.

선발대가 배다리 입구에 세워진 홍살문을 들어서자 임금의 거둥 때 한강(漢江)에 부교(浮橋)를 놓기 위한 임시 벼슬인 주사대장(舟師大將)이 싸움터에서 군대를 지휘하고 명령하는 데 사용하는 기와 북인 기고(旗鼓)의 지휘로 어가를 영접하는 의식을 한다. 강을 건너는 모습은 장엄하다 못해 신비하기가 마치 용이 하늘을 향해 물을 박차고 오르는 것 같았다.

행렬의 각종 깃발과 풍향기 72개, 임금 행차 시 양편에 150여 개의 깃발을 꽂도록 한 것이 한데 어울려 바람에 펄럭이자 마치 강물을 박차고 하늘로 비상하는 봉황처럼 때로는 용처럼 보이다가 800여 마리의 말이 천마(天馬)가 된 것처럼 웅대하고 장쾌하기가 황홀하여 눈이 부셨다. 아니, 변화무쌍하기가 마치 하늘의 구름 같았다. 무시무종(無始無終)이란 말은 이런 때 쓰라고 있는가 보다. 한도 끝도 없이 이어지는 행렬이 홍예교(虹霓橋)를 타고 하늘을 오르고 있었다. 모두 우화등선(羽化登仙)이 되어 천인합일(天人合一)을 이루고 있었기 때문이다. 물 위를 날고 있는 임금의 행렬을 용산과 노량에서 구경꾼들이 경이로운 눈으로 보고 있었다.

지구에 대한 태양과 달의 인력(引力)으로 발생, 바다 면에 일어나는 규칙적인 오르내림 현상을 조석(潮汐)이라 한다. 밀물과 썰물의 차가 큰 서해안은 만조(滿

---

94) 원래 관광이란 과거보러 갈 때의 길이나 과정이며, 민인은 백성으로 구경꾼을 당시에는 이렇게 불렀다.

潮)·간조(干潮) 현상이 하루 두 번씩 통상 12시간 25분 간격으로 일어난다. 지구·태양·달이 일직선으로 놓이는 보름·그믐 직후에는 밀물과 썰물의 차가 큰 사리가 되고, 반대로 태양·달이 지구에 대해 직각으로 놓이는 상현(上弦)·하현(下弦) 직후에는 밀물과 썰물의 차가 가장 적은 조금현상이 나타난다. 이처럼 바닷물이 주기적으로 오르내리는 현상은 달의 인력(引力)과 지구의 원심력(遠心力)이 서로 작용하여 일어나는 것이다. 한강에서는 밀물이 강물의 흘러나감을 가로막아 하루에 두 번씩 규칙적으로 수위가 오르내린다.

정조는 역사상(易思想)에 맞추어 조수간만의 차가 가장 적은 무쉬날인 음력 9일을 택한 것이다. 그러니 배다리에 아무런 영향을 미치지 않아 마치 대로를 행진하듯 조금의 흔들림도 없었다. 또한 가운데를 높게 하여 홍살문을 세웠으니 글자 그대로 무지개다리였다. 홍살문은 유교적 시설물로서 선현(先賢)들의 위패(位牌)95)를 봉안한 신성한 곳임을 뜻한다. 그래서 국가적인 사묘(祠廟) 앞에 세운다. 따라서 홍살문 한편 아래에는 으레 하마비(下馬碑)96)를 세워 누구를 막론하고 말

---

95) 죽은 사람의 이름과 죽은 날짜를 적은 나무패(牌)로 죽은 사람의 혼(魂)을 대신하는 것으로 여기에서는 단(壇)·묘(廟)·원(院)·절 등에 모시며 목주(木主)·영위(靈位)·신주(神主)라 한다. 종이로 만든 신주를 지방(紙榜)이라 하는데 신주를 모시지 않는 집안에서 차례나 기제사 때 사용한다. 신주는 주로 밤나무로 만들며 본신(本身)의 규격은 높이 1자[尺] 2치[寸]·너비 3치·두께 1치 2푼[分]이며, 상단 부분은 5치 정도를 깎아서 둥글게 만든다. 전면은 분(粉)가루에 아교를 섞어 희게 만들어 이것을 분면(粉面)이라 하고, 후면은 한가운데에 길이 6치, 너비 1치 정도를 4푼 깊이로 파서 이것을 함중(陷中)이라 부른다. 받침은 사방 4치에, 두께를 1치 2푼으로 하고 위에 홈을 파서 신주를 세워 받친다. 그리고 독(櫝:신주를 넣어두는 곳)을 만들어 그 안에 넣는다. 상례의 위패는 치장(治葬)의 단계에서 만들어져 검은 옷 칠을 한 감실(龕室)에 안치, 빈소나 사당에 정중하게 모셔둔다.

96) 그 앞을 지날 때에는 신분의 직위고하(職位高下)를 막론하고 누구나 타고 가던 말에서 내리라는 뜻을 새긴 돌비석이다. 1413(태종 13)년 1월 21일에 최초로 표목(標木)을 종묘(宗廟)·궐문(闕門)의 동구(洞口)에 세웠다. 예조에서 아뢰기를,

"궐문 동구에 마땅히 중국 제도를 모방하여 표목을 세우고, 그 전면에 쓰기를, '대소 관리로 이곳을 지나는 자는 모두 말에서 내리라. 이곳에 들어온 자는 가운데 길로 다니지 못한다. 궐문 밖에 이르면, 1품 이하는 10보(步) 거리, 3품 이하는 20보 거리, 7품 이하는 30보 거리를 두고 말에서 내리라.' 하고, 종묘 동구에도 표목을 세우시고 그 전면에 쓰기

에서 내려 걸어 들어오라는 경계표지이기도 하다.

배다리에 홍살문을 세 곳 세운 까닭은 아버지를 뵈러가는 정조의 마음이 가장 잘 표현된 것이다. 다리 위에 삼도(三道)를 상징적으로 가설하여 아버지 사도세자에게 어도(御道)를 아무도 모르게 바친 것이다.

자궁(慈宮)의 가마가 중앙 홍살문에 이르자 융복(戎服) 차림으로 마상(馬上)에 높이 앉아 있던 정조는 말에서 내려 어머님께 불편한 점은 없으신지 안부를 묻는 모습은 만백성의 심금을 울리기에 족했다. 연출(演出)의 백미(白眉)인 것이다.

삼도 중 가운데 길은 왕이 있는 하늘이다. 정조는 어머님의 안부를 물은 것이 아니고 사실은 하늘에 계신 아버지를 뵙는 것이다. 이를 아는 사람은 오직 정조 그 자신뿐이었다. 그뿐만 아니었다. 아버지를 그냥 뵙는 것이 아니고 그 무더운 윤5월 14일부터 8일간을 버티시다 비명횡사하셨으니 그 원혼을 시원한 한강의 물로 씻어드리는 의식이기도 했다. 씻김굿에서는 아홉 자 무명에 여덟 마디나 일곱 마디를 묶어 하나하나 고풀이를 한다. 이 의식 가운데 제일 중요한 의식이 씻김굿이다. 정조는 아버지를 위하는 일이라면 무엇이든 다 해드리고 싶었다. 그래서 무속·불교·도교·유교·서교를 가리지 않고 자신이 할 수 있는 모든 것을 다 실행하고 있는 것이다. 다만 자신 외에는 아무도 모르는 한 바탕 신명나는 굿 풀이를 해서라도 아버지의 영혼이 구원받을 수만 있다면 무슨 일이 건 무조건 해드리고 싶기 때문이다. 그것이 지난 세월 속 응어리요 지워지지 않는 마음속 상흔이

를, '대소 관리로 이곳을 지나는 자는 모두 말에서 내리라.'고 하소서." 하니 임금이 그대로 따랐다(立標木于宗廟及闕門洞口. 禮曹啓. "闕門洞口, 宜倣華制立標木, 題其面曰: "大小官吏過此者, 皆下馬, 入此者, 不得由中道行. 至闕門外, 一品以下距十步, 三品以下距二十步, 七品以下距三十步下馬." 宗廟洞口, 亦立標題其面曰: "大小官吏過此者, 皆下馬." 從之.)

종묘(宗廟)와 궐문(闕門) 앞에 일정한 거리를 두고 표목(標木)을 세워놓았는데, 이것이 후일 '대소인원개하마(大小人員皆下馬)' 또는 '하마비(下馬碑)'라고 새긴 비석을 세우게 된 계기였다고 한다.

대개 왕·장군·성현, 또는 명사·고관의 출생지나 분묘 앞에 세워져 있는데, 이로 미루어 보아 그들이 선열(先烈)에 대한 경의의 표시로 타고 가던 말에서 내렸음을 알 수 있다.

기 때문이다.

용산, 노량진 양쪽에서 수많은 백성들의 탄성소리가 그칠 줄 모르고 일어났다. 이런 구경은 세상에 태어나 처음 보는 경이로운 일인 것이다. 부잣집 상여가 나가도 큰 구경거리요, 마을에 혼인만 있어도 큰 구경거리였는데, 하물며 나라님이 어머님을 모시고 두 누이와 함께 상상을 초월하는 보병, 기병, 악대, 기수와 고관대작들을 거느리고 행차하는 모습을 보니 입이 다물어 지지 않는다. 꿈속이거나 아니면 상상으로만 그려보던 엄청난 경관이 눈앞에서 벌어지고 있기 때문이다. 노량진 산비탈은 사람으로 하얗게 뒤덮였다. 근교 뿐 아니라 먼 곳으로부터 일부러 임금 모자와 두 누이의 거둥을 보기 위해 모인 백성들이 대부분이었다.

끝없이 이어지는 행렬은 눈이 부시도록 장엄했다. 마치 한 마리 거대한 용이 꿈틀거리며 여의주를 물고 하늘을 향해 힘차게 오르는 기세로 보이는가 하면 옥황상제가 천마를 타고 훨훨 날아오르는 모습으로도 보였다. 궁궐을 떠나 행궁에서 어머님 회갑을 치르는 일은 전고에 없는 행사이다. 하물며 저렇게 많은 사람과 말이 한데 어우러져 왕과 혜경궁을 감싸고 게다가 두 누이동생까지 만천하에 드러내놓고 도성을 비우는 일은 마치 천도(遷都)를 방불케 했다.

'저게 어디 다리인가 한길[大路]이지.', '기술도 좋아, 저렇게 많은 인마(人馬)가 건너가도 끄떡없다니.' 하며 신기해하는 한편, 너무나 엄청난 행렬에 이곳저곳에서 연발 감탄사가 터져 나왔다. 그도 그럴 것이 당시의 배다리는 지금의 서해대교(西海大橋)나 인천대교(仁川大橋)보다 더 큰 사건이었을 것이다. 물위를 마치 대로처럼 아무렇지도 않게 건너는 끝없는 행렬을 보며 백성들이 받았을 충격이 눈에 선하다.

'우리 임금 효도는 하늘이 내리신 게야. 어느 임금 어느 필부가 우리 주상만 할 것인가. 태평성대(太平聖代)로다. 태평성사(太平盛事)로다.' 여기저기서 백성들이 임금을 칭송하는 소리가 한 사람이 말하듯 이구동성으로 이어진다. 심지어 '지화자. 좋구나, 좋다.'라며 덩실덩실 춤을 추는 나이든 사람도 있었다. 어느 누구 하나

입 밖으로 말은 하지 않았지만 임오화변으로 상처 받았을 임금의 심정을 모두 이해하기 때문에 더욱 감격해 하는 것이다. 노론이 모르는 정조의 아픔을 하늘인 백성은 이미 알고 있었던 것이다. 그래서 백성은 하늘보다 무서운 것이다.

다리를 건너자 임금은 용양봉저정(龍驤鳳翥亭 : 현 동작구 본동 30)에 먼저 도착하여 어머니가 잠시 쉬실 방과 수라상 반찬거리를 살펴보고 임금이 임시 머무르기 위해 장막(帳幕)을 친 막차(幕次)[97]로 나가 어머니를 맞아들인다. 이제 대궐문으로부터 10리(里)를 온 것이다. 아니, 하늘을 오른 것이다.

수라상의 찬품(饌品)에 대하여 각 참(各站)에 지시한 내용을 보면 궁중 잔치 때 쓰는 화려한 비단으로 만든 전통 꽃인 채화(綵花)에 덧붙여 수라 사이에 올리는 반과(盤果)와 조수라·석수라 및 진찬(進饌) 때 혜경궁 홍씨와 임금에게 올리는 음식의 그릇 수와 아울러 본소(本所)로부터 임금께 아뢰어 받은 교지에 따라 음식을 배설(排設)하는데 높낮이는 몇 자로 쌓을 것인지, 양은 어느 정도로 할 것인지를 각 참으로 사람을 보내어 법식에 의하여 거행토록 하였다.

노량참(鷺梁站)의 낮 수라간은 진장(鎭將)의 대청(大廳) 및 내아(內衙)에 배설하고, 용양봉저정 동쪽 협문 밖에 가건물 2칸을 경기감영에서 짓도록 하였다.

물론 각 참(各站)별로 담당 당상, 낭청과 이하 여럿을 두었으니 빈틈없는 영접 준비가 되어 있을 것이다. 노량참 당상(堂上)으로 최도흥(崔道興)이 배행(陪行)하고 서용보(徐龍輔)가 나와 맞이하며 휘건(揮巾)을 올렸다. 별수가장관(別隨駕將官) 이의상(李毅常)으로 하여금 어머님의 수라와 동행하는 내빈(內賓) 가운데 노인을 보살피어 불편하지 않도록 검사하도록 하였다. 아울러 온돌에 불을 지피는 일과 어머님 가마를 특별히 모시고 따라다니는 일을 총괄하도록 했다. 이해우(李海愚)에게는 어머님 수라와 동행하는 내빈을 보살피어 불편하지 않도록 검사하는 일과 각 참에 먼저 이르러 진찬(進饌) 때 배설하는 제반사를 맡도록 했다. 서영보(徐英輔)

---

97) 의식(儀式)이나 거동(擧動) 때에 임시(臨時)로 장막(帳幕)을 쳐서, 왕세자(王世子)나 고관(高官) 들이 잠깐 머무르는 곳이다.

는 반열(班列)을 바로 잡고 내빈들을 경계하여 지키도록 하였다. 이석(李晳)은 각 참에 행차가 도착하기 전 앞서가서 미리 점검하여 바로 잡는 일을 맡았다. 이동선(李東善)은 가마 앞에서 반열을 바로 잡고 점검하는 일을 하였다. 조기(趙岐)는 행차의 전진과 멈추는 일과 가마 앞의 반열을 바로 잡아 검열하고 진찬 시 배설하는 모든 일을 맡았다. 이희(李爔)·이광익(李光益)은 거둥 시 위병이 호위하고 있는 수레의 전후좌우에서 임금을 모시고 따라다니며 만약의 사태에 대비하는 일을 책임지었다. 이들 이외에도 많은 사람들이 업무 분담을 하여 철두철미하게 행차 시작 일부터 종료일까지 드러나지 않게 각자에게 주어진 임무를 수행하고 있었다. 경호와 수라(水剌) 그리고 품계(品階)·신분·등급(等級)을 지키도록 하는 일을 나누어 분담하거나 중요한 일은 중복시켜 감시, 감독하도록 하였다.

1793(정조 17)년 정조의 용양봉저정기(龍蚊鳳翥亭記)를 보면 '다리 종류가 셋인데, 하나는 부교(浮橋)라는 것으로 전(傳)에 부교로 기록된 것은 주교(舟橋)가 그것인 것이다. 대체로 배를 이용 다리를 만든 것은 주(周)나라에서 시작된 제도로서 후세로 내려올수록 점점 그 규모가 발달되어 낙수(洛水)의 효의교(孝義橋), 하수(河水)의 포진(蒲津) 등 여러 다리가 그것인데, 그들 규모는 모두 수많은 큰 배들을 가로로 길게 연결한 다음 긴 널빤지를 엮어서 묶고, 아름드리 통나무를 매달아서 고정시키는데 그 신묘한 효과와 쓰임새가 큰 자라를 죽 이어 놓은 것이나 무수한 물고기들을 물 위로 뜨게 하는 것에 버금간다.

정조가 해마다 현침(顯寢)에 갈 때면 의위(儀衛) 문제 또는 공억(供億 : 부족한 것을 공급하여 안정시킴)에 필요한 것들로 대농(大農 : 호조)에서 나오는 것들은 모두 장영(壯營)에서 정리하도록 하고 있으나, 나루를 배로 건너자면 그 역사가 너무 거창하고 비용도 너무 과다하기 때문에 노량강(鷺梁江)에다 주교를 설치하고 관사를 두어 그 일을 맡게 했으며, 강가의 작은 정자 하나를 구입하여 주필(駐蹕)하는 곳으로 삼았다. 그 정자의 옛 이름은 망해(望海)였는데, 그 이름의 유래는 발돋움을 하고 서쪽을 바라보면 허명(虛明)한 기운이 떠오르고 거기가 바로 우리나라의 서해(西

海)이기 때문이었다는 것이다. 그것을 보면 그 정자가 먼 곳을 바라볼 수 있는 높
은 곳에 위치하고 있음을 알 만하다.

그 주교가 만들어진 이듬해인 1791(정조 15)년에 정조가 그 정자에 올라갔더니
때마침 먼동이 트고 해가 떠오를 무렵이어서 붉은 구름이 뭉게뭉게 떠오르고 새
하얀 비단이 맑게 깔려 있어 마치 떨어지는 것 같고, 공수하고 있는 것도 같고,
상투 같고, 쪽진 것도 같은 강 주위의 여러 봉우리들이 발과 안석 사이로 출몰하
면서 해기(海氣)가 비치고 있고, 천리나 푸른 출렁이는 바다는 곧 손에 닿을 듯이
문밖을 나가지 않고도 다 거두어들일 것 같았다. 정조는 그것을 보고서야 그 이
름이 있으면 반드시 그에 상응하는 그 무엇이 있다는 것을 알았고, 그 정자의 조
망이 좋다는 것도 알았다. 그러나 지금 이 정자는 부교를 위해 필요한 것이지 겨
우 시인이나 일 없이 노는 선비들이 흐르는 물을 보고 시원함이나 느끼고 마는
것이 아니다. 그렇다면 이 정자도 옛 이름에다가 새로 발견된 것들을 곁들여서
새로 정하는 것이 어떻겠느냐고 하자 연신(筵臣) 중에서 누가 정조에게 아뢰기를,
'옛날 영락(永樂) 연간에 금수교(金水橋)가 완성되자 황하에 얼음이 얼고, 영감(靈
感) 있는 여러 모양의 구름들이 나타나고, 경운(慶雲)이 마치 태양처럼 둥글게 뭉
쳤으며, 어좌(御座) 바로 앞에는 오색화(五色花)가 나타나 이에 뭇 신공(臣工 : 관리)
들이 성덕서응시(聖德瑞應詩)를 지어 송덕을 했습니다. 지금 하늘이 우리나라를
도운 지도 오래되어 여러 대에 걸쳐 성명(聖明)한 임금이 나셨고, 모든 물자가 풍
부하고 백성들도 많아졌으며, 마을마다 집들이 즐비하고, 강과 바다에는 노와 돛
이 가득하여 그것들이 태평성대라는 것을 입증하고 있습니다. 우모(羽旄)[98]를 따
라 몰려드는 강가의 사녀(士女)들도 모두 다리가 이루어진 것을 함께 기뻐하고,
정자가 국가 소유로 된 것도 기뻐하고 있으니 인심이 어떻다는 것을 알 만하지
않습니까. 비록 얼음이 얼지 않고 오색화가 나타나지는 않았더라도 인화(人和)가
바로 얼음이 얼고 꽃이 핀 것이니, 이 정자 이름을 서응(瑞應)으로 하지요.' 하였

98) 새의 깃으로 만들어 기(旗)에 꽂는 물건(物件)이다.

다. 내가 대답하기를, '서응도 물론 좋으나 지금 보면 북쪽에는 높은 산이 우뚝하고, 동에서는 한강이 흘러와 마치 용이 꿈틀꿈틀하는 것 같고, 봉이 훨훨 나는 듯하다. 찌는 듯 광영(光榮)이 서기로 엉기어 용루(龍樓)와 봉궐(鳳闕) 사이를 두루 감싸고 있으면서 앞으로 억만 년이 가도록 우리 국가 기반을 공고히 할 것이니 그렇다면 그 상서가 어찌 얼음이나 오색화 따위 정도이겠는가.' 하고는 그 자리에 나온 대신(大臣)에게, '용양봉저정(龍驤鳳翥亭)'이라고 크게 써서 문지방 위에다 걸게 하고, 이어 그 내용을 기록으로 남긴 것이다.

용양봉저정에서 한강을 내려다보며 거울같이 맑은 물위로 마음을 비춰보노라면 마치 '용이 뛰어놀고, 봉황이 높이 날아오는 것 같더라.'는 뜻으로 이 또한 아버지를 은유적으로 상징한 것이다. 정조가 강을 건너 처음으로 마음속 아버지를 편안히 그려볼 수 있는 곳일 뿐더러 곧 만날 수 있다는 기쁨의 표현일 것이다.

정조가 현릉원을 참배하러 갈 때 노들강에 배다리를 설치하고 건너와 잠시 머무르는 장소이다. 이곳에 도착하면 낮수라를 드는 곳이라 하여 '주정소(晝停所)'라는 별칭을 얻기도 했다. 정조는 이곳에서 어머니께 두 차례 음식을 올렸는데 조다소반과(早茶小盤果)는 검은 옷 칠을 한 굽이 있는 소반(小盤)에 사기그릇으로 16가지 음식인 각색 떡 1그릇, 약밥 1그릇, 국수 1그릇, 다식판 보다 큰 판에 박아낸 약과인 다식과(茶食果) 1그릇, 각색 강정 1그릇, 유밀과(油蜜菓)인 각색 다식 1그릇, 설탕으로 만든 옥춘(玉春)·인삼·과자 등 각색 당(糖) 1그릇, 산삼 1그릇, 대추와 밤을 쪄서 꿀을 반죽하여 만든 조란(棗卵)·율란(栗卵) 1그릇, 연근·산사(山査)[99]·유자·배·생강 등에 꿀을 넣고 졸여서 만든 우리나라 고유의 과자류인 각색 정과(正果) 1그릇, 배 즙과 꿀을 섞어 만든 수정과 1그릇, 쇠고기·소의 위·돼지 다리·묵

99) 능금나무 과(科)에 딸린 갈잎 작은 큰키나무로 6~7m에 이른다. 가지에는 군데군데 가시가 돋고, 잎은 깃꼴로 얕게 째졌으며 어긋맞게 난다. 5월경 매화와 비슷한 꽃이 피고 가을에 작고 둥근 빛깔의 열매를 맺는다. 우리나라 중부와 북부지방에 자생하며 열매를 산사자(山査子)라 부르는데 맛이 시다. 약용과 식용으로 쓰며 아가위나무라고 흔히 부른다.

은 닭·곤자소니[100]·숭어·해삼·전복·계란 등 그야말로 별잡탕(別雜湯) 1그릇, 무·
묵은 닭·소고기·소의 위·돼지고기·해삼·계란·곤자소니·전복 등으로 만든 완자
탕(莞子湯) 1그릇, 얇게 저민 숭어·쇠간·소의 위·꿩 등에 밀가루를 바르고 달걀을
입혀 기름에 지진 각색 전유화(煎油花) 1그릇, 숭어·소의 위·전복·해삼·표고버섯·
석이버섯 등을 녹말에 버무려 끓는 물에 데쳐서 깻국에 넣어 먹는 각색 어채(魚
菜) 1그릇, 쇠고기·돼지고기를 푹 익혀 얇게 썬 편육(片肉) 1그릇, 꿀 1그릇, 간장
에 초를 타고 깨소금이나 잣가루를 뿌려 만든 양념장인 작장(醋醬) 1그릇, 잔칫상
이나 전물상(奠物床) 상(上)에 꽂도록 만든 꽃인 상화(床花) 10개를 올려 자리를 화
려하게 장식했다.

　새벽에 출궁한 관계로 어머님의 아침 수라(朝水刺)는 주칠(朱漆)한 둥근 수라상
인 원반(元盤)에 10그릇의 음식을 유기그릇으로 올렸다. 곁반인 협반(挾盤)에는 그
림 그린 사기그릇에 3그릇을 올리고 검은 옻칠을 한 소반(小盤)을 놓아 궁중과 같
은 격식을 지켰다.

　팥을 삶아 으깨어 곱게 물을 내려 지은 붉은 팥 밥 1그릇, 생선 내장으로 끓인
국 1그릇, 숭어를 쪄 뼈까지 끓인 찌개인 조치(助致) 2그릇, 쇠고기·돼지갈비·우
족·숭어·꿩을 구운 구이(炙伊) 1그릇, 민어·송어·말린 꿩 고기·전복 등 생선을 소
금에 절인 좌반(佐飯) 1그릇, 꿩 만두(生雉餅) 1그릇, 생전복·굴·조개젓갈인 해(醢)
1그릇, 박고지·미나리·도라지·무청·죽순·파·부추 반찬 1그릇, 배추를 잘게 썰어
갖은 양념과 고기를 넣고 주물러 볶은 담침채(淡沈菜) 1그릇, 간장, 찐 간장, 양념
간장인 작장(醋醬) 3그릇이 원반(元盤)에 올려진다.

　생전복을 찐 생복증(生鰒蒸) 1그릇, 푹 삶은 소의 위로 소를 넣은 양만두(胖饅頭)
1그릇, 갈비·우족·소 허리뼈·불고기·산적 등 각색 적(炙) 1그릇은 곁반인 협상(挾
床)에 올렸다.

---

100) 곤자소니는 소의 대장 골반 안에 있는 창자의 끝부분으로 기름기가 많이 달린 부분을 말
　　하며 곰탕을 끓일 때 이용한다. 「원행을묘정리의궤」 '찬품(饌品)'편 164쪽 별잡탕(別雜湯)에
　　는 곤자손(昆者巽)으로 표기되어 있다.

　　정조는 검은 옻칠을 한 소반에 유기그릇의 칠첩반상을 받아 격을 달리했다. 두 누이도 출발하는 날부터 돌아올 때까지 오라비인 임금과 똑 같이 했다. 팥 밥 1그릇, 국 1그릇은 어머니와 같고 **뼈**를 끓인 조치(助致) 1그릇, 쇠고기·돼지갈비·우족·숭어·생 꿩 구이(炙伊) 1그릇, 박고지·미나리·도라지·무청·죽순·파·부추나물 1그릇, 어머니와 같은 담침채(淡沈菜), 생전복·굴·조개·게젓인 해(醢) 1그릇, 간장, 찐 간장, 물 간장 등 장 3그릇으로 아침 수라를 들었다.

　　오전 10시경과 오후 5시경에 먹는 아침과 저녁을 수라라 하고 나머지 세 때는 요즈음으로 말하면 간식인 셈이다. 임금을 비롯한 왕실에서는 하루 다섯 끼니를 들었다. 수라상은 원반에 9첩, 곁반 3첩으로 12첩을 올리며 전골 상을 덧붙인다.

　　수라상을 올릴 때는 상궁 3명이 자리를 함께한다. 그 중 나이가 많은 상궁은 임금이 수라를 들기 전 음식을 미리 조금 먹어보아 음식물에 대한 이상 유무를 검사하는 임무를 맡으며, 다른 한 명은 그릇의 뚜껑을 여닫는 일과 시중을 들고 나머지 한 명은 전골을 담당한다.

　　정조와 두 군주(郡主)는 간식 없이 아침 수라상만 받았는데 7그릇의 음식을 차려 격을 달리했다. 사대부는 9첩 반상, 반가에서 7첩 반상을 받는 것에 비유하면 아버지에 대한 자식으로의 도리를 지키기 위해 정조가 얼마나 노력했는가 여실히 나타난다.

　　먹는 횟수도 임금은 하루 5회, 당상관 이상은 4회 사대부는 3회, 백성은 2회였다니 지금 생각하면 기가 막힌 서열이다. 죽어라 일하여 나라에 세금을 내는 일꾼은 굶주린 창자를 움켜잡아야 하고 아무 하는 일 없이 거드름이나 부리는 계급 높은 벼슬아치일수록 많이 먹어야 한다니 이때나 저때나 가난이 제일 큰 죄다. 사대부는 은수저를 물고 태어나지만, 상민은 나무젓가락을 물고 태어나기도 어려운 게 소위 반상(班常)의 나라다.

　　얼마간 휴식 후 이번엔 오초초각(午初初刻)인 11시 10분에 나발을 불어 초취(初吹)[101]를 알리고 5분 후에 2취(二吹)를, 오초2각(午初二刻)인 11시 30분에 3취(三吹)

를 불자 노량에서 13리(里) 떨어진 시흥 행궁을 향하여 행차는 다시 시작된다.

정조는 전투복인 융복으로 갈아입고 다시 말에 올랐다. 정조는 신림동(新林洞)에서 독산동(禿山洞)으로 가는 문성동(文星洞) 앞길에서 행차를 멈추게 하고 푸른 빛의 천으로 만든 휘장을 치라 명하고 둥근 다리가 달린 유기쟁반에 그림이 그려진 사기그릇 3개를 들고 첫 번에는 대추·쌀을 삶아 만든 일종의 음료수인 미음(米飮)을 드시게 하고, 두 번째는 소의 위·전복·묵은 닭·홍합을 고와 만든 기름진 고음(膏飮)을 드시게 한 후 후식으로 산사(山査)·모과·유자·동아[102]·배·생강을 달인 약을 직접 올렸다.

청연·청선에게도 어머님과 똑같이 들도록 하는 자상한 오라비의 모습을 보인다.

6차 원행까지는 과천(果川)으로 다녔는데 남태령(南泰嶺)을 넘어야 하는 등 길이 험하여 새롭게 시흥 쪽 길을 미리 닦아 놓았다. 그래서 이번 행차에는 어머니를 모시고 새로 개설된 시흥대로(始興大路)라는 신작로(新作路)를 이용하게 한 것이다. 정조의 감회는 남달랐다. 길을 새로 닦는 것은 씻김굿에서 이승과 저승을 이어주

---

101) 군대에서 행군을 시작할 때 첫 번째로 나팔을 불면 병사들은 일어나 잠자리를 정리, 정돈하고 무기와 보급품 등을 챙기고 곧 바로 취사 준비를 하게 된다. 재취(再吹) 또는 이취(二吹)를 알리는 나팔을 불면 식사를 마치고 무기를 비롯한 휴대품을 소지한 후 자신이 속한 진형(陣形)으로 신속하게 이동하여 자신의 위치로 돌아가야 한다. 삼취(三吹)를 불면 행군이 시작되는 것이다. 군사용어로 두호(頭號), 이호(二號), 삼호(三號)와 장1호(掌一號), 장2호, 장3호가 있는데 위와 대동소이하다. 그런데 「을묘원행」 때에는 초엄, 이엄, 삼엄 뿐, 아니라 초취, 이취, 삼취의 군대에서 사용하는 용어와 화성성조 시에는 장1호(掌一號), 장2호, 장3호와 같이 때에 따라 각각 달리 사용하여 훈련·행군·행사를 통솔함으로 그 엄격성을 배가시켰다. 실내에서 의식을 행할 때는 내엄(內嚴)이라 하여 의식 행사 시간에 맞추어 시행하였다. 그 예가 화성행궁 진찬연 때 내엄(內嚴)에 중엄(中嚴) 등을 사용한 점으로 보아 실내행사에도 준비, 좌석정리, 시작을 알리는 신호가 있었음을 알 수 있다.

102) 찬품(饌品) 164쪽 각색정과(各色正果)에는 '동과(冬苽)'로 나온다. 박과에 딸린 한해살이 덩굴풀로 줄기는 굵고 모가 졌으며 덩굴손으로 다른 것에 기어오른다. 잎은 어긋매겨 나고 심장 모양이다. 암수 한 그루로 여름에 종 모양의 노랑 단성화(單性花)가 피고 열매는 긴 타원형으로 호박과 비슷하다. 표면에 잔털이 많으며 익으면 백색가루가 되어 하얗다. 열대 아시아 원산으로 예전에는 각지에서 재배했었으나 맥이 끊겼다. 다행히 현재 광주 무등산 부근에서 수년의 각고 끝에 재배에 성공 그 명맥을 잇고 있는 분이 있어 다시 볼 수 있다.

는 길이거나 다리로 상징된다. 더구나 좁은 뒤주에 갇혀 돌아가신 아버지의 답답함을 풀어드리기 위해 당시로는 상상할 수 없을 만큼 길고 곧게 닦은 큰 길이다.

아버님 회갑을 위해 벌인 역사라는 사실을 아는 사람은 아무도 없다. 이 길은 정조가 특별히 아버님의 억울한 영혼을 위로하기 위해 회갑 전에 닦은 것이다. 길 닦음이란 전적으로 죽은 사람을 위한 의례가 되기 때문이다.

사찰에서 마치 망자가 반야용선(般若龍船)을 타고 서방정토(西方淨土)를 가는 것과 같다. 정조가 얼마나 치밀한 성격의 소유자인가를 단적으로 보여주는 좋은 사례이다. 오늘밤이 지나면 49재다. 아버님의 한이 길 닦음을 통하여 무사히 이승의 매듭을 풀고 저승으로 편히 가시라는 것이다. 길은 형이하(形而下)와 형이상(形而上)의 둘이 있다. 아버지를 찾아가는 행렬은 형이하의 길을 가는 것이고, 아버지는 형이상의 길을 따라 영원한 안식처로 가실 것이다.

휴식 후 문성동을 떠나 하루를 묵게 될 시흥 행궁을 향해 행차는 계속 이어진다. 물론 시흥참(始興站)도 별수가장관 이의상 등이 이미 확인하였을 것이다. 임금은 당상 왕도원(王道源)이 배행하고 호조판서 이시수(李時秀)가 나와 영접했다. 정조는 병방승지와 사관(史官)을 대동하고 먼저 행궁에 도착하여 혹시나 하여 미리 살피는 자상함을 잊지 않는다. 막차(幕次)에 나와 대기하고 있다가 어머니가 도착하자 내차(內次)로 모시고 들어갔다. 시흥행궁과 시흥대로(始興大路)는 이번 행차를 위하여 특별히 새로 짓고 새로 닦았다.

행궁 동쪽 담장 협문(挾門) 밖에 임시 가건물인 10칸짜리 수라간, 궁인 및 본소 당상관 이하 공궤간(供饋間 : 음식을 주는 곳)으로 5칸을 경기감영에서 지었다. 그리고 행궁의 도배와 바닥에 깔아 놓는 방석·요·돗자리 등은 호조에서 거행하였다.

이 수라간을 통하여 3번에 걸쳐 어머니, 정조, 청연, 청선군주에게 음식과 상화(床花)를 올린 것이다. 처음 주다소반과(晝茶小盤果) 17그릇을 올린 후 저녁 수라로 원반(元盤)에 11그릇, 은으로 만든 협반(挾盤)에 3그릇 그리고 전골 상을 덧붙였다. 밤에는 야다소반과(夜茶小盤果)로 12그릇을 올렸다. 물론 정조와 두 누이는 주다소

반과로는 8그릇, 저녁 수라 7그릇, 야다소반과도 각각 7그릇으로 다과와 수라 종류는 항상 어머니에 비해 반 정도밖에 안 되도록 하였다.

어머니에게 올리는 모든 다과(茶果)와 수라는 정조가 일일이 살펴본 연후에 들도록 세심한 주의를 기울였다.

정조는 신하들에게도 '이 음식은 모두 자궁(慈宮)께서 내리는 것이니 배불리 먹으라.'는 말을 잊지 않았다. 속으로는 아버님이 내려주는 음식이니 배불리 먹으라고 수없이 외치고 있었다. 그러나 안타깝게도 차마 아버님이 내려주는 음식이라고 말할 수 없었다. 다만 임금 자신은 아버님이 내려주는 음식을 누이동생들과 함께 먹는다는 의미를 스스로 부여했을 것이다.

『정리의궤』에 의하면 군병도 임무에 따라 잠자리가 달랐다.

지금으로 치면 근접경호원과 같이 어가(御駕)를 가까이서 수행하는 가후금군(駕後禁軍), 가전별초(駕前別抄)는 행궁 근처에서 좌우로 나누어 편한 곳에 흩어져 쉬도록 했다. 그 대신 선구금군(先驅禁軍), 난후금군(攔後禁軍) 등은 동구 밖 넓은 곳을 택하여 함께 진(陣)을 이루는 형식을 취했다. 새벽부터 준비하느라 눈코 뜰 사이 없이 서두르고 또 다시 23리(里) 길을 왔으니 금방 골아 떨어졌다.

정조는 시흥행궁에서 오히려 떠나오기 전날 밤보다 더 잠을 이룰 수가 없었다. 아버님이 뒤주 속에 갇혀 보낸 밤이기 때문이다. 금지옥엽보다 더 귀하신 아버님이 그 좁은 뒤주 속에서 정치의 희생양이 되는 나라, 그것도 친부모와 친인척이 특정 정파에 속고 권력에 눈이 멀어 앞장을 섰다는 생각이 들자 정조는 피를 토할 것 같은 아픔이 또 한 번 요동을 친다.

할바마마에 대해서도 드러내놓을 수 없는 서운함이 많았다. 내시 박상검(朴尙儉)에게 하마터면 죽을 고비를 넘기며 살아남기 위해 몸부림쳤던 분이 아니셨던가. 입직 궁관 김동필(金東弼)과 권익관(權益寬)의 도움, 조태구(趙泰耉)의 진언과 인원왕후 김씨가 아니었으면 죽은 목숨이었을 것이다. 그런 분이 당신 손으로 자식을 죽였다는 사실이 정말 불가사의했다. 할바마마와 결탁해 아버지를 강제로

죽인 세자의 아들이 왕이 될까보아 전전긍긍하는 세력들 사이에서 끊임없이 노리는 죽음의 그림자를 밟고 살아왔던 자신이 아니었던가. 숱한 우여곡절 끝에 왕위에 올랐지만 지금까지 그 후유증을 앓고 있으면서 한 번도 속 시원히 드러내놓고 아버지의 회갑연이라고 말할 수 없는 자신이 서럽고 서글펐다.

배봉산 수은묘에 모신 지 실로 27년만인 1789(정조 13)년 지금의 현륭원으로 천봉하고 해마다 아버지를 찾아뵙기 위해 허위단심 원행을 했었다. 이번이 일곱 번째다. 그런데 이번 행차는 만감이 교차하며 감회 또한 유별났다. 더욱, 오늘밤이 지나고 나면 아버님의 회갑일로부터 49일이 되는 날 아닌가? 9일 한강 홍예교(虹霓橋)를 건너며 아버님이 계신 하늘나라에서 성대한 잔치 한번 열어드리려고 윤월로 정하고 떠나온 것이다. 할바마마의 덫에 치인 법 때문에 그물에 걸린 물고기 신세가 되어 아버님을 추숭할 수 없는 자신이 아니던가. 임금이면서 마음대로 할 수 없는 일을 푸는 방법은 이 길밖에 없었다. 그러니 잠을 이룰 수 없는 것이다.

하루인데도 저렇게 피곤하여 곯아떨어진 신료·병사·친인척·두 누이동생은 물론 어머니를 보며 아버지 사도세자의 뒤주 속에서의 첫날밤을 생각했다. 정조의 눈에서 굵은 눈물이 옥로(玉露)가 되어 방울방울 떨어진다. 여섯 번을 다니며 이곳에서 묵어갔는데 오늘처럼 애 끓는 밤을 맞는 것은 처음이었다. 비감하다 못해 처연해진다. 반드시 아버님의 회갑연만큼은 만백성과 신료가 하나 되어 성대하게 치르리라. 아무도 모를 것이다. 어머님까지도 이 소자(小子)의 마음을 모르시고 흡족해 하시리라.

먼 데서 새벽닭 우는 소리가 들린다.

이틀 밤을 꼬박새운 정조는 눈만 까슬까슬할 뿐 아직은 견딜 만했다.

◆ 둘

깜박 졸았는지 모른다. 배가 고프다. 물을 달라고 아무리 소리치고 두드려도 허사였다. 밖에서 무슨 일이 벌어지고 있는지 답답하다.

매화틀에 앉아 용변을 보던 일도 잊고 배설하였다. 냄새도 여유가 있어야 맡을 수 있는가 보다. 친친한 것조차 느낄 수 없다. 다시 불볕더위가 쏟아지는지 숨통이 막힐 지경이다.

'아버지 살려주세요.'와 '아바마마'를 소리친 것이 아마 28년간 부른 것 보다 이틀 사이에 더 많이 불렀을 것이다. 목청껏 소리친 탓인지 목은 이미 꽉 잠겨 버렸다. '설마' 오늘은 꺼내 주시겠지. 그래도 자식 아닌가. 그것도 하나밖에 없는 자식인데 죽이지는 않겠지.

하늘이 아무리 무섭다 한들 자신의 자식을 죽이기야 할라고. 자신은 아직도 아버지를 하늘이라 믿었다. 피로가 서서히 몰려오고 있었다. 또다시 가슴은 용광로처럼 분노로 뜨겁게 끓기 시작했다.

이제 뒤주 속은 들어올 때의 뒤주가 아니었다. 억울함과 분노는 온몸을 휩싸고 오물·눈물·땀과 범벅이 되어 뒤주 밖을 뚫고 하늘, 하늘로 노여움이 되어 불길처럼 활활 타오르고 있었다. 실성한 사람처럼 이미 혼백은 반 이상 빠져 나가버리고 없었다. 뒤주 속 하루는 낮과 밤이 바로 지옥과 천당이다. 시간도 모르고 오직 공포 속에서 삶에 대한 욕구와 허기, 갈증이 독사처럼 온몸을 칭칭 감아온다. 그리고 숨이 멈출 것 같은 더위와 싸우다보면 머릿속은 이미 텅 비어버린다. 그렇게 악몽에 시달리다 서늘해지는 것을 느끼면 해가 지거나 이미 졌으리라고 믿을 뿐이다. 분명 꿈이다. 현실이라고는 너무 믿어지지 않았다.

나를 이 지경으로 몰아넣은 사람들이 하나둘 떠오른다. 아버지·어머니 영빈·장인 홍봉한·사돈인 신만 등이 현장에 있었다. 세자는 머리를 흔든다. 너무 주체할 수 없는 현기증이 일어나기 때문이다. 제 아무리 뒤주 속이라 해도 정신을 잃지 않는 이상 해가 뜨고 지는 것만은 알 수 있었다. 빛은 정말 위대하다. 아무리

미세한 틈이라도 어김없이 빛은 영혼처럼 용케 찾아들곤 하였다. 어쩜 영혼이 빛일지도 모른다는 생각이 들었다.

왕은 한 나라의 빛이다. 그리고 그 나라의 영혼이다. 어두운 곳을 밝게 하여 삶을 따뜻하게 감싸주어야 한다. 아무리 먹장구름이 온 하늘을 덮어도 태양은 어둠을 걷어내기 때문이다. 또 백성의 영혼이 편안하도록 다스려야 한다. 아버지가 아무리 먹장구름에 쌓여있다 해도 태양 아닌가. 곧 구름이 걷히고 빛의 세상이 되리라. 그래서 왕은 남면(南面)을 하는 것이다. 밝게 살펴 억울함이 없도록 잘 살피라는 하늘의 명령일 것이다. 아니, 혈육에 대한 사랑은 태양보다 더 위대한 것 아닌가. 태양이 비추지 못하는 어두운 곳도 부모의 자식 사랑은 미치지 않는 곳이 없기 때문이다. 사람의 사랑만은 유일하게 하늘을 이긴다. 그래서 사랑이 제일 위대한 것이리라. 하늘이 곧 사랑이기 때문이다.

지친 육신을 웅크리고 이리저리 팔다리를 폈다 굽혔다 하다 잠깐 잠이 드는 걸 보면 필시 한밤중이거나 새벽녘일 것이다. 죽음을 목전에 두고도 쪽잠에 빠지는 걸 보면 사람의 힘으로는 어찌할 수 없는 게 본능인가 보다. 죽음이 본능을 이겨내지 못하는 것은, 본능보다 더 멀리 죽음이 있다고 믿는 마음이리라. 삶이 죽음보다 우선하는 줄 알았기 때문에 이 지경이 되도록 자신의 어리석음을 깨닫지 못했으니 누굴 수원수구(誰怨誰咎) 할 것인가?

아버지가 어서 먹장구름을 걷어내고 찬란한 태양으로 속히 돌아오길 바랄 뿐이다. 아니, 범부(凡夫)처럼 자식을 사랑으로 포근히 감싸주실 것이다.

아버지는 하늘이며 태양이기 때문에.

◆ **둘째 날**(윤2월 10일)

군령이 내려졌으나 아직도 캄캄한 밤이다.

인정(寅正) 3각(三刻)인 새벽 4시 45분, 초취(初吹)를 알리는 나발 소리에 모두 잠을 깨고 자리에서 일어난다. 여기저기 흩어져 자던 가후금군, 가전별초군과 동구 밖 넓은 곳에 진(陣)을 치고 새우잠을 자던 선구금군(先驅禁軍), 난후금군(攔後禁軍)도 붙은 눈을 부비며 하나둘 일어나기 시작한다.

물론 눈에 보이지 않는 외각경비를 책임진 병사들과 척후복병인 당마(塘馬), 척후(斥候), 복병(伏兵)들도 일어났을 것이다. 이는 행사 시작부터 끝날 때까지 똑같은 형태를 유지하였다. 감기는 눈을 억지로 뜨고 일어나 연신 하품을 하며 잠자리를 정리, 정돈하고 무기와 휴대품 등을 챙긴 뒤 길 떠날 의장(儀仗)을 빠짐없이 점검한다. 그러나 외곽경비병과 행궁파수병은 행여 발생할 지 모를 사태에 대비 꼬박 밤을 지새우며 물 샐 틈 없는 경비를 했다. 그 덕으로 모두 마음 놓고 편히 잠을 잘 수 있었다.

아침 5시 10분 예령인 2취를 불자 본디의 행렬 순서대로 정렬을 시작한다. 각자 행군할 장비를 완전히 갖추고 자기 자리를 찾아 질서정연하게 즉시 출발 할 수 있도록 하는 것이다. 드디어 6시 45분 삼취를 불자 정조는 융복에 말을 타고 어머니를 따랐다. 이틀씩이나 날밤을 샌 탓인지 약간의 피로가 온몸을 휘감고 지나간다.

시흥관문(始興官門)으로부터 사근참행궁(肆覲站行宮)까지는 20리 길이다. 이때만 해도 나무다리였던 만안교(萬安橋)를 지나 안양점(安養店) 앞길에 이르자 행차를 잠시 멈추게 했다. 정조는 푸른 휘장을 두르고 난 후 대추를 고은 미음다반(米飮茶盤)을 어머니에게 올렸다. 만안교는 이해 9월 경기감사 서유방(徐有防)에 의해 아치형의 돌다리로 아름답게 놓인다.

다시 행차를 시작한 정조는 안양천(安養川)의 지류인 청천(晴川)을 따라 장산(長山) 모루를 지나 청천평(晴川坪)에 이르자 말에서 내려 어머니에게 문안을 드렸다.

불편한 점이나 가마멀미 여부를 여쭈어 보았을 것이다.

정조가 지나는 곳마다 인파로 뒤덮였다. 더구나 관광민인(觀光民人)을 제지하지 말라는 어명에 따라 구경꾼으로 북새통을 이뤘다. 남녀노소 구분 없이 모든 사람들이 몰려 나왔으니 이번 행차는 그야말로 만백성과 혼연일체가 되었던 것이다. 그래서 정조의 기쁨은 두 배로 컸다. 마침내 시흥로(始興路)와 과천로(果川路)가 만나는 지점에 자리 잡고 있는 사근참(肆覲站 : 현재 의왕시 고천동)에 도착하였다. 행궁 북쪽 가의 창고 처마를 늘려 수라간으로 가건물(假建物) 5칸 궁인 및 본소 당상관 이하의 공궤 가건물 5칸은 경기감영에서 짓고 도배와 바닥에 깔아 놓을 방석·요·돗자리 등은 호조에서 거행하였다. 물론 시흥행궁 때와 마찬가지로 정조가 먼저 도착하여 사전에 점검을 마치고 어머니를 맞아 내차(內次)에서 옷매무시를 다시 손 본 후 자리로 모셨다. 별수가장관 이의수 등이 확인한 뒤였다. 당상 성봉문(成鳳文)이 배행하고 부사과(副司果 : 종6품 무관) 낭청(郎廳) 이노수(李潞秀)가 나와 맞았다. 오전에 드는 주다소반과로는 16가지 간식과 10개의 상화가 장식되고, 점심인 주수라(晝水剌)에는 13그릇의 음식을 올렸다.

정조와 두 누이는 다과 없이 7그릇의 낮수라[103]만 들었다.

음식을 준비하기 위하여 행궁의 창고를 개수하여 5칸짜리 수라간과, 수행원을 위하여 별도의 가건물 5칸을 지어 음식을 장만하는데 지장이 없도록 했다.

점심 후 사근참행궁에서 근접 경호원인 가후금군, 가전별초 등은 동구(洞口)에서 좌우로 편한 곳을 찾아 휴식하고, 선구금군, 난후금군 역시 길 위에서 쉴만한 곳을 택해 자리를 잡았다. 이 때 비가 내리기 시작하였다. 정조는 '비가 아직도 멎지 않고 내리는데, 새로 지은 사근참행궁은 방이 낮아 밤을 지내기 어렵다. 백관, 군병들이 비 맞을 것이 걱정은 되나 화성이 지척이니 오늘 도착할 수 있다.'는 윤음(綸音)이 내렸다. 그래서 사근평에서 화성으로 나갈 때는 군령(軍令) 대신

---

103) 원래는 낮것상인데 임금의 점심으로 평소에는 음이나 미음상을 차리고 탄신, 명절처럼 특별한 날에는 면상(麵床 : 국수)를 차린다.

임금이 곧바로 초취, 2취, 3취를 1각 단위로 불게 하여 출발을 재촉했다. 사실 정조는 처음부터 사근참행궁에서 묵을 의도가 전혀 없었다. 천우신조일까? 때마침 비가 내려 정조의 속마음을 꿰뚫어 본 하늘이 도와준 것이리라. 왕이 우구(雨具)를 갖추고 출발하니 행차 또한 멈출 수 없었다. 의궤에 각 참(各站)별 우구(雨具)의 책임자를 황인경(黃麟景)으로 두고, 우구직(雨具職) 이동채(李東彩) 외 1명은 임금을 위한 대비일 것이고, 각색여군(各色餘軍) 8명 중 김중억(金重億)을 비롯한 4명의 우구직은 소수의 고관대작들에게 우장(雨裝)을 갖추도록 했을 것이다.

화성행궁까지 20리 길을 강행군하는 것이다. 일용(日用)고개를 넘어 조금 지나자 수원으로 접어드는 그 유명한 미륵현(彌勒峴)이 나타났다. 비에 땅이 젖어 질고 미끄러운데 험한 고갯길이라 조심하지 않으면 상당이 위험하였다. 정조가 말에서 내려 어머님께 문안을 올린다. 행여 불편한 점이나 가마멀미가 염려되었기 때문이다.

하늘이 무심치 않다는 말이 사실인가보다. 비가 내리다니!

정조는 속으로 쾌재를 부른다. 하늘인들 어찌 모르랴. 33년 가슴에 묻은 아들의 한(恨)을! 물은 정화하는 힘으로 부정을 씻는 것이다. 씻김은 망자의 넋을 깨끗이 씻기는 정화의례(淨化儀禮)이다. 한강을 건널 때 가운데 홍살문에서 첫 고풀이를 했다. 두 번째 고풀이는 시흥대로를 통해 풀어냈다. 그런데 하늘이 알고 49일재를 맞는 세 번째 고풀이를 하는 것이다. 정조는 비가 오자 출발을 재촉하여 천·지·인(天地人)을 합일하게 하였다. 이는 땅위를 흐르는 한강, 사람이 만든 시흥대로, 하늘에서 내리는 비와도 일치하는 것으로 보아 길조임이 틀림없었다.

아버지는 겁에 질려 정신 한 번 제대로 차리지 못하고 좁디좁은 뒤주에서 비참하게 최후를 마치신 뒤 혼비백산(魂飛魄散)하여 지금까지 제자리를 찾지 못하고 혼(魂)은 구천(九天)을 백(魄)은 구천(九泉)을 떠도는데 어찌 한 많은 궁궐이 가까이 있어 좋을 것이란 말인가?

더군다나 할아버지는 건원릉 서쪽 두 번째 산줄기에 묻혀 원릉(元陵)이라 하여, 이곳과 맞대할 일 없으니 아버지가 마음 놓으시기에 가장 좋은 곳 아닌가.

정조는 그래도 혹시 아버님을 돌아가시게 한 사귀(邪鬼)들이 서울에서 내려올지 모른다는 생각 아래 길목마다 만안교·만안제·축만제·만년제·만석거 등 만(萬)자로 잡귀를 막고, 이곳이 황제의 나라임을 은유적으로 나타냈다. 그래도 마음이 놓이지 않아 파장동에 소나무 천 그루, 버드나무 40주를 심어 이중삼중의 대비로 아버지를 안심시켜 드렸다. 그때 정조가 조림한 곳이 현재의 노송지대이다. 버드나무는 잡귀가 접근하지 못하도록 하기 위한 방패막이이다.

정조가 진목정(眞木亭)에 이르자 총리대신 채제공이 어가를 맞이한다. 장용영외영의 친군위(親軍衛) 군병들이 협로에서 북을 치고 피리를 불며 고취악(鼓吹樂)을 연주하고 있었다. 진목정은 『화성성역의궤』에 '장안문(長安門)을 나와 북쪽으로 5리쯤인 기하동구(芰下洞口) 진목정 아래에 개울을 뚝 잘라 방죽을 쌓고 만석거(萬石渠)라 이름하였다.(出長安門 北距五里許 芰下洞口 眞木亭之下 截川築堤名曰萬石渠)'라는 기록으로 볼 때 위치는 대략 영화정지(迎華亭址)와 복원된 영화정 사이로 현 정자동(亭子洞)에 있었을 것으로 추측된다. 정조는 이곳에서 어가를 멈추고 한숨을 돌린 다음 미음다반(米飮茶盤)을 어머니께 올리고 잠시 휴식에 들어갔다.

얼마 후 정조는 화성 정문인 장안문(長安門)에 도착한다. 아직 완전히 조성된 것은 아니지만 이곳 화성에만 오면 마치 고향집에 온 듯 마음이 평온해진다. 아버님의 안식처요 장차 아버님을 모시고 살 집이기 때문이다. 인마(人馬)를 비롯한 행렬이야 허위단심 행궁까지 비를 맞으며 오느라 고생들을 했겠지만 정조는 비로소 마음을 내려놓는다.

'어가가 화성에 이르러 군문에 들어가기 위해서는 절차가 있어야 한다. 경은 장신(將臣)이 대기하고 있는 곳에 먼저 가 막차를 설치하도록 하라.'고 병조판서인 심환지(沈煥之)에게 하명한 뒤였다. 정조는 이미 갑옷으로 갈아입고 투구를 쓰고 출발하여 온지라 장안문으로 들어서자 장신들과 화성유수(華城留守) 조심태(趙

心泰)가 장관(將官) 이하 군병들을 거느리고 길 양옆에서 군례에 따라 영접을 한다. 비로소 임금의 입가에 흐뭇한 미소가 번진다. 화성행궁까지 배행은 당상인 장교(將校) 정도관(鄭道寬)으로 정하여 장용영의 위상을 한 층 돋보이게 한 점도 정조의 계산일 것이다.

도성(都城)이 예토(穢土)라면 화성(華城)은 정토(淨土)다. 궁궐에서 회상하는 아버지는 억장을 무너지게 하지만, 화성에서 생각하는 추억 속 아버지는 언제나 다정다감했다. 정조가 어릴 때 시민당에서 아버지와 재미있게 보냈던 시간들이 주마등처럼 스쳐간다. 때로는 아버지와 함께 다정히 손잡고 후원을 거닐던 모습이 떠오르기도 한다. 그래서 정조는 장안문을 들어서는 순간 환하게 웃는 아버지를 이미 만나고 있는 것이다. 이곳은 정조가 정성껏 짓고 축성하는 행궁과 화성이 있고, 심복지신(心腹之臣) 조심태(趙心泰)가 있어 좋다.

더욱이 1782(정조6)년부터 시작하여 1785(정조9)년 장용위라 부른 뒤 해마다 심혈을 기울여 정조가 직접 만든 자신의 분신인 장용영 정예병들이 조심태와 함께 있으니 참으로 믿음직스러웠다. 그 수가 이미 6천 명을 넘었으니 이 어찌 가슴 벅찬 일이 아닌가. 자신의 손으로 일일이 선발한 병력이나 다름없는 장용영의 충성스러운 군사들이니 얼마나 마음 든든한지 모른다. 어느 곳을 보나 자신이 처음 즉위했을 당시 그 잔인무도한 구선복(具善復)이 거느리던 소름끼치는 군대를 보지 않아 좋았다.

정조는 어머님을 모시고 맑은 물이 흐르는 금천(禁川)을 건너 행궁 정문인 신풍루(新豊樓)를 지나 좌익문(左翊門)과 중양문(中陽門)을 거쳐 드디어 주 건물인 봉수당(奉壽堂)에 다다랐다. 정조는 어머님을 봉수당 왼쪽에 있는 장락당(長樂堂)으로 모셨다. 이틀씩 가교(駕轎)를 타셨으니 무척 피곤할 것이다. 장락당은 어머님이 닷새 밤을 쉬실 곳이기 때문이다. 이틀 동안 63리(里 : 34km)의 긴 행차가 끝나고 이제 20리(11km) 길인 현륭원 참배가 새롭게 기다리고 있는 셈이었다.

정조는 중양문 왼쪽에 있는 유여택(維與宅)을 처소로 삼았다. 유여택은 1789(정

조 13)년 봄 복내당 동행각 밖에 정당(正堂) 5량 8칸의 건물을 동향으로 지었는데, 처음에는 은약헌(隱若軒)이라 불렀다. 후에 공신루(拱宸樓) 1칸을 비롯하여 50칸과 구건물인 부사문(附舍門) 20칸을 포함 78칸을 갖추고 이름도 유여택이라 고친 것이다. 유여택 남쪽 가 중문에는 정우태(鄭遇泰)·변상규(卞尙圭)·이방구(李邦九)·오문주(吳文周), 남쪽 가 북문에 이관성(李觀成)·이승보(李昇普)·임광윤(任光胤)·장언위(張彦緯) 등 무예에 뛰어난 여덟 명에게 파수를 보도록 하였다.

정조는 사전에 암행어사를 파견하여 화성유수부 안팎에 대한 각종 사안을 자세히 조사하도록 조치한 터였다. 큰일을 앞두고 민심의 동향을 파악하여 미리 대비하는 것만큼 중요한 정사가 없기 때문이다. 더구나 5일간이나 묵어야 할 곳 아닌가. 그것도 아버지를 추숭하기 위하여. 그래서 윤2월 8일 병조좌랑(兵曹佐郎) 홍병신(洪秉臣)에게 암행어사의 벼슬을 내리고 관원 두 사람과 나누어 노량, 사근, 화성행궁에 부정(不正)이 있나 없나를 캐어 살펴 행궁에 이르렀을 때 복명하라는 하교를 내렸었다. 각영(各營)·각아문(各衙門)이 과연 모두 하나 같이 정해진 예를 지키는지 행궁소속, 군병의 무리들이 혹 월권을 부린다든지 지방관들 역시 백성에게 강제 노역이나 부당한 짓을 저지르지 않는지 등을 물었다. 홍병신이 아뢰길 다행히 여러 차례 칙교(勅敎)[104]를 내린 탓인지 각 관청은 물론 화성유수부의 공정한 정사로 별 탈 없이 모든 백성이 생업에 힘을 쏟고 있다는 보고를 받자 마음이 한결 가벼웠다.

수라간 설치는 비장청(裨將廳)을 넓혀 4칸, 가마솥을 얹은 부엌 10칸, 비장청 남쪽 가로 잔치 때 반과상(盤果床)을 차리는 숙설소(熟設所) 10칸, 비장청 동남 가에 찬안상(饌案床) 설치와 행궁의 수라청으로 사옹원(司饔院 : 주원(廚院)이라고 별칭) 소속의 외청(外廳)으로 이번 행사에 각종 음식 마련 외에 특히 혜경궁과 정조의 수라상, 연로(輦路)에 봉진하는 미음 등을 준비하여 올리는 역할을 한 별주(別廚) 12칸, 내빈 공궤 7칸, 비장청 동북 가에 궁인(宮人) 공궤를 위해 5칸, 제신(諸臣) 공궤

104) 임금이 훈유하여 널리 포고함을 말한다.

12칸, 서리청(書吏廳) 남쪽 가로 제신 영상(宴床) 숙설소로 62칸, 별주(別廚)를 서북 가 및 북쪽 담 밖에 군병(軍兵) 호궤로 20칸을 가건물로 총142칸을 지었다. 그리고 말을 넣는 고마고(雇馬庫)까지는 본부(本府)에서 거행하고 행궁의 도배와 바닥에 깔아놓는 방석·요·돗자리 등은 호조에서 거행하도록 하였다. 이렇게 사전에 빈틈없이 준비한 관계로 어느 참(站)으로 행행하던 바로바로 시간에 맞추어 수라와 반과상(盤果床)을 올리고 아울러 상화(床花)로 장식할 수 있었던 것이다. 규모는 각 참별로 실정에 맞게 각각 다르게 하였다.

어머님은 장락당에서 오후 간식인 주다별반과(晝茶別盤果)로 25가지의 다과를 받고 아울러 19개의 상화(床花)가 장식되었다. 저녁수라는 상화 없이 15가지 음식만 올렸다. 반면 정조는 저녁수라로 7가지 음식상을 받았다.

밤에 올리는 야다소반과(夜茶小盤果)로 어머님께 12가지 다과(茶果 : 주로 떡과 과일)를 올리고 상화 6개가 장식되었다. 왕과 두 누이에게는 각각 떡과 과일 8그릇씩을 올리고 홍도화 등 상화 4개씩을 장식하였다.

한편 화성에서 모든 일을 맡아 처리할 당상으로는 장용내사 서유대(徐有大), 규장각신 윤행임(尹行恁)과 장교 정도관(鄭道寬)을 임명하였다.

화성에서 5일 밤이나 묵어야 하기 때문에 짜인 일정에 맞추지 않으면 큰 차질을 빚게 되기 때문이다.

자궁(慈宮), 정조, 청연, 청선군주의 다과·수라·찬탁(饌卓)·진화(進花)·배설(排設)·양로연·나인에게 음식을 배달해 주는 나인지공(內人支供) 등 일일이 업무분담을 하여 소그룹별로 책임지고 차질 없이 행사를 치를 수 있도록 만반의 준비를 다해야 한다. 내일 행사를 대비 대책회의를 하여 미리 자신들의 임무를 숙지하도록 다시 한 번 교육하여 주지시키는 것이다. 밤은 서서히 깊어가고 가후금군, 가전별초 등 군병들은 화성유수부의 동구에 좌우로 흩어져 편한 곳에서 휴식을 취한다. 선구금군, 난후금군 등 군병들 역시 적당히 떨어진 동구 밖에 군데군데 진(陣)을 치고 달콤한 휴식에 들어간다. 많이 긴장했던 탓에 피로가 한꺼번에 밀어

닥쳤는지 바로 잠에 빠져든 모양이다. 백성들이야 세상에 태어나 두 번 다시 볼 수 없는 구경거리였겠지만 이들 당사자는 긴장되고 숨 막히는 길고긴 이틀이 지나간 것이다.

정조는 아버님의 나라인 화성에 들어와 밤을 맞이하자 비로소 마음이 가라앉으며 평온해진다.

아버님의 궁궐!

더구나 자신이 심혈을 쏟아 만든 장용영 병사들이 밤새 화성과 행궁을 곳곳에서 눈에 뜨이지 않도록 철통같이 지킬 것이다. 장용영은 정조의 분신이자 힘의 상징이다. 그 속에서 정조는 참으로 오래간만에 마음 놓고 편히 잠자며 비로소 아버지와 상봉하는 달콤한 꿈을 꿀 수 있는 밤을 맞은 것이다.

◆ 셋

밖이 흐렸나보다. 한증탕 같던 어제의 열기에 비하면 오늘은 한결 나았다. 그러나 온실 속 꽃처럼 자란 사도세자는 많이 지쳐있었다. 어쩜 이미 절반 이상 죽은 사람인지도 모른다. 갈증이 극에 달하고 배고픔이 절정에 이르렀다는 것을 스스로 느꼈다. 쨍쨍 내려 쬐던 햇볕은 햇볕대로 사람을 괴롭히더니 음산한 날씨는 음산한대로 사람을 지치게 했다. '설마' 오늘은 풀어주실지 몰라. 한 가닥 희미한 희망이라는 단어를 떠올려본다. 오늘이 지나면 어떡하지. 이제 더 버틸 힘이 없었다. 하늘을 찌를 것 같던 분노도 어느새 땅을 향해 떨어지고 있었다. 하늘을 향하던 마음이 땅으로 떨어진다는 것은 이미 죽음을 예고하는 것이다. 고작 3일을 버티지 못하고 마는 것이 인생이라고 생각하니 무상(無常)하기 짝이 없다.

죄 없이 죽인 사람의 얼굴이 하나둘 떠오른다. 권력을 손에 쥐었을 때 사람을 더욱 사랑하고 보살폈어야 했다. 자기가 저지른 업(業)은 반드시 보(報)가 되어 돌아오는 사실을 왜 진작 몰랐을까. 아니야, 나는 동궁이고, 어느 때가 되면 왕이 된다는 자만심으로 가득 찬 못난이였던 것이다. 좀 더 낮게 엎드려야 했는데. 자신도 모르는 사이 후회의 눈물이 주르르 흘러내린다. 그리고 이상하게도 언제나 온화하게 대해 주시던 정성왕후의 얼굴이 그 위로 오래도록 오버랩(overlap)되었다.

눈에 넣어도 아프지 않을 아들 산(祘)의 총명한 얼굴이 뒤주에 들어오던 날부터 머리에서 떠나지 않는다. 청연, 청선의 해맑은 두 딸 모습이 떠오르자 그만 자신도 모르게 통곡이 되었다.

인생이란 모두 이렇게 덧없는 것일까. 뒤주에 갇히는 신세가 될 줄이야 꿈엔들 생각조차 했을까? 늘 죽음의 그림자가 자신에게 드리워지고 있다는 사실을 느낌으로 알았을 때 좀 더 언행에 신중을 기했었더라면 하는 후회가 스쳐간다. 자꾸 어질어질 거린다. 이제 뒤주를 두드릴 기력조차 없다. 소리칠 힘은 더욱 없다. 아니, 소리를 질러도 목소리는 밖으로 나가는 것이 아니라 목구멍 속을 맴돌 뿐이다. 3일을 버틸 힘도 없으며 세상을 다스리겠다는 것이 사람이다.

뒤주란 쌀 따위 곡식을 담아두기 위해 두꺼운 나무를 사용 궤짝처럼 만들었는데, 네 기둥에 짧은 발이 있으며 위에 있는 판을 절반으로 나누어 뒤쪽은 막고 앞쪽이 여닫이로 되어 있는 세간의 일종이다. 하필 곡식을 저장하는 기물에서 굶어 죽는다는 사실이 기막혔다. 내가 죽어 백성의 식량이 되는 것인가? 그러나 자신이 세자는 고사하고 사람이라는 사실조차 인정하고 싶지 않았다. 마지막 실낱같은 희망마저도 접어야겠다는 생각이 본능적으로 머리를 스친다. 죽음보다 지독한 것이 인간사회, 그 중에서도 권력의 속성이라는 것을 뻔히 알면서도 너무 약삭빠르지 못했다.

오늘 밤 달은 구름 속에서 완전한 원을 이르고 있다. 꽉 차서 비집고 들어갈 빈 곳이 없다. 달이 차면 이지러지듯 나 또한 더 찰 곳이 없는 신세가 되어버렸나 보다. 화무십일홍(花無十日紅)이라더니 어느새 낙화(落花)가 되는구나.

구름 속의 달처럼 누구 하나 보아주지 않는 둥근달로 떴다 날이 밝으면 어둠을 몰아낸 태양만 찬란히 빛날 것이다. 일(日)과 월(月)이 있어 우주만물이 생성되며 결실을 맺고 사계(四季)가 순환하건만 밤이 대접 받지 못하는 것처럼 달도 태양에 가려 번번이 잊혀진다. 14년간 대리청정을 한다며 낮달로 떠서 눈 밝은 사람에게 어쩌다 보이면 신기하게 생각하는 그런 처지였다.

아버지는 노론과 소론의 틈바구니 속에서 용케도 살아남았으나 자신은 그렇게 살아남은 아버지로부터 참혹하게 희생당하는 비운의 낙화다. 그래서 마음이 더욱 아프다. 보름달처럼 이루어보지도 못하고 고작 반달로 빛을 잃고 어둠이 되다니.

시집살이를 심하게 한 시어머니가 며느리 시집살이를 더욱 심하게 시킨다는 옛말이 헛말이 아니었나보다. 내가 그 신세 그 꼴이 될 줄이야. 당쟁의 소용돌이 속을 헤치고 살아남은 아버지 심중에는 자식마저 자신을 해치려는 정적으로 보였단 말인가. 인륜을 뛰어넘는 것이 정치라면 그 정치는 누구를 위해 펼쳐야 하는 것일까. 사도세자는 속으로 머리를 절레절레 흔든다.

더위가 어느 정도 수그러들자 다시 서늘함을 느끼며 죽으면 영원히 잘 잠을 떨

쳐버릴 수가 없는 자신이 야속했다. 잠이라기보다 기진맥진한 탈진 상태일 수도 있을 것이다. 잠은 죽음이다. 잠자는 순간만큼은 다 잊을 수 있기 때문이다. 영원한 잠을 꿈꾼다. 다시는 깨어나지 않을 잠을. 38년 동안 임금이면서도 노론을 이기지 못하는 아버지가 어쩜 죽어가는 나보다 더 불쌍한 분일는지 모른다. 그러기에 아들의 관(棺)을 뒤주로 착각하였을 것이다. 기상천외(奇想天外)한 아버지 덕에 나는 빈 뒤주 신세가 되어 쓸모없이 버려진 것이다.

◆ 셋째 날(윤 2월 11일)

화성에서 5일을 묵어야 하는데 그 첫날밤을 꿀처럼 달게 잤다. 상쾌한 아침이다. 오늘은 화성에서 온전히 하루를 여는 날이다. 언제나 그렇지만 묘시(卯時)를 넘기지 않고 삼취를 불어 하루를 시작한다.

그만큼 정조는 태어나면서부터 부지런한 임금이다. 물론 임금은 해뜨기 전에 일어나는 것이 관례였으나 정조처럼 철두철미하게 지키는 임금은 극히 드물었다. 첫 일과가 호학군주답게 화성부 향교를 찾아 대성전(大成殿)에 참배하기로 한 날이다.

어찌나 잠을 달게 잤는지 몸이 날아갈 것 같이 가벼웠다.

군령(軍令)으로 초취(初吹)를 묘초(卯初) 초각(初刻)인 5시 10분, 2취(二吹)는 5시 30분, 삼취(三吹)는 5시 45분에 불었다. 정조는 5시 45분에 융복차림으로 말을 타고 행궁을 출발 남문인 팔달문(八達門)으로 나왔다.

수원향교(水原鄕校)는 원래 구읍치에서 가까운 화성시(華城市) 봉담읍(峰潭邑)와 우리(臥牛里)에 있었다. 그러나 화성으로 신읍치를 이전하는 바람에 1795년 현재의 수원시 권선구 교동에 중건한 것이다. 향교까지의 거리는 팔달문에서 서남쪽으로 약 오리(五里) 정도 떨어져 있다. 향교 문밖에 이르자 정조는 말에서 내렸다. 뚜껑 없는 가마를 타고 명륜당(明倫堂) 대차(大次)[105]로 들어가 면류관(冕旒冠)에 곤룡포(袞龍袍)를 일컫는 면복(冕服)으로 옷을 갈아입었다. 정조는 옥으로 만든 홀(笏)[106]을 들고 동협문으로 들어가 계단을 오른 후 대성전(大聖殿) 앞 기둥 동쪽으

---

105) 나라에 큰 행사(行事)나 의식(儀式)이 있을 때 임금이 거동(擧動)하여 임시로 머물던 장막(帳幕)이다.

106) 임금은 면복에 푸른빛이 나는 백옥홀(白玉笏)을 들며, 벼슬아치들은 조현(朝見)할 때 손에 쥐던 패(牌)로 길이 약 60cm, 나비 약 6cm가 되도록 얄팍하고 길쭉하게 만든 것으로 벼슬아치가 조복(朝服)·제복(祭服)·공복(公服) 등에 갖추어 1~4품관은 상아로 만든 상아홀(象牙笏), 5~9품관은 나무로 만든 목홀(木笏)을 사용했고 향리(鄕吏)는 공복에만 목홀을 들었다. 임금의 명령을 받았을 때 그 내용을 이 홀에 적었다.

로 설치된 판위로 가서 섰다. 배위(拜位)에서 서쪽을 향해 선 다음 위패를 향하여 4번 절을 하였다. 임금을 모시고 따라온 백관과 유생들도 전배의(展拜儀)[107]에 따라 예를 올렸다. 판위에서 바라보아 중앙인 정위(正位)에 대성지성문선왕(大成至聖文宣王 ; 孔子 ; 魯나라), 우측으로 복성공(復聖公 ; 顏回 ; 魯나라), 술성공(述聖公 ; 子思 ; 魯나라)을 좌측엔 종성공(宗聖公 ; 曾子 ; 魯나라), 아성공(亞聖公 ; 孟子 ; 鄒나라)을 모셨는데 이를 배향위(配享位)라 한다.

전(殿)의 동(東)으로 비공 민손(費公 閔損 ; 子騫 ; 魯나라), 설공 염옹(薛公 冉雍 ; 仲弓 ; 魯나라), 여공 단목사(黎公 端木賜 ; 子貢 ; 衛나라), 위공 중유(衛公 仲由 ; 子路 ; 卞나라), 위공 복상(魏公 卜商 ; 子夏 ; 魏나라), 도국공 주돈이(道國公 周敦頤 ; 廉溪), 낙국공 정이(洛國公 程頤 ; 程伊川), 미백 장재(郿伯 張載 ; 橫渠)를, 전(殿)의 서(西)로 운공 염경(鄆公 冉耕 ; 伯牛 ; 魯나라), 제공 재여(齊公 宰子 ; 子我 ; 魯나라), 서공 염구(徐公 冉求 ; 子有 ; 魯나라), 오공 언언(吳公 言偃 ; 子遊 ; 吳나라), 영천후 전손사(潁川候 顓孫師 ; 子張 ; 陳나라), 예국공 정호(芮國公 程顥 ; 程明道), 신안백 소옹(新安伯 邵雍 ; 邵康節), 휘국공 주희(徽國公 朱熹, 朱子 ; 晦菴)의 10철 송조6현(宋朝六賢)를 모셨다.

동무(東廡)에는 홍유후 설총(弘儒候 薛聰 ; 氷月堂 ; 신라), 문성공 안유(文成公 安裕, 安珦 ; 晦軒 ; 고려), 문경공 김굉필(文敬公 金宏弼 ; 寒暄堂), 문정공 조광조(文正公 趙光祖 ; 靜庵), 문순공 이황(文純公 李滉 ; 退溪), 문간공 성혼(文簡公 成渾 ; 牛溪), 문정공 송시열(文正公 宋時烈 ; 尤庵), 문순공 박세채(文純公 朴世采 ; 南溪)를, 서무(西廡)에는 문창공 최치원(文昌公 崔致遠 ; 孤雲 ; 신라), 문충공 정몽주(文忠公 鄭夢周 ; 圃隱 ; 고려), 문헌공 정여창(文獻公 鄭汝昌 ; 一蠹), 문원공 이언적(文元公 李彦迪 ; 晦齋), 문성공 이이(文成公 李珥 ; 栗谷), 문원공 김장생(文元公 金長生 ; 沙溪), 문정공 송준길(文正公 宋浚吉 ; 同春堂) 등 동국15현(東國十五賢)를 모셨는데 이 분들을 종향(從享)이라 일컫는다.

원래 대성전은 5성(五聖)인 공자를 비롯하여 안자, 자사, 증자, 맹자를 모신 곳

---

107) 궁궐·종묘·문묘·능침을 참배하는 의식이다.

으로 높낮이에 있어서도 높게 자리 잡는다. 아울러 기둥도 두리기둥을 사용하여 격을 높인다. 동무(東廡)·서무(西廡)에서 알 수 있듯이 전(殿)이 아니라 행랑이다. 10철, 송조6현, 동국15현은 대성전보다 낮은 곳에 동·서무로 나누어 현격한 차이를 두었다. 두리기둥인 오성(五聖)은 하늘이고, 네모기둥을 쓴 나머지 제자들은 땅인 것이다. 고려 말부터 5성 10철은 흙으로 빚어 만든 소상(塑像)[108]을 봉안하고 나머지는 위패를 봉안하였다. 이 제도는 조선으로 이어져 소상봉안은 중종(中宗) 때까지 시행된 것으로 알려졌다.

정조가 화성부 향교에 배향할 때는 모두 대성전에 위패로 함께 합사되어 있었다. 조선 후기로 들어서며 동무·서무를 따로 두지 않은 곳이 대부분이므로 대성전에 합사하는 것이 일반화되어 있었기 때문이다.

정조가 배향한 다음해인 1796(정조 20)년 유생 홍준원(洪準源)의 상소로 문정공 김인후(文正公 金麟厚 : 1510~1560 : 河西)가 문묘에 배향되어 16인이 되었다.

그 후 1883(고종 20)년 문열공 조헌(文烈公 趙憲 : 1544~1592 : 重峯), 문경공 김집(文敬公 金集 : 1574~1656 : 愼獨齋)이 문묘에 종사됨으로 현재와 같이 동국 18현이 된 것이다.

정조는 배향을 마친 후 묘(廟) 안으로 들어가 성현의 위패를 살펴보고 배종한 시신(侍臣)에게 지시를 한다. '중앙의 태학이나 지방의 향교, 성묘(聖廟)는 마찬가지인 것이다. 향교가 이다지 낡아 단청은 벗겨지고, 상탁(床卓)·의자·바닥에 까는 방석·자리·향로 등 한결같이 제 꼴이 아니로구나. 모두 수리하도록 하라.' 이에 배종했던 대사성 이만수(李晩秀)가 '화성부가 초창기라 모든 일이 탐탁하지 않은 것도 사실입니다. 그러나 성묘의 일은 너무 중요하고, 더욱이 전하께서 직접 전배(展拜) 하시는 것은 참으로 드문 일입니다. 수리하여 고치는 일을 늦추어서는 안 될 것입니다.' 하고 아뢰니 정조는 고개를 끄덕거려 수긍을 하면서 속히 보수하라는 뜻을 나타내 보였다. 정조는 동쪽 계단으로부터 내려와 반열에 참여했던

108) 찰흙으로 만든 사람의 형상(形狀)으로 중국(中國) 당(唐)나라 때에는 불상(佛像)의 소상(塑像)이 유행(流行)되었으나, 지금은 주(主)로 조각(彫刻)·주물(鑄物)의 원형(原型)으로 쓰는 것을 이른다.

유생들에게 하문(下問)했다. '금일 정시(庭試)에 그대들은 다 응시했는가. 혹시 입적 (入籍)은 했으되 준식(準式)에 맞지 않는 유생들인가. 그렇지 않으면 멀리서 와 반열 에 참여한 유생들인가.' 행(行)[109] 우승지 이익운(李益運)이 대답하길 '뜰에 들어온 사람이 모두 36인으로, 그 가운데 두 사람은 용인에 살고, 그 나머지는 화성부에 함께 살고 있는데 집을 짓고 살기 시작한 지가 일천하여 부득이 과거를 보지 못 하게 되었습니다.'라고 아뢰었다. 이 말에 정조는 '이 경계이건 저 경계이건, 적 (籍)이 있든지 없든지, 모두 응시자 명단을 받들어 응시하도록 하게 하여라.' 다만 봉투 안에 〈성묘집사유생(聖廟執事儒生) 서(書)〉라는 하교를 내려 자신을 따라 화 성부향교에 온 유생들에게도 특전을 준 것이다.

정조는 유학을 강하던 곳, 즉 강당인 명륜당(明倫堂)으로 돌아와서 다시 본래대 로 융복으로 갖추어 입었다. 그런 후 이익운에게, '내가 듣기로, 화성부 향교는 수원부에 있을 때 노비와 전결(田結)이 있었는데 지금은 주관할 사람이 없는 관계 로 모두 흩어져 잃어버렸다고 한다. 할바마마께서는 1740(영조 16)년 9월 3일 송경 (松京:현재 개성)에 거둥하여 성묘에 전배(展拜)한 후 노비를 하사하신 일이 있었는 데, 이 예에 따라 위토(位土)[110]와 노비 지급문제를 유사당상(有司堂上)과 의정부 대신들과 의논하여 시행토록 하라.'는 하교를 내리고 행궁으로 돌아왔다.

정조는 화성부 향교로 출발하기 전 동부승지 이조원(李肇源)에게 문·무과 별시 에 관한 준비를 지시했다. '동부승지는 우화관(于華觀)으로 먼저 나가 유생들을 우 선 들어오도록 영(令)을 내리시오. 시관(試官)이 예를 행하고, 시제(詩題)를 거는 것만은 기다리고 있다 어가(御駕)가 온 다음 시행토록 하라. 향교 대성전에서 공 자 신위(神位)에 참배할 때에는 태학(太學 : 성균관)에서 참배할 때의 예와 같이 집

---

109) 관계(官階)가 높고 관직이 낮은 경우에 벼슬 이름 위에 붙여 사용하던 말이다. 반대로 수 (守)는 벼슬의 품등은 높고 관직이 낮은 경우로 현재의 직무대리와 유사한데 이 둘을 혼 용하는 것을 행수법(行守法)이라 했다.

110) 제사(祭祀) 또는 위(位)에 관련(關聯)된 일에 드는 비용(費用)을 마련하기 위하여 장만한 토 지(土地)로 위토답(位土畓)·위토전(位土田) 등(等)이 있다.

사는 유생들이 어가를 따라 들어오게 하라. 아침 5시 45분 3취 때 이르겠노라.

두 번째 행사는 아침 7~9시인 진시(辰時)에 낙남헌(洛南軒)에서 문무과 별시를 거행하는 일이다. 원래 이 자리에는 1790(정조 14)년 임금이 활을 쏜 후 득중정(得中亭)이라 편액한 건물이 있었다. 그러다 1794(정조 18)년 가을에 득중정을 노래당(老來堂) 서쪽으로 옮기고 그 자리를 넓게 닦아 낙남헌을 지은 것이다.

과거의 목적은 화성부 및 광주·과천·시흥지역의 선비들과 무사들을 선발 등용시켜 그간 고생한 지역 주민의 사기를 진작시켜주기 위한 정조의 배려이다.

문과의 응시 자격은 화성·광주·과천·시흥의 유생으로 서원 유생명부 또는 향교 유생명부에 들어 있으며 호적에 올라 있는 자로 한정되어 있었다. 그런데 화성유생은 3년마다 실시하는 호적조사에 두 번 이상 등록한 사람을 기준으로 삼고, 나머지 유생은 3번 이상 등록한 사람을 기준으로 하였다. 이는 화성부가 신도시(新都市)이므로 만 6년만 살아도 된다는 특전을 준 것이요, 다른 지역은 만 9년 이상을 살았어야 한다는 것이다.

정조가 융복차림으로 모자에 깃을 꽂고 과거시험장인 낙남헌으로 나오자 음악이 연주되었다. 임금이 자리에 앉자 비로소 음악이 그쳤다. 시험을 보기 전에 정해진 의식을 행하게 마련이다. 참가자들이 모두 임금에게 4번 절을 올리고 지정된 자기 자리로 돌아간다. 절을 올리는 동안은 음악이 연주되고 일어서면 음악도 따라 멈췄다.

시험장에는 전시(殿試)의 시험관으로 시험 감독은 물론 과거시험에 글을 적어 올린 답안지인 시권(試券)을 채점하며, 임금 앞에서 우수한 답안을 읽기도 하는 독권관(讀券官)인 좌의정 유언호(俞彦鎬)를 위시하여 행(行) 사직(司直) 심이지(沈頤之), 예조판서 민종현(閔鍾顯), 행 부사직(副司直) 이병정(李秉鼎), 이조판서 윤시동(尹蓍東), 병조판서 심환지(沈煥之), 형조판서 이재학(李在學), 공조판서 이가환(李家煥), 대독관(對讀官)[111] 행 부사직 채홍원(蔡弘遠), 병조참지 정약용(丁若鏞), 행 부사

---

111) 전시(殿試)에서 독권관(讀券官)을 보좌하기 위하여 임명하던 정3품 이하의 시관(試官)을 가

직 임희존(任希存), 검교대교(檢校待敎) 서유구(徐有榘), 부수찬 최헌중(崔獻重), 병조
정랑 홍낙유(洪樂游), 부사과(副司果) 이희갑(李羲甲), 승문원 부정자 조석중(曹錫中),
판부사로 무과(武科)와 정조가 생원·진사·사학(四學)112)의 학생·문벌가(門閥家)의
자제를 뽑아 어전(御殿)에서 경전(經典)을 외우게 하는 강경과(講經科)를 주재하는
고관(考官)인 판부사 이병모(李秉模), 호조판서 이시수(李時秀), 부호군 이유경(李儒
敬), 참고관 행 부사직 이유경(李儒慶), 부교리 서유문(徐有聞), 선전관 이상일(李商
一)·이유엽(李儒燁) 등이 참석했다.

 의식을 마치자 정조는 심환지, 이병정에게 '근상천천세부(謹上千千歲賦)'라는 제
목의 시험문제를 내렸다. 근상(謹上)은 '글의 끝에 삼가올림.'이라 쓰는 것이요, 천
천세(千千歲)는 '아주 오래오래 사시라.'는 말이요, 부(賦)는 '소감을 느낀 그대로
솔직히 진술하는 아름다운 글.'이라는 뜻이다.

 겉으로 보기에는 어머님의 회갑을 맞아 오래도록 만수무강하시기를 축원하는
아름다운 시(詩)를 지어 올리라고 했다. 그러나 정조의 내심은 아버지를 추모하
며 회갑에 꼭 맞는 시제(詩題)를 내려 영혼을 조금이나마 위로하고자 한 것이다.

 정조는 좌의정 유언호에게 응시생들이 경사가 있을 때 송덕(頌德)과 찬양을 하
도록 하라는 뜻을 잘 파악하여 이해할 수 있도록 알려주라 이르고, 이어 시관(試
官)이 문제를 가지고 유생들이 모두 있는 우화관으로 나아가 문제를 개봉한 후에
돌아오라고 일렀다. 그리고 정조는 무과를 치르기 위해 모인 응시생들을 친히 한
사람씩 불러 활을 쏘게 하였다. 이들은 지난 2월 10일 이미 화성부에서 초시(初
試)를 치러 합격한 화성부, 광주, 과천, 시흥사람 116명을 비롯하여 구포민인(鷗浦
民人 : 현 화성시 비봉면 구포리) 5명, 그리고 정조가 특별히 응시를 허락한 화성부 교
졸(校卒) 16명 등이었다.

 리킨다.
112) 나라에서 선비를 가르쳐 기르기 위하여 서울의 중앙·동·남·서에 세운 학교로, 중학(中學)·
 동학(東學)·남학(南學)·서학(西學)을 말한다.

이날 문과 급제자는 5명으로 갑과 1인은 화성출신 생원(生員) 최지성(崔之聖 : 40
세), 을과 1인은 광주출신 유학(幼學) 임준상(任俊常 : 29세), 병과 3인은 과천출신 유
학 정순민(鄭淳民 : 41세), 시흥출신 생원 이유하(李游夏 : 29세), 화성출신 진사(進士)
유성의(柳聖儀 : 33세)였다. 정조가 미리 화성 2인, 광주, 시흥 과천에서 각1인씩 뽑
으라고 하고였기 때문에 이런 결과가 나온 것이다. 대신 무과는 총 56명이나 선
발되었다. 갑과에는 화성출신 친군위(親軍衛) 김관(金寬 : 37세), 을과에 광주출신 부
사과(副司果) 김창운(金昌雲 : 34세), 한량(閑良) 권득성(權得星 : 36세), 부사과 박후신(朴
厚新 : 32세)과 화성출신 한량 김성갑(金星甲 : 29세), 한량 김종진(金宗鎭 : 29세) 등 6명
과 병과에는 화성출신 별무사(別武士) 송덕관(宋德寬 : 51세)을 비롯하여 50명이 선
발되었다.

특이한 점은 무과 합격자 가운데 아버지 신분이 양인(良人)인 사람이 포함되어
있어 눈길을 끈다. 을과로 합격한 화성출신 한량 김성갑(金星甲)의 경우이다.

서얼출신의 검서관 등용과 아울러 양인출신의 무반선발로 정조의 인사정책이
어떤 것인가를 가늠해볼 수 있는 좋은 척도가 된다. 인사란 오직 그 사람의 능력,
소질, 기능에 따라 적재적소에 써야 하는 것이다.

한편 장용영 친군위 소속 군병들의 합격률이 특히 높은 것은 자신이 공들여 창
설한 부대에 대한 각별한 애정과 더불어 사기를 진작시키려는 뜻이 숨어있기 때
문이다.

군령(軍令)으로 오후 2시 10분인 미정(未正) 초각(初刻)에 초취, 2시 30분에 2취,
2시 45분에 3취를 불자 임금이 낙남헌으로 나와 자리한 가운데 정시(庭試) 별시
(別試) 문무과에서 급제한 사람에게 합격증을 수여했다. 정조는 융복을 입고 나와
합격자에게 붉은 종이에 쓴 합격증서 홍패(紅牌)와 사화(賜花), 사주(賜酒), 과거에
급제한 사람이 홍패를 받을 때 두 단으로 되고 뒤쪽 좌우로 날개가 달렸으며 각
이 지고 위가 평평한 관(冠)인 사모(紗帽)와 공복(公服)인 관대(冠帶) 등 예물(禮物)
을 주는 것을 몸소 지켜보았다. 그리고 일등인 갑과 합격자에게는 특별히 일산

(日傘)처럼 생긴 개(蓋)를 주었다.

정조는 문무과 별시가 모두 끝나자 자리를 봉수당(奉壽堂)으로 옮겨 회갑잔치에 대한 예행연습인 진찬습의(進饌習儀)를 오후 3~5인 신시(申時)에 거행하였다. 이 자리에 대신들은 말할 것 없고 혜경궁 홍씨의 여자친척, 남자친척인 내·외빈(內外賓)이 모두 참석하였다.

정조는 '모레 있을 진찬은 처음 있는 성대한 일로, 의식과 절차를 거행함에 춤을 추고 창(唱)을 하거나 의장을 드는 여령(女伶)이 가장 격식에 맞추기 어려울 것이다. 서울 기생은 존호를 올리는 일을 주관하는 상호도감(上號都監)[113]에서 배우고 익혀 숙달되었지만, 화성부의 여령은 생소하기 이를 데 없을 것이다. 마침 오늘 과거 합격자 발표를 일찍 끝냈음으로 경들과 함께 이곳에서 습의(習儀)[114]하고자 한다.'고 말했다.

정조는 되도록 번거로움을 피하고 국가의 원활한 정사에 차질을 초래할지도 모른다는 생각에 숙련된 기생을 선발하지 못하도록 한 것이다. 대신 궁에서 바느질 하는 침선비(針線婢)나 의녀(醫女) 등을 여령으로 차출했기 때문에 혹시 화려한 잔치의 격이 떨어지면 어떡하나 은근히 걱정하지 않을 수 없었다.

장악원(掌樂院) 소속의 정6품 잡직(雜織)으로 국가행사가 있을 때 풍악을 관장하는 전악(典樂)이 악기를 설치하자 도기(都妓) 두 명이 여령 33인을 데리고 동서로 나누어 줄을 세웠다. 기생의 우두머리인 네 명의 도기(都妓:행수기생)는 선창(先唱)에 서울기생 덕애(德愛 : 47세), 화성도기(華城都妓) 계섬(桂蟾:60세)·후창(後唱)은 서울기생 서지(西芝 : 45세), 화성기생 복취(福翠:21세)로 여기(女妓)들을 선도하는 요즈음의 연출자와 비슷한 역할을 한다.

---

113) 조선시대에 임시로 두던 기관으로 추상존호도감(追上尊號都監)이라고도 하였다. 왕이나 왕비 등의 시호(諡號)를 짓기 위하여 임시로 설치하던 곳으로, 그때, 그때 도제조(都提調)와 제조(提調)를 임명하여 일을 관장케 하였다.

114) 나라의 의식을 미리 익히는 예행연습을 말한다.

헌선도(獻仙桃)와 환환곡(桓桓曲)[115] 정재(呈才)가 연주되었다. 이어서 몽금척(夢金尺)·하황은(荷皇恩)·포구락(抛毬樂)·무고(舞鼓)·아박(牙拍)·향발(響鈸)·학무(鶴舞)·유황곡(維皇曲)·연화대(蓮花臺)·항항곡(恒恒曲)·수연장(壽延長)·하운봉곡(夏雲峯曲)·처용무(處容舞)·낙양춘곡(洛陽春曲)·선유락(船遊樂)·검무(劍舞)의 순으로 정재가 이어졌다. 이중 선유락은 회갑연에 언제 추었는지 모르나 『원행을묘정리의궤』 후 창 여령(女伶) 이름 밑에 '선유락을 정재(呈才)할 때에는 모든 여기(女妓)가 나아가 함께 추었다.(船遊樂時則諸妓并進)'고 되어 있는 점으로 보아 실연(實演)되었음이 확실하다. 춤이 끝난 후 혜경궁은 여령들에게 각종 옷감을 상으로 내려 이틀 뒤에 있을 진찬에 차질이 없도록 해달라는 무언의 격려를 단단히 한 셈이다.

정조는 정조대로 회갑을 앞두고 예행연습을 함으로 혹 잘못된 곳이 있으면 바로 잡고, 한편으로 중지(衆智)를 모아 고치고 다듬어 완벽한 행사를 치르고 싶은 남다른 열의와 관심을 보인 대목이다.

씻김굿에서 제일 중요한 것은 불행하게 죽은 망자와 관련된 가족사에서 '한(恨)' 즉 '맺힌 것'을 풀어 줌으로 현재의 질서를 되찾을 수 있다고 믿는다. 그래서 중요한 의식이 고풀이, 씻김, 길 닦음이다. 죽음으로 몰고 간 매듭에서 한 많은 고를 풀고, 억울하고 절통한 영혼을 깨끗이 씻기고, 새 길을 닦아 떠도는 망자를 저승으로 보내는 것이다.

씻김굿이란 어찌 보면 죽음을 재현하는 것이다. 그래서 쌓이고 쌓인 망자의 혼백을 달래고 이해시켜 이승에서 있었던 모든 일을 잊고 잃어 버렸던 본향(本鄕)으로 돌아가라는 것이다.

이런 절차가 끝나면 슬퍼하고 애도하던 엄숙한 분위기는 없어지고 장구치고 노래 부르며 춤판이 벌어진다. 그래서 상가(喪家) 분위기는 사라지고 갑자기 잔치

115) 조선 세종 때 창제된 악곡의 하나로 태조의 용맹스러움과 건국의 위업을 찬양한 곡으로 문소전(文昭殿 : 태조와 태조비의 혼전) 제례의 제1실 초헌악(初獻樂)으로 연주하였다고 한다. 그러나 아쉽게도 『증보문헌비고(增補文獻備考)』에 목록만 남아 있고 지금은 전해지지 않아 안타깝다.

집에 참여하여 한마당 신명나는 축제를 구경하는 느낌이 들도록 반전시키는 것이다. 정조는 이제 씻김과 길 닦음을 통하여 어느 정도 아버지의 원혼(冤魂)을 달래드렸다고 믿는다. 인위적인 씻김과 하늘의 씻김, 그리고 배다리와 시흥대로를 통하여 반야용선을 타신 아버지의 영혼은 다리와 강 건너 어디쯤 있을 피안의 세계를 찾으셨으리라.

오랫동안 공덕을 쌓고 베풀었으니 아버지와 함께 즐길 오신(娛神) 맞을 준비를 지금부터 하는 것이다. 그래서 향교를 찾아 선현을 뵈오며 아버님을 생각하고, 문무과를 실시하여 아버님이 쉬실 곳의 사람들에게 은전을 베푸는 고풀이를 한 것이다.

◆ 넷

다행히 어제처럼 오늘도 날씨가 흐렸는지 참을 만했다. 그러나 후덥지근하고 음습한 기운은 더욱 사람 마음을 산란하게 만든다. 마음속으로 어렴풋하게 오늘이 나흘째라는 생각이 든다. 희망의 끈을 놓아버리자 억울함·분노·삶에 대한 모든 것들이 자취를 감추며 절망(絕望)이라는 검은 그림자가 뒤주 안을 뱀처럼 칭칭 감는다. 본능은 아직도 남아 물과 밥이 한없이 그립다. 곧 끊어질 목숨인데 물, 밥을 떨쳐버리지 못하는 것을 보면 인간도 한갓 미물에 지나지 못한다. 입술이 갈라터지고 눈은 횡하다. 15세(영조 25년 : 1749년)에 부왕을 대리하여 청정을 14년간 하였으나 모두 부질없는 꼭두각시놀음이었다. 실권 없는 대리청정이란 결국 자신을 죽음으로 몰아넣는 빌미를 제공한 것에 지나지 않는다. 왕도 동궁도 아닌 위치에서 자식을 지켜 주지 않는 절대 권력자인 아버지로 하여 이 사람에게 떠밀리고 저 사람에게 치이면서 참 서러운 세월을 많이도 버티며 살아야 했다.

결국 정순왕후의 아버지인 김한구와 그 추종세력인 홍계희, 윤급 등의 사주를 받은 나경언이 세자의 비행 10조목을 상소하여 사지로 몰았다는 어처구니없는 사실을 이제야 어렴풋이 이해할 수 있었다. 정치의 어두운 그림자를 캄캄한 뒤주에 갇혀서야 환하게 볼 수 있다는 사실이 우스웠다. 그것도 다른 사람 아닌 장인 홍봉한과 의논하여 아버지에게 올라갔으니 이미 나라 전체가 노론의 수중에 놀아나고 있다는 것을 이제 안다고 무엇 할 것인가. 아버지와 장인이 그 중심에 있는데 어느 누가 나를 구해낼 것인가. 뒤주 속의 동궁은 어차피 모든 것을 놓아야 했다. 뒤주는 장인이 가져오고 넣기는 아버지가 넣었으니 참으로 기 막히는 팔자 아닌가. 이제야 자신을 위하여 목숨을 내놓을 사람이 주위에 아무도 없다는 것을 새삼스럽게 느꼈다.

'아, 이제 나는 이대로 죽는 구나.' 그것도 나를 가장 가까이에서 지켜주고 도와 줄 친인척이 사주했다는 사실이 서글펐다. 나흘이 지난다는 것은 아바마마가 살려줄 의도가 전혀 없다는 것을 뜻한다.

이제 정신이 들락날락한다. 잠인지 깨어있는지 분간이 되지 않는다. 의식이 점점 희미해진다. 자신의 태양은 언제까지나 먹장구름에 가려 빛을 잃은 것이다. 그러나 마른장마처럼 밖에 있는 사람들에게는 청명한 하늘일 것이다. 그것이 바로 백성들이 모르는 정치의 속성이다.

사도세자가 죽은 후 14년이 지난 정조 즉위년(1776) 8월 6일 영남유생 이응원(李應元)이 올린 상소문에 의하면 사대부도 아닌 '나경언이 저군(儲君)을 형조(刑曹)에 정소(呈訴)[116]한 것에 대하여 이는 천하 만고에 나라와 백성이 있어 온 뒤로는 듣지 못한 바입니다. 당일 형조의 신하로서는 마땅히 그 사람을 주륙(誅戮)[117]하고 그 글을 불태워 없애는 데에 겨를이 없어야 할 것인데도 이것을 천폐(天陛)[118]에 올려 아뢰어 마침내 화변(禍變)의 매얼(媒孼)[119]을 만들어냈으니, 그 마음의 소재(所在)를 길가는 사람도 또한 아는 바입니다.(至於景彦之呈訟儲君於刑曹, 此天下萬古有國有民之後所未聞者. 當日刑曹之臣, 所當誅戮其人, 焚滅其書之不暇, 而以是登奏于天陛, 竟作禍變之媒孼, 其心所在, 路人亦知.)'라며 사도세자를 죽이려는 노론의 음모를 사실적으로 꼬집었다.

당시는 노론의 나라였음으로 죽지 않고 사는 길은 자신들이 영구히 집권하는 방법밖에 다른 묘수가 없었던 것이다. 그 뿐 아니라 어서 죽기를 기다리는 수많은 눈들이 숨을 죽이며 대궐 안팎에서 가슴을 조이고 있었다.

일이 그렇게 돌아가는 줄 모르는 사도세자는, 뒤주 속에서 못난 자신을 향하여 탄식하는 게 고작이었다. '아! 하늘이시여, 땅이시여.'

---

116) 소장을 관부에 바침.
117) 죄를 물어 죽임.
118) 제왕(帝王)이 있는 궁전(宮殿)의 섬돌.
119) 죄를 짓도록 유도하여 함정에 빠뜨리는 것.

◆ 넷째 날(윤 2월 12일)

정조는 군령(軍令)을 아침 인정(寅正) 1각(一刻)인 4시 15분, 2취를 인정 2각, 3취를 인정 3각(寅正三刻)에 불어 4시 45분에 청연, 청선 두 여동생과 어머님을 모시고 융복에 말을 타고 아버님 원소인 현륭원을 향해 행궁을 출발했다. 당상(堂上) 김진철(金鎭喆)의 배행(陪行)으로 20리(里)를 왕복해야 하는 것이다.

아직 날이 밝지 않아 어두웠다. 수행 부대로는 장용영 소속의 일부 신하와 내·외사가 거느린 기병(騎兵) 2초(二哨), 보병 3초 그리고 훈련대장이 통솔하는 기병 1초가 경호를 맡았다. 1초는 보통 125명 정도이니 정예군 750명 정도가 수행한 것이다. 물론 외각에는 행궁에서 능까지 20당(塘)인 상류천참(上柳川站)으로부터 하류천참(下柳川站), 진작우점(眞鵲隅店), 안녕리(安寧里), 원소작문(園所作門)까지 5당의 당마(塘馬) 36명과 척후(斥候) 40명 등이 적당한 거리에서 외곽경계를 철통같이 하고 있을 것이다.

원소 전배 시 현륭원 근처 원소참(園所站)에서 음식을 마련하기 위하여 수라간 5칸, 궁인 및 본소 당상관 이하 공궤를 위하여 5칸을 재실(齋室) 대문 밖에다 본소에서 가건물로 지어놓았다. 재실 도배와 바닥에 깔아놓는 방석·요·돗자리 등은 호조에서 거행하였다. 원행이 잦아지면서 요즘의 조립식 건물처럼 임시로 지었다 행사가 끝나면 해체하여 보관하는 등 형편에 따라 달리하였을 것이다. 다만 장소만은 늘 관리를 하였을 것으로 예상된다.

정조는 좌승지 이만수(李晩秀)를 불러 향축(香祝) 등을 가지고 먼저 현장에 가서 어머님과 두 여동생이 잠시 쉬기 위해 임시로 쳐놓은 소차(小次)를 낱낱이 둘러보라는 지시를 했다. 행궁을 출발한 행차는 남문인 팔달문(八達門)을 나와 현륭원이 있는 남쪽을 향해 거침없이 나갔다. 어느 정도 가다 지금의 매교삼거리(梅橋三巨里)인 상류천점(上柳川店)에 이르자 잠시 휴식을 취했다. 푸른 천으로 휘장을 두른 다음, 정조는 어머님에게 미음다반을 정성껏 올렸다. 정조는 약방제조 겸 병조판서 심환지(沈煥之)에게 '어머님의 건강이 여행 중 한 결 같이 강령하여 기쁨을 이

길 수 없었다. 헌데 지금 가마 앞에서 문안을 올릴 때 음성이 평소처럼 온순하고 인자하지 않았다. 어머님 몸과 마음이 편안하지 못하신 것 같아 민망하기 그지없다. 경이 먼저 원소(園所)로 가서 어머님이 드실 삼령차(蔘苓茶)[120] 한 첩을 즉시 다려놓고 기다리도록 하라.'는 하교를 내렸다.

혜경궁 홍씨는 원소가 가까워 오자 만감이 교차하였을 것이다. 그래서 말씨마저 떨리고 흥분되어 고르지 못하였으리라.

행차는 다시 출발하여 상류천(上柳川), 하류천(下柳川)을 지나 지금은 수원 비행장 영내에 있는 황교(皇橋), 옹봉(甕峰), 대황교(大皇橋)를 거쳐 유첨현(逌瞻峴)에서 조금 더 가자 화성시 안녕동(安寧洞) 원소 앞 유근교(逌覲橋)에 다다를 수 있었다.

이곳에서 가마와 말에서 모두 내렸다. 원래 작현(鵲峴)을 유첨(逌瞻), 사성교(土成橋)는 유근(逌覲)으로 고쳐 '마음가짐을 깨끗하게 하고 그윽이 바라본다.'는 뜻으로 정조가 아버지를 사모하는 효심을 담아 이름부터 고친 것이다. 이곳에 이르면 원소가 멀리 바라다 보이기 때문이다.

원래 황교(黃橋)를 황제의 다리라는 황교(皇橋), 외로운 봉우리의 독봉(獨峰)은 옹봉(甕峰)으로 바꾸어 독처럼 옹골 찬 봉우리 또는 장단을 맞추는 악기라는 이름으로 바꾸었다. 그뿐만 아니었다. 늪지를 축대로 쌓아 막았다는 원래의 방축수(防築藪)를 만년제(萬年堤)라 고친 것도 정조였다. 지명·다리·저수지 이름에 이르기까지 일일이 의미를 부여하여 아버님을 향한 애틋한 마음을 담아놓았다.

현륭원령(顯隆園令) 구응(具膺)의 영접을 받으며 정조는 말에서 내려 유근교로부터 걷기 시작하여 만년제를 지나 현륭원 입구에 이르렀다. 걸어오는 동안 정조는 오직 아버님만 생각하며 마음을 여미고 또 여민다. 몇 번을 온 곳이건만 오늘따라 여러 가지 생각들이 꼬리를 물고 일어난다. 그리고 왜 그런지 가슴이 무너져 내린다. 어머님을 모시고 처음 찾아뵙기 때문이다. 두 여동생도 아버지를 처음

---

120) 삼(蔘)은 빈혈을 고치고 영양을 도와 체력을 증진시키며, 영(苓)은 복령(茯苓)으로 소변을 순하게 하고 담증(痰症)·부증(浮症)·습증(濕症)·설사 등을 고치는데 효험이 있는 차를 말한다.

찾아뵙는 자리이다. 어머님과 두 여동생은 아마 이런 날이 찾아오리라고는 꿈속에서조차 상상하지 못했을는지 모른다. 정조는 오늘을 위하여 사선(死線)을 수 없이 넘나들며 목숨을 부지해왔다. 아버님께 꼭 보여드리고 싶었다. 자랑스러운 아들이 되어 꿈에도 잊지 못할 가족과 상봉하게 함으로 이제 아버님은 모든 과거를 묻고 남편으로 또 아버지로 떳떳하고 당당하게 아내와 자식들을 맞이할 수 있도록 해 드리고 싶었다. 남편과 아버지로 33년 만에 비로소 만나는 것이다.

정조는 수행원들에게 '원소 경계 밖 풀과 나무를 산불이 날까보아 미리 모두 태워버렸으니 시위한 인마(人馬)들이 혹 휴식을 취한다는 구실로 그 근처에 함부로 들어가 수목을 손상시키는 일이 없도록 하라.'는 하교를 내린다. 아무것도 없던 원소에 나무를 심기 위해 애쓴 백성들 얼굴이 떠올랐기 때문이다. 민둥산을 나무바다로 만들어 놓은 것이다.

행차를 수행한 가후금군, 가전별초는 임금 일행이 원소로 들어가자 문밖에서 좌우로 흩어져 편히 쉬고, 선구금군, 난후금군 등은 문 밖 넓은 곳을 택하여 진을 치고 함께 휴식에 들어갔다.

그 대신 원소를 참배하는 동안 전상군병(前廂軍兵)은 동구(洞口)에서 작문까지 길가 좌우와 앞에 줄지어 서서 호위하고, 후상군병(後廂軍兵)은 주봉(主峯)에 올라가 물 샐 틈 없이 줄을 서 원소를 철저히 지키도록 하였다. 뿐만 아니라 회란(回鑾) 즉 환궁할 때까지의 호위에 관한 절목도 정리소와 병조에서 올린대로 철저히 이행할 수 있도록 사전에 치밀한 준비가 짜여 있었다.

정조는 먼저 재실(齋室) 밖에 있는 막차(幕次)로 가서 어머니를 모시고 재실로 들어갔다. 그리고 심환지에게 미리 다려놓게 한 삼령차를 어머님께 올렸다.

정리사 심쇄지(沈灑之)가 미음을 가져오자 정조는 '어머님의 건강이 고르지 못하여 삼령차를 올렸으니, 미음은 드시기 어려울 것이다. 잠시 두도록 하여라.'고 명하였다.

오늘 참배를 위하여 정자각(丁字閣)에서 원소(園所)까지 타고 갈 유옥교(有屋轎)

두 개를 만드는데 732냥, 두 누이동생이 탈 가마 두 개를 만드는 데 278냥 등 1,010냥을 들여 미리 마련해 두었다.

재실을 지나 돌다리인 금천교(禁川橋)를 건너간다. 멀리 보이는 정자각(丁字閣)이 마치 구름 위의 궁전처럼 아득하다. 아버님이 자손들과 만날 때 내려오시는 아버님의 집인 것이다. 정자각 기둥은 주춧돌에서 70cm 높이까지 흰색을 칠함으로 하늘에 떠있는 듯 보이도록 형이상(形而上)의 기법으로 영혼이 있는 천상세계를 상징화(象徵化)시킨 것이다. 사람이 바라보는 정면과 좌우에 풍판을 달고 주칠(朱漆)을 하여 밖으로부터의 잡귀를 막을 뿐 아니라 이곳이 건축학적으로 정자각의 정면이 아니라는 사실을 알리는 역할을 한다. 이제 아버님이 계신 나라의 입구에 들어서는 것이다. 홍살문을 들어서 우측에 있는 배위(拜位)로 나아가 어머니를 비롯한 두 여동생과 함께 절을 올렸다.

아버님은 원침(園寢)에서 서서히 사초지(莎草地)[121]를 내려와 정자각에 앉아 멀리 들어오는 가족을 이미 보고 계실 것이다. 아들이야 1년에 한 번씩 만났지만 머리가 희끗희끗한 부인과 몰라보게 장성한 두 딸을 내려다보며 무슨 생각을 하실까? 어머님은 벌써 울음을 터트리며 서럽게 울기 시작한다. 여동생들도 역시 어머니를 따라 서럽게 울었다.

홍살문에서 정자각에 이르는 참도(參道)는 박석(薄石)을 정성스럽게 깔았다. 참도는 폭 1.68m의 신도(神道)와 폭 1.13m의 어도로 구분되는데 왼쪽 신도는 초혼(招魂)에 필요한 향(香), 축(祝)을 나르는 신성한 길로 오른쪽 어도보다 높게 하여 격을 달리하였다.

왕이 다니는 어도에 깔린 박석은 울퉁불퉁하다. 잘못하다가는 넘어질 염려가 있다. 넘어지지 않고 걷기 위해서는 고개를 숙이고 조심조심 걸어야 한다. 이는

---

121) 능(陵), 원(園)의 영역(塋域)에서 정자각(丁字閣)까지 길게 이어진 잔디밭을 말한다. 사초(莎草)는 잔디를 뜻하며 지(地)는 땅이다. 영역(塋域)에서 정자각까지 사초지를 길게 하는 것은 자손이 번성하여 아주 오래 나라를 다스리라는 뜻이다. 그래서 능·원이 아니면 사초지를 길게 하지 못하도록 하였다.

자연스럽게 고개를 숙이게 함으로 원소에 대한 존경을 표시 하도록 일부러 지혜를 모은 선조들의 공사기법이다.

능침(陵寢), 원침(園寢)에서 능, 원은 위의 영역(塋域)안을 가리키는 것이요, 침은 아래 정자각(丁字閣)을 가리키는 것이다. 침(寢)이란 글자에서 알 수 있듯 방·거실·침실이란 뜻으로 혼백(魂魄)이 쉬기도 하고 잠을 자는 곳이라고 보면 된다. 그래서 평소에는 정자각에 신렴(神簾)이란 발을 쳐 신성한 곳임을 나타냄과 동시에 외부에서 안을 볼 수 없도록 하였다. 다만 제향일(祭享日)에는 신렴(神簾)을 활짝 걷어 올려 자손들과 함께 하는 공간임을 분명히 했다. 그래서 오늘은 신렴을 모두 활짝 걷어 올리고 33년 만에 찾아오는 아내와 자식들을 반갑게 맞이하는 것이다.

처음 들어온 정자각 안에는 왕골로 만든 꽃돗자리와 사도세자의 영혼이 편히 쉴 의자인 신어평상(神御平床)이 자리하고 있었다. 그 앞으로 검정색의 제상(祭床) 2좌에 간소한 제수가 정갈하고, 상(床) 좌우 촛대의 촛불은 바람에 흔들리고, 제상 앞 향상(香床) 위 향로에는 향(香)이 타오르고 주칠(朱漆)한 축상(祝床)엔 축문이 준소상(遵所床) 위에는 제주(祭酒)가 놓여 있었다.

처음 뵙는 자리니 정성껏 정해진 규례에 따라 술잔을 올리고 절을 했다. 어머님과 두 누이는 정자각에 들어서기 전부터 울던 울음이 한층 격해졌다. 어머님과 여동생들의 애절한 울음소리는 사초지를 따라 어느새 아버지가 계신 원소까지 들리도록 구슬펐다. 제를 올려 남편과 아버지를 만나 뵙는 의식을 마쳤다.

정자각은 우리나라 능원에만 있는 고유한 침전(寢殿)이다. 왕으로 재위할 때에는 12지(十二支) 중 정북(正北)을 가리키는 자(子)와 정남(正南)인 오(午)를 향해 앉는다고 자좌오향(子坐午向)이라 부른다. 지지(地支)로 자오(子午)는 쥐와 말이며 둘 다 양(陽)이다. 그렇다고 꼭 어좌(御座)가 자좌오향을 하고 있는 것은 아니다. 임금이 앉는 뒤의 일월오봉병(日月五峰屛)은 어떤 방향으로 세워져 있건 정북(正北)을 상징하기 때문이다. 황제의 침전은 일(日)자로 지어 태양을 상징한다. 천자(天子)이기 때문이다. 그래서 제후국에는 일(日)자의 침전을 짓지 못하게 하였다. 그

러나 정자각의 비밀은 황제의 침전을 훨씬 능가한다. 정(丁)자는 정향(丁向)을 가리키니 자연스럽게 계좌정향(癸坐丁向)이 되는 것이다. 즉 북북동(北北東)에서 남남서(南南西)를 바라보고 있는 것이다. 왕이 죽으면 하늘로 간다는 뜻이다. 천간(天干)으로 계정(癸丁)은 둘 다 음(陰)이다. 그래서 계좌정향을 가리켜 유현(幽玄)하다고 하는 것이다. 일월오봉병에서 이미 설명했듯 정자각은 원소의 향(向)과 무관하게 계좌정향이 되는 것이다. 생(生)은 양(陽)이요, 사(死)는 음(陰)이다. 지지(地支)와 천간(天干)을 사용, 왕으로 땅 위의 삼라만상을 다스릴 때는 자좌오향으로 양택(陽宅)을, 죽어 하늘나라로 갈 때는 정자각을 지어 계좌정향으로 음택(陰宅)을 상징했으니 참으로 놀라운 지혜다. 정자각에 숨겨진 비밀을 명(明)·청(淸)도 몰랐으니 주역·학문·풍수지리 등에서 조선이 한발 앞섰다고 보아 무방하다.

묘(廟)는 조정이라는 조(朝)에 해당함으로 여러 신하들이 올 때 일종의 대기실인 상(廂 : 행각)이 필요했다. 그와 다르게 침(寢)은 살아 있는 사람과 죽은 사람을 가리지 않고 가족만의 생활공간임으로 대기실이 필요 없었던 것이다.

제사를 지낸 후 어머님이 진정된 뒤 정조는 제복(祭服) 차림 그대로 연한 청색 참포(靑色黲袍)에 검은 물소의 뿔로 만든 오서대(烏犀帶)를 한 채 남여(藍輿)[122]를 타고 원소(園所)로 올라갔다.

어머님은 특별히 만든 지붕이 있는 작은 유옥교(有屋轎)를 타고 올라가시도록 했으며 두 여동생도 가마를 타고 뒤를 따랐다.

28세에 세상을 뜬 남편을 맞는 혜경궁의 감회는 너무 슬프고 애절하여 온몸이 몹시 격동되어 주체할 수 없었다. 33년이란 세월을 뛰어 넘어 만났건만 살아남은 자신이 부끄럽기도 하고 초라하기도 하였다. 산사람이 죽은 남편에게 고개를 들 수 없으리라고는 한 번도 생각한 일이 없었다. 마음속 깊이 숨어있던 까마득한 날들에 대한 회한이 죄책감으로 뒤통수를 내리 칠 줄이야. 죽은 사람을 만난다는 일이 산사람을 만나는 일보다 더 무섭고 겁이 났다. '네 죄를 네가 알렸다.'라는

---

122) 의자와 비슷하고 뚜껑이 없는 작은 가마로 승지나 참의 이상의 벼슬아치가 탔다.

말처럼 자신만 아는 씻을 수 없는 죄책감 때문이리라.

모든 사람들은 아들이 금상(今上)이니 세상 부러울 것 없는 팔자 좋은 여인이라 할 것이다. 궁궐에 있을 때만 해도 이렇게까지 단장(斷腸)의 슬픔은 아니었다. 눈으로 보지 않으면, 마음은 절로 멀어진다는 말이 거짓이 아니었다. 그저 살아 남아준 아들이 고마웠고 그 아들이 성군(聖君)으로 또한 호학군주(好學君主)로 선정을 베풀어 자신의 자리를 스스로 잡아가는 모습이 대견스러웠다. 그래서 모두 까마득히 잊고 편안한 마음으로 살아 왔었다. 더구나 아들의 지극한 효심은 하늘을 감동시키기에 족했다. 어느 것 하나 어미를 거스르는 법이 없었다. 그것이 살아 있는 자신에게만 쏟은 것이 아니라, 오히려 죽은 아버지에게 더 많은 정성을 쏟았다는 사실을 원소에 와서야 비로소 느끼고 깨달았다.

어느 한 곳 심혈을 기울이지 않은 데가 없었다. 말이 원소이지 어느 왕릉보다 아름답고 화려했다. 한눈에 보아도 석호(石虎), 석양(石羊), 망주석(望柱石), 혼유석(魂遊石), 문무인석(文武人石)과 석마(石馬), 팔각의 거대한 장명등(長明燈) 등이 왕릉을 능가하고 있었기 때문이다. 캄캄한 뒤주에서 생을 마감한 아버지의 마음을 읽은 아들은 영원히 8방(八方)을 낮처럼 밝게 보시라고 장명등에 특별한 관심을 기울였으리라. 그것도 장명등의 화창(火窓)을 능원사상 최초로 원형으로 하여 하늘만을 비춰 악몽 같던 지상에서의 일을 모두 잊으시라고 했으니 정조의 원소(園所)에 대한 치성이 얼마나 치밀했는가를 사실적으로 보여준다. 정자각은 주칠(朱漆)한 풍판이 사악한 기운을 막고 영역(塋域)은 곡장(曲墻)을 두른 데다 서수(瑞獸)가 지키고 있으니 그야말로 빈틈이 없다.

정조는 1789(정조 13)년부터 매년 원행을 하였으니 이번이 7번째인 것이다. 이렇게 먼 길을 한해도 거르지 않았으니 아들이 들인 공(功)은 보지 않아도 가늠이 되었다.

넓고 긴 사초지(莎草地)와 청청한 소나무는 아버님의 자손들로 하여금 만세토록 이 나라를 이어 가도록 하겠다는 숨은 뜻이 담겨 있음이 분명하다. 사초(莎草)

란 잔디를 한자로 표기한 것이다.

내려다보이는 정자각이 정말 마음에 쏙 든다. 정자각의 정면을 볼 수 있는 유일한 곳이다. 자식이 1년에 한 번씩 허위단심 찾아오면 뛰어 내려가 반갑게 만나던 장소일 것이다. 죽은 왕의 혼백이 드나들 수 있는 곳이 정자각의 정면이 되는 것이다. 어리석은 사람들이야 자신들이 들어오면서 보이는 곳을 건물의 정면이라고 생각하겠지만, 정자각은 죽은 왕을 위해 지은 건물임을 알아야 한다. 그래서 3면에 풍판을 달아놓은 것이다.

당연히 왕이 되었어야 했을 아버지를 찾는 아들의 마음을 원소에 와서야 확연히 깨닫고 보니 혜경궁은 부끄러운 생각에 죽고 싶은 심정이 되고 말았다. 자신도 모르게 얼굴이 화끈거리며 달아오르고 있었다.

11살짜리 어린 것이 알면 얼마나 알겠느냐며 항상 다른 사람들이 무엇이라 말을 해도 듣지 말고 이 어미 말만 들으라고 한 자신이 누가 알까 남세스러웠다.

평소부터 유달리 영특하다 생각은 했으나 이렇게까지 사려 깊은 아들인줄 미처 몰랐다. 그것이 어쩜 자신의 한계라 생각하니 더욱 고개가 숙여진다. 자식 앞에서 이처럼 왜소해지며 초라한 몰골이 되는 것은 생전 처음이다. 더구나 자신이 죽으면 함께 묻힐 곳 아닌가. 남편에게 아무런 힘이 되어주지 못하고 시아버지와 친정아버지의 눈치 살피기에만 급급했던 못난 자신이 무슨 낯으로 남편을 대할 수 있을까. 얼굴이 벌겋게 달아올랐다. 참으로 어리석었다는 생각이 들었다. 죽은 남편과 살아있는 자식에게.

9살짜리 청연과 7살짜리였던 청선에게는 33년이란 세월이 길기도 했겠으나 아버지에 대한 절절한 그리움은 정조에 비해 너무 적었다. 그만큼 살아남기 위해 겪은 고통이 적었기 때문이리라.

어머님의 울음소리는 온 산을 뒤덮고 말았다. 제사 때 제관이 절하기 위하여 마련한 자리인 배위(拜位)에서부터 울기 시작한 울음이 원소에 오자 더 한층 격렬해 졌다. 뼈에 사무치는 슬픔을 이기지 못하여 우는 것이다.

남편이 생사의 갈림길에 놓여 발버둥 칠 때, 친정을 살리기 위해 석고대죄 한 번 하지 못한 약삭빠른 아낙네였기에 머리를 들 수 없었다. 한편으로는 아들에 대한 고마움이 자신도 모르는 사이에 뒤늦게 자책하며 통곡이 된 것이다.

언제 한번 마음 놓고 소리쳐 울어볼 처지였던가. 남편이 죽을 때는 화가 친정에 미칠까 노심초사 했고, 죽은 후에는 그놈의 궁중법도에 얽매여 숨죽이며 기품 있는 여인으로 살아야 했다.

처음으로 아버지 원소에 온 두 여동생들도 슬피 울었다. 희미한 아버지의 기억을 더듬으며 지난 세월을 돌아본다. 사람이란 자기 서러움에 우는 것인지도 모른다. 모질고 혹독한 세월을 견디고 어좌에 올라 선정을 베풀고 있는 오라비에 대한 고마움도 그 눈물 속에는 포함되어 있으리라. 물론 혜경궁은 말 못할 여러 가지가 한데 겹쳐 통곡이 되었을 것이다.

더 머물러서는 안 되겠다는 생각에 정조는 원소에서 내려와 막차에 드신 어머니께 삼령차를 올렸다. 그러나 혜경궁은 받지 않고 물리쳤다. 그간 이런 일이 한 번도 없었다. 정조는 이미 짐작한 일이었으나 막상 당하고 보니 적잖이 당황스러웠다. 그렇잖아도 원소에만 오면 정조 자신도 슬픔에 겨워 스스로를 제어하지 못했는데, 오늘은 어머님께서 저토록 애통해 하시니 어찌할 바를 모르고 우왕좌왕한다. 다시 한 번 정조는 마음을 추스른다. 그리고 마음속으로 결심을 한다.

'모든 것을 오늘로 끝내려 합니다. 33년간 풀지 못하신 한을 아버님께서도 접으셔야 합니다. 내일이면 아버님의 회갑을, 아버님의 나라인 화성에서 아버님만을 위하여 가장 크고 화려하게 치르려 합니다. 소자가 불효하여 임금이 되고서도 아버님께 옥책과 금인을 올리는 데 장장 20년이 걸렸습니다. 이제 아버님은 누가 뭐래도 세자가 아닌 왕이십니다. 지금까지 소자를 노리는 무리들이 남아있다 해도 모두 하나 되는 대통합을 이루려 합니다. 모두 용서하고 진정 하나가 될 때 아버님도 저도 승자가 된다는 것을 깨달았습니다.

어머님이 저리 서럽게 우시는 것도 소자와 동생들이 목 놓아 우는 것도 모두를

용서하겠다는 뜻으로 받아 주시기 바랍니다. 그리고 내일 회갑에 꼭 참석하여 이 소자의 정성을 흠향(歆饗)하시기 바랍니다.'

과거를 다 털어버린다고 생각하니 지금까지 너무 옹졸하게 살아온 자신이 못났던 게 아닌가 하는 생각마저 들었다. 그러나 옹졸하게 살아오지 않았다면 아마 어보를 받지 못했을 것이다. 힘을 키우고 반대세력을 조금씩 물갈이 하며 오늘에 이른 자신을 반성해 본다.

장용영이란 친위부대를 육성하여 용상을 넘보는 자들을 제압하고, 규장각을 만들어 초계문신을 양성하여 곁에 두기까지 꼬박 20년이란 세월을 참아가며 준비한 것이다. 아버지에 대한 사모의 정과 연민도 그래서 함께 커져만 갔을 것이다.

안개 낀 것처럼 뿌옇던 시야가 서서히 걷히며 환한 세상이 보인다. 과거는 오늘 이 시간부터 말끔히 잊자. 재(齋)란 글자 그대로 마음과 몸을 깨끗이 하고, 부정(不淨)한 일을 멀리하기 위하여 올리는 것 아닌가.

정조의 혼미했던 정신이 어느새 제자리를 찾으며 맑게 개어오고 있었다. 이 때 정리사들이 장막 밖에서 임금에게 아뢰기를, '전하께옵서 슬픈 감회를 억누르기 어려울 것이나, 자궁(慈宮)의 마음을 더욱 슬프고 아프게 하여 혹 병이라도 나시면 어찌하려 하십니까. 이미 시간도 많이 지났으니, 말씀드리건대 자궁을 위로해 드리고 행궁으로 돌아가시게 하명을 내려 주옵소서.'라고 간청을 한다.

정조는 '궁을 나설 때 어머님께서는 십분 자제하시겠다고 하셨는데, 이곳에 오시더니 슬프고 아픈 마음이 저절로 폭발하신 것이다. 나 역시 그러한데, 어머님의 마음이야 오죽하시겠느냐.'고 하였다. 그러면서 정조는 친히 찻잔을 들고 어머님께 권해드렸다.

어머님이 진정되시길 기다렸다가 행궁으로 돌아갈 차비를 하였다. 홍살문 밖으로 나오자 여(輿)를 멈추고 하염없이 원소를 바라보다 떠날 것을 명한다.

정조는 막차에 들어가 융복으로 갈아입고 말을 탔다. 어머님 가마가 재실 앞에 이르자 정조는 측근에게 물었다.

'종전 원행 시는 백관(百官)들이 의례대로 모자에 깃을 꽂았고, 화성행궁에서 원소에 갈 때만 이를 제거했는데, 이번에는 별다례(別茶禮)를 행궁에서 하였고, 재(齋)를 올린다는 명령도 없었는데 백관들이 깃을 꽂지 않은 이유가 무엇인가.' 우승지 이익운(李益運)이 아뢰길, '전하께서 현륭원에 가실 때 참포(黲袍)를 입으셨기 때문에 백관들이 감히 깃을 꽂지 못한 것입니다.' 정조는 우승지의 말을 듣고 난 후, '재(齋)를 하지 않으면, 이렇게 할 필요가 없다. 앞으로는 친제(親祭)가 아니면, 옛날처럼 깃을 꽂아야 한다고 도감(都監)에게 분부하라.'고 명령했다. 이는 이번 행차가 현륭원 참배에 있지 않고 어머님 회갑에 있다는 것을 알려 아예 노론의 입을 막고자 하는 의미에서 의도된 분부였을 것이다.

행차가 원소를 떠나 하류천(下柳川)에 이르자 잠시 휴식을 명한다. 정조는 어머님께 미음을 올리고, 수행한 신료들에게도 음식을 내렸다. 정조는 이 날 용주사 승려에게도 푸짐하게 상을 내렸다. 그리고 원소를 관리하는 관리들에게는 벼슬을 올려주기도 하고 쌀이나 포목을 상으로 내렸다. 하류천에서 음식을 먹고 휴식을 취한 후 행차는 화성행궁으로 무사히 되돌아 왔다.

아버지를 죽음으로 몰고 간 정중앙이자, 정조 스스로 새로운 대통합의 정치를 실현시키려는 기점(起點)으로 삼는 4일째였다. 반환점을 도는 것이다. 극(極)에서 극으로 선회하는 종교적 사랑의 의식이 시작된 것이다.

음(陰)이 넘쳐 양(陽)으로 소리 없이 스르르 넘어가고 있음을 정조는 느끼고 있었다. 을묘 원행이 마무리 된 날에 또 하나 매듭의 고풀이가 끝을 맺은 것이다.

행궁으로 돌아온 정조는 화성에서 주·야간 두 차례의 군사훈련이 계획 되어 있었다. 성(城)에서 실시하는 훈련을 성조(城操)라 하고, 주간훈련은 주조(晝操), 야간훈련은 야조(夜操)라 한다.

1795(정조19)년 2월 9일 병조와 장용영에서 화성의 주조 및 야조에 관한 규정을 미리 아뢰었다. 정해진 규정대로 이미 5,000명에 이르는 장용외사 병사들은 군사훈련을 완벽하게 소화하고 언제 일어날지 모르는 실제상황에 철저히 대비하고

있는 중이었다. 각종 규정이 이루어지기까지 정조가 직·간접으로 챙기고 조언을 아끼지 않았다. 그만큼 정조는 장용영을 자신의 분신으로 생각, 강도 높은 훈련을 시키며 한편으로 온갖 정성을 다해 육성한 친위부대의 위상을 이번 기회에 안팎으로 드러내 보이고 싶어서이다.

화성 성안 가구(家口)라야 고작 60호 정도니 인구도 400명 내외였을 것이다. 글자 그대로 조용한 산골마을이었다. 군사훈련을 하는 데 큰 장애가 되지 않았다. 을묘 원행 때, 화성은 성곽 및 행궁건물의 대부분만 준공된 상태였지 완공된 것은 아니었다. 5,743m의 성곽이 완성된 것은 1796년 8월이요, 낙성식은 10월 16일에 가서야 이루어졌다. 1년 뒤 60호가 700호로 늘어났으니 정조가 화성에 쏟은 열정이 얼마나 대단하였는가를 짐작케 한다.

화성축성공사 보고서인 『화성성역의궤』는 1797년 11월 9일에 마무리 되었다가 『정리의궤』를 참고삼아 1801(순조 1)년 9월 수정본을 다시 낸 것이다.

하루 전인 어제 장용영외사는 오늘 훈련을 위하여 임금에게 청하여 군령(軍令)을 영문(營門)에 미리 게시하도록 하였다. 훈련에 직접 참가하는 장교와 군졸은 무려 3,700여 명이나 되었다.

정조는 정해진 시간에 영문(營門)에 이르렀다. 기고(旗鼓)는 행궁 문밖 양편으로 늘어서 있었다. 선전관이 무릎을 꿇고 임금께 아뢴 뒤 군령(軍令)인 두호(頭號)를 신초(申初) 초각(初刻)인 오후 3시 10분에 발령했다. 명에 따라 나발수들이 나발을 길게 불었다. 2호(二號)를 3시 45분에 내리자 선전관(宣傳官)이 다시 무릎을 꿇고 임금께 아뢴 후 나발을 불자 각 장령은 행궁의 문밖에서 대기하고 있던 성정군(城丁軍)에게 병기를 집어 들고 성(城)으로 올라가도록 하였다.

선전관이 무릎을 꿇고 임금께 아뢴 후 2호를 발령하자 나발수가 두 번째 나발을 분다. 병조판서가 무릎을 꿇고 임금에게 아뢰고 호적(號笛) 소리로 관초(官哨 : 초급장교)를 불러 집합시키라는 명령을 하달하였다. 선전관이 명을 받고 일어나 응답하고 물러난다. 그리고 선전관이 무릎을 꿇고 임금께 아뢴 후 관초에게 모일

것을 호령(號令)한다. 호령에 호적수들이 호적을 분다. 각 장령들은 완전장구를 하고 도착 계하(階下)에 이르러 좌우로 나누어 서로를 향해 정해진 자리에 도열했다. 선전관이 무릎을 꿇고 임금께 아뢴 뒤 징을 치게 하다가 호적을 불어 멈추게 했다. 각 장령이 차례대로 참현(參現)을 한다. 성(城)의 장수는 두 무릎으로 꿇어앉아 한 번 읍(揖)[123]하고, 주장(主將)을 도와 적의 침입을 막는 치총초관(雉摠哨官)은 두 무릎으로 꿇어앉아 두 번 읍하며 매반(每班)이 종종걸음으로 참현(參現)하러 들어가는데 특수임무를 수행하는 뇌자(牢子)가 큰 소리로 주의사항을 주어 기강을 바로 세운다. 모두 물러나와 계하(階下)에 있는 제자리로 돌아가자 병조판서가 무릎을 꿇고 임금에게 아뢰고 명을 받고 일어나 응답하며 물러난다.

병조판서가 이르기를 관초에게 모일 것을 전하면 각각 일제히 한소리로 응답하고 몸을 돌려 위를 향한다. 선전관이 무릎을 꿇고 임금께 아뢰고 북을 울려 모두 무릎을 꿇게 한다. 관초가 완전장구를 하고 무릎을 꿇어앉자 병조판서가 명령을 하달한다. "관초(官哨)들은 듣고 시행하라. '네, 알겠습니다.' 성(城)과 운명을 같이 할 것이다. '네, 알겠습니다.' 각자는 밖으로부터 오는 적의 침입을 막아야 한다. '네, 알겠습니다.' 시끄럽게 지껄이며 떠드는 것을 취하지 말라. '네, 알겠습니다.' 함부로 행동을 취하지 말라. '네, 알겠습니다.' 도망하거나 명령을 위반하지 말라. '네, 알겠습니다.' 이것을 지키지 않으면 군법이 용서치 않을 것이다. '네, 알겠습니다.'(官哨聽着 應, 同城共命 應, 人各守禦 應, 毋得喧譁 應, 毋得擅動 應, 躲奸違令 應, 軍法不饒 應)" 각반(各班)은 차례가 다가오자 머리를 조아리고 보고를 한다. 명에 따라 일어나 대답하고 물러난다. 관초가 서로를 향하여 정해진 자리로 돌아가 선다.

병조판서가 응원장(應援將)을 건너오라고 지시를 내리면 각각 일제히 똑 같은 소리로 대답하면서 몸을 돌려 위를 향한다. 선전관이 무릎을 꿇고 임금께 아뢴 후 무릎을 꿇으라는 북을 치면 응원장 모두가 무릎을 꿇어앉는다.

---

123) 인사하는 예(禮)의 하나로 두 손을 맞잡아 얼굴 앞으로 들어 올리고 허리를 앞으로 공손히 구부렸다가 몸을 펴면서 손을 내린다.

병조판서가 명령을 내리길, 응원장들은 듣고 시행하라. '네, 대답합니다.' 적들이 호시탐탐 노리고 있다. '네, 알겠습니다.' 서로 찌를 듯 부딪칠 경우 한 번에 막아야 한다. '네, 알겠습니다.' 어떤 때를 임하면 도와주어야 하는지. '네, 알겠습니다.' 오직 너희들 힘에 달렸다. '네, 알겠습니다.' 더디게 끌거나 끌리어 나가 일을 그르치면. '네, 알겠습니다.' 군법으로 용서치 않을 것이다. '네, 알겠습니다.' 하며 여전히 머리를 조아리고 있다. 명령에 따라 일어나 대답하고 물러간다.

병조판서가 무릎을 꿇고 임금께 아뢴 후 관초들을 자기 자리로 내려가게 하면 명에 따라 대답하고 물러간다. 선전관이 무릎을 꿇고 임금께 아뢰고 징을 두 번 쳐 대취타(大吹打)[124]를 연주하도록 명하면 그대로 거행한다. 때를 헤아려 징을 세 번 치라고 하명하면 취타가 그친다. 좌통례가 무릎을 꿇고 '준비가 완료되었다.'고 아뢰면, 선전관이 전달 받아 무릎을 꿇고 임금에게 아뢴 뒤 3호(三號)를 알리는 나발을 분다. 좌통례가 무릎을 꿇고 '의장(儀仗)·호종(扈從)을 모두 정돈하여 출발준비를 마쳤다.'고 임금께 아뢴다.

임금이 행궁(行宮) 문 밖으로 거둥하면 일정한 일을 맡았거나 또는 책임을 맡은 색승지(色承旨)가 임금께 아뢰어 기고(旗鼓)를 앞에 서게 하고 대가를 잠시 멈추도록 청합니다. 선전관이 무릎을 꿇고 임금께 아뢰고 남빛, 흰빛의 신전을 받들어 신포(信砲) 3번을 쏘도록 한다. 교련관(敎鍊官)이 명령대로 시행한다. 이어 무릎을 꿇고 임금께 아뢴 후 징을 두 번 올려 대취타를 연주하라고 명령을 내린다. 명령

---

124) 징·자바라(속칭 제금)·장구·용고(龍鼓)·소라[螺角]·나발·태평소(太平簫, 胡笛:속칭 날라리)로 편성되며, 편성악기 중 태평소를 제외한 모든 악기가 선율이 없는 타·취악기에 속한다. 한 장단이 12/4박자 20장단이고, 7장으로 구분되며 반복형식을 취한다. 이 음악은 옛날 선전관청(宣傳官廳)이나 5영문(五營門) 및 각 지방의 감영(監營)·병영(兵營)·수영(水營) 등에 소속되어 있던 취타수들에 의하여 임금의 성외출어(城外出御), 총대장의 출입 시, 진문(陣門)을 개방·폐쇄할 때, 육해군영의 의식 등에 연주되었다. 위엄 있는 나발과 애원조의 태평소 소리에 맞추어 수십 명이 일시에 용고를 치는 광경은 듣기도 좋지만 장엄하기 그지없다. 현재 연주되고 있는 대취타의 기본편성은 태평소 2, 나발 2, 소라 2, 북 2, 징 2이다.

대로 징을 두 번 치면 대취타가 연주를 한다.

대가(大駕)가 장대(將臺)의 영문(營門) 밖에 도착하면 선전관이 무릎을 꿇고 임금께 아뢰고 징을 세 번 울려 대취타를 멈추게 한다. 장용외영(壯勇外營)에서 군마(軍馬)를 거느리던 무관(武官)이 장대 아래에서 포를 쏘고, 변사(變事)가 생겼을 때 군사를 모으기 위하여 길게 부는 나발소리인 천아성(天鵝聲)이 들리면 각 병사들은 모두 긴 함성을 세 차례에 걸쳐 성이 떠나갈듯 크게 지른다. 징이 울리면 함성을 멈춘다. 선전관이 무릎을 꿇고 임금께 아뢰고 징을 두 번 울려 대취타 연주를 명한다. 징치는 사람이 징을 두 번 쳐 대취타를 연주할 것을 명령한다. 그러면 성(城) 사방에 있는 장수들은 동시에 취타를 연주한다. 외사(外使)가 무릎을 꿇고 행차를 맞이하다 행차가 지나가는 즉시 수행하여 영문(營門) 밖에서 지시를 기다린다.

대가가 장대(將臺)에 이르면 선전관이 무릎을 꿇고 임금께 아뢰어 징을 세 번 쳐 취타를 그치게 한다. 이에 사방에 있던 성(城)의 장군들 역시 자기부대의 취타를 동시에 멈춘다. 이어 무릎을 꿇고 임금께 아뢰고 자바라를 울리면 가에 있던 기치(旗幟)들이 좌우로 나누어서고, 징 소리가 그치면 대가가 단에 오른다. 그러면 황문기수(黃門旗手)가 기를 교차시켜 영문을 막는다.

문을 조금 열어 놓는 것에 대한 일입니다. 병조판서는 무릎을 꿇고 문을 조금 열어 놓는 일을 임금께 아뢰고 명에 따라 일어나 응답하고 물러간다. 선전관이 무릎을 꿇고 임금께 아뢴 후 문을 조금 열게 하고 취타를 연주하게 한다. 이어서 무릎을 꿇고 임금께 아뢰고 징을 세 번 울려 취타를 멈추라고 하달한다. 병조판서가 먼저 두 무릎으로 꿇어 앉아 한 번 읍을 한다. 다음은 선전관이 두 무릎으로 꿇어앉아 두 번 읍을 한다. 차례대로 군뢰(軍牢), 순시수(巡視手), 취고수(吹鼓手) 등 반열을 나누어 머리를 조아려 경의를 표하는 고두(叩頭)[125]의 예를 올린다. 그리고 명을 받고 일어나 응답하고 물러간다.

125) 공경하는 뜻으로 머리를 땅에 닿게 조아리다.

단(壇)에 오르는 일입니다. 병조판서가 무릎을 꿇고 승단포(升壇砲) 쏠 것을 임금께 아뢰고 명을 받고 일어나 응답하고 물러간다. 선전관이 무릎을 꿇고 임금께 아뢴 뒤 단에 오를 것을 지휘 명령한다. 이에 맞추어 교련관은 신포 세 발을 쏘며 징을 두 번 울려 대취타를 연주하게 하고 특수 임무를 수행하던 각 군영(軍營) 소속의 특수군인인 뇌자(牢子 : 군뢰)에게 세 번을 크게 외치도록 한다. 그리고 뇌자 한 사람이 앞으로 나와 문을 열라고 소리치면 기수(旗手)가 그 소리에 응하여 기를 휘두르고 물러난다. 선전관이 무릎을 꿇고 임금께 아뢰고 징을 세 번 울려 취타연주를 그치게 한다.

기를 올리는 일입니다. 병조판서가 무릎을 꿇고 깃발 올리는 일을 임금께 아뢰고 명을 받고 일어나 응답하고 물러간다. 선전관이 무릎을 꿇고 임금께 아뢴 후 기(旗)를 올리라고 호령을 한다. 호령소리에 교련관이 신포 한 발을 발사한다. 모두 세 번씩 북을 두드리고, 라(鑼)를 울리라고 한 후 수레에 큰 백기(白旗)를 세우게 한다. 사방에 있는 성의 장수들은 똑 같이 포(砲)소리에 응하여 북을 두드리고 나를 울리며 각기 방위에 맞게 동쪽은 파랑색 기·남쪽은 붉은색 기·서쪽은 하얀색 기·북쪽은 검은색의 큰 깃발을 올린다. 그러면 징, 나, 북을 멈춘다. 성의 사방에서도 역시 징, 나, 북을 일제히 그친다. 외사(外使)가 영문(營門)을 경유하여 소리 없이 가볍게 들어와 배례하고 두 무릎을 꿇고 읍을 한 번 올린다. 이어 장대 위에 머무르는 사이 색승지(色承旨 : 담당 승지)가 임금께 아뢰어 문무(文武)의 고관대작(高官大爵)인 재추(宰樞)에게 북을 잡게 한다. 그리고 선전관을 불러 훈련원에 전하면 훈련원정(訓練院正 : 정3품)이 북을 울리라는 소리에 응하여 북을 두드린다.

길에 매복하는 병사들에 대한 일입니다. 병조판서가 무릎을 꿇고 길에 매복 시킬 병사들을 출발시키겠다고 임금께 아뢰고 명을 받고 일어나 응답하고 물러간다. 선전관이 무릎을 꿇고 임금께 아뢴 후 길에 매복할 병사들에게 출발하라는 호령을 한다. 호령에 교련관이 신포 세 발을 쏘아 올린다. 이 포 소리를 듣고 성

사방에서 똑 같이 포(砲)에 응한다. 징을 울리면 길 주변에 매복할 병사를 출발시킨다. 성의 각 병영에서는 10명씩 내 보낸다. 이 복병(伏兵)들은 각자 소임대로 삼안총(三眼銃), 요즘의 신호탄에 해당하는 기화(起火) 등을 휴대하고 성을 나가 나누어 매복하는데 1명당 매복 거리는 서로 1리(里 : 약 540m)가 되게 한다. 신호는 징을 치거나 그치는 것으로 한다.

  성문을 닫는 데 대한 일입니다. 병조 판서가 무릎을 꿇고, 성문 닫는 일을 임금께 아뢰고 명을 받고 일어나 응답하고 물러간다. 선전관이 무릎을 꿇고 임금께 아뢴 후 성문을 닫으라고 호령한다. 교련관이 호응(呼應)하고 신포 세 발을 쏜다. 징을 두 번 울려 대취타를 연주하게 한다. 성문이 닫힌 채 징소리가 그치자 이어 무릎을 꿇고 임금께 아뢴 후 함성을 길게 지르라고 호령을 한다. 교련관이 호응하고, 신포 한 발을 쏜다. 이를 신호로 천아성(天鵝聲)을 길게 불자 모두 성안이 진동하도록 함성을 3차에 걸쳐 크게 지르자 징을 쳐 그치게 한다.

  병조판서가 꿇어앉아 숙정포(肅靜砲) 쏠 것을 임금께 아뢰고 명을 받고 일어나 응답하고 물러난다. 선전관이 무릎을 꿇고 임금께 아뢴 후 숙정할 것을 호령한다. 교련관이 호응하고 신포 세 발을 쏜다. 숙정패(肅靜牌)를 세우고 표미기(豹尾旗)를 세우면, 선전관이 무릎을 꿇고 임금께 아뢴 후 휴식할 것을 호령한다. 교련관이 이에 호응하여 신포 한 발을 발사하고 나(羅)를 울린다. 성의 사방에서 똑같이 포 소리를 듣고, 나를 울린다. 징을 쳐 멈추게 한다.

  사방에 있는 병영 중 지정된 병영이 훈련을 하게 되며, 그 해당 병영에서 길에 병사를 잠복시키는 일입니다. 포를 쏘고 기화(起火)로 신호를 보내 경계하라고 알리면 본영(本營)에 있는 성(城)의 장수들 역시 포 소리를 듣고 역시 알았다고 기화로 똑같이 응답한다. 병조판서가 무릎을 꿇고 모(某) 병영이 훈련을 한다고 임금께 아뢰고 명을 받고 일어나 응답하고 물러난다. 그러면 선전관이 무릎을 꿇고 임금께 아뢴 후 그 병영은 즉시 훈련에 들어가라고 호령을 한다. 호령에 교련관은 신포를 같은 수대로 쏜다. 이어 무릎을 꿇어 임금께 아뢰고 기립하라는 호령을 내린다.

호령에 교련관이 신포 한 발을 쏜다. 나(鑼)를 불어 각 병사들을 기립시키고 징을 울려 멈추게 한다. 각 방위의 병영은 해당 색의 큰 깃발을 세우고, 북을 두드리며 천아성(天鵝聲)을 불면 깃발을 지면에 대지 않고 다시 일으켜 세우는 점기(點旗)를 한다.

군기의 종류로는 장수를 상징하는 표기(標旗), 휘하의 장수들에게 명령을 내리는 영하기(令下旗) 혹은 휘(麾), 휘하 장수들을 소집할 때 사용하는 초요기(招搖旗), 매복병(埋伏兵)[126]에 기밀하게 내리는 대사기(大蛇旗), 척후병(斥候兵)들이 사용하는 후기기(候騎旗) 등이 있다.

군기를 이용하는 신호(信號)체계로는 응답하는 응(應), 깃발을 지면에 닿지 않게 일으켜 세우는 것을 점(點), 깃발을 지면에 대었다 다시 일으켜 세우는 지(指), 깃발을 크게 휘두르는 휘(揮), 보고하는 보(報) 등이 있다.

대장이 휘(揮)를 좌측으로 점(點)하면 직진(直陣), 우측으로 점하면 방진(方陣), 앞으로 점하면 예진(銳陣), 뒤로 점하면 곡진(曲陣), 사방을 향해 점하면 원진(圓陣), 두 휘를 합쳐 점하면 2위(二衛)가 1진(一陣)을 이루라는 신호이다.

보통 유격대인 유병(遊兵)은 총병력의 3할 정도를 차지하며 유군장(遊軍將)이 전투상황에 따라 탄력적으로 운용한다. 고전(苦戰)하는 부대가 있으면 유군장이 명령을 내려 유군이 고함을 길게 지르며 나는 듯 달려가 힘을 모아 도와주어야 한다.

해당 병영(兵營)쪽으로 적이 일백 보(步) 내에 들어왔다는 보고를 받으면 자체적으로 명령하여 낭기(狼機)와 조총을 교대로 쏘아댄다. 또 적이 50보 안으로 들어왔다는 보고를 받으면 사수(射手)들에게 일제히 사격토록 한다.

선전관이 무릎을 꿇고 북을 두드리고 라(鑼)를 울린다고 임금께 아뢴다. 교련관이 이 명에 호응하여 신포 한 발을 쏜다. 즉시 북을 두드리고 징을 울린다. 해당 병영에서 적들이 성 아래까지 이르렀다는 보고가 있자 성 위에서 돌을 마구 던지게 한다.

---

126) 적을 불시에 공격하여 해치거나 동태를 살피려고 몰래 숨어있는 병사를 말한다.

이미 적이 물러나 도망친다는 보고에 징을 쳐 라(鑼)와 북을 그치게 한다. 적이 완전히 멀리 퇴각했다는 보고가 올라오면 선전관이 임금께 아뢴 뒤 또다시 징을 쳐 라(鑼), 북을 그치게 한다. 이어 무릎을 꿇고 유격대원인 유병(遊兵)이 소속 부대로 속히 되돌아가도록 임금께 아뢴 후 명령을 한다. 이 명령을 받은 교련관이 신포(信砲) 한 발을 쏜다. 사방에서 각 병영의 깃발을 세우고 안쪽을 향해 점기(點旗)를 하게 된다. 징을 두 번 울려 대취타를 연주 시킨다. 이를 신호로 각 병영에서 모두 취타를 연주하도록 한다. 유병이 각 소속부대로 돌아오면 징·취타를 그치게 한다. 그러면 모든 병영에서도 연주를 그친다.

선전관이 무릎을 꿇고 임금께 아뢰고 휴식할 것을 호령한다. 이 호령에 따라 교련관이 신포 한 발을 쏜다. 라를 울리면 해당 병영에서 일제히 포에 응답하는 라를 울린다. 징을 쳐 그치게 하고 병조판서가 무릎을 꿇고 모처의 병영훈련이 끝났음을 임금께 아뢴다. 명을 받고 일어나 응답하고 물러간다. 한 병영의 훈련이 끝나면 또 한 병영이 이어서 훈련에 들어간다.

각 병영에서 길의 사방에 매복시켜 훈련을 하고 있는 병사에게 일시에 포를 쏘고 기화(起火)로 신호를 보내 경계할 것을 알리면 성(城)에 있는 각 병영의 장수들 역시 똑 같이 알았다고 기화로 신호하여 서로 교신한다.

병조판서가 무릎을 꿇고 각 병영이 일제히 훈련에 들어간 것을 임금께 아뢰고 명을 받고 일어나 응답하고 물러난다. 선전관이 무릎을 꿇고 임금에게 아뢰고 각 병영에 일제히 훈련을 실시할 것을 호령한다. 호령을 받은 교련관은 신포 한 발을 쏘고 타종(打鐘)을 하는 대신 징을 친다. 이어 무릎을 꿇고 임금께 아뢰고 일어설 것을 호령한다. 이 호령에 따라 교련관이 신포 한 발을 쏜다. 라(鑼)를 불어 각 병사들이 일어서면 징을 울려 동작을 멈추게 한다. 각 병영마다 깃발을 세우고 북을 두드리며 천아성을 불면 점기(點旗)를 한다. 이때 사방에서 유격대인 유병이 함성을 길게 지르며 나를 듯, 먼지를 일으키며 지원을 한다.

사방에 적이 일백보 안에 들어왔다는 보고를 받으면 자체적으로 낭기(狼機)와

조총(鳥銃)을 교대로 쏘아댄다. 또 50보(步) 안에 적이 이르렀다는 보고를 받으면 사수(射手)들에게 일제히 쏘라고 사격명령을 한다.

　선전관이 무릎을 꿇고 임금께 아뢰고 북을 두드리고 나를 울리겠다는 허락을 얻은 후 호령하면 명을 받은 교련관은 신포 한 발을 쏜다. 그러면 즉시 북을 두드리고 나를 울린다. 사방에 적이 성 아래에 이르렀다는 보고에 따라 성 위에서 적에게 돌을 마구 던져댄다. 적이 패하여 도망하였다는 보고를 받자 징을 쳐 라(鑼), 북을 멈추도록 한다. 또 적이 이미 패퇴하여 멀리 달아났다는 보고를 받자 선전관은 무릎을 꿇고 아뢴 뒤 역시 징을 쳐 라(鑼)와 북을 멈추라고 한다.

　이어 다시 무릎을 꿇고 임금께 아뢴 후 유격대원인 유병들은 각자의 부대로 돌아가라고 호령한다. 이 호령에 따라 교련관이 신포 한 발을 발사한다. 사방에서 각 병영의 깃발을 세우고 안쪽을 향해 점기(點旗)를 하게 한다. 징을 두 번 울려 대취타를 연주하게 한다. 사방에서 모두 포에 응답하여 취타를 연주한다. 유격대원인 유병이 각 소속부대로 돌아가면 징을 울려 취타를 멈추게 한다. 사방의 병영에서도 일제히 취타를 그치도록 한다.

　성문(城門)을 여는 일입니다. 병조판서가 무릎을 꿇고 성문 여는 것을 임금께 아뢰고 명을 받아 일어나 응답하고 물러간다. 선전관이 무릎을 꿇고 길에 매복한 병사들을 철수시킬 것을 임금에게 아뢴 후 호령을 내린다. 호령을 받아 교련관이 신포 세 발을 발사한다. 나발을 분다. 그러면 각 부대가 일시에 포 소리에 응답하여 나발을 똑 같이 분다. 길에 매복 군사가 철수하면 징을 울려 멈추게 한다.

　성에서 내려오는 일입니다. 병조판서가 무릎을 꿇고 성에서 내려오는 것을 임금께 아뢰고 명을 받고 일어나 응답하며 물러간다. 선전관이 무릎을 꿇고 임금에게 아뢴 후 성을 내려갈 것을 호령한다. 명령에 따라 교련관이 신포 세 발을 발사한다. 징을 두 번 울려 대취타를 연주하도록 하달한다. 각 병영에서 바로 포 소리에 응답하는 취타를 연주하도록 한다. 각 병사들이 성에서 내려오면 징을 울

려 멈추게 하고 선전관이 무릎을 꿇고 임금께 아뢰고 휴식을 호령한다. 호령에 교련관이 신포 한 발을 발사한다. 그러고 나를 울린다. 그 소리에 사방에 있는 각 병영에서는 일제히 포에 응답하여 나를 울린다. 징을 쳐 멈추게 한다.

깃발을 내리는 일입니다. 병조판서가 무릎을 꿇고 깃발 내릴 것을 임금께 아뢰고 명을 받고 일어나 응답하고 물러간다. 다시 선전관이 무릎을 꿇고 임금에게 아뢰고 깃발을 내리라고 호령을 한다. 호령에 교련관은 신포를 한 번 쏘아 올린다. 북을 세 번 두드리고 라(鑼)를 세 번 울려 깃발을 내리면 징을 쳐서 그치게 한다. 각 병영에서는 똑 같이 포에 응답하여 북과 나를 공히 세 번씩 쳐 알리고 깃발을 내린다. 만약 이어서 야간 훈련이 있으면 깃발 내리는 것을 임금께 아뢰지 않아도 된다. 병조판서가 임금께 아뢰는 것은 이미 정해진 행사의 절차상 의식이며 선전관이 계품하여 내리는 명령은 임금이 직접 군대를 지휘통솔 하는 것이다. 이번 주조와 야조는 정조의 지휘 아래 일사불란하게 행하여진 조선 최대의 군사훈련이었다.

정말로 대단한 훈련 모습이었다. 실전을 방불케 하는 그 중심에서 정조는 언제나 명령을 내리고 거두어들이는 최고의 군 통수권자였다. 조선 역사상 그 유래를 찾아볼 수 없는 전략가이자 전술가였다. 참관한 모든 사람은 병사들의 위풍당당한 위세에 자신도 모르는 사이에 두려움을 갖도록 하는 무서운 강군(强軍)이었다. 한편, 나라의 반석이 되도록 성장한 장용영을 자랑스럽게 여기는 보람과 긍지를 느끼기에 족했다.

3,700명이 모였다 흩어지며 일으키는 흙먼지와 유격대원인 유병(遊兵)이 각 병영을 눈 깜짝할 순간에 지원하여 적을 섬멸하는 장면은 글자그대로 장관을 이루며 정예군으로 천하무적이라는 자부심을 갖기에 충분하였다.

낮에 행하는 훈련이라 동서남북에서 일사분란하게 깃발을 사용하여 병영을 통솔하는 것이 가히 신의 경지에 가깝다.

이 광경을 바라보는 정조는 힘을 느끼고 노론들은 공포에 질린다. 훈련에 참여하지 않으며 측면에서 알게 모르게 지원한 1500여 명까지 합세 한다면 누가 보아도 정말 가공할 만한 위력을 가진 최 정예병의 위용이었다. 이것이 정조가 키워낸 장용외사의 참 모습이기 때문이다. 6,000명의 장졸은 보통 평범한 군인이 아니고 잘 조련된 일당백의 강군인 것이다. 정조의 효성(孝誠)은 하늘에 계신 아버지의 원혼을 통쾌하게 풀어드리기 위해 눈에 보이지 않는 무서운 복수극을 지금 펼치고 있는 것이다. 계획한대로 주조(晝操)가 끝나가 정조는 낙남헌으로 돌아왔고 장졸(將卒)들도 야조(夜操)를 하기 위해 꿀 같이 단 휴식에 들어갔다.

상(上)이 화성 장대에 입시 야간훈련을 친림하기로 한 시간을 오후 3~5시인 신시(申時)로 정했다. 그리고 정조는 화성행궁에서 '왕이 군사훈련에 친히 자리할 때에는 대신 이하 신하들은 무기와 군복을 갖추고 따르도록 『국조오례의(國朝五禮儀)』에 실려 있는 바, 모든 대신 및 왕의 바로 좌우에서 칼을 차고 호위하는 별운검(別雲劍)인 호조판서 이시수(李時守), 가승지 조진관(趙鎭寬)은 갑주를 갖추고 들어오라. 또한 전 승지 이유경(李儒敬)을 가승지(假承旨)로 임명한다.'

그리고 오늘 야간훈련 시 현재의 내무반인 군영(軍營) 안에 있는 군사가 궁 앞까지 출동하는 데는 15분으로 한다.

정조는 갑옷과 투구를 쓴 무장차림으로 낙남헌을 출발 오후 4시 10분인 신정초각(申正初刻)에 행궁 밖으로 나와 장3호(掌三號)를 발령한다. 그리고 말위에 올라 행궁 문밖으로 나와 장춘각(藏春閣)·우화관(于華觀)·미로한정(未老閒亭) 앞길을 경유하여 장대에 도착 말에서 내려 어좌에 앉는다.

장대에는 병조판서 심환지와 정조의 심복지신인 장용외사 겸 화성유수 조심태가 자리하고 대신이하가 순서대로 배석했다.

정조는 화성(華城)의 장대(將臺)에서 성안의 군사 훈련을 친히 사열하고 시를 지어 문 위 횡목(橫木)에 걸었다.

나라를 지켜 보호함이 중한 것이라(拱護斯爲重)
경영엔 노력을 허비하지 않는다오(經營不費勞)
성은 평지로부터 아득히 멀고(城從平地迥)
대는 먼 하늘 의지해 높기도 하여라(臺倚遠天高)
오만 방패들은 규모가 장대하고(萬堞規模壯)
삼군은 의기가 대단히 호쾌하도다(三軍意氣豪)
대풍가 한 곡조를 연주하고 나니(大風歌一奏)
붉은 아침 햇살이 인포(투구와 갑옷)에 비추이누나(紅日在鱗袍)

그리고 정조는 '여러 대신들이 다 노인들이니 참석이나 입시(入侍)에서 제외토록 하라.'고 명을 내렸다. 어명에 영의정(領議政) 홍낙성(洪樂性 : 1718~1798, 당시 78세), 좌의정(佐議政) 유언호(俞彦鎬 : 1730~1796, 당시 66세), 우의정(右議政) 채제공(蔡濟恭 : 1720~1799, 당시 76세), 영돈녕(領敦寧) 김이소(金履素 : 1735~1798, 당시 61세), 판부사(判府事) 이병모(李秉模 : 1742~ 1806, 당시 54세)가 정조 앞으로 나아갔다.

영의정 홍낙성이 나서 '신이 이 땅을 지나다닌 적이 여러 번이나, 이 같이 국방상 중요한 곳인 줄 몰랐습니다. 지금 형편을 보니 널리 삥 둘린 규모가 너르고 먼 것이 비로소 사람의 힘을 가하지 않고 저절로 이루어진 것처럼 높은 산이 오늘을 기다리고 있었음을 알겠습니다. 높지도, 낮지도 않으며, 공수(攻守)가 모두 편하고, 삼남(三南)의 요충이자 경기지방을 제어하여 잡을 장소로서 정말 만세토록 믿을만한 기업(基業)입니다.'라고 왕에게 아뢰었다.

정조는 홍낙성의 말을 받아, '아버님 원침(園寢)을 지키는 중요성이 참으로 자별하다. 비용을 헤아려 이러한 경영을 시작한 것인데, 만약 지리(地利)와 형편(形便)을 얻지 못했다면 어찌 이러한 엄청난 큰일을 거행하게 되었겠는가. 모든 일을 할 때 사람들은 근심하며 일을 해낼 수 있는 힘이 부족하다고 말하는데, 어찌 뜻이 있는데 이루지 못하겠는가. 다만 우리나라 사람들은 평소 성곽제도에 관심을 두지 않고, 또 공역(工役)이 이와 같이 큰 데도 불과 수년 사이에 공사가 끝날

줄은 나도 미처 몰랐노라.'고 말했다.

　그러자 우의정 채제공이, '계획하고 경영에 있어서는 물론 착수 하도록 전하께서 처음으로 판단하셨고, 국가의 경비(經費)를 번거롭게 하지 않고, 백성의 힘을 수고롭게 하지 않으신 것은 신들이 진실로 우러러보지 않을 수 없습니다. 그런데 장용외사가 시종 감독을 맡으면서 수고로움을 아끼지 않았으니, 참으로 사람을 잘 택한 효과라 하겠습니다.'라며 거들었다.

　정조는 채제공에게, '경이 전체를 모두 관리한 노력 역시 크다.'고 말하자, 채제공은, '신이 어찌 애를 썼다고 하겠습니까. 다만, 어리석은 충정만 근심스러웠을 뿐입니다. 성부(城府)의 제도는 이제 기틀이 거의 갖추어 졌으나, 마을이 즐비하게 들어서지 못하고, 경제가 아직 샘처럼 흐르지 못합니다. 왕도(王都)의 장대하고 화려한 규모가 3수년(三數年) 정도 경영을 착수해서 이루어지기는 어렵습니다. 이것이 심히 답답할 뿐입니다.'라고 아뢰었다.

　정조가 '읍(邑)을 이루고 도(都)가 이루어지려면 오히려 2~3년을 기다려도 될지, 말지 할 것이다. 이제부터 이용후생(利用厚生)의 길을 차례로 갖추어 나간다면 백성들이 수 없이 많이 몰려올 것이니 많지 않다고 근심하지 않아도 될 것이다.'라며 앞으로의 구상을 밝혀 이용후생의 도시가 되어야 한다고 아직 준공도 하지 않은 상태에서 화성의 청사진을 밝힌 것이다. 더구나 도(都)라는 말을 정조와 채제공이 아무 거리낌 없이 주고받는 것을 보면 정조의 복심이 어디에 있는지 가늠하게 해 주어 더욱 의미심장하다.

　성을 지키는 군사훈련인 성조(城操)에 들어가기 전 영상, 우상과 나눈 대화이다. 정조는 좌승지 이만수(李晩秀)에게 「어제시(御製詩)」를 써서 내려주고, 여러 신하들이 화답하는 시를 지어 올리라는 효심도 잊지 않았다.

　야간 훈련에 본격적으로 돌입된다.

　병조판가 무릎을 꿇고 훈련을 시작하겠다고 임금께 아뢰고 명을 받고 일어나 응답하고 물러난다. 선전관이 무릎을 꿇고 임금에게 아뢴 후 장1호(掌一號)를 명

한다. 명을 받아 나발수가 나발을 분다. 그러면 각 병사들이 모두 성(城)으로 올라간다. 병조판서가 무릎을 꿇고 길에 매복병을 출발 시키도록 하겠다고 임금께 아뢰고 명을 받아 일어나 응답하고 물러난다. 재차 선전관이 무릎을 꿇고 임금에게 아뢴 후 출발하여 길에 매복할 것을 병사에게 호령한다. 이 호령에 따라 교련관이 신포 3발을 발사한다. 징의 모퉁이를 울려 매복병을 출발시키라는 신호를 보낸다. 신호를 받은 해당 병영에서는 일제히 알겠다며 징의 모퉁이를 친다. 징을 울려 그치게 하고 선전관이 무릎을 꿇고 임금께 아뢴 후 장2호(掌二號)를 명한다. 나발수가 명을 받아 나발을 길게 불어 2호가 발령되었음을 알린다. 각 위관이 도착하여 정렬하였다. 지시하는 절차는 주간훈련 때의 예와 같다. 선전관이 무릎을 꿇고 임금께 아뢴 후 장3호(掌三號)를 발령한다. 그러면 명을 받은 나발수가 나발을 길게 불어 3호가 발령되었음을 알린다.

성문을 닫는 일입니다. 병조판서가 무릎을 꿇고 성문을 닫는 문제를 아뢰고 명을 받들어 일어나 대답하고 물러간다. 선전관이 무릎을 꿇고 임금께 아뢴 후 성문을 닫으라고 호령한다. 이 명에 따라 교련관이 신포 세 발을 쏜다. 징을 두 번 울려 대취타를 연주시키고, 성문을 닫으면 징을 울려 대취타 연주를 그치게 한다. 이어 선전관이 무릎을 꿇고 임금께 아뢴 다음 함성을 길게 지르라고 호령한다. 호령에 교련관이 신포 1발을 발사한다. 신포소리를 신호로 천아성(天鵝聲)을 불면 모든 병영에서는 일제히 3차에 걸쳐 긴 함성을 성(城)이 떠나갈 듯 외치고 징 소리가 울리면 그친다. 주간훈련 시 만약 기(旗) 내리는 것을 임금에게 아뢰지 않았을 경우 호령은 주간훈련의 예와 동일하게 한다.

횃불을 밝히는 훈련에 관한 일입니다. 병조판서는 무릎을 꿇고 횃불을 밝히는 훈련에 대하여 임금에게 아뢰고 명을 받고 일어나 응답하고 물러간다. 그러면 선전관이 무릎을 꿇고 아뢴 후 횃불 밝히는 훈련에 대한 호령을 내린다. 선전관 호령에 교련관은 신포 두 발을 쏘고, 기화(起火) 3지(三枝)로 신호를 보낸다. 4자루의 횃불을 태운다. 각 해당 병영에서는 포 소리에 똑같이 기화로 응답하고 횃불을

태운다. 선전관이 무릎을 꿇고 임금께 아뢴 뒤 횃불을 점화하라는 호령을 내린다. 호령에 교련관이 신포 한 발을 발포 하며, 천아성을 분다. 횃불을 점화한다. 각 해당 병영에서 일제히 포에 응하여 횃불을 점화시키고 모두 함성을 3차에 걸쳐 지른다. 선전관이 무릎을 꿇고 임금께 아뢴 후 횃불을 눕히라고 호령한다. 호령에 신포 3발을 쏜다. 각 병영에서는 일제히 포 소리에 따라 횃불을 눕힌다.

깃발을 내리는 일에 관한 것입니다. 병조판서가 무릎을 꿇고 깃발 내리는 일을 아뢰고 명을 받들고 일어나 응답하고 물러간다. 선전관이 무릎을 꿇고 임금께 아뢴 뒤 기(旗)를 내리라는 호령을 한다. 호령에 교련관이 신포 한 발을 쏜다. 그러면 북을 3번 두드리고 나를 3번 쳐 깃발을 내린다. 각 병영에서도 포 소리를 듣고 일제히 북, 라(鑼)를 3번 두드리고 치며 기를 일시에 내린다.

악기로도 명령을 전달했는데 북은 이동을 뜻했다. 북을 빠르게 두드리면 빨리, 천천히 두드리면 천천히 이동했다. 반대로 징은 후퇴를 뜻했다. 징을 빠르게 울리면 후퇴하고, 징을 멈추면 다시 공격대형을 갖추고 싸움에 임했다. 또 방울을 울리면 진중 모두가 숨소리조차 들릴까 조심하며 조용히 했는데, 쇠 방울 소리가 날 때면 온 신경을 곤두세우고 적의 야간기습에 대비하거나 다음 명령이 떨어질 때까지 마음을 다잡고 기다려야 했다. 반대로 양면으로 된 북의 허리 양쪽에 가죽 끈을 달고 긴 나무 자루에 끼워서 이 자루를 흔들면 가죽 끈이 2개의 북면을 쳐서 소리를 내는 타악기인 도(鼗)를 치면 일제히 함성을 지르며 아군의 사기를 북돋았다. 이처럼 다양한 신호체계를 익히는 것은 병법의 기본이었다.

병사들은 깃발·악기·횃불·신포·신전 등으로 내리는 각 가지 명령을 익히는데 많은 어려움을 겪었다. 야간 훈련에는 깃발을 사용할 수 없음으로 불·악기·포·신전 등을 이용할 수밖에 없었다.

등(燈)을 매다는 일에 관한 것입니다. 병조판서가 무릎을 꿇고 등을 매다는 일에 대해 임금께 아뢰고 명을 받고 일어나 응답하고 물러난다. 선전관이 무릎을 꿇고 임금에게 아뢴 뒤 등을 매달라는 호령을 한다. 호령에 교련관은 신포 세 발

을 쏘고 기화 3지(三枝)로 신호를 한다. 북을 3번 두드리고, 라를 3번 쳐 오색의
쌍등(雙燈)을 매달게 한다. 사방의 병영에서 똑 같이 포 소리에 응하여 기화에 응
답하고 자바라와 북을 3번씩 울리고, 두드리면 모든 병영은 말할 것도 없고 각
성가퀴는 일시에 쌍등(雙燈)을 단다. 그리고 성안에 있는 인가(人家)에서도 문 위
에 등잔(燈盞)을 넣은 등롱(燈籠)을 하나씩 매달고 한 사람이 앉아 자기 집을 지키
게 한다. 징을 울리는 것을 그치게 한다. 사방에서 일체 징을 멈춘다.

선전관이 무릎을 꿇고 임금께 아뢴 뒤 휴식을 호령한다. 호령에 교련관이 신포
한 발을 쏜다. 그러면 라를 울린다. 사방에서 포 소리를 듣고 똑같이 라를 울린
다. 징을 울려 멈추게 한다.

성안은 일시에 오색찬란한 불야성(不夜城)이 되어 별천지를 이룬다. 잠시 휴식
을 취하는 병사들과 정조가 불빛에 취한다. 꿈을 꾸는 것이다. 북벌을 감행하여
옛 고구려의 광활한 영토를 수복하는 다물(多勿)의 야무진 꿈을.

훈련 중 휴식시간은 왜 그리 빨리 지나가는지 모른다. 화장실 들러 담배 한 대
피울 여유도 없는 것 같다.

시간을 전하는 일에 관한 것입니다. 병조판서가 무릎을 꿇고 야간훈련에 있어
밤의 시간을 알리는 일에 관해 임금에게 아뢰었다. 명을 받고 일어나 응답하고
물러난다. 선전관이 무릎을 꿇고 임금께 아뢴 후 종을 쳐 야간훈련 시간을 아뢰
라고 호령한다. 실제로는 종 대신 징을 쳤다. 선전관이 무릎을 꿇고 임금께 아뢰
고 시간을 정하라는 호령을 한다. 호령에 교련관이 신포 1발을 쏘고 천아성을 불
었다. 이에 시간을 알리기 위해 일차로 북을 치고 딱따기를 울렸다. 사방에서 딱
따기를 울려 서로 응답하다가 빠짐없이 골고루 돌면 다시 시작한다.

약 2경(二更 : 밤 9~11시)쯤 되었을 때 선전관이 무릎을 꿇고 임금께 아뢴 후 2경
이라고 호령한다. 호령에 교련관은 신포 한 발을 쏘고 천아성을 길게 분다. 시간
을 전하자 선전관은 무릎을 꿇고 임금께 아뢴 후 주화(走火)에 관해 호령한다. 호
령에 교련관은 신포 한 발을 쏘고 기화 일지(一枝)로 신호를 한다. 주화에 관한

일이 끝나자 선전관은 다시 무릎을 꿇고 임금에게 아뢴 후 우렁찬 함성을 길게 외치도록 호령을 한다. 호령에 교련관은 포를 쏘고 천아성을 길게 불도록 하여, 그 소리를 듣고 전군(全軍)이 공히 함성을 성과 산천초목이 떠나가도록 3차례 외친다. 고요한 밤중에 외치는 함성은 천지를 진동시켰다. 징을 울려 멈추게 하고 종전 지킬 때와 같게 한다. 사방의 병영은 돌아가며 훈련을 하되 주간훈련의 예에 의해 일제히 시행하도록 한다. 시간이 새벽 3~5시인 5경(五更)에 이르면 선전관이 무릎을 꿇고 임금께 아뢴 후 종을 치게 한다. 해 뜨기 전 거행하는 것이다.

등(燈)을 내리는 일에 관한 것입니다. 병조판서가 무릎을 꿇고 등을 내릴 것을 임금께 아뢰고 명을 받고 일어나 응답하고 물러간다. 선전관이 무릎을 꿇고 임금에게 아뢴 후 등을 내리라고 호령한다. 호령을 받은 교련관이 신포 한 발을 쏜다. 북, 나를 공히 3번씩 울려 등을 내리도록 한다. 모든 병영이 일시에 등을 내린다. 징 치는 것을 그친다. 모든 병영 역시 일제히 징을 멈춘다. 등 꺼진 성안은 무섭도록 조용하다. 캄캄한 밤 열이틀 달은 서산마루에 걸리고 별들도 잠에 겨운 듯 졸음에 빠져 빛을 잃어간다.

성문을 여는 것에 관한 일입니다. 병조판서가 무릎을 꿇고 성문을 열 것을 임금께 아뢰고 명을 받들어 일어나 응답하고 물러간다. 선전관이 무릎을 꿇고 임금에게 아뢴 뒤 성문을 열라고 호령한다. 호령을 받은 교련관이 신포 3발을 발사한다. 징을 두 번 울려 대취타를 연주하게 하달하고, 성문을 열면 징을 쳐 멈추게 한다.

매복병들을 철수시키는 일에 대한 것입니다. 병조판서가 무릎을 꿇고 길에 매복한 병사들을 철수시킬 것을 임금께 아뢰고 명을 받고 일어나 응답하고 물러간다. 선전관이 무릎을 꿇고 임금에게 아뢴 후 길에 매복했던 병사들을 철수시키라고 호령한다. 호령을 받은 교련관이 신포 3발을 쏜다. 그리고 나발수가 나발을 분다. 각 병영에서도 포 소리에 응답하여 일제히 나발을 분다. 길에 매복 되었던

병사들이 철수하면 징을 쳐 멈추게 한다.

　성을 내려오는 일에 관해서입니다. 병조판서가 무릎을 꿇고 성에서 내려오는 일에 관해 임금께 아뢰고 명을 받고 일어나 응답하고 물러간다. 선전관이 무릎을 꿇고 임금에게 아뢴 후 성에서 내려올 것을 호령한다. 호령에 따라 교련관이 신포 3발을 쏜다. 그리고 징을 두 번 울려 대취타를 연주토록 하달한다. 각 병영은 포 소리에 응답하여 일제히 취타를 연주한다. 각 병사들이 성을 내려오면 징을 울려 취타를 그치게 한다. 선전관이 무릎을 꿇고 임금에게 아뢴 후 장1호(掌一號)를 발령한다. 영에 따라 나발수가 나발을 분다. 징을 울리자 군중(軍中)에서 사용하던 깃발들이 나뉘어 세 행렬로 선다. 이어 선전관이 무릎을 꿇고 임금께 아뢴 뒤 장2호(掌二號)를 발령한다. 영에 따라 역시 나발을 분다.

　대가(大駕)가 행궁으로 환어(還御)한다.

　정조는 주야간 군사훈련을 통하여 막강한 군대를 직접 통솔하는 왕으로 우뚝 섰다. 그리고 조정신료들 중 반대편에서 아직도 호시탐탐 정조를 음해하려던 세력들에게 간담을 사늘하게 하는 철퇴를 소리 없이 가해 일시에 제압시켜 버린 것이다.

　한편 백성들에게는 부국강병(富國强兵)의 꿈을 실현시키고자 애쓰는 성군이 되었으니 두 마리 토끼를 한꺼번에 잡은 셈이다. 정조가 왜 그토록 장용영에 온갖 정성을 기울였는지 천지인 모두가 확실하게 알아버린 날이었다.

　뒤주 속에 갇혀 죽은 사도세자의 아들 정조가 드디어 하늘을 움켜진 것이다. 그것도 소조(小朝) 소리만 듣던 아버지의 하늘로.

◆ 다섯

뒤주속이 달아오르기 시작하는걸 보니 또 해는 중천을 넘었을 것이다. 이제 시간의 흐름에도 육신(肉身)은 지쳐 분별심(分別心)까지 둔하다. 영혼도 육신 따라 혼미해지는 것일까.

생각하는 것조차 추스를 수 없을 정도로 기력이 떨어져 천지와 자신의 앞날이 그냥 어둠 속으로 스르르 묻혀버리고 있음을 희미하게나마 떠 올린다. 뒤주 속 세자는 자신의 삶이 이미 돌이킬 수 없도록 빛을 잃어가고 있었다. 마음속으로 희망을 바라며 헤어보던 간절한 숫자도 남아있지 않았다.

아스라한 기억 속에서 28년간 잊혀 지지 않는 몇몇 장면들이 사실처럼 환하게 떠올랐다가 환영처럼 사라져 버린다. 삶에 대한 애착도 죽음에 대한 공포도 몸 안에는 없었다. 이미 죽은 사람이다. 영혼이 자욱한 안개를 걷고 새로운 곳을 향해 걸음을 천천히 옮기고 있음을 느낀다. 마음속으로 외치고 있는 것은 분노가 아니라 한 모금 물 뿐이다. 비라도 내려 뒤주 안으로 물이 새어 들어왔으면 하는 허망한 생각이 본능을 자극하는가 싶더니 어느새 연기처럼 형체도 없이 사라져 가는 환영(幻影)이었다. 갈증을 못 이겨 자신의 소변으로 목을 축인 적도 있었다. 그러나 수분이 모두 몸 밖으로 빠져나갈 뿐 먹는 음식물이 없으니 이제는 밑으로 나올 아무 것도 없었다. 몸 하나 제대로 누울 수 없는 공간에서 웅크리고 앉아 참 많이도 버티었다는 생각이 든다.

황천(黃泉)이란 하늘 저편 아득한 곳에 있는 줄 알았는데 뒤주가 황천이라니 더 말하여 무엇 하리. 이미 풀어헤쳐진 머리카락과 휑한 눈, 타버린 입술은 살아있는 사람의 몰골이 아니었다.

그 무섭다는 저승사자가 다름 아닌 아버지, 어머니, 장인이 될 줄이야. '저승길이 대문 밖이다.'라는 말이 있지만 저승길이 대문 안 뒤주 속이 될 줄이야.

가물거리는 기억 속에서 생모 아닌 죽은 정성왕후(貞聖王后)와 화협옹주(和協翁主)가 자꾸 어지럽게 한다. 죽음이 코앞에 이른 것이다.

산(祘)·청연(淸衍)·청선(淸璿)이 차례대로 아버지를 부른다. 죽음 속에서도 환한 미소로 해·달처럼 떠오르는 것은 오직 아이들뿐이다.

10살에 장가들어 18년 이상을 산 아내는 영영 생각이 나지 않았다. 아무리 떠올리려 해도 얼굴이 어떻게 생겼는지 통 알 수가 없다. 자식을 넷씩이나 낳은 부부란 그런 것이었던가. 참으로 불가사의한 일이다.

나 죽은 후에 무슨 말을 할지 정말 궁금하다.

◆ **다섯째 날**(윤 2월 13일)

정조 19(1795)년 을묘원행의 의의는 정조가 꿈꾸어왔던 자기철학의 완성이자 모든 해원(解寃)을 씻어버리는 마지막 성인(聖人)의 계획된 마스터플랜(master plan)의 결정판이다.

정조는 회갑을 치르기 전해인 12월 13일 입시한 화성유수 조심태에게 1686(숙종 12)년 윤 4월 7일의 대왕대비께 올린 풍정연(豊呈宴)과 1743(영조19)년 9월 16일 명정전에서 50세를 축하하는 어연(御宴)을 참작하라는 명을 받들어 7작을 올리는 예에 따라 진찬연(進饌宴)을 준비한 것이다.

을묘년(乙卯年)은 돌아가신 아버지 사도세자(思悼世子 : 1735~1762), 어머니 혜경궁 홍씨(1735~1815)의 회갑이며 태조의 아버지 이자춘(李子春 : 1315~1361)의 묘호(廟號)인 환조(桓祖)의 8주갑(480년)을 맞이한다는 명분을 내세워 윤 2월 13일 화성행궁에서 성대한 회갑잔치를 연다. 물론 자신이 왕위에 오른 지 20년이 되는 해이기도 하다.

흔히 '봉수당 진찬(奉壽堂 進饌)'이라 부르는 잔치는 다행히 「원행을묘정리의궤(園行乙卯整理儀軌)」와 「봉수당진찬도(奉壽堂進饌圖)」 8폭 병풍을 통하여 당시 연희(演戱)의 구체적 상황을 파악하는 아주 훌륭한 자료가 된다. 특히 도성(都城)에 있는 궁궐에서만 행하던 행사를 정조 자신이 축성한 화성 행궁에서 화려하고 성대하게 베풀었다는 것은 궁정문화사연구(宮廷文化史研究)는 물론 전통 연희의 복원에 아주 중요한 사료적 가치를 지니고 있다.

왕실에 경사(慶事)가 있을 때 궁중에서 베푸는 잔치는 그 규모에 따라 풍정(豊呈)·진연(進宴)·진찬(進饌)·진작(進爵)·수작(受爵) 등으로 흔히 구별하였다. 그래서 연희행사가 처음부터 끝까지 진행된 모든 과정을 『풍정도감의궤』·『진연의궤』·『진찬의궤』 등으로 행사규모에 따라 격을 달리하여 기록으로 남긴다.

풍정은 '왕실의 어른에게 음식을 풍성하게 차려서 올린다.'는 말이고, 진연은 '연향(宴享)을 올리다.'이며, 진찬은 '음식을 올리다.'이고, 진작은 '술잔을 올리다.'이며, 수작은 '술잔을 받다.'라는 뜻으로 풍정보다는 진연이 진연보다는 진찬의

규모가 작고 의식이 좀 간편해진다. 물론 잔치규모의 차이를 내포한 용어로 나누어 사용하지만 아주 정확하게 구별되지는 않는다. 진찬을 좀 더 구체적으로 말하자면 '세자 및 신하가 임금에게 또는 임금이 대비(大妃)에게 드리는 격식과 예법을 갖춘 잔치로 음식은 물론 술과 아울러 예능인들의 재주를 바치는 것.'을 뜻한다.

봉수당(奉壽堂)은 임금이 머무를 때는 행궁의 정전(正殿) 겸 편전(便殿)이고 평소에는 화성유수의 집무실이다.

1790(정조 14)년 2월 8일 어가(御駕)가 수원부에 머물렀다. 다음날 현륭원에 전배(展拜)하고 작헌례(酌獻禮)를 행하였다. 걸어서 원(園) 위로 올라가 좌우 산기슭을 두루 살펴보았다. 행궁으로 돌아온 정조는 동헌(東軒)을 장남헌(壯南軒), 내사(內舍)를 복내당(福內堂), 사정(射亭)을 득중정(得中亭)이라 이름 짓고 모두 친히 어필(御筆)로 현판(懸板)을 썼다. 그러다 정조는 자당(慈堂)의 회갑을 맞아 어머님의 장수를 기원하는 악장(樂章)과 자신의 마음을 담은 시를 지어 신하들에게 보이며 '만수(萬壽)를 받들어 기원한다.'라는 뜻인 '봉수당(奉壽堂)'이란 당호(堂號)를 지어 올린 후부터 봉수당이 되었다.

1795년 윤 2월 13일, 정조는 어머니의 회갑행사를 화성행궁에서 화려하게 치름으로 지방에서 열린 최초의 궁중행사가 된 것이다.

「봉수당진찬도」를 보면 화면 위쪽 봉수당에서 가운데 중양문(中陽門)을 지나 좌익문(左翼門)을 연결하는 행각과 담장으로 경계가 갈려 진찬 모습이 잘 묘사되어 있다. 봉수당 앞 계단에서부터 마루까지 임시로 널빤지를 잇대어 깐 덧마루를 만들어 좁은 공간을 넓혀 많은 사람을 수용할 수 있도록 하였다. 이를 보계(補階)라 하는데 특히 궁중행사를 하기위한 보계는 공연 장소로, 그 위에 많은 사람은 물론 각종 기물·악기들이 자리하기 때문에 아주 튼튼하게 설치하지 않으면 안된다. 보계를 설치하고 무명으로 된 휘장인 백목장(白木帳)을 둘러 공간을 나누고 그 위로 대형 차일을 쳤다. 봉수당 마당에 임시로 설치한 보계 밖 왼쪽 상단에는 혜경궁의 유옥교(有屋轎)가 놓여 있다. 그리고 중양문 밖 마당에는 차일을 치고,

어가를 호위하며 따라온 배종백관(陪從百官)의 자리가 마련되었다.

1795(정조 19) 봉수당진찬도, 『정리의궤』

「봉수당진찬도」에 나타난 행사의 연희공간은 3층위로 나눌 수 있다. 「봉수당진찬도」 상단에 나타나 있듯이 봉수당 온돌과 집채 앞쪽으로 나와 있는 툇간이 첫째 부분이다. 그림 가운데 보계가 설치된 마당이 둘째 층위가 된다. 마지막 중양문 밖이 셋째 층위이다. 그럼 각 층위별로 좀 더 자세하게 구체적으로 살펴보자.

첫째 공간인 봉수당 온돌과 집채 앞쪽으로 나와 있는 물림간은 어머니 혜경궁과 정조의 어좌가 마련된 곳이다. 봉수당 온돌 앞에는 구슬을 꿰어 만든 거북무늬의 발이 쳐져 있다. 혜경궁과 내·외명부(內外命婦)가 이곳에 자리하고 있기 때문에 밖에서 안이 보이지 않도록 하기 위해 가린 것이다. 임금의 자리는 봉수당 건물 왼쪽 즉 서쪽에서 동쪽을 향하여 마련되었다. 병풍을 뒤로하여 호랑이 가죽을 깔아 놓은 곳이 임금의 자리이다.

임금의 오른쪽에는 헌선도무(獻仙桃舞)라 하여 고려 최충헌(崔忠獻 : 1150~1219)이 지어 정재(呈才) 때에 춤을 추던 모습이 보인다. 길이 2m에서 3m되는 붉은 칠을 한 나무자루 위에 가는 대 100개를 꽂고 붉은 실로 엮은 다음 대 끝 3cm 가량을 아래로부터 금박한 종이에 수정 구슬을 달아 장식한 죽간자(竹竿子)를 든 채란(彩丹), 모애(慕愛) 두 여령(女伶)과 대여섯 사람의 춤 기생이 궁중잔치가 있을 때의 아악인 장춘불로곡(長春不老曲)에 맞추어 춤을 추고 있다. 그리고 장면이 바뀔 때마다 오래 살기를 축원하는 뜻이 담긴 사(詞)를 노래로 부른다. 헌선도(獻仙桃) 연회를 마친 3명의 연희자가 탁자를 둘러싸고 있으며 선도(仙桃)를 담은 은(銀) 쟁반을 철옥(哲玉)이라는 여령이 받들고 있는 모습도 보인다.

도교(道敎)는 중국 상대(上代)로부터 크게 유행하며 우리나라에까지 전파되어 우리의 삶속 깊숙이 들어와 많은 영향을 끼쳤다. 중국 서쪽 끝 곤륜산(崑崙山) 요지(瑤池)에 사는 서왕모(西王母)가 반도원(蟠桃園)이라 부르는 과수원에서 복숭아나무를 기른다고 한다. 그런데 이 복숭아나무는 3천 년이 되어야 꽃이 피고, 다시 3천년을 기다려야 열매를 맺는다는 전설이 있다. 이를 선도(仙桃) 또는 천도(天桃)라 하는데 1개를 먹으면 3천년을 사는 재생의 영약(靈藥)이라고 한다. 도교에서 3천은 최고의 수를 말하기 때문에 십팔 만년이라 하지 않고 3천 갑자 동방삭이라고 하는 식으로 표현하는 것이다. 그래서 연회 때마다 제일 먼저 헌선도무를 추며, 선도를 담은 은쟁반을 올려 끝없이 살기를 바라는 사람의 마음을 담은 소망의 춤이자 꿈의 춤이다. 아마도 우화등선(羽化登仙)이 되기를 바라는 인간 욕심의 발로가 아닐까?

이희평(李羲平 : 1772~1839)이 지은 『화성일기(華城日記)』를 보면 봉수당진찬에서 혜경궁과 정조가 앉아있는 모습이 잘 나타나 있다.

'일기는 화창하고 청명하여 정말 경사스러운 날이라. 이른 아침을 마치니 예조에 근무하는 사람이 전하기를 모두 작문(作門)밖으로 모이라 했다. 외삼문 신풍루 앞에 모이니 차례로 들어갈 새, 삼문 안에 둘러섰더니 상께서 자비(편전의 앞문)로 걸어오시느

니라. 여러 기생이 누른 비단 관대에 화관을 쓰고 각각 의장을 들었다. 또 한 쌍은 통례원에서 의식을 주관하는 찬의(贊儀 : 정5품)가 앞에서 예의와 법도에 맞추어 제 허리를 굽히고 빨리 걸어가며 인도하는데 구배(九拜)로 절하여 오르시게 하더라. 모든 신하가 임금이 행궁으로 오심을 부복하여 공경으로 맞은 후에 뒤로 따라 차례로 내삼문 안 보계(補階) 다리로 올라 예의와 법도에 맞추어 제 허리를 굽히고 빠르게 들어가니 사면이 꽃밭이라. 외빈 가운데 유생은 서반(西班)으로 갔는데, 광은부위 김기성이 여러 사람의 우두머리였다. 자리를 정하여 고개를 숙이고 엎드려 무릎을 꿇고 앉은 후 눈을 들어보니 장락당 앞뜰에 보계판을 한 길 남짓 쌓고, 그 위에 차일을 치고, 사면으로 포장(布帳)을 둘렀는데, 방문을 열어 검은 발을 드리웠으니 자궁(慈宮)이 전좌(殿座)하시고 마루에 성상(聖上)이 전좌하여 계시더라.'

둘째 공간은 봉수당 앞마당에 배설된 보계다. 하얀 무명 휘장이 첫째 공간에 이어져 3면에 걸쳐 쳐있어 그 공간 구획이 명확하게 드러난다. 봉수당 진찬행사에서 보계가 설치된 것은 '배설(排設)하고 보계(補階)하는 등의 일은 본부에 명령하여 물건을 나라에 바치면 궁방의 일을 맡는 사약(司鑰)에게 명령을 내려 거행하도록 할 것을 아룁니다.(排設補階等事, 令本府進排, 司鑰次知知委擧行爲白齊)'라는 『원행을묘정리의궤』 기록을 통해 알 수 있다.

이때 설치한 보계는 동서 8칸, 남북 8칸으로 해서 총 64칸이었다. 64칸의 보계도 주역(周易) 팔괘를 여덟 번 겹쳐 얻은 64괘(卦)라는 생각을 떨칠 수가 없는 것은 무슨 이유일까. 여기에다 백면지의(白綿紙衣)를 25장 붙인 것이 4부, 화문방석 20개, 마제문 방석 40개, 백목방석 130개 등이 깔렸다.

보계 위에는 융복차림의 의빈(儀賓)과 척신(戚臣)들이 하사받은 꽃이 놓인 찬탁(饌卓)을 앞에 놓고 좌우로 나뉘어 앉아 있다. 보계 중앙에는 여령(女伶)들에 의해 무고(舞鼓)와 선유락(船遊樂)이 연행되고 있다. 이 두 연희 종목이 함께 이루어졌다는 기록이 어디에도 나타나 있지 않은 점으로 보아, 기록화의 특성상 서로 다른 연행상황을 함께 그린 것으로 추측할 수밖에 없다. 보계 하단에는 악사들이 자리하고 있다.

 셋째 공간은 중양문 밖이다. 봉수당 앞 차일보다 작은 차일이 중양문 앞으로 쳐져 있고, 중양문 밖 마당에 자리를 마련하여 한 무리의 사람들이 좌우로 나뉘어 앉아있다. 이들은 어가를 호위하며 따라온 배종백관인데, 앞에 놓인 찬탁위에는 술잔과 함께 하사받은 꽃이 꽂혀있다. 이 공간에 자리한 이들은 보계 주변에 둘러쳐진 휘장과 앉아있는 위치 때문에 보계 위에서 벌어지는 연희들을 직접 볼 수는 없고, 단지 소리로만 들을 수 있는 3등석쯤 된다. 봉수당 앞마당에 설치된 보계 위에서 행하는 연희를 정면에서 관람할 수 있는 자리는 오직 봉수당 온돌에 마련한 혜경궁 한 사람뿐이다. 물론 봉수당 온돌에 내·외명부가 자리하고 있으나, 이들은 북쪽을 윗자리로 앞 기둥 발 안쪽 동편으로 내명부, 서편으로 외명부를 서로 마주보고 앉게 하였기 때문이다. 단지 정면으로 앉지 못했을 뿐 좋은 자리임에는 틀림없다. 온돌에서 일어나는 동작을 밖에서는 전혀 볼 수 없도록 발을 쳐 가렸다.

 봉수당 전퇴(前退)에 마련한 정조의 어좌도 로열박스(royal-box)는 아니다. 임금은 의당 호스트(host)가 되어야 하나 이번 연희 진찬의 주빈은 어머님이기에 혜경궁 동쪽에 어좌를 마련한 관계로 자연스럽게 한 단계 아래 등급이 되어버렸다. 그리고 특기할 점은 진찬 때 춤과 노래의 재주를 보여줄 정재(呈才) 연희자(演戲者)는 31명으로 구성되어 있다. 화성출신 15명, 서울출신 16명인데 이들 서울출신 대부분이 침선비(針線婢)와 의녀(醫女)라는 사실이 주목을 끈다. 물론 침선비는 임금의 의복과 궁중에 쓰이는 일용품 및 보물을 공급하는 상의원(尙衣院)에 딸려 바느질을 맡았던 기녀(妓女)요, 의녀는 각 도(道)에서 뽑아 간단하고 쉬운 의술(醫術)을 가르쳐 궁중 의약을 담당하던 내의원(內醫院)이나, 가난한 백성에게 무료로 병을 치료하게 하며 약을 주고 기초적인 침술(鍼術)을 가르치던 혜민서(惠民署)에 소속, 심부름을 하게 하던 의녀를 말한다. 뒤에 차차 기생과 같이 되어 의기(醫妓)라고 하였으나 공식적인 궁중 연희에서 연행했음을 보여주는 기록은 『원행을묘정리의궤』가 처음이다.

　도성의 행수기생인 도기(都妓) 덕애(德愛 : 47세), 의식의 순서를 적어 낭독(朗讀)하도록 임시로 임명한 홀기차비(笏記差備) 연섬(蓮蟾 : 50세), 노래를 부르는 가차비(歌差備)로 춘운(春雲 : 31세)·철옥(哲玉 : 25세)·난화(蘭花 : 22세)·양대운(陽臺雲 : 19세)·상애(常愛 : 18세) 등 5명은 의녀이고, 서지(西芝 : 45세)·채란(彩丹 : 40세)·창섬(昌蟾 : 28세)·윤옥(允玉 : 27세)·득선(得仙 : 27세)·용대(龍大 : 25세)·운선(雲仙 : 24세)·승애(勝愛 : 21세)·옥이(玉伊 : 20세)는 침선비로 모두 16명이다.

　한편 화성 행수기생인 도기(都妓) 계섬(桂蟾 : 60세), 가차비(歌差備) 모애(慕愛 : 35세)·분단(分丹 : 29세)·윤애(允愛 : 27세)·동월(冬月 : 25세)·계월(桂月 : 25세)·매열(梅烈 : 22세)·경희(景喜 : 17세)·금례(今禮 : 16세)·복혜(福惠 : 15세) 등 10명이다. 춤을 추어야 할 무차비(舞差備)는 명금(明今 : 32세)·연애(蓮愛 : 31세)·금련(今連 : 25세)·옥혜(玉惠 : 21세)·복취(福翠 : 21세) 등 5명으로 모두 15명이다. 이들의 나이는 15세부터 60세로 고르지 못할 뿐 아니라 평균 28세로 여령(女伶) 치고는 높은 편이다.

　악기 연주자들도 역시 눈여겨보아야 할 대상이다. 『원행을묘정리의궤』 권5 '진찬시시상(進饌時施賞)'에 '장악원 집사전악(掌樂院執事典樂) 김응삼(金應三)·박보완(朴輔完)은 첩가(帖加)한다. 유경윤(柳敬潤)·문효담(文孝潭)은 각각 무명 2필과 베 1필, 각차비악공(各差備樂工) 손봉욱(孫鳳郁) 등 10명·내영세악수(內營細樂手) 정재문(丁載文) 등 23명·외영세악수(外營細樂手) 장윤기(張允起) 등 12명·내영아세악수(內營兒細樂手) 한상길(韓象吉) 등 6명·진연에 참예하여 기생을 통솔한 소임을 맡은 여령색장(女伶色掌) 1명은 각각 무명 2필과 베 1필을 함께 본소로부터 나누어 주라.'고 기록되어 있다.

　『정조실록』 19년 윤 2월 13일 기록에 보면 '임금이 봉수당에서 어머니 혜경궁에게 진찬을 하다.(御奉壽堂, 進饌于惠慶宮)'에서 나타나듯 내진찬(內進饌)이다. 내진찬에는 조선 초기에서부터 여악(女樂)과 관현맹인(管絃盲人)이 악기를 연주하도록 관례화되어 있었다. 그런데 봉수당 진찬에서 악기 연주는 장악원(掌樂院) 악공과 장용영(壯勇營) 세악수(細樂手)로 남자들이다.

세악(細樂)이란 이름은 18세기부터 일본 통신사(通信使)의 행렬도(行列圖)에 나타나기 시작하며, 사신(使臣) 행렬 앞에 서는 악대는 취고수(吹鼓手), 뒤를 따르는 악대를 세악수(細樂手)라 했다. 참여자·연희자 모두를 여성 중심으로 진행하던 지금까지의 내진찬 행사와는 전혀 다르게 남성 악기 연주자들로 하여금 연주하게 한 것도 아주 특별한 일이다.

1795(정조 19)년 윤 2월 13일 아침 7시 15분에 북을 쳐서 초엄(初嚴)을 알리고 2엄을 8시 15분에 알려 만반의 준비를 끝내고, 진정(辰正) 3각인 8시 45분에 3엄(三嚴)을 신호로 봉수당(奉壽堂)에 나아가 자궁(慈宮)을 위해 연회를 베풀었다. 여기서 진시(辰時)를 택한 것도 정조였다. 진(辰)은 용이며 왕을 나타낸다. 아버님의 회갑을 한다는 속내를 품고 있는 것이다.

하루 전에 정6품 궁녀 상침(尙寢)이 소속 인원을 지휘해서, 자궁(慈宮) 자리를 행궁(行宮) 내전(內殿) 벽 북쪽에서 남쪽을 향하게 하고, 인안(印案)을 자리 동쪽에 설치하고 향안(香案) 두 개를 앞 기둥의 왼쪽과 오른쪽에 설치하였다.

왜 남면(南面)을 하는가? 『주역』 '설괘전(說卦傳)' 이괘(離卦) 5장에 '이(離)는 밝음이다. 만물이 다 서로 보고 있으니 남방의 괘이다. 성인이 남쪽을 향해 앉아 천하를 잘 보살피고, 밝음을 향하여 다스리니 이 모두가 이괘에서 취한 것이다.'를 보면 남면하는 이유를 알 수 있다. 그리고 자궁의 자리 동쪽에 어좌(御座)를 마련하고, 섬돌 위에 신하를 뜻하는 북쪽을 향하게 하여 규례에 따라 절하는 자리를 설치하고, 내전 안쪽 한 복판에 역시 북쪽을 향해 욕위(褥位)인 깔개를 깔아 놓았다. 전찬(典贊)이 안내하여 내명부(內命婦)는 동쪽, 외명부(外命婦)는 서쪽 자리 앞 기둥 발 안쪽에다 북쪽을 위로해서 서로 마주보게 배치시켰다. 절을 올릴 자리는 내전 앞쪽 오른편과 왼편에 설치하고, 외위(外位)를 뜰 중앙에 설치하였는데 모두 북쪽을 향하고 서로 마주 보게 하였다. 또 의빈(儀賓)과 척신(戚臣)의 자리는 기둥 앞 발 바깥쪽 좌우에 마련하였는데 북쪽을 위로해서 서로 마주보게 하였다. 절 올릴 자리는 내전의 앞쪽 좌우로 마련하였다. 북쪽을 향하여 실직(實職)은 동쪽,

군함(軍銜 : 軍職)은 서쪽에 자리를 배치하여 동반, 서반을 의례대로 나누어 구분하
였다. 나라에 큰 행사가 있을 때 의식의 모든 절차를 도맡아 진행시키는 전의(典
儀)가 모시고 온 백관들에게 음식상을 차려줄 자리를 중양문(中陽門) 밖의 동쪽과
서쪽에 준비하였는데 북쪽을 위로하고 서로 마주보게 하였다. 절 올릴 자리는 길
의 서쪽에서 북쪽을 향해 문관은 동쪽, 무관은 서쪽으로 서로 마주 보도록 마련하
였다.

통례원(通禮院) 소속으로 의식을 맡아보는 인의(引儀 : 종6품)가 외위(外位)의 설치
를 평상시와 같이 의빈과 척신은 중양문 밖에, 배종백관은 좌익문(左翊門) 밖으로
마련하였다. 행사를 담당한 사찬(司贊)·전빈(典賓)·여관(女官)의 자리만은 발을 드
리운 안쪽에 설치하였는데 전찬(典贊)은 남쪽으로 조금 뒤에 있게 하였다.

좌통찬(左通贊)·우통찬(右通贊) 및 치사(致詞)를 대신 읽을 여집사 자리를 섬돌
사이에 설치하고 찬창(贊唱)의 자리는 그 남쪽으로 조금 뒤에 마련하였는데 동쪽
과 서쪽으로 나눈 뒤 모두 북쪽을 위로 갖추도록 하였다.

또 악장(樂章)은 덕애(德愛)·계섬(桂蟾) 2인이 선창(先唱)하고, 서지(西芝)·복취(福
翠) 2인이 후창(後唱)하는 여악공(女樂工) 자리는 발의 바깥쪽에서 북쪽을 향하게
하여 앉혔다. 여집사 및 정재(呈才) 담당 여악공의 자리는 동쪽과 서쪽 모서리 섬
돌부근에 설치하였다. 여집사는 좌우로 나뉘어 북쪽을 위로해서 서로 마주보게
하였고, 여악공은 북쪽을 향하게 하면서 서로 대칭되게 하였다. 한편 박자를 맞
추는 도기(都妓)는 그 앞쪽에 있게 하였다. 그리고 여집사와 여령의 외위(外位)를
공연장 가운데에 장막 하나 사이를 두고 악공의 자리를 장막 밖에 설치하는 기지
를 발휘하였다.

어머님의 진찬(進饌)은 궁중에서 사용하는 흑칠족반(黑漆足盤) 위에 70개의 사기
그릇을 사용, 미리 내려 받은 정해진 규례(規例)에 따라 각종 음식의 특성에 맞게
높낮이로 괴었고 상화(床花) 42개로 장식했다. 그리고 소별미상(小別味床)에는 12
그릇 올렸다. 임금의 진찬은 흑칠족반에 20개의 사기그릇을 사용 각종 음식과 소

별미상(小別味床)에 흰쌀 죽·각색 떡·만두2기·대추, 밤, 잣·각색정과(各色正果)·별잡탕(別雜湯)·열구자탕(悅口子湯 : 신선로)·저포(猪胞)의 9그릇과 꿀, 양념장을 곁들어 놓고 상화 26개로 장식을 했다, 청연, 청선군주도 주상과 같이하고 다만 상화 3개를 적게 장식했을 뿐이다.

여관이 자궁 술그릇 탁자를 앞 기둥에 발을 드리운 안쪽에서 남쪽 가까운 곳에 마련하고, 상감의 술그릇 탁자는 어머님의 술그릇 탁자 동쪽 앞에 준비하여 놓았다. 명부(命婦) 및 의빈(儀賓)·척신(戚臣)들 술그릇 탁자는 시위(侍位) 남쪽에 마련하였다. 또 꽃을 바칠 때 올려놓는 탁자를 발안의 동쪽에 차려 놓고, 휘건함(揮巾函)을 올려놓은 탁자를 그 다음에 마련하였다. 꽃병을 올려놓은 탁자는 섬돌 위 동쪽과 서쪽에 준비하고, 치사(致詞)를 올려놓은 상(床)을 임금의 배위(拜位) 오른쪽에 설치하였다.

때가 되자 정리소의 대신 이하가 군복의 일종으로 철릭과 주립(朱笠) 차림으로 나왔다. 철릭은 곧은 깃으로 길이가 길며 허리에 주름을 잡았고 큰 소매가 달렸다. 머리에 쓰는 주립은 호박(琥珀)·마노(瑪瑙)·수정(水晶) 등으로 꾸민 무신의 모자이나 전시 혹은 임금을 호종(扈從)할 때에는 문신도 융복(戎服)을 갖추어 입게 한 제도를 따랐다. 제위(諸衛)를 독촉하여 내전의 문 바깥쪽 뜰에 벌려 세웠으며, 내전의 뜰 왼쪽과 오른쪽에 의장(儀仗)을 설치하였다.

거둥할 때 임금 앞에 서서 나가는 우산 모양의 베로 만든 의장용 산선(繖扇), 거둥 시 푸른 생초(生綃)에 용 또는 학을 그려 넣은 덮개로 된 청개(靑蓋), 붉은 생초(生綃)에 용무늬를 넣은 홍개(紅蓋), 의전용 병장기나 깃발인 정절(旌節), 긴 자루 끝에 부채 모양을 만들고 봉황을 수놓거나 그려 넣은 봉선(鳳扇), 공작 깃털로 부채모양을 만들거나 부채모양에 공작 그림을 그려 넣은 작선(雀扇)을 각각 두 개씩 앞 기둥의 발 바깥쪽 동쪽과 서쪽에 설치하였다.

행사 시작 3각(三刻 : 45분) 전에 여관·여집사·여령 등이 각기 복장을 갖추고 외위(外位)로 나가 있다가 조금 뒤에 각자의 자리로 나아갔다. 정리사(整理使)가 뜰

한복판의 장막 바깥쪽에 악대(樂隊)를 벌려 세웠다. 의빈·척신·임금을 모시고 따라온 백관은 융복을 갖추어 입었다.

행사 시작 2각 전에 내명부와 외명부가 각기 예복을 갖춰 입고 외위로 나아갔다. 인의(引儀)가 배종한 백관들을 나누어 인도하고 들어가 배위(拜位)로 나가게 하였다.

행사 시작 1각 전에 여관 등이 모두 내합(內閤)으로 나아가 웃어른의 명령을 기다린다. 내엄(內嚴)[127]이 울리자 상의(尙儀)가 무릎을 꿇고서 '준비하셔야겠습니다.'라고 보고 하였다. 잠깐 동안 있다가 또 무릎을 꿇고서 '바깥 준비가 다 끝났습니다.'라고 보고하였다.

자궁 저하가 예복차림으로 나오자 여관이 앞으로 인도하였다.

악대가 여민락[128] 영(與民樂令)을 연주하자 자궁이 입장(入場)하여 자리에 오르자 향로의 연기가 피어오르는 것을 계기로 연주를 그쳤다. 중엄(中嚴)이 울리자 여관이 내합(內閤)에 나가 무릎을 꿇고 '대기하셔야겠습니다.'라고 아뢰었다.

여관이 내명부와 외명부를 인도하여 배위(拜位)로 나아가게 했다. 연회에 내·외

---

127) 방안에서 차릴 것.

128) 여민락은 백성과 더불어 즐긴다는 의미의 노래로 조선조의 개국을 찬미하는 시(詩)로 1445 (세종27)년 왕명에 따라 정인지(鄭麟趾) 등이 지어 올린 『용비어천가(龍飛御天歌)』의 『용비어천가(龍飛御天歌)』 125장 가운데 그 수장(首章)과 2~4장 및 종장(終章)을 가사로 얹어 부르던 곡조(曲調)였다. 현재 가사는 부르지 않고 순 기악곡으로만 연주되고 있다. 1447(세종29)년 부터 궁중의 연향(宴饗)에서 연주하였으며, 『세종실록』에 수록된 이 곡은 장수(章數)의 구분이 없고, 영조 때 엮어진 것으로 알려진 『속악원보(俗樂原譜)』에는 모두 10장으로 구분되어 있다.

현재 그 가운데 7장만 전하고, 관현악 연주뿐으로 이 곡의 구성음(構成音)은 황종(黃鐘)·태주(太簇)·중려(仲呂)·임종(林鐘)·남려(南呂)의 5음계로, 선법(旋法)은 치조(徵調)·치선법(徵旋法)이고, 장단은 초장에서 3장까지는 1각 20박, 4장 이하는 반으로 줄어든 1각 10박이 되어 속도도 좀 빨라진다. 그 선율이 웅대하고 화평하여서 조선시대를 통하여서도 장악원(掌樂院)의 으뜸가는 대곡으로 꼽히어 왔다. 사용되는 악기는 거문고·가야금·대금·향피리·해금·장구·좌고 등이다. 특히 조선시대 행악(行樂)에 사용하던 곡은 여민락만(與民樂慢) 또는 만엽치요곡(萬葉熾瑤曲)이라 불렀다.

빈(內·外賓)으로 초청된 사람은 혜경궁 홍씨와 동성(同姓)인 8촌, 성이 다른 친척은 6촌 이내를 대상으로 선정하였다. 내빈(內賓)으로는 정부인홍씨(貞夫人洪氏 : 故判書 趙曬 妻)·정부인 송씨(同敦寧 洪龍漢 처)·정부인 민씨(故 參判 洪樂仁 처)·정부인 이씨(동돈녕 洪樂信 처)·정부인 정씨(鄭氏 : 동돈녕 洪樂任 처)·청연군주 며느리인 공인 이씨(恭人李氏 : 敦寧直長 金在三 처)·청선군주 시누이인 공인정씨(敦寧奉事 洪赫 처, 興恩 副尉 鄭在和 딸)·유인홍씨(孺人洪氏 : 幼學 沈能定 처, 동돈녕 洪駿漢 딸)·숙인홍씨(淑人洪氏 : 司僕僉正 趙鎭奎 처, 洪樂仁 딸)·유인홍씨(幼學 李鍾翼 처, 洪樂信 딸)·유인홍씨(幼學 俞杞柱 처, 洪樂任 딸)·정부인심씨(行副司直 洪義榮 처)·유인김씨(幼學 洪世榮 처) 등 13명이며, 외빈(外賓)으로 혜경궁의 숙부(叔父)인 동돈녕 홍준한·홍용한·친오라비인 홍낙신·홍낙임·홍낙륜과 큰 사위인 김기성·작은 사위의 아들 즉 외손자인 정의(鄭漪) 등 69명이다.

여관이 정확한 시간에 '재배(再拜)'라고 말하자 악대가 회갑을 경축하는 낙양춘곡(洛陽春曲)을 연주하였다. 여관이 국궁(鞠躬)·재배·흥(興)·평신(平身)이라고 외치는 말에 따라 내명부와 외명부가 몸을 굽히고 두 번 절을 하고 일어나 몸을 펴니 음악이 멎었다. 여관이 내명부와 외명부를 인도하여 각각 시위(侍位)로 나아가게 하였다. 여집사가 의빈과 척신을 인도하고 들어가 배위(拜位)로 나아가게 하였다. 여집사가 무릎을 꿇고 '바깥 준비가 다 끝났습니다.' 하고 아뢰었다.

상이 융복(戎服)을 하고 나오자 악대가 여민락 영을 연주하였다. 여집사가 앞에서 인도하여 배위(拜位)로 나아가 북쪽을 향해 서게 하니 연주를 그쳤다. 악대가 낙양춘곡을 연주하니 상이 몸을 굽혔다가 절을 두 번 하고 일어나서 몸을 펴자 음악이 그쳤다.

전하가 예식을 집전 하는 사회자 찬창(贊唱)이 국궁·재배·흥·평신을 인도하자 상이 그대로 따랐다. 물론 의빈·척신들도 똑 같이 시행하였으며 떨어져 소리가 들리지 않는 문밖 배종백관들은 인의(引儀)가 전하여 인도함으로 모두 전하와 일시에 거행하였다.

여관이 음식을 들 때 앞에 두르는 분홍 모시로 만든 앞치마 즉 지금의 냅킨 (napkin)과 같은 휘건(揮巾)을 올리라고 외치니 정리사가 장막 밖으로 가서 휘건을 바쳤다. 악대가 여민락 영을 연주하였다. 내시가 휘건을 전해 받아 여관에게 주었는데 여관이 전해 받아 자궁의 자리 앞에 올리니 음악이 그쳤다. 꽃을 올릴 때에 악대가 여민락 영(與民樂令)을 연주하고 다 올리자 연주를 멈췄다.

상이 엎드렸다가 일어나서 몸을 폈다. 여악공 두 사람이 앞으로 나와 발 바깥쪽 한복판에 멈춘 뒤 동쪽과 서쪽으로 나누어 북쪽을 향해 서서 어제(御製)인 장락장(長樂章)을 불렀는데, 그 내용에 이르기를,

"성대한 연회는 태평 시대에나 있는 법, 오늘날 태평 시대의 기상이 넘쳐흐르도다. 그 기상을 묻노니 어떤 것인가. 노인성(老人星)이 중천에 떠 밝게 빛나네. 봄철 장락궁 (長樂宮)에 노인이 모여들고, 『장자(莊子)』 '천지편(天地篇)'에 요(堯)임금 시대에 화(華)땅에 봉해진 사람으로 수, 부, 다남자(壽·富·多男子)의 세 가지 일로 요임금을 축원하였다는 화봉인(華封人)처럼 축하하러 부인들 참석했네. 긴긴 봄날 장락궁에서 술잔 올리며, 세 차례나 축원을 올립니다. 자손에게 끼쳐주신 어머님 은혜, 그 무엇이 이보다 높으리까. 복록이 풍성하게 넘쳐흐르며 찬란하게 빛나옵니다. 중국 주나라 요임금 때의 음악인 함지(咸池)의 북소리에 운문(雲門)의 거문고, 신선주(神仙酒) 따라 올리면서 해마다 축원하오리다."

하였다.

창(唱)이 끝나자 여집사가 상감을 다시 제자리로 내려오게 하였다. 통찬(通贊)이 인도하여 여관이 전하를 발 밖으로 이르게 하자 상궁(尙宮)이 이어 인도해서 자궁의 술그릇을 놓은 남쪽까지 가 북쪽을 향해 서게 하니 악대가 여민락 영을 연주하였다.

상식(尙食)[129]이 술을 따른 뒤 무릎을 꿇고서 상에게 바치니 상이 술잔을 받아 나가자 전찬(典贊)이 다시 받아 자궁 전하의 앉은 자리 앞으로 나가니 창자(唱者)

---

129) 음식을 맡아보던 내명부의 종5품이다.

가 무릎을 꿇고 만수무강을 기원하는 노래를 부르자 전하·의빈·척신·배종백관도 무릎을 꿇었다. 전하가 여관에게 술잔을 받아 다시 여관에게 전하니 자궁이 앉아 계신 안석위에 받들어 놓았다. 그러자 전찬의 부복(俯伏)·흥(興)·평신(平身)의 소리에 맞춰 전하·의빈·척신·배종백관이 그대로 따랐다.

　의식이 끝나자 연주도 그쳤다.

　여관이 상을 인도하여 발 밖에 이르니 여집사가 앞장서서 인도하여 배위(拜位)에 간 뒤 북쪽을 향해 서게 하였다. 상이 무릎을 꿇으니 역시 참석자 모두 꿇어앉았다. 여집사가 상의 배위 앞으로 나아가 북쪽을 향해 꿇어앉은 뒤 예문관 제학 이병정(李秉鼎)이 지어 올린 치사(致詞)를 대신 읽었는데,

> 　국왕 모(某)는 삼가 을묘(1795)년 윤 2월 13일의 경사를 맞게 되었습니다. 효강 자희 정선 휘목 혜빈(孝康慈禧貞宣徽穆惠嬪) 저하(邸下)께서는 우리 왕실의 아름다운 덕을 계승하시어 장수하는 복을 받으셨으니 복록은 자손에게 흘러넘치고 경사로움이 어머님에게 미쳤습니다. 삼가 축하하는 자리에 모시고 경건히 술잔을 따라 올리오니 어머님의 연세를 아는 이 기쁜 날 칭송하는 소리 높이 높이 울려 퍼집니다.
> 　아, 즐거운 이 잔칫날 만물이 모두 다 은혜를 입고, 화창한 봄날을 맞이하여 하늘의 도우심에 보답합니다.
> 　어머님은 더욱 오래 사시어 크나큰 복록 받을 것이며 태평시대는 끝없이 이어져 가리이다. 경하하는 마음 누를 길 없어 삼가 만세를 기원하는 술잔을 올립니다.'

라는 내용이었다. 그런데 여기서 혜경궁(惠慶宮)을 어머님이라 쓰지 않고 왕세자를 높이어 부르는 저하(邸下)라는 용어를 쓴 것도 예사롭지 않다. 물론 대왕대비나 대비에게 저하라는 용어를 처음 사용한 것이 아니라 하더라도 왠지 그냥 지나치기에는 석연찮은 여운이 남는다.

　치사가 모두 끝나자 부복했다가 일어나 여집사의 안내로 다시 내려가 제자리로 돌아갔다. 그러자 찬창(贊唱)이 다시 부복·흥·평신을 외친다. 자궁을 향해 전하를 비롯한 모든 참석자들이 그대로 따랐다. 상이 엎드렸다 일어나 몸을 펴자 여집사가 상을 인도하여 발 밖에까지 이르렀다. 여관이 이어 인도하여 전각 안에

임금이 꿇어앉아 예(禮)를 행할 수 있도록 바닥에 요를 깔아 놓은 욕위(褥位)로 나아갔다. 상이 창(唱)에 따라 욕위에 무릎을 꿇자 참석자 전원이 이에 따랐다.

여관이 자궁 자리 앞으로 나아가 무릎을 꿇고 아뢰기를 '분부를 내리소서.' 하고 엎드렸다가 일어나 서쪽을 향해 무릎을 꿇었다. 이에 분부 내리기를 '전하와 경사를 함께 하겠다.'고 하며 자궁이 술잔을 드니 악대가 여민락의 천세만세곡(千歲萬歲曲)을 연주하였다. 여관이 나아가 빈 술잔을 받아 자궁의 술그릇 탁자 위에 다시 놓자 음악이 그쳤다. 다시 부복·흥·평신을 하라는 창에 따라 임금이하 모든 참석자들이 자궁께 예를 올렸다. 상이 엎드렸다가 일어나 몸을 펴니 여관이 상을 인도하여 발 밖에까지 이르렀다. 여집사가 앞장서서 인도하여 배위(拜位)에 이르렀다. 상이 무릎을 꿇었다. 여집사가 외치기를 '세 번 머리를 조아려야 합니다.' 하니 상과 참석자 모두 세 번 머리를 조아렸다. 또 외치기를 '천세(千歲)를 불러야 합니다.' 하니, 상이 손을 마주잡고 이마위로 올리며 '천세'라고 참석자들과 함께 불렀다. 또 외치기를 '천세를 불러야 합니다.' 하니, '천세'라고 하였다. 또 외치기를, '거듭 천세를 불러야 합니다.' 하니, '천천세'라고 하였다. 천세를 외치는 이유는 천추만세(千秋萬歲)의 줄임 말로 왕조의 운명이 천년만년 영원하라는 뜻이다. 아버님의 나라는 앞으로 천년만년토록 이어질 것입니다. 정조는 마음속으로 몇 번을 되뇌며 다짐을 하고 또 다짐을 하였다. 천세, 천세, 천천세를 부를 때는 명부(命婦)와 여관(女官), 시위(侍衛) 백관, 문무중신(文武重臣), 군병 등 모든 참석자가 자기 자리에서 일어나 일시에 외치니 마치 우레 같아 산이 움직이는 듯하였다. 악대는 낙양춘곡(洛陽春曲)을 연주하고 있었다. 임금도 무척 흥분되는 표정이 역력했다. 상이 엎드렸다가 일어나서 두 번 절하고 다시 일어나 몸을 펴니 연주가 그쳤다. 물론 참석자들도 전하와 같이 두 번씩 절을 올렸다. 여집사가 상을 인도하여 발 밖에까지 이르렀다. 여관이 그 뒤를 이어 인도하여 내전 안 욕위(褥位)로 가서 서쪽을 향해 서게 하였다. 왕족의 신분이 아니면서 자궁(慈宮)인 혜경궁 홍씨의 8촌, 성이 다르면서 6촌 이내 친척인 의빈(儀賓)과 척신(戚臣)들을 나누어 여집사가

인도해서 각각 자기 자리로 나아가게 안내하였다.

전찬(典贊)이 궤(跪)하자 전하 이하 모든 참석자가 무릎을 꿇었다. 정리사(整理使)가 자궁(慈宮)에게 휘건(揮巾)을 바쳤다. 악대가 여민락영(與民樂令)[130]을 연주하였다. 휘건을 바치고 나니 연주가 그쳤다. 음식상을 차례로 올리니 악대가 여민락영을 연주하였다. 음식상을 다 올리자 연주를 그쳤다. 여관이 내명부와 외명부의 음식상을 차리고 여집사가 의빈과 척신의 음식상을 차렸다. 음식상을 올릴 때에 악대가 여민락만(與民樂慢)을 연주하고 음식상을 다 올리자 연주를 그쳤다.

나라의 잔치 때 음식을 만들던 곳인 숙설처(熟設處)는 장용위청(壯勇衛廳)에서 초(初) 10일부터 장교와 궁(宮)에 속한 벼슬아치가 숙직을 하다 행사 당일에는 당상 판돈령부사(堂上 判敦寧府事) 서유린(徐有隣), 돈령도정(敦寧都正) 윤행임(尹行恁) 등과 합하여 번을 섰다.

내빈(內賓)은 15상에 각 11그릇의 음식과 상화 각 8개로 장식했다. 신하들은 품계에 따라 제신상상(諸臣上床)은 30상으로 내빈과 같게 했다. 제신중상(諸臣中床)은 100상에 각 8그릇의 음식과 상화 각4개, 제신하상(諸臣下床)은 150상에 각 6그릇의

---

130) 여민락만(與民樂縵)·여민락령(與民樂令) : 1447(세종29)년 6월 4일 의정부에서 예조의 공문에 의거, 세종대왕(世宗大王)에 아뢰길, '이제 용비어천가(龍飛御天歌)를 내리신 것은 조종(祖宗)의 융성한 덕과 거룩한 공을 노래하고 옳게 하기 위하여 지으신 것이오니, 마땅히 상하(上下)에 통용하여서 칭송하고 찬양하는 뜻을 극진히 하여야 할 것 이옵고, 종묘에서 쓰는 데만 그치게 함은 불가하오니, 여민락(與民樂)·치화평(致和平)·취풍형(醉豐亨) 등의 음악을 공사간(公私間)의 연향(燕享)에 모두 통용하도록 허락하시되, 조참(朝參)과 표문(表文)이나 전문(箋文)을 배송(拜送)하는 날 궁궐 밖을 나가실 때는 여민락만(與民樂縵)을, 조참(朝參)하는 날 환궁(還宮)하실 때와 표문이나 전문을 배송하거나 조칙(詔勅)을 맞으러 행차하실 때에는 여민락령(與民樂令)으로 하되, 모두 황종궁(黃鐘宮)을 쓰게 하시고, 계조당(繼照堂)에 조참하는 날 자리에 오르실 때는 여민락만(與民樂縵)을, 궁궐 안으로 돌아오실 때에는 여민락령(與民樂令)에 모두 고선궁(姑洗宮 :세종때에 원나라 임우(林宇)의 『대성악보』에서 채택하여 문묘제례악으로 전하는 곡의 하나)을 쓰도록 일정한 제도가 되게 하소서.'(今降 「龍飛」, 「御天謌(御天歌)」, 乃爲歌詠祖宗盛德神功而作, 所宜上下通用, 以極稱揚之意, 不可止爲宗廟之用. 「與民樂」·「致和平」·「醉豐亨」 等樂, 於公私燕享, 并許通用. 朝參及拜表箋日出宮時則 「與民樂縵」, 朝參日還宮時及拜表箋迎詔粉行路時則 「與民樂令」, 皆用黃鍾宮; 繼照堂朝參日陞坐時 「與民樂縵」, 還內時 「與民樂令」, 皆用姑洗宮, 以爲定制.)

음식과 상화 각 4개로 차등을 두었다.

전문(箋文)을 올린 유생들은 『시경』 '정풍(鄭風)' '자금(子衿)'에

푸른 동정 멋진 옷 걸치신 임이(靑靑子衿)
그리워 마음이 아니 끊기네.(悠悠我心)
내 비록 찾아가진 못한다지만(縱我不往)
편지 한 장 없으심은 너무 하네요(子寧不嗣音)
푸른빛 구슬 줄을 드리운 임이(靑靑子佩)
그리워 생각이 아니 끊기네.(悠悠我思)
내 비록 찾아가진 못한다지만(縱我不往)
한 번도 아니오니 너무하네요.(子寧不來)

매일 어정버정 속을 달래며(挑兮達兮)
성루에 올라 날만 보내네.(在城闕兮)
단 하루를 볼 수 없어도(一日不見)
석 달이나 지난 듯 애타는구려.(如三月兮)

라는, 첫머리에 청청자금(靑靑子衿)에서 유래된 청금(靑衿)을 입고 800여 명이 명륜당(明倫堂) 앞뜰에서 선찬하였다. 그리고 각 군영의 장관과 군교로부터 친경전(親耕田)의 노인과 여령(女伶) 1,340명, 궐내(闕內) 각사의 하리와 노예, 외영(外營)의 각 색군 2,727명은 모두 떡, 과일, 술, 고기를 먹였다.

군병호궤(軍兵犒饋)는 각영(各營)의 장관(將官)·장교(將校)·군병(軍兵) 7,716명에게 떡 2개, 탕(湯) 한 그릇, 말린 대구포 한 조각씩 골고루 나누어 주었다. 여관·여집사와 산화(散花)를 담당하는 사람들이 백관에게 술과 음식을 차리고 꽃을 뿌렸다. 백관이 자리에서 나와 술을 다 마신 다음, 인의(引儀)가 전의(典儀)의 찬홀(贊笏)131)

---

131) 홀기(笏記)에 의하여 의식을 진행시키는 직임(職任)으로 홀기는 각종 의식의 절차를 기록한 서첩(書帖)이다. 1782(정조6)년 10월 6일 태묘에 겨울 제사를 지낼 헌관(獻官)에게 하유하기를,
'내가 몸소 제사를 지내지 못하니, 사실 제사를 지내지 않은 것과 같다는 탄식이 나온다. 대행(代行)할 때에 의식의 절차가 허술해지기 쉬우니, 새벽에 술을 올릴 때부터 변두(籩豆)

을 전하여 네 번 절을 하도록 하였다. 통례원(通禮院) 소속의 동반 종6품 관원으로
의식 순서를 소리 높여 읽는 요즘의 사회자 역할을 하는 인의(引儀)가 수행한 백
관을 인도하여 나왔다.

자궁에게 탕(湯)을 올렸는데, 전해 받아 올리는 절차는 음식상을 올릴 때의 의
례와 동일하였다. 악대가 여민락 만(與民樂慢)을 연주하다가 탕을 다 올리자 연주
를 그쳤다.

이제부터 혜경궁에게 일곱 번의 술잔을 올린다. 이때마다 예(禮)를 지키고 음
악을 연주하며 춤을 춘다. 예는 몸 밖에서 일어나는 행동이므로 동(動)에 대한 규
정이라면 악(樂)은 마음에서 나오는 정(靜)의 울림이다. 이 정의 울림은 다시 무
(舞)가 되는 것이다.

예악을 만드는 사람을 '성(聖)', 예악을 전하는 사람을 '명(明)'이라 높여 부른다.
음악은 하늘에 기초를 두었고, 예는 땅의 법칙을 기반으로 하였기 때문에 성리학
의 이기(理氣)와 같다. 음악이 천지의 화합이라면 예는 천지의 질서가 되는 것이
다. 그래서 봄에 생물이 태어나고 여름에 자라는 것을 인(仁), 가을에 열매를 거
두어 겨울에 저장하는 것을 의(義)라 하는 것이다. 인은 양(陽)이므로 음악에 가깝
고, 의는 음(陰)이므로 예에 가까운 것이다.

음악은 화합하는 힘이 커서 신(神)과 하늘의 덕(德)이요, 예는 질서를 유지하는
힘이 커서 귀(鬼)와 땅의 덕을 갖추고 나타내는 것이다. 음악이 천지처럼 화합을
한다면, 예의는 천지가 하듯 사람이 보지 않아도 저절로 규제를 잘한다. 이를 본
받기 위해 하늘과 땅의 신들을 공경하고 제사를 지내는 것이다.

를 철거할 때까지 일체 찬홀(贊笏)의 구령에 따라서 하도록 하라. 그리고 악무(樂舞)로 말
하건대, 신을 맞이할 때에는 반드시 구성(九成)에 따라 하고 술잔을 올릴 때에는 반드시
일장(一章)을 끝마쳐서 혹시라도 내가 친히 제사를 지낼 때와 차이가 나지 않도록 하라는
뜻으로 헌관에게 전하라. 제물이 규식에 어긋나는 것이나 재관(齋官)이 자리를 이탈하는
것을 각별히 살피도록 하라.(諭太廟冬享獻官曰, '未能躬將, 實有如不祭之歎. 攝行之時, 儀節易致草
草, 自晨祼, 至于撤籩豆, 而一從贊笏爲之. 且以樂舞言之, 迎神則必準九成, 奠酌時必卒一章, 無或與親享
差異之意, 傳于獻官. 祭品之違式, 齋官之失次者, 另加糾察.' 하였다.

정조의 『오경백편』 "예기(禮記)" 중 '악기(樂記)'에 나오는 중요한 대목들이다. 이번 진찬연은 말할 것도 없이 천지·이기·음양·인의·귀신 등이 말하듯 언제나 아버지를 먼저 내세워 회갑은 회갑이되 아버지를 위한 제사의 성격이 강함을 알 수 있다.

첫 번째 술잔을 올릴 때 '선도(仙桃)를 바친다.'는 정재(呈才)를 연희(演戲)하여 장수를 빌고 악대가 여민락의 환환곡(桓桓曲)을 연주하였다. 헌선도(獻仙桃)는 여령(女伶)들이 노랑 단삼(單衫)에 붉은 치마를 입고 검은 바탕에 금실로 수를 놓은 띠를 매고 오채한삼(五彩汗衫)에 머리에는 화관(花冠)을 써 관람객을 사로잡기에 충분했다. 특히 화관은 가운데 동자(童子)의 모양을 새겨 넣고 모자 윗부분을 높게 했으며 여러 가지 장식물을 부착하고 비녀와 수공화(首供花)들로 치장하여 화려하게 꾸몄다. 정재란 '재주[才]를 바친다[呈].'는 뜻이다. 자신이 가지고 있는 기예(技藝)를 정성껏 바치는 일로 공식적인 궁실잔치에서 주인공에게 올리는 반주와 노래, 여기에 어울리는 가(歌)·악(樂)·무(舞) 모두를 말한다. 정재에 올리는 음악은 일률적인 장단으로 길고 유연미가 있는 정형화 된 형식으로 화려한 의상과 우아한 춤을 특징으로 한다.

여관이 인도하여 전하가 진찬 때 술잔을 올려놓던 탁자에 이르자 내외명부 및 의빈, 척신들도 각자 자기자리 앞에서 존경하는 뜻으로 허리를 굽히는 국궁(鞠躬)을 하였다. 전하가 자리로 돌아와 앉은 후 각자 위치로 돌아갔다. 그 사이 자궁 저하는 잠깐 쉬면서 매무시도 고칠 겸 소차(小次)로 들었다. 긴 시간 앉아있는 게 나이 많은 사람에게는 무리이다. 중간에 쉴 틈을 주어 화장실도 다녀오고 몸도 풀 여유를 피차 갖는 것이다. 연극으로 말하면 1막이 끝난 셈이다.

다시 여관이 상을 인도하여 자궁의 술 탁자 앞으로 나아갔다. 여관이 장수를 축원하는 술을 따른 뒤 무릎을 꿇고 상에게 올리니 상이 술잔을 받아 자궁의 자리 앞으로 나아갔다. 여관이 외치기를 '무릎을 꿇으십시오.' 하였다. 상이 무릎을 꿇고 술잔을 여관에게 주니 여관이 건네받아 자궁의 자리 앞에 올렸다.

　자궁이 술잔을 들어 다 마신 다음에 술잔을 여관에게 주었다. 여관이 무릎을 꿇고 술잔을 받은 다음에 상의 술 탁자 앞으로 가서 술잔에 술을 따라 자궁에게 바쳤다. 자궁이 술잔을 받아 여관에게 주니 여관이 무릎을 꿇고 술잔을 받은 다음 상(上)에게 올렸다. 상이 무릎을 꿇고 술잔을 받아 다 마신 다음 잔을 잡고 엎드렸다가 일어나 몸을 펴고 술 탁자 앞에까지 오니 여관이 무릎을 꿇고 술잔을 받았다. 상이 자리로 돌아가 술잔을 돌리게 하였다. 여관이 내·외명부에게 술잔을 돌리고 여집사가 임금이나 왕세자의 사위인 의빈(儀賓)이거나 척분이 되는 신하인 척신(戚臣)에게 술잔을 돌렸다.

　상에게 탕을 올렸는데 건네받은 절차는 위에서 행한 의례와 같았다. 여관과 여집사가 분담하여 내·외명부 및 의빈·척신에게 탕을 공급했다. 정재(呈才)의 연희가 끝나면서 연주가 멎었다.

　두 번째 잔을 올릴 때, '금척(金尺)'이라는 정재와, '하늘의 밝은 명을 받고 황제의 은혜를 입었다.[受明命荷皇恩]'라는 하황은(荷皇恩) 정재를 연희하고 악대가 여민락의 청평악(淸平樂)을 연주하였다. 금척(金尺)은 몽금척(夢金尺)이라고도 하며 태조가 왕이 되기 전 잠저(潛邸)[132]에 있을 때 꿈속에서 신인(神人)이 나타나 금으로 된 자를 주었다는 데서 유래된 춤으로 삼봉 정도전이 악곡을 지었다고 한다. 또한 수명명하황은(受明命荷皇恩)은 글자 그대로 태종이 명나라로부터 왕위를 승인하는 문서와 금으로 만든 인(印)을 받은 고명(誥命)을 축하하여 1419(세종 1)년 변계량(卞季良)이 만든 노래를 춤으로 추게 하였다. 이번에는 1743(영조 19)년 7월 29일 할바마마께서 새로 지은 3장이 들어간 사장(詞章)을 불렀다.

　영조는 하황은의 옛 사장이 부적당하다고 보고 몸소 3장을 지어 예조 판서 조관빈(趙觀彬)과 장악원 제조 윤득화(尹得和)를 불러 하교하기를,

---

132) 왕이 즉위하기 전에 살던 사저(私邸)를 일컫는 말이지만 때로는 왕으로 등극하기 전의 신분을 가리킨다. "잠룡(潛龍 : 덕을 닦으며 숨어 사는 성인 혹은 영웅)은 쓰지 말라."는 『주역』에서 유래되었다.

"하황은(荷皇恩)의 옛 사장(詞章)이 오늘날에 와서는 적합하지 않아서 내가 이제 새로 3장을 지었으니, 내연(內宴) 때에 쓰도록 하라."

하였다.

왕이 지은 하황은의 사서(詞序)에 이르기를,

"국조(國朝)를 개창(開創)하고 황상(皇上)에게 조선(朝鮮)의 명호(命號)를 받았고, 중엽(中葉)에 이르러서는 다시 우리 황상에게 은혜를 입었으므로, 새로 사장(詞章)을 지어서 황은(皇恩)을 길이 전하노라."

하였다.

제1장에 이르기를,

"조선의 명호를 받아 한양(漢陽)에 도읍을 정하였도다. 9장(章)[133]이 찬란하게 빛나니, 팔음(八音)[134]이 장장(鏘鏘)[135]하도다. 대대로 이어가며 동방(東方)에 길이 황은을 전하노라."

제2장에 이르기를,

"번방(藩邦)을 재조(再造)하였으니, 크게 황은을 받았도다. 높이 우러러 조현(朝見)하고자, 멀리 오색(五色) 구름을 향하여 절하였나이다. 새로 사장을 지으니, 속편(續編)이 문조(文藻 : 글재주)에 응하도다."

제3장에 이르기를,

"광명한 빛이 거듭 연면(連綿)[136]하여 억만 년에 이르리로다. 성덕(聖德)을 돌이켜 사

---

133) 구장복(九章服)이라고도 하며 조선 시대에, 임금의 면복(冕服)에다 놓은 아홉 가지의 수(繡)를 가리킨다. 의(衣)에는 산(山)·용(龍)·화(火)·화충(華蟲)·종이(宗彝)를 수놓고 상(裳)에는 마름(藻)·분미(粉米)·보(黼)·불(黻)을 수놓았다.

134) 아악(雅樂)에 쓰이는 여덟 가지 악기로 곧 금(金:쇳소리)·석(石:돌 소리)·사(絲:현악)·죽(竹:관악)·포(匏:박 소리)·토(土 : 질 악기 소리)·혁(革:북소리)·목(木:나무 악기소리)을 일컫는다.

135) 쇠나 돌 따위의 울리는 소리가 맑음.

136) 잇닿거나 잇닿아 있음.

모하며, 빛난 선왕(先王)의 업적(業績)을 계술하리로다. 경건히 가송(歌誦)을 지어 전례(典禮)의 자리에 배헌(拜獻)하나이다."

하였다.

여관이 명부(命婦)를 인도하여 자궁의 술 탁자 남쪽으로 가서 북쪽을 향해 서게 하였다. 그리고 여관이 장수를 축원하는 술을 술잔에 따라 명부(命婦)에게 주었다. 명부가 술잔을 받아 자궁의 자리 앞으로 가 무릎을 꿇고 술잔을 여관에게 주었다. 여관이 건네받아 자궁의 자리 앞에 올리니 명부는 자리에 엎드렸다. 자궁이 술잔을 든 뒤 여관이 빈 술잔을 받아 명부에게 주니 명부가 술잔을 받아 자궁의 술 탁자 위에 다시 놓았다. 여관이 명부를 인도하여 제자리로 돌아가게 하였다.

세 번째 잔부터 일곱 번째 잔까지는 명부와 의빈·척신 중에서 자궁의 유지(有旨)[137]를 받든 사람들이 차례로 술잔을 올렸는데, 그 절차는 위에서 행한 의례와 같았다. 의빈과 척신은 자궁에게 잔을 올린 다음에 상의 술 탁자로 가서 술을 따라 상에게 올렸는데, 상이 술잔을 들어 마신 다음 술잔을 주면 다시 술잔을 받아 술 탁자 위에 올려놓고 물러갔다. 탕을 올리고 술잔을 돌리는 절차는 첫 번째 잔을 올렸을 때의 의례와 같았다. 정재가 끝나면서 음악도 멈췄다.

세 번째 술잔을 올릴 때는 1073년 고려 문종 때 송(宋)나라로부터 전래된 여자대무(女子隊舞)로 처음에는 단오절(端午節)을 위하여 교방(敎坊)의 여제자(女弟子) 초영(楚英)이 만들었다고 전한다. 여기(女妓) 13명으로 구성된 놀이를 겸한 춤으로 죽간자(竹竿子) 2명이 나와 마주 서고, 여기(女妓) 한 사람은 꽃을 들고, 한 사람은 붓을 들었는데 비단으로 만든 포구문(抛毬門)[138] 동쪽과 서쪽으로 마주보며 선다. 원무(元舞) 12사람이 6대(隊)로 나뉘어 창사(唱詞)를 부르며 춤을 추다가 오른 손에

137) 승정원의 담당 승지를 통하여 전달되는 왕명서(王命書)이다.

138) 포구락을 할 때에 공을 넘기는 문으로 채색을 하였는데, 위의 한가운데에 공을 넘기는 구멍인 풍류안(風流眼)이 있고, 그 밑에 비단드림이 달렸고 문의 양쪽 기둥에 용알이 한 개씩 달렸다.

든 나무로 만든 공을 위로 던져 풍류안(風流眼 : 포구를 위해 뚫린 구멍)으로 나가게
하는 게임으로 둘씩 차례로 던진 나무 공(일명 용알)이 많이 나간 편은 꽃을 받고,
넣지 못하면 벌로 얼굴에 먹으로 점을 찍어 벌을 받게 하는 '포구락(抛毬樂)'을 추
었다. 그리고 역시 고려 충렬왕 때 시중(侍中) 이혼(李混)이 영해(寧海)로 유배되어
있을 때 바다 위로 떠내려오는 뗏목을 주어 큰 북을 만들었는데, 그 소리가 매우
우렁찼으므로 이 북을 두드리고 춤을 추기 시작하면서 비롯되었다고 하는 궁중
무용으로 가운데 북을 놓고 무희(舞姬) 8명이 여러 가지 모양을 짜가며 춤추는 '무
고(舞鼓)'라는 정재를 연희하고 악대가 여민락(與民樂)의 오운개서조곡(五雲開瑞朝
曲)[139]을 연주하였다. 정재가 끝나자 연주도 멈추었다.

　네 번째 술잔을 올릴 때 상아(象牙)나 또는 고래 뼈·사슴뿔·소뼈 등으로 만든
박(拍)을 두 손아귀에 넣고 박자를 맞추며 대무(對舞)하는 춤이다. 순서는 먼저 무
기(舞妓) 두 명이 좌우로 나뉘어 춤추며 나아가서 꿇어 앉아 아박(牙拍)을 들어다
놓은 다음 두 손을 마주잡고, 살며시 땅을 밟으며 무릎을 폈다 굽혔다하는 유연
한 동작(足蹈)을 하며 동동만기(動動慢機)를 아뢴다. 무악에 맞춰 두 여기(女妓)가
동동사의 첫 구절을 부른 뒤 아박을 허리띠 사이에 꽂고 족도(足蹈)를 하며 동동
정월사(動動正月詞)를 부른다. 이어 동동중기(動動中機)에 맞추며 2월사부터 12월사
까지 노래한다. 춤은 월사(月詞)에 따라 북향무(北向舞)·배무(背舞)·대무 등으로 변
하는 '아박(牙拍)'을 올렸다. 이어서 제금과 비슷하나 모양이 작고 중앙 구멍에 사
슴 가죽 끈을 꿰고, 오색 명주실로 만든 술을 단 향발이라는 작은 타악기를 두
손에 하나씩 들고 치면서 기녀 8명이 두 편으로 나뉘어 추는 춤으로 '향발(響鈸)'
이라는 정재를 연희하고, 악대가 천세만세곡(千歲萬歲曲)을 향악(鄕樂)과 당악(唐樂)
으로 번갈아 연주하였다. 정재가 끝나자 연주도 멈췄다.

139) 향악계 관현악 여민락은 아명으로 승평만세지곡(昇平萬歲之曲) 또는 오운개서조곡(五雲開瑞
　　朝曲)이라 하며, 모두 10장으로 되어 있었으나 현재는 7장만 전하고 있다.

다섯 번째 술잔을 올릴 때는 '학무(鶴舞)'와 연화대무(蓮花臺舞)로 결합되어 있는 정재로 보허자령(步虛子令)[140]의 주악에 따라 춤추는 여기 두 사람이 푸른 학과 흰 학이 되어 네모진 마루 앞에 동서로 갈라서서 북향(北向)한다. 어미 두 마리의 학은 몸을 떨거나 부리를 맞부딪치고 등을 구부려 서로 쪼는 춤 행위를 벌인 뒤 네모진 마루 앞으로 가서 연통(蓮筒)을 쪼면 그 속에서 두 명의 여자 동기(童妓)가 나오고 이를 본 학은 놀라며 나가는 장면을 연희하는 동안 악대는 여민락의 유황곡(惟皇曲)을 연주하였다. 정재가 끝나자 연주도 그쳤다.

여섯 번째 술잔을 올릴 때는 연통 속에서 나온 두 명의 동기(童妓)가 네모진 나무판을 내려올 때 협무 두 명과 죽간자 두 명이 나와 동서로 서면 음악이 그치고 죽간자의 창이 흐른다. 두 동기가 고운 비단모자에 달린 금방울을 흔들며 춤추기를 시작하는데, 연꽃에 숨었다가 나올 때 꺾은 꽃은 임금의 덕화(德化)에 감격하여 즐거움을 주러 왔다는 뜻이다. 이를 '연화대(蓮花臺)' 정재라 하며 연희하는 내내 악대가 여민락의 환환곡(桓桓曲)을 연주하게 된다. 정재가 끝나자 연주도 그쳤다.

일곱 번째 술잔을 올리며 송(宋)나라 때의 악보(樂譜)로 고려 때부터 전하는 당악정재(唐樂呈才)로 『고려사』 악지(樂志) 당악조(唐樂條)에 전하는 대곡(大曲)의 하나로 정월 대보름날 군왕(君王)에게 진주(進酒)·축수(祝壽)하는 내용으로 16인이 4대(隊)로 나뉘어 추는 춤으로 임금의 수(壽)를 축원하는 '수명을 연장한다[壽延長]'는 뜻인데 이번 진찬연에도 역시 그대로 사용하여 정재를 연희하고, 악대가 여민

---

140) 조선 시대에 궁중의 연회에서 사용되던 악곡명으로 『경국대전주해』에 따르면, 오양선정재, 수보록정재, 수명명정재, 향발정재 등을 공연하거나, 학무·연화대·처용무를 함께 공연할 때 사용한 악곡이라 한다. 한편 '영(令)'은 만(慢)과 같이 소리의 장단으로서 짧은 장단을 말하는데, 현재 보허자령이나 보허자만의 악보가 남아있지 않아 정확한 내용을 알기는 어렵다. 『경국대전주해』 '후집 하 예전(禮典)'에 따르면, 보허자령은 연회에서 첫 번째 술잔을 올리거나, 오양선정재, 수보록정재, 수명명정재, 향발정재, 무학정재, 학무·연화대·처용무를 합설할 때에 사용한다.(步虛子令 宴享進第一酌 及五羊仙呈才 受寶錄呈才 受明命呈才 響鈸呈才 舞鶴呈才 鶴蓮花臺處容合設時 用之)

락의 하운봉곡(夏雲峰曲)을 연주하였다. 정재가 끝나자 연주도 그쳤다.

신라 헌강왕(憲康王) 때 사람 처용(處容)으로부터 기원된 춤으로 『악학궤범(樂學軌範)』에는 섣달 그믐날 나례(儺禮)[141]에 두 번씩 처용무를 아뢰던 양식이 전한다. 제석 전야에 구나(驅儺)[142]의 뒤를 이어서 두 번 처용무를 연주하는데, 첫 번은 먼저 본가(本歌)를 부른 뒤 주악과 함께 오방(五方) 처용이 소정(所定) 양식대로 춤을 춘다.

오늘 추는 춤은 두 번째인 영산회상(靈山會上)[143]을 연주하면서 음양오행설에

---

141) 음력 섣달 그믐날 밤에 민가와 궁중에서 마귀와 재앙을 내리는 요사스러운 귀신(鬼神)을 쫓아낸다는 뜻으로 베푼 의식으로 대나(大儺)라고도 한다. 원래 중국에서 시작된 것으로 『고려사』 기록에 1040(고려 정종 6)년에 세밑 나례를 행하였다는 내용이 있는 것으로 보아 이미 그 이전에 들어왔을 것으로 본다. 나례에 동원된 인원은 시대에 따라 조금씩 다르나, 고려의 궁중에서는 12~16세의 소년을 뽑아 이를 진자(侲子:초라니)라 하고 24인을 1대(隊)로, 6인을 1줄로 하여 가면(假面)을 씌우고 붉은 치마를 입게 했다. 집사자(執事者) 12인도 붉은 옷을 입었고, 공인(工人) 24인 가운데 한 사람은 방상시(方相氏)가 되었는데, 가면을 쓰고 오른손에는 창을, 왼손에는 방망이를 들고, 황금으로 된 눈이 4개 달린 곰의 가죽을 뒤집어썼다. 호각군은 20인을 1대로 하는데 기(旗)를 잡는 사람 4인, 퉁소를 부는 사람 4인, 북을 치는 사람 12인으로 구성 되었다. 이 나례의식이 그대로 조선시대까지 전해져 궁중뿐만 아니라 민간에도 널리 퍼졌다. 민간에서는 섣달 그믐날 집 안팎을 깨끗이 청소하고, 악귀는 꽹음에 놀라 달아난다 하여 그믐날 밤에 마당에 불을 피우고 폭죽을 터뜨렸다. 조선시대에는 나례가 악귀를 쫓아내는 일 외에도 칙사의 영접, 왕의 행차, 감사의 영접 등에 광대의 노래와 춤을 곁들여 오락으로 전용되었다. 나례 가운데 처용무는 악공과 기녀가 맡고, 곡예·희학지사(戲謔之事) 등은 재인(才人)이 담당했는데 여악(女樂)까지 동원되었다. 이것을 잡희·백희·나희라 하였다. 나례 출연자로는 나례청(儺禮廳)에 소속된 배우·광대·수척(水尺)·중(僧)·재인·현수재인(絃首才人)·백정(白丁) 등이 있는데 이들은 사회적으로 천대받았다. 나례의 공연 장소는 야외인 경우는 무대장치를 하였고, 궁중에서는 인정전(仁政殿)·사정전(思政殿)·명정전(明政殿) 등에서 행하였다. 그리고 윤거(輪車)라는 수레를 몇 개씩 이동해서 나례를 하였다. 오늘날의 나례는 화려하지 않은 민속예술로 그 명맥만 유지할 뿐이다.

142) 고려·조선 시대에, 세말에 궁중에서 역귀(疫鬼)를 쫓던 일, 또는 그런 의식이다. 역귀로 분장한 사람을 방상시가 쫓는 연극으로 이루어졌다. 궁중에서, 구나(驅儺)를 할 때에 지군(持軍)과 판관(判官)은 화립(畫笠)이라는 갓을 썼다. 궁중에서 구나를 할 때에 주문을 외우던 창수(倡帥)는 붉은 옷을 입고 탈을 쓰는데, 악공이 맡아서 했다. 그리고 구나할 때 십이신장(十二神將)인 쥐·소·호랑이·토끼·용·뱀·말·양·원숭이·닭·개··돼지 형상의 탈을 쓴 나자(儺者)들이 등장했다.

따라 동은 청, 서는 백, 남은 적, 북은 흑, 중앙은 황색 옷을 화려하게 입은 오방처용이 춤을 춘다. 이어 합악(合樂)으로 이루어진 아악(雅樂)으로 궁중의 잔치나무용을 할 때 연주하는 화려하고 장엄한 장춘불로지곡(長春不老之曲)이라 불리기도 하는 보허자(步虛子) 주악(奏樂)에 두 학인(鶴人)이 춤을 춘다. 학인이 연꽃을 쪼면 두 명의 여자 동기가 연꽃에서 나와 재주를 보여 올리고 처용기(處容機)를 주악하면서, 다시 오방 처용이 춤을 춘다. 다음은 미타불의 법신을 예찬한 한글 창사(唱詞)인 미타찬(彌陀讚)·석가세존을 예찬한 창사인 본사찬(本師讚)·관세음보살의 공덕을 찬양한 고려 때의 노래인 관음찬(觀音讚)의 순서로 주악이나 창가를 하는 처용무(處容舞)를 추자 악대가 정읍악(井邑樂)[144]과 여민락을 향악(鄕樂)과 당악(唐樂)으로 번갈아 연주하였다.

향악무로 원래는 검무(劍舞)를 추기 전에 추었다. 이 무용은 외연(外宴)에만 추는데 특별히 추었다. 춤을 추는 두 사람이 사슴가죽으로 만들어, 앞이마 위의 양(梁)만 검은 빛으로 하고 그 밖에 모두는 금빛인 관(冠)을 쓰고 좁은 소매 옷에 오색한삼(五色汗衫)을 끼고 음악에 맞추어 여기(女妓) 4명이 손을 뒤집었다 엎었다하면서 추는 춤으로 일명 엽무(葉舞)라 부르던 첨수무(尖袖舞)를 추자 악대가 낙양춘곡(洛陽春曲)을 연주하였다.

---

143) 석가여래가 설법하던 영산회(靈山會)의 불보살(佛菩薩)을 노래한 악곡으로, 정조 때의 「유예지(遊藝志)」에서는 가사가 없는 기악곡으로 바뀌었다. 성현(成俔) 등이 지은 「악학궤범」의 '학련화대처용무합설(鶴蓮花臺處容舞合說)'에 따르면 중이 불공드리는 것을 모방하여 기생들이 이 창사(唱詞)를 부르며 돌면서 춤을 추던 짧은 곡조였다고 한다. 황종(黃鐘)을 궁(宮)으로 한 우조계면조(羽調界面調)에 속하고, 「보허자(步虛子)」나 「낙양춘(洛陽春)」과 같이 기호가 있는 곳에서 되풀이 하여 연주하는 형식이 오늘날에 전하는 영산회상으로 발전하였다. 궁중 아악으로서는 세종이 지은 것으로 「현악영산회상」 「삼현영산회상」 「평조회상(平調會相)」의 세 가지가 전한다.

144) 『악학궤범(樂學軌範)』에 실려 전하는 한글로 적힌 가장 오래된 백제 가요의 하나로 행상(行商)을 떠난 남편의 안부를 걱정하는 아내의 애절한 그리움을 노래하였다. 굿거리장단의 정읍만기(井邑慢機)·자진모리장단의 정읍중기(井邑中機)·휘모리장단의 정읍삭기(井邑朔氣)가 백제가요의 기본이며, 우리민요의 기본 틀이다.

영조 때 첨수무는 칼을 들고 농검(弄劍)·연귀소(燕歸巢)·연풍대(筵風擡) 등의 순으로 추기도 했다. 그런데 두 기녀가 군인 복장으로 검 두개를 각각 양손에 들고 마주보며 춤을 추고 있는 장면이 『원행을묘정리의궤』 그림에 나오는 것을 보면 이 때 처음 선을 보인 게 아닐까 짐작된다. 영조 때에는 첨수무와 공막무(公莫舞)의 두 종류가 있는데 춤추는 사람 수만 다를 뿐 『각정재무도홀기』의 내용은 다르지 않고 같았다. 다음으로 춤추는 기녀가 채색한 배를 끌고 배가 떠나는 정경을 그린 춤을 춘다. 동기(童妓) 둘이 돛 앞뒤로 갈라서고, 여기(女妓)는 범의 수염을 꽂은 붉은 칠을 한 갓을 쓰고 철릭을 입고 활과 화살을 꽂아 넣는 동개(筒箇)를 차고 배 앞에 늘어서서 호령하면 집사무기(執事舞妓)[145]인 8명의 내무(內舞)와 18명의 외무(外舞)가 호령을 듣고 '어부사(漁父詞)'를 부르며 내무 가운데 4명이 채선에 달린 줄을 잡고 행선(行船)하여 빙빙 돌면서 춤을 추는데, 행선의 호령이 있을 때는 궁중에서 군악을 연주하던 겸내취(兼內吹)가 뜰에서 취타(吹打)하고 노래를 부르며, 춤을 출 때에는 주악이 울리는 선유락(船遊樂)을 하였을 것이다. 정재가 끝나자 연주도 그쳤다.

선유락은 『원행을묘정리의궤』의 '의주(儀註)' 봉수당진찬의궤(奉壽堂進饌儀軌)에는 기록 되어 있지 않다. 그러나 4권(四卷) '공령(工伶)' 조에 보면 맨 마지막에 '선유락 때에는 곧 모든 기생이 함께 나아갔다.(船遊樂時則諸妓并進)'라는 것으로 보아 이를 뒷받침 한다. 그리고 『원행을묘정리의궤』 '권일 연설(卷一 筵說)' 을묘 윤 2월 11일의 기록이나 그림 자료 및 진찬습의 대목을 보면 정재종목의 하나로 선유락이 연행되었음이 더욱 확실하다. 다만 순서상으로 어느 때 추었는지 이 기록으로는 분명하지 못한 아쉬움이 남는다.

---

145) 신라 때부터 전해진 향악(鄕樂)이 궁중무용이 되었다. 2명의 동기(童妓)가 채선(彩船)에 올라 닻·돛을 잡으면 10명의 여령이 뱃전 좌우로 줄을 지어 뱃줄을 잡고 안쪽에서 춤을 춘다. 그 둘레를 32명의 여령이 뱃줄을 잡고 바깥쪽에서 춤을 추다 징소리가 3번 울리면 행선령(行船令)에 따라 배가 떠난다. 어부사(漁父詞)를 흥겹게 부르며 배를 빙빙 돌리면서 뱃놀이 흉내를 내다가 다시 징을 3번치면 춤을 멈춘다.

여악공(女樂工) 두 사람이 나와 발 밖의 한복판에 이르러 동쪽과 서쪽으로 나뉘어서 북쪽을 향해 선 다음 상이 지은 관화장(觀華章)[146]을 불렀는데, 그 내용에,

'자궁의 덕 순일함이여, 대지와 같아 표현하기 어려워라. 말없이 은혜 널리 베푸심이여, 태평시대 열리게 도와주셨도다. 온갖 복록이 모여 듦이여, 마치 강물처럼 흘러 넘치도다. 자손들 갈수록 번창함이여, 해마다 경사가 이어지도다. 북두성(北斗星)마냥 밝으심이여, 숭산(嵩山)[147]처럼 높고 높도다. 보책(寶册)에 상서(祥瑞)를 기록함이여, 봄날 잔치 열어 술을 따르도다. 아, 자궁의 덕 아름다워라. 이번에 회갑을 맞으셨도다. 화창한 이 시절 완상(玩賞)함이여, 만물이 어울려 화락하도다. 새로 지은 고을에서 기쁨을 누림이여, 집집마다 노랫소리 울려 퍼지네. 떠오르는 저 해와 달처럼 천년토록 만년토록 오래 사소서.'

하였다. 이는 우리 고유의 생일을 축하하는 노래이다. 이런 소중한 문화가 일제 식민지를 거쳐 서양문물이 들어오며 소리 없이 사라지고 해피 버스데이(Happy Birthday)로 되었으니, 지금이라도 다시 어떤 것이 옳은지 판단하여 우리의 긍지를 높이고 각자 살아온 삶의 애환을 자식들이 부모에게 치하하고 부모들은 자식들의 앞날을 위하는 마음을 담은 덕담이나 편지를 읽어주는 것은 어떨까 하는 생각이 새삼 드는 이유는 무엇일까?

여악공이 노래를 마치고 내려가 제자리로 돌아갔다. 여관이 자궁의 앞에 나아가고 또 상의 앞에 나아가서 상을 치웠다. 악대가 여민락 만(與民樂慢)을 연주하였다. 여관 및 여집사가 명부·의빈·척신의 상을 치웠다. 음악 연주가 그쳤다.

여관이 '일어나실 때가 되었습니다.'라고 외쳤다. 여관이 상을 인도하여 발 밖

---

146) 장락장을 의식 초에 선창(先唱)하고 잔을 올리고, 의식이 끝날 때 쯤 관화장이란 노래를 부른다. 이는 정조가 어머님의 회갑을 축하하여 만든 생일노래이다. 다른 왕들도 생일에 틀림없이 이런 행사를 치렀을 것이다. 그러나 지금까지 맥이 이어졌으면 얼마나 좋았을까. 우리들만의 고유한 생일을 축하 하는 노래의 맥이 끊어져 못내 아쉽다.

147) 중국(中國) 하남성(河南省) 정주(鄭州)의 남서(南西)쪽에 있는 명산(名山)으로 오악(五嶽) 중의 하나이다. 예로부터 절이 많았다. 숭고산(崇高山)·태실산(太室山)·중악(中嶽)이라 하기도 하며 높이는 1천 600m이다.

에까지 이르자 여집사가 앞장서서 인도하여 배위(拜位)에 이르렀다. 여집사가 의빈과 척신을 인도해 내려와 배위로 나아가게 하였다. 찬창(贊唱)이 국궁·재배·흥·평신하라고 창(唱)을 하자 악대가 낙양춘곡을 연주하였다. 전하와 의빈·척신이 같이 국궁·재배·흥·평신을 하니 음악이 그쳤다. 여집사가 상을 인도하여 나가니 악대가 여민락 영(與民樂令)을 연주하였다. 합문(閤門) 안에 이르니 연주를 그쳤다. 여집사와 인의(引義)가 의빈과 척신을 나누어 인도해서 나갔다. 여관이 내명부와 외명부를 나누어 인도해 다시 절하는 자리로 돌아가게 했다. 전찬(典贊)이 국궁·재배·흥·평신할 것을 창(唱)하자 낙양춘곡을 연주하고 내·외명부는 이에 따라 국궁·재배·흥·평신의 예를 올리자 음악이 멎었다. 여관이 자궁의 자리 앞에 나아가서 무릎을 꿇고 예식이 끝났다고 아뢰었다. 여관이 내명부와 외명부를 나누어 인도해서 나갔다. 자궁이 자리에서 내려오자 악대가 여민락 영을 연주하였다. 자궁이 합문 안에 이르자 음악이 그친다.

이제 공식적인 행사가 끝나고 여흥시간이 된 것이다. 가까운 친인척이니 뒤풀이가 없을 수 없었다. 번번이 여기(女妓)들이 쌍쌍이 춤을 추는데 흰 눈 같은 명주(明紬), 수주(水紬)를 내어 어깨에 걸고 각자 자신의 재능을 드러내 자랑 하더라. 순배(巡杯)가 일곱 번 돌아가자 주상(主上)이 어제(御製) 칠언율시(七言律詩)를 내리며 차운(次韻)하라 하였다.

많은 복록이 양양하여 천명 받기를 새로이 하니(弗祿穰穰迓命新)
봉 피리와 난을 부니 청춘의 빛에 머물렀더라(鳳笙鸞吹駐靑春)
땅의 서기 꽃을 보는 듯 세 가지 비는 것이 오르고(地符觀華登三祝)
해가 유홍하는데 미쳤으니 육순에 올라계시더라(歲屆流虹躋六旬)
내외의 손들은 꽃다운 나무모임이 되었고(內外賓仍芳樹會)
동서 반열은 또 꽃 꽂은 사람일러라(東西班是勝花人)
해마다에 원하나니 오직 오늘 같아라(年年只願如今日)
장락당 가운데 술은 몇 번이나 돌았는고(長樂堂中酒幾巡)

이에 혜경궁의 외척으로 24살 나이 때 참여했던 이희평이,

> 하늘이 우리 동방을 돌보아 경록이 새로웠으니(天眷吾東景綠新)
> 나라 집 큰 경사가 올봄에 다 모였더라(邦家大慶聚今春)
> 수강전에서 잔치를 베푸시며 천세를 불렀거늘(壽疆宴設呼千歲)
> 장락궁에서 자리를 열어 육순을 송덕하더라(長樂筵開頌六旬)
> 성한 예는 더 기뻐 천상의 즐거움이었거늘(盛禮欣添天上樂)
> 채색 꽃을 두루 대궐 안 사람이 꽂았더라(彩花遍揷殿前入)
> 미신이 오늘 날 강령을 비는 것은(微臣此日康寧祝)
> 현조의 반도가 몇 번이나 열렸던고(玄鳥仙桃結幾巡)

이라고 지어 올렸다.

연이어 차례대로 술잔이 돌아오고 나자 주상이 전교하시기를, "오늘은 취하도록 먹어 『시전(詩傳)』 '소아(小雅)' 담로(湛露)에 '술이 크게 취하지 않았으면 돌아갈 수 없다(不醉無歸)'라고 한 뜻과 같이 하라." 하니 잔을 받아 입에 댄들 어찌 다 마실 수 있으리오. 이윽고 주상이 소차(小次)에서 나와 홍포(紅袍)를 벗고 융복으로 들어오는데, 여집사가 공작선(孔雀扇)·홍양산(紅陽傘)·일월봉황선(日月鳳凰扇)을 들고 앞에서 인도하고 여인이 치사를 하니 고상하고 품위가 있으며 여유롭고 우아하여 듣기가 좋더라.

종일토록 보고 먹은 후, 저녁에 열구자탕을 한 그릇씩 먹으니 해는 지고 저녁이 되었다. 또 나아갔다 물러나와 밥을 먹으려 하나 배가 너무 불러 어찌 먹을 수 있으리오. 하인들에게 나누어준 뒤, 또 승명(承命)을 받고 들어가니, 사면에 홍사(紅紗) 촉롱(燭籠)을 걸고, 집 서까래 끝과 차일의 대마다 다 촉롱을 걸어 눈이 부시도록 아름다웠다.

사람의 앞마다 팔량촉(八兩燭)에 품질 좋은 유기 촉대(燭臺)를 놓아 대낮 보다 영롱하고 휘황찬란하기가 더하였다. 마치 요지연(瑤池宴)에 참석한 듯, 구천(九天)의 영소전(靈霄殿)에 오른 듯 황홀하여 정신을 차릴 수 없더라.

밤에 또 풍악을 울리고 술잔을 돌리는데 한 골에 두셋씩 앉았는데 농어 껍질을

벗긴 후 술, 파, 생강 등을 넣어 살짝 익힌 회를 각 접시에 놓아 먹어보니 그 맛이 몹시 기이하더라.

혜경궁께서 기름먹인 종이를 돌려 음식을 다 싸도록 하고, 끝나서 나올 때에 또 칭찬하며 물건을 나누어 주시니라. 주시는 물건을 받고 은혜를 감사하게 여기며 밖으로 나오니 금동(金銅) 누수(漏水)에 구리살(물시계의 각을 가리키는 구리로 된 침)이 4경(四更 : 02~04시)을 알리고 먼 곳에서 닭의 울음소리가 들려왔다.

오늘 돌아가신 아버지는 왕이 되셨다. 왕이 되시도록 하기 위해 정조는 그 많은 날을 참고 기다렸다. 명분이 있어야 정위(正位)로 즉위하실 수 있기 때문이다. 그 D-day가 바로 오늘인 것이다. 부모님의 회갑년(回甲年)을 맞아 어머님의 진찬연을 화성행궁에서 성대하게 하는 뜻은 오직 아버지를 위한 의식이었다. 호랑이보다 무서운 노론을 속이고 온 나라의 축복을 받을 수 있는 길일이 바로 오늘이었던 것이다.

윤2월 9일에 궁궐을 출발 윤2월 13일에 회갑 잔치를 여는 정조의 마음을 생각하면 가슴이 먹먹해진다. 5라는 수(數)는 오행(五行)·오상(五常)·오방(五方)은 물론 주역(周易)의 효사(爻辭) 구오(九五)에도 꼭 부합되는 날이기 때문이다.

정조가 지은 『오경백편(五經百篇)』을 보면 더욱 확실해진다. 공자(孔子)의 『십익(十翼)』 중 '문언전(文言傳)'에 '九五를 가리켜, 나는 용이 하늘에 있으니 대인을 만나보는 것이 이롭다.'라고 했는데, '이것이 무슨 의미일까?(九五日, 飛龍在天利見大人, 何謂也)'

'공자께서 말씀하셨다. 같은 소리는 서로 응하고 같은 기운은 서로 구하며, 물은 습한 곳으로 흐르고 불은 건조한 곳으로 나아가며, 구름은 용을 따르고 바람은 호랑이를 따른다. 그런데 성인이 나오면 만물이 그를 우러러 보는데, 각각 같은 부류를 따르기 때문에 하늘에 그 근본을 둔 것은 하늘인 위와 친하고, 땅에 그 근본을 둔 것은 아래와 친하기 마련이다.(子日 同聲相應, 同氣相求, 水流濕, 火就燥, 雲從龍, 風從虎, 聖人作而萬物覩, 本乎天者, 親上, 本乎地者, 親下, 則各從基類也)'라는 사실

로 미루어 더욱 확실해진다. 천지가 하나로 화합하는 날이다.

구오(九五)는 제왕의 위(位)이다. 그래서 돌아가셨지만 오늘은 왕이신 아버님을 위한 오신연(娛神演)을 여는 날이다. 살아있는 사람들의 행복과 안락을 축원하는 부분에서 씻김굿은 특별한 의식이다.

모두가 참여하여 죽은 자의 슬픔보다 산 사람의 복락(福樂)을 추구하는 연희적 측면을 부각시키는 잔치 날로 잡았기 때문이다. 그것은 '문언전' 곤괘(坤卦)에 '선행을 계속해서 하는 집은 반드시 경사가 자신뿐 아니라 자손에까지 미친다.(積善之家, 必有餘慶)'는 건곤(乾坤)의 이치를 꿰뚫어 본 정조의 역사상(易思想)이 발휘된 대목이다.

악공이나 여령(女伶)이 뛰어나면 자연히 축제(祝祭)의 판은 흥겨워지기 마련이다. 망자를 이승의 사람들이 연희마당으로 끌어들여 한데 어울려 신명난 놀이를 하는 것이다. 그래서 망자의 원혼은 망자의 원혼대로 맺힌 한을 풀고, 산 사람은 산 사람의 한을 푸는 잔치를 하는 것이다. 그러면서 자연스럽게 또 하나의 고를 푸는 절차를 밟고 넘어가는 엄숙한 시간이기도 하다.

고구려의 동맹(東盟)·예(濊)의 무천(舞天)·부여(扶餘)의 영고(迎鼓)는 지금의 추수감사절과 같은 제의(祭儀)로 하늘에 제사를 지내고 연일 술을 마시고 춤을 추고 노래를 부르며 놀이를 함으로 대통합의 한마당을 이루었던 것이다.

정조는 아버지 회갑을 통하여 온 백성과 신료가 하나로 뭉치는 계기를 만들고자 한 것이다. 그래서 죄인을 풀어주고 세금과 부역을 탕감해 주었다. 한편으로 부로(父老)들을 위한 특별한 자리를 마련하여 양로사상을 고취하고 효(孝)를 강조한 것이다.

결국 정조 효사상의 궁극적 이념은 온 나라 백성들을 한 마음으로 묶는 일심(一心)이었던 것이다. 법화경(法華經)의 회삼귀일(會三歸一)과 같이 무엇보다 셋으로 쪼개진 노론·소론·남인을 하나로 만들고자 하는 꿈의 향연을 펼친 셈이다.

다만 아버지 대신 어머니를 앞세워야 하는 정조의 마음을 알지 못한 채 온 나

라는 잔칫집이 되어 화합의 한마당을 이룬 것이다.

　제7차 「을묘원행」은 아버지께는 용서를 구하고, 조정신료들을 하나로 묶어 두 번 다시 이 땅에 임오화변과 같은 불상사가 일어나지 않는 나라를 만들고 싶은 충심(忠心)에서였다. 그래서 정조는 벼슬아치들과 백성에게 직접 모범을 보인 것이다. 우리나라는 예로부터 삼강오륜(三綱五倫)을 실천하는 동방예의지국(東方禮義之國)이었다. 그 가운데 효(孝)를 백행의 근본으로 여겼다. 이번 봉수당 진찬연을 만천하에 들어내 보이기 위하여 처음부터 끝까지 아무도 모르게 목숨을 내놓고 각본을 써서 연출한 자작극의 당사자가 바로 정조였던 것이다. 이제 아버지는 당당히 왕으로 추숭되었다. 아무도 모르는 사이에.

◆ 여섯

또 더워진다. 절망의 끝에서 얻은 체념(諦念)이 오히려 정신을 홀가분하게 한다. 죽음이 눈앞에 다가서자 육신 따라 영혼도 함께 무명의 세계를 넘나든다. 눈꺼풀이 천근만근이다. 자신을 돌아보거나 살필 여력도 없다. 내가 누구인지, 왜 여기에 있는지 조차 분별할 판단력마저 없었다. 아니 할 필요도 없었다. 이제는 본능마저 어둠에 휩싸여 떨어지는 태양처럼 기력을 잃고 육신을 떠나버린 것 같았다. 본능·이성·분노·욕망·억울함·희망·명예·권력 등은 모두가 정상적인 삶을 살아가고 있을 때 할 수 있는 말이다.

자기 자신조차 알아들을 수 없는 입속 웅얼거림은 물, 물, 물 그리고 또 물이란 한 마디뿐이었다. 사람이 죽음에 이르는 고통은 아픔이 정상이다. 어디건 아파서 고통을 호소하다 죽게 마련이다. 그러나 세자의 아픔은 어둠, 배고픔, 병도 아니요 세상에서 제일 흔한 물 한 모금이 전부였다. 불처럼 분노가 활활 탈 때도 물이요, 죽음이 코앞에 다가왔는데도 오직 물이다. 어머니의 양수(羊水)148)가 시원(始原)이라서 일까? 인간의 본향인 물이 없으면 태초에 사람도 없었다. 그러나 생의 마지막이 다가오며 이상하게 물까지 잊어버린다. 숨만 쉬는 것이지 이미 삶과는 단절된 것이다. 숨을 쉰다는 것은 아직 영혼이 육체를 못 벗어났다는 신호에 불과하다. 몸은 이미 부드러움을 떠나 점점 딱딱하게 굳어가고 있었다. 강(强)은

---

148) 포유류 및 파충류 등의 유양막류(有羊膜類)와 무척추동물인 곤충류에서 그 개체가 발생 및 발달하는 과정에서, 특히 인간의 경우 임신 중에 배(胚:embryo)를 둘러싸고 있는 양막(羊膜 : amnion)의 내부를 채우고 있는 액체(液體)를 말한다. 양막(羊膜)과 함께 배(胚)를 보호하는 역할을 하며, 또한 출산 시에는 태아의 분만을 수월하게 해주는 기능을 한다. 임신 초기에는 무색상태로 있다가 점차 임신 후반으로 가면서 탁해지는데, 그 이유는 발달하는 태아로부터 떨어져 나온 태지(胎脂), 피부(皮膚) 및 태발(胎髮) 등이 섞이기 때문이다. 태아의 건강상태나 정상성(正常性)을 파악하기 위해 양수검사(羊水檢査:amniocentesis)를 실시하는 경우가 많은데, 그 원리는 일정량의 양수를 뽑아 그 안에 포함되어 있는 태아로부터 떨어져 나온 피부 등의 세포를 분석함으로써 염색체나 유전자의 정상 또는 이상여부를 파악하는 것이다. 임신 후기의 양수량(羊水量)은 약 600~800ml 정도로 알려져 있다. 한편, 양수를 양막액(羊膜液)이라고도 하며 흔히 모래집물이라 부른다.

모든 생물이 그러하듯 죽음이다.

　인연이란 만나야 있는 것이지 혼자 있으면 그것이 곧 죽음인 것이다. 누구를 생각할 힘도 원망할 기력도 없다. 아무렇지도 않다. 답답하던 뒤주도 하늘처럼 넓다. 웅크리고 앉아 그렇게도 불편하던 몸이었는데 지금은 아무런 느낌도 없다. 색, 명암도 없는 상태는 죽음이 덮어 주는 고요한 이불일 것이다. 아무것도 먹지 못하면 사람의 생명이 아무리 질겨봐야 칠일에서 열흘인 것을 칠십이나 백년을 넘게 살 것처럼 호들갑을 떤다. 물 한 모금이 없어 죽는 게 인생이다. 왕·세자·정승·농부·상인·노예·백정·갖바치가 무슨 의미가 있겠는가. 굶으면 죽고 아프면 죽는 것이다. 양반이라 해서 백년 살고 상민이라 해서 오십년 사는 게 아니다. 세자는 죽은 사람이나 다름없었다. 세상은 환하지도 캄캄하지도 않았다. 양반도 상놈도 없었으며 더더욱 왕족은 어디에도 없었다. 그 흔한 물과 공기가 평화요, 자유란 사실을 살아있는 동안은 아무도 모른다.

　주역에서 마지막 예순네 번째 괘는 '화수미제(火水未濟)'이다. 미(未)는 '아직~하지 못하다.'이고 제(濟)는 '건너다. 나루'이다 그러니 '아직 나루를 건너지 못하다.'라는 말이다. 불과 물은 상극이다. 그러나 잘만 다스리면 서로에게 가장 필요불가결한 존재가 된다. 나는 미완의 상태로 죽을 것이다. 그러나 여지는 반듯이 있게 마련이다. 아버지의 장기집권으로 깊이 매몰된 우매한 권력의 화신들은 혹시 세자가 보위에 오를 경우 모든 게 끝장이라며 강박관념에 시달렸을 것이다. 그래서 마침내 친인척과 노론을 앞세워 아버지와 결탁해 만든 정치적(政治的) 희생양이 자신인 것이다. 이제 와서 그게 무슨 소용이란 말인가. 다만 후일 내 아들 산(祘)이 수를 세며 하나, 둘 풀어갈 것이다. 미제는 새로운 실마리가 되어 다시 새롭게 시작하는 64괘를 반복시켜 주는 가교적인 역할의 괘이다. 내 아들인 것이다. 돌고 돌아가도록 순환의 고리를 만든 창조주는 그래서 때론 잔인한가 보다. 영혼은 이미 바람에 날려 허공을 떠다니는 민들레 씨앗처럼 정처 없다. 아직 자기자리를 잡지 못했다.

◆ 여섯째 날(윤 2월 14일)

화성행궁에서 나흘째 행사를 치르는 날이다.

승지, 사관, 각신(閣臣)이 초 9일에 차례를 적어 올린 좌목(座目)에 따라 이른 아침에 신풍루(新豊樓)에서 쌀을 나누어 주는 행사부터 벌어졌다. 대상자를 사전에 미리 파악, 이미 선정된 사람들에게 쌀을 나누어주는 일이다.

이에 정조는 유여택(維輿宅)에서 하교하기를, '화성부의 늙고 아내 없는 홀아비, 젊어 남편 잃은 과부, 부모가 없는 어린 고아, 늙었는데도 자식이 없는 사람인 사민(四民 : 鰥寡孤獨) 539명과 그 밖에 굶주리는 진민(賑民) 4,819명을 대상으로 쌀을 나누어 주도록 하라.

신풍루를 비롯하여 쌀을 나누어줄 때, 승지를 네 곳에 나누어 보내 차질 없이 시행하라는 명령을 하달한 바 있기 때문이다. 임시 승지로 임명된 가승지(假承旨) 이유경(李儒敬)은 사창(社倉)·조진관(趙鎭寬)은 산창(山倉)·홍인호(洪仁浩)는 해창(海倉)으로 가도록 어제 하교(下敎)하여 일일이 알아듣도록 타이른바 있거니와, 어머님의 배려로 쌀을 주고 죽을 먹이는 것임을 확실히 알게 하도록 주지시켰다. 또 내가 몸소 임어(臨御)한 것처럼 하여 비거나 혹 빠짐이 없도록 하라. 성 안팎의 사민(四民) 및 진민(賑民)은 내가 친히 임어하여 나누어줄 것이다. 또 명하기를 굶주리는 백성과 사민에게 죽을 먹이고 쌀을 나누어 주는 일을 일제히 거행하되, 쌀 포대를 먼저 신풍루 아래에 쌓아 놓아 나누어줄 때 떠들썩하거나 번잡하지 않도록 하라. 날을 보아 때가 너무 일러 혹 미처 오지 못한 사람이 있으면 차례대로 알려주어 한 사람도 빠지는 일이 없도록 하라.'는 명령을 내렸다. 쌀 받을 사람들은 화성부에 거주 하는 사민(四民)과 나라의 보호를 받아야 할 저소득층이거나 결손가정인 진민(賑民)을 골라 뽑았다.

새벽 5시 45분인 묘초3각(卯初三刻)에 삼취(三吹)를 불자 시간에 맞추어 정조는 융복차림에 말을 타고 신풍루에 이르러 말에서 내린 후 2층 누각에 마련된 자리에 앉았다. 전좌(殿座)하여 쌀과 죽을 나누어 주는 동안 훈련대장 통솔 아래 본국(本

局) 보군(步軍) 1초(一哨)와 장용외영 보군 1초가 4거리 앞길에서 기고(旗鼓)를 앞세우고 신풍루를 사방으로 둘러싸서 호위를 하여 만약의 사태에 대비했다.

정조는 동부승지 이조원(李肇源)에게, '승지는 내려가서 쌀을 배급하고 죽을 고루 나누어 먹이되, 쌀과 죽을 남지 않도록 다 나누어 주도록 하라. 어머님의 은혜로운 뜻으로 이루어진 것임을 뭇 백성들에게 널리 알리도록 하여라.'라는 하교를 내렸다. 또, '선전관(宣傳官)은 죽 한 주발을 가지고 오도록 하라. 내가 의당 죽이 어떠한가를 보겠노라.'고 하명했다.

정조는 행(行) 좌승지 이만수(李晚秀)에게, '이제 방금 양로연을 베푸는 것은 노인을 존경하려는 좋은 뜻이니, 노인들이 모이면 노인들로 하여금 오래도록 밖에서 기다리지 않도록 해야 할 것이다. 내가 곧 낙남헌(洛南軒)으로 자리를 옮길 것이니, 경은 이곳에 머물러 있으면서 사민이 와서 기다리면 일일이 죽을 먹일 것이며, 혹시 뒤늦게 오는 사람이 있더라도 차게 식은 죽을 먹이지 않도록 하라. 경이 직접 두루 살피고 검사하여 행여 소홀함이 없도록 하라.'는 말을 잊지 않았다. 영의정 홍낙성이 나아가 앞으로 나오자 임금은 '나이 여든 살이 된 원로(元老)가 비록 근력이 좋다고는 하나 어찌 사다리를 걸어오를 수 있는 상황이겠는가. 경이 뭇 노인 가운데 수석(首席) 되는 분에게 먼저 내려가 바깥 주변을 잘 정돈시켜 바르게 시행하도록 하라.'고 말하였다. 잠깐 동안 있다가 낙남헌으로 환어했다.

정조는 빈틈없는 임금이었다. 어머님의 배려로 쌀, 소금, 죽을 내린다는 사실을 널리 알려 자식으로 효를 다하고, 배급과 죽을 주는 현장에 친림하여 조금이라도 소홀할까 노심초사하는 마음에서 백성을 사랑하는 정조의 위민사상(爲民思想)을 엿볼 수 있다. 선별한 사람들이라고 해서 한 곳에 모아놓고 한꺼번에 모두 쌀을 배급할 수 없는 일이다. 화성 안팎의 부민들만 행궁의 정문인 신풍루에서 정조가 친히 자리한 가운데 쌀과 소금을 하사한 것이다. 신풍루에 모인 사민은 홀아비 20명, 과부 24명, 고아 6명과 진민 261명이였다. 홀아비, 과부에게는 쌀 6말[斗], 고아는 4말씩 총19섬[石] 3말이 지급되었다. 진민(賑民)에게는 성별과 나이

에 따라 등급에 차이를 두어 지급하였다. 남자장정 38명에게는 쌀 1말 2되[升]에 소금 8홉(合), 남자노인 56명, 장년여자 41명, 여자노인 71명에게는 각각 쌀 1말과 소금 8홉, 어린 남녀 55명에게는 쌀 8되씩에 소금 6홉씩을 나누어 주었다. 진민에게 지급된 쌀은 총 17섬 2말 6되이고 소금은 1섬 4말 7되 8홉이었다.

환곡을 저장해 두던 창고로 지형에 따라 산창(山倉)·사창(社倉)·해창(海倉)으로 나누어 불렀다. 산창(山倉)에서는 임시로 임용한 가승지(假承旨) 조진관(趙鎭寬)이 홀아비 56명, 과부 48명, 독자 3명, 고아 15명에게 모두 쌀 46섬 12말, 진민인 남자장정 280명, 남자노인 195명, 여자장년 258명, 여자노인 202명, 어린 남녀 234명을 합하여 1,169명에게 쌀 39섬 4말 1되, 소금 2섬 14말 4되 2홉을 나누어 주었다. 그러나 진민은 신풍루에서 받은 주민의 반밖에 받지 못하였다. 임금이 친림한 곳과 차이를 둔 것이다. 사창(社倉)에도 역시 임시로 임용된 승지 이유경(李儒敬)이 홀아비 49명, 과부 49명, 독자 4명, 고아 61명에게 쌀 57섬 1말, 진민(賑民)인 남자장정 472명, 남자노인 332명, 여자장년 439명, 여자노인 312명, 어린 남녀 293명을 합하여 1,848명에게 쌀 62섬 11말 9되, 소금 4섬 10말 9되 9홉을 지급하였는데 산창과 같았다. 해창(海倉)도 임시로 임용된 가승지 홍인호(洪仁浩)가 홀아비 73명, 과부 54명, 독자 32명, 고아 45명에게 쌀 75섬 9말, 진민인 남자장정 246명, 남자노인 310명, 여자장년 323명, 여자노인 296명, 어린 남녀 360명을 합하여 1,535명에게 쌀 50섬 6말 1되, 소금 3섬 12말 8되가 지급되었는데 산창과 동일하다.

4곳에서 혜택을 받은 사민(四民)은 539명, 진민(賑民)은 4,813명으로 총 5,352명으로 이들에게 나누어 준 쌀은 367섬 9말 7되, 소금은 12섬 2말 9되 9홉이다. 그런데 초9일 유여택에서 승지, 사관, 각신이 올린 좌목과 비교하면 진민에서 6명, 실록과는 쌀에서 1말의 차이가 난다. 그간 무슨 변고가 생겼거나 워낙 많다 보니 착오가 발생했을 수도 있을 것이다. 아무튼 당시 화성부의 인구가 6만여 명 정도였으니 십분의 일에 이르는 큰 시혜를 베푼 것이다.

아울러 정조는 진민에게 쌀과 소금만 준 것이 아니라 죽을 끓여 주도록 했다.

여기에 들어간 쌀만도 9섬 9말, 미역 925립(立), 간장 1섬 12말 7되 4홉이 들어갔다. 정조는 생색내기가 아닌 구휼에 직접 나선 것이다. 자신들만을 위해 안주하는 벼슬아치들을 향해 일대 경종을 울리고자 솔선수범을 한 것이다. '임금은 백성을 하늘로 삼고, 백성은 먹을 것을 하늘로 삼는다.(君, 以民爲天, 民, 以食爲天)'는 사실을 알리고 싶었다. 그리고 일일이 어머님의 배려라는 말을 하였으나 기실, 아버님이 내리는 은전이라고 속으로는 수없이 되 뇌이고 있었다. 굶어 돌아가신 아버님을 회상하며 모두에게 배불리 먹이고 싶은 것이 정조의 마음이기 때문이다. 그래야 아버님께서도 흡족해하시며 하늘에서라도 무거운 마음을 내려놓으실 수 있을 것이라 굳게 믿었다.

아침 7시 15분에 초엄(初嚴), 7시 45분 2엄, 8시 15분에 3엄을 알리는 북이 울리자 정조는 화성행궁 낙남헌으로 나와 양로연(養老宴)을 베풀었다. 정조가 자리에 앉자 장용내외사(壯勇內外使) 산하 병사들이 기고(旗鼓)를 앞세우고 낙남헌 주위를 둘러싸 빈틈없이 호위를 하고, 드나드는 작문(作門)까지 세심한 경비를 섰음은 물론이다. 어머님 회갑잔치를 치르기 위해 도성을 떠나 화성까지 온 만큼 인근에 사는 노인들을 위한 연회를 빼놓을 수는 없는 일이다. 양로연에 초대받은 사람은 임금을 따라 서울에서 내려온 행 사직 이민보(李敏輔) 79세, 영의정 홍낙성(洪樂性) 78세, 우의정 채제공(蔡濟恭)·판부사 이명식(李命植) 76세, 행(行) 부호군 조규진(趙圭鎭) 72세, 호조참판 조윤형(趙允亨)·내의(內醫) 김효검(金孝儉) 71세, 영돈령부사 김이소(金履素)·수어사 심이지(沈頤之)·도승지 이조원(李祖源)·대사간 서유신(徐有臣)·사복판관 한대유(韓大裕)·인의(引儀) 최정(崔珽)·김동람(金東覽)·홍탁보(洪鐸輔) 61세 등 15명이다.

화성부에서 선발한 노인은 전직관료 출신으로 70세 이상 8명, 61세 2명으로 10명이다. 한편 80세 이상 사대부(士大夫)와 서인(庶人)은 209명인데, 그 가운데 서인 13명이 들어 있었다. 나이별로 보면 90~99세 노인이 17명으로 그 중 김유복(金有福)·윤악손(尹岳孫) 두 분이 99세로 최고령이며, 80~89세 노인은 192명이다.

대략 18세기 중엽, 수원부(水原府) 남자인구가 약3만 명 정도였으며 61세 된 노인은 사대부 141명 서인 30명으로 모두 171명이었다. 이날 양로연 참석자는 모두 399명이지만 화성 노인이 384명이나 차지한다. 384명 중 전직관료 출신은 70세 이상과 61세 된 노인으로 한정했으며, 사대부와 서인은 80세 이상과 61세 노인으로 한정시켰다.

『원행을묘정리의궤』 '권5'에 의하면 화성부 연회에 참석한 노인 384명의 성명, 연령, 직업이 모두 기록되어 있어 『조선왕조실록』의 374명과 10명의 차이가 있다. 여기서는 잔치의 특성상 384명으로 많은 쪽을 따랐다. 정조가 61세 노인을 참석시킨 것은 양친 회갑을 기리기 위하여 환갑노인들을 특별히 우대한 것이다.

셋째 날인 윤2월 11일 낙남헌에서 무과별시를 실시하여 아버지가 양인(良人)인 화성출신 김성갑(金星甲 : 29세)을 을과합격자 5명 중 1명으로 당당히 합격시킨 사실을 우리는 이미 보아 알고 있다.

양로연에 일반 백성을 참여시킨 것은 정조의 통치 철학이며 신분을 초월하여 경천애인(敬天愛人)을 하겠다는 자신의 평소 이념을 이번 행사를 계기로 만백성에게 확실히 보여준 셈이다. 정조는 삼엄(三嚴) 소리에 양로연의 모든 의식 준비가 완료되었음을 알고 융복차림으로 낙남헌으로 나와 전탑(殿榻)에 자리했다.

도성(都城)에서 내려온 노인 관료들은 모두 지팡이를 짚고 전(殿) 위로 올랐다. 2품 이상은 기둥 안쪽으로 들어가 앉고, 3품 이하는 계단 위에 앉았고, 사대부 노인 및 서인(庶人)의 노인들은 자손들에 의해 부축을 받으며 들어와 계단 아래로 열을 맞추어 지정된 자리에 앉았다.

정조는 노란 명주 손수건을 나누어 주어 지팡이에 매게 하고, 비단 1필씩을 나누어 준 다음 음식을 내오고 연례(宴禮)를 시작하라고 명했다. 거문고와 비파를 연주하는 악사(樂師) 2인이 동쪽과 서쪽 섬돌로 올라와 기둥 밖까지 와서 멈춘 뒤 북쪽을 향해 서서 우의정 채제공이 지은 화일곡(化日曲)을 불렀는데,

'길고 긴 봄날, 지팡이 짚고 늙은이들 천천히 오네. 혹, 조정에서 뽑혀 온 신하도 있고 혹 시골에서 온 노인도 섞여 있구나. 노인들 헝클어진 누런 머리칼, 임금이 웃으며 바라보시네. 그대들 어찌 알랴, 자궁이 내려주신 은택인 것을. 하늘의 복을 받은 우리의 자궁, 어느새 회갑을 맞이하셨네. 그 교화 두루두루 펼쳐졌나니, 집마다 나이 많은 늙은이일세. 임금님 어버이 뜻을 받들어 조상의 묘소를 찾아 왔어라. 성대한 연회 차려 드리니, 한 고을 온통 그 은혜 입었도다. 노인들 실컷 먹고 취하여 절하며 나름대로 정성 바치네. 바치는 그 정성 무엇이던가, 부디 오래 사시도록 비는 것일세.'

하였다.

여기에서도 어머님의 회갑을 치하하는 듯 보이나 실상은 아버님 묘소를 찾아 왔음을 은유적으로 표현하며 사부(思父)의 간곡한 뜻을 담았다.

상이 거문고와 비파의 연주를 명하니, 섬돌에 올라와 있던 악공과 가인(歌人)이 『시경(詩經)』 '녹명지십(鹿鳴之什)'에 신하가 축복(祝福)으로 왕에게 답하는 노래 천보(天保)를 연주한다.

천보는,

하늘이 뒤에서 받쳐 주시니(天保定爾)
임의 자리 반석인 듯 굳으시다.(亦孔之固)
두터운 성덕만 지니시면(俾爾單厚)
어떤 복이라 아니 열리며(何福不除)
하늘이 끼치는 복이거니(俾爾多益)
그 많음을 어찌 다 헤아리리.(以莫不庶)

하늘이 뒤에서 받쳐 주시니(天保定爾)
임에게 큰 복이 있으리다.(俾爾戩穀)
상서롭지 않음은 하나도 없어(罄無不宜)
하늘의 모든 복 다 받으시다.(受天百祿)
큰 그 복을 하늘이 내리시느라(降爾遐福)
많은 날이 오히려 부족 하시리(維日不足)

하늘이 뒤에서 받쳐 주시니(天保定爾)

흥성하지 않을 수 없으시다.(以莫不興)
산 같고 언덕 같으며(如山如阜)
작은 언덕 큰 언덕 그것과 같고(如岡如陵)
넘실대며 흘러드는 냇물과 같아(如川之方至)
나날이 더하는 복 한이 없구나.(以莫不增)

좋은 벼슬아치 가리고 술떡을 빚어(吉蠲爲饎)
정성을 다하여 올리는 제사(是用孝享)
봄이라 여름이라 가을 겨울을(禴祠蒸嘗)
철따라 선왕을 섬기시기에(于公先王)
흠향하신 신들께서 이르시다.(君曰卜爾)
그대에게 주노라 만수무강을(萬壽無疆)

지극한 정성에 신이 오시어(神之吊矣)
임에게 많은 복을 내리시도다.(詒爾多福)
어질고 질박한 저 백성들이(民之質矣)
날마다 편안하게 배를 불리고(日用飲食)
천하라 모든 땅 모든 사람이(羣黎百姓)
임의 덕을 도와서 이루게 하리(遍爲爾德)

언제나 변함없는 달과 같고(如月之恒)
날마다 떠오르는 해 같으시다.(如日之升)
저기 저 남산과 같은 수명(如南山之壽)
무너지고 이지러짐 다시없겠지.(不騫不崩)
소나무 잣나무 무성 하듯(如松柏之茂)
임의 자손 무궁히 이어 가리(無不爾或承)

　　이런 내용의 가사다. 위원(魏源)은 제사를 지낼 때 무당이 신(神)의 뜻을 임금에
게 전하는 말이라 했다.
　　정조의 가슴을 절절히 울리는 가사다. 아버님을 생각하는 자신의 마음을 그대
로 나타내 주기 때문이다. 비감한 생각에 눈시울이 뜨거워지는 것을 애써 참는
다. 참석자들이야 금상을 생각하겠지만 정조의 마음은 이미 아버지 곁으로 달려

가고 있었다. 특히, 4연(四聯)의 '좋은 벼슬아치 술떡을 빚어, 정성을 다하여 올리는 제사, 봄이라 여름이라 가을 겨울을, 철따라 선왕을 섬기시기에, 흠향하신 신들께서 이르시다. 그대에게 주노라 만수무강을.'이란 대목에선 눈물이 저절로 흐른다. 남이 볼세라 슬며시 눈을 비비는 척 넘어가긴 했지만 가슴은 메어졌다.

이어 『시경』 '주남(周南)'에 어여쁜 처녀를 짝사랑하는 노래 관저(關雎)는,

운다, 운다, 물수리(關關雎鳩)
섬 가에서 물수리(在河之洲)
아름다운 아가씨(窈窕淑女)
군자의 좋은 짝(君子好逑)

다른 것과 섞인 마름 풀(參差荇菜)
이리저리 떠내려가고(左右流之)
아름다운 아가씨(窈窕淑女)
자나 깨나 그리네.(寤寐求之)

그리워도 소용없어(求之不得)
자나 깨나 늘 생각(寤寐思服)
끝없어라 내 마음(悠哉悠哉)
뒤척이며 잠 못 드네.(輾轉反側)

다른 것과 섞인 마름 풀(參差荇菜)
이리저리 고르고(左右芼之)
아름다운 아가씨(窈窕淑女)
종과 북을 치며 즐기네.(鐘鼓樂之)

『시경』 '소아(小雅)', '녹명지십(鹿鳴之什)'에 여러 신하를 불러 잔치하는 녹명(鹿鳴)을 연주하였다. 천보와 녹명은 『시경』 '소아(小雅)', '녹명지십(鹿鳴之什)'에 나오고, 관저는 '국풍(國風)', '주남(周南)'에 나오는 시(詩)다.

정리사 윤행임(尹行恁)이, '연상(宴床) 일좌(一座)를 자궁(慈宮)께 바치기 위해 준비해 놓았습니다.'라고 아뢰었다.

　정조는 '좋소. 즉시 명을 받들어 들이시오.'라며 말을 하였다. 행임이 나아가 꽃을 주상에게 드리자, 집사자들은 여러 노인들에게 역시 꽃을 나누어 주었다. 정조는 '오늘 이 자리야말로 참으로 오래 살았다고 할 만한 좋은 자리이다. 어제도 비록 꽃을 다 꽂았지만 오늘 이 자리에 참석한 사람들은 꽃 한 개씩 더 꽂아 늘 있지 아니한 성대한 모임임을 알도록 하라.'고 말하였다.

　정리사가 나아가 정조에게 제1작을 올리려 하자, 우의정 채제공이, '의당 이 경사스러운 효행(孝行)의 은혜가 신(臣)들에게까지 미치니 지극히 정성스러운 마음이 되어 송축(頌祝)드립니다. 원하건대 잔을 올리며 한(漢)나라 무제(武帝)가 숭산(崇山) 위에서 제사를 지낼 때 참석했던 모든 신하와 백성들이 만세삼창인 산호(山呼)[149]를 했던 것처럼 전하를 위해 이 자리에서 옛날 사람의 그 의식을 쫓았으면 합니다.'라고 말했다. 그러자 홍낙성이, '신이 부끄럽게도 여기 모인 많은 늙은 이들의 우두머리에 앉아 있으니 마땅히 먼저 나아가 만수무강의 잔을 올리겠습니다.'라 청하자, 정조는, '경의 말이 더 없이 좋다. 경이 먼저 하시고 우의정, 영돈령부사 및 세 분 중신(重臣)이 차례대로 각 한 잔씩 나와 올리도록 하시오.'라며 순서를 정하여 주었다. 따라서 홍낙성이 제1작, 채제공이 제2작, 김이소가 제3작, 이명식이 제4작, 이민보가 제5작, 심이지가 제6작을 정해진 차례대로 올렸다. 잔을 올릴 때마다 산호를 부르고 녹명(鹿鳴), 천보(天保), 관저(關雎), 작소(鵲巢), 남유가어(南有嘉魚), 남산유대(南山有臺), 향당교주(鄕唐交奏) 등을 연주하였다.

　채제공이, '옛날에 춘대수역(春臺壽域)이라는 것이 있었다는 말은 들어보았으나, 지금 신들이 다행히 직접 보게 되니 정말 기쁨을 억눌러 참을 수 없습니다.'라며 나서서 말하였다. 춘대란, 몹시 성(盛)하고 오래 지속되는 곳으로 우리나라를 가리키며, 수역 또한 옛날 우리나라를 이르던 말인데 언제나 노인성(老人星)을 볼 수 있는 곳으로 오래 사는 사람이 많다고 하여 생겨난 말이다. 오늘처럼 태평성

149) 산호만세(山呼萬歲)의 줄임 말로 나라의 큰 의식(儀式)에 황제(皇帝)나 임금의 축수(祝壽)를 표(表)하기 위(爲)하여 신하(臣下)들이 두 손을 치켜들고 '만세(萬歲)' 또는 '천세(千歲)'를 일제(一齊)히 외치던 일이다.

대를 만든 상감을 모시고 이렇게 나이 많은 노인들을 모아 놓고 양로연을 베푸는 것을 직접 보게 되어 말할 수 없이 기쁘다는 뜻이다. 정조는 이 말에, '오래 살게 교화(教化)한 것은 모두 어머님의 덕으로 연유된 것이니, 여러 노인들께서 배부르게 들고 취하는 것 역시 어머님이 내려주신 것입니다. 오늘 모이신 여러 노인들이 다른 사람보다 더 오래살기를 헌수(獻壽)한 것은 다 어머님께 돌릴 일입니다.'라고 말하자, 홍낙성 등이 '바라건대 이곳에 모인 노인들의 나이를 대전(大殿), 자궁(慈宮)과 더불어 원자궁(元子宮)에 바치고 싶습니다.'라고 하였다. 이는 대전, 자궁, 원자께서 오래오래 사시라는 뜻에서이다. 이에 정조는 '경들이 반상에 있는 검은 콩을 손으로 싸서 바친다면 원자궁으로 보낼 것이다.'라고 응수했다. 홍낙성·채제공이 손으로 싸서 바치자 정조는 이를 받아 자신의 어안(御案)에 놓고 하교(下敎)하길, '나는 평소 술을 좋아하지 않으나 오늘 취하도록 마신 것은 오직 기쁨을 알기 위해서니라. 경들도 또한 한껏 취하시오.'라며 흥을 돋웠다. 채제공이, '신이 비록 주량은 없으나 어찌 감히 오늘 같은 날 취하지 않을 수 있겠습니까.'라고 응답했다. 그러자 이민보(李敏輔)가 '옛 사람도 즐거움 가운데 오늘 같은 즐거움이 또 어디 있겠느냐는 말을 하였습니다. 신(臣)은 기쁨 가득히 축수(祝手)하는 마음에 삼가 취하지 않고는 돌아갈 수 없습니다.'라고 거들었다.

정조는 동부승지 이조원(李肇源)에게 「어제시(御製詩)」를 써 내리고, 영의정 홍낙성(洪樂性)에게 명하여 낙남헌에 걸도록 하였다.

> 지팡이에 학발 노인들 앞뒤로 모이어라(鶴髮鳩筇簇後前)
> 바다 동쪽 낙남 연회에 화기가 넘치누나(海東和氣洛南筵)
> 바라노니 노인들 백세의 장수를 가지고(願將耆老期頤壽)
> 우리 자궁께 만 만년을 절하고 바치시오(拜獻慈宮萬萬年)

아울러 연회에 참석한 여러 노인들로 하여금 화답하는 시를 쓰게 하였다. 이어 정조는 '화성부에 살면서 호적(戶籍)이 없어 양로연에 참석 못한 사람 중 몇 명을 화성유수로 하여금 행사장 밖으로 불러 모으게 하라. 또한 구경꾼 가운데 노인이

있으면, 원근(遠近), 다과(多寡)를 가리지 말고 전부 술과 음식을 대접하라.'고 하였다. 이에 채제공은, '아름다운 깃발을 보고 멀리서 찾아온 노인들이 말할 수 없이 많습니다. 담장처럼 저렇게 둘러서 있는 사람들 중 태반이 노인들입니다.'라고 대답했다. 정조는 '상서로운 일에는 사람이 많아야 더 좋은 일이다. 어제 먹고 남은 음식을 나누어 주어 어머님의 덕을 만끽하게 하도록 하라.'고 명했다.

주상의 명에 따라 구경꾼들을 열 지어 앉힌 다음 정리사 윤행임(尹行恁)으로 하여금 음식상을 갖다놓게 하였다. 그런 후 이 음식은 혜경궁의 특별배려에 의한 것이라고 일일이 설명하고 똑 같이 나누어 주니 모두 일어서 춤을 추며 임금에게 경축의 뜻으로 부르는 산호(山呼)를 외쳤다. 잔치가 끝나자 모였던 노인들에게 남은 음식을 빠짐없이 싸 주었다.

이날, 정조에게 올린 상(床)에는 탕·편육·흑태증·밤·곶감·배가 올랐으며 노인들에게도 똑같이 제공되었는데 노인상은 모두 425개가 마련되었다. 양로연에서 노인들에게는 흰 명주, 누런 명주 등 비단과 명아주대로 만든 청려장(靑藜杖)을 상으로 내렸고, 남자 소리꾼들에게는 각각 1필씩 포목(布木)을 하사하였다. 아울러 화성부에 거주하는 모든 주민에게는 세금과 부역(賦役)을 면제시켜 주어 한사람도 빠뜨리지 않고 골고루 혜택이 돌아가도록 하여 주었다.

아버지가 왕이 되셨으니 오늘은 선정을 베풀어 성군의 면모를 만천하에 과시한 날이다. 정조가 구상한 화성에서 행한 나흘간의 공식행사는 완벽하게 모두 끝난 셈이다.

이제야 홀가분한 마음으로 자신의 오롯한 시간을 갖게 된 것이다. 자신이 계획, 설계하여 축성되는 화성을 둘러보고 싶었다. 제일 먼저 발길을 옮긴 곳은 동북각루인 방화수류정이다. 오시(午時)에 정조는 융복에 말을 타고 낙남헌을 나와 강무당(講武堂)·장안문·화홍문을 거쳐 방화수류정을 돌아보았다.

수행원은 행(行) 좌승지 이만수(李晩秀)·행 우승지 이익운(李益運)·가주서(假注書) 구득로(具得魯)·기주관(記注官) 김양척(金良倜)·기사관(記事官) 오태증(吳泰曾)·장용외

사 조심태(趙心泰)·정리당상 서용보(徐龍輔), 윤행임(尹行恁)·검교직각 남공철(南公轍)이 주상 곁을 차례대로 시립(侍立)했다. 화성축조 현장을 둘러보며 감회에 또 한 번 젖어든다. 그 중에서도 정조는 방화수류정에 가장 큰 의미를 부여하고 있었다. 비단 방화수류정에서 서장대는 물론 장안문, 동장대, 멀리 광교산(光敎山), 관악산(冠岳山)까지 시야에 들어오는 전망대 겸 적정을 살피는 중요한 요해처이기 때문에 그런 것만은 아니다.

卍(만)자를 본뜬 평면설계 위에 건축물을 지어 내부적으로는 미적 감각을 살리며 기능적인 공간 구조를 이루어냈다. 강원도에서 온 굉흡(宏洽) 스님에 의해 이루어진 탓에 卍자형이 되지 않았을까? 외형도 지붕을 세 번 꺾이게 하여 중앙으로 집중시켰으며 가운데 절병통(節瓶桶)을 얹어 탑파형식과 비슷한 독특한 건축양식을 겸한 궁궐형태를 연상시킨다. 궁궐과 절을 절충시킨 절묘한 조화가 더욱 멋스럽다.

절병통을 얹는 건축의 특징은 지붕의 바깥에서 안쪽의 뾰족한 부분으로 서까래를 모아들여야 하기 때문에 자연히 서까래가 부채를 활짝 편 모양을 이루어 아름다움이 도드라진다. 더욱이 용연(龍淵)이 내려다보이는 성벽에 잇대어 절묘하게도 용두(龍頭)라 불리는 바위 위에 정자를 지은 것이다.

만(卍)자 무늬는 부처의 가슴 또는 손·발에 나타나는 만덕(萬德)의 상징이다. 길상해운(吉相海雲) 또는 길상희선(吉相喜旋)이라는 범어의 의미를 말한다.

굉흡 스님은 144일을 머무르며 장안문, 방화수류정, 북서포루(北西砲樓)를 지은 것으로 나타났다. 물론 혼자의 힘이 아니고 지휘 감독을 한 당대 최고의 설계자이자 도편수였을 것으로 추측되는 인물이다.

버들잎 모양 가운데 가장 날카롭게 꺾기는 지점 위는 화홍문(華虹門), 아래는 방화수류정을 지어 대치(對峙)시킴으로써 아주 자연스럽게 미(美)의 극치(極致)를 창출해 냈다. 더구나 주변 경치와 절묘한 조화를 이루는 용연(龍淵)이 있고 연못 중심에는 천연적인 작은 섬까지 있었다. 정조는 이곳에 버드나무를 심어 운치를 더욱 돋보이게 한 점이 뛰어나다. 용지대월(龍池待月)이란 글귀처럼 이곳의 달맞

이는 화성8경의 으뜸이다. 유천(柳川)에서 흘러내리는 물이 화홍문(華虹門) 일곱 개의 홍예 아래로 장쾌하게 쏟아져 내리는 물소리는 마치 방화수류정에서 떨어지는 것처럼 착각을 할 정도로 아주 시원스럽게 들렸다.

화홍문 현판은 당시 예서의 대가 유한지(俞漢之:1760~?)가, 방화수류정이란 현판은 서화에 능하고 특히 초예(草隷)의 필법은 송(宋)의 미원장(米元章)[150]을 방불케 한다는 조윤형(趙允亨)이 쓰게 하여 보는 사람의 마음을 설레게 했다. 방화수류정은 돌아가신 아버님이 행궁에서 나와 편히 쉬실 곳으로 지었다. 화성은 아버님 나라요, 행궁은 아버님 궁전이요, 방화수류정은 아버님의 휴식처인 것이다. 卍자, 버들잎 모양, 유천, 용연 속 섬의 버드나무는 모든 잡귀를 막아주는 방패, 무기, 부적(符籍)[151]인 셈이다. 영혼이 쉬기에는 가장 안전한 장소이다.

---

150) 미원장(米元章:1051~1107) 중국 북송(北宋) 시대의 서화가이며 문인으로 필법은 침착 통쾌하고 준마(駿馬)를 탄 것 같다는 평가를 받는다. 그림은 산수화를 잘 그렸는데 후세에 남화의 대표로 뽑히며 「배석도(拜石圖)」가 유명하다. 주로 기암괴석(奇巖怪石)을 관조하며 만든 상석법(相石法) 또는 돌의 사원칙(四原則)을 첫째 수(秀)로 수려한 기품이 있어야 하며, 둘째 준(皺)으로 주름이 져야 하고, 셋째 수(瘦)로 파리하게 메말라야 하며, 넷째 투(透)로 깊은 구멍이 파여 있어야 한다고 했다.

151) 잡귀를 쫓고 재앙을 물리치기 위하여 종이에 붉은색으로 글씨·그림·기호 등을 쓰거나 그려 몸에 지니거나 집에 붙이면 재앙을 막아주고 복을 가져다준다고 믿는 주술적 도구이다. 원시시대에는 인류가 바위나 동굴에 해·달·짐승·새·사람 등 주술적인 암벽화를 그린 것에서 알 수 있다. 우리의 경우 통일신라시대에 처용의 얼굴을 그려 대문에 붙여 역신을 쫓았다는 기록으로 보아 이것도 일종의 부적이다. 부적은 승려·역술가·무당 등이 만든다. 부적을 만들 때는 날을 잡아 몸을 깨끗이 씻은 후에 동쪽을 향하여 정수(淨水)를 올리고 분향한다. 그리고 이(齒)를 소리가 나도록 3번 부딪치고 주문을 외운 다음에라야 부적을 그린다. 글씨는 붉은 빛이 나는 경면주사(鏡面朱砂)나 영사(靈砂)를 곱게 갈아 기름이나 설탕물에 개어서 쓴다. 종이는 괴황지(槐黃紙)를 쓰는 것이 원칙이나 누런빛이 도는 창호지를 쓰기도 한다. 부적은 종이로 만드는 것이 통례이지만 돌·나무·청동·바가지·대나무 부적 등도 있다. 나무 부적 가운데 벼락을 맞은 복숭아나무·대추나무 부적을 으뜸으로 친다. 왜냐하면 벼락을 맞을 때 번개신이 깃들여 잡귀가 달아나고 상서로운 기운이 있다고 믿기 때문이다. 동물은 용·호랑이·독수리가 많으며 해·달·별 등도 즐겨 그린다. 글자는 일월(日月)·천(天)·광(光)·왕(王)·금(金)·신(神)·화(火)·수(水)·용(龍) 등이 많은데, 부적 전체가 한자(漢字)로 된 것도 있지만 한자의 파자(破字)를 써서 여러 가지로 결합하고 여

정조는 목말라 돌아가신 아버지에게 물을 언제나 넉넉하게 드리고 싶었다. 그리고 버드나무는 벽사의 의미도 있지만 재생의 나무이다.

아버님의 원혼을 위로해 드리고 거듭 지존으로 재생시켜 드리고 싶은 정조의 의지가 이곳으로 처음 발길을 옮기게 한 까닭이다. 행궁에서 나와 마음 놓고 쉬실 수 있는 영혼의 안식처를 아버님께 만들어 바친 정자가 바로 방화수류정이다.

동북각루를 방화수류정이라 한 것은, 동(東)은 해가 떠오르는 곳으로 재생을 의미하며 삶의 원천이다. 반면 북(北)은 죽음이다. 돌아가는 곳, 즉 북망산(北邙山)이다. 삶과 죽음을 함께 공유할 수 있는 유일한 장소가 바로 방화수류정이다. 정조는 아버지를 만나는 장소를 만든 것이다.

물론 2년 뒤인 1797(정조 21)년 정월 29일 일이기는 하지만 정조는 성(城)을 순시하고 방화수류정(訪花隨柳亭)에 이르러 활을 쏘아서 무(武)를 숭상하는 뜻을 보인다. 마침 세 번 정곡을 맞혔는데, 내사(內使)와 외사(外使)도 각각 그와 같았으므로, 셋째 구절에서 주례(周禮) 오사(五射)의 전주(箋註)를 인용하여 사실을 기록하였다. 그리고 술을 내리고 칠언소시(七言小詩)를 지은 뒤 여러 신하들에게 화답하여 올리라고 명하였다.

춘성을 두루 보고도 해가 아직 한창이라(歷遍春城日未斜)
방화수류정의 풍경은 한결 더 맑고 아름다운데(小亭雲物轉晴佳)
난기가 계속 삼련[152]의 적중함을 보고니(蠻旗慣報參連妙)
만 그루 버들 그늘 속에 살촉이 꽃 같구려(萬柳陰中簇似花)

기에 줄을 긋는 형태들도 있다. 특이한 점은 부적의 꼭대기에 '칙령(勅令)'이라는 글자를 적어 이들이 임금과 같은 위치에 있다는 것이다. 생사여탈권(生死與奪權)은 물론 행·불행(幸·不幸)까지 아우른다는 의미 부여일 것이다. 따라서 이(利)를 성취할 수 있게 하는 부적이고, 다른 하나는 사(邪)나 액(厄)을 물리침으로써 소원을 이루는 부적이다. 이 외에 살을 막아주는 상문부(喪門符), 도살부(度煞符) 등이 있고 가장 흔한 것으로 병을 물리치는 병부(病符)가 있다. 이러한 부적은 아픈 곳에 붙이거나 불살라 재를 물에 타 마시기도 하고 벽이나 문 위에 붙이거나 몸에 지니고 다닌다.

152) 『주례(周禮)』 지관(地官) 보씨(保氏)의 오사(五射) 가운데 하나로서, 화살 하나를 먼저 쏘고 그 후 화살 셋을 연달아 쏘는 것을 말한다.

만(萬)그루 버드나무는 만백성을, 꽃과 같은 화살은 아버님이라 생각하며 지었을 것이다. 아버지를 보호하며 따르는 백성을 불효한 자식이 이어받아 다스리고 있다는 은유일 수도 있다. 다시 말하면 자신은 윤위가 아니라 정위임을 확실히 밝힌 것이다.

정조는 방화수류정에서 돌아와 잠시 휴식을 취한 후 오후 3~5시인 신시(申時)에는 득중정(得中亭)으로 나갔다.

'득중정'이란 '활을 쏘아 적중하면 제후가 될 수 있고, 쏘아 적중하지 않으면 제후가 될 수 없다.(射中 則得爲諸侯, 射不中 則不得爲諸侯)'라는 말에서 '득'자와 '중'자를 따온 것이다.

1789(정조 13)년에 사정(射亭)으로 지었는데 다음해 2월 9일 정조가 이곳에서 5대의 화살로 4발은 명중시키고 한 발은 일부러 맞히지 않았다고 한다. 그런 연후 '득중정'이란 편액을 내렸다 한다. 그 현판이 지금까지 남아있다. 득중정 댓돌 앞에 동서 길이 8척, 남북 넓이 6척의 어사대(御射臺)에서 이 날도 활 쏘는 행사를 가졌다. 정조와 함께한 사람은 영의정 홍낙성, 수어사 심이지, 경기감사 서유방, 호조판서 이시수, 장용외사 조심태, 내사 서유대, 총융사 서용보, 행(行) 좌승지 이만수, 행 우승지 이익운, 정리사 윤행임, 검교직각 남공철, 초계문신 서준보(徐俊輔), 조석중(曹錫中)·수가장관(隨駕將官) 오의상(吳毅常), 이석(李晳), 이광익(李光益), 이희(李爔), 조기(趙岐) 등이 임금을 모시고 따라가 활을 쏘았다.

『정조대왕능행도』 가운데 수록된 「득중정어사도(得中亭御射圖)」에 이 날 행사의 모습이 생생하게 묘사되어 있다.

연속적으로 5번을 쏘는 것을 1순(一巡)이라 하는데, 임금이 쏜 유엽전(柳葉箭)은 6순을 쏘아 24발을 적중시키고, 무명으로 만든 가장 작은 넓이의 과녁에 5순을 쏘아 역시 24발을 적중시켰다. 그리고 손바닥 크기의 가죽 과녁에 1순을 쏘아 3발을 적중시켰다. 신하 가운데 가장 활솜씨가 뛰어난 사람이 유엽전 17발, 소포(小布) 과녁에 18발을 적중시키고 가죽 과녁은 맞추지 못했다. 신하들이 양보를

했는지 몰라도 정조의 활솜씨가 가장 빛을 발했다. 정조는 무예에도 뛰어난 군주임이 틀림없다. 정조는 '활쏘기가 비록 예(禮)·악(樂)·사(射)·어(御)·서(書)·수(數)인 6예(六藝) 중 하나이지만 역시 기(技)에 가깝다. 이런 까닭으로 근래에 포기하고 연습하지 않은지가 이미 4년이 지났으니, 금일 적중한 것 역시 우연일 뿐이다.'라고 겸손하게 말하였다.

득중정 행사가 끝나자 정조는 조심태에게 매화포(埋火砲) 쏠 준비가 되었는지를 하문한다. 사실 오늘의 하이라이트는 활쏘기 시합이 아니라 밤에 이루어지는 매화포를 쏘아 올리는 불꽃놀이에 있었다. 낙남헌에는 정조의 어좌가 마련되고 득중정 앞에 혜경궁의 가마가 있는 것으로 보아 그 사이 구경하기 가장 좋은 자리에 어머님을 모신 것이다. 하늘에서 마침 비를 뿌렸다. 적은 양이지만 정조의 가슴은 또 미어진다. 아버지께서 이별을 슬퍼하며 가족들에게 내리는 눈물일까. 아니면, 윤위가 아닌 정위임을 정당하게 천명하지만 않았을 뿐 현륭원 참배와 회갑연을 통하여 애비를 왕이 되도록 해주어 고맙다고 내리는 징표일까. 아버님께 대한 미안함이 많은 정조에게 비는 보통 비로 보이지 않았다. 이미 매화포를 쏘기 위해 기기를 꾸려 단단히 준비해 두었기 때문에 이 정도의 비가 내린다고 습기가 땅속까지 침투하지 못 할 것이라는 말에 정조는 예정된 대로 시행하라고 하였다. 따라서 조심태가 법식대로 거행 하였다. 매화포를 터트리자 땅은 움푹 파이고 신기전(神機箭)이 치솟으며 밤하늘에는 휘황찬란한 불꽃이 펼쳐지며 화려한 모습의 수를 놓는다. 모든 참석자들이 박수를 치며 환호했다. 화성부민들 역시 모두 운집해 절호의 기회를 놓치지 않고 신기한 불꽃놀이에 흠뻑 젖어들었다. 불꽃놀이는 귀신을 쫓고 천지인(天地人)을 하나로 묶는 화합의 상징이다. 지나간 과거를 모두 잊고 새로운 세상을 불꽃처럼 열고 싶은 정조의 열망을 터트린 것이다. 모두 날려 보내리라. 하늘 높이, 멀리 아주 멀리 물러가 다오. 끈질긴 사람의 욕심·기우·근심·걱정·예단·불만·불안·시기·질투·증오를 다 떨쳐버리고 가리라. 모든 공식적인 행사를 마치며 정조는 과거지사를 묻어버렸다.

이제 화성에서 벌인 모든 의식은 입소문을 타고 전국을 강타할 것이다. 아버님을 정성껏 받들고 어머님을 공경하는 효성은 물론 노인을 공양하고 사민(四民), 진민(賑民)에 이르기까지 일일이 보듬으며 사랑으로 감싼 정조는 만백성으로부터 칭송을 받을 것이다. 마지막 큰 고풀이를 한 것이다. 그리고 평소의 자신으로 돌아온 것이다. 마음이 마치 투명한 하늘같다.

'태어난다고 하는 것은 한 조각 흰 구름이 일어나는 것과 같고 죽는다고 하는 것은 한 조각 흰 구름이 사라지는 것과 같다.(生也 一片浮雲起, 死也 一片浮雲滅)'라는 말과 같이 '살고 죽는 것이 같고, 살고 죽는 것이 곧 열반(生死一如, 生死卽涅槃)'이라 하지 않았던가.

이 세상에서 가장 행복한 사람은 아직 태어나지 않은 사람과 죽은 사람뿐이라는 말이 마치 생사일여(生死一如)처럼 가슴을 친다. 삶은 고해(苦海)의 바다이며 번뇌의 하늘이다.

새롭게 시작하리라. 아버님을 위해서라도. 꼭 새 세상을 열리라.

◆ 일곱

이제는 땡볕이 내려 쬐어도 더운 줄 모르는 낮을 맞았다. 숨을 쉰다는 사실이 기적이다. 하루가 얼마나 긴지도 느끼지 못한다. 뒤주 속이 땅이요 하늘이 되어버린 것이다. 살아서는 그 넓은 궁궐도 좁고 적어 답답하였다. 앉아있을 만한 공간이 우주요 대자연이란 사실은 죽음을 맞이하는 사람만 안다. 움직일 수 있을 때 비좁고 불편한 것이지 의식을 잃으면 어느 곳인들 편안하지 않겠는가. 살아 펄펄 뛰는 사람들 생각으로 저 속은 얼마나 답답할까 얼마나 불편할까를 걱정하는 것일 뿐이다. 필부의 삶보다도 못한 생을 마감하기 위하여 만백성의 경하와 왕실의 축복을 받으며 탄생하였나 보다. 경하(慶賀)·축복(祝福)은 한낱 일장춘몽(一場春夢)이자 지나가는 여우비에 지나지 않았다.

인간이 얼마나 사악하며 잔인한가를 보여준 역사의 극치이기 때문이다. 권력, 명예가 한낱 티끌만도 못하다는 것을 보여준 필설로는 도저히 형언할 수 없는 정말 끔찍한 사건이자 역사적 교훈이었다.

이제 마음속으로나마 물을 부를 기력도 떨어졌고 머리는 이미 텅 비어 하늘과 꼭 같았다. 빈 머리가 하늘이라는 생각을 왜 못했을까.

이 세상에서 행복한 사람은 아무도 없다. 어쩌다 지나치는 바람처럼 행복하다고 느끼는 찰나를 우매한 중생들은 행복했었다고 믿는 것이다. 나는 가장 행복한 사람이 되기 위해 망각의 세계를 간다. 이미 망각의 늪 속으로 아주 깊이 들어와 있었다. 배고픔·목마름·고통·분노·원한·애착·증오의 끈이 있는지조차 모른다. 부모·자식·처에 대한 생각도 없다. 자신이 숨을 쉬고 있는지도 모르는 시간을 고통 없이 맞고 있는 것이다.

산자들이야 얼마나 고통스러울까 입방아를 찧겠지만 영혼을 잃은 사람은 육신이 아픈 줄 모른다. 이미 죽은 것이나 다름없기 때문이다. 뒤주에서 나온다 해도 하늘과 땅 모두를 잃었기 때문에 이미 사람이 아니다. 숨이 붙어 있다고 모두 사람이라 할 수 없듯이 세자도 하늘과 땅을 잃어버린 지 벌써 오래되었다.

여기 있어야 할 하늘과 땅 아니, 있는 하늘과 땅도 이제는 주인이 없었다. 세자의 빈 하늘, 빈 땅이 왜 이리도 유현(幽玄)할까?

레테 강(Lethe江)에 물이 없어도 망각의 시간은 저절로 찾아오는가 보다. 여신(女神)이라 해서 세자를 알아 돌보아 줄 리도 없을 것이다. 죽음이 곧 행복이다. 행복의 나라를 찾는 세자를 활짝 웃으며 반겨 주는 것이 저승사자일 것이다. 살아 있어 좋은 날이라 말하지 말라. 죽어 잊혀진 사람이 더 행복하다. 사람의 입에 오르내리기를 바라는 미욱한 중생들의 권력욕이야말로 눈에 보이지 않는 먼지인 것을 산자는 모른다. 다만 뒤주에 갇혀 죽은 비운의 세자로 남아 아버지와 자신은 물론 죄 없는 아들의 이름까지 지워지지 않을 역사가 되어 두고두고 뭇사람들의 입에 오르내릴 운명이 부끄러울 따름이다.

성리학에서 그리도 입에 침이 마르도록 내세우는 아버지는 하늘, 어머니는 땅이라는 말이 무색해진다. 하늘과 땅은 삼라만상을 품을지언정 버리는 법이 없다. 하물며 하늘·땅과도 바꿀 수 없다는 자식.

사람으로서 진정한 마음·생각·사유가 끝난 상태에서 잠재되어 있는 무의식 속의 백설(白雪)보다 더 차고 깨끗이 정화된 마지막 부르짖음이, '아! 하늘이시여, 땅이시여 모두 나를 버리셨나이다.'가 전부였다.

◆ **일곱째 날**(윤 2월 15일)

정조는 군령(君令)을 내려 초취를 진정(辰正) 1각인 8시 15분, 2취인 2각을 알린 뒤 행궁에서 나와 명령을 내린다.

'광주, 시흥, 과천 등에서 척후복병(斥候伏兵)들이 여러 날 동안 대비하고 있어 염려된다. 행차가 지나가면 차례로 척후복병들을 철수하도록 수어청, 총융청 양 사에 신전(信箭)을 쏘아 알리도록 하라.'

진정 3각(辰正三刻)인 아침 8시 45분 3취(三吹)를 불자 정조는 융복 차림에 말을 타고 화성을 출발했다. 행차는 내려올 때의 역순으로 되어 있었다. 혜경궁은 복 내당(福內堂)에서 나와 중양문, 좌익문, 신풍루를 지나 장안문 밖으로 나오자 문무 과 별시 합격자들이 꽃 모자를 쓴 무동(舞童)들과 함께 동서로 반(班)을 나누어 서 서 환송(歡送)을 한다. 행궁에서 5리쯤 떨어져 있는 진목정교(眞木亭橋)에 행차가 이르자 잠시 휴식에 들어갔다. 정조는 휴식시간이면 올리는 미음다반(米飮茶盤)을 어머님께 올리고 조심태를 앞으로 나오게 했다. 정조는 '경이 나를 수행하기 위 해 여기까지 따라온 것은 불가한 일이다. 기이 영지를 떠날 수 없는데도 군사를 이끌고 왔으니 여기서 영(營)으로 돌아가도록 하라.'며 외영의 군사들은 화성을 떠날 수 없음을 엄히 상기시켰다.

다시 행차는 계속 도성을 향하고 있었다. 어느새 수원과 의왕의 경계인 미륵현 (彌勒峴)에 이르렀다. 지금은 1번국도(一番國道)로 자동차의 물결로 넘쳐나지만 당 시는 무척 험하고 높은 재였다. 미륵현을 넘으면 화성도 현륭원도 바라볼 수 없 는 마지막 재이다. 정조는 행차를 멈추고, '이 미륵현에만 오면 떠나기 어려워 거 둥을 멈추고 남쪽을 바라보는 버릇이 생겼다. 그래서 나도 모르게 말위에 앉아 방황하기 일쑤다. 이번 행차를 하면서 재 위를 보니 둥글게 생긴 돌들이 있는 곳 이 있다. 그 자리에 더디고 늦어진다는 '지지(遲遲)'라 이름을 지으라. 또 앞으로 미륵현 밑에 '지지대(遲遲臺)'라는 글자를 넣어 표석을 세우도록 하라.'고 명령을 내렸다. 그래서 미륵현이 이때부터 '지지대'란 이름을 정조로부터 새로 얻게 된

것이다. 지지대는 당시 수원과 군포를 넘어 다니는 높은 산의 고개였다. 험하기가 구름재와 같았을 것이다. 지금은 그 유래를 적은 비각만 쓸쓸히 남아 정조의 마음을 아는지 모르는지 길을 넘나드는 사람들의 입에 가끔씩 오르내리고 있을 뿐이다.

점심 무렵 행차는 일용현(日用峴)을 지나 사근평행궁(肆覲坪行宮)에 도착한다. 정조는 어머님이 도착하기에 앞서 막차(幕次)로 먼저가 중앙에서 임시로 파견한 차사원(差使員), 광주부윤 서미수(徐美修), 시흥현령 홍경후(洪景厚), 과천현감 김이유(金履裕)를 입시(入侍)토록 하여 고을의 폐해와 백성들을 괴롭히고 고생시키는 일이 없는가를 물어 보았다.

얼마 후, 어머님을 내차(內次)로 맞아들이고 곧 이어 점심수라를 올렸다. 잠시동안 휴식을 취한 후 군령이 아니라 임금의 재가를 받아 시행하는 초취, 2취, 3취를 1각 단위로 불어 즉시 출발하도록 했다. 3취 소리에 정조는 말을 타고 어머님 뒤를 따라 다시 거둥길에 올랐다. 어머님의 가마가 안양교(安養橋) 앞길에 이르자 잠시 머물렀다. 정조는 어김없이 어머님께 미음다반을 올리고 다시 길을 재촉했다. 행차는 대박산(大博山) 앞들을 경유하여 먼저 시흥행궁으로 왔다. 정조는 어머님 가마가 도착하자 내차(內次)로 맞아들여 저녁수라를 올렸다.

도성을 떠난 지 벌써 이레째이다. 행사를 치르고 사람을 대한다는 것이 보통 힘든 일이 아니다. 어머님과 두 여동생은 일찍 잠자리에 들었다. 달은 만월(滿月)이었다. 둥근달만 밝은 게 아니라 별 또한 오늘따라 영롱하게 빛났다. 이 밤을 지새우고 나면 궁으로 돌아가 일상에 젖어들 것이다. 어느새 달은 웃고 있는 아버지의 얼굴이 되어 '아들아, 고맙다. 정말 고맙다.'라고 속삭이는 듯했다. 별들의 박수소리가 하늘을 뒤덮더니 마침내 미리내가 되어 아무 일 없었다는 듯 유유히 흐르고 있었다. 파란 하늘에 저토록 많은 별들이 있는 줄 새삼스럽게 깨달았다. 그 깨달음이란 오직 백성을 사랑하는 임금으로 새로 태어나라는 묵시(黙示)였다. 다툼·미움·증오·시기·모략·중상·파벌이란 과거를 깨끗이 씻어버리고 화해·용

서·화합의 새로운 장을 마련하라는 아버지의 음성이 들렸다. 다시는 이 땅에서 애비 같은 비극을 겪지 않도록 모두를 넓은 품으로 다독거려야 한다는 소리도 들렸다. 그래야 진정한 승리자요, 나라발전을 이룩한다고 다정히 속삭여 주셨다.

　잠 못 이루며 이리저리 뒤척이던 정조에게도 피로가 한꺼번에 몰려왔다. 마치 아버지가 마지막 숨을 거두기 직전처럼 정신이 아득했다. 자신도 억제하지 못할 만큼 잠이 쏟아진다.

　슬픈 마음과 잠은 또 어떤 관계일까? 슬픈 마음이 삶이라면 잠은 잠시 죽는 것 아닐까. 모두 다 잊고 잠속으로 빨려든다.

◆ 여덟

나라를 다스리는 가장 신성한 곳에서 그 나라를 14년간 다스리고 또 다스려야 할 사람이 8일간의 사투 끝에 28살이라는 젊은 나이로 죽음을 당하는 기막힌 사건이 벌어진 역사적인 날이다.

세상인심이란 것이 얼마나 고약하면 그 동안 어느 누구 한 사람 동궁을 위하여 물 한 모금 떠온 사람이 없었다. 군사들은 뒤주 속 동궁이 언제 숨이 멈추는가를 지키는 임무를 띠었으니 더 말해 무엇 하겠는가. 자신의 목숨이 달린 문제니 그렇다 치고 동정하는 사람마저 없는 현실의 냉혹함이란 예나 지금이나 같은가 보다. 인심도 더러운 욕심 앞에서는 중심을 잃고 권력의 시녀로 전락하기 때문일까?

임금인 아버지는 자식에게 왕위를 넘겨주는 대신 차라리 죽여야 한다는 권력욕에 불타는 화신이요, 노론은 동궁이 권좌에 오를 경우 자신들에게 닥칠지도 모르는 화근이 사전에 제거된다는 사실에 쾌재를 부르고 있는 나라였다.

1721(경종 1)년 12월 22일 왕세제 시절 박상검이 죽이려 할 때 그나마 환관 장세상(張世相)이 미리 알려 세자빈(世子嬪)과 이리 뛰고 저리 뛰며 인원대비(仁元大妃)에게 달려가 살려 달라던 절박한 심정을 정말 아버지가 몰라서 자식을 죽였단 말인가. 마녀사냥[153]과 같이 아들을 아버지와 노론이 죽음으로 내어 몬 정적제거사건의 본보기이다.

세계 어느 나라에서도 그 유례를 찾아보기 힘든 동궁의 죽음이 기록된 어처구니없는 날이다.

---

153) 마녀사냥(魔女 - , 프랑스어, Chasse aux sorcières) : 마녀 재판은 중세 말기부터 근대에 이르기까지 유럽 및 북아메리카 일대에 행해졌던 마녀(魔女)나 마법(魔法) 행위에 대한 추궁과 재판에서부터 형벌에 이르는 일련의 행위를 말한다. 현대에는 이러한 행위를 정치학에서는 전체주의의 산물로, 심리학에서는 집단 히스테리의 산물로 간주하고 있지만, 오늘날에도 전근대적인 문화나 고대부터의 전통을 중시하는 사회에서는 마녀 재판과 비슷한 행위를 하는 일이 종종 있다. 인권을 탄압하는 문제점이 있다. 오늘날에는 사회학적 용어로 '집단이 절대적 신조를 내세워 특정개인에게 무차별한 탄압을 하는 행위'를 의미한다.

아버지를 죽인 자식은 용서받지 못하고, 아들을 죽인 아버지는 용서 받는 나라가 성리학의 나라인가를 다시 한 번 음미하게 된다. 친어머니, 친동생이 아닌데도 폐모살제(廢母殺弟)를 하였다고 광해임금을 강제로 바꿔버린 나라에서 친자식을 죽인 아버지[廢位殺子]는 성군(聖君)이라며 떠받드는 벼슬아치들의 권력에 대한 집착을 보면 온몸에 소름이 쫙 돋는다. 존속(尊屬)과 비속(卑屬)이란 어떤 차이일까? 알쏭달쏭하기만 하다. 사랑은 내리사랑이라는데.

강상(綱常)의 의무(義務)를 힘없는 서민에게만 강요시키는 것이 당시 벼슬아치나 사대부들이라는 생각을 떨쳐버릴 수 없게 한다.

동궁은 8일을 뒤주 속에서 윤5월 중순의 그 지독한 무더위를 감내하며 오직 아버지를 믿었을 것이다. '살려 주시겠지, 살려 주시겠지. 설마 아버지가 나를 죽이기까지 하시겠나?'. '설마'는 사람을 잡았고, 그 설마가 바로 '아버지'였다. 자식을 죽이고도 백성의 하늘로 15년을 더 집권하였으니 때로 하늘도 무심할 때가 있기는 있는가보다. 마지막까지 불렀을 '아버지'와 '물'이 사도세자가 남긴 마지막 화두(話頭)였을 것이다. 그러나 그 화두는 마침내 하늘이 스스로 풀었으니 세상 이치란 참으로 현묘하다. 이날 신시(申時 : 15~17)쯤 뇌성(雷聲)이 치고 폭우가 쏟아졌으나 세자는 미동도 하지 않았다. 그 무섭던 뇌성도 귀에 들리지 않았고 그렇게 애타게 부르던 물이 뒤주 속까지 흥건히 고였으나 이제 세자에게는 아무 소용없는 것이었다.

세자가 죽은 시간을 사시(巳時 : 09~11)에서 오시(午時 : 11~13)로 추정하고 있으니 이미 세상을 버린 뒤에 쏟아졌을 것이다. 그날따라 혹 개였다 혹 비가 왔으니 하늘인들 어찌 갈피를 잡을 수 있었으랴. 세자는 이미 해탈한 성자(聖者)였다. 무서움이나 생에 대한 미련마저 없는 허허로운 하늘이었다. 그 하늘을 한 마리 청룡처럼 날아오르고 있었다. 비가 오니 승천을 해야 하지 않았을까. 영혼은 이미 육신을 떠난 것이다. 자신을 미쳤다고 죽음으로 내어 몬 살아있는 저 사람들이 불쌍해 보인다.

조선뿐 아니라 기록으로 남아 전해지는 우리 역사에서 가장 슬프고 잔인한 비사(秘史)로 인구에 회자되리라. 아들이 죽던 날 아버지 영조는 주강(晝講)을 하였으니 생사를 뛰어넘은 현군(賢君)인가, 아니면 악부(惡父)인가, 참으로 설명하기 난감하다. 경연특진관(經筵特進官)[154] 이하가 오시(午時)에 임금 앞에서 예식을 갖추어 하는 강의인데 아무리 악부(惡父)라 해도 머리를 싸매고 누워 있어야 정상이 아닐까 하는 생각을 떨쳐버릴 수 없게 만든다. 정말 영조는 알 수 없는 왕이다. 『영조실록』임오년(壬午年) 윤 5월의 기록은 이렇다.

윤5월 3일, 왕세자가 시민당(時敏堂) 뜰에서 대명(待命)했다.
윤5월 4일, 왕세자가 시민당 뜰에서 대명했다.
윤5월 5일, 왕세자가 시민당 뜰에서 대명했다.
윤5월 6일, 왕세자가 시민당 뜰에서 대명했다.
윤5월 8일, 왕세자가 시민당 뜰에서 대명했다.
윤5월 9일, 왕세자가 시민당 뜰에서 대명했다.
윤5월 10일, 왕세자가 시민당 뜰에서 대명했다.
윤5월 12일, 왕세자가 시민당 뜰에서 대명했다.
그리고 윤5월 13일이 시민당 뜰에서 마지막 대명이 된 것이다.

아홉 번의 대명과 뒤주에 갇히기 전날 밤까지 합하면 사도세자는 결국 그만이

---

154) 조선 성종 2(1471)년에 기존의 경연관 이외에 별도로 둔 경연관으로 현직 문관 3품 이상이나 문무 음관(蔭官) 2품 이상의 관료로서 의정부, 육조, 한성부의 벼슬을 역임한 사람들 가운데 홍문관의 추천을 받아 임명하였다. 경연(經筵)이란 임금이 학문(學文)을 닦기 위하여 신하들 가운데에서 학식(學識)과 덕망이 높은 사람을 궁중(宮中)에 불러 경적(經籍)과 사서(史書) 등을 강론(講論)하게 하던 일이다. 처음에는 경연청(經筵廳)을 1420(세종2)년 세종(世宗)이 창설하여 임금의 강습기관(講習機關)으로 당대의 이름난 학자(學者)들로 하여금 임금에게 경서(經書)와 치국(治國)의 도리(道理)를 강론(講論)하게 하였는데, 이는 임금이 착한 정치(政治)를 할 수 있도록 이끌기 위한 것이었다. 1894(고종31)년 갑오개혁 후에 홍문관(弘文館)과 예문관(藝文館)을 경연청과 합병하고, 다시 이듬해에는 경연청을 통합하여 경연원(經筵院)을 신설하였다. 관원은 대학사(大學士)·학사·부학사·시강·시독(侍讀) 등이 있었으나 1896(건양 1)년 다시 홍문관으로 고쳤다.

라는 아홉수인 9일을 버티다 죽었으니 참으로 기이한 일이다. 뒤주 속에 있는 8 일간 10명 가운데 8명이 참형(斬刑) 또는 2명이 효시(梟示)[155]되었고, 20명이 넘는 사람들이 파직·삭직·유배된 사실로 보아 그래도 이들 가운데 사람다운 사람이 한둘은 있었을 것이다. 그 뒤 죽은 것은 세자요, 남은 것은 뒤주다.

지옥(地獄)은 사전적 의미로 인간이 자기의 악업(惡業) 또는 죄과로, 죽은 뒤에 영혼이 간다는 견디기 힘든 고통으로 가득한 형벌의 장소라고 되어있다. 그러나 지옥은 땅속에 있는 우리이다. 옥(獄)은 '감옥' 또는 '우리'라는 뜻이다. 죽은 사람이 땅속으로 가는 우리나 감옥이다. 살아 있는 사람은 빛과 어둠을 볼 수 있어 천당이다. 죽은 사람에게는 어둠이 있을 뿐 빛이 없다. 지하는 그래서 가기 싫은 곳이고 가기 싫다는 표현을 형이상(形而上)으로 지옥이라 한 것이다. 죽으면 영혼이 하늘나라로 간다는 것은 빛을 향한 인류의 간절한 바람이 응집된 결정체일 것이다. 밝음과 어둠은 철학·종교·사상의 종착점을 이루는 곳집과 같은 곳이다. 상여를 넣어둔 곳집이다.

죽으면 곧 땅에 묻어야 할 체백(體魄)과 하늘로 올라갈 영혼(靈魂)을 상여에 실어 나누어 떠나보내는 마지막 의식이 바로 우리가 그토록 애타게 찾아 헤맸던 인생 최대의 화두가 아니었을까. 그리고 누구나 그 죽음의 뒤를 따르는 것이 인생이고 역사다.

비명횡사(非命橫死)한 아버지를 둔 아들이 그 누구도 풀지 못한 의문을 향해 빗장을 조금씩 열더니 마침내 자신의 마음을 활짝 열어젖힌 것이다. 덧없는 인생을 확실히 깨달은 것이다. 43세의 정조가 아버지에 대한 사부곡(思父曲)을 삭여 마음을 추스르기까지 과정은 가히 신(神)의 경지에 이른다. 삭이고 삭이기를 아홉 번 거듭하면 구천에 계신 아버지의 원혼과도 다정히 손을 잡을 수 있는 것일까.

성인(聖人)이라야 알 것 같다.

---

155) 죄인의 목을 베어 높은 곳에 매달아 놓고, 뭇 사람이 경계하도록 하는 뜻으로 보이게 하는 것이다.

◆ **여덟째 날**(윤 2월 16일)

정조는 환궁하기 전에 꼭 해야 할 일이 있었다.

정조는 억울한 일이 있는 백성을 위하여 거둥길에 징이나 꽹과리를 쳐서 임금의 하문(下問)을 기다리는 위외격쟁(衛外擊錚)을 실시하였다.

재위 24년간 무려 4,427건에 이르는 백성들의 상언(上言)을 처리한 점만 보아도 정조의 애민사상이 얼마나 투철하였는가를 알 수 있다. 화성행차 때 한 번은 200건이 넘는 격쟁으로 이 일을 처리하는 데만 열흘이 넘게 걸렸다는 역사적 사실로 보아 정조가 백성을 이해하고 정사를 돌보는데 직접적인 영향을 끼쳤을 것은 명약관화하다.

아침 5시 15분인 묘초1각에 초취, 묘초3각인 5시 45분에 재취를 군령으로 불었다. 정조는 시흥행궁을 출발하기에 앞서, '지방관들은 자기 경내의 나이 많은 어른, 백성들과 함께 거둥길의 넓은 장소를 택하여 대기하도록 하라.'는 명령을 내렸다. 정조는 백성들의 민원을 직접 듣고 싶었다.

삼취(三吹)를 묘정삼각(卯正三刻)인 아침 6시 45분에 불자 정조는 융복에 말을 타고 시흥행궁을 출발했다. 행차가 문성동(文星洞) 큰 길에 다다르자 시흥현령 홍경후(洪景厚)가 백성들과 함께 길 왼쪽에서 임금이 탄 말을 맞이했다. 정조는 말에서 내려 휘장을 두른 곳으로 고을백성 중 대표 몇 명을 불러들여 잠시 틈을 내어 애로사항을 듣고자 했다.

'보통 임금이 지나는 땅에는 반드시 은혜를 베풀어 내리는 것을 예사롭게 생각한다. 더욱 오늘은 어머님을 모시고 내가 두 번씩이나 이곳 행궁에서 묵었다. 모두 아주 평안한 가운데 돌아오니 기쁨이 아닐 수 없다. 어찌 백성들을 사랑하지 않을 수가 있겠는가. 반드시 요역(徭役)의 일부를 면제시켜 줄 것이며 나라에서 시행하는 것 중 없애기 어려운 못된 폐단을 제거하도록 하여 어머님의 배려를 널리 폄으로 백성들이 원하는 대로 따라서 응할 것이다. 말하고 싶은 것이 있으면 숨기지 말고 모두 말하여 주기 바란다.'

정조의 말을 들은 고을대표들은, '다행스럽게 성스럽고 밝은 세상을 만나 입고 먹는 것에 이르기까지 성덕(聖德)이 아닌 게 없습니다. 특별히 임금님께 드릴만한 어려움이 없습니다.' 정조는 답답했다. 아무런 사념(思念) 없이 마음을 툭 터놓고 실질적인 애로사항을 들어보고 싶었다.

예나 지금이나 약삭빠른 벼슬아치들이 가만있었을 리 만무하다. 누가 말하지 않았어도 미리 단단히 입막음을 시켜 놓았을 것이다. 행여 쓸데없는 소리를 하여 떨어질지 모를 날벼락을 미리 막자는 것이 그때나 이때나 관료들 속성이다.

정조는 영민한 임금이었다. 액면 그대로 받아들일 수 없었다. 그래서 다시 한 번 솔직히 말해 줄 것을 부탁했다. '너희들이 하는 말은 체면치레인 것을 다 안다. 내가 진심으로 너희들에게 해주고 싶으나 미치지 못하는 부분이 많아 늘 안타까웠느니라. 구중궁궐 깊은 곳에 머물며 어찌 일반 백성의 질고(疾苦)를 자세히 알 수 있겠느냐. 고로 지척에서 내가 너희들을 일부러 부른 것이니 어려워 말고 이야기 해주기 바란다. 듣고 싶어도 들을 수 없는 여러 가지 폐단을 직접 들어 행차를 바라보는 백성은 물론 만백성의 뜻에 보답하고자 하느니라. 말할 수 있는 기회를 얻었으니 두려워 말고 이야기했으면 하느니라.'

그러나 감히 말을 꺼내는 백성은 아무도 없었다. 곧이곧대로 말했다가는 어느 때 어느 귀신이 잡아가는지도 모르게 끌려가 살아나올 가망이 없다는 사실을 그들은 너무나 잘 알고 있었다. 백성은 어리석은 것 같아 보이나 천하를 움켜쥔 영특한 사람들이다.

도도히 흐르는 강물처럼 속으로 보이지 않게 소용돌이치고 있을 뿐, 그날이 그날인 것처럼 아무렇지도 않게 보이는 사람들이 백성인 것이다. 백성이 곧 하늘이다. 언제 심술궂은 구름이 몰려올지 모른다. 그리고 뇌성벽력이 치고 세찬 비바람이 퍼부을지 모른다. 하늘이 하늘의 이치를 모를 리 없다.

옆에서 보다 못한 우승지 이익운(李益運)이 임금의 하교를 백성들에게 널리 알려 무리지어 있는 사람들로부터 여론을 수렴하여 왕에게 회답(回答)하여 알려드

리는 형식을 취하도록 하였다.

'백성들은 실로 고통스러운 못된 폐단이 없다고 합니다. 단 집집이 다 나서서 하는 부역을 두 번이나 징발하는 폐단이 있었다고 합니다.'

정조는 비변사 당상 이시수(李時秀)에게 임금의 뜻을 온 백성에게 골고루 널리 알리라고 했다.

'다른 때에는 비록 평상시와 다른 은혜나 혜택을 널리 베풀기 어렵겠지만 금년에는 어찌 특전이 없겠는가. 지난 가을의 환곡(還穀)은 연기한다고 이미 조치한 바 있지만, 이를 모두 탕감할 것이다. 호역(戶役 : 집집마다 부과되는 부역)은 비변사가 관찰사 및 수령과 의논하여 폐단을 고쳐 일을 덜어주는 방법을 강구할 것이다. 또 해마다 정월에 임금이 거둥할 때마다 백성들이 행차할 길의 눈을 쓸고 길을 닦는 폐단이 많다. 이런고로 금년부터는 원행(園行) 일자를 정하여 봄, 가을의 농한기를 틈타서 하기로 하였다. 이 역시 백성을 위하는 고심에서 나온 것이다. 언제나 거둥할 때면 백성들 사정을 자세히 캐어물을 것이다. 일에 따라 폐단이 있는지 없는지 너희들은 다들 잘 알고 있을 것이 아니겠는가. 백성들마다 모두 경사(慶事)를 찬양(讚揚)하고 축하(祝賀)하며 물러났다. 그런데 그 가운데 한 사람이 갑자기 튀어나오며 먹을거리를 받기 원하고 있었다.' 임금이 이익운에게 그 사람의 나이를 묻자 대답하기를 61세라 하였다. 임금은 '비록 그 사람의 행동이 외람되고 예에 어긋나지만 어찌 그냥 물러가게 하겠느냐. 그가 원하는 쌀과 콩을 주도록 하라.'고 하명하였다. 그러나 이것도 용기 있는 백성이 죽음을 각오하고 하늘인 임금께 입을 연 것이리라. 가난한 백성에게 가장 시급한 것치고 식량밖에 또 무엇이 필요하겠는가. 어차피 굶어 죽을 목숨 상감 앞이라 망설일 일이 아니었다.

화성에서 베푼 진휼은 일부분의 입막음에 지나지 않는다는 사실을 정조는 정확히 모르고 있는 것이다. 그만큼 백성의 실생활과 속마음을 모르는 것이 관료요 왕인 것이다. 빙산의 일각을 풀어주고도 다 해결해준 것처럼 거들먹거리는 사람이 벼슬아치들 속성이란 것을 백성들은 누구보다 잘 안다. 그래도 빙산의 일각이

나마 해결해 주는 벼슬아치는 백성의 아픔이 무엇인지 겨자씨만큼이라도 아는 사람이다.

 행차가 다시 시작되어 가는 도중 정조는 관악산을 가리키며 하교하길 '학악(鶴嶽)이 보이는데 이곳에서 바라보니 사람이 때는 연기 같은 것이 있다. 그곳을 자하동(紫霞洞)[156]이라 부르느냐.' 이시수가 말하길, '학악의 동서남북에 자하(紫霞)가 있는데 모두 산수(山水)의 경치가 아주 뛰어납니다. 이 산에 의지한 저 집들이 바로 남자하(南紫霞)라고 합니다.' 임금이 말하길, '그 속에 장신(將臣)의 계정(溪亭)이 있다는 소리를 들은 적이 있다.' 이시수가, '그렇습니다.' 하고 대답하였다. 임금이 '연주대(戀主臺)[157]가 어느 곳에 있는가.' 묻자 이시수가 아뢰길, '학악의 맨 꼭대기

---

156) 서울 금천구 시흥동(始興洞)·안양시·과천시와 연접해 있는 관악산(冠岳山:629m) 남동쪽 기슭의 경치가 매우 뛰어난 곳으로 과천에서 연주봉(戀主峰)을 향하여 올라가는 도중에 있는 8km의 깊은 계곡이다. 자하동은 전부터 이름난 곳으로 정조는 그간의 잦은 원행 시 과천을 통하여 다녔음으로 소문을 들어 익히 알고 있었을 것이다. 정조·순조·헌종 시대에 걸쳐 시서화(詩書畵)에서 이름을 떨친 신위(申緯 : 1769~1847)가 어릴 때부터 예술과 학문을 자하동에서 닦으며 그의 호를 자하로 삼았기 때문에 그를 자하삼절(紫霞三絶)이라고도 부른다. 자하동은 크게 둘로 갈라지는데 과천에서 연주 상봉(上峰)으로 오르는 계곡일대를 총칭하는 자하동천(紫霞洞天)을 말한다. 다른 하나는 동천 입구의 기암절벽 골짜기를 가리키는데, 자하시경(紫霞詩境)이라 한다.

157) 관악산(冠岳山)의 주봉으로 연주봉(戀主峯)은 해발629m이다. 연주대는 1973년 7월 10일 경기도기념물 제20호로 지정되었으며, 보광사 소유이다. 연주봉에는 여러 개의 절벽이 있는데 연주대는 그 절벽 위에 약간의 석축을 쌓아 올린 곳에 있다. 677(문무왕17)년 신라의 의상(義湘)이 관악사(冠岳寺:지금의 연주암)를 짓고 의상대(義湘臺)라 하였다. 그 뒤 1392(태조1)년에 중건되었다. 연주대는 조선 초에 개칭한 것으로, 태조가 조선을 세우자 고려의 충신 강득룡(康得龍)·서견(徐甄)·남을진(南乙珍) 등 유신(遺臣)들이 이곳에서 멀리 개성 쪽을 바라보며 두문동(杜門洞) 72인의 충신열사와 망해버린 고려를 그리워하며 통탄하여 붙여진 이름이라 전한다.
 아울러 태종이 셋째 충녕대군을 세자로 책봉하려는 것을 안 첫째 양녕대군, 둘째 효령대군이 궁궐을 나와 떠돌다가 이곳 관악산의 관악사로 들어갔다고 한다. 그리고 관악사를 현재의 위치로 옮기고 왕좌에 대한 미련과 부모에 대한 그리움으로 왕궁이 보이는 산 꼭대기에 있는 이 연주대에서 궁궐을 바라보았다고 한다. 이런 연유로 관악사는 연주암으로 바뀌게 되었다.

에 있습니다.'라는 대화를 통해 알 수 있듯 문성동(文星洞)쪽에서 올라오며 바라보이는 관악산이 학(鶴)의 형상처럼 보였나 보다. 아니면 구전되어 내려오는 이야기 속에 혹 학에 얽힌 설화(說話)가 있었는지 모를 일이다. 아무튼 관악산을 학악(鶴嶽)이라고 부른 것만은 확실하다. 행차는 지금의 대방동(大方洞)에서 잠시 휴식을 취했다. 정조는 미음다반을 어머님께 올렸다. 휴식이 끝나자 다시 행차는 지금의 상도동(上道洞)에 있던 만안현(萬安峴)을 지나 용양봉저정에 도착했다.

정조는 어머님 그리고 두 누이동생과 함께 용양봉저정(龍驤鳳翥亭)으로 들어 점심을 들었다. 왕은 주교도청 이홍운을 불러 자궁(慈宮)이 내리는 고급비단 1필을 내려주고 사공과 격군(格軍) 등에도 차등 있게 나누어 상(賞)을 내렸다. 또 노량별장(鷺梁別將)에게 찬탁(饌卓)을 내렸다.

상감이 모든 신하에게 하교하길, '8일간의 거둥길에 마음과 몸 고생이 많았다. 어머님의 체후(體候)가 한결같이 강령하시게 환궁(還宮)하게 되니 더욱 기쁨을 이길 수 없다.' 정리사 심이지 등이 아뢰길, '초10일의 비는 불과 반일(半日)이었고 14일의 비 또한 진찬연 후였습니다. 출궁 시와 환궁 시의 날씨가 다 맑고 화창하였으니 이 역시 하늘도 기뻐하고 즐거워하는 것임을 알 수 있습니다.'며 하례를 드린다.

상이 말하기를, '원자(元子)는 내가 궁궐을 나온 날부터 매일 두 번씩 편지로 문안을 올리고 있다. 지금 또 편지가 왔다. 경들도 이것을 보구려.' 이어 원자의 편지 두 장을 보여주었다. 그 하나는 '봉수당진찬, 낙남헌양로, 산호산호, 재산호, 천세천세, 삼천세.(奉壽堂進饌, 洛南軒養老, 山呼山呼, 再山呼, 千歲千歲, 三千歲)'라고 써서 할머니의 회갑연을 축하하여 만세를 부르며 오래오래 사시기를 축원한 내용이다. 다른 편지에는 '금일배알, 복희복희.(今日拜謁, 伏喜伏喜.)'라 하여 오늘 할머니와 아바마마를 뵙게 되어 기쁘기 한이 없다는 말이다. 여러 신하들이 두세 번씩 읽어보고 일어나 축하드리며 '원자의 글은 진실로 우리 동방의 한없는 복입니다.'라 하였다.

임금이라 해서 어찌 자식 자랑이 필부(匹夫)와 다를 것인가. 문효세자(文孝世子)

를 잃고 늦게 대통을 이를 6살 원자가 매일 편지를 두 번씩이나 했는데 그냥 넘어갈 수 있겠는가. 아들을 자랑하는 정조의 마음 한 구석에 아직도 할바마마에 대한 서운함이 남아 있었던 건 아닐까.

한편 배다리 건설의 총책임자인 주교당상(舟橋堂上) 서용보(徐龍輔)에게도, '8일간 기다리면서 다리를 지킨 사공과 격군들의 고초가 컸다. 각자에게 미두(米豆)를 나누어주도록 하라.'고 하명하며, '배들을 지금 내려 보내면, 충청, 전라, 경상도에서 실어 나르는 물건을 다시 운반할 수 있겠는가.'라고 묻자, '걱정하지 않으셔도 됩니다.'라고 대답하였다.

정조는 '내일 다리를 즉시 해체하고 해당 배들을 내려 보내 뱃사람들이 늦는 일이 없도록 하라.'는 당부를 잊지 않았다. 이제 한강만 건너면 모든 행사는 끝을 맺게 되는 것이다. 그래서 바닷물이 들어오기 전에 군령 대신 임금이 곧바로 초취, 2취, 3취를 1각 단위로 불게 하여 배다리를 건넜다. 오늘이 16일, 일곱무날이라 오후 1~3시 사이인 미시(未時)에 배다리를 건너면 조수(潮水)의 영향이 적기 때문이다.

하늘에 계신 아버님의 회갑을 하기 위하여 정조는 20년 동안 준비를 했다. 외형상으로는 어머님을 내세워 8일간의 잔치를 치른 것이다. 8이라는 숫자가 가리키는 뜻은 참으로 신묘하다. 팔괘(八卦), 팔선(八仙), 팔선녀(八仙女), 팔달(八達), 팔방(八方), 팔각(八角), 팔덕(八德), 팔곡(八穀), 팔관회(八關會), 팔부중(八部衆), 팔경(八景), 팔성도(八聖道), 팔자(八字), 팔일무(八佾舞), 팔복전(八福田), 팔진도(八陣圖) 등 수없이 많다. 이 속에는 유불선 뿐 아니라 무속, 풍수지리가 다 포함되어 있다. 그러면서도 인간이 추구하는 것들이다. 어쩌다 아버지는 인간이 모두 추구하는 것 중 가장 힘든 팔재(八災) 속에서 선정(禪定)에 들고자 하는 팔자를 타고나셨을까? 팔괘는 사상(四象), 양의(兩儀), 태극(太極), 무극(無極)으로 사람이 태어나 죽음에 이르기까지의 모든 사상을 담고 있는 역(易)이다. 팔선은 종리권(鍾離權), 장과로(張果老), 한상자(韓湘子), 이철괴(李鐵拐), 하선고(何仙姑), 남채화(藍采和), 여동빈

(呂洞賓), 조국구(曺國舅)를 이르는데 이들 모두가 도(道)를 이루자 길일을 택해 승천(昇天)을 한다. 그러자 이들을 위해 원시천존(元始天尊), 태상노군(太上老君), 요지서왕모(瑤池西王母), 구천현녀(九天玄女) 등이 옥황상제(玉皇上帝)를 모시고 하늘에서 조회를 열어 큰 잔치를 열고 벼슬을 내렸다. 그 중 하선고가 유일한 여성이다. 언제나 연꽃을 들고 있는 모습이 천하절색이다. 어머니를 내세워 아버님의 회갑을 연 것이 어찌 우연이겠는가. 8을 가슴속 깊이 새기며 8일을 보냈다. 정조가 보낸 8일은 그냥 단순한 8일이 아니다.

이제 이 무지개다리를 건너면 아버지와 헤어지는 것이다. 다리를 건너는 정조의 마음은 만감이 교차한다. 아버님은 8일 만에 이승을 강제로 떠나셨다. 그러나 정조는 아버님을 돌아가시게 한 사람들을 8일 동안 현륭원 참배와 회갑이라는 잔치마당으로 끌어들여 그들 영혼 모두를 상징적이나마 아버지가 가신 길로 보낸 것이다. 이제는 정적도 당파도 없는 나라를 만드는 일만 남은 것이다. 유유히 흐르는 한강에 지난 슬픈 역사는 다 흘려보내리라. 스스로 이 악순환의 고리를 끊지 못하면 비전이 없는 나라로 전락하고 말 것이기 때문이다.

9일에 출발 6일에 돌아옴으로 8일간을 마무리 짓는다. 9는 건(乾)으로 하늘이다. 고로 아버지라고 칭한다. 6은 곤(坤)으로 땅이다. 고로 어머니라고 칭한다. 진(震)은 처음 선택하여 남자를 얻은 고로 장남이라 이른다. 손(巽)도 처음 선택하여 여자를 얻은 고로 장녀라 이른다. 감(坎)은 두 번째 선택하여 남자를 얻은 고로 중남(中男)이라 이른다. 이(離)는 두 번째 선택하여 여자를 얻은 고로 중녀라 이른다. 간(艮)은 세 번째 선택하여 남자를 얻은 고로 소남(少男)이라 이른다. 태(兌)는 세 번째 선택하여 여자를 얻은 고로 소녀(少女)라고 이른다.

만물은 아래에서 위로 자라기 때문에 괘상(卦象)도 아래로부터 생기는 것이다. 건곤의 두 괘를 부모로 상징한 뒤 나머지 여섯 개의 괘는 양효(陽爻)와 음효(陰爻)로써 아래에서 위로 올라가는 전후 순서에 따라 각각 나이가 많고, 남자와 여자를 대표하는 것이다. 이는 8괘가 각각 '생(生)'의 의미를 넘치도록 나타내는 것이

다. 이 8괘 속에 정조는 모두 용해시켜 버리기로 한 것이다. 8일간은 8괘의 우주 생성원리라는 큰 틀로 재생시켜 부활되도록 했다. 새로운 시작인 것이다. 8일×8 괘=64괘로 우주가 되었기 때문이다.

아버지의 회갑을 위하여 9일에 하늘을 올랐다면 6일에 돌아오는 것은 살아계신 어머니를 위해 정해진 날에 회갑을 소략하게나마 또 치러야 할 것이다.

골수에 사무친 원한을 혼자의 힘으로 풀기까지 장장 33년이란 시간을 에돌아와야 했다. 정조만이 할 수 있는 성인의 길을 찾아 모두를 버림으로 모두를 얻은 것이다.

◆ 아홉

속진(俗塵)을 털어버리고 세자의 영혼은 이미 중유(中有)[158]로 들어가고 있으리라. 운명을 지켜보는 사람 하나 없이 뒤주 속에서 사시(巳時)와 오시(午時) 사이에 죽었다고 하나 언제 죽었는지 아무도 모른다. 소위 일반인들이 말하는 객사(客死)나 다름없는 것이다. 구중궁궐 금지옥엽의 객사는 부모, 근친, 신하가 삼위일체가 되어 만들어낸 조선왕조 희대미문(稀代未聞)의 끔찍한 합작품이다.

살아있는 기척이 없어 열어보니 이미 이 세상 사람이 아니었다. 그 많은 사람이 지켜보는 가운데 죽은 시간조차 모르는 기막힌 사건이 세자의 죽음이다. 축복받으며 태어난 금지옥엽이나, 저주받으며 태어난 천덕꾸러기나 죽음은 매한가지다. 차라리 금지옥엽으로 태어나 버림받아 죽는 것보다야 저주 받으며 태어나 축복받으며 죽는 삶이 훨씬 낫지 않을까.

죽음에는 살을 섞으며 사랑했던 사람도, 피를 나눈 새끼도 따라올 수 없는 곳이다. 다만 홀로 떠나는 유일한 길이 죽음이다. 이 길이 바로 도(道)라는 것이다. 그래서 도는 가까이 갈 수 있어도 들어설 수는 없는 길이다. 지엄한 권력의 힘으로도 미치지 못하는 길이 도인 것이다.

도에 들어설 수 없기 때문에 도에 들어선 사자(死者)를 위하여 마지막 베푸는 의식이 예(禮)인 것이다. 사전적 의미로는 절문인의(節文仁義)로 예절에 관한 글 즉 인의(仁義)와, 표경의지식(表敬意之式)으로 존경하는 뜻을 나타내는 의식용 폐백이나 예물을 말할 수도 있다. 전문적으로는 『예기(禮記)』를 말하는 사람도 있을 것이다. 그러나 예는 참 마음에서 나오는 사랑·엄숙·경건·공경·겸양·아쉬움·탄식·미련 등 자신을 가장 낮추어 상대를 가장 높이는 우리 고유의 큰절과 같은 의식이 아닐까.

158) 사유(四有 : 生有, 本有, 死有, 中有)의 하나로 사람이 죽어서 다음의 생(生)을 받을 때까지의 동안을 말한다. 곧 차생(次生)의 생연(生緣)이 미숙(未熟)한 때문에 이를 곳에 이르지 못한 49일 동안 극선(極善)·극악(極惡)한 사람은 중유가 없고, 죽으면서 이내 다음 생으로 간다고 한다.

화순귀주는 하늘이나 마찬가지인 아버지가 제발 먹으라고 사정하였으나 남편을 따르기 위해 굶어 죽었고, 사도세자는 생으로 굶겨 죽였으니 사람의 마음이란 참 알 수 없는 하늘의 변덕과 같다. 그래서 정조는 매년 월성위 김한신과 화순귀주의 양자(養子)로 입적한 고종사촌 김이주(金頤柱 : 1730~1797)와 그 아들 김노경(金魯敬 : 1766~1840)에게 세찬(歲饌)과 철따라 특산물을 물목(物目)까지 직접 적어 내린 것도 다 속 깊은 사연 때문이다.

아들이 죽었다는 보고를 들은 영조는, '이미 이 보고를 들은 후이니, 어찌 30년 가까운 부자지간의 은의(恩義)를 생각하지 않겠는가? 세손(世孫)의 마음을 생각하고 대신(大臣)들의 뜻을 헤아려 단지 그 호(號)를 회복하고, 겸하여 시호(諡號)를 사도세자(思悼世子)라 한다.'라는 윤음을 내린다. 참으로 알 수 없는 것이 사람의 마음이다. 왜 은의(恩義)라고 했을까? 부자지간(父子之間)이 고작 은혜(恩惠)와 덕의(德義) 또는 갚지 않으면 안 될 의리(義理)와 은혜라는 형이상적(形而上的)인 말로 얼버무릴 수밖에 없었다는 소리로 들린다. 왕이라는 굴레 때문이었을까? 자식은 자신의 뼈, 피, 살이라는 보다 구체적인 형이하적(形而下的)이라면 어딘가 켕기는 구석이 있었던 모양이다. 필부(匹夫)와 지존(至尊)은 그래서 자식을 죽이는 방법마저 다른지 모른다. 자식이 죽기를 기다리다 막상 죽자 마치 기다렸다는 듯, 바로 그 자리에서 위호(位號)를 회복시키는 전대미문의 일이 벌어진 것이다. 작위(爵位)와 명호(名號)가 회복되었으면 13개월의 나라 예를 따라야 하는 데도 한 달로 마치라는 영조의 어명에 어느 누구 하나 말하지 못하였으니 어찌 예를 숭상하는 나라라 할 수 있을까. 봉조하(奉朝賀) 유척기(俞拓基 : 1691~1767)는 72살의 기구대신(耆舊大臣)[159]임에도 아무 말을 하지 못했으니 죽음은 늙은이일수록 더 가기 싫은 길인가보다. 하긴 세자를 죽음으로 내어 몬 장인 홍봉한이 예장도감도제조로 임명되었으니 임금과 이미 짠 각본이라는 것이 더 타당하다. 아니, 둘이 각색(脚色)을 하

---

159) 나이가 너무 많이 늙은 사람으로 벼슬을 사양하고 물러난 대신을 말한다.

였으니 마침표도 함께 찍어야 했을 것이다.

도(道)와 예(禮)는 위로부터 아래로 내려오는 것이다. 그런데 백성들이 행하는 도와 예가 궁중보다 높으니 역시 하늘이 백성이란 소리가 헛말이 아니었나 보다.

영조의 왕권이 강해서가 아니라 당시 조정신료들은 혹시 사도세자가 즉위할 경우 자신들에게 미칠 화 때문에 앞장서 임오화변(壬午禍變)을 주도했기 때문일 것이다. 그만큼 당시는 노론천지였고 정조가 왕위에 오른 지 20년이 흘렀어도 역시 노론 세상이었다.

세 번을 참으면 살인도 면할 수 있다는데 세자는 9번씩이나 시민당 월대에서 대명하며 죄를 빌었으나 영조는 요지부동이었다. 아홉 번을 대명하고 윤5월 13일부터 시작하여 21일에 죽었으니 9라는 수가 '그만'이라는 말이 사실인가 보다.

영조는 창덕궁에서 경희궁으로 옮겨 다니기를 7번이나 했다. 그리고 아들이 죽던 날 창덕궁을 떠나 경희궁160)으로 이어(移御)하여 죽을 때까지 다시 돌아오지 않았다. 죄의식이었을까? 일말의 가책이었을까? 자식을 죽인 영조만 아는 수수께끼이다. 정조는 그런 할아버지가 싫었다. 다만 드러내놓을 수 없는 것이 정조의 정치적 한계일 뿐이다. 그래서 모두가 하나 되는 세상을 꿈꾸어 왔다. 그 꿈을 이루기 위해 신하와 백성이 하나가 되는 큰 잔치마당을 차려 함께 즐기도록 유도한 것이다.

자식 하나 용서할 줄 모르는 냉혹한 할아버지이지만 그 할아버지의 뜻을 꺾지 않음으로 노론을 달래고 음보(蔭補)로 참봉에서 영의정까지 오른 외할아버지인 홍봉한을 살려주고 친정을 위해 몸부림친 어머님께 효도를 다함으로 백성과 신료들의 마음을 하나로 묶기로 한 것이다. 그러자니 자연히 본의 아니게 어머니는 아버님을 대신하는 허수아비에 불과했다. 불쌍한 여인이 혜경궁 홍씨다.

160) 경희궁의 원래 이름은 경덕궁(慶德宮)이었는데 1760(영조 36)년 2월 28일 돈의문(敦義門) 안에 궐호(闕號)가 장릉(章陵)의 시호와 음이 같다는 이유로 경희궁(慶熙宮)으로 고쳤다.

◆

정조는 뒤풀이로 윤2월 21일 창덕궁 춘당대(春塘臺)에서 을묘원행에 참여했던 군사들에게 음식을 베풀어 위로하는 호궤(犒饋)자리를 마련했다. 이날 참석한 장수·장교·병졸들이 3,846명에 달했다. 참석한 사람들은 정해진 예법에 따라 흰떡 3개·대구어 한 조각·쇠고기 구운 것 한 꼬챙이·술 한 그릇씩 골고루 나누어 주었다. 음식 대신 돈으로 주는 건호궤(乾犒饋)는 정리소·장용영·용호영·훈련도감·근위영·어영청·수어청·총융청에 딸린 대장·장교·군병 3,536명에게 일률적으로 2전 7푼의 돈으로 지급하였다. 물론 우의정 채제공을 비롯한 정리소 당상들에게도 차등을 두어 상을 내렸다. 그리고 어가를 수행한 수많은 관료와 군병들에게도 역시 차등을 두어 시상했다.

◆

이제 아버님에 대한 모든 것을 해결하고 나니 한결 마음에 여유가 생겼다. 늘 쫓기듯 불안하게 살아온 자신을 훌훌 털어버리고 진정한 자유인이 되고 싶었다. 그래서 3월 10일 정조는 내원(內苑)에서 꽃구경을 하고 낚시질을 하였다. 윤2월이 낀 탓인지 글자 그대로 꽃 대궐이었다. 봄이 무르익는 내원에는 여러 각신(閣臣)의 아들·조카·형제들도 참여하였는데 모두 54인이었다.

또 특별히 영의정 홍낙성(洪樂性)과 직부(直赴)[161] 이시원(李始源)을 불렀는데, 영상은 연치(年齒)나 덕망(德望)에 있어 모두 높기 때문에 매년 이 모임에 번번이 불러들여 참여시켰으며, 이시원은 인망(人望)을 쌓아 규장각의 관리로 뽑혔기 때문

---

161) 조선(朝鮮) 시대(時代) 때에 전강(殿講)·절일제(節日製)·황감제(黃柑製)·응제(應製)·통독(通讀)·외방별과(外方別科) 등에 합격(合格)한 사람이 곧 문과(文科)의 복시(覆試) 혹은 전시(殿試)에 응할 수 있는 자격(資格)을 얻던 일과 승보(陞補)·사학합제(四學合製)·공도회(公都會) 등에 합격한 사람이 곧 생원(生員)·진사시(進士試)의 복시에 응할 수 있는 자격을 얻던 일 또 권무과(勸武科)·외방별과에 합격한 사람이 곧 무과(武科)의 전시에 나아갈 수 있는 자격을 얻던 일과 과거(科擧)에 급제(及第)하고 아직 벼슬을 하지 못한 사람을 이르던 말이다.

이었다. 상이 이르기를, '올해야말로 천 년에 한 번 있을까 말까 한 경사스러운
해이다. 그러니 이런 기쁜 경사를 빛내고 기념하는 일을 나의 심정 상 어찌 그만
둘 수 있겠는가. 매년 꽃구경하고 낚시질하는 놀이에 초청된 각신의 자질(子姪)인
아들·아우·조카에게만 한정되다가 금년에 들어와 재종(再從 : 6촌)과 삼종(三從 : 8촌)
으로까지 그 대상이 확대된 것 역시 대체로 많은 사람들과 함께 즐거움을 나누려
는 뜻에서이다.' 하며 소회를 밝혔다.

  잠시 머물러 있다가 상이 말을 타고 나가며 신하들에게도 말을 타고 따라 오도
록 허락하였다. 어수당(魚水堂) 앞에 이르러 말에서 내리라고 명하였다. 천향각(天
香閣)에 어좌(御座)를 설치하였다.

  대신과 각신(閣臣)에게 술병과 안주 그릇을 하사하면서 각자 마음대로 경치 좋
은 곳에서 놀며 쉬라고 하였다. 약간의 시간이 흐른 뒤에 상이 다시 존덕정(尊德
亭)의 서쪽 태청문(太淸門) 안의 막차(幕次)로 거둥하여 대신에게 이르기를, '예로
부터 내원(內苑)의 놀이에는 척리(戚里)[162]가 아니고서는 들어와 참여할 수가 없었
으니 외신(外臣)을 내연(內宴)에 참여시킨 것은 특별한 은전이라 하겠다.

  옛날 1623년 인조께서 즉위하신 이후로 훈신(勳臣)을 보살펴주어 곡연(曲宴)[163]
에서 모시고 노닐게 하며 가족처럼 예우해 주었었다. 그러다가 효묘(孝廟)께서 즉
위한 초기에 훈귀(勳貴)[164]의 폐단을 통렬히 개혁하며 사림(士林)의 인사를 초빙한
뒤 합심하여 군국(軍國)의 기무(機務)를 의논하였는데, 어수당과 천향각에는 아직
도 송시열이 등대(登對)[165]했던 고사가 전해지고 있다. 그런데 조정이 분열되는
환란이 또 일어났으므로 숙묘조(肅廟朝)로부터 선조(先朝)에 이르기까지는 척련(戚
聯 : 성이 다른 일가)의 신하에게 속마음을 의탁하지 않을 수 없게 되면서 궁중의 출
입이 외조(外朝)에 비할 바가 아니게 되었는데 이는 단지 그 때의 상황이 그렇게

---

162) 임금의 내척과 외척을 가리킨다.
163) 임금이 궁중 금원(禁苑)에서, 가까운 사람들만 불러 베풀던 소연(小宴)을 말한다.
164) 사업이나 나라를 위하여 두드러지게 세운 공로가 있는 귀족을 일컫는다.
165) 어전(御前)에 나아가 임금을 직접 대하는 것.

만들었기 때문일 따름이었다.

나는 춘저(春邸 : 세손) 때부터 어진 신하를 내 편으로 하고 척리(戚里)는 배척해야 한다는 의리를 깊이 알고 있었다. 그래서 즉위 초에 맨 먼저 규장각(奎章閣)을 세웠던 것이니, 이는 문치(文治) 위주로 장식하려 해서가 아니라, 대체로 아침저녁으로 가까이 있게 함으로써 나를 계발하고 좋은 말을 듣게 되는 유익함이 있게끔 하려는 뜻에서였을 뿐이었다. 그리하여 좋은 작위(爵位)로 잡아매 두고 예우하여 대접하면서 심지어는 한가로이 꽃구경하고 낚시질할 때까지도 각신(閣臣)과 함께 즐거움을 같이 하고 그들의 아들·조카·형제 역시 모두 연회에 참석하도록 허락하였던 것이었다. 그리하여 예법을 간소화하여 은혜로 접하고 한데 어울려 기뻐하고 즐기는 것을 매년 정례화하고 있으니 이런 대우와 사랑이야말로 예로부터 인신(人臣 : 신하)으로서는 얻기 힘든 것이었다고 하겠다. 그런데 필경 귀근(貴近 : 측근 세력)의 폐단이 일어나더니 요즘에 이르러서는 그 극(極)에 달하고 있는 느낌이다. 나아오면 물러가게 되고 느슨해지면 펼쳐지게 되는 것이야말로 정상적인 이치라고 할 것이니, 척신(戚臣)들이 이 뒤를 이어 나아오지 않으리라고 어떻게 보장할 수 있겠는가. 그러나 사대부를 가까이 하려는 것이야말로 나의 평소 성격인 동시에 내가 고심하는 것이니, 수십 년 동안 행해 온 일을 지금 중도에 그만둘 수는 없는 일이다.

이에 특별히 경들을 불러 나의 속마음을 펼쳐 보여주게 되었으니, 이 자리에 참석한 여러 신하들은 각자 두려운 마음을 갖고 경계하여 오늘 내가 유시한 것을 잊지 말도록 하라.' 하니, 유언호(俞彦鎬)가 아뢰기를, '정자(程子)가 말하기를 훌륭한 사대부를 만나는 것이야말로 임금이 좋은 정치를 펼치는 요체라고 하였습니다. 근신(近臣)이 죄를 지은 것은 그들 자신이 나라를 저버렸기 때문일 뿐이니, 우리 성상께서 인재를 쓰시는 정사와 무슨 관계가 있는 것이겠습니까. 신들이 알아주는 임금을 만나 은혜를 받고 있는 것이야말로 세상에서 보기 드문 영광이라 할 것인데, 더구나 오늘 은혜로운 유시를 받들기까지 하였으니, 어찌 감히 서로들

권장하며 조금이라도 성상의 뜻을 선양(宣揚)[166]할 방도를 생각하지 않을 수 있겠습니까.' 하였다.

채제공(蔡濟恭)이 아뢰기를, '한(漢) 문제(文帝)는 바로 삼대(三代)[167] 이후에 볼 수 있었던 밝은 임금이었다고 할 것인데 후세에 긍정적으로 평가하는 자들은 늘 두광국(竇廣國)[168]을 제후로 삼지 않은 한 가지 일을 입이 마르게 칭찬하곤 하였습니다. 그리고 제갈량(諸葛亮)의 출사표(出師表)[169]야말로 『서경(書經)』의 이훈(伊訓)이나 열명(說命)과 서로 표리관계를 이루고 있는 글이라 할 것인데 그 한 편의 주요 내용을 살펴본다면 또 궁궐과 조정이 한 몸이 되어야 한다는 몇 구절에 불과하다고 하겠습니다. 이를 본다면 제왕의 성덕(盛德)으로는 척행(戚倖)을 억누르고 사문(私門)을 막는 것 이상의 것은 없다는 것을 알 수가 있습니다. 그런데 전하께서 임금의 자리에 계신 20년 동안 일찍이 척리(戚里)로서 진출한 사람이 한 사람도 없었으니, 보고 듣는 이들치고 그 누가 우러러보며 칭송하지 않겠습니까. 그리고 신들로 말하면 직접 성대한 이 기회를 만나 특별한 은혜를 입고 있으니, 어찌 감히 스스로 순결한 마음을 지니고 만분의 일이라도 성상의 기대에 어긋나

---

166) 권위(權威)나 명성(名聲) 등(等)을 드러내어서 널리 떨치게 하는 것.

167) 중국 상고시대의 하(夏)·은(殷)·주(周)의 세 왕조(王朝)를 가리킨다.

168) 중국 한(漢)나라 문제(文帝) 원년인 179년 3월 두씨(竇氏)가 황후로 책봉되어 오빠 두장군(竇長君)과 동생 두광국이 황후를 만나기 위해 입조(入朝)하였다. 문제는 이들을 장안(長安)으로 옮겨와 살게 하며 측근으로 쓰려하였으나 주발(周勃)과 관려(灌嬰) 등 공신(功臣)들의 반대에 부딪혀 직위도 내리지 않고 정사에 참여하지 못하도록 하였으며 외숙(外叔)인 박소(薄昭) 장군을 죽인 것을 오히려 높이 평가하였다.

169) 출병(出兵)할 때에 그 뜻을 적어서 임금께 올리던 글이다. 중국 촉한(蜀漢)의 승상 제갈량 諸葛亮:181~234)이 위(魏)나라를 토벌(討伐)하려고 떠날 때 후주(後主)에게 바친 상소문(上疏文)으로 전후 두 표가 있다. 227년의 전출사표(前出師表)는 현신(賢臣)을 친히 등용하여 내치(內治)를 도모할 것을 바라고, 자기의 입장과 결의를 서술하였으며, 228년으로 추정되는 후출사표(後出師表)는 위(魏)나라를 토벌할 좋은 기회임을 서술하여 뭇 신하의 의심을 풀려고 하였다. 한 말 한 구절이 지성(至誠)에서 나와 후세까지도 읽는 이에게 충의의 마음을 불러일으키게 하는 명문으로 널리 우리나라에서까지 애송된다. 출전은 『삼국지(三國志)』 "제갈량전"과 『문선(文選)』 등에 수록되어 있다.

지 않도록 노력하지 않을 수 있겠습니까.' 하였다.

술이 몇 순배 돌자 상이 세심대(洗心臺)의 대자(臺字) 운(韻)을 써서 입으로 칠언 (七言)의 소시(小詩) 한 수(首)를 지어 읊은 다음 대신과 제신(諸臣)에게 화답하라고 명하였다.

> 봄날에 더디더디 북쪽 대를 오르노니(春日遲遲上北臺)
> 이 길이 꽃 핀 경치 찾아온 게 아니라오(此行非是趁花開)
> 새로운 시 지어서 관화곡을 다시 잇고(新詩更續觀華曲)
> 만세토록 길이 만세의 술잔 따르리라(萬歲長斟萬壽杯)

또 부용정(芙蓉亭)의 작은 누각으로 거둥하여 태액지(太液池)에 가서 낚싯대를 드리웠다. 여러 신하들도 못가에 빙 둘러서서 낚싯대를 던졌는데, 붉은색 옷을 입은 사람들은 남쪽에서 하고 초록색 옷을 입은 사람들은 동쪽에서 하고 유생들은 북쪽에서 하였다.

상이 낚시로 물고기 네 마리를 낚았으며 신하들과 유생들은 낚은 사람도 있고 낚지 못한 사람도 있었다. 한 마리를 낚아 올릴 때마다 음악을 한 곡씩 연주하였는데, 다 끝나고 나서는 다시 못 속에 놓아 주었다. 밤이 되어서야 자리를 파했다.

3월이면 내원에서 꽃구경을 겸한 시회나 낚시를 하였으나 이번의 행사가 규모 면에서 가장 컸다.

금원(禁苑)에는 각종 화목(花木)이 160여 종으로 소나무·느티나무·주목·회화나무·엄나무·상수리나무·향나무·산뽕나무·밤나무·다래 등 2십 9만 7천 주(株) 가량 우거진 원시림(原始林)이었다.

1607(선조 40)년 7월 18일 창덕궁에 호랑이가 출몰했다는 기록과 1796(정조 20)년 11월 13일 응봉(膺峰) 근처에 호환(虎患)이 있었다는 것으로 보아 지금 우리가 보는 것과는 전혀 다른 풍치였을 것이다.

◆

오늘이 어머님 회갑일이다.

6월 18일 정조는 명정전(明政殿)에 거둥하여 어머님께 올릴 치사(致辭)와 전문(箋文), 표리(表裏)를 친히 전해주고, 내전인 연희당에 가서 직접 올리는 예(禮)를 행한 뒤 자궁(慈宮)에게 음식상을 차려 올렸다.

하루 전에 상침(尙寢 : 정6품 여관)이 내전에 자리를 설치하였다. 자궁의 자리는 남쪽을 향해 설치하고, 대전(大殿)의 자리는 자궁 자리의 동쪽에 서쪽을 향해 설치하고, 중궁전(中宮殿)의 자리는 자궁 자리의 서쪽에 동쪽을 향해서 설치하였다.

내명부(內命婦)와 외명부(外命婦)의 시위(侍位)는 자궁 자리의 남쪽에 서쪽 가까이 설치하되 모두 북쪽을 향하게 하고, 또 의빈(儀賓)과 척신(戚臣)의 시위는 앞 기둥의 발[簾] 바깥에 좌우로 설치하되 북쪽을 위로 하여 서로 향하게 하였다.

이날 상침이 대전의 배위(拜位)를 내전 동쪽 뜰 섬돌 위에다 동쪽 가까이 북쪽을 향해서 설치하고, 중궁전의 배위를 내전 서쪽 뜰 섬돌 위에다 서쪽 가까이 북쪽을 향해서 설치하였다. 그리고 의빈과 척신의 배위를 대전의 판위(版位) 뒤에 설치하고, 내명부와 외명부의 배위를 중궁전의 판위 뒤에 설치하였다.

또 내명부·외명부 및 의빈·척신의 외위(外位)를 동쪽과 서쪽 뜰 가운데에 설치하고, 사찬(司贊)과 전빈(典賓 : 정7품 나인)의 자리를 발안에 설치하고, 전언(典言 : 종7품 여관)과 전찬(典贊 : 정8품 여관)의 자리는 남쪽으로 약간 물려서 설치하고, 찬창(贊唱)과 여집사(女執事)의 자리는 내전 아래 동쪽 섬돌 위에다 서쪽 가까이 북쪽을 향해서 설치하였다.

상식(尙食 : 종5품 여관)이 수주정(壽酒亭)[170] 둘을 마루 안 동쪽과 서쪽에 설치하고, 또 주정(酒亭)[171] 둘을 기둥 밖에 설치하고, 명부 및 의빈·척신의 주탁(酒卓)[172]

170) 나라에서 잔치를 벌일 때 술잔을 올려놓던 탁자로 여기서는 자궁(慈宮)이 드실 술이다.
171) 나라의 경사스런 잔치 때에 마련하는 상으로 여기서는 임금이 드실 술이다. 1480(성종11)년 5월 1일, '임금이 태평관(太平館)에 거둥하니 두 사신이 중문 밖에 나와 영접하고, 대청에 들어가니 두 사신이 고두(叩頭)하고 자리에 나아갔다. 임금이 일어나 장차 술잔을 돌

을 섬돌 위 동쪽과 서쪽에 설치하였다. 내명부와 외명부가 각각 예복(禮服)을 갖추고 곁채 밖에 집결하였다.

2각(刻) 전에 전빈(典賓)이 명부(命婦) 및 내빈(內賓)을 인도하여 외위(外位)로 가고, 여집사(女執事)가 의빈(儀賓)과 척신(戚臣)을 인도해 들어와 외위로 나아갔다.

1각(15분) 전에 중궁전(中宮殿)이 적의(翟衣) 차림에 머리 장식을 하고 상궁(尚宮)이 앞서 인도하는 가운데 나와 소차(小次)에 들어갔다. 상이 익선관(翼善冠)[173]과 곤룡포(袞龍袍) 차림으로 여집사가 인도하는 가운데 나와 소차에 들어갔다. 자궁(慈宮)이 적의 차림에 머리 장식을 하고 상궁이 앞서 인도하는 가운데 나와 자리에 올랐다. 전빈(典賓)이 내명부와 외명부를 인도하고, 여집사가 의빈과 척신을 인도하고 각각 들어와 배위(拜位)로 나아갔다. 상궁이 인도하는 가운데 중궁전이 소차에서 나와 배위로 나아간 뒤 북쪽을 향해 섰다. 여집사가 인도하는 가운데 전하가 소차에서 나와 배위에 간 뒤 북쪽을 향해 섰다. 여집사와 사찬(司贊)과 찬창(贊唱)의 인도에 따라 상이 재배(再拜)한 뒤 무릎을 꿇고 중궁전이 재배한 뒤 무릎을 꿇었으며 상식(尚食)이 수건과 음식상을 올리기를 기다렸다가 일어났다. 여집사가 동쪽과 서쪽으로 나뉘어 북쪽을 향해 서서 상이 지은 노래의(老萊衣) 악장(樂章)을 불렀는데, 그 내용에,

---

리려 하니, 두 사신이 주정(酒亭)에 나와, 부사(副使)는 병을 잡고 상사(上使)는 잔을 잡아 꿇어앉아서 말하기를 우리들은 본토 백성이니, 예에 마땅히 먼저 술을 올려야 합니다.'(上幸太平館, 兩使出迎于中門外, 入大廳, 兩使叩頭就座. 上起將行酒, 兩使就酒亭, 副使提壺, 上使執盞跪曰: '俺等土民, 禮當先進酒.')

172) 내빈(內賓)·외빈(外賓)이 마실 술을 올려놓은 탁자이다.

173) 임금이 평상복으로 갖추어 정무(政務)를 볼 때 쓰던 관이다. 과거에 급제한 자가 홍패(紅牌)를 받을 때 쓰던 관(冠)의 변형으로 중국 송나라 때는 절상건(折上巾)이라 부르다가 명나라에 이르러 익선관이라 하였다. 조선 세종 때 명나라 황제가 면복(冕服)과 평상복의 일습에 끼워 보내면서 쓰게 되었다. 모양은 꼭대기가 턱이 져서 앞턱은 낮고 뒤턱은 높으며 검은빛의 사(紗) 또는 나(羅)로 둘렀는데 뒤에 두 개의 뿔이 마치 매미 날개처럼 달려 이런 이름을 붙였다.

나에게 노래자의 옷이 있어(我有老萊衣)
만년토록 청춘을 경축하네(萬年慶韶光)
이상은 궁(宮)이다.

계인이 새벽 시간 알려와(雞人報曉籌)
원량과 함께 전당에 올랐네(上堂偕元良)
이상은 상(商)이다.

이날은 상서로운 회갑이라(昰日回瑞甲)
온 나라 일제히 큰 복 빌도다(滿國齊祝岡)
이상은 각(角)이다.

맛을 맞춰라 좋은 술이 넘치고(調味瓊液溶)
안주 있으니 선도가 둥그러네(佐肴蟠桃圓)
이상은 치(徵)이다.

한 잔 또 한 잔 다시 한 잔을 따르노니(一酌一酌復一酌)
한 잔에 만 년이라 모두 삼만 년이로세(一酌萬年三萬年)
이상은 우(羽)이다.

노래의(老萊衣) 5장이니, 장마다 2구이다. - 선창이다.

삼만 년을 지나 또 억만년에 이르도록(三萬年又億萬年)
해마다 이날에 이 자리를 길이 열리라(年年此日長此筵)
이상은 궁(宮)이다.

첫째는 우리 종국이 반석 같길 기원하고(一願宗國如磐石)
둘째는 황제 문왕처럼 자손 많길 기원하네(再願子孫如軒文)
이상은 상(商)이다.

정담 나누며 잔치 열어 기뻐하니(情話仍燕喜)
뭇 빈객이 구름처럼 모여들도다(衆賓來如雲)
이상은 각(角)이다.

넘치는 것은 태평 빚는 술잔이요(灩灩太和釀)

정연한 질서는 소리 없는 음악일세(秩秩無聲樂)
이상은 치(徵)이다.

인자한 덕이 천심에 흡족하니(慈德享天心)
자손들이 많은 복을 얻으리다(子孫受多福)
이상은 우(羽)이다.

만 년(萬年) 5장이니, 장마다 2구이다. - 후창이다.

선후창(先後唱)을 다 부르고나서 여집사가 대전(大殿)을 인도하여 기둥 밖까지
이르자 여관(女官)이 이를 받아 인도하여 내전(內殿) 동쪽의 수주정(壽酒亭)으로 가
북쪽을 향해 서게 하였다.

상식(尚食)이 수주(壽酒)의 첫째 잔을 따른 뒤 무릎을 꿇고서 상에게 올렸다. 상
이 그 잔을 받고서 자궁의 자리 앞으로 나아가 무릎을 꿇고 상식에게 주니 상식
이 이를 전해 받아 자리 앞에 놓았다. 상이 엎드렸다가 일어나 나가서 기둥 밖에
이른 뒤 이어 배위(拜位)로 가서 무릎을 꿇었다.

여집사가 자리 앞으로 나아가 북쪽을 향해서 무릎 꿇고 앉아 치사(致詞)를 대신
읽었는데, 그 내용에, '궁궐에 흘러넘치는 축복, 회갑 날 술잔을 가득 올립니다.
선대(先代)의 덕 이어받아 어머님 장수 누리시고, 융숭한 보살핌 덕분으로 자손들
번창하옵니다. 여러 빈객들과 만세주(萬歲酒) 바치고 절하면서 삼가 만수무강하시
기를 기원합니다.'하였다. 다 읽고 나서 여집사가 전하를 인도하여 기둥 밖까지
이르자 여관이 이어받아 인도하여 자궁의 자리 앞까지 가서 무릎을 꿇게 하였다.

상의(尚儀)가 무릎을 꿇고서 분부를 내릴 것을 아뢰었다. 이어 서쪽을 향해 무릎
을 꿇고서 자궁의 분부를 전하였는데 '전하와 함께 경사를 같이 하겠다.' 하였다.

자궁이 술잔을 들자 상식(尚食)이 나아가 빈 잔을 받은 뒤 주정(酒亭)에 다시 놓
았다. 상이 다시 제자리로 돌아왔다.

상궁의 인도로 중궁전이 내전 서쪽의 수주정(壽酒亭)에 가서 북쪽을 향해 섰다.
상식이 수주(壽酒)의 둘째 잔을 따른 뒤 무릎을 꿇고 바치니 중궁전이 잔을 받아

자궁의 자리 앞으로 가서 무릎을 꿇고 상식에게 주었다. 상식이 이를 전해 받아 자리 앞에 놓자 중궁전이 엎드렸다가 일어난 다음 배위(拜位)로 가서 무릎을 꿇었다. 전언(典言)이 자리 앞으로 나가 북쪽을 향해 무릎을 꿇고 치사(致詞)를 대신 읽었다. 다 읽고 나자 상궁의 인도로 중궁전이 자리 앞으로 가서 무릎을 꿇었다. 상의(尚儀)가 무릎을 꿇고 분부를 내릴 것을 아뢰었다. 여집사가 섬돌에 임하여 서쪽을 향해 선 뒤 분부를 전하였는데 '왕비와 함께 경사를 같이 하겠다.' 하였다. 자궁이 술잔을 드니 상식이 나아가 빈 잔을 받아서 주정(酒亭)에 다시 놓았다. 중궁전이 다시 제자리로 돌아왔다.

상이 세 번 머리를 조아리고 세 번 만세를 부른 뒤 두 번 절하였는데, 중궁전과 내명부·외명부·의빈·척신들 모두가 함께 하였다. 여집사가 전하를 인도하여 기둥 밖에 이르자 여관이 이어받아 인도하여 발[簾]안으로 가서 서쪽을 향해 앉게 하였다. 상궁이 중궁전을 인도하여 발안으로 가서 동쪽을 향해 앉게 하였다. 상식이 수건과 음식상을 올리고 술잔을 올렸다.

여관(女官)이 명부(命婦)의 반수(班首)를 인도하여 수주정 동쪽으로 가서 북쪽을 향해 서게 하였다. 상식(尚食)이 수주의 셋째 잔을 채워 명부의 반수에게 주었다. 명부의 반수가 잔을 받아 자궁의 자리 앞으로 가서 무릎을 꿇고 상식에게 주니 상식이 전달받아 자리 앞에 놓았다. 명부의 반수가 나가 배위(拜位)에 가서 무릎을 꿇었다. 전언(典言)이 자리 앞으로 나아가 무릎을 꿇고 치사를 대신 읽었다. 상의(尚儀)가 자리 앞으로 나아가 무릎을 꿇고서 분부를 내릴 것을 청한 뒤 섬돌에 임하여 서쪽을 향해 서서 분부를 전했는데 '명부의 잔을 고맙게 들겠다.' 하였다. 자궁이 술잔을 들자 상식(尚食)이 나아가 빈 잔을 받아서 주정(酒亭)에 다시 놓았다. 명부의 반수가 일어나니 전빈(典賓)이 내명부와 외명부를 인도하여 각각 자리에 나아가게 하였다.

여집사가 의빈(儀賓)과 척신(戚臣)의 반수(班首)를 인도하여 수주정 동쪽으로 가서 북쪽을 향해 서게 하였다. 여관이 수주의 넷째 잔을 채운 뒤 의빈과 척신의

반수에게 주었다. 의빈과 척신의 반수가 잔을 받은 뒤 자궁의 자리 앞으로 가서 무릎을 꿇고 여관에게 주니, 여관이 이를 전달받아 자리 앞에 놓았다. 의빈과 척신의 반수가 나가 배위(拜位)로 가서 무릎을 꿇었다. 여집사가 자리 앞으로 나아가 북쪽을 향해 꿇어앉은 뒤 치사(致詞)를 대신 읽었다. 상의가 자리 앞에 나아가 무릎을 꿇고서 분부를 내릴 것을 청하였다. 여집사가 섬돌에 임하여 서쪽을 향해 서서 분부를 전하였는데 '경들의 잔을 고맙게 들겠다.' 하였다. 자궁이 잔을 들자 상궁이 나아가 빈 잔을 받아서 주정에 다시 놓았다. 여집사가 의빈과 척신의 반수를 인도하여 자리에 나아가게 하였다. 여관이 내명부와 외명부에게 찬탁(饌卓)을 각각 내오고 여집사가 의빈과 척신에게 주탁(酒卓)을 각각 내왔다.

여집사가 섬돌 위에 동쪽과 서쪽으로 나뉘어 서서 상이 지은 만년장(萬年章)을 불렀는데, 그 내용에, '3만년에 또 억만년, 해마다 이 날이 오면 이 자리 펼쳐지리. 첫째 소원 우리 국가 반석(磐石) 위에 놓이기를, 둘째 소원 우리 자손 훌륭하게 번성하길. 정겨운 이야기에 흥겨운 잔치, 빈객들 구름처럼 와서 모였네. 태평시대 술잔들 흘러넘치고 소리 없는 음악소리 은은하도다. 자궁의 덕 천심(天心)에 합치되니 우리 자손들 많은 복 받으리라.' 하였다. 다 부르고나자 상식(尙食)이 각전(各殿)의 자리 앞으로 가서 상을 치웠으며, 전선(典膳: 정7품 궁인직)은 내명부와 외명부의 탁자를 치우고 여집사는 의빈과 척신의 탁자를 치웠다.

전찬(典贊)이 일어나도 좋다고 외치니, 전빈(典賓)이 내명부와 외명부를 인도하고 여집사는 의빈과 척신을 인도하여 내려가 각각 배위(拜位)에 나아가게 하였다.

상궁이 인도하는 가운데 전하가 배위에 나아가고, 상궁이 인도하는 가운데 중궁전이 배위에 나아갔다. 상이 재배(再拜)하고 중궁전이 재배하였다. 예식이 끝나자 여집사의 인도로 전하가 나가고 상궁의 인도로 중궁전이 나갔다. 여관 및 여집사가 내명부·외명부 및 의빈·척신을 인도하고 나갔다.

술잔을 올리고 음식을 올릴 때마다 모두 음악을 연주하였는데 향악(鄕樂)과 당악(唐樂)을 교대로 연주하였다. 술잔을 올리며 예를 행할 때에 6살짜리 원자(元子)

공(玒)이 발안으로 나아가 술잔을 올렸으며, 배위(拜位)에 따라가서 재배(再拜)하였는데, 배위는 상의 판위(版位) 뒤쪽 조금 남쪽에 있었다. 원자가 절하고 무릎 꿇고 만세 부르는 것 모두가 의젓하게 절도에 맞았다.

상이 이르기를, '오늘의 이 경사야말로 천 년을 가도 만나기 어려운 기막힌 기회이다. 기뻐하면서 경축하고 싶은 나의 심정으로야 하의(賀儀)나 연례(宴禮)를 거행하지 못할 것이 뭐가 있겠는가. 그러나 겸허하게 억제하시는 자궁의 뜻을 따르는 것이 중요하기 때문에 감히 행사를 크게 거행하지를 못하였다. 그래서 우리 의빈과 척신을 초청하여 간단하게 술자리를 마련하고 오래 사시기를 축원하는 정성을 함께 펼치기로 한 것이었다. 경들은 모쪼록 각자 마음껏 취하고 배불리 먹으면서 오늘 맞은 나의 경사를 빛내도록 하라.

오늘 음식상을 마련한 것은 보기 드문 경사라 할 것이니, 이 자리에 참석한 여러 빈객들은 취하지 않은 상태로 돌아가지 말 것이며 각자 남은 음식들을 싸 가지고 돌아가 집 사람들에게 나누어주도록 하라.' 하고, 외정(外庭)의 신하들에게 음식을 차려주도록 명하였다.

2품(品) 이상 및 삼사(三司)는 명정전(明政殿) 동쪽 곁채에서 음식을 대접하고, 시종(侍從)인 당상관과 당하관은 명정전 북쪽 곁채에서 대접하고, 문신 당상관과 당하관으로서 시임(時任)과 전임(前任)들 모두에게는 광정문(光政門) 안에서 대접하고, 당상관 이하의 문관·음관(蔭官)·무관 및 잡직(雜職)으로서 을묘년에 출생한 자들에게는 영청문(永淸門) 안에서 대접하고, 무신 중 변어(邊禦) 이하 및 당상관과 당하관으로서 시임과 전임들 모두에게는 명정문 바깥 길 북쪽에서 대접하고, 잡직으로 시임과 전임들에게는 금청교(禁淸橋) 가에서 대접하고, 각신(閣臣)·승지·사관은 연희당(延禧堂) 문 밖에서 대접하면서 초계문신(抄啓文臣)도 그 자리에 끼게 하고, 가승지(假承旨)는 교태문(交泰門) 밖에서 대접하고, 전문(箋文)을 올린 유생(儒生)에 대해서는 대사성(大司成)으로 하여금 명륜당(明倫堂)앞 뜰에서 감독하여 먹이게 하고, 장용영(壯勇營)의 장관(將官)·원역(員役)·침약(鍼藥)·화사(畵師)·궁인(弓人)·시인

(矢人)·호위별장(扈衛別將)·국별장(局別將)·금군장(禁軍將)·화성장교(華城將校)·각 군문(軍門)의 장관·친경전(親耕田) 노인·금군(禁軍)과 국출신(局出身)으로서 어가(御駕)의 앞과 뒤를 호위하는 군관·문을 지키는 갑사(甲士)·한려위(漢旅衛), 충익위(忠翊衛), 충찬위(忠贊衛), 충장위(忠壯衛)의 유청군관(有廳軍官)·무예청(武藝廳)의 각문을 입직(入直)하는 파총(把摠)·초관(哨官)·군졸 등에 대해서는 각기 책임자가 인솔하여 궐내에서 나눠 먹이게 하고, 각사(各司)의 이예(吏隸)에 대해서는 장용영에서 각각 떡을 먹이게 하였다.

이날 어머니께 82그릇의 음식과 83개의 상화(床花)로 화려하게 장식했다. 이는 궁궐에서 보통 생일을 맞이할 때 받는 상차림 보다 약간의 차이를 두었으며 상화로 외화내빈(外華內貧)이 되었을 뿐이다. 어머니는 탄신일에 맞춰 평소와 별로 다르지 않게 회갑을 치른 것이다. 물론 겸허하게 억제하시는 어머니의 뜻을 따르는 것이 중요하기 때문에 각별히 행사를 크게 거행하지 못한다는 명분을 내세울 수 있었다. 그러나 어머님의 회갑을 제 날짜에 맞춰 치름으로 화성에서의 행사는 누가 보아도 아버지를 위한 것이 명백해졌다.

윤2월 13일 정조는 화성에서의 진찬연으로 아버지의 회갑을 아주 성대하게 치르고 모든 것을 마무리 지었다. 자신은 효성이 지극한 아들로 만천하에 알려졌지만 봉수당 진찬연·양로연·사민구휼(四民救恤) 등을 통하여 아버님께는 효를, 노인들에게는 공경을, 사민과 같이 불쌍한 백성에게는 구휼을 해서라도 재활의 발판을 만들어 주어야 한다는 것을 보여주었다.

정조는 가슴에 맺힌 한을 풀고 대통합으로 승화시키기 위해 어머니까지 속일 수밖에 없는 조선왕조사상 가장 외로운 군주였다. 그것은 안타깝게도 조선왕조사상 가장 탁월한 군주의 사무친 외로움이기도 했다.

3. 왕이 꾸는 꿈

정조는 비로소 마음속 깊이 뿌리박혀 있던 한을 뽑아버리고 홀가분한 자유인이 될 수 있었다. 정조는 왕권을 바탕으로 사방에서 자신을 노리는 적들과 정면승부를 하여 죽이고, 유배(流配) 보내고, 삭탈관직(削奪官職)을 시키는 것만이 진정한 승리자가 아니라는 사실을 어느 누구보다 잘 알고 있었기 때문이다. 힘으로 상대를 제압하여 강제로 굴복시키는 것은 싸움의 끝이 아니라 또 다른 시작이라는 사실을 역사를 통해 이미 알고 있었다.

왕권정치·신권정치·사림정치·산림정치·붕당정치·환국정치·탕평정치·문신정치·무신정치·이이제이정치 등 허다한 방법이 동원되었으나 정답은 없었다. 잠시힘에 굴복하는 척 했을 뿐이다.

백성을 인의(仁義)로 다스리려는 치자(治者)는 없고 힘으로 찍어 누르려는 권력자(權力者)만 있기 때문이다. 그것도 권력에 맛을 들이면 초심(初心)은 간곳없고 사리사욕의 화신이 되어 아무런 죄의식을 느끼지 못한다는 사실이다. 이권개입·청탁·월권행위를 비롯하여 수탈까지 저지르는 벼슬아치가 부지기수였다.

문벌·파벌을 위하여 수단방법을 가리지 않고 자기들 살 길만 찾는 것이 이미 정치의 속성이 되어버렸다.

정조가 뛰어난 군주라는 것은 바로 그 해답을 찾아냈다는 사실이다. 그것은 바로 자신과의 싸움에서 이겼기 때문이다. 사람은 누구나 다른 사람과 싸우지 자신과 싸우지 않는다. 더구나 정조 시대의 난마 같은 정국을 풀 유일한 해결책은 비

록 죽여야 할 적일지라도 용서하여야 하고 아울러 자기 자신까지 스스로 용서하는 마음일 것이다. 그래야 싸움은 끝나고 진정한 승리자가 되는 것이다. 보복은 보복을 불러오는 악순환을 낳고, 결국 적을 향했던 비수는 다시 자신을 향해 날아오는 부메랑(boomerang)이 되기 때문이다.

아버지를 죽인 사람들이 어찌 노론뿐이겠는가. 아버지를 낳은 할아버지, 할머니, 고모, 친 외가의 모든 외척, 계비(繼妃)인 정순왕후(貞純王后)와 김씨 일파, 후궁인 숙의 문씨(淑儀 文氏)들이 앞장서지 않았던가. 따지고 보면 어머니마저 남편에게 힘이 되지 못하고 친정을 위하여 구명도생(苟命徒生)한 불쌍한 한 여인이 아니었든가.

정조는 왕이 되는 즉시 사생결단(死生決斷)을 하고 싶었다. 아버지를 죽음으로 내어 몬 사람들을 다 죽이든가, 자신이 죽든가 양자택일을 결심한 적이 한두 번이 아니었다. 그러나 정조는 너무 많은 것을 듣고, 보고 겪었을 뿐 아니라 조선 최고의 독서가답게 지혜로웠다.

힘이 없으면 아버지가 세운 나라인데도 서자를 세자로 삼았다는 구실로 쿠데타를 일으켜 아버지의 왕위마저 빼앗아버린 태종(太宗), 작은 아버지에게 왕위를 찬탈당한 단종(端宗), 계모를 유폐시키고 이복동생을 죽였다는 폐모살제(廢母殺弟)의 명분을 내세워 신하들이 광해군(光海君)을 어좌에서 끌어내리는 등 정치의 냉혹함을 너무 잘 알고 있었다. 자신의 현재 입지라 해서 별반 다를 바 없었다.

복수는 남이 눈치 채지 못하도록 하는 방법이 가장 효과적이고 현명한 것이다. 불쌍한 여인인 어머니를 정성껏 모시는 일이야 말로 성리학에서 효(孝)를 백행(百行)의 근본으로 삼는 명분에 꼭 알맞을뿐더러 노론을 누르기에 가장 안성맞춤이었다. 그리고 백성들로부터 역시 우리 상감이 최고라는 소리를 들을 수 있는 일석이조(一石二鳥)의 길을 선택한 것이다.

세손(世孫)시절부터 그려오던 마스터플랜(master plan)을 용의주도하게 한 치의 오차도 없이 대화합인 상생(相生)의 길로 가기 위해 모든 걸 감내하며 착착 진행

시킨 결단이 그저 놀라울 뿐이다.

정조는 현실을 누구보다 꿰뚫어 보는 날카로운 혜안을 갖고 있었다. 그것은 한 평생 몸으로 겪은 숱한 경험과 수많은 책을 읽으면서 터득한 지혜의 소산이었다.

힘으로 맞서 도저히 승산이 없을 때, 이길 수 있는 방편은 상대보다 몇 수 높은 지혜와 안목이 있어야 한다. 왕은 그 부분에 대해 확고한 믿음을 갖고 있었다. 그래야 힘으로 이긴 몇 십 배의 효과와 파장을 불러 온다는 사실을 늘 염두에 두었던 것이다.

골수 노론의 대표적 인물들로 하여금 현륭원·용주사·화성·화성행궁 등을 천봉하거나 건축, 축성하면서 비문(碑文)·지문(誌文)·시장(諡狀)[174]·시책문(諡冊文)[175]·애책문(哀冊文)[176]·상량문(上樑文)·현판(懸板) 등을 제술(製述)하여 쓰게 하였다. 그것도 소론·소론·남인과 함께 아주 자연스럽게 아버지 사도세자를 직·간접으로 찬양하도록 하는 탁월한 솜씨를 유감없이 발휘하였다. 당대를 주름잡던 수많은 사람들이 정조의 인타라망(因陀羅網)[177]에 걸려든 것이다.

자신과 싸워 이길 수 있는 내공(內空)[178]이 쌓인 후 찾아오는 평화야말로 세상을 지배할 수 있는 확실한 열쇠라는 사실을 간과한 왕이 정조다.

내편이 되어달라고 부탁하거나 사정하는 것이 아니라 스스로 다가오도록 소리

---

174) 재상(宰相)이나 학자(學者)들에게 시호(諡號)를 주려고 관계자(關係者)들이 의논(議論)하여 임금에게 아뢸 적에, 그가 생전에 한 일들을 적은 글발을 말한다.

175) 제왕(帝王)·후비(后妃)의 시호(諡號)를 임금께 아뢸 때 그 생전의 덕행을 칭송한 글을 가리킨다.

176) 제왕이나 후비의 죽음을 슬퍼하며 지은 글이다.

177) 부처가 세상 곳곳에 머물고 있음을 상징하는 말로 산스크리트어로는 인드라얄라(indrjala)라 하며 인드라의 그물이라는 뜻이다. 고대 인도신화에 따르면 인드라 신이 사는 선견성(善見城) 위의 하늘을 덮고 있다. 일종의 무기로 그물코마다 보배 구슬이 박혀 있고 거기에서 나오는 빛들이 무수히 겹치며 신비한 세계를 만들어낸다. 불교에서는 끊임없이 서로 연결되어 온 세상으로 퍼지는 법의 세계를 뜻하는 말로 쓰인다.

178) 눈, 귀, 코, 혀, 몸, 마음의 육근(六根)은 인연에 따라 생긴 것이므로 공(空)으로 여기는 일이다.

없이 이끌어 부리는 일이다. 그러자면 자신에게 빈틈이 있어서는 안 된다. 무슨 일이건 옳아야 하고, 행동하는 목적이 바르고 확실해야 한다. 또한 솔선수범하지 않으면 따라오지 않는다는 사실을 잊어서도 안 된다. 사회통념상 보편타당한 원리를 내세워 아무도 불평불만이 없도록 하여야 한다.

신하들에게 완벽하다고 믿게 생활하며 자신을 이기는 길을 찾아 정조는 44년을 에돌아 와야 했다. 성리학의 나라에서 성리학의 1인자가 되어야 했고, 노장(老莊)·도교·불교·서학·서교 등에서도 타의 추종을 불허했다.

문체반정(文體反正)을 한마디로 정의하면 부정학(扶正學)을 내세워 성리학에 일대 타격을 입힌 사건이다. 겉으로는 타락한 명·청 시대의 문체를 쓸어버리고 시경·서경·주역과 같은 육경 고문문체로 돌아가야 한다는 것이 골자다. 만약 정학(正學)인 유학이 정말 뛰어나다면 다른 어떤 학문도 발을 붙일 수 없으니 걱정할 일이 아니라는 것이 정조가 성리학자들에게 내세운 가장 큰 명분이다.

바꾸어 말하면 유학보다 우수한 학문이 있으면 문호를 활짝 개방하여 구태를 쓸어버리고 새로워져야 나라를 바로잡을 수 있다는 믿음이 정조의 마음속 깊이 자리하고 있었기 때문에 이런 결단을 내릴 수 있었다. 바로 부정학(扶正學)의 이면에는 이런 속내가 숨어있었던 것이다.

즉위 초에는 불교를 몹시 탄압하였다. 이 역시 정치적 기반이 약했던 정조가 택할 수밖에 없는 고육지책이었을 것이다. 집권 초 왕실원찰(王室願刹)[179]을 그토

---

179) 망자의 명복을 빌기 위해 건립한 사찰로 원당(願堂)이라고도 한다. 죽은 사람의 명복을 빌거나 자신의 소원을 빌기 위해 건립한 사찰이며 신라, 고려, 조선을 거치면서 왕족들이 건립하였다. 대표적인 원찰로 신라시대 문무왕을 위해 건립한 감은사가 있다. 조선시대에 원찰의 효시로는 1397(태조5)년 신덕왕후(神德王后:태조 계비)가 죽자 정동(貞洞)에 정릉을 조성하고 흥천사(興天寺)를 원찰로 지었다. 정릉은 1409(태종9)년 지금의 정릉동으로 옮기고 흥천사는 왕실원찰로 사용하다 1510(중종5)년에 소실되었다. 그리고 태조를 위하여 회암사가 있었으나 유생들에 의해 소실되었고, 선정릉의 봉은사, 광릉의 봉선사, 세종과 효종을 위한 신륵사, 선조가 아버지 덕흥대원군의 덕릉을 위해 흥국사를 지었고 영조는 어머니 숙빈 최씨의 소령원(昭寧園)을 위하며 파주에 '높고 신령스럽다.'는 고령산(高靈山)에 보광사(普光寺)를 지어 '널리 두루 빛을 비춘다.'라 하자 정조는 '꽃뫼'라는 화산(花山)에 있

록 반대했던 정조가 집권 14년이 되자 현륭원을 화산으로 천봉하고, 아버지의 원혼을 달래줄 원찰을 건축한 사실이 이를 입증한다. 용주사를 세우면서 아주 자연스럽게 침체되어 있던 불사(佛事)를 소리 없이 활발하게 일어나도록 뒷받침하는 기지를 발휘하기도 한다.

1788(정조 12)년 8월 2일 정언(正言) 이경명이 서학(西學)은 요사스런 학문으로 말류(末流)의 화(禍)가 있으니 엄금해야 한다고 상소문을 올린 것을 기화로 서학을 반대하는 분위기가 정조 말까지 지속되었다고는 하나, 임금의 최측근에는 채제공·이가환·정약용·권철신·이승훈 등이 임금과 더불어 국정전반을 운영한 사실로 미루어 볼 때 겉으로는 서학, 서교를 탄압하는 듯 보였으나 속으로 용인했음이 분명하다. 왜냐하면 이들이 모두 천주교 신자였음은 이미 역사를 통해 익히 밝혀진 사실이다. 영특한 정조가 몰랐다고 보는 것은 정말 어리석은 일이다.

이밖에 왕은 풍수지리설에 뛰어났을 뿐 아니라 몸소 실행에 옮겼다. 아버지의 나라인 화성을 왜 버들잎 모양으로 만들었을까? 관세음보살(觀世音菩薩) 중 수월관음(水月觀音)은 물에 비치는 달과 같이 아름답다고 한다. 수월관음을 양류관음(楊柳觀音)이라고도 하는데 이 관음보살은 버드나무가지를 들고 있거나, 정병(淨瓶)에 꽂아 둔 채 바위 위에 앉아있는 등 그 모양이 다양하다.

『화엄경』 '입법계품(入法界品)'에 보면 보타락가산(補陀落迦山)에 거처하고 있다고 한다. 버들잎 모양을 동쪽으로 향하게 하여 그 위에 방화수류정을 지었다. 관음보살은 동쪽에 안치된다. 이는 오대산(五臺山) 동대(東臺)에 관음진신(觀音眞身) 1만을 신라의 보천(寶川)·효명(孝明 : 33대 성덕왕으로 재위 702~737) 태자가 참배했다는 기록으로 충분히 증명된 것이다. 원래 관음은 아미타불의 협시보살이 일반적이나 이와 같이 특별한 경우도 있다. 방화수류정은 그래서 원통전(圓通殿)인 것이다.

정조가 환궁하기 전에 방화수류정을 둘러보았다는 사실을 간과해서는 안 된

는 아버지 사도세자의 현륭원(顯隆園)을 위하여 '황제가 된다.'는 성황산(成皇山)에 용주사(龍珠寺)를 지어 '용이 여의주를 얻어 승천한다.'고 맞받아 친 것도 음미해 볼만하다.

다. 현륭원의 원찰 용주사, 원통전의 화성을 생각하지 않을 수 없다. 수월관음을
생각하며 말년의 호를 '만천명월주인옹(萬川明月主人翁)'이라 지었을 것이다. 만에
하나 아직도 구천을 떠돌지 모르는 아버지를 탱화 속 인로왕보살에게 의탁하여
극락왕생의 길로 인도해 달라는 세심한 정성도 잊지 않았다.

이 모두가 잡귀의 근접을 막고, 원찰과 아예 화성을 원통전으로 축성하여 억울
하게 희생된 아버지의 원혼을 위로해 드리려는 정조의 집념이 참으로 눈물겹다.

어디 그 뿐인가. 화성의 백미(白眉)라 부르는 방화수류정의 평면도를 만자형(卍
字形)으로 설계하여 원통전을 은유적으로 상징시켰을 뿐 아니라 아름다움까지 도
드라져 보이게 했다. 왼쪽으론 유천(柳川)이 흐르고 앞으로는 광교산(光敎山)이 보
인다. 아버지가 마음 놓고 편안히 휴식을 취할 장소를 만들어 드림으로 자식의
지극한 효심을 보여준 것이다. 이중삼중의 장치를 하여 아버지를 보호하고자 한
곳이 현륭원이며 화성이다.

유독 만(萬, 卍)자가 많다. 이 또한 우연한 것이 아니다. 만(萬)자는 만승(萬乘)에
서 알 수 있듯이 황(皇)자와 더불어 황제를 상징하는 글자로 화성을 황제의 도시
로 만들고 싶다는 염원과 한편으로는 귀신의 범접을 차단하겠다는 주술적 뜻이
담겨있기 때문이다. 아버지가 쉬실 원소(園所)와 아버지의 나라 화성과 화성행궁
은 귀신마저 범접할 수 없는 이 세상에서 가장 신성한 황제의 땅으로 만들어 바친
것이다.

만석거(萬石渠 : 일왕 저수지), 축만제(祝萬堤 : 서호), 만년제(萬年堤 : 현륭원 입구 화성시
안녕동), 만안제(萬安堤 : 안양시) 등 사방에 인공 저수지를 만들어 사시만수택(四時滿
水澤)이 되게 하였다. 물은 차면 넘친다. 수유사덕(水有四德) 중 예절(禮節)의 덕목
이다. 주역(周易)의 수택절(水澤節)을 풀이하면 대략 이렇다. 못은 태괘(兌卦)로 물
인 감괘(坎卦)를 담고 있는 괘이다. 물이 넘쳐흐르지 않고 잘 조절을 이루어 제방
이 되었다. 강(剛)·유(柔)가 반씩 나뉘어 조화를 이루었고 강효(剛爻)가 중위(中位)
를 얻어 뛰어난 군주로 중용의 도를 지키는 강한 임금을 뜻한다. 거기다 절괘(節

卦)는 적소성대(積小成大)로 작은 것도 쌓이면 크게 된다는 아주 좋은 괘이니 정조의 깊은 뜻이 숨어있는 저수지들이다.

아울러 중부권 이북은 수도작(水稻作)에서 삼남(三南)에 크게 뒤졌으나 농업진흥정책(農業振興政策)의 일대 혁신으로 이를 극복하기 위하여 이앙기법(移秧技法) 등을 도입 화성유수부(華城留守府)를 명실상부한 농업의 중심지로 끌어올리고자 하였다. 천둥지기에서 제때에 모내기를 할 수 있는 옥답(沃畓)으로 만든 것이다.

채제공의 '화성시운(華城詩韻)'에 정조는 '만년제 위에서 농사짓는 것을 보고 화답하다.(和左揆萬年堤稼韻)'라는 어제시를 짓는다.

> 만년제 윗길(萬年堤上路)
>
> 해는 늦는데 수레소리 멈추지 않고(遲日駐聲)
> 아주 경사롭게 금 같은 벼를 나르네(吉慶輪金粟)
> 풍년들어 벼 익으면 옥을 대하듯(豊穰對玉)
> 풍악소리 들려오자 점심이 넉넉하고(風來午饒)
> 주공이 백성을 새롭게 진작시킨 듯(周旅聽新氓)
> 두통의 술에 봄을 술잔 삼고(朋酒如春觴)
> 다투어 춤추는 옷소매 나부낀다(爭將舞袖呈)

왕의 꿈은 화성주민들이 '집집마다 부유하고, 사람마다 화락하는[戶戶富室 人人和樂] 낙원을 만드는 것이었다.' 바꾸어 말하면 굶어 돌아가신 아버지에게 늘 물과 식량만은 풍족하게 해드리고 싶은 아들의 효심을 확실하게 보여준 것이다.

정조의 나라가 아니라 사도세자의 나라로 처음부터 계획하고 설계된 도시가 화성이요, 화성은 자급자족의 도시를 실현시킬 꿈을 안고 출발하였던 것이다. 불교, 서학, 도교, 풍수지리를 받아들여 부처님의 나라, 하느님 나라를 만들었으며, 중국 전설상의 선인(仙人)인 동왕옹(東王翁)이 되게 명당을 고르고 고른 것이다.

정조는 왕이 되었으나 왕이 아니었다. 노론은 정위(正位)가 아니라는 이유로 윤위(閏位)의 꼬리표를 떼어주지 않았다. 정위가 되려면 사도세자가 당연히 임금의

자리에 올랐어야 했다. 그런데 아버지 영조가 불충을 저질렀다는 죄목으로 죽였기 때문에 노론은 지속적으로 집요하게 이를 물고 늘어졌다. 사도세자라는 시호를 받았으나 노론의 눈에는 허명무실(虛名無實)한 아버지의 사사로운 정에 지나지 않는다고 본 것이다.

진종(眞宗)의 아들로 입적되긴 했으나 그건 허울 좋은 명분에 불과할 뿐 윤위가 분명하다는 것이 노론의 일관된 주장이다. 세월이 아무리 흘러도 노론은 자신의 눈앞에서만 머리를 숙이는 척했지 속마음은 아직도 호시탐탐 칼을 갈고 있다는 사실을 누구보다 정조는 잘 알고 있었다. 그나마 머리라도 숙이는 것은 장용영(壯勇營)이라는 막강한 군대가 자신을 떠받치고 있기에 가능한 것이다.

여기에 규장각을 통해 배출된 초계문신(抄啓文臣)은 보통 출사한 벼슬아치가 아니다. 정조가 직접 내어준 숙제를 하기 위해 하루 종일 읽고 외워도 할 수 없을 만큼 많은 분량의 책을 숙제로 내주었다. 이는 왕이 이미 독파한 책이어서 요령을 피우거나 눈속임도 할 수 없었다. 경연이 있는 날이면 십중팔구는 못해온 숙제나 시험식(試驗式) 물음에 답변을 못해 호된 꾸중이나 질책을 받기 일쑤였다.

이렇게 임금으로부터 혹독하게 훈련된 젊은 각신(閣臣)들이 각 요소에 진출하면서 괄목할만한 변화를 불러오기는 했으나 여전히 생사를 건 노론의 정치적 세력은 막강했다.

죽이자! 일시에 죽이자! 아버지가 돌아가신 것처럼 내 너희들을 그렇게 죽여주마! 정조는 다짐했다. 아무도 눈치 채지 못하게 마음을 여미고 또 여미었다. 그리하여 윤위(閏位)가 어떤 것인가를 확실히 보여주마!

아버지의 회갑은 1월 21일, 어머니의 회갑은 6월 18일이었다. 윤달은 군 달이므로 무슨 행사를 치르건 무탈하다고 전해내려 온다. 게다가 2월을 묘월(卯月)이라 하지 않던가. 정월은 춥기 때문에 행사를 치르기에 적합하지 않고 행차하기에도 많은 어려움이 따른다. 윤 2월은 보통 절기로 따지면 초봄에 해당된다. 그리 춥지도 않고 바쁜 농번기도 아니다. 농경사회에서 농번기에 행사를 벌인다는 것

은 그만큼 경사(慶事)를 반감시킬뿐더러 자칫 백성들에게 원성을 살 소지가 다분히 높기 때문이다.

정월(正月)은 '정(正)'자가 들어가고 아버님의 회갑이 있는 달이므로 행여 잡음이 일어날지 모른다는 생각에 일부러 피했다. 윤월(閏月)은 '윤(閏)'자가 들어가기 때문에 '윤위(閏位)'라고 입버릇처럼 말하는 노론을 한바탕 잔치마당으로 끌어들여 '윤위'라는 생각으로 고착된 관념을 그들이 모르는 사이에 불식시켜 주고 싶은 것이 왕의 속내였다. 윤변위정(閏變爲正)으로 만들어 가는 과정이 참으로 신묘하다.

이왕 아버지의 원혼을 풀어드릴 목적으로 치르는 행사인데 모든 일은 순리를 따라야 한다고 정조는 생각했다. 수륙재(水陸齋)는 예로부터 윤달을 맞아 보통 7일 동안 재(齋)를 올렸다. 이유로는 아무 인연이 없어 인도받지 못하고 뭍과 물속을 떠도는 고혼(孤魂)과 혼령(魂靈)을 위하여 불법을 강설(講說)하고 법식을 평등하게 베풀기 위해 저승 문이 열리는 달이 윤달이기 때문이다.

정조는 온 나라가 하나로 되는 잔치마당을 생각하고 있었다. 왕을 비롯한 모든 벼슬아치와 백성들이 어울려 춤추고 노래하고 먹고 마시는 것이 나라를 하나로 묶는 가장 빠른 지름길이라는 사실을 정조는 역사를 통해 이미 알고 있었다.

예(濊)의 무천(舞天), 부여(扶餘)의 영고(迎鼓), 고구려(高句麗)의 동맹(東盟)에 기록된 것처럼 '무리지어 노래하며 춤춘다(群聚歌舞).'와 '밤낮으로 술 마시며 노래와 춤을 춘다(晝夜飮酒歌舞).'에서 알 수 있듯 신(神)에게 감사하고 서로의 결속을 다지는 행사로는 먹고 마시며 흥겹게 놀아야 하는 것이다. 또 이때를 통하여 죄인을 용서하며 갇혀있던 사람을 풀어주어 화해의 장을 마련하는 것이다. 일종의 국가적인 대동 굿을 하였으니 정말 놀라운 일이다.

왕은 나라의 모든 악(惡)을 몰아내고 새 출발을 약속하는 계기가 필요했던 것이다. 언제까지 과거 속 죽은 아버지의 허상을 붙잡고 매달려 있을 수만은 없었다. 정작 중요하고 시급한 일은 회갑을 앞두고 아버지, 어머니 존호를 올리는 일이었다. 명분은 태조의 아버지 환조(桓祖)의 탄신 8주갑(480년)을 맞아 영흥본궁(永

興本宮)으로 관리를 보내 제사를 올렸다. 또 1760(영조 36)년 아버지가 온양행궁에서 활터에 나가 활을 쏘시고 난 후 그늘이 없는 것을 안타깝게 생각하여 기념으로 세 그루의 느티나무를 심었다. 느티나무 '괴(槐)'가 중국 발음으로는 '회'라 해서 회나무 또는 회화나무라고도 부른다. 중국 주(周)나라 때 느티나무 세 그루를 조정에 심어 놓고 삼공(三公)이 나무그늘에 모여 앉아 어진정사를 보았다하여 귀한 대접을 받으며 특히 학자수(學者樹)라 하여 사대부들의 사랑을 많이 받았다.

온궁영괴대비명(溫宮靈槐臺碑銘)

온수 가에서 지난날의 일을 회상해 보니(緬往蹟於溫水之涯兮)
화개처럼 생긴 세 그루 홰나무가 울창하게 서 있네(鬱乎童童而如華蓋者有三槐)
온탕의 물이 흘러 그 신령스런 뿌리를 축여 주고(溫湯之水混混而漑靈根兮)
높이 몇 자 되는 대가 그 주위를 두르고 있다네(繚繞以高數尺之臺)
내 유달리 후황이 심으신 나무를 사랑하노니(竊獨愛此后皇之嘉種兮)
그 위에는 오색구름이 덮고 있다네(其上蓋有五色雲)
줄기와 가지가 백세를 두고 번성하여(佳占本支之百世兮)
쌓인 경사가 두고두고 자손들에게 물려짐을 징험하리라(將以驗積慶之流於後來)

소자(小子)가 즉위한 지 20년이 된 1795(정조 19)년 9월에 이 소자의 생일을 사흘 앞두고 삼가 이 명을 쓴 것이다. 옛날 1760(영조 36)년 8월 온궁(溫宮) 행차 길에 군수(郡守) 윤염(尹琰)에게 회나무 세 그루를 사대(射臺)에다 심도록 명했던 것인데, 그것이 벌써 거의 아름이 되게 자라고 좋은 그늘이 땅을 덮고 있다고 금년 초봄에 그 고을 수령을 통해 처음 들었다. 그리하여 사대를 증축하고 이 기적비를 세우게 했다. 윤염의 아들 윤행임(尹行恁)이 지금 각신(閣臣)으로 있기에 비의 음기(陰記)는 그를 시켜 쓰게 했다. 35년 후 큰 나무가 되자 영괴대(靈槐臺)에 1795(정조 19)년 10월 28일 어제비(御製碑)를 세우고 당시 수행한 관원에게 상을 내려 치하했다.

아울러 대왕대비 정순왕후 김씨는 51세로 망륙(望六)이고, 부모님은 동갑(同甲)

으로 회갑이며, 자신은 왕위에 오른 지 20년이 된다는 명분을 앞세워 성대한 잔치를 할 수 있는 절호의 기회를 맞은 셈이다.

정조는 마음속으로 쾌재를 부른다. 모두 아버지를 화려하게 부활시킬 수 있는 여건이 완벽하게 무르익어 있었던 셈이다. 대신들에게 존호를 올리라는 전교(傳敎)를 내리자 존호가 올라왔다.

왕이 의도한 대로 부모님께 옥책과 금인을 올려야 한다는 신하들 조정공론이 공식적으로 올라왔으니 이 보다 더 기쁜 일이 또 어디에 있을까.

왕은 먼저 1월 16일 정순왕후에게 수경(綏敬)이란 존호가 담긴 옥책(玉册)·금보(金寶)를 올렸다. 그리고 즉시 정조는 '장륜융범기명창휴(章倫隆範基命彰休)'라는 존호가 담긴 옥책(玉册)·금인(金印)을 모시고 경모궁(景慕宮)으로 가서 하룻밤을 재숙(齋宿)하고, 1월 17일 옥책과 금인을 올리며 몸소 제사를 지냈다.

이어 창경궁 명정전에 나아가 어머니에게 '휘(徽)야 말로 아름다움이 한데 모인 칭호로써 자손의 번성을 크게 상징하는 글자이고, 목(穆)이야말로 마지않는다는 뜻으로서 천세(千歲)토록 대대로 이어간다는 의미를 상징하는 글자이기에' 삼가 '휘목(徽穆)'이라는 존호가 담긴 옥책·금인을 사신(使臣)에게 보내어 의식을 행하도록 하였다. 그리고 정조는 내전인 수정전(壽靜殿)에 나아가 직접 어머니에게 치사·전문·겉옷과 속옷[表裏]를 바쳤다.

혜경궁은 적의(翟衣)를 입고 머리 장식을 하고 나와서 화사한 차림으로 만면에 웃음을 가득 띠며 옥책과 금인을 받았다.

이로서 1762(영조 38)년 윤5월 21일 영조가 전교하기를 '이제 이미 처분하였은즉 빈궁(嬪宮)은 효순(孝純)과 같으니 구인(舊印)을 사용해서는 안 된다. 혜빈(惠嬪)이란 호를 내려 일체로 옥인(玉印)을 내리고, 조정은 정후(庭候)하라.' 하였다.

그로부터 34년이 지난 1795(정조 19)년에 가서야 비로소 자연스럽게 신하들로부터 옥책과 금인을 받아 올렸으니 아버지, 어머니는 이제 명실상부한 왕과 왕비가 된 것이다. 이제 아버지의 회갑을 치르는 데는 아무런 장애가 없었다. 어머니를

내세워 아버지의 회갑을 거행하는 것이다. 어머니를 앞세워야 노론의 협조를 받아내기가 유리하다는 점을 최대한 이용한 것이다. 어머님이 사려가 깊은 분이라면 회갑은커녕 일생 남편에게 속죄하는 마음으로 머리를 가리고 하늘을 보지 말아야 할 여인이다. 남편을 사지로 몰아넣는 일에 친정아버지·작은아버지·오라비·외삼촌들과 직간접으로 연루되었기 때문이다.

정조가 그런 어머니를 몰랐을 리 만무하다. 어머니를 앞세워 마음속으로 억울하게 돌아가신 아버지를 향한 뼈에 사무치는 그리움을 잊고자 발버둥친 것이다. 아직도 살아있는 사람, 즉 신하가 무서웠고, 친족과 외척이 겁났다.

11살 소년의 눈으로 생생히 본 아바마마의 비참한 최후를 자신의 손으로 마무리 짓지 않고는 더 이상 왕이 될 수 없었다.

귀에 못이 박히도록 '너는 아직 어려 그때의 실상을 잘 모르니 누구의 말도 믿지 말고 오직 어미의 말만 믿으라.'는 평소의 분부도 영특한 정조는 듣기 싫었다. 아니, 그런 어머니가 미웠다. 그런 줄 모르는 어머니는 그저 효도하는 아들이 좋았고 미더웠다. 어쩌면 그것이 사람의 참 모습일 것이다. 자신의 지난 잘못을 깨닫고 반성한다는 것은 성인, 군자도 하기 어려운 일이기 때문이다. 정조는 살아있는 어머니를 최대한 이용하여 아무도 모르게 돌아가신 아버지의 회갑연을 아주 성대하게 치르려는 것이다.

정조는 아버지 사도세자의 회갑일인 1795(정조 19)년 1월 21(甲辰)일에 '정순왕후, 어머니 혜경궁, 부인 효의왕후와 함께 경모궁에 나아가 작헌례(酌獻禮)를 행했다.(慈殿, 慈宮, 中宮殿, 詣景慕宮, 行酌獻禮)' 이어서 '자전이 적의 차림에 머리장식을 하고 나왔다. (중략) 상궁이 앞길을 인도하여 정면 계단과 정문을 경유하여 섬돌 위에 있는 깔개에서 북을 향하여 섰다.(慈殿, 具翟衣加首飾以出. - 中略 - 尙宮前道, 由正階正門, 陛詣褥位, 北向立)'라고 『실록』이 말하듯 혜경궁과 효의왕후가 경모궁에 참배하는 것은 당연한 일이지만, 아무리 계모(繼母)라지만 어머니인 정순왕후가 아들의 사당에 참배한 것은 참으로 이례적인 사건이 아닐 수 없다.

조선왕조 사상 임금이 할머니와 어머니를 함께 모시고 아버지를 참배한 예가 없었기 때문에 더욱 파격적으로 받아들인다. 물론 의식에 대한 논란이 없었던 것은 아니다. 그러나 1월 15일 규장각이 아뢰기를, "이달 21일에 자전과 자궁께서 비궁(閟宮 : 경모궁)에 가실 때 거행해야 할 의절(儀節)과 관련하여, 신들이 여러 신하가 올린 의견을 가져다 서로 비교해 보건대, 예조 판서 민종현(閔鍾顯)이 올린 의견 가운데 '자전께서 예를 행하실 때는 선조(先朝) 때에 종묘를 참배하던 예를 적용해야 한다.'고 한 것이야말로 가장 근거가 있는 것으로서 더 이상 보탤 것이 없다고 여겨집니다. 그런데 우리 자전께서 예를 행하실 때의 의절에 관해서는 역대(歷代)의 예서(禮書)를 두루 상고해 보았으나 참고할 만한 확실한 예증(例證)조차 찾을 수가 없었습니다.

다만 황명(皇明) 가정(嘉靖 : 明나라 世宗의 연호) 5(1526)년에 장성 태후(章聖太后)가 흥헌(興獻)의 사당에서 예를 행한 일이 있는데, 장성 태후는 바로 흥헌의 후비(后妃)였습니다. 그리고 만력(萬曆 : 明 神宗의 연호) 8(1580)년에 황제가 효정(孝定)·효안(孝安) 등 두 명의 태후를 모시고 소릉(昭陵)을 참배하였는데, 효정과 효안은 바로 소릉의 두 후비였습니다. 그 당시의 의주(儀注)[180]를 상고할 수는 없습니다만, 전기(傳記)에 섞여 나오는 제유(諸儒)의 논설을 가져다 종류별로 비교해 볼 것 같으면 그래도 대략은 짐작할 수가 있습니다.

이런 연유로 21일에 후비인 자전(慈殿)이 비궁(閟宮)에 갈 때 거행해야 할 의절은 『명사(明史)』에 나오는 중국의 예법을 들어 정조가 결국 강행하도록 하여 성사시켰다.

노론의 대표적 벽파로 아버지의 죽음에 직·간접으로 관여한 정순왕후의 참배는 다분히 의도적으로 이루어진 것이다. 다른 날도 아닌 돌아가신 아버지의 회갑일을 택한 정조의 저리도록 아픈 마음을 읽을 수 있는 대목이다.

갑진(甲辰)이란 글자 그대로 첫 번째 용이요 제일가는 임금인 것이다. 노론 벽

---

180) 국가의 의식 절차를 적은 글이다.

파를 완전히 굴복시키기 위한 고도의 계획된 정략이라고 보아야 옳다. 이는 반드시 회갑 일이어야 했고, 화성행궁에서 어머니 혜경궁의 회갑연을 베풀기 전이어야 한다는 두 가지 조건이 충족되어야 소기의 목적을 달성할 수 있었기 때문이다.

2월 9일을 디-데이(D-day)로 잡았다. 을묘년(乙卯年), 묘월(卯月), 신묘일(辛卯日), 묘시(卯時 : 아침 5~7시)에 창덕궁을 출발한다.

왜 묘(卯)일까? 물론 회갑을 맞는 해가 묘하게 을묘년(乙卯年)이니 이는 불변의 사실이다. 2월은 묘월(卯月)이고 출발 날짜가 신묘일(辛卯日)이고 출발시간이 묘시(卯時)이다. 우연의 일치라기엔 너무나 기막힌 일 아닌가.

별주부전에 묘사된 것처럼 토끼는 어려운 일을 당해도 슬기롭게 극복해낸다. 용궁 용왕에게까지 끌려가서도 기지를 발휘하여 다시 빠져나오는 것은 민중, 즉 백성의 승리를 나타내기도 한다. 노론이라는 정적을 극복하고 어좌에 오른 자신의 승리를 암시할 수도 있다. 그러나 여기서 정조가 노린 점은 전혀 다르다. 묘(卯)는 동쪽을 나타내고 동은 동궁이며 용(龍)이다. 아버지는 영특하신 동궁이셨으며 용을 내세워 임금이라는 점을 만천하에 공표하기 위함이다.

임금은 언제나 남면(南面)한다. 그래서 좌자오향(坐子午向)이라 하는 것이다. 임금이 앉은 자리에서 왼쪽이 동쪽이니 바로 청룡(靑龍)이다. 다 아는 바와 같이 용은 왕이다. 그래서 정조는 연월일시(年月日時)를 묘(卯)로 정한 것이다. 또 9는 건(乾)으로 괘상(卦象)은 ☰이다. 태극이 일변(一變)하여 양의(兩儀)가 되고, 양의가 이변(二變)하여 사상(四象)이 되고, 사상이 삼변(三變)하여 팔괘(八卦)를 이룸으로써 변화의 기본과정인 삼변성도(三變成道)가 된다. 분화방법은 이분법(二分法)이나 세 번을 변해서 완성된 후에야 삼재(三才)를 이룬다. 역(易)은 음양과 삼재를 기본바탕으로 한다. 삼재는 천(天)·지(地)·인(人)을 가리키며 '재(才)'는 '재(材)'와 같은 뜻으로 재질(材質)을 말한다.

역에서 쓰는 용어는 대개 형이상적(形而上的)인 뜻을 가져 다양한 여러 의미를 함축·포괄함으로 한정하는 뜻의 변(邊)이나 방(傍)을 뺀다.

　　괘(掛)[181]나 효(效 : 본받을 효에서 '攵'을 뺌) 등에서도 이러한 경우를 볼 수 있다. 만상(萬象)을 삼재로 대변하여 기본 구성요소로 삼은 것이 역(易)이며, 중국 고대의 제왕(帝王) 복희씨(伏羲氏)가 「시획팔괘(始劃八卦)」한 원리도 이것이다. 즉 천문과 지리·인사를 관찰·궁구하여 세 획을 그음으로써 팔괘가 이루어진다.

　　삼재의 작용이 무궁무진하여 그 조화의 신묘함이 지극함으로 「삼극(三極)」이라 하기도 하니 천극(天極)·지극(地極)·인극(人極)이 곧 이것이다. 따라서 바탕 요소로서의 '삼재(三才)'·작용 측면으로의 '삼극(三極)'·변화과정으로서 '삼변(三變)'의 도(道)를 갖춘 것이 역(易)인 것이다.

　　소성괘(小成卦)의 각 효(爻)는 삼재의 원리에 따라 효(爻)의 위(位 : 자리)가 정해지는데 이는 체(體)인 그 생성의 순서와 용(用)인 현상의 순서에 따라 표현되고 있다.

　　생겨난 순서는 천지인(天地人)이지만, 현재 처해 있는 상황은 현상의 순서에 따라 하늘이 위, 땅이 아래에 있고, 그 사이에 사람이 있다.

　　괘(卦)를 그릴 때 아래로부터 위로 그려 올라가는 것은 「생성(生成)」의 순서에 의한 것이다. 그러나 일단 괘가 완성된 뒤에는 「현상(現象)」에 의하여 삼재를 적용한다.

　　결국 체(體)는 만물의 생성순서인 시간적 의미에 따른 것이고, 용(用)은 만물의 현상인 공간적 의미를 살핀 것이라 볼 수 있다.

　　건(乾)은 9다. 아홉은 하늘, 강함, 아버지, 임금이란 뜻이 있다. 하늘에 있는 임금인 아버지를 뵙기 위해 떠나는 날로는 최상인 것이다. 이날 한강을 건너야 한다. '산(山)은 움직이지 않는 정물(靜物)로 음(陰)에 속하고 수(水)는 움직이는 동물(動物)로 양(陽)에 속한다.'라는 역사상(易思想)과도 일치한다.

　　한강에 배다리를 놓았다. 가운데를 제일 높이고 양쪽으로 가며 점점 낮추어 자연스럽게 무지개 배다리를 만들었다. 양 끝과 중앙에 홍살문을 세워 잡인(雜人)이

181) 원래 괘(掛)에서 손수 변을 뺐다. 손으로 물건을 걸 때는 괘(掛)를 쓰지만 역(易)에서의 괘(卦)는 사람의 손으로 걸 수 없는 자연의 섭리이기 때문이다. 효(效)에서 칠 복(攵)을 뺀 것은 사람이 하는 행위가 아니라 자연의 변화과정을 일컫기 때문이다.

함부로 범접할 수 있는 곳이 아니라는 경고도 했다. 중앙에 있는 홍살문에 이르자 정조는 말에서 내려 자궁의 가마에 가서 문안을 드렸다. 세 곳에 홍살문을 설치한 것은 궁궐의 삼도(三道)를 상징적으로 나타낸 것이요, 중앙 홍살문을 높인 것은 어도(御道)로 왕이 계신 자리를 암시하였다. 그래서 중앙, 황제를 뜻하는 황기(黃旗)와 수덕(水德)을 나타내는 흑기(黑旗)를 양쪽으로 걸어 놓은 것이다. 아들의 내밀한 마음은 어머니가 아닌, 아버지를 향해 문안을 드리고 있는 것이다.

홍살문을 설치하면 잡귀가 범접하지 못할 뿐 아니라 아울러 신성한 공간으로 들어간다는 사실을 차안(此岸)·피안(彼岸)에 두루 선포하는 상징성을 띤다. 이 배다리는 보통 다리가 아니다. 하늘을 오르는 사닥다리이며 오색찬란한 무지개다리이다. 아버지를 만나 뵙기 위해 오르는 하늘의 첫 번째 관문(關門)을 통과하는 것이다. 궁궐, 종묘, 정자각, 사찰 등의 돌계단 양옆에 운문(雲紋)을 그려 넣어 땅에서 하늘로 오르고 있음을 은유적으로 상징시키듯 배다리도 똑 같은 이치다.

더구나 씻김굿에서 물은 죽은 사람의 원한을 풀어주기 위하여 깨끗이 씻겨 극락세계로 인도하는 아주 특별한 의식이다. 특히 불행하게 죽은 사람에게 씻김굿의 효력은 아주 강하다. 죽은 사람의 혼(魂)을 하늘나라로 천도(薦度)[182]할 때는 이승의 원한이 남아 있으면 안 된다. 이승에서 원(冤)이나 한(恨)이 맺혀있는 영혼은 하늘나라에 들어가지 못하고 원혼(冤魂)으로 남아 이승을 떠돌게 된다는 것이다.

어느 하늘아래 아버지가 제 자식을 뒤주 속에 가두어 죽게 만든 사람이 있을까? 신화(神話)에서나 있을까 말까한 기막힌 희대미문(稀代未聞)의 사건이다.

필부(匹夫)의 자식 같았으면 불효소리를 들었을망정 그렇게 허망하게 죽지는 않았을 것이다. 또 그렇게 죽인 아버지가 있다면 주위 사람들이 가만히 두지 않았을 것이다. 하늘이 내려다본다며 멍석말이는 고사하고 몽둥이 찜질이나 돌로 쳐 죽이는 일이 벌어졌을는지도 모를 시대 상황이었다.

---

182) 죽은 사람의 넋이 정토나 천상에 나도록 기원하는 일이다. 불보살에게 재(齋)를 올리고 독경, 시식(施食) 따위를 한다.

왕이라는 이유 하나만으로 아들을, 자식이 아닌 정적으로 몰아 죽였기에 영조는 하늘로 머리를 들고 땅을 디디며 걸을 수 있었을 것이다. 그러나 그 순간 조선은 유교국가로 강상(綱常)의 윤리는 이미 땅에 떨어져 짓밟혀진 나라가 되었다.

자식을 죽게 한 사대부들이 유교의 신봉자라 할 수 있을까? 과연 그들이 문체반정을 내세워 서학·서교·불교·도교·노장사상에 대한 사랑·자비·무위(無爲) 등을 비판할 수 있었을까?

정조는 노론과 백성이 지켜보는 앞에서 제일 먼저 왕도(王都)를 지켜주는 외수(外水)의 한강물을 이용하여 윤오월 무더위 속 뒤주에 갇혀 돌아가신 아버지의 절통한 원혼을 시원하고도 말끔히 씻겨드리는 일이 시급했을 것이다. 그래서 수덕(水德)을 나타내는 검은색 깃발을 세운 것이다. 그리고 아버지 회갑으로부터 사십구재(四十九齋)가 되는 밤을 시흥행궁에서 맞는 것이다. 하늘에서 맞는 첫날밤인 것이다.

정조는 임금이 타고가야 할 정가교(正駕轎)에 한 번도 타지 않았다. 왜 그랬을까? 임금이 타지 않았으니 공가교(空駕轎)로 생각하기 쉽다. 그러나 이건 정조의 계획된 아주 깊은 뜻이 함축되어 있는 내밀한 부분이다. 임금은 자신이 아니라 아버지이기 때문이다. 그래서 정조는 아버지를 수행하는 동궁으로 처음부터 말을 이용하기로 결심했던 것이다.

어머니를 뵙거나 미음을 올리는 의식 등은 정조가 어머니 아닌 아버지에게 자식으로 행할 수 있는 최상의 예(禮)를 행하고 있다는 사실을 아는 사람은 어느 누구도 없었다. 반차도 속의 정가교는 그래서 더욱 우리의 가슴을 아프게 한다. 혜경궁보다 언제나 사도세자가 앞서 나가고 있었다.

아직 완전한 만월을 이루기는 부족한 밤이다. 그러나 다시 돌아와 시흥행궁에서 마지막 밤을 맞을 때 아버지는 온전한 보름달이 되어 반겨주실 것이다. 그 밤은 슬픔과 기쁨이 절정을 이룰 것이다.

둘째 날 즉, 윤 2월 10일 사근의 행궁에서 점심수라를 들었는데 비가 내리기 시

작했다. 이곳에서 머물기에는 궁(宮)이 낮아 밤을 지내기에 불편하니 그리 멀지 않은 화성행궁까지 가도록 하자는 어명이 내렸다.

길이 험해 미끄러운 가운데 위험을 불구하고 아들은 번번이 말에서 내려 어머님 아니, 아버님 안부를 묻느라 옷이 젖는 줄도 몰랐다.

한편 '오늘 온 비에 군병들의 옷이 젖는 것은 민망한 일이다마는, 이번 행차야말로 지극히 성대한 거조이고 이 예(禮)야말로 크나큰 의절(儀節)이니, 일마다 완전히 원만하게 되기만을 구할 필요는 없다. 잠간 비가 왔다가 바로 개면서 앞길을 깨끗이 청소해 주었으니 무슨 상관이 있겠는가. 더구나 농사일이 시작될 즈음에 땅을 적셔 주었으니 어찌 농부에게 기쁜 일이 되지 않겠는가.'라는 말이 참으로 의미심장하다. 하늘마저 아버님의 원한을 시원하게 씻겨 깨끗하게 지난 과거를 닦아 드린다는 것이리라. 그리고 화성으로 가는 길까지 깨끗하게 하여 상서(祥瑞)가 있어 보였다.

내 아들이 구비구비 모진세월 넘기고 왕이 되어 죽은 애비의 환갑까지 차려주는 것에 대한 안도의 눈물일까. 아니면 아버지와 어머니, 외가, 계모의 외가, 누이, 아버지의 애첩 등이 공모하여 뒤주에 갇혀 죽게 만든 자신의 신세가 너무 기가 막혀 흘리는 눈물일까. 아니, 돌아가신 아버지를 사모하는 아들이 흘리는 눈물일지 모른다. 왕은 소리 없이 내리는 비에도 마음의 갈피를 잡지 못한다. 아버지를 죽게 한 앞잡이들이 앞뒤로 수행하며 경하(敬賀)한다는 가증스러운 말에 비는 더욱 비감해질 수밖에 없다. 아무도 모르는 정조의 마음을 하늘만은 헤아린 것일까?

아들의 앞길만은 어느 누구도 범접하지 못하도록 깨끗이 닦아 다시는 나와 같은 불행한 일을 겪지 않도록 하겠다고 아버님이 구천에서 흘리시는 약속의 눈물일는지 몰라. 정조는 머리를 절레절레 흔들었다. 아버지의 영혼이 오죽 답답했으면 하늘마저 씻김의 비를 뿌릴까. 행렬의 어려움도 까맣게 잊고 정조는 하늘이 고마웠다. 오, 하느님.

이듬해인 1796(정조 20)년 제8차 원행을 마치고 서울로 돌아가던 1월 24일 정조는 지지대(遲遲臺)에 이르자 어가를 멈추고 현륭원을 바라보며 지은 오언율시(五言律詩)에도 그리움은 어김없이 나타난다.

> 혼정신성의 그리움 다할 길 없어(晨昏不盡慕)
> 오늘 또 화성에 와보니(此日又華城)
> 궂은비는 침원에 부슬부슬 내리고(靉霂寢園雨)
> 이 마음은 재전을 끝없이 배회하누나.(徘徊齋殿情)
> 어찌하여 사흘 밤을 잤던고(若爲三夜宿)
> 아버님 영정을 모셨기 때문일세.(猶有七分成)
> 더디고 더딘 걸음에 고개 들어 바라보니(矯首遲遲路)
> 오운이 저 멀리서 일어나누나.(梧雲望裏生)

역시 이슬비가 부슬부슬 아버지 침원에 내린다. 비는 어느 곳을 가리지 않고 다 내리고 있건만 아들은 굳이 아버지가 누워 쉬고 있는 원소에만 내린다고 본 것이다.

아버지의 절통(切痛)한 영혼이 뿌리는 눈물이 아닐까. 그래서 답답한 아들은 재실을 아무 생각·목표·목적 없이 허탈한 마음으로 서성거릴 뿐이다.

아무것도 모르는 벼슬아치, 백성들이야 경사스런 행차에 헤살을 부리는 객수쯤으로 귀찮게 여길 것이다. 그러나 임금이 생각하는 비는 단순한 비가 아니다. 말로는 형언키 어려운 정조 자신의 눈물이며 아버님이 흘리시는 원망의 피눈물인 것이다. 하늘도 무심하지 않았던 것이다.

정조는 현륭원을 다니며 사근현(沙近峴)을 미륵현으로 고쳐 불렀다. 아버님의 원혼을 미래에 나타날 메시아에 의존하고 싶은 간절한 소망에서였으리라. 그러던 것이 현실적 아픔을 이기지 못하는 자식의 절절한 마음이 또 한 번 변해서 지지대고개로 바꾸었을 것이다. 그래서 화성이 내려다보이는 마지막 고개를 지지로(遲遲路)라 하여 더디고 더딤의 길 즉, 발걸음이 떨어지지 않는 사무치는 회한

의 길이라 했을 것이다. 이런 정조의 눈에 어찌 하염없이 내리는 비가 그냥 비로
보일 수 있었으랴?

어머님에게 효도한다는 명분을 내세워 돌아가신 아버지의 잔치를 벌이고 있는
것이다. 그 잔치는 예사 잔치가 아니요, 한 많은 아버지의 넋풀이인 것이다.

아버지가 돌아가신지 33년이 지났으니 육욕천, 십팔천, 무색계 사천(四天)과 일
월성숙천(日月星宿天), 상교천(常憍天), 지만천(持鬘天), 견수천(堅首天), 제석궁천(帝釋
宮天)인 33천(三十三天)과도 일치한다. 불교에서는 욕계(欲界) 6천(六天)의 제2천을 도
리천이라 하는데 '도리'는 33의 음사(音寫)이며 33천(三十三天)으로 의역(意譯)한다.
도리천은 세계의 중심인 수미산(須彌山 : Sumeru)의 정상에 있으며 제석천(帝釋天 :
Indra)의 천궁(天宮)이 있다. 사방에 봉우리가 있으며, 그 봉우리마다에 8천이 있기
때문에 제석천과 합하여 33천이 된다. 33이란 숫자는 불교 고유의 것이 아니라 「베
다(吠陀 : Veda」에 천(天)·공(空)·지(地)의 3계에 33신(神)이 있다고 기록되어 있었다.
이러한 사상이 불교에 수용되어 하나의 우주관을 형성하고 있는 것이다. 후세 대
승불교의 정토(淨土)신앙은 이 도리천 사상이 발전한 형태라고 볼 수 있다.

한편 무속에서는 한이 많은 영혼은 비록 몸은 죽었지만 저승에 들 수가 없다고
하였다. 이승에 대한 미련 때문에 저승에 들지 못하고 그렇다고 죽었으니 이승에
남을 수가 없어 이승과 저승 사이를 떠도는 가엾은 신세가 되는 것이다.

이렇게 억울하고 참혹하게 죽은 귀신을 영선(靈仙)이라 한다. 전라도 지방의 씻
김굿에서는 망자의 한을 풀어주는 방법으로 고풀이 의례를 한다. 고는 무명베를
매듭진 것으로 보통 7매듭이나 9매듭으로 묶어 만든다. 매듭을 만드는 것은 망자
의 원한을 상징화한 것이다. 그래서 마디마디 맺힌 망자의 한을 하나하나 풀어주
어야 하는 것이다.

죽음이란 부정(不淨)한 일이다. 서로 공존할 수 없는 아주 다른 세계임에도 불
구하고 끊임없이 죽음은 삶 속을 파고들며 떼어낼 수 없도록 살아 있는 사람들을
따라다니며 불편하게 만든다.

　천수를 다한 죽음이 아닌 경우, 살아있는 사람에게는 꼭 풀어야 할 숙제와 같은 것이다. 이 숙제를 하지 않는 한 우리의 삶이란 늘 보이지 않는 그늘 속에서 살아간다는 꺼림칙한 느낌을 지울 수 없다. 그래서 살아있는 사람들은 정성을 모아 망자의 넋을 깨끗이 씻겨 풀어 주어야 할 한(恨)인 것이다. 만약 그 한이 남아 있다고 생각되는 한 죽은 자는 물론 산자도 자유로워질 수가 없다. 왕은 어머니의 회갑을 핑계로 지금 아버지의 씻김굿을 베푸는 것이다. 깨끗하고 말끔하게 마무리를 지어야 한다.

　더구나 이승에서 같이 태어난 동갑내기들은 아직 살아 있는데 자기가 죽은 것을 억울해 하는 넋을 풀어주는 의식도 중요하다.

　우연일까? 아니면 필연일까?

　그는 항상 자신의 이름을 깊이 생각했다. 산(祘)이 맞는다거나 성(祘)이 맞는다고 서로 타툴 필요도 없다. 산이건 성이건 뜻은 '성야(省也)다.', '성(省)'이란 살피다, 살펴보다, 주의하여 알아보다, 안부를 물어 알아보다, 자기 몸을 돌보아 살피다, 깨닫다, 무엇을 알아서 깨닫다, 대궐, 궁전, 덜다, 감하다, 간략히 하다 등 쓰임새가 많으나 함축된 본뜻은 '허물이나 저지른 일들을 반성하여 살핀다.'와 '저지른 죄를 자세히 생각하여 낸다.'는 두 가지이다.

　그러나 이런 사전적 의미보다 '시(示)'인 보이다, 보게 하다, 나타내다, 알리다와 '기(示)'인 귀신의 합자(合字)라는 사실이다. 이승과 저승을 합해 지은 '산(祘)'이란 이름은 어쩜 그의 숙명일 것이다.

　마치 무녀 무(巫)자처럼 땅과 하늘을 이어주는 사람 즉 혼백과 같은 이름이라는 생각이 자꾸 들었다. 이승에 있는 자식으로 어찌 억울하게 돌아가신 아버님 한을 풀어 드리지 않을 수 있겠는가? 숙명을 타고난 것이다. 거슬릴 수 없는 천명이다. 거기다 천지인을 이어주는 사람을 가리켜 왕(王)이라 하지 않는가.

　이승과 저승을 넘나드는 이름 산(祘)!

　정조는 그런 임금임을 부인하지 않는다. 아버님과 자신이 살아온 길이 저승과

이승이라고는 하나, 굽이굽이 돌아보면 정조 자신도 죽지 않고 임금이 되었다는 사실이 꿈같은 일이다. 아니, 그건 기적이었다.

정치(政治)란 나라를 바르게 다스리기에 앞서 권력을 어떻게 선점하는가가 더 중요하다. 필요할 때 백성과 나라를 내세우는 것이지 그 속을 들여다보면 권부의 중심을 향해 수단과 방법을 가리지 않고 끝없이 돌진하는 인간들의 탐욕이 절정에 달한 곳, 그곳이 정치마당이다. 음모가 그칠 새 없이 꾸며지는 곳 즉 복마전(伏魔殿)이다.

정조는 누구보다 두 눈으로 직접 사건의 현장을 똑똑히 목격한 임금이다. 왕조국가에서 권력을 위해서라면 임금·세자·세손의 생명이라 할지라도 서슴없이 제거하려 나서는 것이 소위 사대부라는 이름의 지식인이다. 아무도 믿어서는 안된다.

왕조를 바꾸는 역성혁명(易姓革命)은 몇몇 권력자들이 백성을 팔아 정당화시킨다. 순자(荀子)의 「왕제(王制)」편에 '임금은 배이고, 서인(庶人)은 물이다. 물은 배를 띄우기도 하지만 엎어버리기도 한다.'라는 말이 나온다. 서인은 바람에 흔들리는 나무와 같다. 바람은 세도가들이기 때문이다.

할바마마마저도 버젓이 살아있던 아들 세자를 죽이고, 이미 죽어버린 이복형에게 세손을 입적시켰는데 그 사람이 바로 나, 산(祘)이다.

생사를 넘나들게 한 사람의 이름치고는 너무나 절묘하지 않은가. 14년간 대리청정을 한 아버지는 사도세자(思悼世子)요, 겨우 10살을 살다 간 효장세자(孝章世子 : 1719~1728)는 진종(眞宗)이라 추숭하는 않았던가.

유교란 정말 이상한 이념과 논리로 사람을 끌어 들인다. 경전이나 입으로는 대조(大朝), 소조(小朝)라며 가슴·등·어깨에 하늘을 상징하는 원형으로 된 용무늬 흉배(胸背)를 왕은 오조룡(五爪龍), 세자는 사조룡(四爪龍), 세손은 삼조룡(三爪龍)으로 장식한다. 하늘로 받들겠다는 왕과 신하 사이에 맺어진 무언의 계약이며 약속이다.

왜냐하면 신하는 아무리 높아도 땅을 상징하는 방형의 흉배를 하는 것이다. 그

림에도 불구하고 하늘을 쥐락펴락하는 것이 벼슬아치이며 사대부인 것이다.

왕은 하늘이라고 떠벌이는 벼슬아치들의 아첨이 하늘을 이룬지 이미 오래되었다. 정작 사림·사대부라는 사람들 마음속에 왕은 허수아비거나 그들의 꼭두각시여야 한다는 논리가 지배적이다.

세자를 죽여서 자신들의 문벌, 당파가 산다면 무슨 짓이건 할 수 있는 사람들이 바로 신민의 나라를 부르짖는 사대부가 아닌가. 그러면서 하는 말이 임금은 군자인 성인이 되어야 한다고 주장한다. 성인이 아니면 바꾸어도 된다는 논리이다. 성인을 식별해 내는 군자의 혜안은 어디로부터 오는 것일까?

바로 이 허수아비 같은 왕권을 극복하여 반석 위로 굳건히 올려놓는 것이 정조의 정치철학이자 아울러 아버지에 대한 복수설치(復讐雪恥)[183]를 결행하는 것이다.

따라서 정조는 국고(國庫)에 손대지 않고, 자신의 내탕금(內帑金)과 치밀한 계획 아래 마련한 돈으로 현륭원 천봉, 용주사 건축, 화성성역, 화성행궁 등을 조성하며 동원한 장인(匠人)이나 일반 인부들에 이르기까지 넉넉한 일당이나 월급을 주어 관급공사에 일대 빅뱅(big-bang)을 일으킨 것이다. 세금과 부역에 시달리기만 하던 백성들에게는 그야말로 천지개벽(天地開闢)이었다.

벽파·시파를 막론, 어떤 빌미도 제공하지 않기 위한 방편을 택한 것이다. 전국 각처에서 일 잘한다는 소리를 듣거나 힘쓰는 사람들이 너도나도 모여들었다. 임금(賃金)이 좋으니 품팔이꾼들은 자연스럽게 구름처럼 모여든 것이다. 입소문처럼 빠른 것은 없었다.

공역(公役)이라면 으레 동원한 백성들을 공짜로 혹독하게 부려먹는 게 지금까지 관행이었다. 그러나 정조는 아버지와 관련된 모든 공사에 품삯을 넉넉히 지급하여 일하는 사람들로부터 칭송이 자자했고 결국 민심을 자기 쪽으로 모으는 데 성공한 것이다. 억울하게 돌아가신 아버지를 두 번씩 욕보일 수는 없었다. 모든 사람들로부터 존경 받고 사랑한다는 소리를 듣고 싶었다. 감독하는 벼슬아치들

---

183) 복수하여 부끄러움을 깨끗이 씻음.

에게도 후한 상을 내리거나 가자(加資)하여 보람을 느끼도록 항상 세심한 배려를 잊지 않았다.

뿐만 아니라 천봉하면서 원소부근 면리(面里)와 이주민에게 10년간 과세를 면제해 주고, 수원부의 면리 민인(民人)에게도 조세(租稅)와 그 밖의 국가적 부담을 면제시켜주는 복호(復戶) 1년을 내리고 구환곡(舊還穀) 가운데 환곡 3년 조를 탕감하는 등의 조치를 내려 민심을 얻는 데 전심전력을 다했다.

회갑을 위한 원행행차는 조선왕조 사상 가장 화려하며 장엄하도록 했다. 아니, 세상에서 제일 크게 하여 아버님의 원혼을 달래드리고 싶었다. 내밀한 궁궐 안에서 백성들이 모르게 하는 틀에 박힌 행사가 아니다. 일반 백성들이 함께 참여하고 구경하는 축제의 장으로 만든 것이다. 시흥환어행렬도(始興還御行列圖)를 보면 잠시 쉬어 있는 장면인 그림 같은데 시흥행궁으로부터 끝이 보이지 않는 행차행렬이 그 규모를 잘 나타내 보인다.

구경꾼들이 행차 바로 앞에 있는 모습을 보면 퍽 자유스럽다. 노량주교도섭도(鷺梁舟橋徒涉圖) 역시 구경꾼들이 양쪽으로 다양한 모습이다. 그림 속 시흥행궁과 용양봉저정의 규모가 대단히 컸음을 알 수 있다.

왕조를 통틀어 전무후무한 잔치를 열어 백성과 하나가 됨으로 왕은 물론 왕실의 엄청난 힘을 벼슬아치들에게 보여주어야 했다. 다시는 왕권이 신하들에게 짓밟히는 일이 일어나지 않도록 단단히 못을 박아두자는 속셈이었다. 앞으로는 신료의 전횡을 배격하고 백성 의사를 존중하는 정치를 실현시키는 왕조를 만들고 싶은 정조의 간절한 소망이 깃든 행사이기도 한 것이다.

사실 왕이 백성들 앞에 융복차림으로 말을 타고 거둥하는 모습을 보인다는 것은 상상하기 힘들다. 그것도 왕복 200리가 넘는 긴 여정으로 중간에 유숙을 해야 하는 위험부담까지 고스란히 안고 인근 백성들과 함께 벌인 잔치마당이기 때문이다.

물론 자신이 심혈을 기울여 만든 장용영이란 직속 휘하부대의 삼엄한 경계와

호위 아래 당당히 나설 수 있었다. 막강한 힘을 움켜쥔 지금, 어느 누가 나선다 해도 제압할 수 있는 자신감을 만천하에 드러내 보인 것이다. 그래야 백성들이 임금을 마음 놓고 믿고 따를 것 아닌가.

정조는 서울을 떠난 다섯째 날을 회갑일로 잡았다. 5라는 숫자는 사대부들이 하늘로 여기는 성리학의 근본이다. 음양오행(陰陽五行)에서 비롯된 오륜(五倫), 오상(五常), 오방(五方)이 바로 그것이다. 우주만물을 형성하는 다섯 원기(元氣) 곧 금(金)·목(木)·수(水)·화(火)·토(土)는 오행상생(五行相生)과 오행상극(五行相剋)이라는 이치(理致)로 전 우주만물을 지배한다.

부자유친(父子有親)·군신유의(君臣有義)·부부유별(夫婦有別)·장유유서(長幼有序)·붕우유신(朋友有信)이란 사람이라면 누구나 꼭 지켜야 할 다섯 가지 으뜸 도리이다. 인(仁)·의(義)·예(禮)·지(智)·신(信)은 오상이다. 동서남북 중앙이 오방이다. 오륜, 오상, 오방을 어떻게 하여야 하는 것인가를 회갑연을 통해 신민(臣民)을 가르친 것이다.

아버지는 의리(義理)로, 어머니는 자애(慈愛)로, 형은 우애(友愛)로, 아우는 공경(恭敬)으로, 자식은 효도(孝道)로 각각 대하여야 할 마땅한 길이 어떤 것인가를 조정신료는 물론 만백성에게 임금이 몸소 가르쳐준 잔치가 봉수당 진찬이다.

가장 중요한 것은 역(易) 중천건(重天乾)인 건괘(乾卦)에서 「구오(九五)」는 비룡재천(飛龍在天)이니 이견대인(利見大人)이라 하여 '나는 용이 하늘에 있으니 대인을 만나봄이 이로우니라.'라는 뜻이다. 「九五」는 건괘의 주효(主爻)로 꼭 알맞은 자리를 얻어 기상이나 뜻이 꼿꼿하고 건전하며 어느 쪽에도 치우침 없이 곧고 올바른 덕을 갖춘 임금의 자리를 의미하며, 용이 승천하여 조화를 부리는 상이다.

곧 5효(五爻)는 아버지이며 왕인 것이다.

정조가 9일 출발하여 닷새째 되는 날 진시(辰時)를 택한 이유이다. 또 아버지가 뒤주에 갇히기 직전이 윤5월 13일 저녁이었기에 윤2월 13일을 굳이 잡은 것이다. 뒤주에 갇히기 전 자유로운 몸으로 계셨을 때를 생각해야 비로소 모두 풀어

낼 수 있을 것 같았다. 회갑을 뒤주 속에서 할 수는 없는 일 아닌가.

되풀이해서 말하지만 진(辰)은 별이며 용이다. 별도 그냥 별이 아니고 천추북신(天樞北辰)으로 북극성이다. 아버지는 북극성이며 용인 것이다. 그래서 진시에 회갑을 시작한다. 왕의 회갑이기 때문이다. 정조의 역(易)이 당대 최고라는 사실을 이로써 입증할 수 있는 것이다. 성리학을 하늘로 알고 실천한다며 파벌과 당쟁을 일삼는 유학의 꼭두각시인 지식인들에게 일대 반격을 가한 것이다. 그러나 그들은 여전히 임금의 마음을 읽을 줄 몰랐다.

자궁의 회갑연을 올리면서 남자 악공을 썼다. 조선초기부터 내진찬(內進饌)에는 여악(女樂)과 관현맹인(管絃盲人)이 악기를 연주하는 것이 관례인데, 이를 무시하고 파격적으로 장악원(掌樂院) 악공과 장용영(壯勇營) 군중(軍中)에서 장구·북·피리·저·해금 등으로 구성하여 음악을 연주하는 세악수(細樂手)들로 하여금 행사를 치룬 것도 정조의 뜻이다.

안팎의 잡음을 없애기 위하여 이름만 자궁의 회갑연이라 부른 것이지 사실은 아버지의 회갑연이었던 것이다. 그리하여 외진찬(外進饌)을 행하는 것이다. 행사 내용을 조금만 살펴보면 누구나 금방 쉽게 알 수 있는 일이다.

어머니는 아버지가 돌아가시도록 친정 편에 서서 협조 내지는 수수방관하였다는 사실을 정조는 잘 알고 있었다. 그럼에도 외할아버지 홍봉한을 살린 것은 어머니를 위해서였다.

어머니에게 정성껏 효도를 다하면 결국 어머니 마음도 편치 않을 것이라 예상하고 있었다. 유교의 나라에서 더구나 세자빈으로 남편을 따라가지 못한 여인의 위치가 어떠했으리라는 것은 불을 보듯 환한 일 아닌가.

영조와 정빈 이씨 사이에 태어난 화순옹주(和順翁主 : 1720~1758)는 월성위(月城尉) 김한신(金漢藎 : 1720~1758)에게 출가해 만26년 동안을 살다가 남편이 39세의 나이로 후사 없이 세상을 뜨자 따라 죽겠다며 식음을 전폐했다. 놀란 영조는 몸소 옹주의 사가를 찾아 음식 들기를 권했다. 『화순옹주졸기』에 보면 '부왕이 미음을 들

라고 권하자 할 수 없이 한 모금을 마셨다가 곧 토했다.'라고 기록되어 있다.

영조는 1758(영조34)년 1월 14일 '방금 들으니, 화순옹주의 병이 가망 없다고 한다. 먹지 아니한 지가 지금 10여 일에 이르렀는데, 그의 절개는 정(貞)하다고 이를만하나, 나로 하여금 장차 비참한 지경을 보게 할 것이니, 어떻게 마음을 잡겠는가?'라며 한탄을 하였다.

화순옹주가 단식 14일 만인 1월 17일 굶어 죽자 임금이 옹주의 상(喪)에 왕림하였는데, 예조판서 이익정(李益炡)이 정려문(旌閭門)[184] 하사를 청했으나 영조는 환궁한 뒤에 좌의정 김상로(金尙魯)에게 말하기를 '자식으로서 아비의 말을 따르지 아니하고 마침내 굶어서 죽었으니, 효(孝)에는 부족함이 있다.'며 거절했다.

영조는 그 대신 딸의 궤연(几筵)에 긴 글의 애도문(哀悼文)을 통하여 '정성이 부족해 되돌릴 수 없으니 네가 따라간 그 정절을 아름답게 여기노라.'라는 애비의 마음을 담아 남겼다.

정조는 1783(정조7)년 2월 6일 화순귀주의 마을 어귀에 정문(旌門)을 세우게 하였다. 하교하기를, "사람이 제 몸을 버리는 것은 모두 어려워한다. 그렇기 때문에 신하가 그리하였을 경우에는 충신(忠臣)이 되고, 자식이 그리하였을 경우에는 효자(孝子)가 되고, 부녀자가 그리하였을 경우에는 열녀(烈女)가 되는 것이다. 어떤 사람은 '지어미가 지아비를 따라 죽는 것은 교훈으로 삼기 어렵다.'고 하였다. 그러나 자식이 생명을 잃은 것을 성인이 경계하였지만 거상(居喪)을 끝내지 못하고 죽어도 효도에 지장이 없고 보면 지어미가 지아비를 위하는 것에 있어서 무엇이 이와 다르겠는가? 부부(夫婦)의 의리를 중히 여겨 같은 무덤에 묻히려고 결연히 뜻을 따라 죽기란 어렵지 않은가, 매섭지 않은가? 여염의 일반백성들도 어렵게 여기는데 더구나 제왕의 가문이겠는가? 백주(栢舟)[185]를 읊은 시는 겨우 『시경(詩

---

184) 충신·효자·열녀(烈女) 등을 그들이 살던 동리에 정문(旌門)을 세워 나라에서 표창하던 일이다.

185) 『시경(詩經)』 '국풍'에 있으며 그 내용은,
　　두둥실 잣나무 배 황하 속에 떠 있네.

經)』에 나타나 있으나 죽음으로 따라간 자가 있었다는 말은 듣지 못하였다. 그리고 보면 우리 화순귀주는 매우 뛰어났다고 하겠다. 월성 도위(月城都尉)의 상(喪)에 화순귀주가 10여 일간 물과 음식을 먹지 않다가 죽었는데, 그때 선대왕께서 그의 집에 가시어 위로하면서 음식을 권하였으나 끝내 강권하지 못하였다. 어질고 효성스러운 화순귀주가 임금과 어버이의 말씀을 받들어 따라야 한다는 의리를 모르지는 않았겠지만 결국 그의 한번 정한 뜻을 바꾸지 않았던 것은, 정말 왕명을 따르는 효도는 작고 남편을 따라 죽는 의리는 크기 때문이었다.

아! 참으로 매섭도다. 옛날 제왕의 가문에 없었던 일이 우리 가문에서만 있었으니, 동방에 곧은 정조(貞操)와 믿음이 있는 여인이 있다는 근거가 있을 뿐만이 아니라, 어찌 우리 가문의 아름다운 법도에 빛이 나지 않겠는가? 더구나 화순귀주는 평소 성품이 부드럽고 고우며 덕의가 순일하게 갖추어져 있었으니, 대체로 본디부터 죽고 사는 의리의 경중을 잘 알고 있으므로 외고집의 성품인 사람이 자결한 것과는 비교가 되지 않는다.

아! 참으로 어질도다. 화순귀주와 같은 뛰어난 행실이 있으면 정문의 은전을 어찌 베풀지 않을 수 있겠는가? 내가 이를 잊은 적이 없었으나 미처 거행하지 못하였다. 지금 각도의 효열을 포상하는 때를 맞아 슬픈 감회가 더욱더 일어난다. 유사로 하여금 화순귀주의 마을에 가서 정문을 세우고 열녀문(烈女門)이라고 명명하라." 이는 왕실 사상 처음이자 마지막 열녀문이 되었다.

그리고 정순대비(貞純大妃)·경모궁(景慕宮)·혜경궁(惠慶宮)에 존호를 더 올렸는데 그는 자손에게 많은 복을 주었다는 뜻을 표한 것이다. 대비(大妃)는 아무리 계비

더벅머리 그 총각이 실로 나의 배필이라.
죽어도 다른 곳으로 시집 안 가요.
하늘같은 우리 엄마 내 맘 모르시나요.

두둥실 잣나무 배 황하 가에 떠 있네.
더벅머리 그 총각이 실로 나의 사나이라.
죽어도 허튼 마음 안 먹을래요.
하늘같은 우리 엄마 내 맘 좀 알아주오.

라지만 왕권을 노리는 노론의 앞잡이로 자식을 죽이고 손자까지 죽이려는 권력의 화신이다. 어머니는 지엄하다는 왕실에서 지아비를 따라간 것이 아니라 친정을 살리려고 발버둥친 아주 나약한 필부(匹婦)에 지나지 않았다. 사려 깊은 여인들이라면 한날한시에 내린 열녀문과 거기다 비운에 돌아가신 경모궁과 함께 존호를 더 높이 올려 받는 자리가 가시방석이어야 하였을 것이다. 어쩜 가장 불쌍하며 정략에 이용당한 여인이 어머니라는 생각이 미치자 아들은 그 어머니를 세상에서 제일 행복한 사람으로 만들고 싶었을는지도 모른다.

이것이 아버지에게 다하지 못한 아들 노릇을 하는 것이라고 철석같이 믿었을 것이다. 한편으로는 반면교사(反面教師)의 거울이 되어 자기잘못을 스스로 깨닫는 사람들이 많이 나오기를 바랐다. 그것은 어머니까지를 아우르는 것이다.

신하들과 백성들이 어머니를 지극히 모시는 정조의 효심에 모두 빠져드는 사이에도 정작 아들은 정반대의 생각을 하고 있었다. 하루가 지나면 매듭하나를 풀어 아버님께 바치고 또 하루가 밝아오면 역시 매듭을 풀어 아버지에게 바쳐야 했다.

어머님 회갑연을 치르며 행한 모든 의식은 어머니가 아니라 온전히 아버님의 것이었다. 아버님의 나라 화성에서 아버님이 머무실 화성행궁에서 진작을 하고 천세(千歳)를 불렀다. 정조는 동궁이었다. 화성행궁에 거둥하여 머물 때에도 동을 향했으며 어머니의 회갑연에서도 어머니는 자좌오향(子坐午向)으로 북쪽에서 남면(南面)을 하였으나 정조는 동궁의 자리를 한시도 떠나지 않았다. 이는 아버지에 대한 예를 행하고 있는 것이다. 모두가 지켜보는 가운데 공공연하게 돌아가신 아버지를 왕으로 추존하는 정조의 마음을 아는 사람은 천지간에 하나도 없었다.

복수는 꼭 사람을 죽이고 유배를 보내야만 이루어지는 것이 아니다. 자신이 먼저 마음을 활짝 열어 스스로를 용서하고 모두를 소리 없이 은혜롭게 껴안을 때 비로소 진정한 승자가 되는 것이다.

나는 이번 8일을 이용하여 아버님의 원수를 모두 죽이고 있는 것이다. 아버님

이 8일간 겪으신 고초를 내가 너희들에게 지금 눈에 보이지 않는 사랑으로 다 앙 갚음을 하고 있는 줄 너희는 모를 것이다. 크게 갚자. 악순환의 고리를 끊고 나 한 사람으로 끝내자. 더 이상 아버지가 아들을, 신하가 임금을 죽이거나 모함하 는 일이 이 땅에서 두 번 다시 일어나서는 절대 안 된다.

아버지께 원찰을 지어 올릴 때 정조의 마음은 이랬다. 석가모니는 태자의 자리 를 뛰쳐나와 칼이나 창과 같은 무기로 도저히 얻을 수 없는 불살생(不殺生)의 화 해와 사람 사랑하는 방법을 깨달은 분이었다. 이는 모두 무소유에서 나오는 청량 제인 공(空)을 향한 일념이다. 무소유란 결국 복수·증오·아집·편향성·독점욕 등 을 모두 털어버리는 일이다. 즉 원수를 놓아주고 마음의 평화를 얻는 것이리라.

땅에서는 도저히 할 수 없는 일이어서 하늘로 온 것이다. 하늘에서 깨끗이 씻 어버리고 땅으로 돌아가리라. 이제 아버지의 원혼을 위로해 드렸으니 인근의 노 인과 백성에게 자비를 베풀어 마지막 매듭을 풀어 드리자.

정조는 마음속 찌꺼기를 남기지 않으려 있는 힘을 다했다. 노론·소론·남인도 없는 세상에서 모두 한데 어울려 국사를 논하고 정사를 베풀고 싶었다. 그것이 일생일대의 소원이었다. 백성을 아끼고 사랑하는 정치를 하고 싶었다. 그래서 정 조는 자신의 『일득록(日得錄)』에서 '임금이 백성이 아니면 누구와 나라를 다스리 겠는가. 그래서 임금은 백성을 하늘로 삼는다.'고 했다.

내가 혹시 다 용서하지 못한 찌꺼기가 있다면 천망(天網)이 걸러줄 것이다. 사 람의 법이 놓칠 수 있는 죄라도 하늘의 법망은 피할 수 없다는 뜻이다.

노자(老子)의 『도덕경(道德經)』 73장에 '과감함에 빠져 용감하면 죽고, 과감함에 빠지지 않고 용감하면 살 수 있다. 이 두 가지 용(勇)은 혹 이롭기도 하고 혹 해 롭기도 하다. 천하가 싫어하는 까닭을 그 누가 알겠는가. 이러므로 성인도 오히 려 어려워한다. 하늘의 도는 다투지 않고 잘 이기며, 말 하지 않고 잘 응하며, 부 르지 않아도 스스로 오고, 조용히 있어도 뜻을 잘 도모한다. 하늘의 그물은 크고 넓어 트여 있는 것 같아도 잃는 법이 없다.(勇於敢則殺, 勇於不敢則活, 此兩者或利或害,

天下所惡孰知其故, 是以聖人猶難之. 天之道不爭而善勝, 不言而善應, 不召而自來, 黙然而善謀, 天網恢恢疏而不失.)'라 하였기 때문이다.

윤 2월 16일 하늘에서 다시 구름다리 홍예교인 배다리를 건너 땅으로 내려왔다. 6이란 곤괘(☷)를 말한다. 곤(坤)이란 인간이 사는 세상인 것이다. 8일 동안 아버지가 고생하시다 하늘나라로 가신 그 날짜를 어머니의 회갑이라는 이름으로 위령제(慰靈祭)를 마치며 아버지를 사지로 몰아넣었던 사람들을 소리 없이 죽인 것이다.

정조의 큰 정치와 그의 인간됨을 추측케 하는 대목이다. 죽이지 않고 복수하는 정조의 마음을 보며 우리는 많은 것을 느끼고 고민하게 된다.

노자는 천도의 입장에서 말하기 때문에 제10장에 첫 마디가 '낳고서도 소유하지 않고, 하고서도 자랑하지 않고, 생장 시키면서도 주재하지 않는다.(生而不有, 爲而不恃, 長而不宰)'라고 하며 제12장에서는 '성인은 배를 위하지 눈을 위하지 않는다.(聖人爲腹不爲目)'라고 했다. '배를 위한다.'라는 말은 자기를 아끼는 것이다. '성인은 과한 것, 사치스러운 것, 태만한 것을 버린다.'에서 볼 수 있듯이 천지의 온전한 사랑, 즉 사람에 대한 온전한 사랑을 어떻게 하여야 하는지를 아는 까닭이다.

자신을 아낀다는 뜻을 보통 사람이 말하는 그런 이기주의로 단순히 받아들여서는 안 된다. 「단전(彖傳)」에서 말하는 곤덕(坤德)은 받아서 싣는 승재(承載), 받아 담아서 저장하는 용장(容藏), 형체를 갖추거나 혹은 만드는 조형(造形)을 말한다.

땅은 무한이 넓고 두터워 무엇이건 무한정 실을 수가 있다. 승재와 용재는 하늘을 거역하지 않고 계승하는 조건이고 조형은 곤도변화(坤道變化)의 창조이다.

정조는 천지(天地)=신(神)·귀(鬼)=인간(人間)이라는 관계를 잘 아는 성군(聖君)이다. '신(神)'이란 천지를 벗어나서 생각할 수 없는, 천지에 의해 성립된 것이다.

반면 귀(鬼)는 땅의 신이다. 바꾸어 말하면 귀는 인간에 가깝고 신은 천지에 가깝다. 귀는 정신화(精神化)된 인간을 말하고, 신은 구체화된 천지를 말한다. 결국 '귀신'이란 인간과 천지 사이에 끼어서 교량 역할을 담당하며 인간과 천지 둘 사

이의 감정을 통하게 하는 관계다.

　이런 사실을 잘 아는 정조는 이번 8일간의 행차를 통하여 인간적인 고뇌를 내려놓고 아버지의 원혼과도 화해를 한 것이다. 그리고 무엇보다 지금까지 아버지를 죽음으로 몰아간 사람들을 원수로 적대시하던 것이 용서할 수 있는 발판이 되자 오랜 숙제를 끝낸 홀가분한 기분이었다.

　아무도 모르게 혼자의 힘으로 아버지와 함께한 8일간이 정조를 다시 태어나게 한 것이다. 모든 것을 새롭게 시작하자. 말로 형언키 어려운 한(恨)을 조정신료, 만백성과 더불어 한바탕 신명나는 잔치마당을 연 후에야 정조의 마음은 비로소 맑게 개었다.

　흡족한 어머니 얼굴에서 아버지가 보였고 위용이 넘치는 장엄한 행차 속에도 어김없이 아버님이 있었다. 추적추적 내리는 빗속에도, 화려한 진찬례에도 아버님은 꼭 당신자리를 지키고 있었다. 그럴 때마다 피눈물을 속으로 삼키며 조용히 그러면서도 엄숙하게 아버님이 겪으신 임오화변(壬午禍變)의 날짜를 세고 있었다.

　채제공이 할바마마에 대한 충성을 내 세우며 왕위에 오르지 못하고 돌아가신 아버지에게 왕위의 칭호를 올리려는 정조의 의중을 간파하고 '양조덕미(兩朝德美)' 즉 '영조와 사도세자 두 분에게는 잘못이 없다.'는 절묘한 '임오의리론(壬午義理論)'을 펼쳐 자신의 왕권을 강화시켜준 것도 고마웠다.

　이제, 8일간의 행사로 모든 것을 깨끗이 마무리 지은 것이다. 그냥 마무리 지은 것이 아니라 눈물 나도록 화려한 피날레(finale)를 장식한 것이다.

　장엄한 퍼레이드(parade) 뒤엔 오직 대통일, 대통합이 있을 뿐이다.

　정조는 『논어』 '이인(里仁)'편에 나오는 증자왈, 부자지도, 충서이이의(曾子曰, 夫子之道, 忠恕而已矣)라는 구절을 읊조렸다. 오도(吾道)는 일이관지(一以貫之)라는 공자의 말에 대한 증자의 대답이다.

◆

정조가 아버지의 신원(伸寃)을 풀어드리기 위해 얼마나 치밀한 사람이었나를 풀어주는 해답이 또 있다. 노론벽파의 핵심인물 가운데 한 사람인 만포(晩圃) 심환지(沈煥之 : 1730~1802)와 주고받은 편지가 요즘 학계의 큰 화제다. 정조는 심환지에게 편지를 보내며 읽는 즉시 없애버리라는 어찰(御札) 297통이 고스란히 발견되었다. 물론 그 밖의 몇몇 사람에게 보낸 서찰로 보아 앞으로 더 많은 정조의 어찰이 나올 수도 있다.

정치란 계속 어제의 정적(政敵)이 오늘의 동지(同志)가 된다는 말이 거짓이 아니었다. 아니, 어쩜 서로가 서로를 이용하여 자신의 입지를 넓히려는 발판으로 삼으려는 고도로 계산된 정치놀음일 수도 있다. 정치는 역시 권모술수에 능해야 백성을 다스리고 자신도 지키는 것이 아닐까하는 의구심마저 들게 하는 부분이다.

어찰 297통 가운데 1798(정조 22)년 10월 14일 편지에, '고(故) 승지 임위(任瑋)는 지난날 동궁의 관원으로서 온천에 거둥할 때 세자를 모시고 따라가는 승지로 남다른 은총을 입었으니, 이는 신이 이루어 다 아뢸 수 없습니다. 그리고 2년 뒤에 홍주(洪州 : 홍성) 목사로 부임하였는데, 5월 24일부터 음식을 먹지 않고 통곡하다 열흘도 안 되어 죽고 말았습니다. 그 훌륭한 충성과 절개는 어두운 하늘의 별과 같다고 하겠습니다. 천년이 지나도록 뜻있는 선비들로 하여금 눈물을 흘리게 할 것이니, 융숭하게 보답하는 도리에 따라 증직(贈職)[186]하는 은전(恩典)을 베풀어야 합니다.'라는 등의 말을 덧붙여 설명하여 글을 짓는 것이 좋겠다. 겉봉에는 별지(別紙)라 큰 글씨로 쓰고 좌측 아래로 무오 10월 14일(故承旨任瑋, 以昔年宮官當溫幸時, 爲隨駕承旨, 偏承異渥, 臣不敢畢陳. 而及其再明年, 出宰洪州, 自五月二十四日不食痛哭, 仍爲滅性於旬日之內, 其孤忠特節, 可謂昏衢之一星. 千載之下, 志士灑泣, 其在崇報之道, 宜施褒贈之典等語, 敷衍 措辭爲可. 別紙, 戊午 十月 十四日)이라고 되어 있다. 정조는 자신의 생

186) 공신(功臣)·충신(忠臣) 효자(孝子) 및 학덕(學德)이 높은 사람 등(等)에게 죽은 뒤에 벼슬을 주거나 높여 주던 일, 또는 그 벼슬을 말한다.

각을 심환지에게 미리 사신(私信)을 보내어 원임(原任)·대신(大臣)들 소견(召見) 때 주청하라고 밀명을 내린 것이다. 그리고 그간 진행된 일은 정조의 명에 따르지 않는 과정을 통하여 심환지의 발언권을 강화시켜 힘을 실어 준다. 고분고분하지 않은 심환지를 보며 노론 벽파를 안심시키고 정조는 그동안 자신이 추구하는 소기의 목적을 이루는 것이다.

예조판서 심환지를 8월 28일 우의정으로 복상(卜相)187)하고 금강산에 머무르고 있는 그에게 정조는 돈유문(敦諭文)188)을 보낸다. 그리고 9월 24일 우의정에 제수한다. 그러나 심환지는 9월 24일, 10월 4일, 10월 11일, 10월 19일에 걸쳐 4번씩이나 사직상소를 올린다. 정조는 속히 돌아 와 왕명에 숙배(肅拜)하라고 하나 요지부동이었다. 10월 21일 승선(承宣)을 보내 또다시 돈유하기를 '직접 만나서 시비를 가려 보자.'는 이야기까지 하였으나 역시 출사하지 않는다, 10월 27일 재차 돌아 오라고 돈유하자 다음날 입궁하여 임금을 소견(召見)하였다.

살펴본 바와 같이 정조는 참으로 대단한 사람이었다. 아버지의 모든 허물을 씻어드리고 싶었다. 그것도 노론의 수장으로부터 씻어 드려야 마무리가 되는 것이다. 그래서 각본이 필요했다. 그 각본의 주인공이 바로 탐욕스런 심환지였다. 우의정과 '선비의리론'의 맞교환이 이루어진 것이다. 미진한 부분을 말끔히 정리하는 것이다. 모든 안이 정조의 뜻대로 이루어지는 날이 온 것이다. 을묘 원행으로부터 3년 반이 넘은 1798년 11월 1일 정조는 원임(原任)과 대신을 재전(齋殿)에서 소견하였다.

이 자리에서 우의정 심환지가 아뢰기를,

'고 유생 한유(韓鍮)의 충성과 절개는 아직도 온 나라 사람들이 애처롭게 여기고 있습니다. 이에 상신(相臣) 윤시동(尹蓍東)이 처음으로 대면하는 자리에서 건의한 바가 있었습니다. 성스러운 임금이 세상을 다스림에 있어서는 의리를 숭상하

---

187) 새로 정승 될 사람을 가려 뽑는 일이다.
188) 의정(議政)과 유현(儒賢)에게 면려(勉勵)를 권하는 글이다.

고 절개를 권장하는 것보다 더 앞서는 정사가 없습니다. 신은 한유와 같이 초야
에 묻혀 있으면서 충의를 바친 자에 대해서도 마땅히 포상하고 추중하는 은전을
베풀고 그의 자손을 녹용(錄用)해야 한다고 생각합니다.'라는 주청에 정조는,

> "선조(先朝)는 1771(영조47)년에 하교하시기를 '이 일에 대해서는 다시 문서를 만들
> 것이 없다.'고 하였다. 그러니 오늘날 신하들의 도리에 있어서는 이러한 논의가 있더
> 라도 다시금 문서를 만들어 복잡하게 하는 것은 감히 해서는 안 되는 것이다."

하였다.

한유(韓鍮)는 청주 유생으로 1770(영조46)년 3월 21일 상소를 올렸는데 날이 저물어
찾을 수 없음으로 다음날에야 한유를 체포하여 상소의 내용에 대해 신문하였다.

금오랑(金吾郎 : 의금부도사)이 한유(韓鍮)를 체포하여 오니, 임금이 묻기를, '네가
올린 것은 무슨 상소인가?'라고 하문하자, 한유가 말하기를, '영신(佞臣)[189]을 탄핵
한 상소입니다.' 하였다.

임금이 승지에게 그 상소를 읽도록 명하였는데, 첫째로 나라를 위하여 목숨을
바칠 것을 팔뚝에 새기고 도끼를 짊어지고서 죽음을 맹세하였음을 말하였으며,
주운(朱雲)[190]을 끌어대어 자신에게 견주기까지 하였다. 이어 홍봉한의 부자 형제
가 차례로 과시(科試)를 차지하여 모두 요로(要路)를 점거하였으며, 권력을 탐하여
마음대로 휘두름으로써 나라를 그르친 죄를 극언(極言)하고, 그 아들 홍낙인(洪樂
仁)은 교활하고 광패(狂悖)[191]하며, 그 아우 홍인한(洪麟漢)은 호번(湖藩·전라도)에서

---

189) 간사스럽고 아첨을 잘하는 신하를 말한다.
190) 한(漢)나라 성제(成帝) 때 사람인데 벼슬이 괴리령(槐里令)으로, '상방검(尙方劍)을 빌려서 영
　　신(佞臣) 장우(張禹)를 베이기를 원한다.'고 글을 올리자, 성제가 크게 노하여 죽이려 하였
　　다. 어사(御史)를 시켜 끌어내리려고 하자, 주운이 궁전의 난간(欄干)을 붙들고 버티다가 난
　　간이 부러지니, 부르짖기를 '신(臣)은 용방(龍逢)·비간(比干)과 지하(地下)에서 함께 놀면 만
　　족하겠습니다.'하니, 성제가 놓아주라 명하고 그 부러진 난간을 바꾸지 말게 하여 직신(直
　　臣)을 정포(旌襃)한 고사(故事)이다.
191) 행동이 도의(道義)에 벗어나서 미친 사람처럼 말이 사납고 막됐다.

탐학하여 사람들이 그 고기를 먹으려 한다고 하였다. 또 말하기를, '망국동(亡國洞)의 망정승(亡政丞)은 이미 동요(童謠)를 이루었습니다.' 하였는데, 대개 홍봉한이 안국동(安國洞)에 거주하기 때문이었다. 또 말하기를, '산림(山林)의 선비가 죄를 입고, 언관(言官)이 토죄(討罪)를 청하며, 앞뒤에 상소한 유생을 찬배(竄配)[192]하고 과거(科擧)를 정지시킨 것은 모두 홍봉한으로 말미암았습니다. 이 상소를 올리려 한 지 오래 되었으나 홍봉한이 포도청으로 하여금 축출하게 하였고, 기성(騎省 : 병조)에서 금지하였습니다.' 하였으며, 끝에 가서 '먼저 신을 처참(處斬)하고 뒤에 홍봉한을 처참하라'고 말하였다.

읽기를 마치자, 임금이 말하기를, '만고(萬古)에 없는 일이다.' 하니, 영의정 김치인(金致仁)과 우의정 김상철(金尙喆)이 말하기를, '어찌 이와 같이 다급한 글이 있겠습니까?' 하였다.

임금이 한유에게 말하기를, "옛사람의 말에, '사람이 요순(堯舜)이 아닌데 어찌 일마다 모두 잘할 수 있겠는가?'라고 하였다. 일에 따라 논함에 있어 혹은 권간(權奸)[193]이라고 말하는 것은 좋으나, 어찌 이와 같이 심할 수 있겠는가? 반드시 뼈에 맺힌 원한이 있는 것이다." 하니,

한유가 말하기를, '국가의 존망(存亡)에 관계되므로 차마 서서 볼 수가 없었던 것이며, 어찌 티끌만한 원한이라도 있겠습니까? 전하께서 그에게 하문(下問)하시면 알 수 있을 것입니다.' 하였다.

임금이 말하기를, "상소 중에 주운(朱雲)을 일컬은 것은 네가 조선(朝鮮)에서 한 '직(直)' 자를 얻으려고 이 짓을 한 것인가?" 하니,

한유가 말하기를, '오로지 나라를 위한 데에서 나왔습니다. 비록 몸이 곧 반쪽이 난다 하더라도 성교(聖敎)의 온당(穩當)함을 모르겠습니다.' 하였다.

---

192) 죄인을 지방이나 섬으로 보내 정해진 기간 동안 그 지역 내에서 감시를 받으며 생활하게 하던 형벌이다.

193) 권세를 가진 간신을 말한다.

임금이 노하여 목소리를 높여 말하기를, '장전(帳殿)[194] 가까이에서 감히 하교가 온당치 못하다고 하였으니, 이것이 어찌 신자(臣子)의 도리이겠는가?' 하고, 국문(鞫問)하라 명하였다.

임금이 말하기를, '네 상소 중에 유생을 유배시키고 과거를 정지시켰다고 한 것은 모두 임금이 명령한 것이다. 영부사(領府事)가 무슨 관계가 있는가?' 하니,

한유가 말하기를, '대신(大臣)이 되어 바로잡지 못하였기 때문에 한 말입니다.' 하였다.

임금이 말하기를, '40년 고심(苦心)에 다만 영부사 한 사람이 나를 협찬(協贊)[195]하였다. 그러므로 너희들이 마음에 달갑게 앙갚음하려는 것은 곧 당인(黨人)들의 사주로 말미암은 것이다.' 하니,

한유가 말하기를, "홍봉한이 한 일은 '군주'를 협찬한 것이 아니라 모두 나라를 망치는 짓이었습니다. 만약 남의 사주를 받았다면 어찌 먼저 신을 처참하라는 말이 있었겠습니까?" 하였다.

한 차례 형추(刑推)[196]를 한 뒤에 하교하기를, '인심과 세도(世道)가 어찌 이 지경에 이르렀단 말인가? 작년에 한집(韓鏶)[197]이 있었고, 금년에는 한유가 있다. 그들을 10촌간이라 말하지 말라. 그 마음은 하나같다. 더구나 신경(申暻)을 처분한 일이 어찌 상신(相臣)의 아룀으로 말미암았는가? 당인을 유배한 것은 모두 임금으

---

194) 임시로 꾸민 어좌(御座)이다.

195) 협력하여 찬성하는 것.

196) 죄인의 정강이를 때리며 캐어묻는 일을 말한다.

197) 1769(영조45)년 9월 1일 장령 한집이 상소하기를, '향유(鄕儒)들이 소장을 올리자 신충(宸衷)이 격뇌(激惱)하셨고, 국자(國子)의 장(長)은 집예(執藝:「서경(書經)」윤정(胤征)에 '백공은 기예(技藝)의 일을 가지고 간하라.[工執藝事以諫]'고 한 것을 인용한 것으로 모든 관원들은 자기가 종사하고 있는 기예로써 간(諫)할 수 있다는 뜻.)의 의리를 본받았고, 법을 관장하는 신하가 광구(匡救)하는 정성을 진달하였으나, 개납(開納)하는 명을 내리지 않으시고 견벌(譴罰)만 지나치게 무거웠습니다. 청컨대 아울러 성명(成命)을 환수(還收)하소서.' 하였는데, 임금이 엄지(嚴旨)를 내려 크게 꾸짖고, 대정현(大靜縣)에 찬배(竄配)하되 이틀 길을 하루에 걸어 압송하도록 명하고, 대망(臺望)에 통청(通淸)한 것도 또한 시행하지 말게 하였다.

로부터 말미암았는데, 감히 임금에게는 분풀이를 못하고 그때의 보상(輔相)[198]에게 마음에 달갑도록 앙갚음하려함은, 곧 길 가는 사람도 아는 바이다.' 하고, 유생의 이름을 유적(儒籍)에서 삭제하고 흑산도(黑山島)로 정배(定配)하되 사흘 길을 하루에 걸어 압송(押送)[199]하고, 그 상소는 불태우라 명하였다.

그로부터 1년 뒤인 1771(영조 47)년 2월 8일 죄인 한유(韓鍮)·심의지(沈儀之)를 특별히 석방하도록 하고 하교하기를,

"당연히 토죄(討罪)해야 할 경우에도 토죄하지 아니하고, 당연히 말을 해야 할 경우에도 말을 하지 않으니, 아! 임오년에 거의 망할 번하였으므로 각(角)을 불어 군사를 모았었는데, 내가 어찌 즐거워서 그렇게 하였겠는가? 음험한 환관(宦官)이 권세 있는 종친(宗親)과 교결(交結)[200]하여 뇌물을 받고 멋대로 행동하였으며, 권세 있는 종친은 은혜와 사랑을 생각하지 아니하고 당(黨)을 만들어 무뢰(無賴)[201]하였는데도 이목(耳目)의 '관원'은 마치 귀먹고 눈 먼 듯하였고, 초헌(軺軒)[202]을 타는 것도 부족하여 갑자기 남여(籃輿)를 탔으니, 이 물건이 어디로부터 왔단 말인가? 한 번도 오히려 부족하게 여겨 두 번이나 만들어 주었으니, 임오년(1762) 이전에는 비록 일의 형세 때문에 할 수가 없었지만 이번은 옛날과 다른데, 어떻게 권면하고 신칙하지 않겠는가? 국가의 형세가 두렵도록 위태로워 흥하고 망하는 것이 경각(俄頃)에 달려 있는데, 그 어찌 잠자코 팔짱을 끼고 있겠는가? '변란을 만든다.[釀成]'는 두 글자를 내가 어찌 억측하여 유시하겠는가? 이것으로 미루어 보면 한유(韓鍮)·심의지(沈儀之)가 선견지명(先見之明)이 있는 것이 아니겠는가? 그렇지 않으면 어찌 이런 지경이 있었겠는가?' 하며, 모두 특별히 석방하도록 하였는데,

---

198) 대신을 거느리고 임금을 도와서 나라를 다스리는 것.
199) 피고인 또는 죄인을 어느 한 곳에서 다른 곳으로 호송하는 일을 일컫는다.
200) 서로 사귀는 일이다.
201) 성품이 막되어 예의와 염치를 모르며 함부로 행동하는 사람이다.
202) 종2품(從二品) 이상(以上)의 벼슬아치가 타던 승교, 썩 긴 줏대에 외바퀴가 밑으로 달리고, 앉는 데는 의자 비슷하게 되어, 위는 꾸미지 않았으며 두 개의 긴 채가 달려 있다.

대개 한유가 일찍이 도끼를 가지고 대궐 문밖에 엎드려 홍봉한(洪鳳漢)을 논박하면서 그를 녹마정승[鹿馬相]203)이라고 하였으며, 심의지는 오래도록 한유와 접촉하면서 함께 상소하여 논핵하였기 때문에 처음에는 섬으로 귀양 보내도록 명하였다가 이때에 이르러 석방하였었다.

같은 해 8월 2일, 홍검(洪檢)을 승지로 삼았다. 임금이 숭정전(崇政殿) 뜰에 나아가 은혜에 보답하고 덕에 감사드리는 보사제(報謝祭)에 쓸 향을 지영(祇迎)하였다. 전설사(典設司)204)에 나아가려 하는데, 승지 홍검이 나와서 말하기를,

'지금 듣건대, 한유(韓鍮)라는 자가 와서 한 소장을 바쳤다고 하는데, 원소(原疏)는 비록 미처 보지 못하였으나, 대체로 줄거리는 전에 청했던 것을 거듭 고한 것으로서, 역적 홍봉한(洪鳳漢)의 머리를 참(斬)하고자 한다는 것이었다고 합니다.'
하였다.

임금이 인하여 건명문(建明門)에 나아가 원소(原疏)를 가지고 들어오되, 그 사람은 입궐(入闕)시키지 말고 조신(朝臣)들이 조회(朝會)시각을 기다릴 때 머물러 대기하는 곳인 직방(直房)에 구류(拘留)하도록 명하였다.

임금이 그 소장을 읽도록 명하고, 하교하기를, '한유를 석방한 것은 나의 잘못이다. 이번에는 도끼[斧子]를 가지고 오지 않았는가?' 하고, 임금이 거둥할 때에 임금의 수레 앞에 늘어서는 궁속(宮屬)에게 대령(待令)하도록 명한 다음, 한유를 잡아들이게 하였다.

하교하기를, '일물(一物)205)은 무슨 물건인가?' 하니,

한유가 말하기를, '목기(木器)입니다.' 하였다.

---

203) 임금을 속이고 권세를 마음대로 하는 정승을 가리키는 말로 중국 진(秦)나라 2세 황제(二世皇帝) 때 환관(宦官) 조고(趙高)가 황제에게 사슴을 바치고 이를 말이라고 하면서 황제를 속였다는 고사에서 유래한 말이다.

204) 조선 때 식전(式典)에 사용하는 장막(帳幕) 따위를 치는 일을 맡아보던 관아로 정4품이 관장하다가 주재관이 된 별제(別提)의 품계에 따라 종6품이 관장하였다. 원래는 충호아(忠扈衛)라 불렀으나 1466(세조12)년 전설사로 고쳤다.

205) 사도 세자가 갇혀 죽었다고 하는 나무뒤주를 말한 것이다.

임금이 말하기를, '목기를 말한 것은 음참(陰慘)하다. 네가 그것을 아는가? 누가 너에게 말하던가?' 하니,

한유가 말하기를, '초야(草野)의 한사(寒士)[206]입니다.' 하자,

그 말이 미처 끝나기도 전에 임금이 군졸로 하여금 그 입을 치게 하였는데,

한유가 말하기를, '그 당시에 비록 혹 들었다 하나, 이를 전한 사람을 지금 어떻게 기억할 수 있겠습니까? 원컨대 한 마디 말을 하고 죽겠습니다.' 하자,

임금이 다시 그 입을 치게 하고, 잡아내어 홍화문(興化門) 밖에서 대령하게 하였다.

하교하기를, "한유가 감히 이와 같이 한 것은 몹시 음참(陰慘)한 일이다. 그래서 곧바로 처분(處分)하고자 하였으나, 소장 가운데 무슨 말인지 알지 못하여 먼저 대강 줄거리를 물었던 것인데, 지난번에 없던 두 자는 극히 헤아릴 수 없는 데 관계된다. 이미 두 자를 일컬었으니 결단코 곧바로 처분할 수가 없었다. 그래서 원소를 가져다 읽도록 명했던 것인데, 그 가운데 '일물(一物)' 두 자는 나도 모르게 뼛속이 서늘해진다. 저도 또한 조선의 신자(臣子)라면 어떻게 감히 이러한 말을 할 수 있겠는가? 일각(一刻)이라도 하늘 아래 내버려 둘 수가 없고 도성에서 정법(正法)하는 것도 또한 누추하다 할 것이니, 그 소장과 대강의 줄거리를 굳게 봉해 한유와 더불어 호서(湖西)의 감영(監營)에 내려 보내되, 크게 위의(威儀)를 베풀어 효시(梟示)한 후 장문(狀聞)[207]하게 하라. 관계되는 바가 중대하니, 포교(捕校 : 포도부장)로 하여금 이틀 길을 하루에 걸어 압송(押送)하게 하고, 그 소장은 뜯지 말고 도신(道臣 : 관찰사)으로 하여금 불태우게 하라." 하였다.

8월 5일, 임금이 대신과 비국 당상을 인견한 자리에서 하교하기를,

"아! 한유(韓鍮)가 말을 더럽힌 것은 만고에 없던 일이다. 아! 그도 또한 조선의 신자(臣子)인데, 어떻게 마음에 싹틔워 글에 쓸 수 있었단 말인가? 처음에는 '일물

---

206) 벼슬이 없는 가난한 선비를 말한다.
207) 임금에게 보고하여 아룀.

을 바쳤다[獻—物]'는 세 글자는 차마 곧바로 말할 수 없는 것이었는데, 오히려 도끼[斧子]로써 대답하였고, 두 번째 물으니, 또한 목기(木器)를 말하였으며, 세 번째 물으니 데면데면하게 말하기를, '외방에서는 이 그릇을 그 물건이라고 한다.' 하였다.

아! 저 한유가 이미 혈원(血怨)[208]이 있어서 그 사람을 함정에 빠뜨리고자 그런 것이지 어찌 악역(惡逆)[209]의 마음이 있었겠는가? 부도(不道)한 데 지나지 않으므로, 차율(次律)[210]로 정법(正法)하게 하고, 그 접주인(接主人)[211]을 물어 보았더니, 심의지(沈儀之)는 또 어찌 이도찬(李道燦)을 헤아렸겠는가?

아! 이런 세도(世道)는 비록 이 일이 없더라도 윤숙(尹塾)의 무리가 만약 뜻을 얻었다면, 그 전해질 폐단을 이루 말할 수 있겠는가? 성인(聖人)이 번병(藩屛)의 사예(四裔)[212]로써 중국에 참여시켜 함께 할 수 없다고 한 뜻으로 윤숙은 대정현(大靜縣)에 햇수를 한정하지 말고 정배하도록 하라. 같은 시기에 한림(翰林) 임덕제(林德躋)가 고심(苦心)을 돌아보지 않고 문밖에서 포효(咆哮)하였으므로, 비록 똑같이 처분하였으나, 그 후 내가 항상 불쌍하게 여겼었으니, 내가 어떻게 윤숙의 죄과(罪科)에 몰아넣겠는가? 그러나 소인(小人)은 소인이니, 「희경(羲經 : 주역)」의 훈계를 내가 어찌 본받지 않겠는가? 이 두 사람을 만약 처분하지 않는다면, 심의지·이도찬이 장차 오늘에 다시 생길 것이니 임덕제에게 특별히 사판(仕版)[213]에서 영구히 간삭(刊削)하는 전형(典刑)을 시행하도록 하라." 하였다.

불과 이틀이 지난 8월 7일에는 벌써 한유의 일을 크게 후회했다.

한유(韓鍮)가 상소한 후부터 성심(聖心)이 번뇌(煩惱)하여 매번 조정에 탄식하기를,

---

208) 혈원골수(血怨骨髓)의 준말로 뼈에 사무치는 원수이다.
209) 도리에 어긋나는 극악한 행위이다.
210) 귀양에 해당하는 죄. 사형에 처하는 일률(一律)보다 한 등급 낮은 데서 이렇게 이른다.
211) 도둑이나 노름꾼 소굴의 우두머리 또는 장물아비를 말한다.
212) 왕실이나 나라를 수호하는 먼 밖의 감영이나 병영으로 나라 4방의 먼 끝을 일컫는다.
213) 벼슬아치의 명부(名簿)이다.

"우리 아이들은 어진데, 신하가 잘못을 바로잡지 못하여 이 지경에 이르게 되었다. 그가 비록 '홍봉한(洪鳳漢)이 바친 물건'이라고 말하였으나 이미 바친 후에 이 물건을 쓴 사람은 어찌 내가 아니었던가?' 천하 후세에서 장차 나를 어떻게 생각하겠는가?' 하였으므로, 이때에 이르러 특별히 양사(兩司 : 사헌부와 사간원)의 장관을 제수하자 조영진(趙榮進) 등이 부득이 홍봉한에 대해 발계(發啓)214)하였던 것이다. 그런데 임금이 크게 권장하고 탄식하여 하교하기를,

"지금 도헌(都憲 : 대사헌)의 계사(啓辭)215)는 체모를 얻었다고 할 수 있다. 대저 본 사건은 비록 한유가 홍봉한에게 앙갚음하려고 이처럼 헤아릴 수 없는 조어(措語)216)를 첨가하였으므로 한유는 말할 것도 못되지만, '헌(獻)' 한 자는 향곡(鄕曲 : 시골)에서 스스로 다스릴 것이 아니었다. 그래서 친히 심의지(沈儀之)에게 물어 보았더니, 낱낱이 큰소리치며 스스로 일물(一物)을 바쳤다는 말을 감당하였으니, 심의지가 근본이 되는 것이다. 그러나 본 사건을 어떻게 감히 다시 제기할 수 있겠는가마는, 그 사람은 징토(懲討)217)하기를 청하지 않을 수 없으므로, 대신(臺臣)이 아뢰는 즈음에 혹시라도 갈등(葛藤)이 있을까 두려웠지만, 지금 도헌(都憲)이 아뢰었고, 또 내가 만약 헤아린다면 이로부터 본 사건은 편안하게 여길 수 있게 되어 이 마음이 거의 느슨해지게 되었다. 지난날 태산(泰山)을 보지 못하였다는 하교는 비록 심의지를 가리킨 것이라 하지만, 오늘 합계(合啓)218)를 망설인 것은 마땅하지 못하며, 또한 태산을 보지 못했다는 것이다. 고 상신이 할아비가 되고 고 경재(卿宰)가 아비가 되는 사람으로서 이것이 무슨 마음이란 말인가? 비록 나라 사람

---

214) 고려·조선 때 사간원·사헌부에서 죄의 유무·경중 등에 관하여 다시 조사한 뒤 왕에게 의견을 올린 형사(刑事)제도로서 사건을 신중히 다루기 위하여, 특히 형사사건에 관한 왕의 판결과 의금부의 처리에 미심한 점이 있을 때 실시한 제도이다.

215) 논죄에 관하여 임금에게 올리는 문서이다.

216) 말의 뜻을 글자로 엉구어 만들다.

217) 적을 응징하여 치는 것.

218) 조선시대 사간원(司諫院)·사헌부(司憲府)·홍문관(弘文館)의 관원 중에서 두 사람 또는 세 사람이 연명(連名)으로 논죄(論罪)에 관하여 임금에게 올리던 글이다.

들에게 부끄럽지 않다 하더라도 유독 주계군(朱溪君)[219]에 대해서는 부끄럽지 않겠는가? 그 국체(國體)에 있어서 일을 편안하게 여겨 신칙(申飭)함이 없을 수 없다. 대사간 이미(李瀰)에게 특별히 사판(仕版)에서 영구히 간삭(刊削)하는 전형(典刑)을 베풀어 그 할아버지에게 사죄하게 하고, 심의지의 처남 조상연(趙尙淵)은 추자도(楸子島)에 자신(自身)에 한정해서 백성을 삼도록 하라. 그리고 이제 이 사건에 대해 편안하게 여겨 이 사건을 다시 제기하는 자는 마땅히 역적 이괄(李适)[220]의 율(律)을 시행할 것이니, 이것을 중외(中外)에 포고(布告)하도록 하라." 하였다.

한유에 대한 말을 정조에게 아뢰었다가 할바마마의 유지를 받들어 다시 제기하는 것을 막자, 심환지는 집요할 정도로 다시 화제를 돌려 아뢰기를, "『명의록(明義錄)』[221] 한 책은 바로 오늘날의 『춘추(春秋)』로서 오륜(五倫)과 오례(五禮)가 여기에 들어 있으며, 덕 있는 사람에게 명하고 죄 있는 자를 토죄하는 원칙이 여기에 들어 있습니다. 대개 크나큰 그 의리는 높이 떠 있는 해와 별처럼 밝고 오묘한

---

219) 조선조 성종(成宗) 때 종실(宗室)인 주계부정(朱溪副正) 이심원(李深源)이다. 이심원이 그의 고모부(姑母夫)인 임사홍(任士洪)의 간교함을 알고 성종에게 면대(面對)하여 후일에 반드시 나라를 그르치고 집안을 망하게 할 인물이니, 중용(重用)하지 말라고 간곡하게 청한 고사가 있다.

220) 이괄(李适, 1587~1624) : 조선 중기 무신으로 자는 백규(白圭)이며 본관은 고성(固城)이다. 선조 때 무과에 급제하여 형조좌랑·태안군수를 지냈으며, 1622(광해군 14)년 함경북도 병마절도사로 부임하기 직전 인조반정에 가담, 이듬해 거사가 진행되었을 때 큰 공을 세웠다. 그 공으로 포도대장에 이어 평안병사 겸 부원수가 되어 영변(寧邊)에 출진, 성책을 쌓고 군사훈련에 힘써 정사공신 2등에 책록(册錄)되었다. 24년 아들 전(旃)이 한명련(韓明璉)·정충신(鄭忠信) 등과 공모하여 반역을 꾀한다는 고변을 받자 조정에서 사실 여부를 조사할 목적으로 의금부도사와 선전관이 영변에 파견되었는데, 이들을 죽이고 반란을 일으켰다. 군사 1만여 명을 거느리고 진격, 인조가 공주(公州)로 피난을 가고 한때 한성(漢城)까지 점령하였다. 그러나 곧 관군에게 대패하여 도망가다가 부하장수 기익헌(奇益獻)·이수백(李守白) 등에게 살해되었다. 한편 반란이 실패로 돌아가자 일부가 후금(後金)으로 도망, 조선의 불안한 정국을 알리며 침공할 것을 종용, 마침내 1627(인조 5)년 정묘호란(丁卯胡亂)이 일어나는 원인이 되었다.

221) 조선 정조 원년(1777)에 김치인 등이 편찬한 책으로 벽파의 홍인한 등이 시파의 탄핵을 받아 제거된 전말을 기록하였다. (3권 2책의 인본)

그 의미는 가느다란 실오라기와 터럭처럼 은미합니다. 그러므로 한 시대의 교훈이 되고 천만년토록 법으로 전해질 수 있는 것입니다. 이 책을 읽지 않는다면 어떻게 임금을 섬기는 도리를 알아서 조정에 서서 정치에 참여할 수 있겠으며, 또 어떻게 선비라고 하며 지방이나 향리에서 이름을 드러내겠습니까. 그런데 근년 이래로 이 책을 내팽개쳐 둔 지가 오래되었습니다. 이로 말미암아서 난적(亂賊)이 토죄되지 않고 있고 명의(名義)가 밝혀지지 않고 있기에 신은 몹시 한심스럽게 생각합니다.

참으로 의리를 밝히고 사기를 진작시키고자 한다면, 마땅히 먼저 절의를 지킨 선비들을 표창하여 퇴폐해진 풍속을 고무시키고 아름다운 교화를 심어야만 합니다. 지금 본궁(本宮)에서 대제(大祭)를 올리는 날 저녁을 맞이하여 감히 이상과 같이 진달합니다.'

너구리같은 심환지는 한수 더 떠 한유를 거론하였다. 할아버지께서 한유에 대한 일을 입에 올리는 자는 '이괄의 율'로 다스린다는 사실을 알면서도 서두(序頭)를 절묘하게 꺼낸 것으로 보아 역시 노론 벽파의 영수답게 노회한 인물이었다. 정조의 마음을 손바닥 보듯 훤히 꿰뚫고 있었기 때문이리라.

그래서 바로 임위에 대해 말하기가 차마 낯이 간지러웠던 모양이다. 그러자 이번에는 '고 승지 임위(任瑋)는 뛰어난 절개가 있었는데도 지금까지 묻혀버린 채 세상에 드러나지 않고 있어 신은 몹시도 개탄하고 있습니다. 임위는 지난날의 궁관(宮官)으로서 온천에 행행할 때를 당하여 어가를 모시고 가는 승지가 되어 특별한 은총을 많이 받았는데, 이에 대해서는 신이 감히 다 진달하지 못하겠습니다. 그런데 그 2년 뒤에 전라도 지방의 고을 원으로 나가 있다가 5월 24일부터 통곡하면서 음식을 먹지 않았는데, 며칠이 안 되어 숨이 끊어졌습니다. 그의 뛰어나고도 특출한 충성과 절개는 혼탁한 세상을 비추는 해와 별이라고 할 만한 바, 천년의 세월이 지난 뒤에도 뜻있는 선비들은 그를 위하여 눈물을 흘릴 것입니다.

그런 의로운 선비에게 보답하는 도리에 있어서 의당 일품(一品)의 관직을 추증

하고, 이어 시호를 내려주는 은전을 베풀어야 하겠습니다.' 하니 그대로 따랐다.

짝짜꿍이를 놓은 정조와 심환지는 회심의 미소를 짓고 노론은 어안이 벙벙하여 말 한마디 하지 못했을 것이다. 자기들 손으로 죽인 사도세자를 지금 복권(復權)시키고 있는 것이다.

이어 정사를 열어 즉시 거행하되 시장(諡狀)이 올라오기를 기다리지 말고 당일로 시호를 의논하여 정하고 그의 아들에게 관직을 제수하라고 명하였다.

이에 임위에게는 좌찬성을 증직하고, 충렬(忠烈)이라고 시호를 내렸다.

정조는 임위를 증직하기 이미 3개월 전인 8월 4일 정철·임위·김천일의 봉사손에게 관직을 수여하기 위하여 하교하기를, '장계로 보고한 내용을 보건대, 고(故) 상(相) 정철(鄭澈)의 후손인 생원 정길(鄭梏)은 나이가 68세이고, 고 유신(儒臣) 임위(林㙔)의 현손인 유학 임병원(林炳遠)은 나이가 64세이고, 고 충신 김천일(金千鎰)의 봉사손(奉祀孫)인 유학 김득려(金得麗)는 나이가 63세라고 하였다. 이 세 사람을 만약 전조(銓曹 : 이조와 병조)에서 관례에 따라 조용(調用)[222]할 때까지 기다린다면 어느 때나 들어와 벼슬하게 될지 모를 일이고 또 들어와 벼슬한다 하더라도 이미 70이나 80이 넘을 것이니 어찌 너무도 의리가 없는 것이 아니겠는가. 교관(教官)이나 감역 자리를 이번 정사에서 특별히 더 마련한 다음 단망(單望)으로 임명토록 하라. 그리고 도신(道臣)에게 분부하여 그들을 올려 보낸 뒤에 장계를 올리도록 하고, 그들이 올라오면 궐직(闕職)이 생기는 대로 승진시켜 주도록 하라. 만약 그들 중에 근력이 달려 억지로 올려 보낼 수 없는 자가 있거든 역시 도신으로 하여금 사유를 갖춰 보고하게 한 뒤에 초기(草記)를 올리도록 하라.'고 하여 초임 벼슬을 참상으로 하여 바로 외직에 나가 고을 수령이 될 수 있도록 단단히 채비를 한 뒤였다. 이는 앞으로 있을 임위의 아들 임희구(任希耇)를 염두에 둔 것이니 빈틈 없는 임금이었다.

따라서 정조는 1798(정조 22)년 12월 18일 자연스럽게 충렬공 임위의 아들 임희

222) 관리(官吏)를 골라서 등용(登用)하는 것을 말한다.

구를 수령으로 차임하면서 전교하기를,

'연전에 이정모(李靖模)를 초사(初仕)인데도 곧바로 호남 지방의 수령으로 의망한 것은 그의 선조들 때문이었다. 충렬공(忠烈公) 임위(任瑋)의 아들이 처음 벼슬하는 해에 나이의 한계에 찼다고 하니, 만약 그의 근무 일수가 차기를 기다려서 6품으로 승진시키려 하다가는 70세가 될 것이다. 관직을 누리는 것이야 논할 바가 아니지만 이런 집안의 이런 사람에 대해서 어찌 일반적인 규례에 구애될 수 있겠는가. 참봉 임희구를 오늘 정사에서 수령으로 차임하여 보내라.' 하였다.

이로써 정조는 아버지를 죽음으로 내어 몬 벽파의 수장으로부터 아버지를 추모하며 단식으로 죽은 임위를 추증하고 그의 아들 임희구를 말단 참봉에서 다섯 계단을 승진시켜 참상관(參上官 : 6품 이상)으로 지방수령에 차임시킨 것이다.

시파의 수장인 채제공의 '양조덕미(兩朝德美)' 즉 '영조와 사도세자 두 분에게는 아무 잘못이 없다.'는 '임오의리론(壬午義理論)'과 벽파의 수장인 심환지가 아버지 사도세자를 위해 죽은 유호, 임위를 공개석상에서 노골적으로 거론하며 충성과 절개가 마치 혼탁한 세상을 비추는 해와 별에 비유 '선비의리론'을 내세워 정조가 가고자 하는 길에 마지막 마침표까지 찍어준 셈이다.

52년간 다져진 철옹성 같던 노론의 권력도 정조 치세 22년에 눈 녹듯 녹아들고 만 것이다. 권력을 향한 줄타기의 명수인 기회주의자들의 처세술이란 카멜레온처럼 능수능란하다. 그걸 모를 리 없는 정조가 아니었다. 그러나 정조가 꿈꾸어 왔던 복수는 '을묘원행'을 통하여 8일 만에 이미 종결된 상태이고, 나머지는 자질구레한 뒷정리에 불과한 일이라고 간과해버릴는지도 모른다.

하지만 때로는 자질구레한 것이 몸통일 수 있다는 사실을 우리는 유호, 임위를 통해 새롭게 재인식하는 전환의 계기가 된다는 역사적 사실에 다시 주목하게 된다. 적어도 정조에게는 꼭 집고 넘어가야 할 아주 중요한 대목이기 때문이다.

정조의 내면을 알려면 '만천명월주인옹'이라는 자서를 보고 객관적 사실을 보려면 이시수가 지은 '정조대왕행장(正祖大王行狀)'을 보면 알 수 있다.

아버지가 억울한 누명을 쓰고 비참한 생을 마감한 사실을 만천하에 알려 아무 잘못이 없음을 밝힌 것이다. 현륭원 천봉 때의 어제지문(御製誌文)에 소상히 적어 후대로 전했다.

영조는 무수리 출신 어머니 숙빈 최씨(1670~1718)를 극진히 사모하여 파주의 '높고 신령스럽다.'라는 뜻의 고령산(高靈山) 소령원(昭寧園)에 모시고 원찰(願刹)로 '널리 두루 빛을 비춘다.'라는 보광사(普光寺)를 지어 사모곡(思母曲)을 불렀다. 그런 영조가 아들을 죽여 손자인 정조는 아버지를 꽃 뫼인 화산(花山) 현륭원으로 천봉을 한다. 원찰은 '황제가 된다.'는 뜻의 성황산(成皇山)에 용주사를 지어 '용이 여의주를 얻어 하늘을 오른다.'라는 사부곡(思父曲)을 부르게 하였으니 하늘의 저주 아니고는 있을 수 없는 기연이다.

군자(君子)이건 소인(小人)이건 궁극적으로 살아가는 동안에는 길흉(吉凶)이 함께 존재하는 세상일 수밖에 없겠지요. 정조는 『주역』에서 말하는 재지어지선(在止於至善) 즉 '지극한 선에 있을 때 그치라.'는 뜻을 몇 번이고 되새겼겠지요.

할아버지를 원망하고 저주하여야 할 정조는 오히려 모든 걸 받아들여 사랑으로 승화시켰다. 그리고 근면·성실·검약·솔선수범을 통하여 국력을 키우고 애민사상(愛民思想)으로 특별한 일을 이루어낸 불세출의 임금이다. 지금 정조가 그리워지는 이유가 바로 여기에 있는 것이다.

4. 죽어서 영원히 사는 이, 정조

정조는 1800년 6월 28일 유시(酉時 : 17시~19시)에 창경궁의 영춘헌(迎春軒)에서 49세라는 아까운 나이로 재위 24년 만에 승하(昇遐)했다. 재인박명(才人薄命)이라 했다던가.

풍수에 뛰어났던 정조가 죽기 전 남긴 말이라고는 도저히 믿을 수 없는 일이 있어 세인의 궁금증을 자아내게 한다. 풍광이 뛰어나고 잘 다듬어진 명당을 마다하고 굳이 융릉 동쪽의 낮은 구릉지에 왜 자신을 묻어 달라는 유언을 했을까?

11월 3일 영가(靈駕)가 창덕궁을 떠나 시흥행궁에서 하루를 묵고 다음날 화성행궁에서 또 하루를 묵는다. 우연이었을까? 11월 4일 임오(壬午)였다. 아버지가 억울하게 화를 당한 임오년과 같은 임오일에 자신이 그토록 심혈을 기울여 지은 화성행궁에서 아버지와 서로 만나고 있을지 모른다. 만약 만났다면 영혼끼리의 대화가 자못 궁금하다.

다음날 능소(陵所)에 도착한 영가는 11월 6일(甲申) 광중(壙中)으로 정조의 재궁(梓宮)을 내려놓는 의식이 행해진다.

완전하여 크게 이로운 날을 십전대리일(十全大利日)[223]이라 하여 장례는 이날 치

---

223) 1418(태종18)년 7월 14일 예조(禮曹)에서 장일(葬日)을 상정(詳定)하였다. 예조에서 서운관(書雲觀)의 정문(呈文)에 의거하여 아뢰기를, "안장(安葬)은 십전대리일(十全大利日)에, 다음 길일(吉日)은 장서(葬書)와 극택통서(剋擇通書)·원귀집(元龜集)·극택전서(剋擇全書)에 아울러 모두 재록(載錄)되어 있으니, 이제부터 장일은 음양(陰陽) 구기(拘忌)를 제외하고 십전대리일(十全大利日)을 오로지 써서 임신(壬申)·계유(癸酉)·임오(壬午)·갑신(甲申)·을유(乙酉)·병신(丙申)·정유(丁酉)·임인(壬寅)·병오(丙午)·기유(己酉)·경신(庚申)·신유(辛酉)로 하고, 다음 길일(吉日)은

른다. 일진(日辰)이 임신(壬申)·계유(癸酉)·임오(壬午)·갑신(甲申)·을유(乙酉)·병신(丙申)·정유(丁酉)·임인(壬寅)·병오(丙午)·기유(己酉)·경신(庚申)·신유일(辛酉日)이 가장 길일이다. 그래서 정조의 장례를 갑신일(甲申日)로 맞추기 위하여 3일에 궁궐을 출발한 것이다.

정조는 아버지의 발치에서 언제까지나 아버지를 우러러 뵙겠다며 이 자리를 택했다. 하지만 어느 누가 보아도 좋은 자리가 아니었다. 그러나 정조는 자신이 죽은 후의 일이지만 용복면(龍伏面)에 용이 둘일 수는 없다고 생각했을 것이다. 아버지를 모신 마당에 자신이 용이 된다는 것이 어디 가당키나 한 말인가. 죽기 전 정조의 심중에 이미 의도되었던 장소였을 것이다. 자신을 어찌 아버지에 비교할 수 있단 말인가. 아버지처럼 명당에 든다는 것은 사후(死後)에 저지르는 또 다른 불효라고 생각하였음이 자명하다. 정조는 비운에 간 아버지를 평생 사모하여 죽어서까지 지킨 효자였다. 명당이 아닌 곳을 일부러 택하여 자신을 묻어달라는 유언을 남겼을는지 모를 일이기 때문이다. 십중팔구는 아마 그랬을 것이다. 아버지 사도세자가 수은묘에서 27년간 광중에 물이 차 있었듯, 자신도 죽어서 물이 차는 광중을 택함으로 아버지의 아픔을 같이하려고 하지 않았을까?

조선의 뛰어난 대학자 정약용은 '외심 윤영희에게 주다.[與畏心尹永僖]'라는 글에 '자신이 열한두 살 무렵 아버지 정재원(丁載遠 : 1730~1792)이 집에서 하루에 『주역』 한 괘씩을 읽으며 무릎을 치고 감탄하는 것을 보면서도 여쭈어보지 못했다.'라고 하며 후에 규장각 각신이 되었을 때 '비로소 군주에게서 「주역」을 배우게 되었음을 자축했다.'라고 말한다.

정약용은 『역경(易經)』·『역전(易傳)』 전체에 대한 기존의 주석을 소개하였을 뿐 아니라 자신이 직접 논평을 할 만큼 엄청난 공부를 한 당대 최고의 주역 고수다. 이런 정약용이 군주로부터 『주역』을 배웠다고 실토하지 않았던가. 뿐만 아니라

경오(庚午)·경인(庚寅)·임진(壬辰)·갑진(甲辰)·을사(乙巳)·갑인(甲寅)·병진(丙辰)·기미(己未)로 하소서." 하니, 그대로 따랐다.

아버지를 천봉하고 화성과 화성행궁 터를 직접 고를 만큼 풍수에 해박한 지식을 갖춘 당대 최고의 풍수대가가 바로 정조 아니었던가.

그런데 유언을 하여 자신이 묻힐 무덤을 굳이 물차는 곳으로 택하여 스스로 결정하였다. 아버지를 이장하면서 물에 찬 광중을 목격한 정조는 아버지가 묻혔던 곳과 흡사한 자리에 자신을 묻게 함으로 불효를 저지른 자식으로서의 짐을 조금이나마 내려놓는 것이 도리라고 생각하였을 것이다. 그것이 일생을 가슴에 품고 살아왔던 정조의 효심이다. 11살이었던 어린 정조의 마음은 그래서 하늘보다 넓은 것이리라. 자신의 불행한 과거를 극복하고 참 성인이 가야 할 구도자적인 삶을 구현했기 때문이다.

정조가 죽은 21년 후인 1821(순조 21)년 3월 9일 '오시에 왕대비전이 자경전에서 승하하였다.(午時, 王大妃殿昇遐, 于慈慶殿)' 3월 17일 빈청에서 대행왕대비(大行王大妃)의 시호(諡號)를 '자혜하고 어버이를 사랑하는 것을 효, 온유하고 성선한 것을 의(慈惠愛親曰, 孝. 溫柔聖善曰 懿.)라는 뜻으로 효의(孝懿)로, 휘호(徽號)224)를 예경자수(睿敬慈粹)·전호(殿號 : 혼전임)를 효휘(孝禧)·능호(陵號)를 정릉(靜陵)이라 정했다.

3월 22일에는 영돈녕(領敦寧) 김조순(金祖淳)이 상소하여 이르기를 지금 건릉(健陵)의 터가 좋지 못하므로 '이번 기회에 이장할 곳을 정하고 합장하는 예를 행하여 우리 선대왕의 형체와 신령이 수풍(水風)·사력(沙礫)·충의(蟲蟻)의 근심을 영구히 받지 않고 우리 왕대비께서 합장의 소원을 이루게 한다면 일거에 둘 다 완벽할 것이니, 이보다 무엇이 더 아름답겠습니까?' 하였는데, 비답하기를, '대행 대비께서 평소 이일을 매우 근심하여 여러 번 소자(小子)에게 하교하신 것이었다. 이제 경의 상소를 보니 더욱 목이 찢어지고 답답하고 두려움을 견디지 못하겠다. 즉시 대신(大臣)과 경재(卿宰)로 하여금 의논하여 아뢰게 하도록 하라.'고 하였다.

영부사(領府事) 이시수(李時秀)를 비롯한 시·원임 대신 67명이 논의한 결과, '이번 임금의 장인인 국구(國舅)가 올린 상소는 온 나라 사람들의 똑 같은 소원입니

---

224) 왕비(王妃)가 죽은 뒤 시호(諡號)와 함께 올리던 존호(尊號)이다.

다.'라고 하나같이 말하므로 순조의 허락을 받아 이장하기로 하였다.

4월 20일 건릉의 능을 여는 예를 거행하였다. 이장 터는 지관과 당대 학자들의 의견을 수렴한 결과 수원의 옛 향교자리로 정하였다.

9월 10일 대행왕대비의 영가(靈駕)가 출발하자 왕이 왕세자 대(旲)를 대동하고 홍화문(弘化門) 밖에 나아가 하직하였다. 영가는 시흥행궁에서 하룻밤을 보내고 11일 화성의 능소에 도착하였다. 이틀이 지난 9월 13일(庚申), 정조와 효의왕후 두 분 재궁(梓宮)을 광중(壙中)에 봉안(奉安)하였다. 지금 우리가 보는 건릉이 이때에 조성된 것이다. 손에서 책을 놓지 않던 호학군주답게 향교(鄕校) 터에 묻혔으니 정조의 꿈은 죽어서도 이루어진 셈이다.

화성시 안녕동 화산의 융·건릉, 화성시 송산동 용주사가 지금은 별도로 떨어져 있지만 당시에는 원래 한 구역이었다. 해발 108m의 화산을 중심으로 안녕동(安寧洞)에 있는 만년제(萬年堤)와 위토(位土)까지 아우르면 엄청난 규모였다.

현재 사적권역(史蹟圈域 : 206호)인 융·건릉지역 밖에서는 대한주택공사에 의해 택지개발이 한창 진행 중이다. 그런데 태안3지구 택지사업 공사현장에서 정조의 초장지(初葬址)가 발견된 것이다. 융릉의 남쪽 발치에 해당하는 자리다. 그리고 처음의 정자각(丁字閣)·재실(齋室) 터와 신도(神道)에 사용된 것으로 추측되는 많은 전돌이 발견되었다.

조선 왕릉은 봉분에서 100미터 거리의 남쪽에 정자각이 자리하며, 정자각으로 부터 다시 남쪽으로 300~400미터 정도 떨어진 곳에 재실이 자리하는 짜임새로 되어있어 이번과 같은 현상이 나타난 것이다. 건축업자가 손해를 보지 않도록 나라에서 적정한 보상을 해서라도 이 부분을 반드시 살려 융·건릉과 연결될 수 있도록 복원하여 세계문화유산도 보존하고, 입주민에게 자부심과 긍지를 심어주어 삶과 문화가 공유되는 합리적인 방안을 강구해야 할 것이다. 앞으로의 처리과정이 궁금해지는 곳이다.

정조는 필설(筆舌)로 다 표현할 수 없는 파란만장한 삶을 살다간 왕이었지만 아

주 뛰어난 성군이기도 하다. 지독한 독서광으로, 한편 뛰어난 무장으로 번뜩이는
지혜와 총명한 머리로 어느 왕도 흉내내지 못할 훌륭한 정치로 민심을 얻는 데는
성공을 거두었으나, 자신을 제거하려는 계파를 끝내 완전히 불식(拂拭)시키지 못
한 한계를 안고 가야 했다. 물론 각 계파를 무마시켜 자신이 하고자 하는 일을
성취시키는 데는 어느 누구도 따르지 못하는 그만의 아주 특출한 지략과 용인술
을 지니고 있었다. 11살 때 아버지를 불의에 잃었고, 그의 아들 순조 또한 11살
때 아버지를 잃는 똑 같은 슬픔을 겪는다. 역사의 수레바퀴는 여전히 잔인하다.

  사학자들은 세자가 15살이 되면 선위를 하고 어머니와 함께 화성행궁으로 내
려와 상왕(上王)으로 있으면서 아들인 순조로 하여금 아버지 사도세자를 왕으로
추존하도록 할 계획이었다고 입을 모은다. 할아버지가 내린 어명도 받들고 자신
의 뜻도 자연스럽게 펼치면서 성공한 임금이 되었을 것이라는 가설이다.

  그것은 정조가 평소 입버릇처럼 염원하던 사부곡(思父曲)으로 보아 어느 누구
도 의심할 여지가 없다. 그러나 역사에서 가설은 있을 수 없다. 다만, 정조 자신
이 그토록 벗어나고자 했던 윤위(閏位)에 대한 굴레를 노론들 스스로 풀어 주었다
는 사실이 그저 놀라울 뿐이다.

  1800년 6월 28일 대행왕이 승하한 다음에 올린 시호가 정종(正宗)이기 때문이다.
정위(正位)가 아니라고 입버릇처럼 되뇌던 사람들이 7월 6일 의정부와 관각(館閣)
제신(諸臣)인 영의정 심환지(沈煥之), 좌의정 이시수(李時秀), 우의정 서용보(徐龍輔),
대제학 홍양호(洪良浩), 행(行) 이조판서 예문제학 지춘추(知春秋) 이병정(李秉鼎), 행
병조판서 홍문제학 김재찬(金載瓚), 호조판서 이재학(李在學), 예조판서 이만수(李晚
秀), 형조판서 한용귀(韓龍龜), 공조판서 겸 지춘추 이득신(李得臣), 행 대사헌 서매
수(徐邁修), 행 부제학 김조순(金祖淳), 이조참판 이익운(李益運), 호조참판 서형수(徐
瀅修), 예조참판 민태혁(閔台爀), 병조참판 조윤대(曺允大), 형조참판 김이익(金履翼),
공조참판 강이정(姜彝正), 동춘추(同春秋) 정상우(鄭尙愚)·이노춘(李魯春), 대사간 유
한녕(俞漢寧) 등이 의논하여 올린 시호(諡號)가 문성 무열 성인 장효(文成武烈聖仁莊

孝)이다.

묘호(廟號)는 정종(正宗)으로 '정도로서 사람을 승복시킨다.(以正服之日正. 敬依.)'를 '정(正)'이라 한다. 삼가 그대로 따랐다라고 지어올린 연유를 밝혀놓았다.

역사란 때로 우연이라기엔 너무 불가사의한 일이 많다. 그렇게도 윤위(閏位)라며 왕으로 인정하지 않고 기회만 있으면 제거하려던 영의정 심환지, 좌의정 이시수, 우의정 서용보 등 노론의 대표적 인물들이 정종이라는 묘호를 올려 정위(正位)를 영겁토록 인정하는 결과를 낳는다. 대행왕이 살아서 풀어보려고 그토록 발버둥친 숙제를 그들이 머리를 맞대고 자청해서 풀어준 결론이니 이는 필시 하늘의 뜻일 것이다.

윤변위정(閏變爲正)이 된 것이다. 이를 두고 후천개벽(後天開闢)이라 하는 것이리라. 유럽의 옛말에 '진리는 끝없이 깊은 우물 밑에 사는 이해하기 어려운 여인과도 같다.'라는 말이 꼭 어울린다.

영조는 아들을 죽여서일까? 정성왕후, 정순왕후에게 소생을 보지 못했고 여섯 명의 후궁으로부터 아들 둘, 딸 열둘 모두 14명을 생산하였다. 그 가운데 아들 진종은 열 살에 죽고, 옹주 다섯 명도 어려서 죽었다. 나머지 옹주 일곱 명은 출가하였으나 모두 출산하지 못하고 죽었으니 참으로 괴이한 일이다.

자신의 손으로 죽인 사도세자만이 아들 다섯, 딸 셋을 두어 나라를 이어갔으니 인생사란 누구도 예측할 수 없는 판도라의 상자가 아닐까. 모든 불행은 다 쏟아져 나왔으나 희망(希望)만은 끝까지 상자 속에 남아 있었듯, 자신의 손으로 죽인 그 아들의 후손들로 하여금 조선을 끝까지 다스리도록 하였으니 역사도 일종의 업보(業報)인가 보다.

그리고 실로 놀라운 일이 일어난다. 사도세자가 죽은 지 꼭 137년이 지난 1899(광무3)년 12월 19일 고종황제는 종묘에 나아가 태조, 장조, 정조, 순조, 문조를 추존하는 책보(册寶)를 올리고 다시 환구단(圜丘壇)에 나아가 고하였다. 사도세자인 장조(莊祖)의 장(莊)은 덕이 훌륭하고 예절이 공손한 것(履正志和曰莊)이라 했으니

정말 역사는 사람이 인위적으로 풀 수 없는 수수께끼다.

그것도 모자라 23일 고종황제는 중화전(中和殿)에서 하례(賀禮)를 받고 죄인들을 사면하는 자리에서 조선을 세운 태조에게 태조고황제(太祖高皇帝), 사도세자는 장조로 추숭되어 왕이 된지 불과 4일 만에 장조의황제(莊祖懿皇帝)【追尊高祖考莊宗大王爲莊祖神文桓武莊獻廣孝懿皇帝】가 되었다. 정조는 정조선황제(正祖宣皇帝)【曾祖考正宗大王爲正祖敬天明道洪德顯謨文成武烈聖仁莊孝宣皇帝】순조는 순조숙황제(純祖肅皇帝), 익종에게는 효명익황제(孝明翼皇帝)라고 추숭하였다.

이로써 정(正)·윤(閏)에 대한 시시비비(是是非非)는 역사 속의 내홍(內訌)225)일 뿐이다. 그러니 바른 자리라는 뜻의 정위에 대해 더 이상 시시비비를 걸 사람이 없어진 것이다.

정조가 죽은 후 100년 뒤에 아버지는 왕이 되었다. 왕이 아니라 황제가 되었으니 아들이 살아서 그토록 염원했던 것보다 더 큰 하늘 즉 천제(天帝)가 된 것이다. 땅에 서려 있던 용이 비바람을 일으키며 힘차게 하늘을 날고 있는 것이다. 반룡농주(盤龍弄珠)와 대주향공(對珠向空)이란 말이 허사가 아니었던 모양이다. 정조 역시 아버지와 함께 황제가 되었으니 어찌 진종의 자식이라 하겠는가. 왕과 황제의 차이는 억지로 맺어진 양자(養子)와 비견할 바가 아니다. 지금 의황제(懿皇帝)와 선황제(宣皇帝)는 여의주를 마주 대하며 하늘을 향해 힘차게 날고 있으니 말이다.

역사는 역사가 바로 잡는다. 지난 역사를 재평가하는 것이 역사의 자연스런 흐름이며 역사철학이기 때문이다. 진정한 역사란 그 시대를 재조명하는 후대 사가들에 의해 언제나 재정립되게 마련이다.

정조는 이미 아버지가 왕으로 추숭될 것이라는 것을 예견하고 현륭원에 온갖 정성을 들인 것이다. 그 예견은 적중되었다. 아들에 의해서건 고종에 의해서건 그건 문제가 되지 않는다. 그래서 현륭원(顯隆園)의 '융(隆)'을 사용 융릉(隆陵)이라는 능호로 거듭 태어나 현재에 이른다.

---

225) 집단이나 조직의 내부에서 자기들끼리 일으킨 분쟁을 말한다.

물론 사도세자에게 흠결이 전혀 없다는 이야기는 아니다. 흠결을 뛰어넘는 인간의 본성이 사도세자와 정조의 편이었을 따름이다. 세자를 폐하여 서인으로 삼는 것도 부족하여 자식을 뒤주 속에 가두고 직접 못질까지 하였다. 그리고 8일간이라는 긴 시간을 고통 속에서 굶어 죽게 만든 비정한 부정(父情)에 대하여 어느 누구의 동의도 이끌어 낼 수 없었던 것이다. 자식을 키우는 이 땅의 모든 부모들이 얼마나 전율했을까? 노론을 제외하고는.

왕이 보통 왕자를 죽이려 해도 신하된 도리로 목숨을 걸고 막아야 하거늘 하물며 하나밖에 없는 세자에 있어 서랴. 백성이 과연 임금과 신료들을 어떻게 생각하였을까?

유교의 기본은 강상(綱常)이다. 인륜을 가장 잘 지켜야 할 사람이 임금이요, 그 다음이 벼슬아치들 아닌가.

정조가 등극하자 어머니 혜경궁 홍씨는 친정의 멸족을 막기 위해 조상의 제사를 받들게 제발 다 죽이지는 말아달라고 간청하지 않았던가. 한 가문을 위해서 죄 있는 사람을 살려 달라고 간청하며 어찌 세자를 죽이는 데 앞장선 사람들을 그대로 보고만 있었을까. 봉수당 진찬을 끝내고 돌아온 혜경궁은 반성이 아니라 아들의 효성에 감복하였는지 친정의 억울함을 알리려는 한중록을 쓰기 시작하였으니 모자(母子) 사이가 달라도 너무 달라 우리를 당혹스럽게 만든다. 잘못된 역사를 바로잡아 주는 것이 후대 사학자다. 현실과 역사는 이래서 다르다.

'짐(朕)이 곧 하늘이다.'라는 말은 '임금이 곧 하늘이다.'와 같다. '웃물이 맑아야 아랫물이 맑다.'라는 말은 그냥 있는 것이 아니다. 윗사람이 본보기를 보여야 아랫사람들이 따르는 것이다. 위에서는 아무렇게나 행동하며 백성들에게만 삼강오륜을 강요한다면 그게 어디 올바른 나라인가.

할바마마인 영조가 정치적으로는 어느 정도 성공하였는지 모르나 아들을 죽인 후 민심은 이미 보이지 않게 이반되어가고 있었다. 이런 점을 잘 아는 정조는 이미 무너진 유교의 나라에 새로운 활로를 모색하고 있었다. 바로 왕 스스로 모범

을 보이는 솔선수범의 정치를 펼친 것이다. 진두(陳頭)에서 계속 이끌어도 따라오려 하지 않는 앞뒤 꽉 막힌 신하들을 바라보며 수없이 개탄 했다. 후대의 사학자들은 이러한 정조를 가리켜 모든 걸 혼자 다하려는 성격의 소유자로 결론을 내리기도 한다.

정조는 아버지를 잃은 슬픔과 살아남은 자신을 되돌아 대비시키며 왕으로 자신이 가야 할 길을 찾아 헤맬 수밖에 없었다. 그것은 진심으로 백성을 사랑하고 모범을 보이는 일이었다. 그 대표적 실천을 효(孝)에 둔 것이다. 효는 백행의 근본으로 유교교리의 핵심을 이루기 때문이다. 자신이 효를 직접 실행함으로 민심을 사로잡아 자신의 편으로 끌어들이는 한편 아버지를 죽게 만든 사람들에게 복수를 한 것이 '을묘원행(乙卯園行)'이다.

어머니의 회갑이라면 '을묘진찬의궤'를 간행하여야 함에도 불구하고 8폭짜리 「진찬도병(進饌圖屛)」에 주요장면만을 그림으로 대신했다. 『원행을묘정리의궤』라 한 것은 이번 행차가 아버지를 위한 행사임을 분명히 안팎으로 선포한 것이다. 그만큼 정조는 완벽하고 치밀하게 자신의 속마음을 아무도 모르게 실천한 군주였다. 정조가 얼마나 치밀한 성격의 소유자인가는 화성성역에 관한 모든 것을 하나도 빠뜨리지 않고 완벽하게 일일이 기록으로 남겼다는 점이다. 『화성성역의궤』는 1794(정조 18) 1월부터 1796(정조 20)년 9월까지 화성성곽축조와 성내 행궁을 비롯한 모든 건물의 공사현황을 담은 보고서다. 권수(卷首) 1권, 본편 6권, 부편(附編) 3권의 10권 9책으로 짜여 있다. 이 책은 18세기 말 '화성건설'의 모든 내용을 담고 있어, 당시 국가사무와 건설행정은 물론 기술에 대해 총체적으로 이해할 수 있게 했다. 정조는 화성축조와 관련된 모든 문서를 모아 공사의 내력과 축조 기술 등을 적은 책을 간행하라는 지시를 내렸다. 실무책임을 지고 있던 홍원섭(洪元燮)이 1796(정조 20)년 11월 9일 정조의 뜻에 따라 일일이 내용을 살펴, 대조해가며 심혈을 기울여 『화성성역의궤』를 완성했다. 정조가 홍원섭에게 『화성성역의궤』를 맡긴 것은 『지봉유설(芝峯類說)』 '보유' 1책을 간행했을 뿐 아니라 책응도청(策

應都廳) 수원부판관(水原府判官)으로 화성축조과정에 직접 참여하여 처음부터 끝까지 성역공사 내역을 손금 보듯 잘 알고 있기 때문이었다.

그 후 1801(순조 1)년 7월 28일 사복시정(司僕寺正) 홍원섭 감독으로 간인(刊印)되었고, 9월 18일 비로소 『화성성역의궤』를 반포하였다. 『화성성역의궤』를 찬집(纂輯)226)한 낭관(郞官) 홍원섭은 그 공으로 정3품 당상관인 통정대부(通政大夫)로 자급을 올려 받았다.

이 『의궤』 구성은 세 부분으로 대별된다. 책머리에는 편찬방식, 경위 등을 실은 범례와 전체목차, 성곽축조일지, 성곽축조 및 의궤편집을 담당한 관청과 공사에 사용된 각종 기계와 도구의 도설(圖說)을 기록해 놓았다.

한편 화성 전체의 도형(圖形)은 당시 조성된 신도시 화성의 모습을 한눈에 묘사할 수 있게 해 준다.

본편에는 화성축조에 관련된 사업계획, 추진과정, 화성건설에 사용된 경비, 동원된 노동자들의 인적구성 등 치밀하고 세세한 항목에 이르기까지 하나도 빠짐없이 기록해 놓았다.

권1에는 성곽축조의 기본계획인 「어제성화주략(御製城華籌略)」을 위시하여 왕의 명령과 신하들의 회의내용 등이 담긴 전교(傳敎), 윤음(綸音), 유지(有旨), 전령(傳令), 연설(筵說), 계사(啓辭)가 실려 있다.

권2~4까지는 성곽의 각 건물에 대하여 왕이 친히 지은 시문(詩文), 공사에 공로가 있는 공로자의 포상규칙, 공사를 담당한 관청 사이에 주고받은 공문서, 공사에 동원된 노동자들의 종류와 인원수, 성명 등 여러 항목이 기록되어 있다.

권5~6에는 '재용(財用)'이라 하여 화성 축성에 사용된 물품종류와 수량, 전체 공사비를 기록하였는데 총 공사비는 80만여 냥에 이르렀다.

이들 재원은 대부분 군영(軍營) 내 행궁(行宮), 관아(官衙) 등 성곽 내 여러 건물들의 축조에 관한 사항을 본편과 유사한 항목으로 배열하여 수록하였다. 따라서

226) 자료를 모아 분류하고 일정한 기준 밑에 순서를 세워 책을 엮거나 또는 그 책을 말한다.

본편·부편을 보면 화성 신도시 건설과정에 대한 전반적인 윤곽과 규모를 사실에 근접할 만큼 아주 정확하게 알 수 있게 해준다.

화성성역이 2년여라는 짧은 기간에 완성될 수 있었던 것은 무엇보다도 백성들 피해를 염려하는 군주의 배려와 효율적인 노동력의 관리 때문이다. 아울러 과학적인 기계들을 제작, 적극 활용하여 이룩한 결과이다.

우선, 성을 쌓는데 꼭 필요한 석재(石材)를 팔달산 등 가장 가까운 곳에서 채취 운반함으로 노력이 그만큼 절약되었다. 특히 무거운 석재의 운반은 중국 등옥함(鄧玉函)이 지은 『원서기기도설(遠西器機圖說)』을 참작하여 제작한 거중기(擧重器)[227]와 그 밖에 자체적으로 만든 녹로(轆轤)[228]·대거(大車)·설마(雪馬) 등의 도구를 사용함으로 노동력을 획기적으로 줄일 수 있었다. 역학원리(力學原理)를 이용하여 만든 녹로는 인력에 비하여 수배내지 수십 배의 힘을 내는 효과를 발휘하였다.

건축설비를 혁신하는 외에 노동력 동원도 강제적인 사역(使役)이 아니라 모두 품삯을 주어 일하게 하는 고립제(雇立制)를 원칙으로 하였다.

여름에는 더위를 씻을 수 있는 척서제(滌暑劑), 제중단(濟衆丹) 등 약재를 노동자들에게 제공하는 세심한 배려까지 하여 사기를 북돋았다.

성내로 편입되는 땅에 대해서도 논밭과 가옥을 구분하여 보상해 주었다. 특히

---

227) 정조가 중국에서 수입한 『기기도설(奇器圖說)』이란 책을 주어 정약용으로 하여금 고안하게 하여 무거운 물건을 드는데 사용하던 재래식 기계로, 1792년 수원 화성을 쌓는데 이용되어 크게 이바지하였다. 도르래의 원리를 이용하여 만들었으며, 화성성역 공사에는 왕실에서 직접 제작된 거중기 1대가 투입되었다. 위와 아래로 각 4개의 도르래를 연결하고 아래쪽 도르래 아래에 물체를 매어달고, 뒤의 도르래 양쪽으로 잡아당길 수 있는 줄을 연결하여 이 줄을 물레에 감아 돌림으로 도르래에 연결된 줄을 통해 물체가 위로 올라가도록 되는 원리이다. 『화성성역의궤(華城城役儀軌)』 '총목(總目)' '도설(圖說)' 164쪽에는 거중기전도(擧重器全圖)의 조립된 전체의 완전한 그림과, 165쪽에는 분도(分圖)로 각 부분을 분해한 그림을 실어 쉽게 이해되도록 했으며 설명문이 나온다.

228) 높은 곳이나 먼 곳으로 물건을 달아 올리거나 끌어당길 때 쓰는 물레의 원리를 이용한 도르래이다. 역시 '도설' 169쪽에는 전도(全圖)가 170쪽에는 분도(分圖)가 그림으로 실려 있으며 설명도 뒤따른다.

가옥은 기와집·초가집·토담집 등으로 등급을 나누어 실정에 알맞게 보상금을 지불하였다.

화성 건설 주역은 기술자들이었다.『의궤』권4 '공장(工匠)'에 따르면 수많은 기술자들이 동원되었음을 알 수 있다. 우선 성곽 축조공사였으므로 돌을 다루는 석수가 가장 많이 동원되었다. 이밖에도 목수, 미장공, 기와와 벽돌을 만들고 굽는 와벽장, 대장장이 등 모두 1,800여 명에 달하는 노동자들이 작업을 진행하였으며 연간 투입인원이 70여만 명이다.

이들은 대부분 서울 및 경기지역 사람들이었다. 이들에 대한 정확한 신원 파악은 물론 재료의 출처 및 용도, 예산 및 임금계산, 시공기계, 재료 가공법, 공사일지 등 조직적인 관리는 성역(城役) 공사 완성에 크게 기여하였다. 특히 하찮아 보이기 쉬운 모든 공사에 이르기까지 빠짐없이 노동자들의 이름을 분명히 기록하여 부실공사(不實工事)를 미연에 예방할 수 있도록 한 우리나라 최초의 실명제 도입이라고 보아 무방하다.

한마디로 화성은 정조가 아버지 사도세자에 대한 효심(孝心)을 나타내 보인 빛나는 눈물의 결정체이다. 정약용이라는 당대의 걸출한 인물과 동서양의 기술서(技術書)를 참고하여 만든『성화주략(城華籌略)』을 지침서로 채제공은 총괄 책임자, 조심태를 현장 실무 책임자로 삼아 한 치의 착오도 허락하지 않도록 했다. 정약용이 설계해 만든 거중기, 녹로 등 근대 과학적 기구들을 축성에 활용하였으며 성곽의 벽돌, 건축물의 기와 등을 독특한 방법으로 제작하였다.

중국, 일본에서는 찾아볼 수 없는 평지산성(平地山城)의 형태로 도성(都城)을 위한 군사적 방어 기능과 상업적 기능을 함께 보유하였다. 거기에다 성곽시설의 기능이 과학적, 실용적, 합리적 구조로 짜여있어 동양 성곽으로는 가장 두드러진다.

200여 년 전의 성곽과 행궁을 원형대로 복원할 수 있는 문화재는 세계적으로도 그 유례를 찾아보기 어렵다. 화성은 1963년 사적3호로 지정되었으며, 성곽축성

등 건축사에 큰 발자취를 남기고 있을 뿐 아니라, 그 기록만으로 역사적 가치가 대단한 것으로 평가 받아 1997년 12월에는 유네스코(UNESCO) 세계문화 유산으로 등재되는 영광을 얻었다.

1972년 11월 1일 제17차 유네스코 정기총회에 참가한 각국의 대표진과 전문가들이 모여 인류의 소중한 유산이 인간의 부주의로 파괴되는 것을 막기 위하여 「유네스코 세계문화유산」이라는 제도를 제정하여 오늘에 이른다. 목적은 자연재해나 전쟁 등 파괴의 위험에 처한 유산의 복구 및 보호활동 등을 통하여 보편적 인류유산의 파괴를 근본적으로 방지하고, 문화유산 및 자연유산의 보호를 위한 국제적 협력 및 각 나라별 유산보호활동을 고무하기 위해서이다.

의의는 「세계유산협약」에 따라 세계유산위원회(World Heritage Committee)가 인류 전체를 위해 보호 되어야 할 현저한 가치가 있다고 인정하여 유네스코 세계유산 일람표에 등재한 문화재로 문화유산·자연유산·복합유산으로 분류한다.

화성은 건축술이나 그 동질성, 주변경관으로 역사·과학·예술적 관점에서 세계적 가치를 지닌 독립적 건물이면서도 연속된 건축물로 인정받았다. 아울러 인간 작업의 소산물이거나 인간과 자연에 의한 공동노력의 소산물, 역사적, 심미적, 민족학적, 인류학적 관점에서 세계적 가치를 지닌 고고학적 장소를 포함한 지역으로 인정받아 등재된 것이다.

정조가 떠난 지 정확히 210년이 되었다. 우연의 일치일까? 열성조를 모신 종묘(1995. 12)를 시작으로 정조가 정사를 돌보던 창덕궁(1997. 12), 아버지의 나라 화성이 모두 유네스코 세계문화유산으로 등재되었다. 뿐만 아니라 유네스코 세계유산위원회는 2009년 6월 26일(현지시간) 스페인(Spain) 세비야(Sevilla)에서 열린 제33차 회의에서 우리나라가 신청한 '조선왕릉(朝鮮王陵 : Royal Tombs of the Joseon Dynastys)' 40기(북한 소재 2기 제외)에 대한 세계문화유산(World Cultural Heritage) 등재를 확정하였다.

정조가 정사를 보던 정전인 창덕궁(昌德宮), 정조가 심혈을 기울여 축성한 화성(華城), 아버지 장조의 융릉, 정조의 건릉(健陵), 그리고 신주가 부묘(祔廟)된 종묘까

지 세계문화유산으로 기록된 개인은 아마 지구상에서 그 유례를 찾기 힘들 것이다. 어디 그뿐인가? 그것도 부족해 역대 군왕(君王)의 신위(神位)를 모시는 종묘와 영녕전(永寧殿)의 제향(祭享)에 쓰이는 종묘제례악(宗廟祭禮樂)[229]은 1964년 12월 7일 중요무형문화재 제1호로 지정되었으며, 2001년 5월 18일 유네스코에 의해 종묘제례와 함께 '인류구전 및 무형유산걸작'으로 선정되어 세계무형유산으로 지정되었다. 전주이씨(全州李氏) 대동종약원(大同宗約院) 주관 하에 5월 첫째 일요일에 성대한 향사(享祀)를 올리고 있어 세계인의 주목을 받고 있다.

또 있다. 중국·일본에서는 찾아 볼 수 없는 우리만의 빼어난 문화유산인『조선왕조실록(朝鮮王朝實錄)』은 1997년 10월,『승정원일기(承政院日記)』는 2001년 9월,『조선왕조의궤(朝鮮王朝儀軌)』는 2007년 6월 제8차 유네스코 기록유산 국제자문위원회에서 세계기록유산으로 등재되는 쾌거를 이룩했다.

불행하게 임진왜란으로 1592년 이전의『승정원일기』·『조선왕조의궤』는 모두 소실되어 우리를 안타깝게 한다.『승정원일기』는 그 명칭이 바뀌며 쓰여 오긴 했어도 1623년 3월 12일부터 1910년 8월 29일까지 280년여 간 지속적으로 그 작업이 이루어져 왔다. 이 기록은 편년체(編年體)에 따라 날짜순으로 배열하였고 월별로 책을 만들었는데 분량의 적고 많음에 따라 한 달에 2책으로까지 만들기도 했다. 조선 전기의『승정원일기』는 승정원에서 보관하여 왔으나 임진왜란(壬辰倭亂) 때 거의 다 불타버리고 말았다. 1592년 임진왜란 후부터 1623년까지 일기는

---

229) 세종(世宗) 말기에 창작한 정대업(定大業)·보태평(保太平)·악무(樂舞)를 1463(세조9)년 12월 11일 최항(崔恒:1409~1474)이 손질하고 줄여 채택하므로 진찬 시, 변(邊)·두(豆)를 거두거나 송신(送神)하는 악(樂)의 가사를 짓게 하였다(가사내용은 이 날자 조선왕조실록 참조). 1464(세조10)년 1월 14일 '임금이 종묘에 친히 제사하였는데, 새로 만든 정대업·보태평의 음악을 연주하였다.(上親祀宗廟, 奏新制定大業, 保太平之樂)' 이어서 '이제 연주한 새 악곡이 대례(大禮)를 잘 진행하여 하나도 차실(差失)이 없으니 세종의 유의(遺意)를 이루어 매우 기쁘다.(今奏新樂, 得展大禮, 一無差失, 甚喜成世宗, 遺意)' 보태평은 조종(祖宗)의 문덕(文德)을 찬양하고, 정대업은 무공(武功)을 찬양하는 음악이다. 1664년부터 현재까지 계속 이어지고 있는 종묘제례악은 앞으로도 영원히 계속될 것이다.

'이괄의 난' 때 또 다시 거의 불에 타버리고 만다. 인조 때, 1592년 이 후의 일기를 보수 하였으나 1744(영조 20)년 10월 13일 승정원에 불이 나 모두 타 없어졌다. 지금 전해오는 일기 역시 보수한 부분이 상당히 많으나 최선을 다하였음으로 그 역사적 가치는 매우 높다고 할 수 있다. 특히 정조는 기록을 가장 중요하게 여기는 임금으로 역사의 보고라 할 수많은 기록을 남긴다.

『조선왕조의궤(朝鮮王朝儀軌)』는 서울대 규장각에 553종, 장서각(藏書閣)에 293종, 1866(고종 23)년 병인양요(丙寅洋擾) 때 약탈당한 191종이 프랑스 파리국립도서관에 있으며, 일본이 몰래 반출해간 의궤 69종이 궁내청에 있는 등 총 1,106종에 달한다. 이 가운데 같은 종류의 의궤가 중복되어 있어 실제로는 대략 637종으로 본다. 파리국립도서관에는 18종의 유일본이 있으나 일본에는 다행히 유일본이 없다는 것이 전문가의 견해다. 결혼식, 연회, 장례식, 사신영접, 책봉, 추숭, 공신, 왕릉 조성, 건축물 등 정말 다양하다. 그 가운데 특히 『화성성역의궤』와 『원행을묘정리의궤』가 단연 의궤의 백미로 꼽힌다. 아마도 역사가 이어지는 한 영원히 지속될 것이다.

아울러 비운으로 돌아가신 아버지가 14년간 대리청정을 하신 곳, 아버지의 나라 화성, 추존된 아버지와 함께 자리한 융·건릉(隆·健陵), 아버지의 신주가 종묘로 모셔지기까지 정조의 효사상(孝思想)을 바탕으로 집대성(集大成)시킨 그의 심오한 철학이 모두 세계문화유산으로 등재되었으니 사후의 일이지만 이런 겹경사에 절로 마음이 숙연해진다. 정조가 아니라면 세계유산에서 화성, 융·건릉 3곳이 없었을 것이다. 물론 『화성성역의궤』와 『원행을묘정리의궤』도 있을 리 만무하다.

그야말로 앞날을 꿰뚫어 보는 혜안을 갖은 성군임에 틀림없다.

이미 정조는 그렇게 되리라 알고 있었는지 모른다. 화성의 둘레 5,744m이고 면적은 130헥타르(ha)이다. 지금도 원형을 살리기 위해 남수문(南水門)의 복원을 꾀하고 있다. 어디 그뿐인가. 성곽 둘레에 있는 민가를 적정한 가격으로 사들여 정비작업도 병행하고 있다.

죽은 정조가 이 시대를 살아가는 우리에게 수없이 깨닫게 하는 교외별전(敎外別傳)이며 화두(話頭)이기도 하다.

• 정치적 파벌은 있되 개인·당파의 이익을 버리고 국가·국민을 위하여 대의(大義)를 따를 것,

• 죽음을 목전에 두고도 놓지 못하는 탐욕을 내려놓을 것,

• 어디서 와서 어디로 가는지 모르는 어리석은 중생에게 최소한 지켜야 할 것이 있다면 그것은 효(孝)라는 것,

• 죽을 때까지 욕심을 부려도 좋은 것은 책을 읽어야 한다는 것,

• 그리고 내가 믿는 종교나 학문이 결코 최고가 아니며 좋은 것은 구하고 선택하여 우리에게 맞게 받아들이라는 것,

육의전(六矣廛)[230]을 제외한 금난전권(禁亂廛權)[231]을 과감히 혁파하고 개인 상인의 상행위(商行爲)를 보장하는 이른바 신해통공(辛亥通共)을 통해 정경유착(政經癒着)의 고리를 끊고 경제인도 국리민복(國利民福)을 위하여야 한다는 기업가 정신 등 허다하다.

또 하나 지나칠 수 없는 중요한 사실은 내탕금을 모두 풀어 공사를 했다는 점이다. 그뿐이 아니다. 검소하기로 말하면 역대 임금 중 최고일 것이다. 수라상 반찬은 두세 가지요, 그릇마저 제대로 된 것이 없고 이가 빠졌거나 일그러졌다는

---

230) 육의전이란 중국산 비단을 취급하는 선전(線廛)·무명과 은자(銀子)를 취급하는 면포전(綿布廛)·국내산 비단을 취급하는 면주전(綿紬廛)·종이를 취급하는 지전(紙廛)·모시와 삼베를 취급하는 저포전(苧布廛)·어물을 취급하는 내외어물전(內外魚物廛)을 말한다.

231) 도성의 상권은 돈의문에서 동대문 사이와, 광화문에서 남대문으로 이어지는 T자형으로 되어있었다. 특히 육의전(六矣廛)이 있는 종로와 혜정교 사이를 사람들이 구름처럼 모여든다 해서 운종가(雲從街)라 불렀다. 육의전을 경영하는 시전상인들에게 자신들이 판매하는 특정상품을 다른 상인이 매매하는 것을 적발하면 이를 법적으로 고발하고 그 상품을 압수할 수 있는 권한을 주는 대신 궁중과 관청에 각종 물품을 조달하도록 하였다. 뿐만 아니라 청(淸)나라에 바치는 진헌품(進獻品)의 조달을 도맡았다. 이런 특권을 누리는 상인과 노론이 결탁 이권의 일부를 바치는 소위 정경유착으로 발전 노론의 돈줄이 되었다. 이에 정조는 채제공의 건의를 받아들여 이를 철폐시킨다.

기록으로 보아 얼마나 솔선수범에 앞장선 임금이었는지 알 수 있다.

지금으로 말하면 사재(私財)를 털어 사회에 환원한 대통령이다. 다시 말해 윗사람은 손해를 보고 아랫사람에게 이익이 돌아가도록 한다는 손상익하(損上益下)의 원칙을 스스로 실천한 임금이다. 대통령 퇴임 후 끊임없이 야기되는 부정부패에 대한 시시비비를 보며 정조가 떠오르는 이유는 왜일까? 우리가 다시 한 번 되돌아 보아야 할 대목이다.

정조 재위 24년간 백성이 임금에게 올려 호소하는 상언(上言)을 4,427건이나 받았는데 그 종류를 제한하여 원통한 일이 있는 자손이 조상을, 아내가 남편을, 동생이 형을, 종이 주인을 위하여 하는 4가지 경우 외에 함부로 올리지 못하게 하였다. 뿐만 아니라 사리에 맞지 않는 송사를 한 사람에게는 장(杖) 100을 때린 후 3천리 떨어진 곳으로 유배를 보냈으며, 수령을 유임시키기 위해 벌인 자는 장 100을, 중한 자는 노동형(勞動刑)인 도(徒:현 징역형) 3년형에 처하게 하는 제도였다.

특히 현륭원 천봉 후 13회 이상을 참배하며 1,100여 건 이상의 상언과 격쟁을 한 민원을 모두 들어 주었으니 원행(園行)은 효(孝)와 함께 민정을 살펴보는 아주 중요한 정치적 목적이 있었다.

그러나 백성이 임금에게 하소연하기가 어디 그리 쉬운 일인가. 궁여지책 끝에 거둥하는 길가나 잠시 머무르는 주정소에서 징이나 꽹과리를 쳐서 하문(下問)을 기다리던 격쟁(擊錚)을 생각해 냈을 것이다. 그나마 벼슬아치들은 자신들의 비리가 들어날까 극구 반대를 했고 대부분의 왕들도 귀찮게 여겨 시행하지 않았다.

정조는 신료들의 반대를 물리치고 역대 왕들 가운데 억울한 사정을 최고로 많이 풀어준 왕으로 기록된다.

『일성록(日省錄)』 1770(정조 1)년 1월 20일 기록에 '영조(英祖)가 궐내에서 격쟁하는 것만 금하였는데, 이후 교외에서도 격쟁하는 것이 아울러 금지되고 있으며, 심지어 잡아가두어 형벌을 가하기까지 하니 이 또한 괴이하다.

국왕이 대궐에 있을 때는 차비문(差備門)232)에서 격쟁하며, 동가(動駕)시에는 위

외(衛外)에서 격쟁하는 것이 옛 법이다.'라며 허용하라는 전교를 내려 '위외격쟁(衛外擊錚)'이 다시 이루어진 것이다.

격쟁으로 임금에게 상언(上言)된 민원은 3일 이내에 처리하여 해당 벼슬아치로 하여금 손 쓸 여유를 주지 않았다. 잘못하면 민원인에게 고스란히 그 피해가 돌아가는 폐단을 미리 막아주었던 것이다. 거리가 먼 곳의 민원은 암행어사 등을 파견하여 비밀리에 현황을 파악, 정확한 판결로 관할 수령방백에게 어명으로 시행토록 하였던 것이다.

죄인을 다스리는 일에도 남달리 신중을 기했다. 관료로부터 부당하게 당하고도 오히려 뒤집어쓰는 예가 비일비재한 것이 현실이라는 사실을 누구보다 정조는 훤히 꿰뚫어 보고 있었다. 지금의 3심제에 해당하는 삼복제(三覆制)를 시행하여 무고한 사람이 죽임을 당하거나 옥살이를 하지 않도록 했다. 이는 아마 죄 없이 돌아가신 아버지를 늘 마음속으로 나마 그리며 지금까지 뉘우치지 않는 사람들에게 경종을, 힘없는 백성들에게는 마음 놓고 살 수 있는 세상이라는 걸 보여주고 싶었으리라.

이렇게 수많은 치적 가운데 무엇보다도 값진 교훈은 적에게 복수 대신 포용으로 대화합을 이끌어 내는 데 총력을 기울였다는 점이다. 가장 좋은 예가 아버지를 죽이기 위해 온갖 모함을 일삼던 할바마마의 후궁 숙의(淑儀) 문씨(文氏)를 토죄(討罪)하는 일로 대신과 삼사의 신하를 불러 모은 1776(정조즉위)년 5월 14일의 일이다. 문씨 소생인 화령옹주를 거론하자 정조는 '문성국이 흉계를 꾸미던 날이 혹은 출생하기 전일 수도 있고 혹은 강보 속에 있을 때일 수도 있다. (중략) 내가 차마 다시 듣고 싶지 않으니 시급히 정지하고 번거롭게 하지 말라.'며 정조는 끝까지 화령옹주와 화길옹주에게 그 직위를 지켜주는 대범함을 보여 큰 정치가다운 면모를 여실하게 보여준다. 툭하면 파벌 만들기 좋아하는 현대의 우리들에게 시사(示唆)하는 바 실로 크다. 정조를 알면 자신이 바뀌고, 자신이 바뀌면 세상이

---

232) 임금이 평상시에 거처하는 편전의 앞문.

바뀔 것이다.

　정조가 '만천명월주인옹(萬川明月主人翁)'이란 자호를 지은 것 또한 죽음을 예감하며 하늘의 달이 되고 싶었던 게 아닐까? 왜냐하면 정조는 살아서보다 죽은 후에 원하는 것을 다 얻은 왕이기 때문이다. 삶과 죽음이 여일한 일상사라면 삶보다 죽은 후가 얼마나 중요한가를 우리들에게 큰 교훈으로 말없이 가르쳐주고 있기 때문이다. 도(道)란 살아서 이루어야 죽은 후의 향기가 더욱 오래 가는 법이다.

　화산(花山)에 있는 융·건릉(隆·健陵)과 화성, 화성행궁이 있는 수원은 눈부시게 발전하고 있다. 더구나 수원은 화성(華城)을 중심으로 크게 발전하여 경기도의 핵심으로 오산시(烏山市)·화성시(華城市)와 묶어 광역시로 거듭나고자 하는 움직임도 있다. 수원시가 아닌 화성유수부(華城留守府)였듯, 수원 화성이 아니라 화성광역시(華城廣域市)로 되돌아 왔으면 한다.

　화성이란 이름을 다시 찾는 일이야말로 정조가 소망했던 마지막 남은 꿈으로 아버지에 대한 망부가(亡父歌)에 마침표를 찍는 일이 아닐까?

　열 달을 품으면 사람이 되고, 백년을 품으면 역사가 되고, 천년을 품으면 신화가 된다고 했다던가.

　정조는 우리와 같이 열 달을 어머니 뱃속에 있다 태어났지만 우리와 달랐고, 백년이 되기 전 숱한 역사가 되어 뭇사람의 입에 오르내리는 성군이었다. 그러더니 천년은 고사하고 200년이 조금 넘자 이미 세계의 신화가 되었다.

　오늘을 살아가는 우리들이 배워야 할 교훈이 하나둘이 아니다. 대한민국이 탄생한 지 60년이 지났어도 아직 제대로 된 역사교과서 하나 없이 우왕좌왕하는 자화상에 마침표를 찍어야겠다.

　자라나는 어린이에게 우리가 누구인지를 확실하게 심어주는 것이 학자들의 몫이 아닐까? 다른 나라는 없는 역사도 만드는데 우리는 언제까지 있는 역사도 제대로 기술하지 못하고 싸움질만 할 것인가.

　역사가 아무리 바뀌어도 그 속에 숨어 있는 숨결은 언제나 정직한 스승이기 때

문이다.

　정조가 남긴 유무형의 것을 통해 현대를 살아가고 있는 우리들 모두는 다시 하나둘 되짚어보고 한층 발전된 역사가 될 수 있도록, 새로운 역사를 새롭게 써야 할 것이다.

　역사란 우리들의 자화상(自畵像)이기 때문이다.

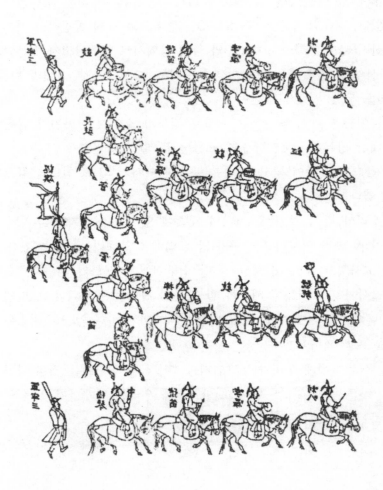

3부

너무나 멀고 힘든 여정

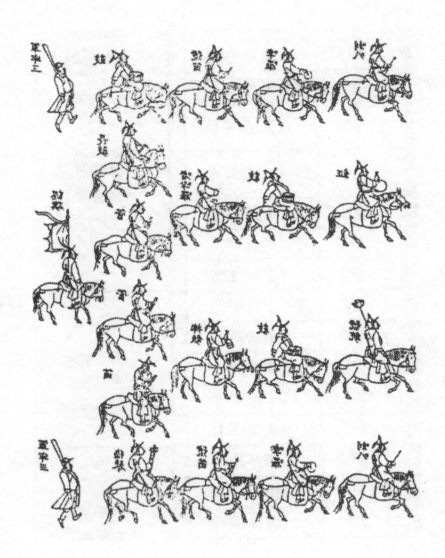

1. 규장각奎章閣 설치

　　노론벽파가 계교를 꾸며 아버지를 죽게 하였듯, 정조 역시 세손(世孫)시절부터 그들의 노골적인 위협과 온갖 모해를 막아내고 스스로 극복하여야 하는 싸움을 지속적으로 벌어야했다.

　　할바마마가 돌아가시기 전 해인 1775(영조 51)년 11월 20일, 집경당(集慶堂)에 나아가 시임(時任)과 원임대신(原任大臣)을 불러놓고 『어제자성편(御製自省編)』[1]과 『경세문답(警世問答)』[2]을 진강(進講)하도록 한 자리에서 '국사(國事)를 생각하느라고 밤에 잠을 이루지 못한 지가 오래 되었다. 어린 세손이 노론을 알겠는가? 소론을 알겠는가? 남인을 알겠는가? 소북을 알겠는가? 국사(國事)를 알겠는가? 조사(朝事)를 알겠는가? 병조판서를 누가 할 만한가를 알겠으며, 이조판서를 누가 할 만한가를 알겠는가? 이와 같은 형편이니 종사(宗社)를 어디에 두겠는가? 나는 어린 세손으로 하여금 그것들을 알게 하고 싶으며, 나는 그것을 보고 싶다.'라며 의견을 묻자, 배다른 외(外)작은 할아버지 홍인한(洪麟漢)은 '삼불필지설(三不必知說)'을 내세워 '동궁

---

1) 1746(영조 22)년 2월 17일 영조가 덕성합(德成閤)에서 여러 신하들을 소견하였다. 하교하기를, '내가 일찍이 동평위(東平尉) 정재륜(鄭載崙)의 『견문록(見聞錄)』처럼 글을 저술하여 「자성편(自省編)」이라고 명명하였다. 이를 내편(內編)과 외편(外編)으로 나누어 만들었는데, 내편은 심신(心身)을 위주로 하였고 외편은 감계(監戒)를 위주로 하였으니, 거의 나의 과실을 알 수 있다.' 하였다.

2) 영조는 자신의 68년 삶을 되돌아보고 말세(末世)의 풍속을 부끄럽게 여겨 스스로 개탄하며 문답의 형식으로 제술하였다. 1761(영조37)년 6월 17일 자신을 성찰하는 의미로 세상을 밝게 교화시키기 위하여 이 책을 지었다.

(東宮)은 노론(老論)이나 소론(少論)을 알 필요가 없고, 이조판서(吏曹判書)나 병조판서(兵曹判書)를 알 필요도 없습니다. 더욱이 조사(朝事)까지도 알 필요 없습니다.'라며 세손의 권위를 전면적으로 부정하고 왕위계승을 인정하려 하지 않았다.

영조가 이 말을 듣고 한참 동안 흐느껴 울다가 기둥을 두드리며, 이르기를, '경(卿) 등은 우선 물러가 있으라.' 하니, 대신 이하가 문 밖으로 나갔다. 다시 입시를 명하고, 임금이 이르기를,

'나의 사업(事業)을 장차 나의 손자에게 전할 수 없다는 말인가? 나는 이와 같이 쇠약해졌을 뿐 아니라 말이 헛되게 나오고 담이 끓어오르는 것이 또 특별한 증세이니, 크게는 밤중에도 쪽지[寸紙]를 내보내어 경(卿) 등을 불러들이게 될 것이고 작게는 담의 증세가 악화되어 경(卿) 등이 비록 입시하더라도 영의정이 누군지 좌의정이 누군지 알지 못할 것이다. 만일 중관(中官 : 내시)들을 쫓아내 버리면 나라의 일이 장차 어떻게 되겠는가? 마음속에 있는 말을 지금 다시 경(卿) 등에게 말할 수 없다. 차라리 나의 손자로 하여금 나의 심법(心法)을 알게 하겠다. 이다음부터 동궁이 소대할 때는 「자성편」과 「경세문답」을 진강(進講)하여 다만 나의 사업을 알려 후세로 하여금 나의 마음을 모르지 않게 하라.' 하였다.

자식을 죽인 아비보고 손자마저 죽이라는 신하들을 보며 영조는 참담함과 아울러 통한의 눈물을 흘린 것이다. 저 이리떼 같이 무서운 신하들을 어린 세손이 헤쳐 나갈 수 있을까? 그래도 하나밖에 없는 핏줄 아닌가. 아들을 죽이고 영조는 세손이 금쪽 보다 귀한 내 새끼라는 생각을 한 시도 잊은 적이 없었다. 만시지탄(晩時之歎)이기는 하지만. 그런 영조의 마음을 읽지 못한 노론은 아직도 죄인으로 죽은 사도세자의 아들 산(祘)이 후사를 잇는다는 것은 글자 그대로 어불성설이었다. 왕이 눈에 들어오지 않을 만큼 이미 그들은 극에 달해 있었다. 생사의 기로에 섰기 때문에 죽기 아니면 살기로 달려들었다.

한마디로 홍인한은 권력과 세도를 한손에 잡고 국사(國事)의 대소를 불문하고 자기 가문의 이익을 기준으로 삼으며, 파당을 만들어 임금의 명령마저 무시하고

자기 자신만 귀히 여기는 적신(賊臣) 중의 적신이었다.

사도세자의 죽음을 당연시 했던 세력들은 '죄인의 아들은 군왕이 될 수 없다.(罪人之子, 不爲君王)'라는 '팔자흉언(八字凶言)'과 '죄인의 아들은 왕통을 이을 수 없으니 태조 이성계의 자손 그 누구인들 임금이 못 되겠는가.(罪人之子, 不可承統, 太祖子孫, 何人不可)'라는 '십육자흉언(十六字凶言)'과 같은 참언(讒言)을 내세워 정조를 아예 왕위 계승권자로 인정하려 들지 않았다.

노론은 말할 것도 없고 친인척이 앞장서 세손의 왕위 계승은 불가하다며 마지막까지 온갖 계교와 모략을 다 획책하였다. 영조가 숨을 거두기 직전까지 영조와 세손이 있는 자리에서 대놓고 대통을 세손에게 물려주어서는 절대 안 된다고 계속 억지를 부렸다.

명분은 사도세자가 불충(不忠)으로 죽었기 때문에 세손이 진종(眞宗)의 후사가 되었다 하더라도 정위(正位)가 아니라 윤위(閏位)라는 것이었다.

임오화변 때 자신들이 세자의 죽음에 직·간접으로 깊숙이 관여한 탓으로 향후 초래될지 모를 단죄를 두려워한 나머지 세손의 정치참여를 끝까지 막으려 발버둥을 쳤다. 그리고 기회를 노려 아예 없애버리려는 불충한 마음을 늘 품고 있었다.

이런 상황 아래 소론 준론계(峻論系) 참판 서명선(徐命善)이 목숨을 내걸고 상소(上疏)를 올려 홍인한 등의 죄를 탄핵한 끝에 12월 7일, 드디어 왕명으로 세손이 대리청정을 하게 된다.

다음해 2월 8일 임금이 친히 여덟 구(句)를 지어 「효손록(孝孫錄)」에 써서 보이고 운각(芸閣 : 교서관)을 시켜 간인(刊印)하게 하였다.

이어 다음날에는 임금이 집경당(集慶堂)에 나아가 친히 왕세손에게 어사은인(御賜銀印)과 어제유서(御製諭書)를 주었다. 왕세손이 고취(鼓吹)[3]하며 배진(陪進)하여 배례(拜禮)하고 받으니, 매우 성대한 일이었다.

---

3) 궁중의식에서 연주되었던 군악 계통 악기 편성의 총칭으로 삼국시대에 중국 한나라에서 우리나라로 전래된 것으로 주로 관악기와 타악기로 편성되며, 궁중의 각종 의식, 국왕의 거둥이나 귀족의 행차 또는 큰 제향이 거행될 때 사용되었다.

하교하기를, '이 인(印)은 세손을 따라야 하는 것이니, 이 뒤로는 거동할 때에 이 인으로 전도(前導)하라.' 하였다.

왕세손이 광달문(廣達門)에 앉아 은인(銀印)으로 안보(安寶 : 옥새를 찍음)할 때에 배위(陪衛)하는 신하들이 모두 기뻐서 발을 구르며 춤추는데, 부총관(副摠管) 정후겸(鄭厚謙)만 언짢은 빛이 뚜렷하였으니, 그 마음이 어디 있는지는 길 가던 사람도 아는 바이다.

이 같이 노론의 마지막 몸부림은 세손궁의 궁료(宮僚)들과 세손까지 제거하려고 홍인한이 '삼불필지설'을 주청한 다음날 부사직 심상운(沈翔雲)을 움직여 상소를 올리게 하였다. 후에 알려진 일이지만 심상운을 사주한 사람은 바로 홍봉한의 아들 즉, 혜경궁의 동생 홍낙임(洪樂任)이었다니 진위여부를 떠나 경천동지(驚天動地)할 일 아닌가.

하기야 세손시절에는 얼마나 자신을 엿보고 감시하는 사람들이 많았는지 즉위년 6월 23일 기록에 따르면 '이때를 당하여 나라에서 옷을 벗지 못하고 자는 수가 또한 몇 달인지 알 수 없었다.(當此時也, 國家之不得解衣而寢者, 亦不知幾許月)'라는 말에서 알 수 있듯 불안한 일상의 연속이었다. 그럼에도 불구하고 천운을 타고 났는지 왕의 유교(遺敎)에 따라 무사히 등극할 수 있었다.

정조가 즉위한 해인 3월 30일, 숙의(淑儀) 문씨(文氏)는 그 작호를 삭탈하여 사제(私第 : 사가)에다 안치하고, 오라비 문성국(文聖國)에게 노적(孥籍)하는 법을 내리고, 문성국의 어미는 제주(濟州)로 보내 비(婢)로 삼도록 명하였다.

하교하기를, "내가 마음에 새기며 뼈를 썩혀 온 것이 단지 김상로(金尙魯) 하나만 아니고 또한 문성국(文聖國)이 있다. 이 뒤에 마땅히 환히 말하겠다마는, 김상로를 이미 처분했으니 왕장(王章)에 있어서 공제(公除) 때문에 구애 받을 수 없다." 하고, 이어서 이런 명이 있은 것이었다.

영조의 총애를 받으며 화령(和寧)·화길(和吉)옹주를 낳은 당당한 후궁이었다. 서(庶)할머니에 대한 대접이 고작 궐 밖으로 내쫓는 일이냐며 펄펄뛰었으나 소용없는 몸부림이었다.

결국 숙의 문씨는 1776(정조 2)년 8월 10일 사사되었다.

또한 친 고모 화완옹주(和緩翁主 : 1737~1808)도 사제로 쫓아버렸다.

임오화변 당시 문씨의 딸 화령옹주(和寧翁主 : 1752~1821)는 자신과 같은 11살 동갑이고, 화길옹주(和吉翁主 : 1754~1772)는 9살이었다.

1776(정조 즉위년)년 5월 14일, '화령옹주는 작호를 삭제하고 도성 밖에 안치(安置)하기 바란다.'는 신하들의 말에 정조는 "윤허하지 않는다. 화령옹주의 일은 주청(奏請)할 때가 아닐 뿐 아니라 비록 문씨를 안율(按律 : 죄를 다스림)한 뒤에도 이는 곧 선대왕의 혈육인데, 어찌 응당 연좌되어야 할 사람이겠는가? 하물며 지금 문씨를 단지 사제(私第)로 내치기만 했으니, 옹주를 도성 밖에 안치하는 것은 또한 살피지 않은 잘못일 뿐만이 아니다. 화령옹주로 말하면 문성국이 흉계를 꾸미던 날이 혹은 출생하기 전일 수도 있고 혹은 강보 속에 있을 때일 수도 있다."며 선악(善惡)을 확실히 구분 짓는 진면목을 보여준다.

그러자 영조 말년부터 집권했던 임금의 내·외척인 척리(戚里)와 노론벽파(老論 辟派) 세력들이 합세하여 정조를 보호하고 있던 시파(時派)의 홍국영(洪國榮)을 논란하며 죄상을 책망하였다. 이는 정조의 기를 아예 처음부터 꺾어 임금을 자기들 뜻대로 좌지우지하겠다는 속셈에서 나온 것이다.

이에 노한 정조는 도리어 3월 25일 화완옹주의 양자인 정후겸(鄭厚謙)은 경원부(慶源府)로 귀양 보냈다. 그리고 윤양후(尹養厚)를 거제부(巨濟府), 윤태연(尹泰淵)을 위도(蝟島)에 이배(移配)시켜 위리안치(圍籬安置)[4]했다.

4월 7일 홍인한(洪麟漢)은 여산부(礪山府)로 귀양을 보냈다. 그 후 다시 홍인한을 고금도(古今島)에 위리안치시켰다가 즉위년 7월 5일 정후겸·홍인한을 사사(賜死)시켰다. 물론 홍상간(洪相簡)·윤양로(尹養老) 등도 형벌을 받아 죽임을 당한다.

---

4) 죄인이 귀양지에서 달아나지 못하도록 집 둘레에 가시로 울타리를 치고 그 안에 가두어 두던 일을 말한다.

　정순왕후의 오라비인 김귀주(金龜柱)는 즉위년 9월 9일 흑산도(黑山島)로 유배되었다가 정조 8(1784)년 왕세자 책봉 때 특사령(特赦令)으로 감등되어 나주로 옮겼다.

　전라도 관찰사 심이지(沈頤之)는 정조 10(1786)년 윤7월 22일 죄인 김귀주가 물고(物故)5)되였다는 보고를 한다. 이후 왕을 향한 정순대비의 복수심은 걷잡을 수 없이 불타오르게 된다.

　즉위 이듬해인 1777년 8월 11일 임금을 죽이고 이복동생인 은전군(恩全君)6) 찬(禶)을 옹위하려다가 발각되어 홍상범(洪狀範) 등 그 일당을 일망타진하여 이찬, 홍상범을 비롯하여 12명이 죽었으며 9월 11일에야 국청을 마쳤다. 그러나 그 후로도 벽파의 끈질긴 음모는 늘 왕위를 위협하기 일쑤였다.

　끊임없는 신변위협 속에서도 다행히 노론청류(老論淸流)인 홍국영(본관이 풍산으로 혜경궁과 11촌)을 발탁, 중용함으로 정적의 음모를 사전에 분쇄시켜 위험한 고비를 가까스로 극복하고 타개해 나갈 수 있었다.

　정조가 왕위에 오르며 제일 서두른 일은 바로 규장각(奎章閣)설립이었다. 그래서 왕은 「규장각도」를 김홍도(金弘道)로 하여금 그리게 했다. 그 목적은 할바마마 뜻을 잇는 일을 지속적으로 추진해 나가겠다는 계지술사(繼志述事)와 유림을 숭상하고 도학을 존중하겠다는 숭유중도(崇儒重道)를 표면상 명분으로 내걸어야 했기 때문이다.

　임금 자리에 오른 다음날인 3월 11일에 채제공(蔡濟恭), 구윤명(具允明) 등에게 명하여 할바마마의 어제문(御製文)과 안팎에 흩어져 있는 어제문을 원본에서 옮겨 베끼는 등초(謄抄)를 하여 9월 25일에 창덕궁 금원(禁苑) 연지(蓮池) 북쪽 언덕 위에 규장각을 준공하고 어제봉안(御製奉安)을 하였다.

　창경궁 내원에다 규장각(奎章閣)을 세우고 영종어제(英宗御製:후에 영조로 바뀜)의 편찬 인쇄가 끝나자 하교하기를,

---

5) 죄를 지은 사람의 죽음이나 또는 죄 지은 사람을 죽이는 일을 말한다.
6) 사도세자와 귀인박씨의 소생으로 정조의 이복동생이다.

'우리나라 관방(官方)이 송(宋)의 제도를 그대로 따르고 있으면서 용도각(龍圖閣)[7]·천장각(天章閣)[8] 같은 제도처럼 어제(御製)를 모셔두는 곳은 없다. 광묘(光廟: 세조) 때 규장각이란 명칭은 있었으나 역시 건립하지 못했고, 숙묘(肅廟 : 숙종) 때도 규장각 칭호는 있었지만 역시 건립은 못했던 것이다. 그리하여 내 그 열성조(列聖朝)의 뜻을 이어 모든 선왕(先王)의 어제를 모두 모으고 후원에다 규장각을 지어 송나라가 그랬던 것처럼 열성조가 후세 왕들이 경계해야 할 교훈인 모훈(謨訓)을 그곳에다 모시기로 한 것이다.

그리고 내가 저술한 것도 순서대로 편집하는 관(官)이 없어서는 안 될 것이다. 선왕조 시대에는 그를 순서에 따라 편집했던 사람이 설사 그 일만 하고 직함은 없었을지라도, 지금 그 각(閣)을 건립한 이상 직관을 두고 맡아 지키게 함으로써 명실상부한 편차인(編次人)이 되도록 해야 할 것이다.

우리나라 제학(提學)이 송(宋)으로 치면 바로 학사(學士)이고, 직제학(直提學)은 곧 송의 직학사(直學士)이니 용도각(龍圖閣)의 학사·직학사처럼 규장각에도 제학·직제학을 두라. 그리고 또 직각(直閣)·대교(待敎)를 두어 송의 직각(直閣)·대제(待制)를 둔 것 같이 하면 그게 모두 근거 있는 제도가 될 것이다.' 하였다.

이어 이조(吏曹)에 명하여 6명의 각신(閣臣)을 골라 뽑아 임명하도록 했는데, 제학은 일찍이 대제학, 홍문관, 예문관의 제학을 지냈던 사람으로 채워 쓰도록 하고, 직제학은 부제학을 지낸 사람으로, 직각은 응교(應敎) 또는 이조낭관(吏曹郎官)을 역임한 사람으로, 대교는 한림권점(翰林圈點)을 받은 사람으로 각각 채워 썼다. 직각·대교는 뒤에 모두 권점(圈點)[9]을 했는데, 즉위 초기 성명(聲明)의 핵심은 여

---

7) 용도는 주인공 포증(包拯)의 직책 용도각학사(龍圖閣學士)이었던 데서 유래 되었으며 북송(北宋) 때의 명재판관 포증의 이야기 100가지를 모아 기록한 책이다. 남송(南宋) 및 원(元)나라 때도 나왔으며 명(明)나라 때에는 백화체(白話體)로서 6권으로 된 것과 10권으로 된 것 등이 있었다.

8) 송(宋)나라 진종(眞宗 : 재위996. 3.~1022. 2.)의 장서각(藏書閣)이었는데 인종(仁宗 : 재위1022. 2.~1063. 3.)이 즉위하자 직학사(直學士)·대제(待制) 등의 관원을 두어 국사(國事)를 의논하게 하였다.

9) 조선조 때 홍문관(弘文館)의 관원을 뽑을 시, 후보자들의 성명을 죽 적어 놓고 전선관(銓選官)이 각기 뽑고자 하는 사람의 성명 아래에 찍는 둥근 점으로 점수가 많은 사람이 출사하는

기에서 시작되었던 것이다.

이에 따라 즉위년 9월 25일 제학(提學)에 이복원(李福源)·황경연(黃景淵), 직제학(直提學)에 유언호(俞彦鎬)·홍국영(洪國榮)과 직각(直閣)·대교(待敎) 각 1명씩 도합 6명의 각신(閣臣)을 두었다. 이는 즉위 초기의 불안한 정국을 타개하고 정치권력을 도모하고자 하는데 목적을 두었다는 게 분명하다. 왜냐하면 제학과 직제학 4명을 노론, 소론, 남인으로 발탁하여 모양새를 갖추었으나 이들은 한결같이 정조를 지지하는 시파(時派)라는 점이다.

또한 규장각을 실질적으로 좌지우지하던 인물이 다름 아닌 동궁시절부터 정조를 그림자처럼 따라다니며 호위하여 왔던 홍국영이기 때문이다. 홍국영은 도승지, 숙위대장(宿衛大將), 대동미(大同米)·포(布)·전(錢)의 출납을 관장하는 선혜당상(宣惠堂上), 홍문관제학을 거쳤다. 계속하여 군국기무(軍國機務)로부터 삼사(三司)의 하나로, 당시 정치에 관하여 논의하고 모든 관리의 비행을 조사하여 그 책임을 규탄하며, 풍기·풍속을 바로잡고 백성이 혹시 억울하게 누명을 쓰는 일이 없나 살피어 풀어주는 등의 일을 맡아보던 사헌부(司憲府)를 거쳤다.

또한 임금에게 간(諫)하는 일을 담당하던 사간원(司諫院), 언관을 통솔·통제하는 대각언의(臺閣言議), 이조(吏曹)와 병조(兵曹)의 정무를 조처하는 양전정주(兩銓政注)[10]의 막강한 힘을 주어 문한(文翰)기구로서 역할보다 정치안정에 힘을 쏟았다.

규장각의 규(奎)는 28수(二十八宿)[11]의 별자리 가운데 서방7수(西方七宿)의 첫째

___

방식으로 지금의 투표와 흡사함.

10) 이조(吏曹)와 병조(兵曹)의 정5품 정랑(正郎)과 정6품 좌랑(佐郎)이 관직의 후보자를 복수로 올리던 고유 권한을 말한다.

11) 동방7수는 춘분 초저녁 동쪽 지평선 위로 떠오르는 별의 순서로 각(角), 항(亢), 저(氐), 방(房), 심(心), 미(尾), 기(箕)이고, 남방7수는 하지 초저녁에 두(斗), 우(牛), 여(女), 허(虛), 위(危), 실(室), 벽(壁) 순으로, 서방7수는 추분 초저녁에 떠오르는 규(奎), 루(婁), 위(胃), 묘(昴), 필(畢), 자(觜), 삼(參)이고, 북방7수는 동지 초저녁에 정(井), 귀(鬼), 유(柳), 성(星), 장(張), 익(翼), 진(軫) 순으로 떠오른다. 달의 기준으로 보면 각(角)에서 시작, 계속 동쪽으로 움직여 진(軫)까지 오는데 약28일 걸린다. 고대 중국에서는 하늘의 적도를 따라 그 부근에 있는 별들을 28개의 구역으로 구분해 붙인 명칭이다. 각 구역의 별 가운데 대표적인 별을 수(宿)

별로 '임금 별자리'를 상징함으로써 '규장(奎章)'은 임금이 지은 글, 즉 어제(御製)를 가리킨다.

정조는 홍문관이 원래 제 기능을 발휘하지 못하는 점을 내심 못마땅하게 여겨오던 중, 대안으로 규장각을 신설하여 문형(文衡 : 홍문관, 예문관)의 실질적 산실로 삼고 정권의 핵심적 역할을 담당하게 하고자 하였다.

왕은 교서를 내려 '어제존각(御製尊閣)의 명분은 외면에 나타난 소절(小節)이요, 나의 본뜻은 다른 곳에 있었다.'라고 밝혔듯이 비단 벽파 일당과 아버지에 연루된 척신들을 숙청하기 위한 곳만은 아니었다. 장차 그의 큰 꿈을 이루기 위한 야심을 숨겨 놓았던 곳이다.

왕은 홍국영을 기용하여 전폭적인 후원과 지지를 하였으나 그의 세도(勢道)가 정도(正道)를 뛰어넘었다. 설상가상으로 효의왕후(孝懿王后) 독살 음모 사건을 일으키자 집권 3년 만인 1779(정조 3)년 9월 28일 정조는 홍국영(洪國榮)을 고향으로 돌려보내라는 하교를 내린다.

"이러한 사람이면서 이러한 말을 듣게 되고 이러한 사람이면서 이러한 일이 있을 수 있겠는가. 말이 가공과 허구가 아니라면 일이 과연 참으로 실재하여 진실로 그러하단 말인가. 일이 진실로 실재하는 것이 아니라면 말이 과연 가공과 허구란 말인가. 내 어찌 차마 많은 말을 하여 은혜가 부족하다는 탄식을 취하고 좋지 않은 기롱을 받으려 하겠는가. 두 가지 사이에 옳고 그름을 놓고 내가 누구를 속이겠는가. 어찌 스스로 불러들인 것이라 할 수 있겠는가. 내가 착하지 못한 데 말미암은 것이니 오히려 누구를 탓하겠는가.

아, 지난날 그렇게 기대하다가 오늘날과 같은 국언(國言)이 있으니 무어라 말할 수 있겠는가. 오직 한 가닥 이 세상에서의 보답은 나에게 달려 있다. '보종시(保終始)' 세 글자를 가지고 실로 보존시키고자 한다면 이 사람으로 하여금 자취를 감

로 정했으며 수(宿)는 '머무른다.'와 '집'과 같은 사(舍)의 뜻이다. 그래서 '28사'라고도 부른다. 좌청룡(左靑龍), 우백호(右白虎), 남주작(南朱雀), 북현무(北玄武)도 28수에서 나왔다.

추고 조용히 지내도록 하여 지난날의 화기(和氣)를 잃지 않게 하면 될 것이다. 봉조하 홍국영을 전리로 돌려보내도록 하라."며 고향 강릉으로 전리방축(田里放逐)을 시키고 비로소 친정체제 구축에 나선다.

홍국영의 인물됨을 잘 살핀 정조는 혼란기를 막아줄 적임자로 발탁한 것이지 결코 정조의 정치적 안목이 부족하여 홍국영에게 전권을 휘두르도록 한 것은 아니다. 정조는 '만천명월주인옹'을 설명하는 자서에 나타났듯이 정국 초의 난관을 타개할 적임자로 홍국영을 이용했을 뿐이다. 홍국영은 떠나는 자리에서 마지막으로 정조에게 '김귀주(金龜柱)·홍낙임(洪樂任)의 역절(逆節)12)로 말하면 아닌 게 아니라 낭자한데 한 사람은 자전의 오라버니이고 한 사람은 자궁의 오라버니이니, 전하께서 자심(慈心)을 위로하여 기쁘게 하려 하신다면 어쩔 수 없이 살려주시는 은혜를 특별히 베푸시고야 양궁(兩宮)의 마음이 편안하실 수 있을 것입니다.'라는 이별인사가 특별나다. 그러나 양궁(兩宮)의 마음을 잡는 데는 모두 실패했다고 보는 것이 올바른 역사적 판단이 될 것이다.

조선왕조를 통틀어 32세에 봉조하가 된 사람은 홍국영(洪國榮)뿐이다. 봉조하란 전직 관원 가운데 나라에 특별한 공을 세운 데 대한 예우로 사임한 후에도 죽을 때까지 종2품의 녹봉을 받게 하던 특별한 제도이다. 정조가 홍국영에게 베푼 마지막 연민의 정이었으리라.

그 후 6년이 지난 정조 10(1786)년 12월 1일 느닷없이 대왕대비 정순왕후는 언문으로 쓴 하교(下敎)를 승정원에 내렸다. 이에 승정원에서는 대신들이나 비국(備局 : 비변사)의 당상들이 모여 회의를 하던 빈청(賓廳)13)으로 보냈다. 내용은 정조 3(1779)년 홍국영이 역심을 품고 종친인 상계군 이담(李湛)을 완풍군으로 삼고 가동궁(假 東宮)으로 부르며 반역을 꾀했다는 것이다.

---

12) 역적에 관련된 범죄를 가리킨다.

13) 궁중에 설치한 회의실로 영의정·좌의정·우의정의 3정승과, 정2품 이상 고위관직들이 모여 국사에 관한 중요한 안건을 협의하였다. 비변사(備邊司)는 매월 3회씩 여기에서 정례회의를 하였으나, 1698(숙종24)년부터는 매월 6회씩 회의를 하였고, 1865(고종2)년에 폐지되었다.

참으로 알 수 없는 것이 세상사이다. 다 아는 바와 같이 정순왕후는 사도세자와 사이가 좋지 않을 뿐 아니라 나경언을 사주하여 세자를 죽이는데 직·간접으로 연루된 노론의 여인이다. 거기에다 홍국영의 누이를 원빈(元嬪)으로 삼게 한 장본인이었음으로 여러 가지로 자유스러운 처지가 아니었다. 또한 그해 윤7월 22일은 오라비 김귀주가 유배지 나주에서 죽자 왕에 대한 증오심으로 한창 불탔던 시기라 더욱 의문일 수밖에 없다. 그러나 이 또한 정순왕후가 선택한 고도의 정치적 술수라는 사실을 모를 리 없는 정조가 아니었다. 하여간 이 일로 아직까지 남아있던 홍국영 잔당을 내어 쫓을 수 있는 명분을 얻었으니 정조에게는 여간 고마운 일이 아닐 수 없었다. 한마디로 역사란 미스터리(mystery)이다.

왕은 규장각을 마치 집현전처럼 운영하며 문(文)을 숭상하여 나라를 다스릴 원고, 서류, 계획 등을 만들어 국가의 틀을 변화시킬 인재를 양성, 새로운 문화정치를 구현하려는 야심을 품었다.

1781(정조 5)년 8월 18일 임금이 각신(閣臣)들을 소견하였는데, 직제학 심념조(沈念祖)가 아뢰기를, '신 등이 예문관에 있으면서 「실록(實錄)」을 고출(考出)할 적에 삼가 살펴 보건대, 1463(세조 9)년에 규장각을 설치하는 일 때문에 정신(廷臣) 양성지(梁誠之)가 상소를 올려 건청(建請)하였는데, 윤허의 명이 있어서 처음으로 내각(內閣)을 설치하고 규장(奎章)이라는 이름을 붙였습니다. 그리고 또 태학사(太學士)·직제학(直提學)·직각(直閣)·응교(應敎) 등의 관직이 있었는데, 응교는 지금의 곧 대교(待敎)입니다. 각호(閣號)와 관제(官制)가 오늘날의 제도와 꼭 들어맞아서 전성(前聖)과 후성(後聖)의 규모가 서로 부합되니, 참으로 우연한 일이 아닙니다.' 하니,

하교하기를, '지금 처음 들어서 알았다. 그때의 규모가 오늘날의 것과 모의(謀議)하지 않았는데도 똑같으니, 이는 참으로 이상한 일이다. 각호와 관제를 이미 강정(講定)했다면, 과연 각(閣)을 건립하고 관(官)을 설치했겠는가?' 하자, 원임(原任) 직제학 정민시(鄭民始)가 대답하기를, '이미 인지당(麟趾堂) 동쪽에 각을 건립했다는 이야기가 있으니, 각은 건립한 것 같습니다만, 관직을 설치한 것에 대해서는 기록

된 것이 없습니다.' 하였다. 규장각에 얽힌 비화를 나누는 대목이 눈길을 끈다.

규장각의 각신(閣臣)들은 홍문관·예문관·승정원의 직무까지 맡아 왕의 특별한 대우와 우대를 받았다. 그뿐 아니라 국가 대소사는 말할 것도 없고, 국정전반에 대한 의사 결정권에 절대적 역할을 하여 문화기관의 기능을 포함하는 포괄적 정무를 담당하였다.

각신의 역할은 시신(侍臣)으로 승지(承旨)와 같은 권한, 삼사(三司)의 언관(言官)과 동등한 권한, 사관(史官)으로의 실질적 임무, 인재를 추천·선발하는 시관(試官), 임금을 모시고 경적(經籍)·사서(史書) 등을 강론하는 경연관(經筵官), 임금이 내리는 명령서인 교서(敎書), 관찰사·절도사·방어사들이 부임할 때 내리던 명령서인 유서(諭書), 왕의 말이나 명령내용을 대신 지어 올리는 대찬(代撰)에 이르기까지 그 임무와 권한은 말할 수 없이 컸다.

자리가 잡혀가자 우문정치(右文政治)를 실현코자 학술·문화·경세 등의 영역을 확대하면서 임금은 조정문신 중에서 37세 이하로 6품 이상 종3품 이하의 참상(參上)·7품 이하의 참하(參下)를 규장각에 수학(修學)하게 하고, 내각(內閣 : 규장각의 별칭)이 주관(主管)하며 40세가 되어야 벗어나도록 허락하는 초계문신제(抄啓文臣制)를 시행하였다.

3월과 9월로 나누어 규장각의 유능한 각원에게 업무를 면제해주는 1년의 휴가를 주었다. 이들은 두모포(頭毛浦)에 있는 제안대군(齊安大君)의 사저인 유하정(流霞亭)을 내각에 귀속시켜 그곳에서 독서와 휴식을 취하도록 했다. 두모포를 두무개라고 더 많이 불렀다. 두무개는 두 물이 만나는 하천이란 이름이며, 중랑천(中浪川)과 한강이 만나 합치는 곳이다. 이곳을 동호(東湖)라 부른다. 호당(湖堂)이란 동호에 있는 유하정에서 사가독서를 한 초계문신을 말한다.

이들은 경서와 사기를 시강(試講)한 후 시(詩)나 글을 짓는 제술(製述)을 하게하고, 시강한 내용을 기록하여 만드는 시제(試製)가 반듯이 따르도록 했다. 시강과목은 대학(大學)·논어(論語)·맹자(孟子)·중용(中庸)·시전(詩傳)·서전(書傳)·주역(周

易)·사기(史記)로 강독(講讀), 제술(製述)할 때 시관은 각신 중 2명이 전적으로 그 일만 맡아서 책임지고 관리하도록 하였다. 강독, 제술에는 반듯이 임금이 자리한 가운데 의식을 치르고 그 결과에 따라 뛰어난 자는 자급(資級)을 올려 주고 미흡한 자는 죄과를 추문하고 고찰하거나 의금부로 하여금 심문을 하도록 하였다. 이렇게 엄격한 교육과정을 밟아 배출된 초계문신들은 정조대의 문풍을 크게 떨쳤다. 아울러 과문개혁(科文改革)과 인재양성에도 크게 기였음은 두 말할 필요가 없다.

일예로 강경과(講經科)는 어전(御殿)에서 수험생들로 하여금 경전(經典) 중 몇 가지를 선택하여 강송(講誦)시키는 과거를 실시한 것이 처음인데, 이것은 제술(製述)만으로 시취할 때의 여러 가지 폐단을 없애고 경서에 정통한 인재를 선발함과 동시에 평소에도 유생들로 하여금 깊이 있는 학문적 연구를 하도록 사습(士習)을 쇄신시키고자 했다. 그래서 어느 특정의 한 경서(經書)만을 골라 강경(講經)으로 시험을 보게 하는 정조다운 아주 독특한 방법을 취했던 것이다.

왕은 세손시절서부터 중국 춘추시대의 역경(易經)·서경(書經)·시경(詩經)·춘추(春秋)·예기(禮記)·악기(樂記)의 6경(六經)과 논어(論語)·맹자(孟子)·중용(中庸)·대학(大學)인 4서(四書)의 유교경전은 물론 노장사상(老莊思想)·양명학(陽明學)·불교·서학(西學)·서교에 이르기까지 학문연구에 정진하여 통달하였다. 이런 자신의 경험을 바탕으로 젊고 유능한 초계문신을 19년 동안 10회에 걸쳐 138여 명을 선발하였다. 이 가운데는 이가환·정약용·서유구·이시수·김재찬(金載瓚) 등이 있다. 결국 왕의 근위세력은 규장각 출신들로 이루어질 수밖에 없었다.

왕은 독서광으로 『통감(通鑑)』을 읽다가 직제학 정지검(鄭志儉)에게 '역사책은 보지 않으면 안 된다. 선한 일을 보면 문득 경계하고 두려워하는 마음을 갖게 된다.'고 말했다. 왕은 벽파·시파 등으로 갈라져 실력도 없이 정권욕에만 매달리는 무능한 기존 관료보다 서얼출신 검서관을 특별히 채용하여 참신하며 새로운 관료사회의 기풍을 진작시킬 필요가 있었다. 임금은 규장각의 각신, 초계문신, 검서관 등 뛰어난 인재들의 지혜를 모아 세손시절부터 그토록 하고 싶었던 일 가운

데 하나인 책 중에서 선본(選本) 작업을 철저히 하여 후세에 길이 남을 훌륭한 서적을 편찬하는 것이었다.

즉위 3(1779)년 주석(註釋)이 제대로 갖추어진 「명사(明史)」가 없는 것을 발견하고 새로 발간하고 싶었으나 인력이 없었다. 이때 도승지 홍국영이 '도서편찬 등은 서자(庶子) 가운데도 잘하는 재주 있는 사람이 많다.'며 서류(庶類) 중에서 뽑아 운각(芸閣: 교서관)에 배치시키자고 주청한다. 평소부터 재주 많고 학식 있는 서류에게 관심이 깊던 정조는 교서관에서 원고 교정을 보는 잡직(雜織)인 창준(唱準)[14]의 정원 4명을 교정관(校正官)으로 돌려서 편찬 작업을 맡기자는 홍국영의 제안을 받아들였다. 이른바 1777(정조 1)년 서얼허통절목(庶孼許通節目)의 반포였다. 따라서 위항인(委巷人)들도 사(士)임을 자처할 수 있는 시기가 온 것이다.

그래서 그해 3월 27일 처음으로 규장각에 검서관(檢書官)을 두었는데 서류(庶類) 가운데 문예(文藝)가 출중한 사람을 차출하였다. 바로 그 유명한 박제가(朴齊家)·류득공(柳得恭)·이덕무(李德懋)·서이수(徐理修) 등 4사람이다.

이들은 규장각 잡직으로 5품관이었으며, 7품 이하의 관원은 군직(軍職)에 임명되었다. 비록 서얼출신이긴 하나 학덕의 깊이, 재주의 정도를 시험해본 결과 매우 뛰어났다. 아니나 다를까 이들은 내각업무를 수행하는 집사관 역할은 물론 서적 필사, 교정, 문답차기(問答箚記) 등에서 유감없는 실력을 발휘했다.

정조는 한걸음 더 나가 1799(정조 23)년 5월 2일, 조선왕조 3백 년 동안 일찍이 볼 수 없었던 관서(關西) 영변(寧邊) 출신의 이응거(李膺擧)를 한성부판윤(漢城府判尹)에 파격적으로 임명하여 금기시하던 전통을 깨고 새바람을 일으켰다.

박제가·유득공·이덕무 등 세 사람은 당시 북학파(北學派)로 북학(北學)을 대표하는 인물들이다. 이들은 청(淸)나라 연경(燕京:지금의 北京)을 왕래하며 새로운 문물을 적극적으로 받아들일 것을 역설했다. 정조 중기 이후 문예 진흥시대 즉, 정조 르네상스를 꽃피울 수 있었던 산실이 바로 규장각이었고 아울러 정조의 꿈을

14) 인쇄 원고를 소리 내어 읽으면서 보는 교정을 가리킨다.

실현시켜준 곳 역시 규장각이다. 어진·어제·어필·선원보첩·내부서적 등을 보관하던 이문원(摛文院)이 정조 5년 규장각 관리들의 숙소가 되면서 규장각의 별칭이되었다.

정조는 1781(정조5)년 3월 10일 전교하기를, '근래 강도(江島:강화도) 안에 군기(軍器)를 별도로 저치(貯置)하는 일 때문에 열조(列朝)에서 전하여 봉안(奉安)하여 온선적(璿籍)[15]·어필(御筆)·어제(御製)·금보(金寶)·옥인(玉印)·옥책(玉册)·죽책(竹册)·교명(敎命) 및 문자(文字)에 관한 문부(文簿)를 가져다 상고하여보니, 너무도 광대하여 집에 꽉 차서 넘치는 정도만이 아니었다. 또 일찍이 어사(御史)를 지낸 사람의말을 듣건대, 거기에 봉안된 것 가운데 전장(典章 : 제도와 문물)에 관한 문자가 많은것이 사각(史閣)에 견줄 수 있는 정도가 아니라고 하니, 외규장각(外奎章閣)이라고할만하다.'라며 본각(本閣)에서 담당하라고 하였다.

그 후 1782(정조6)년 2월 14일 강화유수 김익(金熤)이 외규장각이 완성되었다고아뢰자, '외규장각의 공역(工役)이 이제 이미 끝이 났으니, 봉안할 금보·옥보(玉寶)·은인(銀印)·교명·죽책·옥책과 명(明)에서 흠사(欽賜)한 서적(書籍), 열조(列朝)에서 봉안했던 서적, 보관되어 전해오던 서적과 사고(史庫)에서 이봉(移奉)한 어제·어필 등의 서적을 기록하여 책자를 만들고서 내각·외각 및 서고(西庫)에 나누어보관토록 하라.'는 하교에 따라 외규장각이 운영되었음이 증명된다.

태극팔괘도(太極八卦圖)를 내세운 정조의 정치이념(政治理念)인 군민(君民)이 하나라는 대통일의 정신을 규장각에서 이루고자 했다. 벼슬아치의 나라에서 백성의 나라를 만들고 싶었던 것이다. 이것이 구체적으로 실현된 것이 8일간의 화성행차이다.

왕은 평시에 품고 있던 고도의 정치력을 펼쳐 시행함으로 자리에 안주하며 계파 챙기기에 여념이 없는 노론벽파를 가격하는 한편 새로운 문풍의 진작으로 법고창신(法古創新)을 통한 개혁을 꿈꾸고 있었다.

15) 왕실 종친(宗親)의 족보(族譜) 즉 『선원록(璿源錄)』을 말한다.

2. 장용영 壯勇營

(1)

장용영은 정조가 지향한 군제개혁에 관한 이상을 반영한 군영(軍營)으로서 새로운 군제와 원리를 모색하였던 군제사적인 의의를 지니고 있다.

더구나 즉위 초 불거진 3대 역모사건은 노론의 핵심 인물이었던 홍계희(洪啓禧)와 그 아들들을 유배형에 처한 데서부터 비롯된다. 홍계희의 손자인 홍상범(洪相範)이 왕 1년 7월 28일 경희궁 존현각(尊賢閣)으로 침투, 왕을 시해하려다 실패한다. 또 8월 11일 홍계희의 며느리(아들 홍술해(洪述海)의 처) 효임(孝任)이 종이로 만든 인형(人形) 부적과 주문(呪文)[16]을 곁들여 여러 곳에 묻었고, 아울러 오방신장(五方神將)[17]을 그려 집 벽에 붙이고 경(經)을 읽으며 왕과 홍국영을 저주한 사건

---

16) 주술적(呪術的)인 작용을 낳게 하기 위하여 입으로 외는 글귀로 대개 일정한 문구를 반복해서 외는 경우가 많으며, 그 작용은 병을 고치고, 위험이나 재화(災禍)를 면하게 하며, 비를 내리게 하고 그 밖에 여러 가지 복을 빌며 또한 영귀(靈鬼)나 악신(惡神)을 불러 적에게 병이나 죽음을 보내게 하는 등 다양하다. 원시종교에서 보편종교에 이르기까지 모든 종교에서 볼 수 있었으며, 지금도 무속적(巫俗的) 의례에서 무녀들이 주문을 외워 초혼(招魂)·강신(降神) 또는 사신(辭神) 기타 축복을 하는 것을 흔히 목격한다. 주문 가운데는 소기(所期)의 상태를 실현하기 위한 뜻으로 이해되는 글귀를 그 내용으로 하는 것도 있으나 글귀의 뜻은 전혀 알 수 없으면서도 그 외는 소리에 주력(呪力)을 인정하는 것 등도 있다. 천도교(天道敎)에서도 심령(心靈)을 연마하고 한울님(하느님)에게 빌 때 외우는 여러 가지 글귀를 주문이라 한다. 예를 들어 '시천주조화정, 영세불망만사지(侍天主造化定, 永世不忘萬事知)' 등이다.

17) 민속에서 동서남북과 중앙의 5방위를 지키는 신으로 오방신·오방장군이라고 부른다. 동·서·남·북·중앙을 각각 청제(靑帝)·백제(白帝)·적제(赤帝)·흑제(黑帝)·황제(黃帝)라고 부르며, 청룡·주작·백호·현무·황룡의 다섯 신수(神獸)를 가리킨다. 오방을 청·백·적·흑·황색으로 표시

이 발각된다.

　연이어 이들은 홍계희의 8촌인 계능(啓能)과 상범의 4촌 상길(相吉)이 또 왕을 시해하고 은전군(恩全君)을 임금으로 옹립하려다 실패한 사건이 발생한다. 왕이 될 구체적 인물까지 내세운 것이 이전과는 달리 눈에 띄는 부분이다. 특히 이 사건에는 후에 밝혀진 일이지만 어머니 혜경궁 홍씨의 친동생 홍낙임(洪樂任)까지 연루되어 있었다. 이 모든 사건을 사전에 탐지하여 막아낸 곳이 바로 홍국영이 이끄는 숙위소(宿衛所)였다.

　정조대 초반에는 홍국영(洪國榮)이 총괄하는 궁궐경비를 위해 궁궐 안에서 숙직하는 숙위체제 강화와 관련하여 정비된 조직으로 숙위소(宿衛所)가 있었다. 즉, 즉위 초인 1777(정조 1)년 11월 15일 숙위소(宿衛所)를 건양문(建陽門) 동쪽에 설치하고 금위대장(禁衛大將) 홍국영을 숙위대장으로 삼고, 숙위대장이 차는 대장패(大將牌)와 전령패(傳令牌)의 격식을 정하였다. 하교하기를, '숙위(宿衛)하는 군사를 도맡아 거느리는 장신(將臣)에게는 마땅히 내려 받는 부험(符驗)[18]이 있어야 한다. 대저 대장(大將)은 포도대장(捕盜大將)에서부터 시작되는데, 포도대장에게는 대장패와 전령패가 있음은 곧 국가의 초기(初期)에 정해진 제도이다. 무엇하려 새 규정을 만들겠는가? 마땅히 그전의 법을 모방하여야 한다.' 하고, 대장패와 전령패를 각각 1부(部)씩 어필(御筆)로 써서 계하(啓下)[19]하여 숙위대장 홍국영에게 전해 주며, 무릇 궁성(宮城) 안팎에서 숙위하는 군사들의 절제(節制)에 관한 일을 이로써 준거(準據)를 삼도록 하고, 또한 훈련도감·금위영·어영청인 삼영(三營)과 병조(兵

하는 것은 춘·하·추·동을 뜻하기도 하여 방위·색채·계절은 상관관계를 유지한다. 무속신앙에서는 오방신장을 무신(巫神)으로, 민간은 동리(洞里)를 지키고 보호하는 역할을 가진 장승에 원용(援用)되는 세습성에 의해 '오방오제축귀장군(五方五帝逐鬼將軍)'이라 불러 모신다.

18) 조선시대의 부신(符信)으로 궁궐을 지키던 군대들이 밤에 도성(都城)의 정문을 출입할 때 제시하던 확인증이다. 나무로 만들어서 좌반부(左半符)는 궁중에 간직하고, 우반부(右半符)는 각 문의 수직소(守直所)에 배분하였다. 승정원(承政院)에서 발부하여 숙직하는 금군에 교부하였는데, 서울의 사대문(四大門)에는 경(更)마다 사용하는 부험이 있었다.

19) 임금의 재가를 받는 일.

曹)에서도 검속(檢束)하도록 하였다. 이로써 홍국영이 숙위소를 장악하여 궁궐 수비와 왕의 위호를 철저히 한다는 명분을 앞세워 왕권을 안정시키는 결정적 역할을 담당하게 된다.

연속적으로 일어나는 사건에 불안을 느낀 정조는 17일 숙위 대장이 숙위를 관할하는 방도를 하교하였다. 또한 신변보호를 위하여 정예병을 뽑아 하루 5번제로 순찰을 돌도록 숙위소를 강화시켰다. 뿐만 아니라 홍국영으로 하여금 신료들이 궁궐을 출입하거나 임금께 주청(奏請)하는 안건을 올릴 때에도 빠짐없이 숙위소의 검열(檢閱)을 받도록 하였다. 그야말로 홍국영의 세상이 된 것이다.

어느 정도 기반이 잡혀갈 무렵인 1778(정조 2)년 6월 21일 '호조 참의 홍낙춘(洪樂春)의 딸로 빈(嬪)을 정하고 빈청(賓廳)에서 작호(爵號)를 원빈(元嬪)이라 하고 궁호(宮號)를 숙창(淑昌)이라 하기로 의정(議定)하였다.' 이 원빈이 바로 그 유명한 홍국영의 누이동생이다. 욕심이 지나치면 화를 부른다고 하던가. 원빈이 다음해 5월 7일, 1년 만에 갑자기 죽자 효의왕후(孝懿王后)가 동생을 독살한 것으로 의심하고 왕비가 먹는 음식에 독약을 넣으려다 발각되는 사건이 일어난다. 그렇잖아도 벽파로부터 역모를 꾀한다는 집중공격을 받고 있는데다 이런 불미스런 사건까지 겹쳐지자 집권 3년 만인 1779(정조 3)년 9월 28일, 전리방축(田里放逐)의 명령을 내려 고향인 강릉으로 쫓아버린다. 그리고 10월 8일에는 숙위소(宿衛所)를 폐지하였다.

(2)

그 후, 장용위(壯勇衛)·장용청(壯勇廳)·장용영(壯勇營) 등을 설치한 경위는 이렇다. 1782(정조 6)년 왕은, 1685(숙종 11)년에 무예에 뛰어난 무예별감 30명을 훈련도감의 국출신(局出身 : 훈련도감 출신) 중 하급 장교들로 하여금 돌아가며 교대로 당·숙직을 3개 번(番)으로 나누어 번갈아 시행하도록 임명한 제도를 본받아 '무예출신(武藝出身)과 무예별감(武藝別監)으로 장교를 지낸 사람 30명을 가려서 번을 나누어 창경궁 명정전(明政殿) 남쪽 회랑에 입직하게 하였다.'라는 기록이 맨 처음 장

용위를 태동시킨 모체가 된다. 그리고 1785(정조 9)년 7월 2일 20명을 늘리며 무예출신 칭호를 장용위(壯勇衛)라 하였다. 장용위는 기반이 취약한 정조가 정권을 유지, 강화하기 위하여 무력장악을 목적으로 설치한 정예부대이다.

정조는 재위 8(1784)년 9월 26일 명정전에서 세자책봉 경사에 대한 문과 전시를 시작으로 10월 4일까지 이를 축하하기 위한 경과(慶科)를 실시하여 대규모의 문·무사를 뽑았다. 특히 26일 춘당대(春塘臺)에 나가 무과전시를 행하여 고정환(高晶煥) 등 실력이 있는 사람들 가운데 가통(家統), 신분(身分)을 가리지 않고 2,692명을 발탁하였다. 또 10월 4일에도 역시 춘당대에 나가 전시를 행하여 김백전(金百全) 등 164명을 뽑아 총 2,900여 명을 대거 발탁했다.

그 이듬해 2월 말부터 홍복영(洪福榮) 역모사건이 발생하자 왕의 호위를 강화하기 위하여 경과에서 합격한 무사들을 흡수하여 장용위(壯勇衛)를 설치, 약 500명의 인원을 5대(五隊)로 나누어 편제하였다. 1785(정조 9)년 7월 2일 무예출신의 칭호를 장용위(壯勇衛)라 부르다 1787(정조 11)년 7월 27일 춘당대(春塘臺)에 나가 장용영시사(壯勇營試射)를 행하였다는 최초의 기록이 보인다.

그리고 두 달이 채 안된 9월 11일 역시 춘당대에 나가 장용청시사(壯勇廳試射)를 하였다는 기록이 나오는 것으로 보아 확실한 명칭이 정해진 것으로 보기는 어렵다. 다음해 1월 22일 장용영(壯勇營) 군안(軍案)을 수정(修整)하였다. 훈국(訓局)의 별기군(別技軍)·난후초(欄後硝)와 군기시(軍器寺)의 별파진(別破陣) 등을 감액(減額)하여 장용영으로 이속(移屬)했기 때문이라는 것으로 보아 이때부터 장용영이라 부르기 시작한 것으로 보아야 할 것이다.

1793(정조 17)년 1월 12일에 장용영(壯勇營) 설치연혁을 발표했다. 도성(都城)을 중심으로 한 내영(內營)과 화성(華城) 중심의 외영(外營)으로 확대 편제되어 마침내 기존 5군영보다 더 큰 비중을 차지하게 된다.

1785(정조 9)년부터 해마다 인원을 늘렸는데 명(明)나라 척계광(戚繼光 : 1528~1588)이 『기효신서(紀效新書)』에서 주장하는 근본정신인 치중여치과(治衆如治寡)의 절강

병법(浙江兵法)에 준하여 훈련시키는 것에서 중요한 부분만을 골라 조선에서 편찬한 『병학지남(兵學指南)』을 따랐다. 『기효신서』는 척계광(戚繼光)이 명나라 남부에서 왜구를 물리치기 위하여 농민군을 뽑아 훈련시킬 때 저술한 병서(兵書)이다. 이 병서에서 진법(陣法)을 비롯한 신호, 무기체계 및 무기사용에 대한 것 등을 폭넓게 수록하였는데, 조총을 사용하는 조총부대(鳥銃部隊)와 창검을 쓰는 살수부대(殺手部隊)로 나누었다.

임진왜란 때 척계광이 고안한 새로운 전투대형으로 낙상지(駱尙志)가 이끄는 명나라 남병(南兵)이 가장 먼저 평양성을 탈환하여 깃발을 꽂음으로 그때부터 우리나라에서도 『기효신서』를 병법서의 모델로 삼았다.

『기효신서』에 나오는 무기의 종류를 보면, 전투대열 맨 앞에 등나무로 만든 등패(籐牌)와 표창(鏢槍) 두 자루로 무장한 후 한 손으로 사용하는 짧은 요도(腰刀)를 찬 등패수(籐牌手)·조총수가 휴대하다가 적이 접근하면 총을 버리고 육박전 때 쓰던 쌍수검(雙手劍)·중국 남부지방 농민들의 쇠스랑에서 시작되어 단병접전(短兵接戰)[20]시 사용하다 후에 화전발사대로 이용한 당파(鎲鈀)·죽장창(竹杖槍)의 하나로 대나무 곁가지를 그대로 이용하여 각 끝에 철편을 부착하고 독을 바른 낭선(狼筅)·대나무로 총열을 만든 매우 고전적 무기인 무적죽장군(無敵竹將軍)·나무를 깎아 만든 긴 몽둥이인 곤봉(棍棒)·밭갈이할 때 쓰는 보습 같이 생긴 대형 투창인 이두표(犁頭標)·갈고리가 달린 병장기인 구창(鉤槍)·유럽에서 전해진 신형화포인 불랑기(佛狼機) 1~5호·나무통 안에 화약과 질려(蒺藜)를 넣어 터트리는 질려포통(蒺藜砲筒)·여섯 조각의 나무를 둥글게 배열하고 이를 철대로 묶은 후 그 안에 쇠로 만든 자총(子銃)을 삽입한 나무대포인 육합총(六合銃)·앉아있는 호랑이 모습과 흡사한 병기로 크기가 작아 휴대하기 간편하고 지형에 관계없이 때와 장소를 가리지 않고 발사 가능한 호준포(虎蹲砲) 등을 바탕으로 병서와 병법을 본받아 만들었다.

---

20) 창, 칼과 같은 병기로 하는 육박전이다.

『병학지남』에 따라 5사(司)에 각기 5초(哨)를 두는 규례를 삼아 사(司) 아래에 5초(哨)를 두도록 하였다. 그 중에서 3초는 매초마다 115명으로 하였고 나머지 2초는 지역사정에 따라 병력의 수를 탄력적으로 조정하였다.

(3)

정조는 현륭원을 호위하고 행궁을 수호한다는 명분으로 조금씩 연차적으로 병력을 늘려나갔다. 이는 표면적 이유에 불과하다. 장용영 설치는 정조 자신이 꿈꾸어 왔던 정치를 하기 위한 고도의 방편으로 현륭원과 도성을 지킨다는 명분 아래 막강한 힘을 길러 자신을 음해하려는 세력을 제거, 무력화(無力化)시키려는 무력(武力)의 산실인 것이다.

왕은 즉위 초에 수어청·총융청을 없애려다 노론의 반대에 부딪혀 무산되고 말았다. 군권은 곧 노론의 힘이자 그들을 지켜줄 생명줄이기 때문이었다.

이에 정조는 '쓸모없는 군사는 도태시키고, 낭비되는 군량은 줄여나가야 한다.'는 것을 가장 큰 이유로 내세웠다. 그러나 알고 보면 정조의 숨은 뜻은 다른 데 있었다.

정조는 병조판서의 군 인사권을 강력하게 하도록 하였다. 이전까지만 해도 군영의 대장이 자기 아래에 딸린 부하 가운데 장관(將官)을 천거하여 왕의 재가(裁可)를 받던 제도에서 정조는 병조판서를 통해서만 가능하도록 법을 고쳐버린 것이다.

지금까지 각 군영의 대장은 병조판서의 지휘를 받지 않고 휘하 군사를 마치 사병처럼 부릴 수 있는 권한을 갖고 있었다. 다시 말해서 군권은 특정당파가 장악, 왕권에 도전할 수 있을 만큼 막강한 힘을 가진 골칫덩어리였다.

정조 때에는 중앙 군영인 5군영(五軍營)의 대장들이 척신들과 혼인 관계를 맺어 왕권에 맞서고 있었다. 그 중심에 아버지 사도세자의 죽음을 보며 냉소적이던 구선복(具善復: ?~1786)이 군영대장을 차지하고 있었다.

정조가 『존현각일기(尊賢閣日記)』에서 '찢어 죽이고 싶다.'라고 표현할 정도로

무소불위의 권력을 휘두른 자이다. 이 모든 것이 한 사람의 손에 의해 병권을 오
래 잡고 있던 탓으로 비롯된 것이다. 구선복을 역모와 관련 참형으로 다스리는
데까지 무려 10년을 참고 기다려야 했다.

정조는 군사 지휘권을 일원화시킴으로 특정파벌의 사병화(私兵化)가 되는 난맥
상을 막는 것이 최우선 과제였다. 군사지휘권은 무관이 갖도록 인사정책을 고치
어 새롭게 편성하여야 강력한 군대가 될 수 있는 것이다. 이런 바탕에는 왕 자신
이 직접 군권을 장악, 일사불란한 군사체계를 확립시켜야만 자신이 지향하고자
하는 정치의 결정판을 만들 수 있기 때문이기도 했다. 목숨을 걸고 되찾아야 하
는 까닭이 바로 여기에 있었던 것이다.

정조는 결코 서두르지 않았다. 그렇다고 포기한 것은 더더욱 아니었다. 이 문
제를 무리 없이 푸는 데 무려 17년이나 기다렸다. 정조 19(1795)년 8월 18일 수어
경청(守禦京廳)을 혁파하고 광주부를 승격시켜 유수부로 하였다. 다음날 광주유수
(廣州留守)에는 심이지(沈頤之), 금위대장(禁衛大將)에 신대현(申大顯)을 각각 임명 남
한산성(南漢山城)을 관할하도록 했다.

같은 날 정조는 '지금부터 수어청의 전영(前營)이라는 호(號)를 없애버리는 동시
에 총융청(摠戎廳)의 후영(後營)이라는 이름도 따로 단영(單營)으로 만들어서 삼영
(三營)이 서로 의지하는 것과 같은 제도를 세우도록 하라.'며 마침내 두 군영을 폐
지시켜 버린다. 장용영(壯勇營)이 보여준 화성에서의 주조, 야조를 직접 목격한
노론은 아예 입도 떼지 못했다.

노론의 힘을 뺏는 데 성공한 것이다. 이때부터 다른 군영의 군대를 본격적으로
흡수하며 5사(五司) 23초(哨)의 거대한 편제를 갖추게 되었고 장용영 대장인 장용
사(壯勇使)가 이를 지휘하도록 하였다.

'을묘원행'에서 위풍당당한 모습을 만백성에게 보여주며 말위에 앉아 눈부신
황금색 융복차림으로 백 리가 넘는 길에 어머니와 두 누이까지 함께 동행할 수
있는 자신감은 정조 스스로 그간 남모르게 심혈을 기울여 창설한 장용영이란 친

위부대가 있어 실현 가능한 일이었다.

길 좌우편에서 일정한 간격으로 늘어서 만약의 사태에 대비하는 장용영 군사들이야말로 정조의 힘이며 위상인 것이다.

자신을 호시탐탐 노리던 노론의 마수를 벗어날 수 있는 것도 모두 장용영이 뒤에 버티고 있어 가능했다.

병력수가 얼마 되지 않던 숙위소 시절에도 홍국영에게 수없이 당했던 백전노장의 노회한 중신들이다. 지금과 같이 어마어마해진 무력 앞에 그들은 무릎을 꿇지 않을 수 없었다. 그리고 어느새 순한 양이 되어가고 있었다.

도성을 둘러싼 경기도 일원이 모두 장용영 소속 정예병으로 배치되어 있었다. 그것도 엄격한 시험을 거쳐 뽑힌 무예에 출중한 막강한 부대가 정조를 떠받들며 에워싸고 있는 것이다.

정조하면 흔히 공부벌레로 안다. 그러나 정조는 조선의 역대 임금 중 1~2등을 다투는 병법의 대가이자 훌륭한 무사란 점을 결코 간과해서는 안 된다. 왕은 당대 최고의 명사수였다. 『어사고풍첩(御射古風帖)』에 의하면 정조의 활쏘기 성적이 기록되었는데 1792(정조 16)년에 50발을 쏘아 49발을 명중시킨 날이 10회, 100발을 쏘아 98발을 맞힌 날도 있었다고 한다. 사실 정조는 백발백중의 신궁(神弓)이라 해도 지나치지 않는다. 왜냐하면 '왕은 신하에게 겸양의 미덕을 보여야 한다는 예(禮)에 따라 한 발은 일부러 쏘지 않았다.'고 보아야 하기 때문이다.

그런 정조가 아름다운 문장만을 쓰며 활을 쏠 줄 모르는 문관들에게 문무겸전(文武兼全)의 조화를 강조한 것은 너무나 당연한 일이다. 물론 무인에게도 문인만큼은 아니더라도 학문에 힘쓰도록 하였다. 아무리 용맹스러워도 전술과 지략이 없는 장수가 전쟁에서 이기기는 어렵기 때문이다.

지루할 만큼 장용영을 설명하는 이유도 바로 이런 연유에서이다. 여차하면 도성으로 출병할 막강한 군사력을 손에 넣음으로 어느 누구도 감히 왕권에 도전할 수 없게 만든 것이다. 이는 하루아침에 이루어진 것이 아니고 치밀한 계획 아래

20년여를 두고 이루어낸 정조의 야심작이기도 하다.

(4)

정조가 즉위한지 17년이란 세월이 흐른 1793년 1월 12일에 가서야 비로소 장용영 내·외영제(內·外營制)가 설립된 것이다.

그동안 지지부진하기만 하던 수원부를 중심으로 한 장용외영(壯勇外營)이 본격적으로 정비되기 시작한 것이다. 따지고 보면 장용영이란 원소(園所)를 위해 외영(外營)을 만들고 그러다보니 내영(內營)이 생기게 되었다는 정조의 술회처럼 외영이 내영보다 훨씬 중시되었음을 알 수 있다.

물론 장용외영의 중요성은 수원부 내에 현륭원과 행궁을 지었기 때문이지만 정조 18년 이후 행궁을 아우르는 화성의 축조로 인하여 그 비중은 배가되었다.

왕이 화성을 축조하고 수원부를 장용외영으로 편성한 목적은 군제상의 의미보다 오히려 정치·경제·권력이동에 대한 소망이 더 크게 작용하였다는 사실을 숨길 수 없다.

내·외영제가 이루어진 이후 외영의 군제는 3단계로 크게 나뉘어 정비된다. 첫째, 내·외영제의 성립으로 인한 기존 마병과 보병의 정비, 둘째 수원부 인근지역의 이속을 계기로 행궁을 교대로 지키는 입방군(入防軍)과 수원부를 둘러싸고 있는 각 읍의 군사로 유사시 화성을 지키는 군사를 돕도록 하는 협수군(協守軍) 체제의 정비, 셋째, 인근 5읍의 군총(軍摠) 이속(移屬)을 계기로 한 5위·속5위로 편성한 것이다.

장용영 내·외영제가 성립되기 이전에는 총융청 외영의 중영(中營)이었던 수원부가 장용외영으로 편성되면서, 기존 군병의 수효가 정비되는가하면 한편 축성에 대비한 수성편제도 마련할 수 있었다. 기존 군병의 정비과정을 살펴보면 1793(정조 17)년 7월 13일 수원부의 마병(馬兵) 4초(哨)를 장별대(壯別隊)로 명칭을 바꾼 후 다시 친군위(親軍衛) 좌·우열 200인으로 개편시켜 버린다.

보군 26초의 경우도 13초를 정군으로 하고 나머지 13초를 그에 대한 자보(資保)[21]로 각각 정하였다.

외영제 성립 이후 수원부내의 정군을 정비하여 행궁에 입방(入坊)하게 하고 일부의 납포군(納布軍)은 수성을 위한 예비군병으로 확보하였던 장용외영 군제는 화성성역의 진전과 더불어 수원부 인근 5읍의 일부 군병이 이속됨으로써 입방군·협수군 체제로 정비되었다.

1798(정조 22)년 수원부 인근 5읍의 하급 군병이 이속된 것을 계기로 장용외영 군제정비의 마지막 단계의 5위·속5위 체제가 어떻게 이루어지는지 알아보고자 한다. 장용외영 군대의 편제는 화성축조와 밀접한 관계를 갖고 변화하며 발전을 이루었다. 외영제가 이루어진 다음 입방군·협수군 체제를 거쳐 온 군대편제 정비의 일관된 흐름은 납포군의 군병화(軍兵化) 및 수성편제의 정비였다.

그해 10월 수원부 인근 지역인 용인, 진위(현 평택시 진위면), 안산, 시흥, 과천의 5읍에 대한 하급 군병을 이속시키도록 한 일련의 조치는 장용외영의 군대 편제를 마무리 짓는 기틀이 되었다. 입방군·협수군 체제가 수원부의 군대와 인근 5읍에 흩어져 있던 수어청·총융청 소속의 일부 군대를 편성하여 이루어진 것인데 비해, 5읍의 하급군병의 소속을 옮겨 한데 묶음으로 이제 장용외영은 확보된 무포(無布)·납포(納布)의 양군(良軍)과 사군(私軍)을 5위·속5위 체제로 재편하였다. 5위는 기존의 입방군과 같은 성격을 갖는 정병으로 장락대(長樂隊)로 지칭되었다. 속5위는 기존의 입방군·협수군 체제에서의 협수군 및 성정군(城丁軍)과 같은 성격을 가졌다. 이는 전위부대인 2,583명의 팔달위(八達衛)·좌위부대인 2,271명의 창룡위(蒼龍衛)·중위부대로 전후좌우에 있는 부대가 위험에 처했을 때 신속하게 투입 공격과 기습작전으로 승리를 이끌어 내는 특수군사인 1,016명의 유병(遊兵)을 보유한 신풍위(新豊衛)·우위부대인 2,393명의 화서위(華西衛)·후위부대인 2,463명의

---

21) 군대에 나가는 대신 나라에 바치던 보포(保布)를 내어 실역(實役)에 복무하는 군정(軍丁)을 돕던 보인(保人).

장안위(長安衛) 등 총 10,726명의 병력을 갖추었다. 이들은 각 읍의 납포군(納布軍)으로 편성되었고 평시에는 실역(實役)에 종사하지 않았다.

군제가 개편되고부터 미·포(米·布)를 국가에 바치지 않고 화성에 납부함으로 수원부 재정을 튼튼하게 하는 데 크게 기여하였음은 물론이다.

첫째, 무포양군(無布良軍)의 경우 이들은 기존에 병조상번기병(兵曹上番騎兵)·장용영향군·금위영·어영청 정군 등으로 이루어졌으며 장용외영과는 아무관계 없는 병사의 수였다. 이와 같은 무포양군은 그 하급군병이 외영으로 이속되면서 내영의 향군인 장용향군[22]과 외영의 정병인 장락대로 재편되는 것을 알 수 있는데, 이를 기존의 장용영 내영향군의 병사수를 그대로 인정한 위에서 여타의 병조상번기병 및 금위영·어영청 정군 등을 장락대로 재편한 것이다.

둘째, 5읍의 무포양군 역시 기존의 병조 5군영 경각사(京各司)의 각종 보군으로 구성되어 있어서 장용외영과는 거의 관계가 없는 병사의 수였으나 5읍의 하급군병이 소속을 옮겨옴으로써 새로이 장락대·내영향군·창룡대·협수대·팔달대·화서대·장안대 등으로 다시 편성 되었다.

이 가운데 내영향군은 이미 이보다 앞서 각종 군보(軍保) 중에서 골라 뽑아 옮겨 정한 상태였으며 외영의 정군인 장락대는 병역을 면제받는 대신에 현역병의 농사짓는 일에 노동력을 제공하도록 했으나, 뒤에는 군대의 비용으로 쓰기 위하여 역(役)을 면제해 주고 그 대가로 삼베나 무명 따위를 나라에 바치고 실역(實役)에 복무하는 군인을 돕던 사람 가운데에서 골라 정하였다.

셋째, 기존 수어청·총융청 소속의 속오군·파하군(把下軍) 등으로서 이미 입방군·협수군 체제하에서 외영에 편성되어 있던 무포사군(無布私軍)은 5읍의 하급군병들이 외영으로 옮겨 배속되면서 장락대·신풍대·난후아병·노량아병(鷺梁牙兵)·협수대 등으로 다시 편성되었음을 알 수 있다.

22) 국역(國役)에 나가지 않은 장정을 조사하여 군역(軍役)에 정해져 있는 규정에 따라 인원을 보충해 채운 군대이다.

넷째, 기존 납포사군(納布私軍)으로 편성되었던 군병 수는 그 일부가 이미 수어청·총융청 소속의 둔아군(屯牙軍)·장초군(壯抄軍) 등으로서 장용외영의 입방군·협수군 체제하에서 이속되어 있었으나 여타 납포사군의 다수 군병은 장용외영과 무관한 상태로 존재하고 있었다. 이들 납포사군은 5읍 하급군병들이 소속을 옮기면서 5위인 장락대와 속5위인 창룡대·팔달대·화서대·장안대·협수대 등으로 편성되었다.

외영의 군대 편제가 5위, 속5위 체제로 새롭게 고쳐 기존의 입방군·협수군 체제에 비해 장용외영의 정군(正軍)만으로 재편된 장락대는 양정(良丁)만을 골라 정예화 하는 데 크게 도움이 되었다.

개편된 내용은 각 병과(兵科)를 하나로 묶어 살펴보면 수원부 8,118명을 비롯하여 용인 2,500명, 진위 1,790명, 안산 1,136명, 시흥 1,086명, 과천 1,428명으로 합해서 16,058명에 달한다.

한편 내영향군의 설치와 외영군제의 정비 등으로 정조 시대 군영정책핵심은 장용영의 신설 및 정비에 초점을 두었음으로 기존군영의 군대편제와 군영운영(軍營運營)에는 불가피하게 변화의 바람이 불었다.

이는 내·외영에 정병(正兵) 및 납포군(納布軍)에 대해 직접 소속을 옮겨 배치하거나 정번(停番)·출진(出鎭)·영제(營制) 등의 다양한 형태로 나타난다.

(5)

1793(정조 17)년 1월 12일 수원부(水原府) 이름을 화성(華城)으로 바꾸고 장남헌(壯南軒)에는 어필(御筆) 현판을 걸었다.

부사(府使)를 유수(留守)로 승격시켜 초대유수를 채제공으로 삼았으며 장용외사(壯勇外使)와 임금이 거동할 때 머무는 별궁 수리 외에 모든 일을 관장하는 행궁정리사(行宮整理使)를 겸임하게 하고, 판관(判官) 한 사람을 두어 보좌하게 하였다.

장용외사에서 병전(兵典)에 관한 일을 맡아보던 장용영병방(壯勇營兵房)을 고쳐

장용사(壯勇使)라 하고, 도제조(都提調)를 두어 호위대장(扈衛大將:궁중경호대장)이 관장하던 관청을 합해서 그를 소속시켰다.

전교하기를,

'왕위에 오른 이후로 재용(財用)을 많이 저축하는 것을 가장 소중하게 여겨왔다. 그런데 다행히 황천에 계신 조종(祖宗)의 말없는 도움을 입어, 용이 서리고 범이 웅크린 것 같은 좋은 자리를 잡아 영원토록 천억 만년 끝없을 큰 운세를 정하였으니, 이 땅의 소중함은 실로 주(周)나라 문왕(文王)이 옮긴 도읍지 풍(豊)에서 은(殷)나라를 정벌하여 중국 천하를 다스리는 기반을 닦은 것과 같이, 한고조(漢高祖) 유방(劉邦)의 고향 패(沛)처럼 길이 융성할 것이란 뜻의 풍패지향(豊沛之鄕)을 만들겠다는 나의 원대한 꿈이 담겨있는 것이다.

오직 이곳을 잘 수호할 방도를 더욱 애써 치밀하게 하여 체모가 존엄하고 제도가 엄숙하도록 하는 것이 바로 나 소자(小子)의 정리로나 예법으로나 당연히 해야 할 일이니, 비유하자면 마치 종묘의 예절을 두고 먼저 백관(百官)의 아름다움을 말하는 것과 같을 것이다. 그 소중함에 관계되는 것이 이와 같다.

이곳 수원부는 현륭원 자리를 마련한 뒤로부터 관문으로서 방비가 더욱 중하여졌다. 아름다운 이 자연의 요해처(要害處)[23]에 달마다 꺼내 볼 사도세자의 의관(衣冠)들을 길이 봉안하리라. 미리 행궁을 세워 먼저 우러르고 의지하는 생각을 붙였고, 영정을 그려 걸고 아침, 저녁으로 아버지의 안부를 물으며 보살펴 드리는 혼정신성(昏定晨省)의 정성을 대신하니, 어린애처럼 어버이 사모하는 마음이 가슴에 북받쳐 올라 절제할 줄을 모르겠다.

매년 3백 일 동안을 하루도 빠짐없이 손꼽아 기다리고 바라던 것이 오로지 예를 행하는 하루 동안에 있었기에, 이미 배알(拜謁)을 마치고 환궁하는 길에 수원부의 경계가 다하는 고갯마루에 거가(車駕)를 멈추고 우러러 바라보며 머뭇거리노라면 나도 모르게 발걸음이 더디어지곤 하였다.

그래서 번번이 수령(守令)을 불러 앞으로 나오게 하여 정성을 다해 수호하라는 뜻으로 거듭거듭 당부했었다. 그러나 그의 직책은 한 고을의 원이요 그의 품계를 물어보면 3품직의 자리이다. 적임자를 얻어 그 일을 맡기는 것이야 벼슬의 높낮이에 관계될 것

23) 땅의 형세가 적(敵)의 편에서는 불리하고 자기편에서는 긴요(緊要)한 지점(地點)을 말한다.

이 아니겠지만, 조정의 거조란 지위가 높지 아니하면 위엄이 서지 못하는 것이다.

관방(關防)에 대해 우선 제쳐두고라도 나의 행궁을 정리하는 여러 가지 임무를 어찌 3품의 고을 원에게 맡겨둘 수 있겠는가. 그러나 모든 일은 옛날을 따르는 것이 가장 좋은 것이다.

남한산성은 단지 방위하는 성의 역할만이 있을 뿐인데도 대신이 사(使)가 되고 유수는 문반의 경재(卿宰 : 재상)로만 오로지 차임하면서도 방위의 일을 위해서는 무장(武將)이 남한산성에 일반적으로 적용되었다.

그런데 더구나 이곳 이 수원부의 소중함이겠는가. 지금부터 수원 부사를 유수로 승격시키어 장용외사(壯勇外使)와 행궁정리사(行宮整理使)를 겸임하게 하고 오직 대신이나 무장으로 특지를 받아 유수에 임명하고 또 판관(判官)을 두어 보좌하게 하라.

장용영을 설치한 지는 여러 해가 되었으나 장용영 장수의 칭호를 아직 결정하지 못한 것은 외사(外使)가 나오기를 기다린 때문이다.

장용영 병방(壯勇營兵房)을 장용사(壯勇使)라 하고 장용영의 문서들에는 대장이라고 호칭하기를 마치 어영사(御營使)를 어영대장이라 호칭하는 것처럼 하며, 종묘서·사직서·영희전·경모궁 칙임의 책임자처럼 도제거(都提擧)를 두어 그 법식을 갖추되 역시 북한산성을 관리하던 군영인 경리영(經理營)의 도제거를 삼공이 겸임하도록 되어있는 직제대로 실행하고 호위대장의 관청을 합해서 그를 소속시키도록 하라.

그리고 내영(內營)과 외영(外營)의 군수 물자와 군사들의 식량을 마련하고 조처하는 것에는 모두 경비에 의존하지 않게 할 것이니, 이것이 곧 재용을 저축하는 것을 소중히 여긴 까닭이다.

나는 자나 깨나 오직 선대(先代)를 사모하는 데 있다. 백성을 보호하는 것도 비록 길은 다른 것 같으나 거기에 쓰이는 마음은 마찬가지다. 이 백성은 곧 선왕의 백성이다. 그러니 지금 이 백성들을 감싸 보호하려면 의당 먼저 폐단을 제거해야 하는데, 가장 큰 폐단은 군영(軍營)이 많은 것이다.

그래서 내가 설날 조참(朝參)24) 때에 네 가지 항목을 들어 하유(下諭)하였는데, 네 가

---

24) 조선시대 문무백관이 임금에게 문안드리던 일로 중앙에 있는 문무백관이 정전(正殿)에 모여 한 달에 네 번 문안을 드렸다. 서울에 있는 관원이 궁중으로 출근하는 것을 뜻하기도 한다. 중국에서는 당(唐)나라 때부터 있었으며 우리나라에서는 신라 진덕여왕 때부터 있었다. 고려를 거쳐서 조선시대에는 국가의 위엄을 상징하는 의식으로 변하였다. 조참에는 서울에 있는 모든 관리가 참여하였으며, 『경국대전(經國大典)』의 기록에 의하면 매월 5·11·21·

지 항목 중에서 군(軍)과 민(民)이 그 두 자리를 차지하였고 그 말을 한 것은 앞으로 행하고자 함에서였다.

선왕이 드나드셨던 문에 임하고, 앉았던 자리에 앉아서, 말만 하고 능히 그 말을 실천하지 못하는 것이야말로 내가 비록 부덕하지만 욕스럽게 그러지는 않을 것이다.

중앙과 지방으로 하여금 이 전교를 길이 새겨 보고 은미한 뜻을 자세히 헤아려서 내가 이 일을 경영하여 우리 후인들을 계도해서 국운(國運)이 만억년(萬億年)토록 영원하기를 비는 본의를 알게 하라.'

◆ 정조는 장용청 설치연혁(1793. 1. 12.)에서 초(哨)의 구성은 정규군인 90명, 정8품의 잡직으로 하부단위 부대에서 기의 통솔자인 기총(旗摠) 3명, 정9품의 무반잡직(武班雜織)으로 보통 한 대오(隊伍)인 25명을 지휘통솔 하는 대장(隊長) 9명, 각 병영(兵營)에 딸린 여러 종류의 하급 군졸인 서자지[書字的] 1명, 관아나 일터의 일꾼을 거느리는 패두(牌頭) 1명, 고수(鼓手) 1명, 주장(主將)이 휘하를 지휘 호령하는 데 사용하는 기를 든 인기수(認旗手) 1명, 취사병인 화병(火兵) 9명으로 도합 115명을 1초(一哨)로 한 것이다.

1787(정조 11)년에 처음으로 27명을 두기 시작해 다음해에 88명을 증원하여 좌초(左哨)를 만들었고, 1791(정조 15)년 우초(右哨), 1793(정조 17)년에 중초를 만들어 늘려나갔다.

◆ 5초는 지금의 서울 한성(漢城)에 있었으며 초마다 124명이었다. 정규군인, 기총, 대장은 위와 같고 수송군인 복마군(卜馬軍)을 9명 늘려 차이가 나도록 했다.

25일 4회를 열었다. 조참 의식은 미리 날을 잡아 창덕궁(昌德宮) 인정문(仁政門) 중앙에 남쪽을 향하여 어좌(御座)를 마련하고 좌우에 향안(香案)을 설치하며 진선문(眞善門) 안에 악대를 배치한다. 관원의 위치는 등급에 따라서 다르며 북향하여 첫째 사람이 반수(班首)가 된다. 북이 처음 울리면 병조에서 노부(鹵簿)와 기장(器仗)을 설치하고 군대를 정렬시킨다. 북이 두 번 울리면 종친과 문무백관이 지정된 관복을 입고 선정전(宣政殿) 문밖에서 지시를 기다린다. 북이 세 번 울리면 문무백관이 지정된 위치에 서고, 왕은 보여를 타고 나타나며, 악대는 풍악을 울린다. 왕이 자리에 앉으면 전의(典儀)의 구령에 따라 4배하고 평신(平身)하면 의식이 종료된다. 의식이 끝난 뒤 조계(朝啓)라 하여 정사를 아뢰기도 하였다.

1787(정조 11)년에 전초(前哨)를 처음으로 두고 다음해에 중초(中哨), 후초(後哨)를 늘렸으며, 1793(정조 17)년에 좌초, 우초를 늘렸다.

◆ 2초는 1788(정조 12)년에 창설하였는데 우초는 고양(高陽), 후초는 파주(坡州)에 두고, 5초는 화성(華城)에 있었는데, 1789(정조 13)년에 5초를 처음으로 창설하여 전초는 진위(振威), 좌초는 양성(陽城), 중초는 용인(龍仁), 우초와 후초는 광주(廣州)에 두었다. 1795(정조 19)년에는 우초와 후초를 증설하였는데 우초는 양주, 후초는 장단(長湍)에 두었다.

3초는 1788(정조 12)년에 창설되었는데, 전초는 지평(砥平), 좌초는 양근(楊根)과 가평(加平)에 나누어 두고 중초는 양주(楊州)에 두었다. 3초는 1795(정조 19)년에 증설했는데 전초는 안산(安山), 좌초는 과천(果川), 중초는 시흥(始興)에 두었다.

초(哨)마다 정규군인 90명, 기총(旗摠) 5명, 대장 9명, 서기(書記) 1명, 무관에게 병학(兵學)을 강의하고 시험을 보이던 능마아(能麽兒) 1명, 고수 1명, 인기수 1명, 전령인 사후(伺候) 2명, 부엌일 하는 사람 1명, 화병 9명, 복마군 9명이다.

96명은 1782(정조 6)년에 훈련도감에서 군대를 조련시키던 훈국기예군(訓局技藝軍) 15명이 이속된 것을 시작, 1785(정조 9)년에 15명 증원, 1788(정조 12)년부터 1793(정조 17)년까지 해마다 각 17명, 5명, 9명, 5명, 9명, 21명을 증원하였다. 구성은 원군(元軍) 85명, 서자지[書字的] 1명, 패두 1명, 복마군 5명, 군문(軍門)에서 사형집행을 맡아보던 회자수(劊子手) 4명이다.

◆ 92명은 1782(정조 6)년에 훈국기예군 15명이 이속된 것을 시작, 1785(정조 9)년 15명, 1788(정조 12)년부터 1793(정조 17)년까지 해마다 각 13명, 5명, 9명, 5명, 9명, 21명을 증원한 것이다. 원군 이하는 위와 같고 회자수가 없다.

◆ 95명은 1787(정조 11)년에 25명으로 창설하여 1790(정조 14)년 25명, 1793(정조 17)년 49명을 증원한 것이다. 원군은 88명이고 서자지 이하는 위와 같다.

◆ 100명은 1787(정조 11)년에 28명으로 창설, 1790(정조 14)년 23명, 1793(정조 17)년 49명을 증원한 것이다. 원군 93명이고 서자지이하는 위와 같다.

◆ 65명은 1788(정조 12)년에 16명으로 창설, 1791(정조 15)년 7명, 1793(정조 17)년 42명을 증원한 것이다. 원군 51명, 서자지 1명, 패두 1명, 복마군 2명, 이서(吏胥) 즉 구실아치인 원역(員役) 10명으로 구성되었다.

◆ 45명·50명·57명이 있다. 가늘게 쪼갠 대나무 개비나 쇠로 살을 만들고, 겉에는 종이나 형겊을 덮어 씌워 그 속에 촛불을 켜 들고 다니는 등롱군(燈籠軍) 이하의 세 종류 군대로서 장용영을 신설하던 1787(정조 11)년·정조 12년부터 차례로 늘린 것이다.

◆ 별장(別將)은 표하군(標下軍)이 40명, 사(司)는 표하군 30명, 선기대에서 기총(騎銃)을 휴대한 선기장(善騎將)은 표하군이 18명, 각 군영의 위관으로 한 초(哨)를 거느리던 종9품 무관벼슬인 초관(哨官)·훈련도감 장교인 지구관(知彀官)·교련관(教鍊官)·무예별감 장교인 통장(統將)·장용위(壯勇衛)의 패두(牌頭)는 모두 전령의 임무를 띠는 사후군(伺候軍)을 두었다. 대장의 휘하에서 건축이나 군용물품을 제작하는 공장아병(工匠牙兵)이 29명, 수송을 책임지는 복마군이 40명이다.

◆ 5초는 605명이며 표하군은 164명이다. 1789(정조 13)년에 설치한 배봉진(拜峰鎭)은 아병 2초, 표하군 23명, 향취수(鄕吹手) 30명이고, 1792(정조 16)년에 이속(移屬)된 고성진(古城鎭)은 아병 2초, 표하군 58명이며, 1793(정조 17)년에 이속된 노량진(鷺梁鎭)은 좌우 아병 121명, 표하군 23명, 향취수 30명이다.

◆ 그리하여 기병과 보병이 모두 5,152명인데 여기에 도제조(都提調) 한 명을 1793(정조 17)년에 처음 두어 대신 가운데 당시 호위대장을 겸임한 사람을 예겸(例兼)시키고, 호위청을 장용영에 통합하였다.

　재용(財用)의 책임자인 향색제조(餉色提調) 한 명은 호조나 대동미(大同米), 포(布), 돈의 출납을 맡아보던 선혜청(宣惠廳)의 시임(時任) 당상관(堂上官)이나 일찍이 역임한 사람 중에서 세 사람을 추천하던 의망(擬望)으로 한 명이 결정된다. 사(使) 한 명은 일찍이 장수를 지낸 사람 중에서 임금이 직접 벼슬을 내린다.

　1783(정조 7)년에 처음 둔 병방(兵房)은 장수의 직임이나 포도대장을 지낸 사람을 일찍이 임명하여 병방이라 이른 것이니, 그것은 정원의 병방승지가 오위(五衛)의 습조(習操 : 연습훈련)와 점고(點考 : 현재의 점호)를 관장하는 예를 본뜬 것이다.

　1793(정조 17)년엔 병방을 사(使)로 호칭을 바꾸고 일찍이 장신(將臣)을 지낸 사람을 임금이 직접 임명하여 병사에 관한 일을 관장하는 군색제조(軍色提調)까지 겸임했다. 문서에는 대장(大將)이라고 칭했다.

　1787(정조 11)년 종사관(從事官) 한 명을 처음으로 과거를 거치지 않고 다만 조상의 혜택으로 얻은 관직인 음관(蔭官)으로 임명하였다. 1791(정조 15)년 선기별장(善騎別將) 두 명을 처음으로 두어 아장(亞將)으로 임명하였다.

　진법(陣法)을 연습하거나 혹은 무과(武科) 때 활 잘 쏘는 사람을 중일시사회(中日試射會)에서 골라 뽑았다. 조선관직에는 품계는 높으나 관직이 낮으면 행(行), 품계는 낮으나 관직이 높으면 현재의 직무대리격인 수(守)라 칭하는 '행수법(行守法)'이 있었다. 이에 따라 군영(軍營)의 대장(大將), 또는 사(使)의 다음가는 장수를 행중군(行 中軍), 각 군영(軍營)의 종4품 무관을 행 파총(行 把摠)이라 하여 다섯 사람을 1788(정조 12)년에 처음으로 두고 정조 13년과 1793(정조 17)년에 증설하였는데, 종2품 절도사(節度使)·방어사(防禦使)까지 임명하였다.

　1787(정조 11)년 선기장(善騎將) 세 사람을 처음으로 두고 1791(정조 15)년, 1793(정조 17)년에 증설하였는데 정3품 당상관으로 임명하였다.

　◆ 1787(정조 11)년에 초관(哨官) 25명을 처음 두고 1788(정조 12)년과 1789(정조 13)년, 1793(정조 17)년에 증설하였는데 당하(堂下) 3품관 이하로 임명하였다.

　1791(정조 15)년에는 정원 외의 장용위인 액외장용위(額外壯勇衛) 15명을 처음 두

어 장수 집안의 자손, 지체와 문벌이 두드러지거나 여력이 뛰어난 사람들을 가려서 임명하였다.

◆ 훈련도감의 장교로 한 달에 두 번씩 진법(陣法)을 강론하던 지구관(知彀官) 21명, 무예별감을 거느리고 숙위(宿衛)를 대비하는 무예통장(武藝統將) 2명, 회계(會計)를 맡은 별부료(別付料) 2명, 현대식 군제(軍制)에 의하여 군대를 교련하던 장교로 진법(陣法), 사격법, 강서(講書)에서 수석합격한자로 역시 한 달에 두 번씩 진법을 강론하던 교련관(敎鍊官) 20명은 본 장용영에 출사하는 것을 면제한다.

각 고을에서 올라오는 공문이나 보고문(報告文)을 고을별로 맡아 돈, 곡물의 수납여부를 총괄하는 일을 담당하는 이들을 살펴보자.

관아나 일터에서 일꾼을 거느리는 패장(牌將) 8명, 내의원인 약방(藥房) 1명, 침으로 병을 다스리는 침의(鍼醫) 1명, 한림도화원(翰林圖畵院)[25]을 일컫는 화원(畵院) 1명, 문서를 베껴 정사하는 사자관(寫字官) 1명이 있다.

또한 훈련도감의 마병(馬兵)과 금위영, 어영청의 기사(騎士) 중에서 뽑혀 승진한 병졸인 별무사(別武士) 36명, 총융청에 소속된 부료무사(付料武士) 16명, 경각사(京各司)에 속한 서리(書吏) 16명, 글씨를 베껴 쓰는 서사(書寫) 3명, 윗사람의 명령을 기다리는 대령서리(待令書吏) 3인, 오늘날의 관보(官報)로 승정원에서 그날그날 생긴 일을 매일 아침에 적어 반포하면 이를 해당부서에 돌리던 조보서리(朝報書吏) 1인, 서리가 없는 관아에 두었던 서원(書員) 7인을 두었다.

낮은 직급으로는 관아의 창고를 지키고 감시하던 창고지기인 고직(庫直) 13명, 청지기인 대청직(大廳直) 1명, 중앙관청에서 심부름하던 남자하인인 도방자(都房子) 4명, 활과 화살을 맡은 궁시인(弓矢人) 2명, 우두머리 목수인 도변수(都邊首) 2명이 있다. 또한, 각 관아에서 심부름하는 사령(使令) 41명, 마부와 같이 벼슬아치

---

25) 궁정(宮庭)의 회화(繪畵)을 제작하는 관원으로 왕에게 직접 딸려 승지(承旨)가 회화 제작의 일을 맡아 보았음으로 뛰어난 그림이 많이 나올 수 있었다.

나 양반들이 가까이 데리고 다니며 부리던 구종(驅從) 14명, 비가 올 때 비를 맞지 않도록 책임지는 우장직(雨裝直) 2명, 관청의 식모인 다모(茶母) 2명, 임시로 거처할 곳을 마련하는 군인인 의막군사(依幕軍士) 2명, 약을 짓는 제약군(劑藥軍) 1명, 문서직(文書直) 12명이 있었다. 그리고 지방의 관청에서 심부름하던 남자하인인 방자(房子) 15명, 소방자(小房子) 22명, 계급이 낮은 군사(軍士) 5명, 관청에서 잡무를 처리하던 사환군(使喚軍) 30명, 관청에서 물건 운반과 심부름을 하던 역인(役人) 15명, 짐꾼인 복직(卜直) 5명, 국고가 아닌 창고지기인 사고직(私庫直) 4명, 경기감영에서 돈, 곡물의 보관 출납을 지키며 간수하는 일을 맡아보던 기영겸감색(畿營兼監色) 4명, 각 고을의 향무사(鄕武士) 13명과 읍리(邑吏) 13명으로 구성한 향군구관감색(鄕軍句管監色)이 26명으로 구성되었다.

◆ 임금이 또 군대가 있으면 반드시 군량이 있어야 함으로 매번 하나의 영(營)을 둘 때마다 백성들이 그 해(害)를 받아, 훈련도감을 설치하면서는 3년 동안 세금으로 2필의 포(布)가 새로 생겼다.

금위영·어영청·수어청·총융청을 설치하면서는 군보(軍保)로 거두어들이던 보미(保米)와 베나 무명인 보포(保布)가 6도에 널리 꽉차있는데, 지금 다시 각 영이 하던 대로 한다면 원대한 도모가 되지 못할 것이라고 여겨 내탕금(內帑金)을 내놓아 여러 도(道)에 곡식을 사들이게 하였다.

내수사에서는 궁중에서 쓰는 쌀·베·잡물(雜物)과 노비 등에 관한 사무를 맡은 내사(內司)의 전장토지로 조세를 비싸게 받던 것을 폐지시켜 그들의 요역을 가볍게 해주었다. 또한 양서(兩西 : 황해도, 평안도) 지방에 주둔한 군대의 군량이나 관청의 경비에 쓰도록 지급된 토지 둔전(屯田)도 설치하였다.

심지어 지방 토산물을 임금이나 윗사람에게 바치는 진상품(進上品)이 첨가된 것과 공로의 크고 작음에 따라 상을 주는 상격(賞格)이 남용되는 것이 다반사였다.

왕명 전달, 임금이 쓰는 붓과 벼루, 궁중의 열쇠 보관, 궁중 뜰의 설비 등을 맡아 보던 액정서(掖庭署), 하례(下隷 : 하인)의 남아도는 인원과 군제(軍制)에 어긋난

것들과 선혜청에 저장된 갑주가미(甲冑價米 : 갑옷투구, 쌀값)와 호조에서 가져다가 내사에서 다른 물건으로 대신 급대(給代)하던 것 까지를 바로잡아 떼 주기도 하고 혹은 모두를 붙여주기도 하였다.

◆ 그리고 다음 유사에게 명하여 이런 종류들을 미루어 찾아보게 하였다. 환곡을 많이 나누어 주어 백성을 괴롭힌 것이 있으면 돈으로 바치게 해서 그들의 힘을 펴게 해주었다. 유치된 환곡이 많아서 농민들을 손상시켰다면 더 나누어주어 그들의 양식을 넉넉하게 해주었다. 그리고 나라의 어떤 제도나 관청에서 쓰는 필요한 물건 값·세액(稅額)·공물액(貢物額) 따위를 심사 결정하여 오랫동안 변경하지 못하게 하는 상정(詳定) 무역을 하기도 하고 혹은 값을 주고 사오기도 하였다.

이렇게 하여 각 창고의 곡식이 총 431,691석이었는데, 이를 관서, 해서, 호서, 호남, 영남, 관동에 나누어 두었다.

3진(鎭)의 곡식은 총 9,948석이었는데 매년 들어오는 것으로 쌀 25,890석, 대두(大豆) 4,690석, 돈 78,895냥, 무명 367동(同 : 1동은 50필) 19필, 삼베는 26동 25필이었다.

◆ 수원부(水原府)를 외영(外營)으로 삼은 후 국초에 영안도(永安道 : 함경도) 오위(五衛)의 하나인 호분위(虎賁衛)에 딸린 40명의 무사를 남도·북도에서 각 20명씩 뽑아 정월·칠월 두 도목(都目)에 반씩 나누어 임명하였다. 이들을 두 번(番)으로 나누어 1년씩 서로 교대하여 서울을 지키도록 한 마군(馬軍)을 친군위(親軍衛)라고 호칭한 전례대로 306명을 두고 탐라(耽羅 : 제주도)에서 기르던 말을 가져다 한 사람에게 한 필씩을 준 다음 훈국(訓局)의 말 지급규정에 따라 해마다 모자라는 수를 채웠는데, 그 수는 매년 30~40필을 넘지 않았다.

화성(華城)의 군제는 오위(五衛)제도를 본떴으며, 따로 절목을 만들어 임금이 직접 허가하여 시행했다. 이것이 바로 내영(內營)과 외영(外營)의 시말이 된 것이다.

◆ 1789(정조 13)년에 현륭원(顯隆園)을 옮기고 옛 원(園)터는 바로 28년 동안 궁검

(弓劍)을 모셨던 자리이므로 차마 황폐하게 버려둘 수 없다하여 파주(坡州)의 옛 장릉(長陵)[26]의 예에 따라 위전(位田)을 백성들에게 경작하도록 허락하고, 진둔별 장(鎭屯別將)을 두어 배봉진(拜峰鎭)이라 부르고 장용영에 소속시켜서 별후사파총 (別後司把摠)으로 삼아 아병(牙兵) 2초를 두었다.

◆ 노량(鷺梁)은 현륭원 행행(行幸)의 첫 어귀로 임금이 나들이하는 도중에 거가 (車駕)를 잠시 멈추고 머무르거나 묵는 곳 즉, 주필(駐蹕)하는 곳이므로, 옛날 도성 을 호위하여 지키던 금위영(禁衛營)에 소속 별장을 장용영에 이속(移屬)시키고 군 제를 배봉진과 같이 하여 별아병장(別牙兵將)으로 삼았다.

관서의 고성진(古城鎭 : 박천)은 관방의 중요 지역임에도 피폐함이 갈수록 심해져 북한산 수비를 담당하던 총융청(摠戎廳) 덕지둔(德池屯 : 평남 평원군 소재)의 예에 따 라 장령(將令)으로 임명, 네 개 고을의 둔전(屯田)을 관장하게 하고 5초의 군교를 정하여 별중사파총(別中司把摠)이라 불렀다.

또 지방관으론 박천군수(博川郡守)를 겸파총(兼把摠)으로 삼아 장용영이 임명하 도록 만들었다. 이것이 삼진(三鎭)의 시발이다.

임금은 1788(정조 12)년 경기도의 산간 백성들이 처음에는 꿩 사냥에 시달리다가 다시 섣달이 되면 멧돼지 사냥을 해야 한다는 소식을 듣고, 먼저 꿩 사냥을 중지 시키고 이어서 멧돼지 사냥도 중지시켜 버렸다.

양근(楊根) 등 네 고을에는 1626(인조 4)년에 남한산성을 쌓고 그 부근의 여러 진 (鎭)을 지키기 위하여 설치한 수어청(守禦廳) 둔전 아병 15초에서 매 초마다 25명 씩을 선별하여 초를 만들어 몰이꾼을 대신하게 하였으며 양주와 고양에 2초를 설치하고 병사가 있는 곳에는 둔전을 설치하도록 하였다.

축령산(祝靈山)·용문산(龍門山)을 사냥하는 봉산(封山)[27]으로 정하여 팻말을 세웠

---

26) 조선 16대 인조(仁祖:1595~1649)와 원비 인열왕후(仁烈王后:1594~1635) 한씨(韓氏)의 합장릉(合 葬陵)이다.

27) 나라의 말림갓이다.

는데 이는 군사들이 농사를 지을 수 있도록 붙여두자는 뜻에서이다.

장단(長湍)·마전(麻田)·적성(績城)도 사냥을 하던 곳이었으나 세 고을의 경내는 둔전을 설치하기에는 적절하지 않음으로 가까운 파주에 둔전을 두고 군사를 배치하였다.

1795(정조 19)년에 수어청이 진영을 두면서 짐의 양에 맞추어 마병(馬兵) 2,400명을 줄였으나, 지방군으로 역(役)을 지지 않은 양인(良人)과 천민(賤民) 가운데 조련을 감당할 수 있는 사람으로 편성된 군대로서 평시에는 군포(軍布)를 바치고 유사시에만 소집되는 속오군(束伍軍)은 따지지 않았다.

마병 200명은 아병(牙兵)으로 대신하고 표하군 800명은 일이 대수롭지 않은 헐한 곳으로 정하여 각 군문에 다른 물건으로 대신 주는 급대(給代)를 하였다.

또 6초의 군사는 광주(廣州)·안산·용인·시흥·과천의 다섯 고을에 그대로 두고 돈 2만 꿰미[緡]를 내주어 군사가 있는 곳에 따라 둔전을 벌여 두도록 했는데, 이것이 향군(鄕軍)의 시말이다.

◆ 장용위(壯勇衛)라는 이름을 내린 것은 오위(五衛)의 한 위를 본뜬 것이다. 삼부(三部)를 설치하지 않고 오사(五司)를 설치하여 서울과 시골에 나누어 둔 것은 중국 남방의 군제를 본뜬 것이다. 장용위의 군대를 일부는 오위군사들 내에서 뽑고, 과거를 거치지 않고 인재를 뽑기 위하여 실시한 특별채용과·무과·잡과 등에 합격하였으나 아직 출사하지 못한 사람을 쓰기로 한 것은 임금의 좌우에서 호위를 맡아보던 군대로 오늘날의 근접 경호원과 같은 내금위(內禁衛)의 국출신(局出身)을 뽑는 데서 본뜬 것이다.

정원 외에 무반 집안의 자제를 뽑는 것은 장수의 재목을 기르기 위해서이며, 장용위의 기마부대인 선기대(善騎隊)에서 말 타는 재간이 좋은 사람이나 특별한 기예를 가진 사람을 뽑는 것은 마대(馬隊: 기병대)에서 본뜬 것이다.

해마다 서울 및 각 지방에서 뽑혀 훈련도감의 정군(正軍)이 되던 병졸인 승호군(陞戶軍)을 뽑아 올리게 한 것은 훈국에서 본뜬 것이나 7도(道)에 두루 그렇게 하

지 않는 것은 왕도의 근기(近畿)를 중하게 여긴 것이다. 또한 장수를 두고서 관직은 사(使)로 일컫고 문서에는 대장으로 기록한 것은 어영을 본뜬 것이다.

내사(內使)와 외사(外使)를 둔 것은 도별장(都別將)에 속하며 왕의 원호(院扈), 시위(侍衛)를 좌우측에서 담당하는 용대장(龍大將)과 호대장(虎大將)을 본뜬 것이다.

중군을 두지 않고 별장을 두어 조련할 때 호령을 승접(承接)한 것은 광묘(光廟: 세조) 때 군(軍)을 6번으로 나누어 1·2·3번의 별장을 좌상(左廂), 4·5·6번의 별장을 우상(右廂)이라 한 것과 숙묘(肅廟 : 숙종) 때 기병 중에서 가려 골라 뽑아 서울을 수호하는 금위영(禁衛營)을 만든 정초청(精抄廳)제도를 이어받은 것이로되 천총을 두지 않은 것은 중국 남방군대의 옛 제도를 본뜬 것이다.

옛글의 뜻을 강론하는 강서시험(講書試驗)에 『병학통(兵學通)』을 쓰도록 하고 기예시험에 『무예보(武藝譜)』를 사용한 것은 영묘(英廟 : 영조)와 경모궁(景慕宮 : 사도세자)의 유지를 드러내 밝힌 것이다.

내사와 외사가 차는 부신(符信)은 나무패나 두꺼운 종이에 글자를 쓰고 증인(證印)을 찍은 뒤에, 다시 두 쪽으로 나누어 한 조각은 상대자에게 주고 다른 한 조각은 자신이 보관하였다가 뒷날에 서로 맞추어 증거를 삼게 하는 것이다.

한편 발병부(發兵符)는 바로 밀부(密符)로 부신과 함께 통용 되고 있었다. 모양이 동글납작한 지름 7cm, 두께 1cm쯤 되는 나무패 한 면에 '제 몇 부(第 몇 符)'라 쓰고 다른 면에 임금이 친서(親書)·수결(手決)하였다. 그 패를 둘로 나누어 오른쪽은 개성·강화·광주·수원·춘천과 일시적으로 완산(전주)에 유수부를 두어 관장하던 유수(留守 : 정 또는 종2품), 지금의 도지사인 감사(監司), 총융사(摠戎使 : 종2품), 절도사(節度使 : 종2품), 방어사(防禦使 : 종2품)에게 주고 왼쪽은 임금이 가지고 있다가 군대를 동원할 필요가 있을 때 교서와 함께 그 왼쪽을 내리면 지방관은 두 쪽을 맞추어 틀림없을 때 비로소 군대를 동원시키는 기능을 갖고 있었다.

병부(兵符 : 發兵符)만은 특별히 구리로 범 모양을 본떠 만든 징병(徵兵) 표지인 호부(虎符)를 쓰는 것은 잔뜩 성을 내어 으르렁거리는 범에서 뜻을 취하고 동시에

국초(國初)의 일을 이어받자는 데서 온 것이다.

병방을 설치한 초기에 하교하기를, 왕이 특별히 부르는 '명소(命召) 제도는 특히 삼경 이후에 대신을 부르는 부신(符信)만이 있었다. 그래서 도성을 지키던 각 영의 장수는 일종의 증명서로 왕의 명령을 받고 비밀리에 대궐에 들어갈 수 있는 명소패(命召牌)를 차고도 부신(符信)이 없는 것을 예전부터 경륜 있는 인사들이 의심스럽게 생각하는 논의가 있었다. 지금이라도 이를 참작, 호부(虎符) 1개와 좌우 포도대장이 갖는 긴 네모로 된 전령패(傳令牌) 1개를 만들어 지급해야겠다.'라 하였다.

◆ 대장은 군색제조(軍色提調)를 겸해서 병사에 관한 일을 전적으로 관장하고, 재용(財用)에 대해서는 향색제조(餉色提調)가 주관한다.

이재간(李在簡)·서유린(徐有隣)·김이소(金履素)·정민시(鄭民始)·이명식(李命植)·이시수(李時秀)·서용보(徐龍輔)가 서로 이어가며 향색제조가 되었으나, 서유린과 정민시가 가장 오랫동안 맡았으므로 모든 재용에 대한 조치와 계책들이 모두 이 두 사람에게서 나왔고 이명식이 그 다음이다.

(6)

1793(정조 17)년 1월 25일 장용영(壯勇營)에서 내영(內營)과 외영(外營)의 새로 정한 절목을 올렸다.

내영의 절목(節目)은 다음과 같다. 즉 제도와 호칭에 관한 사항이다.

◆ 본영(本營) 즉, 장용영의 설치는 이미 여러 해가 지났건만 제도가 확립되지 않고 호칭들도 정해지지 못하였다. 지금 내·외영을 함께 두고 규모를 크게 마련하는 때를 당해서는 당연히 호칭을 바로잡는 일이 있어야 할 것이다.

병방(兵房)에 대한 일은 당연히 다른 영문(營門)의 규례에 따라 대장(大將)이라 호칭해야 할 것이나 본영의 사체(事體)가 엄중하니, 의당 인조반정 후 이귀(李貴)

가 개성에서 화포(火砲)를 교습시키기 위하여 군병을 모집하여 어영군을 조직하여 처음으로 어영사가 되었다. 그 어영사(御營使)의 옛 제도를 본떠 병방을 장용내사(壯勇內使)라 하고, 크고 작은 문서들에서의 호칭도 역시 어영사를 어영대장이라 호칭하는 규례를 본떠 대장이라 호칭한다.

이미 내·외영을 두었으니 내사(內使)는 그대로 군색제조(軍色提調)를 겸임하되 비국(備局 : 비변사)당상 역시 관제에서 한 사람이 겸임하도록 되어있는 직제에 따라 예겸(例兼)하도록 한다.

◆ 향색제조(餉色提調) 1인은 시임 호조나 선혜청의 당상을, 이조가 관원을 임명할 때 세 사람의 후보자를 추천하던 의망(擬望)으로 낙점(落點)을 받는 것으로 한다. 그러나 만일 세 사람을 후보자로 추천하지 못할 경우에는 이전에 경력이 있는 사람을 임금에게 아뢰어 청하는 계청(啓請)으로 통의(通擬 : 통하여 적용)하도록 한다. 본영의 대장은 일찍이 장신(將臣) 이상을 지낸 사람으로 제수한다.

◆ 각 영 장신들이 명소패(命召牌)나 혹은 밀부(密符)를 차기도 하나, 군중에서의 호부(虎符)는 곧 국초부터 시작된 것이다. 그렇다면 본영의 일은 전보다 더욱 자별한 만큼 부신(符信) 등의 절차도 의당 옛날 제도를 써야 할 것이니, 본영사(本營使)가 차는 것은 호부를 쓰도록 한다.

◆ 군향색(軍餉色)의 낭청(郎廳)은 다른 군문(軍門)의 예에 따라 종사관(從事官)이라 호칭한다. 음관으로 일찍이 군수를 역임한 문벌과 이력이 있는 사람을 본영에서 임금에게 아뢰어 교지를 받은 후 벼슬아치를 발탁하기 위하여 이조·병조에서 세 사람의 후보자를 임금에게 추천하는 삼망(三望)으로 낙점을 받아 제수한다. 그리고 직인(職印) 하나를 장용영종사관인(壯勇營從事官印)이라고 새겨서 사용한다.

◆ 각 영에 중군(中軍)을 둔 것은 조련할 때에 호령을 이어받아 이어주는 승접(承接)의 직무를 행하는 데 불과할 뿐이므로, 그것의 설치여부는 그리 긴요하고

중대할 것이 없다. 또 광묘조(光廟朝 : 세조) 때에 후원(後苑)에서 진법을 연습하고 군대를 교련할 적에도 윤사로(尹師路)와 양성지(梁誠之)가 좌상(左廂)·우상(右廂)의 대장이 되어 이를 거행하면서 중군을 설치한 일이 없었다.

또한 용대장(龍大將)·호대장(虎大將)을 창설할 때에도 그들이 열무정(閱武亭) 조련에 참여했기 때문에 역시 중군을 두지 않고 대장이 직접 호령을 받아 거행하였다.

정초청(精抄廳)을 설치하였을 때에도 대장 아래 별장만을 두어 금위영에 합속(合屬)시키고 금군의 좌·우 별장으로 하여금 번갈아가며 깃발을 흔들고 북소리를 울리며 지휘관의 명령을 주고받게 했었다.

본영 군제(軍制)가 대부분 국초의 제도에서 본뜬 것으로 중군을 별도로 둘 필요가 없으니 본영에는 중군을 두지 않는다.

◆ 별장(別將) 한 명은 일찍이 포도대장, 훈련도감의 중군, 금군의 별장을 지낸 사람 가운데서 골라 뽑는다.

◆ 군제는 각기 근거한 바가 있으니, 3부(三部) 6사(六司)[28]의 제도가 있고 5영(五營) 3사(三司)의 제도가 있다. 3부는 바로 북방의 군제이고, 5사는 곧 남방의 군제이다.

부에는 훈련도감, 금위영, 어영청, 총융청, 진무영 따위에 딸렸던 정3품 무관직인 천총(千摠)[29]이 있다. 영(營)에는 각 진영의 으뜸 장관(將官)으로 도성과 북한산성을 잇는 약 4Km의 탕춘대성(蕩春臺城)과 아울러 북한산성을 지키는 총융청(摠戎廳), 남한산성을 지키는 수어영(守禦營 : 통칭 練兵館 또는 練武館이라 함), 강화도에서 해상(海上)을 방어하는 진무영(鎭撫營)과 8도의 감영, 병영에 딸리는 두 가지 계통이 있다. 그 대상은 지방군대를 관리하는 영장(營將)이 있는데, 본영은 5사를 두어 척씨(戚氏:戚繼光)의 남방 군제를 본떴으니 천총은 두지 않는다.

---

28) 군부사(軍簿司), 예의사(禮儀司), 전공사(典工司), 전리사(典理司), 전법사(典法司), 판도사(版圖司).
29) 훈련도감, 금위영, 어영청, 총융청, 진무영 등에 딸렸던 정3품의 무관이다.

◆ 기왕 천총을 두지 않은 바에는 본영의 종4품 무관인 파총(把摠)이 바로 다른 군문의 천총이니 이력에 있어서도 당연히 이에 준하여야 할 것이다.

파총은 가선대부인 병사 이하로 일찍이 방어사를 지낸 사람에 이르기까지 융통해서 차출하되, 일찍이 변경을 다스린 경력이 있는 사람으로 특별 전교에 따라 제수된 자는 이 규정에 구애받지 않는다. 방어사의 이력을 갖고 바로 군대를 이끌고 지경(地境) 밖으로 출정하던 장군의 직임인 곤임(閫任)에 의망하는 규례를 적용한다.

◆ 선기장(善騎將)은 일찍이 변경이나 중앙과 지방의 장수를 지낸 사람으로 차출한다.

◆ 초관(哨官)은 당하 정3품 이하 관원의 천거가 있는 출신인(出身人)으로 차출한다.

◆ 본영에 방위하는 친위병(親衛兵)으로 이미 마군(馬軍:기병)·보군(步軍:보병)을 두었으나 보군은 단지 3초뿐이라서 1사(司)의 제도에 차지 않으니, 2초를 더 두어 1사 5초의 제도에 맞게 한다. 그리고 어가가 지나게 되는 지방 고을에서나 섣달 공물 마련을 위해 사냥을 하는 곳에서는 향군(鄕軍) 20초를 나누어 배치해서 4사를 만들어 5사의 제도를 갖춘다.

◆ 대열의 뒤끝을 경비하던 창과 검을 쓰는 특수 부대인 난후창검군(攔後槍劍軍)은 이미 본영에서 대령하게 되어 있으되, 혹 60명이나 30명을 임시로 때에 따라 쓸 때에는 임금께 아뢰어 교지를 받아 거행하도록 한다. 그리고 그때그때 때에 따라서 금위영의 아병(牙兵) 가운데 70명 정도와 선전관청(宣傳官廳)에 딸린 악대로, 임금 앞에서 군악을 연주하고 임금이 궁성 밖으로 행차할 때와 정전(正殿)으로 들어갈 때 시위(侍衛)를 겸했던 겸내취(兼內吹) 30명까지 도합 100명을 본영에 이속(移屬)시키고, 급료로 주던 무명이나 베인 요포(料布)와 수요물자도 인원수에

따라 떼 내어 이속시킨다.

◆ 추가로 뽑는 가초군병(加抄軍兵) 수용에 드는 비용은 불가불 구분지어 조처해야 할 것이니, 부족한 수효로 돈 8,000냥, 무명 80동(同), 쌀 4,000석을 좋을 대로 마련하여 그들 비용의 뒷받침으로 삼아야 할 것이다. 그리고 각처의 향군은 각기 그 지방에서 해결하는 것으로 처음 정한 규정에 따라 거행한다.

◆ 배봉진(拜峰鎭)을 설치한 데에는 그 의의가 가볍지 않다. 일찍이 선왕의 능을 모셨던 곳이니, 각 영의 참군(參軍)에게 맡겨 소홀하게 하는 폐단을 초래해서는 안 될 것이다. 그리하여 특별히 진둔(鎭屯)을 설치하여 그곳을 금지하고 보호하는 일을 전적으로 관장하게 한 것이니, 해당 진의 별장은 본영이 스스로 임명하되, 전직의 직함이나 또는 이미 출신한 자이거나 아니거나를 막론하고 부천(副薦)과 말천(末薦)[30]으로 추천된 사람으로 각별히 가려 임명한다.

◆ 노량진은 매번 현륭원에 행행할 때에 거가(車駕)가 들러서 잠시 머무르거나 묵어가는 곳이고 보면 다른 곳과는 자별하다. 그러니 해당 진의 별장은 본영이 스스로 임명하는 자리로 바꿔라. 별아병(別牙兵) 1초는 부근의 백성들 가운데에서 뽑아 통솔하되, 배봉진의 아병 2초와 합해서 3초의 제도로 만든다. 또한 배봉별장의 깃발은 별후사파총(別後司把摠), 노량별장의 깃발은 별아병장(別牙兵將)이라 호칭한다.

---

30) 삼망(三望)의 두 번째와 가장 뒤에 추천되는 것을 말한다. 1791(정조15)년 4월 12일 전 수원 부사 조심태(趙心泰)가 아뢰기를, "장용영의 향군을 건장한 사람으로 뽑을 때 장교들의 자제는 갖가지 방법을 써서 빠지려고 합니다. 그 원인을 알아보니, 장용군으로 급제한 자는 대오 출신이라 하여 말천이나 부천되는 피해를 당하기 때문이라고 하였습니다. 다만 생각 하건대 장용군은 왕궁을 호위하는 군사로서 그 처지가 각별하니, 앞으로는 서울의 각 군영 에서 대오를 선발하여 추천하는 예와 똑같이 하여, 추천에 구애됨이 없도록 하는 것이 좋 겠습니다.(前水原府使趙心泰啓言 壯勇營鄕軍抄壯之際 將校子枝 百計圖免 探其因由 則渠輩以'壯勇軍 登科者 謂以行伍出身 見枳於末副薦而然'云. 第念壯勇軍 係是宿衛之卒 所重自別. 此後一依京各營行伍拔 薦例 無礙越薦爲宜)"하였다.

(7)

외영의 절목은 다음과 같다.

◆ 수원부에 현륭원을 모신 뒤로 보호하는 절차는 한껏 다하고 있으나, 3품 고을 원에게 맡기고 있는 것은 체모를 높이는 뜻이 아니다.

또 군사일로 본다면 본영의 내영·외영이 함께 설치되었고, 직무로 본다면 행궁 정리 책임을 주었다. 이 점이 전하가 마음속에서 영단을 내려 특별히 유수(留守)로 승격시킨 연유라 할 것이다.

관을 임명하는 일에 있어서는 이미 결정한 데에 따라 양도(兩都 : 개성과 강화)에 비겨 한 등급을 높여서 문신인 경우는 정2품 이상으로 한정하여 묘당(廟堂 : 議政府의 별칭)이 의망해 추천한다.

또한 대신무장(大臣武將)의 경우는 임금이 3품 이상의 문무관을 특별히 임명하는 특지(特旨)에 따른다. 그리하여 수원부 유수는 장용외사(壯勇外使)와 행궁정리사(行宮整理使)의 호칭을 겸한다.

◆ 외영의 군제를 금방 바로잡았는 바, 조련에 참가하는 군사는 1793(정조 17)년 수원에 설치한 총리영(摠理營)에 딸린 군사로서 인원은 200명이며, 매년 봄, 가을에 활쏘기 시험을 보아 뽑았다. 이 가운데 무과(武科)는 시험을 통하여 인재를 뽑는 시취(試取)에서 유엽전(柳葉箭), 편전(片箭), 기추(騎芻) 등에서 정해진 화살 수를 다 맞혀 몰기(沒技)한 사람은 전시를 볼 특전을 주던 별효사(別驍士) 2초, 마병(馬兵) 4초, 지방군인 속오군(束伍軍) 26초, 각종의 표하군(標下軍) 547명, 군수물품을 운송하는 치중군(輜重軍) 200명인데, 이것이 이미 훈련도감의 군제를 본뜬 것이니, 더 이상 가감할 필요가 없이 그대로 둔다.

근래에 조련이 오랫동안 중지되어 군정(軍政)이 허술해졌다. 지금 크게 경장(更張)하는 때를 당하여 병든 마필(馬匹)과 지쳐있는 군사들을 특별히 찾아내어 기어코 진작시켜서 일신되도록 해야 한다.

조련은 본부가 전적으로 관장하여 거행하되, 가을이 된 뒤에 다른 군문의 예에 따라서 임금께 아뢰어 교지를 받아 조련을 행한다. 평민이 부담하던 국역(國役)으로 평민이나 천민이 출역을 하였을 때, 출역치 않는 한 사람이나 두 사람을 정정(正丁)의 집에 주어 집안일을 도와주게 하던 봉족(奉足)으로 낸 2,000석은 그대로 외영에 소속시켜 받아 유치한다.

◆ 본부는 삼남(三南 : 충청·전라·경상)의 요충으로 현륭원을 이미 이곳에 모셨고 또 행궁을 두었으니, 그 체모를 높이고 요새지를 중히 하는 도리가 전보다 자별하여야 할 것이다. 성을 축조하여야 한다는 의논은 예전부터 있었는데, 더구나 유수부(留守府)로 승격된 뒤이고 보면 더욱 당연히 바로 시설해야 할 것이다.

성을 축조할 물력(物力)을 먼저 구별하여 획정하여야만 일을 시작할 수 있을 것이니, 본부와 안산창(安山倉)에 소재한 삼정(三政 : 租, 庸, 調)의 하나로 각 고을에서 사창(社倉)에 보관하였다가 춘궁기(春窮期)인 봄에 백성에게 꾸어주고 추수기인 가을에 받아들이던 환곡(還穀)과 군량 등 각종 곡물들을 모두 성(城)과 요새, 보루(堡壘), 포대(砲臺), 참호 등을 쌓는 데 드는 축성곡(築城穀)으로 명목 짓는다. 이는 매년 각 고을의 사창(社倉)에서 백성에게 꾸어주었던 곡식을 가을에 이자를 붙여 받아들일 때 곡식을 저장하는 동안 쥐가 먹는 등 축날 것을 미리 짐작하여 한 섬에 몇 되씩을 덧붙여 받던 이자인 모조(耗條)를 거두어 들여 차차로 경영해 나갈 뒷받침으로 삼을 것이다.

◆ 본부에 아직은 성을 축조하지는 못했으나 앞으로 경영하는 것이 이미 정해진 일이고 보면 성정군(城丁軍)을 불가불 마련해야 할 것이다.

전에 총융청에 소관으로 집에 머무는 군관 150인, 본부의 소관인 방어사영의 번을 면제받은 군관 290인, 각 진영에서 도둑 잡는 일을 맡았던 토포사(討捕使) 소속으로 번(番)을 면제받은 군관 459인을 수첩군관(守堞軍官)[31]으로 호칭을 바꾼다.

---

31) 수어청(守禦廳), 총리영(摠理營), 총융청(摠戎廳)에 딸렸던 군관(軍官)을 말한다.

또한 본부(本部)의 군수별무사(軍需別武士) 2,002명에서 마사(馬士) 204명을 줄이고 각 도(道)마다 전략상 요충지에 군대가 주둔하여 집중적으로 방비하던 유방군(留防軍) 702명을 성정군(城丁軍)이라 하여 성(城)을 수비하는 제도를 이루도록 한다.

◆ 독성산성(禿城山城)은 이미 요새로서의 중요한 지역이자 또 군량을 쌓아둔 곳이니, 방어하는 도리를 소홀히 할 수 없다.

전에 총융청의 소관으로 군인이 될 만한 장정을 골라 뽑아 만든 장초(壯抄) 2초, 아병(牙兵) 1초, 둔장초(屯壯抄) 68명, 군수보(軍需保 : 군포징수) 125명과 본성의 소관 아래 모집해 들인 군관 30인, 수첩군관 130인, 아병 2초, 봉족군 400명, 별무사 1,523명과 합해서 성을 수비한다는 명목으로 본성에 전속시킨다. 그 중 장초 2초, 아병 1초, 둔장초 68명, 군수보 125명은 본래 쌀을 납부하는 군인들이었으니, 그 납부한 쌀은 외영에서 받아 유치한다.

1793(정조 17)년 5월 26일 임금이 수원유수로 떠나는 이명식(李命植)을 불러 하직 인사를 받았다.

(8)

같은 날 장용영이 연화방(蓮花坊 : 지금의 연지동)의 장용영 소속 민호(民戶 : 민가)에 대한 분계절목(分契節目 : 분할 계약한 조목)을 올렸다.

그 절목은 다음과 같다.

'옛날에 금군청이나 용호영에 딸려 궁중을 지키고 궁성 밖으로 임금이 거둥할 때 말을 타고 호위와 경비를 하던 금군(禁軍)의 집들을 벌여 배치시킨 것은 궁성을 호위하기 위해서였습니다.

우리 효묘조(孝廟朝) 때에도 명(明)나라 사람 중 청(淸)나라를 피해 우리나라로 귀화하여 아병(牙兵)이 되거나, 누런 모자를 쓰고 한강에 나가 고기잡이를 하여 나라에 생선을 바치던 사람들과, 해마다 서울 및 각 지방에서 뽑혀 훈련도감의

정군이 되던 승호포수(陞戶砲手)들을 창경궁 동쪽에 나누어 배치하여 채웠던 데에서 효종대왕의 뜻이 깊고 원대했음을 우러러 알 수 있으나 그것은 실상 옛날 제도에서 모방한 것입니다.

1792(정조 16)년 겨울에 창경궁 선인문(宣仁門) 아래서부터 이현(梨峴)32) 동구까지 길 동서쪽의 크고 작은 가옥들을 모두 장용영의 장교나 졸병에게 바꾸어 입주시키거나 혹은 집을 구입 이사를 시켜 각자 정착하여 살게 해서 옛날 일과 똑같이 하고 별도로 통(統)과 호(戶)를 정하여 서로 살피고 통솔하게 하니 명령이 없어도 금지되었습니다.

다만 연화방(蓮花坊 : 현재 종로 4~5가) 한 곳만은 장용영 소속의 호수가 겨우 반 정도여서 방리(坊里)의 일반 백성들과 부역을 함께 지고 있는 까닭에 반드시 고르지 못한 걱정이 생겨나는 일이 있습니다. 그래서 구역을 구별하여 각기 동네의 일을 처리하기 위하여 동네 사람들이 스스로 동계(洞契)를 정하고 호수를 헤아려서 방(坊 : 현재의 洞)의 부역을 나누어지게 한 다음에야 영구히 폐단이 없애야 되겠기에 시행해야 할 일들을 아래에 조목별로 열거합니다.'

◆ 따로 방리(坊里)의 어른인 존위(尊位) 두 사람을 정하여 동쪽과 서쪽의 통호(統戶)를 나누어 관장시키고, 부책임자인 중임(中任) 두 사람을 또 동쪽과 서쪽에 살고 있는 사람으로 뽑아 정한다.

◆ 위로 선인문(宣仁門)부터 아래로 이현(梨峴)의 골목에 접어드는 어귀의 길가까지를 연화방계(蓮花坊契)라 통칭하고 멀리서 서로 통치만 할 뿐 전혀 속박을 받을 수 없게 한다.

지금부터 장용영 소속 군사가 사는 이현 위쪽의 동편은 장용영좌계(壯勇營左契), 오른쪽은 장용영우계(壯勇營右契)라 일러 장용영에 소속시키고, 그 나머지 일반 백

---

32) 지금의 종로 4가와 5가 사이 인의동에 있던 시장으로, 왕십리 일대에서 재배된 채소를 파는 시장을 말한다.

성들이 사는 지역은 따로 계(契) 이름을 지어 해당 부(部)에 그대로 소속시킨다.

앞서 한 방(坊)이 돌려가며 지던 부역은 수효를 나누어 고루 평등하게 하여 편중되는 걱정이 없게 한다. 그리고 좌계(左契)와 우계(右契)[33], 두 계를 별도로 정하여 모두 본영에 소속시킴으로써 수원부에 관장되지 않으니, 좌계와 우계 안에서 서로 송사를 벌이는 사람들에 대해서는 대소경중을 막론하고 본영의 제조와 종사관이 주관하여 수원부의 규례와 똑같이 거행한다.

만일 원고와 피고 사이에 다른 부(部)나 동(洞)에 사는 자가 있을 경우에는 다른 지역 백성의 예에 따라 수원부에 소장을 낸다.

◆ 동편과 서편의 크고 작은 가옥들을 다섯 집씩 묶어 통(統)을 삼으면 동편은 27통이 되고 서편은 26통이 되는데, 통수(統首)는 해당 통의 안에서 부지런하여 일을 감당할 만한 자로 뽑아 정해서 통민(統民)을 단속시킬 수 있게 한다.

◆ 질병과 오물들은 통(統)에서 단속하여 금지시킨다. 서편은 동영(東營)을 한계로, 동편은 함춘원(含春苑)[34] 동구의 위쪽을 한계로 정하여 한계 안쪽을 잘 금지시키되, 질병과 오물들을 각 통수가 각별히 단속하여 바로바로 내보내서 하루해를 넘기지 않게 하고, 상사(喪事)를 당한 자가 있을 경우에는 3일을 지낸 뒤에 내보내게 한다.

◆ 이웃 간에 싸우거나 법 밖에 금령을 범하는 등을 금지시켜야 할 일들에 대해서는 각 통수가 낱낱이 살펴 중임(中任)에게, 중임은 존위(尊位)에게 보고하여, 작은 일이면 중임이 꾸짖고 큰일이면 존위가 다스리되, 존위가 혼자서 결단할 수 없는 것은 본영에 보고하여 조처할 수 있게 한다.

---

33) 둘로 나눈 왼쪽의 부신(符信)으로 하나를 자기 손에 두어 좌계로 하고, 다른 쪽은 상대방에 주어 우계로 삼았다.
34) 경모궁의 정원으로 현 서울대학교 병원 구내(構內)이다.

◆ 통(統) 안에 거주하는 사람으로 행랑에서 곁방살이를 한다 할지라도 혹 행동이 수상하고 내력도 알 수 없는 자를 머물러 살게 한다거나, 떼로 모여 노름을 벌이거나 길거리에서 술에 취해 떠드는 무리들 및 모든 법을 무시하고 분수에 벗어나는 자가 있는데도 어물어물 덮어두거나 전혀 알지 못하고 있었다면, 집주인과 통수(統首)를 법에 따라 엄히 다스려서 결코 용서해 주지 않을 뿐만 아니라 존위(尊位)와 중임(中任)도 바로잡지 못한 과실을 본영이 중하게 처벌하도록 한다.

◆ 경점(更點)지기는 길을 손보고 눈을 치우고 도랑을 치고 궁중의 보루각(報漏閣)에서 밤에 징과 북을 쳐서 시각(時刻)의 경(更)과 점(點)을 알리는 일을 한다. 이경(二更)·삼경(三更)·사경(四更)은 오점(五點)으로, 초경(初更)·오경(五更)은 삼점(三點)으로 나누어 경(更)에는 북을 치고, 점(點)에는 징을 쳤다. 삼경일점이면 북을 세 번 치고 징을 한 번 치는 식으로 행하였으며 초경 3점에 시작하여 오경 3점에 마친다. 도성 각처의 경점(更點)을 치는 군사가 보루각의 징과 북의 소리를 받아 다시 징과 북을 쳐 차례로 좌경(坐更)을 하고 화재를 끄는 등의 일들은 법이 매우 엄중함으로 장용영의 소속이라는 이유로 회피할 수 없으니, 관계에 따라 착실하게 거행하여야 한다. 만일 혹시라도 회피하거나 거역하면 중죄로 처벌한다.

◆ 방역(坊役)은 길을 닦는 것과 밤에 시간을 알리는 일을 하는 좌경(坐更)이다. 지금부터 그것을 나누어 소속시킨다. 좌경과 장용영의 군교가 사는 집인 영호(營戶) 앞의 길을 닦는 일은 영호가 담당하고 본영에서 살펴 단속한다.

위로 선인문(宣仁門)에서부터 관현(館峴) 아래까지와 본영 담장 모퉁이에서부터 돌다리(石橋)의 인가가 없는 곳까지 길을 닦는 일은 일반 백성들이 담당하고 해당 부가 살펴 단속한다.

◆ 각 통수(統首)는 해당 통의 여러 가지 금지 조항들을 적발하거나 자세하게 살펴 15일 간격으로 중임(中任)에게 보고하고 중임은 한 달 것을 모아서 다음 달

초하룻날에 존위(尊位)에게 보고한다.

　◆ 각통에 혹 이사를 오거나 가는 사람이 있을 경우에는 해당 통수가 존위에게 보고해서 바로 통안(統案)35)을 수정한다.

　통 안의 남자와 여자, 장정과 노약자의 실지 수효에 대해서는 한성부가 백성의 수효를 임금께 보고하는 예에 따라 세밑에 수정하고, 원통안(原統案)은 서울과 지방의 군안(軍案:軍籍)의 예를 참고해서 10년에 한 번씩 바꾼다.

　통 안에 사는 사람들은 모두가 장용영 소속으로서 늠료(廩料)36)를 받고 봉공(奉公)하는 사람들이니, 비록 뜻밖에 제거할 일이 있더라도 의당 차차로 바꾸어 들일 것이요 기한을 못 박아 내보내서 소란을 일으키는 걱정이 있게 해서는 안 된다.

　◆ 자(子)·묘(卯)·오(午)·유(酉) 등의 간지가 들어 있는 해가 3년마다 정기적으로 돌아오는데 이 해를 식년(式年)이라 부르며 과거를 보이고 호적을 조사하였으므로 좌계·우계에 사는 사람들의 장적(帳籍 : 호적)을 각 통수가 거두어 모아서 본영 제조에게 납부하여 경조(京兆 : 서울)로 올려 보내도록 한다.

　(9)

　1793(정조 17)년 10월 21일 장용영대장 김지묵(金持黙)이 아뢰기를, "본영(本營)의 일로 하여 전좌(殿座)할 때는 대소 군무를 지구관(知殼官)이 대(臺) 아래에서 거행해야 하지만, 분부를 받고 명령을 전달하는 일과, 왕이 교외로 거둥할 때 선전관(宣傳官)을 시켜서 각 영(營)에 군령을 전하는 데 쓰던 화살로, 수효는 다섯이며 살촉에 '영(令)'자를 새겼고, 깃 아래에 '신(信)'자를 쓴 삼각형의 각색 비단조각의 표를 하나씩 나누어 단 신전(信箭)을 받드는 일 등의 절차에 있어서는 아직 정해

---

35) 통적부에 기록하는 기재 사항을 말한다.
36) 벼슬아치의 봉급이다.

진 규정이 없습니다.

예전 용호영(龍虎營)을 새로 창설했을 때 대궐 안의 동산이나 후원인 금원(禁苑)에서 전투시 진을 치는 법인 진법(陣法)을 익히는 등 그 영에 관계되는 일에 있어서는 사대부 출신으로 임금의 좌우에서 호위를 맡아보던 군대인 내금위(內禁衛)가 선전관을 겸임한다는 것이 병조의 등록(謄錄)[37]에 분명하게 기록되어 있습니다.

본영의 정원 외 장용위(壯勇衛)는 이미 본영 소속이고 또 지체와 문벌도 있어서 내금위에 비하면 체면이 자별합니다.

지금 이후로는 본영에서 진(陣)치는 법을 익히거나 활쏘기 시험을 하는 등 모든 행사 때는 임시 어좌(御座)를 꾸미거나 명령을 전달하는 일 등을 정원 외의 장용위가 맡아 거행하도록 하소서." 하니 따랐다.

(10)

같은 날 비변사(備邊司)가 장용외영(壯勇外營)의 군제(軍制)에 대한 절목(節目)을 아뢰었다.

보군(步軍:보병)을 바로잡는 데 대한 절목

◆ 본부(本府)가 병영을 방어할 때는 보군의 정원 총수가 26초(哨)였는데 정원수가 많아 구차스럽게 충원할 수밖에 없었다. 더구나 지금은 본부가 장용영 외영으로 승격되어 부(府) 전체의 군사를 다 묶어 편성하였으니, 군제를 반드시 꼼꼼하고 알차게 하기를 힘쓴다.

군량도 내부에서 자체적으로 조달 된 후에 장정 3명을 1호(戶)로 하여, 1호에서 장정 1명을 뽑아 지방의 군사를 차례로 서울의 군영으로 보내는 번상(番上)을 하게하고 나머지 2명은 출정한 집안의 일을 돕게 한다.

군인을 내보내도록 책임을 지던 최하단위 조직인 군호(軍戶)와, 병역을 면제받

---

37) 이전 전례를 적은 기록이다.

는 대신에 현역병으로 나간 집의 농사일에 노동력을 제공하였다. 그러다가 후에는 군대 비용으로 쓰기 위하여 역을 면제해주는 대가로 삼베, 무명 따위를 받아들이는 것으로 변질되었던 '군보(軍保)제도'가 처음에는 서로 도와서 병력이 더욱 강해질 것으로 믿었고 또 그랬었다.

26초 가운데, 반은 근본이 확실하고 체력이 건장한 양민의 장정으로 13초를 편성하고, 나머지 13초는 보군(保軍: 식량보급)으로 강등시켜 쌀을 거두어 군사를 기르게 하고 정군(正軍)의 자리가 비면 차례대로 승급시켜 채운다. 경영(京營)[38]의 군역(軍役)에 있는 사람이 죽거나, 사정에 따라 복무하지 못할 경우, 그 뒤를 이을 16세가 차지 않은 남자로서 부자(父子)간, 형제(兄弟)간이 모두 다 없을 경우에는 다른 사람이 대신하는 대년군(待年軍)의 예와 똑같이 한다. 다만 지금은 양민 장정을 확보하기가 극히 어려워서 보군을 양민 장정으로 채우면 7초에 지나지 않는다. 나머지 6초는 부득이 사천(私賤)[39]으로 우선 숫자를 메우되 이는 3년을 기한하여 양민의 장정으로 바꾸어서 13초의 수를 맞추게 한다.

◆ 13초를 이미 3사(司)의 편제로 정하였으니 좌사·중사·우사로 그 사의 이름을 정하고 전·후사는 각각 5초로, 중사는 좌초·중초·우초의 3초로 마련한다.

◆ 군수품을 실어 나르는 복마군(卜馬軍)은 애당초 기병과 보군에 분배하지 않고 각 초에서 혼동하여 사역을 시키므로 자못 일정한 규정이 없었다. 지금부터 시작하여 보군 13초의 매 초마다 7필의 말을 마련하여 소속시킨다.

◆ 장령(將領 : 장수) 중 천총(千摠)의 직임은 별로 긴요하지 않기에 대궐 안 내영(內營)에서도 설치하지 않았으니 외영도 내영의 예에 따라 설치하지 않는다.

---

38) 훈련도감, 금위영, 어영청, 수어청, 총융청, 용호영을 통틀어 이르는 말이다.

39) 사삿사람의 집에서 부리고 또는 매매되었던 종·비복·백정·무격·배우·창녀 등 노예의 한가지로, 조선조 중엽에는 장정 다섯 사람과 소 한 마리, 또는 젊은 여자 한사람이 은화 1만5천 냥에 매매되기도 하였다.

3사(三司)의 파총(把摠)은 경내에서 경력이 있는 당상 무관으로 차출하고, 각초(各哨)의 초관(哨官) 일곱 자리는 수문장(守門將)·부장(部將)으로 추천받은 자를 임명하고, 여섯 자리는 편제를 정하되 선전관·수문장·부장으로 추천받은 사람 가운데 전직 조관(朝官)으로 6품 이상 종3품 이하로 지방관이 될 수 있는 참상(參上)과 7품 이하인 참하(參下) 출신을 통틀어 차출한다. 추천받은 출신을 훈련도감, 금위영, 어영청 등 각 군영에 딸린 하사관(下士官)인 별군관(別軍官)으로 이미 편성하였으니 초관을 분배하여 추천하는 것은 어려울 듯하다. 별군관은 군영에 딸린 하급 기사(騎士) 또는 마병(馬兵) 이하의 여러 종류의 군총(軍摠)과는 달리 겸임에 구애받지 않는다.

◆ 본부는 원래 외도감(外都監)이기 때문에 군사들 복색도 훈련도감의 예를 모방하여 군사들이 머리에 전건(戰巾)을 쓴다. 그리고 모양이 지금 두루마기와 비슷하나 뒷길 중심선과 웃옷의 양쪽 겨드랑이 밑에 댄 딴 폭의 양옆이 트인 것과 트이지 않은 것이 있는데, 소매부분이 몸 판 색과 다른 것이 특징이며 홑 동달이와 겹 동달이가 있다.

동달이는 협수(夾袖)라고도 하는데 협수는 소매통이 좁은 군복의 총칭이며 동달이는 협수의 한 종류이다. (實錄에는 單挾袖로 표기) 사방색깔에 맞춘 각 영문의 군사, 달리는 말 위에서 재주를 부리는 군졸의 옷에는 소매가 없다. 사간원 소속으로 지체 높은 사람이 행차할 때 소리를 질러 일반인의 통행을 금하게 하던 갈도(喝道)의 옷에는 짧은 소매가 있다. 의금부 소속으로 죄인을 문초할 때 매를 때리는 일과 귀양 가는 죄인을 압송하던 나장(羅將)들이 입던 세 자락의 웃옷 역시 짧은 소매가 있으며, 그 소속에 따라 여러 가지 빛깔의 옷인 호의(號衣)를 갖추어 간편하고 비용을 줄이는 방도로 하고, 서울 군영의 예에 따라 스스로 마련하게 한다.

전쟁에 쓰이는 무기인 조총(鳥銃), 환도(環刀), 사냥꾼이 가지고 다니는 화약이나 탄알 등을 담는 기구인 남날개[南飛箇], 화약심지인 화승(火繩), 화약, 탄환 등의

물품은 본부의 군기소(軍器所)에 있는 것을 나누어 주며, 역시 내영(內營)의 단총수(單銃手)에 대한 규정에 따라 기대장(旗隊長)과 사수의 활과 화살도 자체 마련하지 않도록 한다.

◆ 보군(保軍)은 나라에서 16살이 된 사내에게 강제로 부과하던 부역인데 몸으로 치르는 신역(身役)은 양인(良人)이 쌀 6말[斗]이나 돈 2냥씩, 종은 쌀 3말이나 돈 1냥씩을 외영(外營)에서 편리한 대로 받아들인다.

◆ 해마다 원(園 : 산소)에 거둥할 때에는 몇 개의 사(司)와 초(哨)가 고을 경계에 모여 대기하였다가 임금님이 타는 어가(御駕)를 맞이하여 따르며, 읍과 원소(園所)의 읍참(邑站)에서 빙 둘러서서 호위하는 등의 절차는 유수(留守)가 그 날짜 전에 분부를 받아 거행하도록 한다.

(11)

보군의 유방(留防)[40]에 대한 절목

◆ 이미 외영을 설치하였고 또 군제를 정하였으니 이제 이 보군도 내영의 향군(鄕軍)들과 함께 번갈아 번(番)을 서야만 할 것이다. 지금은 이를 설치한 초기 단계라 갑자기 의논하기 어려운 점이 있다. 해마다 동짓달부터 이듬해 정월까지 우선 행궁(行宮) 방어에 임하게 하여 번갈아 번을 서는 폭으로 치고 또 군대를 머무르게 하여 방비할 때는 날마다 무예를 연마하여 성취함이 있도록 한다.

◆ 13초의 군사를 5번(番)으로 나누어 편성하고 번을 드는 차례는 15일로 기한을 정한다. 동짓달 16일부터 전사(前司)를 시작으로 첫 차례는 3개초가 하고 둘째 차례는 2개초가 번을 서며, 다른 사(司)도 이런 식으로 교대한다. 중사는 3개초로

---

40) 보군이 군사상 요충지에 군대를 머무르게 하여 방비하던 군대이다.

되어 있으므로 두 차례로 나눌 필요가 없고 사(司) 전체가 번을 선다.

◆ 번을 들 때는 해당 사의 파총과 각 초의 초관이 군사를 통솔한다. 군영을 아직 세우지 못하였으므로 번 드는 장소는 편의에 따라 이동할 것이다. 파총은 평상시 장령(將領)이 입직(入直)하던 곳에서 입직하고 초관은 각각 자신의 군사들이 번을 든 곳에 배치되어 입직하면서 통솔하도록 한다.

지구관 1명과 기패관(旗牌官) 2명은 반드시 도리에 밝은 사람에게 맡겨 함께 지휘 감독하도록 한다.

◆ 자체훈련은 날마다 실시하되 첫 날과 마지막 날은 훈련장에서 하는 규정과 똑 같이 연습하고 중간 날에는 18가지 무예를 『무예도보(武藝圖譜)』에 의거하여 가르치고 시험을 보인다. 번을 든 11일이 되는 날에는 반듯이 활쏘기와 화포 쏘기의 시험을 보이고 약간의 시상을 실시한다.

◆ 자체 훈련을 할 때나 무예를 시험할 때 교사(敎士 : 조교)가 없을 수 없음으로 번을 드는 초는 각초마다 전투 시 진(陳)을 치는 법을 가르치는 진법교사(陣法敎士) 1명과 교련을 가르치는 기예교사(技藝敎士) 1명을 선정하여 통일되게 가르치도록 한다.

◆ 번이 교체할 때마다 상번(上番)하는 군사와 하번(下番)하는 군사는 같은 사(司)의 편제를 이뤄야 됨으로 반드시 새 번과 묵은 번이 합동훈련을 하여 사의 단위로 하는 훈련법을 숙지하도록 한다.

중사(中司) 3개초는 단독으로 번을 섬으로 하번을 하기 하루 전 합동훈련 조례에 따라 전체적인 훈련을 실시한다.

◆ 양인 군보(軍保) 840명이 각각 쌀 6말, 천인 군보 720명이 각각 쌀 3말을 내는데 쌀을 맡아 거두는 사람 몫을 제하고도 실제 거두는 쌀이 468섬이고, 자기

집에 있는 군관 147명과 금군의 군포를 무는 군관 102명이 각각 쌀 6말을 내는데 쌀을 맡아 거두는 사람 몫을 제하고도 실제 거두는 쌀이 97섬 3말이어서 쌀은 도합 565섬 2말이다.

이 중에서 번을 든 군사에게 각종 급료로 지급하는 쌀과 잡비로 쓰는 쌀 373섬 11말을 제하고 나면 남는 쌀이 191섬 7말이 된다. 이것은 본부(本府)에 저장해 두고 필요한 데 쓰도록 한다.

(12)

오위(五衛)의 하나인 호분위(虎賁衛)에 딸린 함경도의 무사로 남도·북도에서 각각 20명씩 40명을 뽑아 정월·칠월 두 도목(都目)에 반씩 나누어 임명하며 두 번(番)으로 짜서 1년만큼 씩 서로 교대하여 서울을 지키게 하는 친군위 보군이 군사상 요충지에 군대를 머무르게 하여 방비하던 친군위(親軍衛)의 유방(留防)에 관한 절목(節目)

◆ 군제의 정원을 줄여서 골라 뽑은 것은 정예로운 군사를 편성하기 위한 뜻에서 나온 것이니 기예를 연습하는 일이 가장 요긴한 업무이다.

왼쪽 대열과 오른쪽 대열로 번(番)을 나누고 외영(外營)에 주둔하여 근무하면서 한편으로 행궁(行宮)을 호위하고 한편으로는 날마다 기예를 익혀야 된다.

보병의 근무기간이 동짓달·섣달·정월의 3개월이므로 기병과 보병이 동시에 번을 서는 것은 서로 불편한 점이 있을 듯하다. 반드시 봄, 가을 농한기에 열(列)을 나누어 번(番)을 정하되 2월에는 좌열(左列)이 3개 번으로 나누어 매번(每番)마다 10일 간씩 34명이 교대하여 근무하고, 10월에는 우열(右列)이 좌열의 예(例)와 같이 근무한다. 번을 들 때는 전진 후퇴의 동작을 겸해 익혀서 틀림없이 기예를 익힌 효과가 있도록 한다.

◆ 부대가 편성된 날짜가 얼마 안 되어 마상기예(馬上技藝)의 기초를 전혀 알지

못하는데 이대로 내버려두어서는 실질적인 효과를 기대하기 어렵다. 매 열(列)의 장교 가운데 각종 기예에 익숙한 사람을 교관으로 정하여 가르치고 완전히 익히도록 한다.

◆ 이번에 줄인 마보(馬保 : 말 기르는 사람) 444명 가운데 쌀을 맡아 거두는 사람 8명을 빼면 실제 거두는 쌀은 174섬 6말, 물자수송군사를 줄인 100명 중에 쌀을 거두는 사람 2명을 빼면 실제 거두는 쌀은 39섬 3말, 전에 마보를 줄인 204명 중에 쌀을 맡아 거두는 사람 4명을 빼면 실제 거두는 쌀이 80섬이다. 모두 합하니 293섬 9말이 되었다.

장령(將領)들 급료로 지급할 쌀과 콩 34섬 12말, 친군위가 유방(留防)할 때 급료로 지급할 쌀과 말먹이 76섬 8말, 기수(旗手), 원역(員役)의 갖가지 급료로 지급할 80섬 9말을 빼면 쌀은 101섬 10말이 남게 되는데, 이는 외영에 저장해 두고 각종 필요한 비용에 대비한다.

(13)

친군위(親軍衛)의 도시(都試)에 관한 절목(節目)

◆ 본부의 마병은, 병조와 군사의 시재(試才), 무예의 연습, 병서의 강습을 맡은 훈련원(訓練院)의 당상관(堂上官) 1명씩이 공동으로 시험관이 되어 1년에 한번 33명을 선발하고, 지방의 관찰사·병마절도사도 무사를 선발하기 위하여 매년 봄과 가을에 시험을 실시하여 합격자를 중앙에 보고하면, 우수한 자에게 상을 주고 전시(殿試)에 응시할 자격을 부여하는 도시(都試)가 있다. 임금이 친히 열병(閱兵)한 후에 당상관으로부터 그 아래의 군관 및 무과에 합격하지 못한 호반(虎班)인 한량(閑良)에게 무재(武才)를 시험하던 무과로 초시(初試:鄕試)와 복시(覆試)[41]의 두 가지를 치르던 일종의 특별 무과의 일종인 관무재(觀武才)가 있어서 권장하는 방도가

---

41) 초시의 합격자가 보는 회시(會試)를 말한다.

원래 잘 서있지만 더욱 강구하여야 할 것이다.

봄·가을 두 차례 보이는 도시(都試)는 송도(松都 : 개성)와 강화도에서 실시하는 예에 따라 시행하며 규정도 송도의 예에 따른다. 육량전(六兩箭), 아량전(亞兩箭), 장전(長箭)의 총칭으로 무게가 50근, 길이가 6자되는 무쇠 화살로 30근의 화약을 폭발시켜 내쏘면 600m 즉, 900보정도 날아가는 철전(鐵箭)은 100보(步) 밖에서 3시(矢), 살촉을 버들잎처럼 만든 유엽전(柳葉箭)으로 활을 쏠 때 한 경기에 각 사람 당 화살 다섯 대를 제한된 시간 내에 쏘는 것을 한 바퀴 돈다고 1순(巡)이라 부른다.

속칭 애기 살이라 하며 길이가 짧은 화살을 총통에 넣어 놓은 하나로 된 화전(火箭)인 편전(片箭)은 1순에 3시, 말을 타고 달리면서 활을 쏘는 기추(騎芻)는 한 차례에 5시, 말을 타고 달리면서 양옆에 세운 짚 인형을 철편으로 후려치는 무예인 편추(鞭芻)는 한 차례에 6번 명중시키며, 조총(鳥銃)은 1순에 3방을 명중시키면 합격자로 한다.

◆ 좌열과 우열에서 장원(壯元)을 차지한 사람과 유엽전·편전·기추에서 전부 맞힌 사람은 신역(身役)과 성명 그리고 기예에서 얻은 점수를 기록하여 임금에게 아뢰는 계문(啓聞)을 한다.

좌열의 친군위로서 첫 번째 차례에 장원하였거나 전부 맞힌 사람이 가선(嘉善)이면, 각 지방에 있는 전묘(殿廟)를 수호하는 군관으로 그 지방의 진위대대장(鎭衛大隊長)을 겸임하는 위장(衛將)에 제수하고, 절충(折衝)과 추천을 받지 못한 출신[無薦出身]이면 모두 가자(加資)하며, 장교로서 전함(前啣 : 前任)이 한량이면 곧장 전시(殿試)에 응시할 수 있다.

두 번째 차례에 장원하였거나 전부 맞힌 사람은 가선이건 당상이건 논할 것 없이 첨사, 만호, 권관(權管)의 통칭인 변장(邊將)에 제수한다. 우열의 친군위 한량으로서 장원하였거나 전부 맞힌 사람은 좌열의 예에 따라 곧장 전시에 응시하되 모두 순서대로 구별하고 기록해서 계문(啓聞)하고 해조(該曹)의 품처(稟處)를 기다린다.

◆ 좌열 가운데서 2등이나 3등을 한 사람은 창감(倉監)이나 고감(庫監)으로 차서에 따라 임명하고 어가(御駕)를 수행하는 임무는 그대로 가진다.

우열 가운데서 2등을 한 사람은 곧장 회시(會試)에 응시하고 3등을 한 사람은 본부가 보관하고 있는 쌀로 시상하며, 일일이 서류로 작성하여 임금에게 아뢴다.

◆ 장원한 사람으로 위장(衛將)에 제수된 자는 금위영(禁衛營)과 어영청(御營廳) 두 군영에 딸린 기사(騎士)의 예에 따라 전직을 그대로 겸임하게 하며, 곧장 전시에 응시한 사람은 발표를 기다려 별군관(別軍官)으로 전직시켜서 벼슬길을 열어준다.

◆ 도시(都試)의 시관(試官)은 유수(留守)가 주관하고 중군(中軍)과 종사관(從事官)이 과거 시험관으로 참시(參試)하는데, 복장은 직령(直領)으로 허리에 주름이 잡히고 큰 소매가 달린 철릭과 붉은 대갓인 주립(朱笠)에 호박(琥珀), 마노(瑪瑙), 수정(水晶) 등으로 장식한 융복(戎服)을 입고 거행한다.

(14)

유수영(留守營)의 별군관(別軍官)에 관한 절목(節目)

◆ 1793(정조 17)년 수원에 설치한 총리영(摠理營)에 딸린 200명의 군사로 매년 봄, 가을에 활쏘기 시험을 보아 뽑았으며, 이 가운데 무과의 시취(試取)에 있어서 유엽전, 편전, 기추 따위의 정한 화살의 수를 다 맞혀 몰기(沒技)한 사람은 전시(殿試)를 볼 특전을 주던 별효사(別驍士)를 창설했을 때 그 선발을 신중하게 하고 그 명칭을 좋게 했던 것은 경내의 무사들이 모두 격려 되고 고무되는 효과가 있도록 하기 위해서였다.

헌데 근년 이래로 출입이 무상하여 대오(隊伍)가 빌 정도로 되었고 한갓 도시(都試)와 관무재(觀武才)를 보일 때 서울과 지방 한량들이 요행수로 과거나 차지하

려고 하는 길이 되고 말았다. 생각하면 군사 행정이 허술하기 짝이 없는 것이다.

지금 군제를 개편하는 이때 당연히 폐단을 바로 잡고 실효 있는 방도를 강구해야 할 것이다.

지금은 추천을 받아 뽑힌 한량들이 모두 친군위(親軍衛)의 우열(右列)에 소속되었기에 무과에 급제한 많은 무사들이 홍패(紅牌)를 안고서 억울하다는 한탄을 할 것이다.

별효사(別驍士)의 명칭을 별군관(別軍官)으로 고치고 그 곳에 원래 살던 사람으로서 무과에 급제한 자 가운데 사대부 출신으로 선전관 추천을 받은 사람과 중인(中人)·서출(庶出 : 첩의 자식)로 부장(部將 : 종6품 무관)이나 수문장(守門將) 추천을 받은 사람 및 장용군(壯勇軍) 출신을 통틀어 임명 보충하되 말을 바치고 소속에 들게 한다.

그러나 200명 정원은 너무 많음으로 그 절반을 줄이고 100명으로 좌열과 우열을 편성하여 유수영(留守營)에 직속시켜 뒤를 차단하는 임무를 맡게 한다.

◆ 경내의 무과에 급제한 사람으로 이미 군관에 소속되어 있으면 특별히 권장 발탁하는 조치가 있어야 할 것이다.

처음으로 벼슬에 나가는 초사(初仕)는 좌열이나 우열에 떼어주고 5월과 동짓달에 도시(都試)를 실시하여 매 기간에 장원한 각 한사람을 합격한 화살 수에 따라 기록하고 계문(啓聞)하여 해마다 음력 6월과 12월에 관원의 치적을 종합 조사하여 그 결과에 따라 영전·좌천 또는 파면을 시키던 일로 6월의 인사를 권무정(權務政), 12월 인사를 대정(大政)이라 부른 도목정사(都目政事) 때 수용의 자료가 되게 한다.

그리하여 한편으로는 침체해 있는 인사를 진작시키고 한편으로는 무예를 강습시켜, 경내 무사들이 출세하는 길이 이 길이 아니고는 할 수 없게 하여 앞으로는 기피하는 일을 막아야 한다.

◆ 무과 출신이 적어서 정원을 채우지 못하면 우선 자리를 남겨두고, 혹 문무

과나 잡과에 급제하고 아직 벼슬에 나가지 못한 출신(出身)이 많고 자리는 적어 정원이 넘치면 다시 임금께 아뢰어 교지를 받아 제도를 정한다.

◆ 우열 친군위는 한량들이 과거(科擧)를 차지하는 길이 되고 좌열과 우열의 별군관은 출신들이 벼슬에 나가는 단계가 되고 있다. 선전관·부장·수문장 추천이건 논할 것 없이 무과에 급제하고 나서 추천을 거치지 않은 사람이면 유수영에서 재주를 시험하여 뽑은 다음 소속시키는데, 이미 유수영 취재(取才)를 거쳤으면 병조에서 무과 출신의 사람을 벼슬길에 천거하는 장귀천(將鬼薦) 취재에 이중으로 응시할 필요는 없는 것이다.

유수영에서 시취(試取)한 뒤에 그에 관한 기록을 작성하여 병조에 보내고 그것을 근거 자료로 삼게 하는데, 역시 금군(禁軍)의 예에 따라 반드시 6개월 기한을 마친 뒤에 도시(都試)에 응시할 수 있도록 하여 비로소 벼슬길을 열어준다.

그러나 출신 가운데서 만일 금군으로서 어가(御駕)를 수행하여 이미 6개월을 마친 사람은 달수에 구애받지 않는다.

◆ 본영에 소속시키는 시취규정은 출신자를 장귀천하는 규정에 따라 육량전(六兩箭)을 90보 거리에서 3발을 쏘아 맞히고, 유엽전(柳葉箭)을 1순에 5발을 쏘아 2발을 명중시키고, 편전(片箭)을 1순에 3발을 쏴서 1발을 명중시키며, 기추(騎芻)는 한 차례에 5발을 쏴서 1발을 명중시키며, 병서(兵書)에 따르면 과거시험을 치른 후 성적 등급을 순(純)·통(通)·약(略)·조(粗)·불(不)로 평가하는데 조통(粗通) 이상을 하여 도합 5기(技)에서 3기에 합격한 자를 뽑는다.

출신자로서 추천을 거치지 않고 취재도 거치지 않은 사람은 이 규정을 준용하고 이미 취재를 거친 사람은 2기에 합격한 것으로 간주한다.

◆ 이미 군관으로 명칭을 고쳐 대열을 만들었고 또 마군(馬軍)의 편제에도 들지 않았음으로 별도로 장령(將領)을 둘 필요는 없고 서울에 있는 군영의 별장(別將)이

권무병방(權務兵房)을 겸임하는 예에 따라 친군위의 별장이 병방직무를 겸임하게 한다.

그리고 장수(將帥)나 봉명사신(奉命使臣)이 거느린 군관 가운데 일을 주장하는 장무군관(掌務軍官)은 풍채가 좋고 힘이 있고 근면하고 재간이 있어 일을 감당할 만한 사람으로 하되 좌열과 우열에 각각 두 사람씩을 정하여 병방과 함께 전담하여 일을 처리하게 한다.

새로 소속시킬 때의 취재는 반드시 유수가 직접 실시하여 체모를 높이고, 합격한 무리들은 유수가 명령을 전달하고 임명한 다음 도안(都案)을 작성하여 한 통은 내영(內營)에 올리고 한 통은 유수영에 비치한다.

◆ 사회(射會) 규정은, 유엽전은 5순, 기추는 3차(次), 편곤(鞭棍)은 1차, 그리고 별기(別技) 가운데서 1기를 1차만 보는 것으로 한다. 그러나 여름의 6·7월 두 달과 겨울의 동지·섣달 두 달은 말 위에서 하는 기예는 제외한다.

◆ 도시(都試) 규정은 별효사(別驍士)를 시취할 때처럼 『대전통편(大典通編)』에 실려 있는 대로, 철전(鐵箭)은 100보 거리에서 3시를, 유엽전은 1순에 5시를, 편전은 1순에 3시를, 기추는 한 차례에 5시를, 편추는 한 차례를 실시하여 시취한다.

◆ 도시(都試)를 보이는 날짜는 기간 전에 날을 잡아 계문(啓聞)하며, 시관(試官)은 유수를 주시관(主試官)으로 하고 중군과 종사관을 참시관(參試官)으로 하며 융복(戎服)을 입고 시행한다.

◆ 원(園) 행차 때 어가가 머무는 일, 어가를 맞고 기다리는 일은 유수가 임해서 분부를 받들어 거행한다.

상(上)이 내영 외영의 전후 절목을 아울러 인쇄하여 각 영(營)과 다섯 곳의 사고(史庫)에 두루 나누어 간직하고 제신들에게도 반포하도록 명하였다.

장용영에 대한 모든 것은 일일이 임금에게 절목을 올려 사소한 문제까지 직접

정조가 결정을 내려 정하도록 하였다. 장용영은 정조의 분신이자 자신을 지켜주는 마지막 보루로 여겼던 것이다. 이밖에도 장용영에 대한 방대한 기록이 「조선왕조실록」을 비롯하여 여러 곳에 산재해 있으나 필요한 부분만 최선을 다하여 선별, 이해를 도우려했음을 양지해 주시기 바랍니다.

아울러 정조는 어느 정도 기반이 잡혔다는 확신이 서자 즉위 13(1789)년부터 24(1800)년 1월까지 12년 동안 13차례의 현륭원원행(顯隆園園行)을 강행하였다. 정조는 왜 그토록 백리가 넘는 길을 위험까지 무릅쓰면서 결행하였을까? 원행은 단순한 효행(孝行)의 차원이 아니다.

행차 자체가 군사훈련이었으며 아울러 군대를 장악하였다는 자신감에서 나온 발로이자 군신(君臣)은 물론 백성과 하나가 되고자 한 성인의 몸부림이었다.

군의 기강을 바로잡는 기회일 뿐 아니라 직접 백성을 만나 민정을 살펴 고충을 덜어주고, 자연스럽게 신하들의 여러 의견을 수렴하는 아주 중요한 자리를 만들고자 했던 것이다.

이 모두 자신이 심혈을 기울여 탄생시킨 장용영이란 막강한 군(軍)이 있어 가능했던 것이다.

3. 문체반정文體反正과 정국운영

(1)

정조가 뛰어난 인물이란 건 정적을 제압하는 방법이다. 노론의 거센 반격을 막아내고 한편으로는 선진적 사고를 가진 남인을 보호하는 면에서 남다른 기지를 유감없이 발휘한다.

'문체반정(文體反正)'이란 정조 집권 중반기 노론(老論)이 서학(西學)을 사학(邪學)이라며 남인(南人)을 공격하여 정적(政敵)을 뿌리 뽑고자 들고 나온 일종의 정치적 정풍운동이다.

이에 대하여 정조는 한문의 문장 체제를 순정고문(醇正古文)으로 회복하자고 주장하는 한편, 현재 노론의 학문풍조는 속학(俗學)에 지나지 않는다며 오히려 노론을 견제하며 내놓은 정조 특유의 정치적 방편이자 확고한 치국이념(治國理念)이기도 했다.

당대를 뒤흔든 박지원의 『열하일기(熱河日記)』는 예전과 전혀 다른 문장형식을 취하는 매우 새로운 것이었다. 종전과는 전혀 다른 성향의 소품 소설이나 옛 문장(文章)의 글을 본떠 짓는 의고문체(擬古文體)가 나타나 유행하였다. 그러자 이를 잡문체(雜文體)라 규정하고, 당시 순정(醇正)한 고문(古文)의 대가(大家)였던 황경원(黃景源 : 1709~1792), 이복원(李福源 : 1719~1792)을 규장각의 초대 제학(提學)으로 임명하여 두 사람의 문장을 모범으로 삼게 하였다.

18세기에 들어와 도문일치(道文一致)를 이상으로 삼던 문장계(文章界)의 전통을

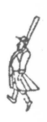

깨뜨리는 문체(文體)가 나타난다. 도문일치는 나라의 기강, 규율과 예절을 바로잡아 고치고 국초이래의 문통(文統)을 계승, 진작하려는 것이 위정자들의 한결같은 시도였다. 그러나 임진왜란(壬辰倭亂)과 정묘호란(丁卯胡亂)이 불러온 민생(民生)의 혼란과 정신적인 충격은 그러한 공론(空論)에 대한 환멸과 새로운 사조(思潮)에 대한 갈망으로 나타나 급기야 북학론(北學論)[42]이 자연스럽게 일어나게 된 것이다.

성리학과 북학론이 대립양상을 보이자 타개책으로 왕은 규장각(奎章閣)을 설치하고, 패관소설(稗官小說)과 잡서(雜書) 등의 수입을 금지시켰다. 그 대신 주자(朱子)의 시문(詩文)을 비롯하여 당송8대가(唐宋八大家)[43]의 글(文)과 『오경발초(五經拔抄)』[44] 및 두보(杜甫)의 『육유시(陸游詩)』 등을 새로 발간 보급하였다. 이때 불순정(不醇正)한 문체를 사용하고 있다고 지적당한 대표적인 사람이 박지원, 이용휴(李用休)였다.

당시 부교리 이동직(李東稷 : 1749~?)은 박지원의 『열하일기』가 저속하다고 상소했고, 1792(정조 16)년 11월 6일에는 이용휴의 문체가 서학의 문체라고 사리를 밝혀 지적하고 바로잡아야 한다며 문체반정에 앞장섰다. 모처럼 싹트려던 새로운 양식의 문학 장르(genre)가 관권 개입으로 발전을 막아버림으로 조선 후기 문학에 큰 영향을 끼쳤다고 보는 학설이 지배적이다.

조선왕조를 문예사상면으로 구분한다면 전기는 성리학파, 후기는 북학파가 문예사상의 주조(主潮)를 이룬다.

후기의 문예사상을 알기 위해서는 먼저 광해군 때 교산(蛟山) 허균(許筠 : 1569

---

42) 조선(朝鮮) 영(英)·정조(正組) 때에 일어난 일부(一部) 실학자(實學者)들인 홍대용(洪大容), 박지원(朴趾源), 이덕무(李德懋) 박제가(朴齊家) 등(等)이 주장(主張)한 내용으로 우선 경제적(經濟的)으로 나라를 구(救)해야 하며, 그러려면 청(淸)나라의 선진적인 문물제도와 생활양식 등을 배워야 한다고 주장하였다.

43) 중국 당나라 한유(韓愈)·유종원(柳宗元), 송나라 구양수(歐陽修)·소순(蘇洵)·소식(蘇軾)·소철(蘇轍)·증공(曾鞏)·왕안석(王安石) 등 8명의 산문작가(散文作家)를 말한다.

44) 유학(儒學)의 기본적인 문헌인 다섯 가지 경서(經書)로 『시경(詩經)』, 『서경(書經)』, 『주역(周易)』, 『예기(禮記)』, 『춘추(春秋)』에서 골라 뽑은 초록(抄錄)이다.

~1618)을 말하지 않을 수 없다. 허균의 사실적인 문예사상은 그의 정치적 실패로 중간에 끊어졌으며, 더구나 인조반정 이후 역사의 조류에 역행하여 진보(進步)를 저지하려는 문학가에 의하여 말살될 수밖에 없었다.

반정(反正)이란 바로 그런 것이다. 승자(勝者)들의 명분으로 보면 잘못된 상태를 본디의 바른 상태로 되돌려 놓는다는 뜻이 반정(反正)이다. 사실상 본디의 바른 상태란 허구이며 가설일 뿐이다.

서포(西浦) 김만중(金萬重 : 1637~1692)은 구운몽(九雲夢)을 한글로 썼다고 그를 높게 평가한다. 김만중은 숙종 15(1689)년 윤3월 7일 홍문관 대제학으로 왕비 폐위문제를 강력히 반대하다 남해(南海)로 유배된다. 유배지에서 임금이 잘못을 뉘우쳐 깨닫기를 바라며 『사씨남정기(謝氏南征記)』를 쓰는 한편 늙은 어머니를 위해 『구운몽』을 쓰기도 했다.

소설을 한글로 써 소설문학의 새 지평을 연 선구자가 되었고, 한글로 쓴 문학이라야 진정한 국문학이라는 문학관을 내 세우며 송강(松江) 정철(鄭澈)이 쓴 가사(歌辭)를 가장 높이 평가했다.

김만중은 『사씨남정기』를 통하여 집안에서 일어나는 여인네들의 사랑싸움을 그린 우리나라 최초의 가정소설을 썼다. 권선징악(勸善懲惡)을 고취하는 글을 통하여 숙종(肅宗)이 장희빈(張禧嬪)에게 빠져 인현왕후(仁顯王后)를 폐위(廢位)시킨 일을 은유적으로 공격, 풍자하는 궁중소설이라는 견해를 가진 사람들도 있다.

어머니를 위하여 썼다는 『구운몽』은 주인공 성진(性眞)이 여덟 선녀(仙女)와 함께 인간으로 환생(還生) 되어 입신양명(立身揚名)하여 부귀영화를 누리는 전형적인 동양 봉건 사대부들이 추구하는 이상향을 그렸다. 일부다처주의(一夫多妻主義)로 세상과 인생의 즐거움을 앞세워 질서나 도덕을 어지럽히는 향락주의에 빠지도록 한 것이다. 물론 꿈을 통한 묘사지만 불교에서 시작하여 불교로 돌아가는 내용으로 유교와는 거리가 멀다.

한편 이런 종류의 소설을 통해 오래전부터 우리나라에 토착되어 오던 유불선

(儒佛仙) 3교를 하나로 묶어 고유한 동양적 바탕을 새롭게 이루어 보고자 시험 삼아 시도한 문인이기도 했다. 그러나 결국 그 것은 내세를 믿는 불교적인 체념과 숙명론에 젖어들도록 유도한 것에 지나지 않는다.

서포는 일부다처주의에 따른 낭만적 문예사상을 고수한 작가로, 교산(蛟山) 허균(許筠)의 문예사상에 대하여 반기를 들며 물 흐르듯 흘러야할 역사적 흐름에 역행했다. 진보를 가로 막는 세력에 앞장서 신예적(新銳的)인 사상을 후퇴시킨 대표적 인물이 바로 김만중이기 때문이다.

이런 김만중의 문예사상에 반기를 높이 든 사람들이 있었으니 이들이 바로 영(英)·정조(正祖) 시대 북학파들에 의해 이루어진 문예사조이다. 당시 북학파들은 마치 비온 뒤 죽순(竹筍)처럼 걷잡지 못할 정도로 여기저기서 돌출, 세력을 형성해 나갔다.

이들 가운데 특히 연암(燕巖) 박지원(朴趾源) 계파와 성호(星湖) 이익(李瀷)의 조카인 일계(一系) 이용휴(李用休) 계파가 양대 산맥으로 쌍벽을 이룬다.

박지원(朴趾源)은 16세에 혼인하여 그의 장인 이보천(李輔天 : 1714~1777)에게 『맹자』를 배웠다. 그리고 처숙(妻叔) 이양천(李亮天)에게 『사기(史記)』를 배우고, 30세에 홍대용(洪大容)을 만나 신문학을 접했다. 정조 즉위(1776)년에는 홍국영(洪國榮)에 의해 벽파(僻派)로 몰리자 신변에 위협을 느껴 잠시 몸을 피해 황해도 금천(金川)의 연암협(燕巖峽)으로 숨어들어 독서에 전념하기도 했다.

1779(정조 3)년 홍국영이 실각하고 다음해 청의 강희제(康熙帝 : 고종)가 70세를 맞아 만수절(萬壽節 : 天子의 탄생축일)을 연다고 주변국에 알렸다. 정조는 진하 겸 사은정사(進賀兼謝恩正使) 박명원(朴明源)과 정원시(鄭元始)를 부사로 삼아 진하사(進賀使)를 보내는데 8촌 형인 박명원의 자제군관(子弟軍官)으로 연암도 함께 동행 하여 청나라의 실상과 서민들이 사는 형편을 직접보고 겪으면서 말로만 듣고 책으로 접하던 선진문물(先進文物)을 체험하여 북학사상(北學思想)에 눈을 뜨는 계기가 되었다.(정조4년 9월 17일 『조선왕조실록』 참조)

박지원은 뛰어난 이론가(理論家)로 처음부터 끝까지 철저하게 실사구시(實事求是), 이용후생(利用厚生)을 주장하였다.

『열하일기』는 중국견문기(中國見聞記)로 수많은 이본이 있는데, 그 가운데 가장 믿을만한 것은 충남대학교(忠南大學校)에 소장되어 있는 박지원장(朴趾源章)이 찍혀 있는 '연암수택본(燕巖手澤本)'으로 26권 10책으로 되어 있다. 그러나 현재는 박지원의 집안에서 필사됐다는 뜻인 '연암산방(燕岩山房)'이라고 적혀있는 전남대학교(全南大學校) 소장본으로 무계 중심이 이동되어 있는 상황이다.

다행히 2009년 6월 27일 '제250차 한국고전문학회 학술회의'에서 최근 '성호기념관(星湖記念館)'에 소장된 자료 가운데 연암 박지원의 둘째아들 박종채(朴宗采 : 1780~1835)가 아버지 사후에 『열하일기』 초고본(草稿本)을 수정, 보완해 편집한 새 필사본(筆寫本)을 발표할 예정이라니 자못 기대가 크다.

『열하일기』는 중국의 역사, 지리, 풍속을 비롯하여 정치, 경제, 문학, 예술에 걸쳐 서술하지 않은 부문이 없을 만큼 방대하다. 뿐만 아니라 중국학자들과 더불어 주고받은 두 나라의 문물제도에 관한 날카로운 비판과 논평은 물론 지전(地轉), 월세계(月世界) 등의 천문학과, 천주(天主)·서학(西學)·지옥(地獄) 등에 대한 박지원의 참신한 이론이 실려 있어 주목을 끈다.

제10권 『옥갑야화(玉匣夜話)』에 실려 있는 「허생전(許生傳)」이나 제4권 『관내정사(關內程史)』에 수록된 「호질(虎叱)」에서는 날카로운 풍자와 멋있는 해학을 통해 경제에 대한 어두움을 부끄럽게 여기지 않고 아무 하는 일 없이 곡식만 축내는 당시의 부패한 선비들을 비판하는 한편 경제의 실용적인 면과 외국무역의 필요성을 역설했다. 아울러 유교도덕(儒敎道德)이란 굴레를 쓴 위선적인 인간들이 얼마나 부패되어 있는가를 적나라하게 파헤쳤다.

특히 그만이 가지고 있는 독특한 해학으로 고루한 양반과 무능한 위정자를 빗대는 등 독창적이며 사실적인 문장양식을 구사하여 문체혁신의 본보기가 되었다. 당시로는 과격하고 진보적인 사상과 문체로 말미암아 보수파들로부터 많은

비난과 박해를 받았다. 그러나 『열하일기』는 당대를 휩쓸며 후배들의 문체를 일변시키는 촉매제 역할을 하며 대단한 돌풍을 일으켰다.

한편 박지원보다 조금 앞선 이용휴·이가환 부자를 중심으로 한 문학가들이 구사하는 문체는 유달리 깨끗하고 산뜻하며 새로웠다. 특히 이가환은 안정복(安鼎福), 정약용 등과 깊이 사귀면서 새로운 학문인 북학사상 연구에 힘을 쏟았다. 이용휴의 제자로 역관(譯官) 출신 송목관(松穆館), 이언진(李彦瑱)은 양명학(陽明學) 계에 속하고 여항문인(閭巷文人) 평와(萍窩) 김숙(金淑) 등이 포함된 것으로 보아 연암과는 판이하다. 이용휴는 심즉리(心卽理)를 가장 중요시 하여 자신의 마음을 살펴 잘 닦고 갈아야 도(道)에 이른다고 설파한다. 심학 즉 양명학을 기본 교의로 삼았다. 그렇다고 이용휴가 양명학의 신봉자는 아니다.

1784(정조 8)년 이승훈(李承薰)이 북경(北京)에서 돌아오자 외숙(外叔)인 이가환은 천주교에 대한 흥미를 갖고 교리를 번역, 연구했으나 신자가 되지는 않았다. 1795(정조 19)년 7월 25일 이가환을 특별히 충주목사(忠州牧使), 정약용을 금정찰방(金井察訪)으로 보임(補任)시켰다. 노론을 잠재우기 위하여 천주교(天主敎)가 가장 극심한 곳으로 보내 속죄하는 실효를 거두라고 배려한 것이 정조의 속내였다. 한때 이가환은 천주교도를 탄압했으나 파직(罷職) 후 다시 천주교를 연구하면서 신도(信徒)가 되었다.

이들의 문예사상은 사실적인 경향으로 인조반정(仁祖反正) 이후 각 방면에 만연되어 있는 부패한 사회상에 대한 반발로 전체를 혁신하고자 하는 열망을 담고 있었다. 이런 사상의 흐름은 당시 국학·북학·서학 등 모든 분야를 아우르는 새로운 과학적인 정신의 결정체였다. 문체가 지나치게 청신하고 사실적인데다 한걸음 더나가 혁신까지 주장하다 급기야 이동직의 논박(論駁)을 받기에 이른 것이다.

서학에 관하여는 지봉(芝峯) 이수광(李睟光), 어우(於于) 유몽인(柳夢寅), 교산 허균 등의 수입 또는 논증(論證)이 과거에 이미 있었다. 이 당시에는 성호(星湖) 이익(李瀷)의 연구가 상당한 수준에 이르러 있었고, 이가환·권철신(權哲身)·권일신

(權日身)·이기양(李基讓)·이벽(李蘗)·정약용(丁若鏞)·이학규(李學逵) 등 당대의 명사들을 중심으로 내밀하게 퍼져 각자 마음속 깊이 자리하여 동경의 대상이 되고 있을 때였다.

그러나 서교의 교리에 깊이 빠진 것이 아니라, 대부분이 서구의 과학적이며 실용적인 방법이 아니면 당시의 누적된 부패의 고리를 끊을 수 없다는 논리를 편 것이다. 그리고 이들 중 일부가 이미 서교의 교리에 심취되어 있다는 것이 문제였다. 이런 믿음에서 이룩한 문예사상을 대표하는 사람이 이용휴, 박지원 두 줄기였다.

이용휴는 자신을 성찰하는 사람의 내적인 면을, 박지원은 세상을 향한 외적인 면을 변화시키고자 하였다는 점이 다를 뿐이다.

그러나 이들은 옛 껍질을 과감히 벗어버리고 혁신적인 문장 체제를 만들어 낸 것이다. 이들의 문풍(文風)은 새로운 것을 바라며 목말라하던 당대를 삽시간에 휩쓸어 버린다.

한편 당시 문체의 질적 저하를 걱정(겉으로)하던 정조는 정치적 대립관계에 있던 노론 천하를 달래는 방편(속내)으로 문체반정정책(文體反正政策)이라는 해결책을 내어놓기에 이른다. 그러나 왕은 이미 각종 서적을 통하여 서학의 우월성을 알고 있었으나 현실적으로 명나라 말기와 청나라 초기의 문집과 패관문학, 총사(叢史), 잡설(雜說) 등 서적을 금지하지 않을 수 없었다. 워낙 노론의 반발이 드세었기 때문이다. 1795(정조19)년에는 『정시문정(正始文程)』 3권을 반포하여 문체가 순수하고 참된 학문으로 되돌아올 것을 기도하였으나 오히려 문체반정을 둘러싼 파동만 불러 오는 역효과를 만들고 만다.

『정시문정』이란 규장각에서 편찬한 과문집(科文集)의 하나로 정조는 과거(科擧)의 응제문(應製文)이 좋지 못함을 여러 차례 경계하고 타일렀다. 그해 초계문신(抄啓文臣)들이 과거 때 지어올린 시권(試券)과 성균관 유생인 반유(泮儒)들이 임금의 명으로 과거장에서 지어올린 시험답안지인 응제시권(應製試券)을 자세하게 고찰,

열람하여 골라 뽑은 표(表)·부(賦)·시(詩) 여러 편을 규장각에 명하여 3권 1책으로 편집, 간행케 하였는데 이 책이 바로 『정시문정』이다.

이동직은 이가환의 학문이 서학에서 나왔으며, 문학은 패관소품(稗官小品)을 오로지 숭상하였다고 주장하며 그를 맹렬히 공격한다.

정조는 어릴 때부터 왕이 된 뒤까지 한 번도 패관소설을 읽지 않았다고 스스로 언급했듯이 문체가 순수하고 참되지 못한 책임을 이가환에게 지울 것이 아니라 오히려 박지원에게 보다 큰 책임이 있다고 지적하며 박지원 일계(一系)의 문예가들에게 순정서(醇正書)를 지어 임금인 자신에게 바치라는 명령을 내렸다.

그밖에 1792(정조 16) 10월 24일 전교에 이어 11월 3일에는 남공철(南公轍), 이상황(李相璜), 김조순(金祖淳), 심상규(沈象奎) 등 측근에 있는 젊은 관료들에게까지 반성을 촉구하며 자송문(自訟文 : 반성문)과 순정(醇正)한 문체의 시문을 요구했다.

신진학자 들은 글과 시를 지어 올려 게시판에 걸게 하였다. 그러나 박지원 일계에게는 그야말로 맑게 갠 하늘의 날벼락이었다. 문체를 고친다는 것은 죽으라는 말과 같았다. 모처럼 18세기 말 한도 끝도 없는 고민을 부둥켜안은 채 시대의 아픔, 그 중에서도 백성의 울분을 대신 터트려 준 것이 박지원 일계의 문인들이다.

이 세상에 갓 태어난 젖먹이에서 끝난 것이 아니라, 당시 수많은 민중 남녀가 울부짖으며 소리치고 싶은 마음을 대변했는데 이제 붓을 놓으라는 것은 사형선고와 다름없었다. 그 가운데 우뚝 선 박지원은 시대적인 세태와 북학사상 그리고 문명의식에 대한 크고 깊은 은유, 풍자 등 모두 온힘을 다하여 그의 문예작품에 실었기 때문이다. 동시에 그의 작품 속에는 탄식하고 웃거나, 더럽다고 침을 뱉거나, 욕하는 것까지 글 아닌 것이 없었다.

이들의 작품은 정말 백성과 더불어 울고 웃는 민족문학으로 위로 허균의 문예사상을 이어받은 반면, 김만중의 낭만적인 쾌락, 부패상을 과감히 물리치고 아래로는 「춘향전」 등의 평민적인 문예사상을 열어 주고자 하였던 것이다.

문체반정은 현실주의 문예발전에 대한 관권개입의 성격을 강하게 띤 것 같으

나 기실은 탕평정국을 겨냥한 정조의 긴급조치 일환이라고 보는 것이 옳다. 모든 책을 섭렵한 정조가 잡문이라 해서 당시를 풍미하던 사조를 외면했을 리 없다. 빤히 알면서도 한발 물러서지 않으면 안 된다는 상황을 인식하였을 뿐이라고 생각되는 대목이다.

남인을 잡겠다는 노론을 향하여 박지원에게 철퇴를 내려친 것은 남인을 보호하고 대신 노론 쪽에 가까운 박지원 일파를 지목하여 노론 스스로 맥이 빠지게 한 것이다. 정조만이 취할 수 있는 고도의 수습책인 것이다.

오히려 그에 대한 반동으로 청조(淸朝) 문화의 수용은 더욱 기승을 부렸다. 특히 연암일파, 남인(南人)들이 주축을 이루었다.

1786(정조 10)년에는 중인 출신의 시인 천수경(千壽慶 : ?~1818), 장혼(張混 : 1759~1828)이 인왕산 기슭 필운동에 옥계사(玉溪社)라는 시계(詩契)를 결성하였다. 그 후 여항문학(閭巷文學)은 더욱 발전하여 이인문 등이 가세하며 송석원시사(松石園詩社)가 되었다. 그들의 활동을 백전(白戰)이라 불렀다. 백전은 무기 없이 맨손으로 싸우는 싸움으로 시인들끼리 재주를 겨루는 백일장(白日場)이다. 봄, 가을로 열리는 백전에는 몇 백 명씩 모였음으로 시축(詩軸)이 완성되면 노복(奴僕)에게 지워 당대 제일의 문장가에게 의뢰하였다. 대제학까지 백전의 심사를 영광으로 삼았다고 하니 그 열기가 어떠했나를 짐작할만하다. 하루 종일 심사를 하자면 필시 날이 어두워지기 예사였다고 한다. 그러니 장원으로 뽑히면 당일로 도성 안에 소문이 파다한 것은 불문가지이다. 이들은 한시(漢詩)을 통하여 속어나 민요취향의 조선풍(朝鮮風) 어법으로 맹위를 떨쳤다. 이는 이미 거역할 수 없는 백성들의 소리 없는 아우성이라고 보아야 한다.

「춘향전」은 영·정조대에 이루어졌으리라 보는 것이 거의 정설이다. 사회적 계급의식을 초월한 애정문제를 다룸으로써 계급제도의 타파를 주장하였다. 특히 춘향이 정절을 지킴으로 당시 지배계급에게 착취와 유린을 당하며 어느 곳에도 항변할 수 없었던 백성들의 합법적인 인권과 반항정신을 담고 있기 때문이다. 아

울러 남원의 변부사(卞府使)를 내세워 지배계급인 위정자들의 전횡과 부정부패를 폭로하기 위한 돌파구로 이몽룡(李夢龍)을 등장시켜 부사의 생일날, 수많은 사람 앞에서 한시(漢詩)를 읊어 백성들의 상처를 말끔히 치유시켜 준다.

> 금잔에 따른 좋은 술은 천 사람의 피요(金樽美酒, 千人血)
> 옥쟁반 위 좋은 안주 만백성의 기름이요(玉盤佳肴, 萬姓膏)
> 촛농 흘러내릴 때 백성의 눈물 떨어지네.(燭漏落時, 民淚落)
> 노래 소리 높은 곳에 원망소리만 높구나.(歌聲高處, 怨聲高)

지금까지는 작가가 특수계급에만 한정시켰던 재래적 소재를 과감하게 탈피, 아무도 관심을 갖지 않던 백성을 주인공으로 삼았다는 점이다. 백성들이 갖고 있는 세계관에 입각하여 새로운 시각으로 누구도 거부할 수 없는 높은 윤리관을 통하여 민족이 나갈 새로운 지평을 지식인, 그것도 신진 사대부들이 당당히 제시했다는 것이 획기적일 수밖에 없다.

왜냐하면 중국의 『수호지』·『홍루몽』 등 혁명적이며 사실적인 작품에 비하여 양적인 면에서 그들을 따를 수 없을지 몰라도 사상적인 면에서는 우리가 확실히 몇 발 앞서나가 있기 때문이다.

조선왕조의 사회적 계층은 송(宋)·명(明)에 비해 여러 층으로 구성되어 있기도 하지만 다채로운 무대 위에 등장하는 인물들이 중국소설 속에서 흔히 볼 수 있는 황제·임금·귀족·군벌·관료·대지주·자본가를 다룬 것과는 너무 딴판이기 때문이다.

박지원을 비롯한 북학파들은 주로 시장의 시괴(市儈 : 거간꾼)·역부(役夫)·병신·기인(畸人 : 불구자)·떠돌이·광객(曠客 : 나그네)·군교(軍校)·걸인·고용·역관(譯官)·중인·어린아이·상수(商豎 : 장사꾼) 등 우리 주변에서 흔하게 접하는 서민 신분이 대부분이라는 점이 특징적이다.

동양 문예사상은 유교의 비조(鼻祖)인 공자(孔子)로부터 출발되었다. 공자의 '수사입성(修辭立誠)'은 곧 후세 사실과 문예사상의 원천을 이룬다. 수사는 『주역』'문

언전' 건괘(乾卦)의 수사기입성(修辭其立誠)에서 나온 말로 북송(北宋)의 정호(程顥)는 '언사(言辭)를 닦고 성찰하면 곧 성(誠)의 경지를 세울 수 있다.'라고 하였다.

우리나라는 중국과 같은 문화권에서 성장하여 왔기 때문에 아주 자연스러운 현상이었다. '수사입성' 사상은 시대의 흐름과 변천에 따라 송(宋)나라 때에는 '글에는 도가 담겨 있어야 한다'는 '문이재도(文以載道)' 사상으로 눈부신 발전을 하였고, '문이재도' 사상은 결국 사실적인 경향을 낳게 된다.

한편, 조선 후기 북학파 문예사상은 동양이 갖고 있는 전통적 사상을 바르게 계승함과 아울러 동시에 송(宋)학파의 마지막 폐단인 부패한 사회상에 대하여 거세게 반발하고 저항하는 데 있었다. 그리고 우리 스스로 혁신적인 길을 찾아 실천에 옮기는 일이었다.

정조대에 표출된 새로운 사상도 바로 백성을 향한 진보적인 지식인 세력들이 애국애민에 기초를 두고 있다고 보아야 한다.

(2)

정조는 정치적으로 '문체반정'을 어떻게 이용할 목적으로 내세웠을까? 정조는 소위 말하는 문무겸전(文武兼全)의 임금이다. 그러나 그냥 이렇게 표현하면 어딘가 모르게 석연찮다는 생각이 드는 사람이 정조다. 그렇다고 역사학자들이 말하는 '이열치열(以熱治熱)의 처방'이나 '군신좌사(君臣佐使)의 처방'이 틀렸다는 것은 아니다.

정조가 지향한 인사탕평정책은 한의학에서 말하는 '이열치열'과 '군신좌사'를 가리켜 부르는 용어로, 이열치열은 숙종이 자주 쓰던 '환국방법(換局方法)'으로 탕평책에 대비되는 방식이라면, 할아버지인 영조의 '완론 중심의 탕평책'은 기본적으로 왕실·외척과 연합한 특권세력이다.

이들은 외척과 결합하여 탕평당(蕩平黨)을 형성하는 한편, 왕실과의 혼인을 통해 새로운 외척으로 성장하게 되는 것이다. 그래서 영조의 탕평은 '완론 탕평'으

로 외척의 성장만을 빨리 진척시켰다는 비판을 받고 있었다.

'이열치열' 통치방식은 한 붕당에서 반역자가 나오면 그 반대붕당의 반역자를 처단한 예에 대비시켜 처벌하고, 충신 역시 똑같은 방법으로 포상하는 '대국(對局)'의 통치방식을 말한다. 반면 이와 정반대인 통치방식으로 한 붕당에서 반역자가 나왔다면 다른 붕당의 충신과 대비시켜 반역자가 나온 붕당을 완전히 쓸어버리는 물갈이 통치방식으로 숙종이 자주 활용한 '환국 정치'가 대표적이다.

이에 대한 정조의 생각은 『조선왕조실록』 1784(정조8)년 12월 8일(己丑), 영의정 서명선(徐命善)의 말이 끝난 뒤 '일찍이 숙종조(肅宗朝)에 있어서 당파의 습성이 점점 고질화되어 수습할 수 없었기 때문에 성상의 뜻에 따라 혹은 이쪽이 저쪽보다 낫다고 생각되면 오로지 이쪽을 등용하였고, 혹은 저쪽이 이쪽보다 낫다고 생각되면 다시 저쪽을 등용하였다. 우리 선왕조 초기에는 싸우기만을 서로 일삼고, 엉켜 붙은 감정을 풀기 어려웠다. 선대왕이 보존하고 감화시키는 교화로서 탕평책(蕩平策)을 세우는 정사를 행하여서 후손들을 위한 좋은 계책을 나에게 남겨주었다. 오직 나의 고심도 또한 여기에 있다.'라고 밝힌다.

쉽게 말하자면 숙종의 '환국정치'는 붕당 사이의 갈등을 부채질시켜 명분이 서지 않는 일로 몰골사납게 싸우는 현상을 초래하였고, 가문끼리 대립으로 감정의 골을 심화시켜 사태를 더욱 나쁘게 만들었다는 것이다.

정조가 즉위할 당시는 대표적인 외척 풍산 홍씨, 홍봉한 가문과 경주 김씨, 김귀주 가문이 있었다. 풍산 홍씨는 정조의 외가로서 부홍파(扶洪派)의 핵심이며 경주 김씨는 어찌되었건 아버지 외가로 대표적인 공홍파(功洪派)였다.

이 두 가문은 학문적·지역성 특성에 따라 북당(北黨)·남당(南黨)으로 불리기도 하고 정치적 성향에 따라 시파(時派)·벽파(辟派)로 나뉘기도 한다. 두 파의 유일한 공통점이라면 세손인 정조의 대리청정을 반대한 것이다.

당초 부홍파는 세손 보호를 표방하며 정조의 지지 세력임을 자처했다. 외할아버지와 외손자라는 혈연으로 볼 때 지극히 당연하고 자연스러운 일이다. 그러나

정조는 이를 단호하게 거부하였다. 홍봉한 가문이 비록 외가라 할지라도 향후 자신이 지향하려는 정국운영에는 큰 걸림돌이 될 것이라는 예상에서였다.

세손은 홍국영이 감싸고 보호하는 힘을 발판 삼아 새로운 세력을 규합하고 부홍파와 결별을 단행한다. 그리하여 시파인 부홍파조차 세손대리청정을 반대하기에 이른 것이다. 홍인한이 1775(영조 51)년 세손의 대리청정을 노골적으로 반대한 것이 가장 큰 이유일 것이다. 부홍파의 집요한 협박과 방해에도 불구하고 그해 12월 세손의 대리청정이 드디어 실현되었다. 이는 홍국영의 뛰어난 정치력 때문에 가능한 일이었다.

우여곡절 끝에 3개월이 지난 1776년 3월 영조가 죽고 세손은 조선의 22대 왕으로 즉위한다. 그는 즉위하자마자 홍국영을 중심으로 척신이 아닌 청류(淸流) 정이환(鄭履煥)·김종수(金鍾秀)·서명선(徐命善) 등을 규합하여 외척세력 제거에 들어갔다.

공홍파(功洪派)의 수장인 정순왕후의 동생 김귀주(金龜柱)와 부홍파(扶洪派)를 이끌던 어머니 혜경궁의 숙부 홍인한(洪麟漢)의 두 외척세력을 대역부도죄(大逆不道罪)로 한꺼번에 제거시켰다.

집권 중반에 노론이 천주교와 관련된 남인을 공격하자 '문체반정'을 통해 노론들의 학문풍조를 속학(俗學)이라며 동시에 견제하였듯이 '이열치열'식의 대국적(對局的) 정치를 폈다.

한편 문체반정을 통하여 노론의 정통 주자성리학과 남인의 원시유학의 장점을 살려 바른 학문인 정학(正學)으로 삼고자 한 것이 그 좋은 예라고 할 수 있다.

정조는 사사건건 시비(是非)를 일삼던 파당(派黨)의 폐습을 버리고 우열론(優劣論)에 입각하는 정책을 폈다. 당쟁의 격화로 인한 후유증이 심각하던 숙종 말기 박세채(朴世采) 등의 논의에 따르면 정치, 정책의 판단에서 가장 중요한 것은 '누가 옳고 누가 그른가?'라는 것이 아니라 '누구의 의견이 보다 중요한가.'에 있다며, '당세(當世)의 인재를 통하여 당대(當代)의 문제를 해결할 수밖에 없는 것.'이라면 당연히 임금은 뛰어난 인재를 중용하여 그 사람들의 의견을 쫓아야 한다는 논

리이다. 물론 박세채의 '붕당별로 의리와 인재를 분별한다.'의 분별론(分別論)과는 대조를 이루는 것으로 '붕당 간의 인재를 고르게 등용하여 쓴다.'는 이이(李珥)의 절충론(折衷論)을 따랐다.

그러나 '이열치열의 탕평책'이란 결국 이이가 주장한 '절충론'과 박세채가 주장한 '우열론'의 이론을 계승한 것으로 당시 이념적으로 대립되어 있던 정국을 탈피하고자 유능한 인재를 초당파적으로 등용코자 했던 고육지책(苦肉之策)이다.

왕의 탕평책을 노론 신하들 가운데 벽파들은 외면해 버리거나 아예 반대를 하였다. 왜냐하면 정치원칙인 시비(是非)의 문제를 흐리게 하고 관직을 당파별로 안배하기 때문에 무능한 사람도 자리를 차지하고 있다는 것이다.

1789(정조 13)년 11월 17일(己亥) 정조는 매달 여섯 차례씩 의정(議政)·대간(臺諫)·옥당(玉堂)들이 입시(入侍)하여 중요한 정무를 상주(上奏)하던 조강(朝講) 때 우의정 김종수(金鍾秀)가 나아가 『고사(故事)』에 이르기를 '풍기에 점점 물들어 가고 습속에 점점 휩쓸려들면 자연히 하찮은 것만 살피고 중요한 것은 놓치게 되어 지나치는 꼴이 되어버립니다.' 또 말하기를 '포용하는 정도가 지나치면서도 기강을 진작시키려는 것은 도리어 다그쳐 몰아붙이는 데에 가깝고, 명실(明實)을 따지고 들면 더러 너무 까다롭게 살피는 잘못을 범하게 됩니다.' 또 '군자이면서도 결함이 있는 자가 많고, 소인이면서도 재주가 있는 사람도 많습니다. 결함이 있다는 이유로 군자를 버리고 재주가 있다는 이유로 소인을 등용하면, 이것은 현사(賢邪)가 뒤바뀌게 되고 국가가 난망(亂亡)하게 되는 원인이 되는 것입니다.'라고 하며 실용적인 면에 있어 다소 부족하더라도 군자를 등용하여야 한다고 역설한다.

왕은 이열치열의 탕평책과 '군신좌사(君臣佐使)'란 탕평책을 아울러 채택함으로 보다 효율성을 제고시키고자 했다. '군신좌사'란 한의학에서 약제를 조제할 때 적용하는 처방의 기본원리이다.

한의학에서 처방을 낼 때 발병한 원인을 주로 다스리는 약재를 군약(君藥), 그 약재를 도와주는 성분의 약재인 부주약(副主藥)을 신약(臣藥)이라 하는데 군신약

재 외에 좌(佐), 사(使)의 약재를 함께 써서 치료효과를 높일 때도 있다. 주병(主病) 외에 합병(合病)이 있을 때 좌약(佐藥)을 쓰기도 하는데, 군약(君藥)에 독기가 있거나 약 성분이 준열(峻烈 : 매우 엄하고 무섭다)한 것일 경우 이것을 제약(制約)하기 위해 불가피하게 좌약으로 군약과는 서로 반대되는 극약 성분을 쓰기도 한다. 이렇게 함으로 이들 여러 약재들이 서로 조화와 균형을 이루도록 사약(使藥)을 함께 쓰는 경우 이를 통칭 '군신좌사'라 하는 것이다.

정조가 한약처방의 기본원리를 인사정책으로 인용한 데는 고질적인 당파정치를 타개시키고 서로 견제시켜 힘의 조화를 꾀하고자 한 데서 비롯되었다. 자신(君)의 개혁정치를 지지하는 세력과 반대하는 세력(佐)의 사이에서 가교역할을 매끄럽게 하여 조화시킬 수 있는 제삼의 세력(使)이 절실히 필요했다. 거의 대다수 사대부들은 임금이 하고자 하는 개혁정치를 거부하고 있기 때문에 자신을 지지하는 극소수를 이용하여 반대세력들을 무마시키거나 달래어 서로의 장점을 적극 수렴하여 더욱 발전시키고 단점은 과감히 도태시키고자 했던 것이다. 어찌 보면 군(君)인 자신만 개혁주체이기 때문에 자신을 적극 따르는 채제공을 비롯한 남인(南人)을 신(臣)으로 내세우는 한편 소론을 사(使)로 이용, 소기의 목적을 이루고 싶었던 것이 정조의 속마음이었을 것이다. 왕은 지조와 절의가 있는 사대부의 사기가 떨어진 현 시국을 사람으로 치면 마치 원기가 크게 막혀버린 병통으로 간주하여 군신좌사의 치료책을 써 치유시키고 싶었던 것이다.

오랫동안 소외된 남인을 요직에 두루 포진시키고 이를 반대하는 노론에 대하여는 소론(少論) 가운데 온건한 사람을 내세워 중간역할을 하여 노론을 유도하는 유화정책을 편 것이다. 기(氣)의 순환이 고르지 못하여 열이 나고 소변이 막혔을 때 사용하는 대승기탕(大承氣湯)[45]의 한의약 처방과 같은 방편으로 얽힌 매듭을 풀고자 했다.

---

45) 답답하고 몸에 열이 남·헛소리·변비·목마름증에 대소변을 통하게 하여 열을 내리게 하고, 헛소리·목마름 따위를 없애는 약으로 승기탕 중에 가장 효력이 크다.

1793(정조 17)년 4월 22일(甲申)의 실록을 보면 좌의정 김이소(金履素)의 차자(箚子)46)에 임금이 비답하기를 '모든 일이 치우치면 병통이 생긴다. 그래서 지나친 것은 미치지 못하는 것이다.'라고 한 것이다. 그러나 요사이 처분은 중도에 지나친 것이 아니고 다만 마지못해서 일뿐이니, '허물을 보고서 어짊을 안다.(觀過知仁)'고 한 것이다. '경이 만일 지금 나의 이 두 가지 말을 가지고 미루어 생각해본다면 나의 고심을 알 수 있을 것이다. 대체로 고질병에는 독한 약을 복용하지 않으면 효험을 기대하기 어렵다. 더구나 지금 풍속을 통해서 폐단을 구원하려면 어떻게 대승기탕(大承氣湯)에 좌사(佐使)의 두 맛을 가미하지 않을 수 있겠는가.'라고 하였다.

왕이 말하는 '고질병'이란 오래도록 당쟁과 대립으로 치달아온 정국을 말하며, '독한 약'이란 노론과 소론의 반발이 아무리 심하여 얼마간의 부작용이 뒤따르더라도 자신이 지향하는 개혁의 꿈을 이루기 위해서는 참신한 남인을 발탁하여 쓰겠다는 결연한 의지를 말하는 것이다. 집권초기부터 노론의 거센 반발 속에 소위 소론 시파인 서명선(徐命善)을 우의정, 노론 벽파인 정존겸(鄭存謙)을 좌의정으로 서로 견제시키면서 영의정 김상철(金尙喆)과 병조판서 채제공(蔡濟恭)으로 하여금 중재하여 조화를 꾀하도록 하였다.

1788(정조 12)년 2월 8일에 새로 정승 될 사람을 올렸는데 왕이 명단에 없는 소론 이성원을 가복(加卜)47)하여 우의정으로 삼았다. 3일 후 다시 이성원을 좌의정에 제수하고, 특별히 사의를 거듭 상소하는 남인의 채제공에게 우의정을 '어필로 특

---

46) 신하가 임금에게 올리던 간단한 서식의 상소문으로 주차(奏箚)·차(箚)·차문(箚文)이라고도 한다.

47) 조선시대에 국왕의 명령으로 정승의 후보를 추가로 추천하게 하던 일로 영의정·좌의정·우의정 가운데 결원이 생기면 왕이 현직 의정 중 한 의정에게 후보추천서인 망단자(望單子)를 올리도록 하였다. 이때 왕명을 받은 의정이 망단자를 올리는 것을 복상(卜相)이라 하였다. 그런데 망단자에 든 3인의 후보 중 왕이 발탁하여 쓰고자 하는 인물이 없으면 추가로 후보자를 올리도록 하는 것을 가복이라 하였다. 가복은 의정의 후임 정승 추천권을 신하에게 인정한 제도이긴 하였으나 결국 국왕은 자기 입맛에 맞는 사람을 쓰기 위하여 가복을 되풀이 하였으니 최종 결정권자는 역시 왕이라고 보는 것이 타당하다.

배(特拜)했다.'는 기록이 말하듯 삼망(三望)의 후보자 가운데 발탁한 것이 아니고 정조가 직접 발탁했다. 왕은 '지금 경을 정승의 자리에 제수하는 것이 어찌 경을 개인적으로 좋아하여 이런 거조가 있는 것이겠는가. 평소부터 말이 충성스럽고 행실이 독실하였으니 또한 늦었다고 하겠다. 경은 모름지기 허저(虛佇)⁴⁸)의 뜻을 본받아 즉시 숙배(肅拜)하여 부족하고 어두운 나를 도와 널리 시사(時事)를 구제하라.'고 부탁한다.

그러나 출사하지 않자 왕이 이형묵(李亨黙)을 가승지로 임명해 보내어 채제공에게 유지를 전하고 숙배를 재촉하게 하니, 채제공이 의금부로 나아가 명을 기다렸다. 상이 궁을 나가려 하다가 또 주서 김효건(金孝建)에게 명하여 가서 유지를 전하게 하였으나 이 명을 받들지 않았다. 노론이 장악한 승정원은 남인이 정승반열에 오르는 것을 반대해 정조의 전교를 되돌려 거부했다. 집권 12년이 되었어도 여전히 노론 세상이었다. 그러나 군주는 채제공을 임명하여 영의정인 노론의 김치인(金致仁)을 도우며 견제하도록 한다.

1789(정조 13)년에는 남인의 채제공을 좌의정, 노론의 김종수(金鍾秀)를 우의정으로 삼아 서로 견제토록 하였으며, 영의정 이재협(李在協)과 판중추부사 이성원(李性源)으로 하여금 중재하여 조화를 이루었다. 군주는 백년 만에 처음 있었던 정국구도를 이용, 소론과 남인의 명예를 회복시키는 의리의 탕평책을 펼쳤다. 그 예

---

48) 일명 허저(虛宁)라고 한다. 원래 저(宁)는 문(門)과 외병(外屛) 사이로 정당(正堂) 앞의 정중(庭中)에 있는데, 임금이 정사(政事)를 들을 때 서는 곳으로 허저란 이곳을 비운다는 뜻으로, 임금이 마음을 비우고 어진 신하의 말을 듣는다는 것을 비유한 말이다. 1788(정조12)년 2월 11일, 어필(御筆)로 특별히 지중추부사 채제공(蔡濟恭)을 임명해 의정부 우의정으로 삼고, 이성원을 좌의정으로 올렸다. 또 어필로 채제공에게 하유하기를,
'지금 경을 정승의 직에 제수하는 것이 내가 어찌 경을 개인적으로 좋아하여 이런 거조가 있는 것이겠는가. 평소부터 말이 충성스럽고 행실이 독실하였으니 또한 늦었다고 하겠다. 경은 모름지기 나의 허저(虛佇)의 뜻을 본받아 즉시 숙배하여 부족하고 어두운 나를 도와 널리 시사(時事)를 구제하라.'(以御筆, 特拜知中樞府事蔡濟恭爲議政府右議政, 李性源陞左議政, 又以御筆, 諭濟恭曰:'今授卿相職, 予豈私好於卿, 有是擧? 參倚有素, 云亦晚矣. 卿須體予虛佇之意, 卽日肅命, 輔予寡昧, 弘濟時事.)' 하였다.

로 영묘(英廟) 1728년 역적 이인좌(李麟佐)와 정희량(鄭希亮)의 무신 난을 진압한지 1주갑(60년)을 맞이한 1788(정조 12)년 3월 1일 소론의 최규서(崔奎瑞)·조문명(趙文命) 등을 추록(追錄), 치제(致祭)하게 하였으며 그 후손까지 임용케 하였다. 뿐만 아니라 영남 유생의 상언을 받고 남인의 조덕린(趙德隣)·황익재(黃翼再)의 죄명(罪名)도 11월 10일에 씻어주었다.

채제공은 정조 15(1791)년 노론의 비자금 전주인 관상(官商)들이 장악한 배타적 상행위의 독점권인 금난전권(禁亂廛權)을 혁파하고 개인 상인들의 장사를 허용하는 신해통공(辛亥通共)을 주도해 상업발전에 크게 이바지 하는 등 복심지신(腹心之臣)의 역할을 한다. 아울러 낭청권(郞廳權) 혁파까지 단행하여 당파를 조장하고 검은 돈을 주무르던 난맥상을 불식시키려는 과감한 정책을 군신좌사의 구급처방을 이용하여 치료한 것이다. 남인이 발의한 의제를 노론이 비판하거나 반대하면 소론이 중간에 나서 절충을 하거나 중재를 하는 중에 정조가 의도하고 있던 개혁 쪽의 손을 들어 모양새를 갖추면서 난제를 풀어가는 방식을 썼다.

영조가 다스린 52년 동안 구축된 노론의 체제는 정조가 24년을 풀어도 깨지지 않는 철옹성이었다. 하기야 조선 역대 왕의 평균수명이 49세인 점을 감안하면 52년이란 그 뿌리가 얼마나 깊은가를 미루어 짐작할 수 있을 것이다. 조선왕들이 평균 19년 2개월간 재임한데 반해, 영조는 거의 3배나 되는 기간을 다스렸으니 그 동안 고착된 권세가 얼마나 크고 깊겠는가는 누구나 쉽게 상상할 수 있는 일이다.

(3)

정조는 안 읽은 책이 없는 당대 제일의 석학이다. 성리학뿐만 아니라 불교, 도교, 서학 및 천주교에 이르기까지 장단점을 다 알고 있었다. 문체반정을 들고 나온 그의 내면에는 성리학이 뿌린 그 엄청난 폐단으로 하여금 임금을 무시하고 나라를 결단 나게 하는 작금의 풍조를 한번 확 뒤집어버리고 싶었을 것이다. 허울

좋은 성리학의 민본주의(民本主義)를 내세워 반상의 틀 속에서 자신들의 명예와 권력욕에 골몰하는 벼슬아치들이 싫었다.

유교 정치이념인 인덕(仁德)을 근본으로 삼아 임금은 천하를 다스려야 한다고 입으로는 왕도정치를 부르짖으며, 공공연하게 임금을 깎아내리고 백성을 핍박하는 가증스런 신료들이 더욱 보기 싫었다. 왕이 일생동안 매달린 학문 그 어디에서도 찾을 수 없는 논리가 세상을 지배하고 있었다. 아니, 농락당하고 있는 것이다.

문체반정이란 유교가 지향하는 원시유교로의 회향만을 꼭 고집하고자 한 것이 목적이 아니었다. 불교, 도교는 물론 그것이 서학이라도 바르면 받아들이고 바르지 못하면 버리자는 것이 정조의 참 뜻이었다. 이런 정조의 속마음은 여러 곳에서 나타난다.

정조 16년 11월 6일 부교리 이동직(李東稷)이 이가환의 학문은 대부분 이단(異端)·사설(邪說)들이고 문장이래야 순전히 패관소품(稗官小品)을 오로지 숭상할 뿐이라고 남인 즉 시파를 공격하자, 정조는 '한미한 집안의 누더기를 걸친 자들을 초야에서 뽑아 올렸는데 가환은 그 가운데 한 사람인 것이다. 그대는 가환에 대해 말하지 말라.'며 전교하기를 '비록 비답은 내렸으나 금령에 저촉되는 말이 많으니 원소(原疏)는 승정원으로 하여금 태워버리게 하라.' 하였다. 그 후 오히려 임금은 한때 벽파로 몰려 피신까지 했던 박지원(朴趾源)의 문체가 순수하고 참되지 못하다며 그 화살을 남인이 아닌 쪽으로 돌려 이가환을 보호하였다. 이는 비단 이가환만을 겨냥한 것이 아니라 왕이 총애하는 남인의 신진세력을 일거에 제압하려는 벽파의 숨은 계략을 차단하려는 뛰어난 정조의 지략인 것이다.

정조가 보경당(寶鏡堂) 사일대사(獅馹大師)에 의해 불교에 귀의하였다는 주장도 옳지 못하다. 정조는 즉위 7년이 되도록 불교를 탄압했다. 그 뿐만 아니라 원찰을 짓는 것도 거부했다. 정조는 그만큼 영특한 임금이었다. 즉위 초 기반이 취약한 그가 취할 수 있는 방편은 오직 노론의 비위를 맞추며 성리학을 숭상하는 일이었다. 살아남기 위한 수단인 것이다. 어느 정도 자신의 기반이 잡혔다는 자신

감과 더불어 나타난 것이 아버지의 천봉작업이었다. 그러면서 자연스럽게 원찰을 지을 수 있는 명분을 얻어내는 것이다. 그것은 자신의 숙원인 아버지를 추숭하고 원혼을 달래기 위하여 원찰이 필요했기 때문이다.

정조의 치세를 들여다보면 집권 초기에는 자신을 보호하는 체제와 앞으로 등용할 인재양성에 대한 문제만을 내세운다. 천년세월의 뿌리 깊은 불교문화가 400여 년의 유교이념에 완전히 소멸될 수는 없었다. 오히려 사백여 년간 내려온 유교의 이념이 불순정(不醇正)하여 쌓인 폐단이 불교를 이념으로 하던 신라·고려 말의 적폐보다 더 크다고 생각하였는지도 모른다.

그 예로 정조는 오랫동안 왕자를 보지 못하자 왕비와 함께 무학대사(無學大師)가 창건한 석왕사(釋王寺)에 만 3년간 치성을 드렸다. 석왕사에는 태조가 기증한 오백나한(五百羅漢)[49]이 모셔져 있는데 발원하면 들어준다는 것이었다. 소원이 이루어지자 오백나한의 영험이라 믿어 토지를 내리고 그 곳에 감사비(感謝碑)를 세운다. 비문을 보면 구구절절이 불타의 공덕을 극구 찬양하고 있는 것으로도 정조의 호불(好佛)이 일시적 감정의 발로가 아니라는 것이 확실하다.

정치사상이란 삼백년 이상 되면 흐르지 않는 물처럼 썩게 마련이다. 청(淸)을 통하여 서구의 신문물이 홍수처럼 쏟아져 들어오는데, 고리타분한 유교 경전에 빠져 옴짝달싹 한 발짝도 움직이지 못하고 이미 멸망한 명나라 그림자를 붙잡고 소중화주의(小中華主義)를 자처하며 잠꼬대를 하는 사이, 하루가 다르게 발전하는 청나라를 바라보며 친명반청(親明反淸)을 부르짖는 유학자들이 정조는 정말 한심했을 것이다.

성리학에 묻혀 썩어빠지는 것보다 누구나 깨달아 부처가 되는 편이 훨씬 낫다고 생각했을 것이다. 1788(정조 12)년 궁중에서 왕의 명령을 전하던 내시인 중사(中使)[50]를 순천 송광사(松廣寺)에 보내 100일의 큰 기도를 올리게 한 점으로 보아 더

49) 석가의 제자인 5백 인의 성자(聖者)이다. 나한(羅漢)은 범어(梵語) Arhan의 음역(音譯)으로서 아라한(阿羅漢)과 같다.

욱 확실해진다.

어디 그 뿐인가? 공주 마곡사(麻谷寺)에서 제봉(霽峰) 체규(體奎)가 기도를 올려 1790(정조 14)년 6월 18일, 아들(순조)을 얻게 된다. 39살에 얻은 아들이니 얼마나 기쁨이 컸으리라는 것은 상상만으로도 충분히 짐작이 된다. 이런 왕의 불심으로 보아 성리학으로 희생된 아버지의 원혼을 다시 성리학에 의해 구원받는다는 것은 생각하기도 싫었을 것이다. 왕은 아버지를 위해서라도 불교에 귀의하고 싶었을 것이다. 그래서 아버지 원찰은 승인공장(僧人工匠)의 손으로 불력(佛力)이 넘치는 당대 최고의 절을 지었을 것이다.

서학에 대한 그의 생각도 마찬가지이다. 기술이 발전하지 않고는 부국강병의 꿈을 이룰 수 없다고 생각하였다. 김홍도를 연경에 있는 천주교 남당에 보내 당시의 서양화 기법을 수용한 것도 좋은 예이지만, 화성 축조 시 정약용에게 거중기·활거(滑車) 등 서양기술을 응용하여 10년 계획을 2년 9개월 만에 완공시킨 것을 보면 왕이 추구한 문체반정의 진정한 의지를 알 수 있을 것이다.

성리학 세상에서 누구도 자유로울 수 없는 400여 년의 적체를 조금이라도 털어버리기 위하여 유불선(儒佛仙)은 물론 서학(西學)까지 아울러 좋은 점을 다 취하고 싶었던 정조의 진정한 문체반정의 숨은 뜻을 아는 사람이 과연 몇이나 있었을까?

정조는 성리학의 병폐가 촉발된 1575(선조 8)년 선묘(宣廟) 때부터 동인(東人 : 金孝元, 士林派)과 서인(西人 : 沈義謙, 勳舊派)으로 갈라지며 국가·백성·학문보다는 자파(自派)의 당리당략과 권력욕의 화신이란 걸 명백하게 알 수 있었다. 그 후 200년 동안 줄곧 찢기고 갈라지며 왕을 좌지우지하기에 이른다. 더구나 나쁜 임금을 폐하고 본디의 바른 상태를 만들기 위해 새 임금을 세워 나라를 바로잡겠다는 명분을 걸고 1623년 인조반정(仁祖反正)을 성공시킨 이후의 성리학자들은 정말 목불인견(目不忍見)이었다.

어머니를 폐하고 동생을 죽인 폐모살제(廢母殺弟), 국난위기 때 우리를 도와 준

---

50) 궁중(宮中)에서 왕의 명령을 전하던 내시(內侍)이다.

명나라를 버리고 청나라를 섬길 수 없다는 친명반청(親明反淸)의 명분을 내세워 임금도 바꿀 수 있다는 경험을 바탕으로 어느새 왕권을 얕잡아 보는 경향이 사대부들 몸속에 독버섯처럼 흐르고 있었다. 청나라의 세력은 명을 멸망시키고 하늘을 찌를 기세로 욱일승천하건만 조선을 어버이의 나라로 받들던 야만족 여진이 세운 나라에게 어떻게 고개를 숙일 수 있겠느냐는 사대부들의 논리는 현실을 외면하는 어리석음을 범할 뿐이었다. 유교를 바탕으로 한 주자학을 내세우고 있지만 넓게 는 한족(漢族)에 대한 무조건적 사대주의(事大主義)와 작게는 사대부들만이 공유하 는 권력의 독점을 침해당하거나 영역을 넓힐 의사가 조금도 없다는 것이다. 오히 려 자기들끼리도 어떡하면 더 줄일 수 있을까를 줄다리기 하고 명분이 서지 않는 일로 몰골사납도록 싸움질을 하는 것이 바로 당파싸움이라 해도 좋고, 붕당 대립 이라 하여도 좋다. 죽은 공자·맹자·주자를 붙들고 사생결단 하는 것은 학문, 이념 이 아니다. 나라가 망하건 말건 오직 자기 영역을 넓히고자 하는 더러운 욕심일 뿐이다.

흔히 조선은 대쪽 같은 선비들이 끊임없이 '상소(上疏)'를 올려 임금에게 바른 정치를 하라고 했다고 한다. 백성을 입에 달고 올리는 글이었다고 흔히 이야기 하지만 그 안을 자세히 들여다보면 개인 또는 자기집단의 이익에 관한 것이 거의 대부분이었다. 어쩌다 우국충정으로 올린 이순신 장군의 상소를 놓고는 왕명을 거역한 역적이며 대역부도니 어서 죽여야 한다며 몸살을 내던 사람들이 소위 사 대부요, 사림이 아니었던가.

백성을 위한 구체적인 대안제시도 없이 문제만 꼬집는 일은 누구나 할 수 있다. 벼슬아치나 사대부의 역할이란 어떻게 하면 외적(外敵)으로부터 나라를 지키고, 백성들의 생활을 윤택하게 하여 줄 수 없을까 노심초사하여야 한다. 그래도 해결 할 수 없는 문제에 대하여 임금에게 도와 달라고 올리는 '상소'가 되어야 한다.

크게는 성리학이라는 이념을 내세워 380년 이상을 짧게는 할바마마를 임금으 로 추대했다는 명분 하나로 52년간 집단적 이해관계로 나라를 좌지우지 해 왔기

때문에 어느 누구도 손을 댈 수 없게 된 것이다. 아무리 왕조시대라 하지만 1,000 명 정도의 사대부가 단합하면 나라가 흔들렸으니 그들의 전횡은 눈으로 보지 않 아도 알만 하였다.

하물며 장구한 세월 속에 중국을 천하의 중심으로 알고 유학만을 이념으로 삼 아온 문화 속에서 성장한 지식인은 지식인이라기보다 이미 유교에 함몰된 광신 도들이이었다. 이들이 사대부요 벼슬아치들인 것이다. 정조는 이미 이 사실을 간 파하고 있었다. 이들은 급진적인 변화를 모색하려는 정조를 보며 완강한 거부와 아울러 두려움을 갖고 적대시하였다는 것은 불문가지이다. 그러나 정조는 이들 을 뜯어 고치는 일이 시급했다. 심지어 국가나 백성은 안중에도 없고 '이대로'라 는 구호아래 영원한 노론의 세계만을 고집하였기 때문이다 .

정조는 문체반정을 내세워 성리학에 천착하여 서로 싸우는 것이 나라를 위하 는 일이 아니라 파벌의 이해관계에 매달려 있다는 사실을 아주 잘 알고 있었다. 다시 돌아갈 수 없는 길을 문체반정운동으로 역이용하려 한 것이다.

채제공·정약용·이승훈·이가환 등이 서학을 하는 줄 몰라서 남인을 감싼 것이 아니다. 어느 학문이건 좋은 점과 나쁜 점이 있다는 사실을 어느 누구보다 독서 를 통하여 확실히 터득한 정조는, 장점을 이용하여 약화된 왕권을 회복하고 착취 하는 벼슬아치들의 목줄을 죄어 백성의 숨통을 터보고자 발버둥질을 한 것이다.

그런 반동으로 서얼의 등용, 승려들의 참여, 중인에 대한 배려 등이 결국에는 민본주의로 가고자하는 징검다리 구실이었다. 서양의 앞선 과학을 이용하여 화 성성역의 공기 단축을 하면서 지금까지 유교에 젖어 발전은커녕 제자리걸음도 못하고 오히려 뒷걸음을 치며 티격태격하다 넘어지고 자빠져 생긴 상처투성이의 학문으로는 어떤 타개책도 기대할 수 없기 때문이다. 천주님이면 어떻고 석가모 니면 어떠냐는 것이 정조의 생각임이 틀림없다.

아무리 수많은 유교경전이나 중국고전을 읽어봐도 『고금도서집성(古今圖書集 成)』속에 포함되어 있는 『원서기기도설(遠西奇器圖說)』만한 기술서가 없기 때문에

정약용에게 주어 새로운 기기를 만들도록 한 것이다. 용주사를 지으면서도 당대의 제일가는 기술자는 승려들이라는 사실을 정확히 파악한 사람은 정조였다. 사일의 발탁은 그냥 발탁이 아니다. 연경에 있는 천주교 남당을 직접 둘러보게 한 다음 용주사의 「부모은중경판」의 변상도와 병풍, 대웅전 탱화제작이나 「원행을 묘정리의궤」의 반차도 등을 그리기 위해 김홍도·이명기를 청에 보낸 것은 정조가 서구적인 문화까지 받아들여 불교적 세계를 겉으로 들어나지 않게 슬며시 포용한 좋은 예다. 성리학의 나라에서 문체반정을 통하여 얻은 것이라고는 노론이 그토록 경원하는 남인의 발탁과 승려들의 활발한 사회 참여, 그리고 북학(北學)의 무대를 만든 것이다. 거기에다 한발 더 나가 성리학이 추구하는 것과는 정반대인 관서인·서얼·평민을 등용한 정조의 과단성에 의한 인본주의의 위대성을 간과해서는 안 된다. 아울러 송석원시사(松石園詩社)에서 알 수 있듯 여항문학(閭巷文學)이 만개하여 사대부만의 전유물인 시·서·화(詩書畵) 등이 큰 물줄기를 이루었다는 사실이다.

정조의 문체반정운동은 노론의 숨통을 조여 버리는 기막힌 역발상이다.

한마디로 정조는 부정학(扶正學)의 신봉자다. 성리학이 옳다면 저절로 돌아올 것이고 옳지 않다면 변화와 변혁이 올 수밖에 없다는 필연을 강조한 것이 문체반정의 골자이기 때문이다. 군신좌사의 시행도 가만히 들여다보면 부정학(扶正學)과 일맥상통한다는 것을 알 수 있을 것이다.

망해버린 명나라의 뒤를 이어 조선중화사상(朝鮮中和思想)을 이룩하였다는 허상 같은 자부심에 빠져 있을 때 여진족이 세운 청(淸)나라는 눈부시게 발전하며 한족(漢族)을 지배하였고 일본도 해외 문물을 받아들여 변화의 길을 빠르게 모색하고 있었다.

영·정조 시대를 조선의 르네상스라고 부르는 학자들이 아직도 우리주위에는 수두룩하다. 이들 역시 주자성리학을 이어가려는 사대부 근성을 버리지 못한 철없는 보수주의자들이다. 좀 더 구체적으로 말하면 아직도 나라를 망친 노론의 발

꿈치를 놓지 못하고 있는 참으로 어리석은 사람들이다.

왜냐하면 진경시대(眞景時代)니 북학파(北學派)니 하는 동안 조선이 청(淸)·일본(日本)과 비교하여 얼마나 많이 낙후되었는지 곰곰이 따져봐야 한다. 파벌 싸움의 후유증이 치러야 할 엄청난 대가가 어떤 것인지 역사를 통해 그렇게 배웠으면서도 지금까지 정치판·학계·언론계·관료 등 지역·학연·혈연 심지여 직업별로 세분화 되어 나라야 망하건 말건 제몫 찾기에 혈안이다.

양반의 문화는 숭상되어야 하고 사대부들이 쓰던 문방사우(文房四友)는 비싸야 한다는 논리는 현재 진행형이다. 그래서 서권기(書卷氣)와 문자향(文字香)이 흐르는 추사(秋史) 김정희(金正喜)의 글씨는 아무리 못 썼어도 무식한 오원(吾園) 장승업(張承業)의 그림보다 비싸야 한다는 것이 정통 지식인들의 공통된 견해다.

만약 정조가 세종처럼 안정된 바탕 위에서 정치를 소신껏 펼 수 있었다면 조선은 한층 개혁되었을 것이다. 보수의 틀을 깨는 것은 그때나 지금이나 아무리 세월이 흘러도 여전히 다를 바가 없는가 보다.

정조는 지식인이나 벼슬아치들이 얼마나 자기 중심주의적인 주장만 일삼는가를 아주 어린 세손시절부터 뼈저리게 경험했기 때문에 진보적인 발걸음을 제대로 뗄 수 없는 덫에 걸려 발버둥친 비운의 왕이다.

그나마 정조 같은 현철한 군주가 있었기에 그나마 진경시대라는 말로 위안을 삼을 수 있어 천행이다.

4. 현릉원顯隆園 천봉遷奉

(1)

영조는 재위 52(1776)년 만인 3월 5일, 83살을 일기로 경희궁(慶熙宮) 집경당(集慶堂)에서 승하하였다.

5일 뒤 정조는 숭정문(崇政門)에서 즉위하여 교문을 반포하고 대행대왕[51]의 시호(諡號)·묘호(廟號)·전호(殿號)·능호(陵號)를 올렸다.

이어 감군(監軍)[52]의 순점(巡點)을 공제(公除)[53] 때까지 잉번(仍番)하라고 명하였다. 그리고 상여가 나갈 때까지 왕의 관을 모시는 전각인 빈전(殯殿) 문밖에서 대신들을 소견하였다. 이어 윤음을 내리기를 '아! 과인(寡人)은 사도세자(思悼世子)의 아들이다. 선왕(先王)이 종통(宗統)을 중히 여겨 나에게 효장세자(孝章世子)의 뒤를 잇도록 명하셨는데, 예(禮)란 엄하지 않으면 안 되지만 정(情)도 풀 것은 풀어야 하는 법이다.

제사 모시는 절차는 당연히 자식의 신분에 맞춰 모시는 예를 따라야 할 것이나 태묘(太廟)의 그것과 같아서는 안 되고, 혜경궁(惠慶宮)도 경외의 공헌(貢獻)이 있

---

51) 왕이 죽은 후 아직 시호(諡號)를 정하기 전에 부르는 호칭이다.

52) 밤중에 도성(都城) 안팎을 돌면서 군사의 순찰을 검독(檢督)하던 임시 벼슬이다. 날마다 병조(兵曹)에서 병조와 도총부(都摠府)의 낭청(郎廳)과 모든 선전관(宣傳官)의 이름을 써서 임금께 올리고 낙점(落點) 받은 두 사람은 신시(申時 : 오후 3~5시 사이)에 대궐 안에 들어가서 감군패(監軍牌)를 받아 가지고 각기 맡은 구역을 순검(巡檢)하였다.

53) 임금이나 왕비(王妃)가 죽은 뒤 일반(一般) 공무를 중지(中止)하고 26일 동안 조의를 나타내던 일을 말한다.

어야 당연하나 대비(大妃)와 같을 수는 없는 것이다. 불순한 무리들이 만약 그것을 빙자하여 추숭(追崇)에 관한 논의를 꺼낸다면 여기 선왕의 유교(遺敎)가 있음으로 마땅히 거기에 해당한 법으로 논하여 선왕 영령께 고할 것이다.'라고 하였다.

즉위하자 먼저 선왕비(先王妃) 정순왕후(貞純王后)는 왕대비(王大妃)로 삼고 어머니 혜빈(惠嬪)은 혜경궁(惠慶宮)으로 높였다. 정조는 '혜(惠)자는 곧 선왕께서 내리신 칭호로써, 단지 빈(嬪)자만 고쳐야 한다.'라고 말하였다.

13일에는 홍국영(洪國榮)을 특별히 발탁하여 승정원(承政院) 동부승지(同副承旨)로 삼았다.

19일에는 왕위에 오르지 못하고 돌아가신 양아버지인 효장세자(孝章世子)를 진종대왕(眞宗大王 : 1719~1728)이라 추봉하고 묘는 영릉(永陵)이라 했다. 그런 연후 아버지 사도세자의 존호를 장헌세자(莊獻世子 : 고종 3년 莊祖)로 올리고, 사당을 세워 경모궁(景慕宮)이라 했다. 또한 수은묘(垂恩墓)를 영우원(永祐園)으로 높였다가 1783(정조 7)년에 다시 '수덕돈경(綏德敦慶)'이라는 존호를 추상하였다.

그러고도 모자라 아버지에 대한 의전(儀典)을 모아 『경모궁의궤(景慕宮儀軌)』를 편찬하였으며 이듬해 '홍인경지(弘仁景祉)'라는 존호를 다시 올렸다.

정조는 불과 10살에 세상을 떠난 효장세자를 진종으로 추존하면서, 14년 동안이나 대리청정을 한 아버지 장헌세자를 왕으로 추존하지 못하고 기껏 존호만을 추상하는 한(恨)과 안타까움이 마음속 깊이 자리 잡고 있었다. 11세 때 아버지의 참혹한 죽음을 목격했던 왕은 아버지에 대한 절절한 사모의 정을 한시도 잊어본 적도 또 잊을 수도 없었다.

세손 시절, 아버지가 돌아가신 후 11년이 지난 1774(영조 50)년에야 할바마마와 함께 비로소 수은묘를 처음으로 찾아뵈었다. 2년 후 할바마마의 명으로 다시 참배하였으니 할아버지 생전에 두 번 전배한 것이다.

1786(정조 10)년, 화평옹주(和平翁主)의 남편이자 고모부인 금성위(錦城尉) 박명원(朴明源)과 지관(地官) 차학모(車學模)를 대동하고 영우원에 들러 묘역 안을 자세히

살펴보도록 했다.

왕은 즉위하면서부터 아버지 묘소가 협소하고 여러 가지 입지조건이 좋지 않아 이장할 것을 늘 고심해온 터였다. 그러나 자신의 입지가 확실하지 않다고 생각하여 기회를 기다리고 있었다. 원소(園所)를 옮기는 일은 말처럼 그리 단순하지 않기 때문이다. 능(陵)과 같은 규모로 치상을 하는 데는 동원 인원만 무려 1만 여 명에 달하는 대 역사이기 때문이다.

경비도 문제이려니와 아버지 묘를 천봉하는 것에 따른 민심이 가장 걱정이었다. 신료와 백성들로부터 불평불만이 일어나지 않도록 세심한 부분까지 마음을 쓰며 내밀한 준비를 해야 했다. 그 중에서도 특히 노론세력이 어느 정도 수그러져야 가능한 일이었다.

왕이 되고 12년이 지난 1788년 1월에 되어서야 그토록 염원하던 노론(老論)·소론(少論)·남인(南人)의 삼상 연립정권(三相聯立政權)이 출범하자 비로소 정국은 안정을 찾기에 이른다. 정조는 확실한 자신감을 얻은 후에야 비로소 그간 조용히 진행해온 아버님 원소(園所)를 옮기기로 결단을 내린 것이다.

왕실의 능원(陵園)을 옮기려면 그 해의 운수인 연운(年運), 묏자리의 좋고 나쁨에서 생긴다는 산운(山運), 본래 인간의 의지와 관계없이 초인간적인 위력에 의하여 지배된다고 생각되는 신상에 닥칠지도 모르는 길흉화복(吉凶禍福)의 본명운(本命運) 등을 고려하여 때와 장소를 택하여 이장하는 것이 일반적인 예다.

정조 13(1789)년은 기유(己酉)년으로 아버지를 이장하기에 최상길년(最上吉年)이라는 사실을 이미 알고 있던 왕은, 은밀히 지관들을 여러 곳에 파견하여 좋은 곳을 찾아보도록 지시한 바 있었다.

왕의 마음을 잘 헤아린 박명원은 그해 7월 11일, 상소를 올려 양주 중량포(中梁浦) 배봉산(拜峰山)의 영우원은 묘역이 매우 협소할 뿐 아니라 초라하기 그지없어 하루속히 천봉하지 않으면 안 된다는 주청을 한다.

정조는 마치 기다리고 있었다는 듯, 같은 날 규장각 신하에게 명하여 강화의

외규장각(外奎章閣)에 가서 영릉(寧陵)과 장릉(長陵)을 옮겨 모실 때의 의궤(儀軌)를 가져오게 한 것으로 보아 천봉에 대한 결심이 굳어진 것을 알 수 있다. 그리고 규모에 따르는 인원, 물자 등 재정적 문제를 심도 있게 포괄적으로 구상했을 것이다.

영릉(寧陵)은 처음 건원릉(健元陵) 서쪽 산등성이에 썼다가 1673(현종 14)년 석물(石物)에 틈이 생겨 빗물이 스며들 수 있다고 하여 여주의 현재 위치로 옮겼다. 좌우가 아닌 상·하봉(上·下封) 형식의 쌍릉(雙陵)인데 앞에는 효종(孝宗), 뒤에는 인선왕후(仁宣王后)의 능이다.

장릉(長陵)은 처음 산후병으로 죽은 인열왕후(仁烈王后)를 파주의 북쪽 운천리(雲泉里)에 장사지낼 때 그 오른편에 미리 자신의 수릉(壽陵)[54]을 마련했었다. 그 후 인조(仁祖)가 죽자 그곳에 장사지냈는데 뱀, 전갈 같은 파충류와 절지동물이 석물 틈에 집을 짓는다고 1731(영조7)년 현재의 위치로 옮겼다.

이렇게 효종과 인조의 능을 옮길 때의 상황을 참고하기 위하여 정조는 강화의 외규장각(外奎章閣)으로 각신(閣臣)을 보내 의궤를 가져왔던 것이다.

한편으로 정조는 즉시 영우원의 천장문제를 공론화시켰다. 상소를 받은 당일 2품 이상의 대신들을 창덕궁 희정당(熙政堂)에 모아놓고 박명원의 상소를 읽도록 했다. 임금께서 울음을 삼키며 한동안 말을 잇지 못하니 대신들 중 어느 한 사람 감히 입을 열어 천봉을 반대하지 못했다.

왕은 처음부터 능 터를 미리 살펴 '오직 수원(水原) 읍내에 봉표(封標)해 둔 세 곳 중에서 관가(官家) 뒤에 있는 한 곳만이 전인(前人)들의 명확하고 적실한 증언이 많았을 뿐더러 옥룡자(玉龍子 : 도선)가 이른바 반룡 농주(盤龍弄珠)의 형국이라 하였다. 그리고 연운·산운·본인의 명운이 꼭 들어맞지 않음이 없으니, 내가 하늘의 뜻이라고 한 것이 바로 이를 이름이다. 나라 안에 능이나 원(園)으로 쓰기 위해 봉표해 둔 것 중에서 세 곳이 가장 길지(吉地)라는 설이 예로부터 있어 왔는데,

---

54) 임금이 죽기 전에 미리 만들어 두는 임금의 무덤이다.

한 곳은 홍제동(弘濟洞)으로 바로 지금의 영릉(寧陵)이 그것이고, 한 곳은 건원릉(健元陵) 오른쪽 등성이로 바로 지금의 원릉(元陵)이 그것이고, 한 곳은 수원읍(水原邑)에 있는 것이 그것이다.'에서 알 수 있듯 정조는 예로부터 3대 길지로 꼽혀온 수원도호부 읍치인 용복면(龍伏面) 화산(花山)을 정해 놓고 있었다.

왜냐하면 대신들 앞에서, '내가 수원(水原)에 뜻을 둔 것이 이미 오래여서 널리 상고하고 자세히 살핀 것이 몇 년인지 모른다.'라는 대목에 이르면 짜인 각본이 있었다는 사실이다.

이와 같이 정조는 여러 가지 생각을 정리한 끝에 화산으로 옮기기로 오래전에 이미 마음을 굳힌 상태였다. 아마 그 이유로는,

첫째, 아버지가 비참하게 최후를 마친 한양을 멀리 떠나고 싶었을 것이다.

둘째, 이미 자리 잡고 있는 선대왕들과 함께 자리하고 싶지 않았을 것이다.

셋째, 아버지만의 자유로운 공간과 원혼을 위로해드릴 원찰(願刹)이 필요했을 것이다.

1481(성종 12)년에 『동국여지승람』을 편찬하였는데 그 후 1520(중종 20)년에 새롭게 보완하여 『신증동국여지승람(新增東國輿地勝覽)』을 완성한 조선의 지리서에도 수원부 읍치는 '국릉치표(國陵置表)'라 하여 관리하고 있었다.

효종이 죽은 후 윤강(尹絳), 윤선도(尹善道) 등의 조정신료와 홍여박(洪汝博) 같은 술가(術家)들은 한결같이 '반룡농주(盤龍弄珠)'의 형국이라 하여 마치 '용이 누워 입으로 여의주를 가지고 노는 형국'이라며 이곳을 최고의 길지(吉地)라고 주장한 바 있었다. 어느 때인가 국릉(國陵)으로 쓸 땅이었다. 다만 아직 주인을 찾지 못하고 있었을 뿐이다.

거기다 화산을 에워싸고 있는 800여 개의 연봉(連峰)이 마치 연꽃 형상이며 현릉원(顯隆園) 자리는 화심(花心)에 해당되는 명당이라는 것이다. 그래서 이름마저 꽃 뫼인 화산(花山)이다. 화산(花山)의 옛 이름이 '황제가 이루어진다.'라는 뜻의 성황산(成皇山)이라는 점도 마음에 쏙 들었다. 이곳으로 원소를 옮긴 후 사도세자는

황제가 되었으니 옛 산의 음덕이 아니고 무엇이랴. 옛 지명이라 하여 그저 무심히 넘겨버릴 수 없는 까닭이다. 이름 하나하나에 앞일을 예견한 우리 선조들의 탁견에 저절로 고개가 숙여진다.

원래 화산은 효종(孝宗)의 능으로 추천한 전례가 있던 곳인데다 사도세자는 어릴 때부터 꼭 효종을 빼어 닮았다는 소리를 듣고 자랐다. 그런 이유로 평소에 효종을 흠모하던 사도세자는 1760(영조 36)년 7월 20일, 온양으로 온천욕을 하러 가는 길에 직접 화산에 올라 살펴본 인연이 있는 곳이기도 하다. 왕은 29년 전 아버지의 화산 방문이 우연히 아니라는 생각에까지 이르자 더욱 서두를 수밖에 없었다. 그래서 당일 천봉을 주관할 천원도감(遷園都監)과 원소도감(園所都監)을 설치하고 영의정 김익(金熤)을 호상소(護喪所)에서 초상[移葬]치르는 데에 온갖 일을 주관하여 맡아보는 임시벼슬인 총호사(摠護使)의 도제조(都提調)로 삼았다. 그 밖에 서유린(徐有隣), 이재간(李在簡), 정창순(鄭昌順)을 천원도감 제조(提調)로, 정민시(鄭民始), 김이소(金履素), 이문원(李文源)을 원소도감 제조로 임명하여 천봉을 추진토록 하였다.

정조는 즉위하며 사도세자의 아들임을 당당히 밝히고도 13년을 기다렸다. 왕이면 모든 것을 바로 처리할 수 있을 것으로 알았다. 그러나 조선은 왕의 나라도 백성의 나라도 아닌 노론의 나라였다. 아버지의 원소를 옮기는 데 무려 13년을 에돌아 와야 했다. 정조는 참고 기다림의 달인(達人)이었다. 분위기가 적당히 무르익어야 비로소 입을 여는 지혜로운 군주였다.

7월 13일에는 영의정 김익, 좌의정 이성원(李性源), 우의정 채제공 등이 화산에 내려가 묏자리를 미리 잡아 표점(標點)을 살펴보았다. 그런 다음 원소가 들어설 장소는 정북(正北)에서 약간 동쪽인 계방(癸方)을 등지고 정남에서 약간 서쪽인 정방(丁方)을 바라보는 계좌정향(癸坐丁向)으로 모시는 것이 좋겠다는 장계(狀啓)를 올려 허락을 받았다. 하지만 문제가 있었다. 원소를 옮겨야 할 수원 화산은 수원부의 진산(鎭山)[55]인 관계로 천봉을 하려면 화산 기슭 용복면(龍伏面)에 위치한 수

원부(水原府)를 이전하여야 했다. 왕은 천봉과 수원부 읍치 이전에 따른 부민(府民)들의 여러 가지 불편함과 고충을 해소하고 민심의 동향을 고려하여 대비책을 직접 하교하였다. 한편 경기관찰사 서유방(徐有防), 수원부사 조심태(趙心泰)를 7월 11일 임명하여 이읍(移邑)은 물론 산릉을 옮겨 모시는 천릉(遷陵)에 따른 행정과 사무를 관장하게 했다.

4일 뒤인 7월 15일, 천봉이 결정되자 화산 기슭에 있는 구읍치(舊邑治)를 팔달산 기슭의 신기리(新機里) 일대로 정하고 신읍치(新邑治)를 옮겨 새로 짓도록 하였다. 신임부사 조심태는 '팔달산(八達山) 아래의 땅이 국세(局勢)가 크게 트여 가히 큰 고을을 조성하는데 마땅한 곳'이라며 서면으로 임금에게 보고한 후였다.

왕은 이미 7월 11일, 아버지의 원소 천봉작업을 시작하기에 앞서 양주 배봉산(拜峰山)에서 수원 용복면(龍伏面) 화산(花山)에 이르는 거리가 백리(百里)를 넘는데다, 읍치를 새로 옮기는 데 따른 구읍민의 민생대책에 불편함이 없도록 특별히 지시하였다. 아울러 원소 이장에 따른 구읍치 이주민들이 이사를 하면서 겪어야 할 고통과 번거로움을 생각하였다. 그래서 먼저 읍민들이 자리 잡고 살만한 곳을 미리 살펴 정한 후, 아무 근심, 걱정 없이 이전보다 더 편안하게 살 수 있도록 하는 구체적인 민생대책을 강구한 다음에야 읍치 이전을 실행에 옮기도록 하교한 것이다.

> 상이 승지에게 명하여 수원산론(水原山論)을 읽게 하니, 연신(筵臣) 모두가 아뢰기를, '옛사람의 논한 바가 이미 이와 같은데 지금에 와서 어찌 다른 말이 있겠습니까.' 하니,
> 상이 이르기를, '기해년(1659)에 봉표해 둔 곳이 바로 이른바 유두(乳頭)로서, 아래쪽의 낮은 곳에 비하면 너무 올라오고 드러나는 혐의가 없지 않으니, 오직 달무리처럼 둥글게 평탄한 곳이 바로 진정한 복룡 길지(福龍吉地)이다. 현재의 급선무는 구읍의

55) 도읍지나 각 고을에서 그곳을 진호(鎭護)하는 주산(主山)으로 정하여 제사하던 산을 말한다. 우리나라에서는 오진(五鎭)이라 하여 다섯 진산을 두었는데 백악산(白嶽山)을 중심으로 동의 오대산(五臺山), 서의 구월산(九月山), 남의 속리산(俗離山), 북의 장백산(長白山)을 가리킨다.

백성들을 안심시키는 일이고, 다음에 읍을 옮길 계획을 세워야 한다. 인정(人情)이 안정된 다음에야 지리 또한 길할 것이다.'

이어 7월 15일에도 다음과 같은 전교를 내렸다.

'본부의 한 지방에 원소(園所)를 쓰기로 정한 뒤에 다수의 민가가 철거되었기 때문에 백성을 위한 근심이 밤낮으로 풀리지 않는다. 대개 민심이 기뻐한 뒤에야 내 마음이 다소나마 풀릴 수 있을 것이다.'

두 번씩 내린 임금의 명령에서 알 수 있듯, 정조는 천봉에 따른 수원부민의 불편도 불편이지만, 신읍치 이전과 함께 이사를 해야 하는 구 읍민으로 하여금 아무 탈 없이 편안하게 안주하여 즐겁게 생업에 종사하도록 하려는 뜻에서 민심의 동향에 대해 세심한 배려를 한 것이다.

이때를 전후로 정조는 신읍치 이전에 따른 부내(府內)의 새로운 관아와 민가를 건설하고, 도시기반시설을 영건(營建)하기 전에 민생문제를 원활히 추진하기 위하여 특별히 몇 가지의 행정적인 읍민대책을 강구하도록 하교(下敎)하였다.

첫째, 구 읍민들이 다른 지역으로 옮기는 비용으로, 종래의 군포(軍布)를 2필에서 1필로 줄이는 대신, 균역청(均役廳)[56]의 돈 10만 냥을 수원부에 내려 백성과 곡식을 옮기는 비용에 보태 쓰도록 할 것.

둘째, 수원부와 맞닿은 광주부(廣州府)의 일용면(日用面)과 송동면(松洞面)을 수원부에 이속(移屬)시키도록 할 것.

셋째, 수원부에 구금(拘禁)되어 있는 모든 죄수들은 죄의 무겁고 가벼움을 가리지 말고 모두 특사 귀환토록 하는 특례를 각 유배지의 수령·방백에게 하명(下命)하고, 이런 뜻을 민간에 널리 알려 깨닫도록 일러주게 할 것.

넷째, 원소 부근의 면리(面里)와 신 읍치로 이주하는 민인(民人)들에게 10년 동안 과세(課稅)를 하지 않는 특전과 이사하여 옮겨 거주하는 민인에게 500결의 부

---

56) 영조 26(1750)년 백성의 부담을 줄여주려고 만든 법으로 종전의 양포세(良布稅)를 반으로 줄이고, 그 부족액은 어업세(漁業稅)·염세(鹽稅)·선박세(船舶稅) 등으로 보충하도록 균역법을 정하여 실시하는데 따른 여러 가지 사무를 맡아보던 관아이다.

담을 면제해 주고, 가난한 백성에게 춘궁기(春窮期)에 꾸어주었다가 가을에 받아
들이는 곡식과 군사의 양식으로 내는 세금인 신환향(新還餉)을 탕감해 주었다. 또
한 수원부의 각 면리 민인들에게는 1년 간 조세나 부역의 국가적 부담을 면제하
여 주고 구환향(舊還餉) 가운데 가장 오래된 환곡 3년 조를 탕감해 줄 것.

   이와 같은 일련의 조치로 원소의 산역(山役)이 시작된 1789(정조 13)년 7월 하순부
터 구읍치의 관아와 민가 철거·묘소 이장작업을 모두 순조롭게 끝낼 수 있었다.

   현릉원 역사와 왕의 능행에 대비하여 신 읍치에 수원행궁·향교를 비롯한 과
천·시흥에도 행궁을 설치하였다. 사근평(沙斤坪, 肆覲坪)에 창사(倉舍), 안양참(安養
站)에 발사(撥舍), 노량진에 진정(鎭亭), 독진에는 부교(浮橋)를 각각 설치했으며 도
로 보수와 교량을 놓는 작업도 서둘러 진행시켰다.

   당시 사도세자를 이장할 구읍치인 용복면의 『호구총수(戶口摠數)』기록에 의하
면, 가구 221호, 인구 676명으로 나타나 있다. 1793(정조17)년 이후에 간행된 것으
로 보이는 연대 미상인 『수원부읍지』기록에 가구 221호, 남자 348명, 여자 329명
으로 되어있는 점으로 보아 차이가 없다.

   1789(정조 13)년 7월 12일부터 1791(정조 15)년 1월 14일까지 이읍(移邑) 전후 기간
동안 수원부에 내린 전령(傳令)에 따라 당시 수원부에서 보고한 내용을 연월일 순
으로 적어놓은 1825(순조 25)년의 『수원하지초록(水原下旨抄錄)』이 있다. 시대적인
차이는 있으나, 작자미상의 이 기록을 보면 보다 구체적이고 정확한데 당시 구읍
이주민 가구는 244호로 23가구가 많다.

   그런데 왕은 7월 17일, 구읍 이주민호들이 겪어야 할 고통과 번거로움을 생각
하여,

   첫째, 이주민호 244호의 가주(家主)·역(役)·성명 및 칸수를 조사하여 문서에 관
인을 찍을 것.

   둘째, 구 읍민 이주비용으로 임금이 개인적으로 사사로이 쓰기 위해 비축한 내
탕고전(內帑庫錢)[57] 1만 냥 가운데에서 각 민호에게 우선 가격을 쳐 주되, 원소 자

리를 미리 정하여 흙을 파고 묘의 혈맥을 표시하는 봉표혈(封標穴) 자리의 민호 20호에게는 본값 이외에 50냥을 더 지급토록 하였다. 그리고 떠날 수 없다고 늘어져 피곤하게 구는 오늘날의 시위운동원과 같은 나머지 호(戶)에게는 본값의 24배를 나누어 주되, 본값은 다른 곳의 주민보다 특별히 우대해 지급해 주도록 배려했다.

이러한 특혜조처를 실천하기 위하여 7월 19일 이주민호를 객사 앞뜰에 불러 모아놓고, 각 호마다 집과 전답에 대한 보상으로 본값 외에 가격을 더하여 나누어 주었다. 이러한 왕의 특별배려에 구 읍치 주민 대부분은 뛸 듯이 기뻐하면서 크게 감읍(感泣)하였다고 한다.

이날 신 읍치로 이사하는 구 읍민 244호에게는 신읍에서 지을 집의 비용으로 1,789칸 반의 원가 3,457냥 외에 정한 금액보다 더 준 돈 4,112냥을 합해 7,569냥을 나누어 주었다.

이렇게 지급한 가격은 가사비용을 계산한 것으로, 다시 7월 24일에는 원소를 정하여 표시한 부분 내 주민들의 집터와 전답을 다른 물품으로 받을 경우에 값을 견주어, 그 받을 물품의 수량을 정하기로 하였다. 두수(斗數)·부수(負數), 그리고 전답주의 성명을 조사 기록하니, 그 내용은 다음과 같다.

◆ 곡식을 갈지 않고 오래 내버려 두어 거칠어진 묵은 밭인 진전(陳田) : 53부 7속
◆ 각 지방 관아에 둔 둔전으로 본래는 군자(軍資)에 보충하려고 두었던 것이나 실지는 지방관아의 일반 경비에 충당했으며, 심지어는 개인 수입처럼 쓰기도 했던 관둔전(官屯田) : 33부 6속
◆ 집 터전과 그에 딸린 원림(園林) 및 전토(田土)인 가대전(家垈田) : 1결(結)[58] 33

---

57) 조선시대 임금의 사사재물(私事財物)을 보관하던 곳간이다. 왕실의 재물인 금·은·비단·포목 등 사유재산을 관리하는 어고(御庫)로서 천재지변 등 각종 재해와 기근이 있을 때 그 재물로 백성을 구제·구휼하였고, 관리에 대한 포상에도 사용하는 등 다양한 용도로 쓰였다. 내탕고의 재물은 왕실의 사사로운 용도를 비롯하여 임금의 권위를 유지하는 재원의 역할로 요즈음의 개인용 비자금과 비슷하다.

부 5전(기타 값은 집값에 들어감)

◆ 농사짓는 땅인 기전(起田) : 4결 79부 9속
◆ 봄보리인 춘모(春牟) : 1,192두 7승
◆ 주인 없이 버려진 땅을 개간하여 전답으로 이용하는 것을 관청에서 땅 소
  유주로 인정하는 증명서를 발급하고 받아들이는 낙지가전(落只價錢) : 1,790
  냥 8전
◆ 토지를 개간하여 논으로 만든 기답(起畓) : 1결 80부 8속
◆ 벼로 조세를 납부하는 정조(正租) : 117두 8승
◆ 낙지가전(落只價錢) : 1,447냥 5전

이상과 같이 값을 지급하는 것은 능침이 자리한 구 읍치 주민 집터와 논, 밭
등에 대하여 우선 지급하는 보상을 얼마로 하여야 할 것인가를 시행하기 위한 읍
민보상대책의 일환으로 이루어진 것이다.

당시 구읍 천봉지(遷封地) 주위에는 읍치 건물인 관가 소유의 공해(公廨)를 위시
하여 향교·민가·전답 외에도 전 현감 이관진(李寬鎭)과 그 윗대의 산소들이 흩어
져 있었으며, 이에 대한 토지 수용으로 인한 응분의 보상이 이루어졌다.

한편 당시 자료를 토대로 구읍에 살던 주민의 집주인·성명·직무상 역할 및 신
분·가사의 규모를 살펴보면 돈을 지급한 이주민호의 가사규모는 안양성(安陽城)
을 비롯한 13명이 2칸 반에서 6칸이다. 이익제(李益濟), 안사흠(安思欽)이 8칸·안윤
즙(安允楫), 홍윤우(洪允祐)는 11칸·김양직(金養直)은 15칸·홍윤주(洪允舟)는 18칸·안
숙(安塾)이 19칸으로 작은집에서 제법 큰집까지 섞여있었다.

8월 3일에는 시신을 안장하기 위한 묘를 만드는데, 구 읍민이 살던 인가를 헐
어 없애는 작업을 봉표혈(封標穴) 주변뿐 아니라 원소의 산불 예방을 위한 물길을

58) 논밭 넓이의 단위로 세금을 계산할 때 썼다. 1결은 1동의 열 배로, 그 넓이는 시대에 따라
  달랐다. 농지의 수확고를 기준으로 한 토지면적 단위로 소가 4일간 갈 수 있는 면적이라
  추정할 뿐이다. 4,800~5,000평으로 될 것으로 보이나 1결의 명확한 면적은 현재 알 수 없다.

해자(垓子)59) 밖에 있는 화소(火巢)60)까지 확대시켰다. 능침의 화소 안에 민가도 사람의 접근을 막아 살지 못하게 하는 예에 따라 신읍으로 옮기도록 했다.

구 읍치에 살던 주민들에게 아주 후한 배상을 하여 고향을 떠나는 아쉬움이나 슬픔보다는 미래에 대한 무지개빛 청사진으로 오히려 기쁨에 들떠있었다고 한다. 왕은 아버지를 천봉하면서 이주민의 민원이나 원성을 사기보다는 오히려 칭송과 아울러 지극한 효도에 대한 존경을 한 몸에 받으며 일할 수 있었다. 그것이 평소 정조가 바라던 일이며 마음에 품고 있던 뜻이기 때문이다.

8월 9일(壬戌), 제신들이 회의를 하여 새로운 원[新園]의 이름을 현륭(顯隆)이라고 정하였다. 현(顯)은 『서경(書經)』 '주서(周書)' 군아(君牙)에 '오호라, 크게 밝도다. 문왕의 꾀하심이여, 크게 받들었도다. 무왕의 공적이여, 우리의 뒷사람을 깨우치고 도와서 모두 일그러짐 없이 바르게 해주셨다.(嗚呼, 丕顯哉, 文王謨, 武王烈, 啓佑我後人, 咸以正罔缺)'라 하였으며, 『시경(詩經)』 "대아(大雅)" 사제(思齊)에 '그윽한 곳에서도 보는 듯 삼가시며, 간하는 이 없어도 도(道)에 드셨네.(不顯亦臨, 無射亦保)'라 하였고, 『두시(杜詩)』에는 '이처럼 고생하신 쓴 뜻을 가지고, 낳아주시고 길러주신 드러난 수고로움에 보답하기 바란다.(庶以勤苦志 報玆劬勞顯)'라 하였다. 융(隆)은 '융숭하게 갚는다.'는 뜻이다. 『설문(說文)』에 '풍성하고 큰 것을 말한다. 물건의 가운데가 높다랗고도 성대한 것을 뜻한다.(豐大也, 物之中高, 又盛也.)'라 하였고, 『당서(唐書)』에는 '음악을 만들고 예법을 제정하여 백성으로 하여금 덕(德)을 앞에 함이 융(隆)이다.(作樂制禮, 使民知德隆.)'라고 한 데서 상의하여 정했다고 기록되어 있다.

원통한 일을 풀어드리기 위한 호(號)가 정해지자 현륭원에 넣을 죽은 사람의 이름, 나고 죽은 날과 행적, 무덤이 있는 곳과 좌향 등을 적은 글 즉, 지문(誌文)이

59) 능(陵)·원(園)·묘(墓) 등의 경계 또는 성(城) 밖을 둘러 파서 못으로 만든 곳으로, 굴강(掘江)·외호(外濠)·성호(城濠) 등 여러 가지 이름이 있다. 수원 성곽(水原城郭)·공주 공산성(公州公山城) 등에 해자를 설치한 유적이 남아 있다. 해자가 잘 보존되어 있는 나라는 일본이다. 평지 성곽이 많은 일본은 이 해자가 발달하여 지금도 이름 있는 성곽에는 대개 해자가 남아 있다.

60) 원소의 산불 예방을 위해 풀과 나무를 베어 낸 곳.

문제가 되었다. 왕은 지문을 지으려면 임오화변(壬午禍變)을 어쩔 수 없이 언급해야 하는데 전부터 내려오던 예를 따라 지장(誌狀)에 넣게 된다면 '차마 드러내지 못한다.'는 뜻과 어긋나는 문제가 야기되니 어떻게 해야 현명한가를 대신들에게 물었다.

이때 노론인 영의정 김익(金熤)이 신중론을 거론하자 소론인 서명선(徐命善), 이재협(李在協)이 찬성하였다. 그러자 남인인 채제공(蔡濟恭)은 당시의 사실을 자세하게 적되, 공개는 미루자는 입장을 진언(進言)하여 임금의 동의를 얻었다.

이어서 아버지를 구명하기 위해 '신(臣)이 동궁(東宮)을 모셔온 지가 14년이나 되었는데, 이제 죽을 바를 얻었습니다.'라고 간언하다 제주 대정현(大靜縣)으로 유배되었다 1768(영조 44)년 죽은 대사헌 한광조(韓光肇)에게 정조는 1789(정조 13)년 8월 28일 '충정(忠貞)'이란 시호를 내려 임오충신(壬午忠臣)으로 표창한다. 이로써 아버지가 억울하게 돌아가셨다는 정당함을 아주 떳떳하게 드러내 밝혔다.

천봉 날짜가 잡히자 원소(園所)를 옮길 때 행여 비가 올세라 사직단(社稷壇)에 나가 기청제(祈晴祭)를 올렸다.

> 삼가 길일을 가리고(謹諏令辰)
> 줄지어 늘어선 군대를 경계하여(載戒嚴衛)
> 날이 개고 햇빛이 나도록(晴而暘兮)
> 감히 신의 은혜를 바라나이다.(敢徼神惠)

(2)

먼저 옛 원소에서 후토씨(后土氏)에게 제문을 올린다.

> 예를 거행하여 옮겨서 봉안하니(禮擧遷奉)
> 하늘이 길택을 주었도다.(天與吉宅)
> 원을 열기에 길일을 대하니(啓園涓吉)
> 일을 시작함이 곧 있으리라.(經始在卽)
> 그 사유를 고하기 위하여(爲申厥由)
> 관원을 시켜 잔을 드리게 하네.(伴來薦酌)

그리고 옛 원소에서 공사를 시작할 때 드리는 제문은

> 나아가 좋은 날을 잡아(進圖靈辰)
> 공사를 시작하나이다.(載始工事)
> 영령을 따라 미칠 수 없다는 생각에(莫攀之思)
> 와서 이 잔을 받드나이다.(來將茲酶)

이런 과정을 끝낸 정조는 1789년 10월 4(丙辰)일 원소에 나아가 빈전에 곡하고, 이어 구광(舊壙)을 살폈는데 광중(壙中)에 거의 한 치[寸] 남짓 물이 고였고, 화기(火氣)는 외재궁(外梓宮) 천판(天板)으로부터 좌우의 협판(夾板)에 이르기까지 검게 그을린 빛을 띠고 있었으며, 얼음에서 떨어진 빛이 엉겨 외재궁의 좌우 협판에 늘어진 것이 많이 있었다. 임금이 옛일을 추념하고 눈물을 흘리며 애통해 하였다.

하교하기를, '어가를 수행하는 이외의 영문(營門)은 모두 영여(靈輿)의 선상(先廂) 앞에서 제각기 그 대장이 군기(軍旗)와 북을 거느리고 앞에서 인도하라. 나루터에 이르러 벌여 서서 건널 때에는 부교(浮橋)의 좌우에서 영여(靈輿)를 끼고 영도(迎渡)하라. 이렇게 하자면 용호영(龍虎營)의 군기와 북을 종2품의 주장인 별장(別將)에게만 주어서는 안 될 것이니, 병판(兵判)이 별장과 더불어 거느리고 거행하라. 장용영(壯勇營)과 경기감영(京畿監營)이 함께 도가(導駕)하되, 수레를 맞이하여 영문(營門)에 들어서면 기고(旗鼓)는 마땅히 좌우로 갈라 각기 4대(隊)를 만들되, 경기 감영과 수어청은 앞에 서고, 어영청과 총융청이 그 다음에 서며, 훈련도감·금위 영의 두 영(營)과 장용영·용호영이 뒤에 있으면서 분열(分列)을 하라. 이로써 약속을 하여 혹시라도 어김이 없도록 하라.' 하고, 영가(靈駕)의 숙소(宿所)와 주정소(晝停所)에서의 취라(吹螺)와 문을 열고 닫거나 물을 건널 때의 취타(吹打)는, 신해 (1731 : 장릉천봉)년의 예에 따라 거행하도록 명하였다.

조상식·주다례·석상식·석전을 정해진 법식대로 몸소 행하였고, 재궁의 관을 묶는 결과(結裹)를 거행하였다.

영여(靈轝)가 구원(舊園)으로부터 출발하였다.

전날 밤 2경(更)에 선전관이 재궁(梓宮)을 정식으로 매장하기 전에 임시로 안치하는 찬궁(欑宮 : 사도세자의 관) 앞에 나아가 제영(諸營)이 밤에 행군(行軍)할 때에 깃대에 현등(懸燈)하였음을 꿇어앉아 아뢰었고, 병조 판서 윤숙(尹塾)이 군령(軍令)을 꿇어앉아 올렸고, 선전관이 초취(初吹)를 꿇어앉아 아뢰었다.

이어 우의정 김종수가 찬궁의 남쪽에 나아가 북향하여 꿇어앉아 아뢰기를, '우의정 신 김종수는 삼가 길신(吉辰 : 좋은 날)으로써 찬궁을 열겠습니다.' 하였고, 선공감의 관원이 찬궁을 마련하여 발라 막아 두었던 찬도(欑塗)를 철거하고, 종척(宗戚)[61]집사가 탁자를 철거하고, 선전관이 꿇어앉아 '나팔을 불고 종을 치겠습니다.'라고 아뢰었다. 또 초요기(招搖旗)를 세 줄로 분립(分立)하였음을 꿇어앉아 아뢰었고, 또 꿇어앉아 이취(二吹)하기 15분 전임을 아뢰었다.

내시(內侍)가, 증옥(贈玉)·증백(贈帛)의 함과 삼중관의(三重棺衣)·광중명정함(壙中銘旌函)을 집사에게 주어 채여(彩轝)[62]에 담았고, 또 노합(爐盒)을 집사에게 주어 향을 옮기던 가마인 향정(香亭)에 담았다. 종척집사가 장례 전 위패 앞에 간단히 술과 과일을 차려 놓을 그릇으로 일종의 제기인 전기(奠器)를 받들어 나갔고, 선전관이 삼취(三吹)를 꿇어앉아 아뢰니, 상례를 주관하는 섭상례(攝相禮) 박장설(朴長卨)이 영좌 앞에 나아가 무릎을 꿇고 어좌(御座)에서 내려, 가마[轝]에 오를 것을 청하였다. 대축(大祝)[63] 이제만(李濟萬)이 지방함(紙榜函)을 토등방상(土藤方箱)[64]에

---

61) 종실과 왕실의 외척을 말한다.

62) 왕실의 의식 때나 귀중품을 옮겨 싣는데 쓰던 교자(轎子)와 비슷하게 만들었으며, 사면(四面)에 아름다운 꽃무늬가 채색되었고, 채가 달려있어 앞뒤 두 사람이 메게 되어 있다.

63) 종묘나 문묘 제향 때(여기서는 사도세자의 천봉에 따른 편제임)에 초헌관(初獻官)이 술을 따르면 신위(神位) 옆에서 축문을 읽던 사람으로 제례 때 집사관이 되며 선왕(先王)의 신주(神主)를 출납하는 일을 관장하였다. 그밖에 제사와 관련된 나라의 일을 맡아보던 임시 벼슬아치로는 헌관, 전사관, 집례, 재랑(齋郞), 장생령(掌牲令), 알자(謁者), 찬자(贊者), 찬례(贊禮), 감찰(監察) 등을 이른다.

64) 지방을 모시는 함으로 홍(紅)·황(黃)·백(白)색의 대나무 껍질을 엮어서 만든 사육면체의 함이다. 겉에는 사슴 가죽을 입혀 검은 칠을 하고 안은 두꺼운 종이를 바른다. 두 개를 만들어 하나는 우주궤로 하나는 신백함으로 쓴다.

다 봉안하고 박(帕 : 머리 수건)으로 덮어 신여(神轝)에 안치하였다.

홍살문[紅箭門]에 이르러 섭상례가 가마에서 내려 연(輦)에 오를 것을 청하였고, 대축이 지방 상자를 신연(神輦)에 모셨다. 종척집사가 전기(奠器)를 앞에 두었고, 내시가 명정의 소선개(素扇盖)를 철거하여 5위(五衛)의 하나인 충좌위(忠佐衛)에 속했던 군대로 원종공신(原從功臣)및 그 적실(嫡室) 자손과 첩의 자손으로 승중(承重)한 자로 조직한 충찬위(忠贊衛)에게 주고 노합(爐盒)을 집사에게 주어 향정(香亭)에 담았다. 향정은 향로, 향합을 넣어 받쳐 드는 조그만 기구인데 가운데서 향로를 넣고 맞들게끔 만든 정자(亭子) 모양이다.

섭상례 권유(權裕)가 재궁 앞에 나아가 대여(大轝)에 오르시기를 꿇어앉아 청하였고, (예(禮)에 순여(輴轝)나 윤여(輪轝)에 오르는 절차가 있으나 온편하지 못한 것을 염려하여 모두 임시로 생략하였다.) 예재궁관(昇梓宮官)이 사도세자의 재궁을 마주 들어 대여에 올리되 남쪽으로 머리를 가게 한다. 재궁을 내릴 때 도와주는 조예무신(助舁武臣)을 거느리고 재궁을 드니, 별군직(別軍職) 등이 부책별감(扶策別監)과 더불어 메었고, 충찬위가 나무로 바구니 만들기를 부채같이 하되, 모나게 한다. 양귀의 높이와 너비는 2척 4촌인데, 흰 베로 입히고, 자루의 길이는 5척으로 관을 장식하는 삽(翣)[65]으로 가렸다.

홍살문 밖에 이르러 대여(大轝)에 오르니, 도청(都廳) 이익운(李益運)이 과일과 시접(匙楪)을 앞에 두었고, 노부사(鹵簿使)가 그림을 살펴 진열을 하였다. 경기 관찰사가 선도하였고, 그 다음은 5부의 책임자로 친영이 열린 동부의 책임관인 당부관(當部官), 그 다음은 국장(國葬) 때 행렬이 지나는 길에 술과 음식을 마련하고 군대와 인부들에게 음식을 제공하는 돈체사(頓遞使)·각종 제사의 의례절차를 맡은 임시 관직으로서 주로 예조판서가 겸임하는 예의사(禮儀使)·임금이 거둥할 때 행재소(行在所)[66]의 수리와 그 밖의 일을 맡은 임시관직으로서 호조판서가 겸임

---

65) 발인(發靷)할 때 영구(靈柩)의 앞뒤에 세우고 가는 제구(祭具)로 운삽(雲翣)은 구름무늬를 그린 부채모양의 널판이고 불삽(黻翣)은 아(亞)자 형상을 그린 부채모양의 널판이다. 이를 흔히 운아삽(雲亞翣)이라 통칭한다.

하는 정리사(整理使)·대사헌, 그 다음은 의금부 도사가 좌우에 둘로 나뉘어 영여 앞에 가는 선상군(先廂軍)을 감독, 소란하게 뒤떠들지 못하도록 고찰(考察)하여 조용하도록 하였고, 4백 명의 홍호의(紅號衣 : 붉은 더그레)가 세 줄로 나누어 섰다.

홍개(紅盖) 둘이 한가운데 마주서고, 평교자(平轎子)가 홍개 뒤에 있고, 경계를 위하여 배치된 병사가 의식에 사용하는 무기인 사금집오장(司禁執烏杖)이 좌우에 각 여덟, 선전관 둘, 영내취(領內吹) 열여덟이 그 뒤에 있고, 의장용 말인 장마(仗馬) 여섯, 황룡기(黃龍旗) 하나, 벽봉기(碧鳳旗) 하나, 신선이 노랑저고리에 청색선, 적색치마를 입은 산신이 거북을 타고 있는 모습에 청적황백의 4가지 운기(雲氣)가 그려진 가귀선인기(駕龜仙人旗) 하나, 청개(靑盖) 둘이 가운데 마주서고, 기린기(麒麟旗) 둘, 청룡기(靑龍旗) 하나, 백호기(白虎旗) 하나, 주작기(朱雀旗) 하나, 현무기(玄武旗) 하나, 백택기(白澤旗) 둘, 각단기(角端旗) 하나, 용마기(龍馬旗) 하나, 현학기(玄鶴旗) 하나, 백학기(白鶴旗) 하나, 영자기(令字旗) 하나, 고자기(鼓字旗) 하나, 금자기(金字旗) 하나, 웅골타(熊骨朵) 하나, 표골타(豹骨朵) 하나, 왕의 행차 때에 쓰던 의장(儀仗) 기구로 붉게 칠한 깃대 꼭대기에 쇠꼬챙이나 모나고 얇은 널을 대고 동전 열한 닢씩을 양편으로 꿴 뒤, 자줏빛 생초(生綃)로 만든 긴 건(巾)을 들씌우고 같은 색의 띠로 묶어 양쪽으로 늘어뜨린 가서봉(哥舒棒) 넷, 은등자(銀鐙子) 둘, 금등자(金鐙子) 둘, 은장도(銀粧刀) 하나, 금장도(金粧刀) 하나, 은립과(銀立瓜) 하나, 금횡과(金橫瓜) 하나가 쫓는다. 의장의 일종인 나무로 만든 두 쪽 날이 있는 도끼에 은 칠을 하고 붉은 창대를 꿴 은작자(銀斫子) 하나, 은작자와 같으나 금칠을 한

---

66) 임금이 궁궐을 떠나 멀리 거둥할 때 임시로 사용하는 별궁(別宮)으로 행궁(行宮)·이궁(離宮, 离宮)이라고 부른다. 임시로 머물 곳이 일정하지 않을 시, 장소에 따라 간이 막사(幕舍)를 새로 지어서 숙박하거나 그 지방의 관청이나 토호의 집에 머무르는 일이 종종 있었는데, 이를 행재소라 했다. 임금이 민정(民情)을 살핀다거나 큰 재난을 만난 이재민을 위로하기 위하여 궁궐을 비우는 경우와 국내의 반란을 직접 정벌하러 나설 때나 외적의 침입으로 불가피하게 도성을 떠나 행재소에 머무는 일이 때때로 있었다. 조선시대의 대표적인 예로는 세종의 온양행재소·문종의 천안행재소·세조의 오대산 상원암행재소와 속리산의 법주사행재소·선조의 의주용만행재소·인조의 전주행재소, 강화행재소, 남한산성행재소 등을 꼽을 수 있다.

금작자(金斫子) 하나, 의장기인 한(罕) 하나, 필(畢) 하나, 정(旌) 하나, 모(旄) 하나, 절(節) 하나, 은월부(銀鉞斧) 둘, 금월부(金鉞斧) 둘, 작선(雀扇) 넷, 용선(龍扇) 하나, 봉선(鳳扇) 하나가 좌우에 서고, 전부(前部)의 고취(鼓吹)는 늘어놓기만 하고 연주하지 않았다.

신여(神轝)가 그 뒤에 있고 삼색의 촉롱(燭籠) 각 둘이 앞에 나누어 서고, 도감의 당상·낭청 각 1인이 그 뒤를 따른다. 궁궐을 지키는 금려(禁旅 : 금군) 1백 인이 고취의 주위를 배위(陪衛)한다. 청양산(靑陽繖)이 그 다음에 있고, 향정(香亭)·신연(神輦)이 그 뒤를 차례로 잇는다. 시위별감(侍衛別監) 26인이 좌우로 나누어 나간다. 봉황(鳳凰)의 머리 모양으로 만든 의장용 장식물인 봉두(鳳頭) 2인이 앞에 있고, 삼색 촉롱 각 둘이 앞에 나뉘어 서고, 무신 겸 선전관인 무겸(武兼) 8인, 선전관 4인, 별군직 4인, 세자를 모시어 따르는 의식용 푸른 부채인 배위청선(陪衛靑扇) 둘이 신연의 뒤를 따른다.

내시 1인, 도감의 당상·낭청 각 1인, 대축(大祝) 1인, 섭사복정(攝司僕正)[67]·머리 수건을 맡은 박집사(帕執事)·상을 책임지는 상집사(床執事)가 그 다음에 있고, 행상(行喪)에 앞서 가 광중(壙中)의 악귀(惡鬼)를 쫓는 신(神)의 형상을 하여 질병과 악귀(惡鬼)를 내쫓아주는 방상씨(方相氏) 4인이 나간다.

임금이나 왕비(王妃)의 장례(葬禮) 때에 쓰던 제구로 아주 두터운 널로 정(井)자와 같이 길게 틀을 만들고, 틀의 네 귀에 구멍을 파서 말굽을 만들어 박고, 그 말굽에다 다리를 만들어 맞춘 뒤에, 굵은 채로 말의 몸뚱이를 만들어서 종이로 바른 뒤에, 잿빛 칠을 하고 말총으로 갈기와 꼬리를 하고, 눈알은 움직이게 만들어, 두 바퀴가 달린 수레 위에 세워 놓고 여사(轝士)꾼이 끌도록 한 죽산마(竹散馬) 둘, 임금이나 왕비(王妃)의 장례(葬禮)에 쓰던 제구로 죽산마와 만드는 방법(方法)은 같으나, 여섯 필로 하였는데, 세필은 붉은 빛으로, 세필은 흰빛으로 하여 모두 안장

---

67) 사복시의 임시 벼슬이다. 사복시 정은 살아있는 임금에게 봉사할 겨를이 없어서 임시로 또 사복시 정을 두어 선왕(先王)에게 봉사하게 한다. 섭통례(攝通禮)도 이와 같다.

(鞍裝)을 얹었으며 행렬(行列)에 있어서는 붉은빛·흰빛의 차례(次例)로 나가는 죽
안마(竹鞍馬) 여섯, 청수안마(靑繡鞍馬) 넷, 자수안마(紫繡鞍馬) 넷이 나뉘어 늘어서
서 나간다.

옥백(玉帛)·채여(彩舉)가 그 다음에 서고, 봉증옥관(奉贈玉官)·봉증백관(奉贈帛官)·
명정집사(銘旌執事)·자리깔개를 책임진 욕석집사(褥席執事) 각 1인과 거안(擧案)한
자 4인이 그 다음을 잇는다. 상거용순(喪車龍輴)에서 나온 말로 순(輴 : 肩輿)은 그
뒤에 있고, 도감의 당상·낭청 각 1인이 그 뒤를 따른다. 선공감의 관원이 우보(羽
葆 : 해 가리개)를 받들어 가운데를 차지하고, 향정이 그 다음에 선다. 소선(素扇) 둘,
소개(素蓋) 둘이 좌우에 나뉘어 서고, 충의위가 명정을 받들고 그 뒤에 서고, 섭상
례 1인, 섭전의(攝典儀) 1인, 별군직 2인이 차례로 쫓는다.

대여(大舉)가 그 뒤에 나가면 부책 별감(扶策別監) 20인이 좌우로 나뉘어 서며 봉
두(鳳頭) 2인이 그 앞에 서게 된다. 종이나 무명을 발라서 긴 네모꼴로 만든 촛불
을 켜 드는 오색 촉롱(燭籠) 각 40개, 화철촉롱(化鐵燭籠) 40개, 방울을 든 집탁호군
(執鐸護軍) 16인, 충찬위 6인이 삽(翣)을 들고 각기 차례대로 좌우에 나뉘어 서서
나간다. 영여(靈舉)를 메고 가는 군사 2백 명이 겹줄로 서서 나간다.

죽은 사람을 슬퍼하여 지은 글을 비단(緋緞) 천이나 종이에 적어 기(旗)처럼 만
들어 행상(行喪)할 때에 상여(喪輿) 뒤에 들고 따르는 만장(輓章)은 제술관(製述官)
1백 41인이 모여 1백 축(軸)을 썼는데 50축은 상여 앞에 서고 50축은 대여(大舉)
뒤에 섰다.

배왕(陪往)한 사람은, 대장 1인, 종사관 2인, 내시 2인, 대전관(代奠官) 1인, 도감
낭청 2인, 도청 2인, 제조가 2인이다. 그 다음에 총호사, 이어서 조예무신(助舁武
臣) 2인이 따른다.

궐 밖에 나가는 것은 사실상 조정을 둘로 나누는 것이 되므로 명칭도 분승지
(分承旨) 2인, 분사관(分史官) 2인, 각신(閣臣) 2인, 분총관 분병조의 당상관과 당하
관 그리고 오위장 각 2인, 종친 집사, 동·서반(東西班) 배종관(陪從官)이 서서 나간

다. 후상군(後廂軍) 3백은 백호의(白號衣 : 흰색 더그레) 차림으로 세 줄로 갈라섰다.

신여(神轝)가 노제소(路祭所)에 이르러 노제를 행하였다. 연(輦)에 오르고 내리는 일은 처음 의식(儀式)과 같이 하였다. 뒤에는 모두 이대로 따랐다.

상이 말을 타고 뒤를 따르면서 좌우에게 묻기를, '나는 정신이 혼미하여 살필 수 없는데 대여는 편안히 모시고 있는가?' 하니, 모두 말하기를, '우러러 장막을 쳐다보니 조금도 흔들리지 않는 것이 소반에 물을 담은 것과 같습니다.' 하기에, 상이 이르기를, '이는 별계군(別契軍) 덕분이다.' 하였다.

대여를 마장리(馬場里)와 거현(車峴 : 현재 살곶이 다리를 건너기 전, 덕수정보산업고등학교 앞을 수레재라 불렀음)에서 두 번 교대하여 운구, 둑도(纛島 : 뚝섬)의 악차(幄次)에 이르렀다. 조곡(朝哭), 조전(朝奠), 조상식(朝上食), 주정전(晝停奠)을 행하니 날이 샜다. 선전관이 무릎을 꿇고 여러 영(營)의 불을 끄겠다고 아뢰었다.

영여(靈轝)가 부교(浮橋)를 건널 때 장용영, 용호영, 훈련도감, 금위영, 어영청, 수어청, 총융청, 경기 관찰영의 여덟 영(營)의 장신(將臣)이 각각 기와 북을 거느리고 맞이하였다. 경기영과 수어청이 앞에 있고 어영청과 총융청이 다음이며, 훈련도감과 금위영 두 영이 또 다음이고, 장용영과 용호영이 뒤에 있었다. 여덟 영에서는 화전(火箭)을 쏘아 서로 신호하고 차례를 기다려 배에 올라 다리의 좌우를 끼고 건넜다. 대여가 다리를 지나 남쪽으로 가자 총호사가 잘 건넜다고 아뢰자, 상은 강가에서부터 곡을 하며 하직하고 궁궐로 돌아왔다.

부사직 이헌경(李獻慶)이 부교행(浮橋行)이라는 시를 지어 올렸다. 시는 다음과 같다.

> 자양이 전에 천하에는 큰 강이 세 개 있다고 논하면서
> 한강은 일컫지 아니하고 압록강을 일컬었네.
> 마치 시(詩)를 편집할 때 석고문(石鼓文)을 누락한 것 같아
> 창려(昌黎)가 아쉬워했던 것처럼 신 또한 아쉽게 여기네[68].

---

68) 창려는 당(唐)나라 때의 대유(大儒) 한유(韓愈)를 가리킨다. 그는 일찍이 석고가(石鼓歌)를 지

한강도 그에 견주어 손색이 없어
그 원기 깊고 넓기 한이 없구나.
그 이름 한강이라 부르니 은하수와 비슷하고
마치 하늘에서 폭포가 흘러내리는 듯하네.
비단을 빠는 듯 구슬을 씻는 듯 수 백리에
서남으로 흐르는 푸른 파리옥 아니런가.
큰 나라에 작은 나라가 조회를 하듯이
온갖 물줄기가 한 곳으로 모여드네.

　　　　　　　　　　　　　　　　　- 부교행 중 앞부분 일부를 쓰다 -

　더구나 이 행사 책임자는 병조판서 윤숙(尹塾)이었다. 사도세자가 뒤주에 갇히던 날 세자의 처벌을 강력 반대하며 영의정 신만(申晚), 좌의정 홍봉한 등을 향하여 '세자를 구하라.'고 꾸짖었다는 죄로 홍봉한에게 탄핵 당하여 강진(康津)으로 귀양을 갔던 사관 윤숙이다. 분명 나라의 주인이 정조로 바뀌었음을 극명하게 보여주는 대목이다.

　이날 압구정(狎鷗亭), 사평(沙坪), 반초동(盤草洞), 도리정(闍梨井), 태봉(胎峯), 화락동(和樂洞)에서 여섯 번 교대하여 운구(運柩), 신시(申時)가 될 무렵에 대여가 과천현(果川縣)에 이르러 찬궁(欑宮)에 안치하였다.

　6일에 닭이 울자 대여(大轝)가 과천을 출발하여 은행정(銀杏亭), 독백리(禿白里), 자잔동(紫棧洞)에서 세 번 교대하여 운구, 진시(辰時)에 사천(沙川)에 도착했다. 대여를 멘 사람들에게 음식을 먹이고 일용리(一用里)와 용연(龍淵)에서 두 번 교대하여 운구, 오시에 수원의 신읍(新邑)에 도착하였다. 다시 상류천(上柳川), 하류천(下柳川), 독봉(禿峯), 학현(鶴峴), 세람교(細藍橋)에서 다섯 번 교대하여 운구, 신시에 신원(新園)에 도착하여 재궁(梓宮)을 정자각에 안치하였다.

　찬궁에는 영좌를 모셔 지방을 안치하고 찬을 놓는 탁자를 설치하였다. 명정,

────────────────

어, 주(周) 선왕(宣王) 때의 석고문(石鼓文)이 『시경(詩經)』에 편입되지 않은 점을 아쉬워하고, 고대 문물(文物)의 보존에 관심을 기울이자고 역설한 바 있다. 『고문진보(古文眞寶)』 권9 '석고가(石鼓歌)'

소선(素扇), 소개(素蓋), 증옥함(贈玉函), 증백함(贈帛函)은 좌우로 나누어 열을 짓고 길복의 흰 의장은 물려서 머물게 하였으며, 유문(帷門) 안에 빈소를 만들고 묶은 끈을 풀고 네 번째로 옻칠을 하였다. 진설(陳設)은 처음과 똑같게 하였으며 설전(設奠)은 정해진 의식대로 하였다. 석상식(夕上食)·포곡(哺哭 : 저녁 무렵에 하는 곡)·석전(夕奠)을 겸하여 지냈다.

대가(大駕)가 과천현(果川縣)에서 주정(晝停)하고 사근현(沙斤峴)을 넘어 경진(1760)년 온천에 행행하였을 때 주정을 하였던 옛 터를 찾았다. 주민들 가운데 그때에 행차를 구경했던 사람들에게는 쌀을 지급하도록 경기 관찰사에게 명하였다.

상이 이르기를, "옛날 경모궁(景慕宮)의 행차가 이곳을 지날 때 예교(睿敎)[69]하시기를 '대가(大駕)의 주정소(晝停所)가 저쪽 언덕에 있으니, 어떻게 나의 주정소를 다시 설치할 수 있겠는가.' 하시고는, 이곳에다 옮겨 설치하도록 하셨다. 이 일은 내가 직접 들은 것인데 이제 이곳에 왔으니 나의 심회를 억제하기 어렵구나. 이후로는 지방관으로 하여금 대충 수리를 하도록 하라." 하였다.

저녁에 수원부(水原府)에 머물렀다.

십전대리일(十全大利日)은 아니라도 길일인 기미일(己未日 : 7일)에 행차가 새 원소에 나아갔다. 재실에 들어가 참최(斬衰), 자최(齊衰), 대공(大功), 소공(小功), 시마(緦麻)의 오복(五服)[70] 중 가장 낮은 등급으로 가늘고 고운 삼베로 짠 시복(緦服)을 갖춰 입고 정자각까지 걸어가서 재궁을 살펴본 다음, 곡(哭)하는 자리에 가서 곡을 하였다. 이어 아침상식을 절차대로 올리고 수도각(隧道閣)에 나아가 광(壙) 안의 흙 빛깔과 사방 산의 국세(局勢)를 자세히 살펴보았다.

---

69) 왕세자가 내리는 명령을 말한다.

70) 5복(五服) 또는 5속친(五屬親)으로 3년간의 상복을 입을 사람의 자리를 시상(尸牀)의 동남쪽에 서향으로 설치한 다음 다북쑥을 깔고, 성(姓)이 같은 기년(朞年 : 1년), 대공(大功 : 9개월), 소공(小功 : 3개월)의 복(服) 이하 자리는 뒤에 서향으로 남쪽을 상위로 해서 설치하여 명석을 깐다. 주부(主婦) 가운데 중부(衆婦)의 여자 자리는 시상(尸牀)의 서남쪽에 동향으로 설치해서 다북쑥을 깔고, 성(姓)이 같은 부녀의 자리는 그 뒤에 동향으로 남쪽을 상위로 해서 설치하여 명석을 깐다.

　총호사 채제공이 아뢰기를, '오늘 아침 짙은 안개가 자욱하게 끼었으나 유독
수도각 안에만 한 점의 안개 기운도 없었습니다. 그리고 차가운 아침과 썰렁한
밤의 바람 기운이 매섭고 싸늘한 시각에도, 이 각(閣)에 들어서면 따뜻하기가 온
돌방과 같으니, 상서로운 광채가 모여들고 길한 기운이 스며있다는 것을 여기서
알 수 있습니다.' 하였다.

　상이 걸어서 주산(主山)의 봉우리에 올랐다가 보여(步輿)를 타고 산등성이를 빙
돌아 나와 후탁(後托)의 머리를 들이민 지점에 이르러 하교하기를, '이 산의 이름
이 화산(花山)이니 만큼 꽃나무를 많이 심는 것이 좋겠다.' 하였다.

> 용이 서린 듯 좋은 무덤(龍盤珠丘)
> 만년의 유택이로다.(萬年之宅)
> 상설을 완전히 갖추어(象設告完)
> 대신 잔을 드리게 하나이다.(替奠明酌)

　관원을 파견하여 후토신(后土神)에게 사례하는 의식을 행하였다.
　그런 다음 서사관(書寫官) 박명원((朴明源)이 재궁에 '상(上)'자를 금분(金粉)에 생
강즙을 섞어 옻칠 위에 잘 붙도록 하여 썼다.
　이어 임금이 저녁상식(上食)·석전(夕奠:저녁제사)·계찬전(啓欑奠)[71]을 친히 거행하
였다. 관을 싸매는 의식을 처음에 했던 대로 거행하였다.
　해시(亥時)인 밤 9~11시 사이에 현궁(玄宮)을 내렸다. 영구(靈柩)를 발인하려고
옮길 때에 지내는 제식(祭式)인 천전(遷奠) 때가 되자 정해진 절차대로 예를 거행
하였다. 천원도감에서 발인할 때의 절차대로 흰빛의 의장(儀仗)과 각색 초롱을 벌
려놓았다. 방상씨(方相氏)가 퇴광(退壙) 위에 이르러 창으로 네 귀퉁이를 두드리고
나왔다.
　증옥(贈玉)과 증백(贈帛)을 수도각(隧道閣) 안의 동남쪽에 벌려놓았다. 섭상례(攝
相禮)가 무릎을 꿇고 고하여 상여에 오를 것을 청하자, 재궁을 받드는 관리가 조

---

71) 발인할 때 찬궁을 여는 제사를 말한다.

예무신(拽昇武臣)들을 데리고 재궁을 받들어 상여에 올리고 수도각으로 나아가 물체의 모형을 바로 잡아주는 녹로거(轆轤車)에 올려놓았다.

녹로거는 예전엔 굴대와 정지하는 기구의 제도가 있어 『오례의(五禮儀)』에 나타나 있다. 이때에 이르러 별도로 한 제도를 만들었는바, 먼저 좌우 받침대를 놓는데 길이가 9자, 너비가 9치, 두께가 6푼이다. 좌우 받침대의 양쪽 머리 부분에는 모두 기둥을 세우는데 높이가 2자 6치이고 받침대에 들어가는 부위는 너비가 5치 5푼, 두께가 2치 5푼이다.

기둥의 위쪽 끝에는 가로와 세로로 2개의 홈을 파내는데, 세로의 홈은 깊이가 5치로서 그 밑을 둥글게 만들어 축(軸)이 들어가게 하고, 가로 홈은 깊이가 1치 5푼으로서 가름대[橫架]가 들어가게 한다.

축은 길이가 9자, 둘레가 1자 2치로서 앞뒤의 기둥 끝을 관통한다. 세로 홈의 위쪽을 향하는 둥근 구멍은 축이 놓이는 구멍보다 2치 5푼을 줄이며, 가름대의 좌우 기둥 끝에 홈을 파는 것은 네 기둥을 받침대에 튼튼하게 고정시키기 위한 것이다.

갈고리 쇠[句鐵]는 모난 갈고리로서 속명(俗名)이 등자철(鐙子鐵)이다. 두 다리를 받침대에 꽂으며 다리와 다리 사이에는 밧줄이 들어가게 하는데, 그 수는 8개로서 좌우로 서로 마주 향하게 한다. 하나의 받침대에는 4개의 갈고리가 있는데 그 간격은 1자이다.

철통(鐵筒)은 속명(俗名)이 토시 쇠[套手鐵]인데, 모난 갈고리의 위에 둘러씌우되, 그 안 둘레를 헐렁하게 하여 마음대로 돌아가게 한다. 좌우의 축에는 모두 튼튼한 쇠 이빨[鐵牙]을 박는데 그 길이는 1치쯤 되게 하고, 두 이빨이 맞물리게 하며, 그 사이에도 밧줄이 들어갈 수 있게 한다.

하나의 축에는 8개의 이빨을 박는데, 그 자리는 네모난 갈고리를 보아 정한다. 밧줄은 베로 만드는데, 네 끝을 세로로 주름 잡아서 꿰매되 모두 8겹으로 하며, 두 끝은 도로 꺾어서 갈고리를 만들고, 나무비녀[木簪]를 가로질러 나머지 두 끝에

꿰여 왼쪽 쇠 이빨에 건 다음, 아래로 향하여 왼쪽 모난 갈고리와 오른쪽 모난 갈고리에 꿰고, 갈고리 위의 쇠 통에다 비스듬히 위로 향하여 오른쪽 쇠 이빨에 건다. 나머지 세 밧줄도 똑같이 한다.

축의 두 끝에는 십자로 교차된 두 폭(輻)을 끼우고 바퀴 폭[輪輻]을 만든 다음, 테두리처럼 네 끝을 붉은 실띠로 연결시킨다. 두 받침대를 광중(壙中) 위의 좌우로 오가게 된 판(板)에 놓고, 판의 두 끝에는 못을 박아서 흔들리거나 돌아가는 것을 방지한다.

십자형 바퀴 4개는 힘을 같이 받아, 늦추어지거나 팽팽해지거나 빨라지거나 늦어지는 차이가 없도록 하는데, 바깥쪽을 향하여 회전하면 밧줄이 풀려서 아래로 내려 드리우며, 안쪽을 향하여 회전하면 밧줄이 감기면서 위로 올라간다.

받침대의 안쪽 끊어진 부분에 해당하는, 모난 갈고리가 놓이는 곳은, 둥그렇게 하여 밧줄이 오가기에 편리하도록 하고, 기둥 끝의 둥근 홈에는 기름과 밀랍을 두껍게 바르는데, 수월하게 회전하고 소리가 나지 않게 하려는 것이다. 퇴광(退壙)의 굴대판[輪對板]에 내려놓고 싸맨 것을 풀었다.

장쟁전 제조(長生殿提調) 이문원(李文源)이 가하우판(假下隅板)을 열고 외재궁(外梓宮) 안을 깨끗이 닦고, 집사(執事)되는 자가 관(棺)을 싼 헝겊을 벗기니, 식재궁관(拭梓宮官) 김종수(金鍾秀)가 수건으로 닦아냈고, 내시가 유의(遺衣)를 그 위에 놓았다. 집사 되는 자가 세 겹으로 된 관 싸개[棺衣]를 덮었는데 처음에는 초록빛, 두 번째는 남색, 세 번째는 빨간색으로 넓게 만든 것으로 덮었다. 그리고 명정(銘旌)을 그 위에 씌웠으며, 보삽(黼翣)은 도끼 모양을 흑백(黑白) 수(繡)로, 불삽(黻翣)은 기(己)자가 서로 등지고 있는 모양을 흑청(黑靑) 수로, 화삽(畵翣)은 구름 기운을 그리는데 그 둘레는 모두 운기(雲氣)가 되게 하고 다 자주색으로 그린다.

때가 되자 관을 절차대로 내려놓았다.

상이 곡을 하며 하직하는 예를 거행한 후, 구슬과 비단을 전하는 자리에 나갔다. 봉증옥관(奉贈玉官) 이만수(李晩秀)와 봉증백관(奉贈帛官) 서매수(徐邁修)가 각자

무릎을 꿇고 구슬과 비단을 올리니, 상이 영의정 이재협(李在協)에게 친히 전하였
는데, 이재협이 무릎을 꿇고 받아서 퇴광(退壙)의 서쪽에다 놓았다. 원래 예법에
는 의복과 평소 즐겨 지니던 물건이나 그릇 따위를 놓도록 되어 있었으나, 이번
에는 적용하지 않았다. 곡을 하며 슬픔을 다하고 찬배(贊拜)하였다.

　관원을 보내어 후토(后土)에 사례하고 정자각(丁字閣)에 돌아와 우제(虞祭)를 지
냈다. 상이 비로소 친히 헌작을 하였는데, 이는 전(奠)을 바꾸기 때문이었다. 영
의정 이재협이 아헌(亞獻)을 하고 좌의정 채제공이 종헌(終獻)을 하였다.

　대축(大祝) 이재만(李濟萬)이 지방 상자를 받들고 신여(神輿)에 안치시켜 곡장(曲
墻)의 안쪽 동쪽 가에 묻었다. 도감의 당상과 낭청 그리고 본원관이 이날 밤부터
원침(園寢)의 공역(工役)을 직접 담당하였다.

　지금까지 구원(舊園)에서 일한 사람 1,550명, 발인하여 갈 때의 군정 3,931명, 신
원(新園)에서 일한 사람 3만 6,723명 등 총 4만 2,204명이 들어갔다. 이에 따라 소
요된 총 경비는 돈 18만 4,600여 냥, 쌀 6,326석, 목면(木棉) 279동 남짓, 베 14동이
었다.

　임금은 재궁(梓宮)이 상여에 오를 때부터 가슴을 치며 슬피 운 나머지, 격기(膈
氣)[72]가 치밀어 올랐는데, 현궁(玄宮)을 내려놓은 뒤에 이르러서는 격기가 더욱
심하게 치밀어 오르므로 좌우의 신하들이 겨드랑이를 부축하고 겨우 배례를 행
하였다. 여러 신하들의 주달하는 말이 있었는데도, 가슴이 막혀 대답을 하지 못
하였다. 여러 신하들이 부축하여 소차에 돌아왔으며, 우제의 예식을 마친 다음
재실로 돌아왔다.

　하교하기를, '대례를 이미 잘 마치었으니, 이제는 자궁을 들어가 뵙는 것을 한
시각도 지체할 수 없다. 내일 아침 일찍 수원의 신읍(新邑)을 출발하여, 과천의 숙
소에서 주정(晝停)을 하고 모래 환궁하겠다.' 하였다. 이날 밤에 상은 다시 원상(園
上)에 나아가 친히 공사를 살피었다.

---

72) 열격(熱膈)으로 가슴이 막히는 기운이다.

(3)

장생전(長生殿)[73] 제조가 외재궁(外梓宮)의 밑바닥 판자를 닫고 옻칠한 베로 그 이음새 부분을 둘러쌌다. 영의정 이재협이 봉폐(封閉)하는 것을 감독하였는데, 봉폐관(封閉官) 박성태(朴聖泰)가 '신이 삼가 봉(封)합니다.[臣謹封]'라고 쓰고 도장을 찍었다. 우의정 김종수가 아홉 삽의 흙을 덮자, 총호사가 역군들을 거느리고 앞쪽에다 회(灰)를 다지는 동시에, 퇴광에 관보다 낮게 회를 채우고 지석(誌石)을 묻었다. 어제(御製) 지문(誌文)은 다음과 같다.

현륭원(顯隆園)은 수원부(水原府) 화산(花山)에 있는데 계좌 정향(癸坐丁向)입니다.

기유(1789)년 가을에 금성위(錦城尉) 박명원(朴明源)이 옛 원(園)은 체제상 결함이 많다고 건의하면서 고쳐 쓰자고 청해서, 드디어 화산에다 자리를 잡았는데, 점을 친 사람의 말이, 그 곳은 서려있는 용이 구슬을 가지고 노는 형상이라고 하였으며, 대소 관원이 따르고 일반 백성들도 동조하였습니다. 이에 이해 겨울 10월 7일에 이장(移葬)하고 원의 이름을 '현륭'이라고 고쳤습니다.

아, 불효한 이 자식이, 천지에 사무치는 원한을 안고 지금껏 멍하고 구차스럽고 모질게 목석마냥 죽지 않고 살았던 것은, 소자에게 중사를 맡겼기 때문이었습니다. 이에 그 뜻에 보답할 수 있게 되기를 지극한 심정으로 비나니, 아, 하늘이시여. 사람이 하고 싶어 하는 일은 하늘이 들어주는 것인데, 이 소자는 감히 기필코 이렇게 해야만 소자가 죽지 않은 이유에 대해서 천하 후세에 떳떳이 말할 수 있지 않겠습니까.

이에 덕행(德行)을 들어 피눈물을 흘리면서 삼가 현궁(玄宮)에 다음과 같이 적습니다.

휘(諱)는 이선(李愃)이고 자(字)는 윤관(允寬)이다. 숙종원효대왕(肅宗元孝大王)의 손자이고 영종현효대왕(英宗顯孝大王)의 아들로 영빈이씨(暎嬪李氏) 소생이다.

삼가 행록(行錄)을 상고하건대, 태어나시기 수삼일 전부터 상서로운 빛과 구름이 보이더니, 태어나시자 해와 같은 자표(姿表)가 사람들에게 환히 비치고, 울음소리는 큰 종을 치는 것과 같았다. 이에 영묘(英廟)가 매우 기뻐하시면서 대신들

---

73) 동원비기(東園秘器)라 하여 왕실에서 쓰던 관(棺)을 관리하던 곳이다.

에게 말하기를, '3종통(三宗統 : 효종, 현종, 숙종)의 혈맥이 끊어질 번하더니, 이제는 죽어 역대 조상들을 만날 면목이 서게 되었다.'고 하시었다. 숙묘(肅廟) 경오(1690: 경종을 인현왕후의 아들로 삼은 예)년의 고사를 따라 곤전(坤殿 : 정성왕후)의 아들로 삼아 '원자(元子)'로 칭호를 정하도록 하였으니, 이때가 을묘(1735)년 정월 21일이었다. 종묘와 사직에 고하고 중외에 대사령(大赦令)을 베풀었다. 뛰어난 자질이 숙성하여 몇 달이 지나지 않아서 벌써 두세 살짜리 아이와 같았는데, 영묘께서 여러 신하들에게 들어와 보도록 명하시고는, 이어 가까이 모시는 신하더러 '성(誠)·경(敬)' 두 글자를 써서 들어 보여주게 하였더니, 마치 조심스레 받듯이 자세히 바라보는 것이었다. 그해 가을에 보양관(輔養官)과 상견하는 예식을 거행하였으며, 『효경(孝經)』의 장구(章句)를 뽑아 좌우의 신하들로 하여금 날마다 앞에서 외워 익히게 하였다.

병진(1736)년에 세자로 세웠는데 3월 15일에 의장과 호위를 갖추고 양정합(養正閤)에서 책봉하는 예식을 거행하였다. 연신(筵臣) 조현명(趙顯命)이 아뢰기를, '저하(邸下)가 효묘(孝廟)의 모습을 매우 닮았으니 이야말로 종묘·사직의 끝없는 복입니다.'고 하였다. 영묘께서 궁관에게 문왕세자편(文王世子篇)을 병풍에 써서 올리게 하였는데, 이때에 벌써 글자의 뜻을 이해하여 '왕(王)' 자를 보고서는 영묘를 가리켰으며, '세자(世子)'라는 글자를 보고서는 자기를 가리켰다. 그 뿐만 아니라, 천(天)·지(地)·부(父)·모(母) 등 63자를 해득하였다.

정사(1737)년에 처음으로 서연(書筵)을 열고 『효경』·『소학』의 글을 뽑아 강독하였는데, 궁관의 진독(進讀)[74]하는 것을 해득하고는, 손으로 '문왕(文王)'이라는 두 자를 궁관에게 짚어보이었다. 궁관이 소리 내어 읽어보기를 청하니, 읽는 소리가 또렷하여 몇 줄을 읽도록 착오가 없었다. 그 뿐만 아니라, 큰 글씨로 다섯 글자를 썼는데 획이 힘차고 바르며 전실(典實)[75]하였다. 궁중(宮中)에서 언젠가 한 번은

---

74) 귀인(貴人) 앞에 나아가 글을 읽는 일이다.
75) 일상생활의 법도(法道)를 잘 지키며 성실한 것이다.

팔괘(八卦) 모양의 가래떡을 올렸는데, 이를 들지 않고 말하기를, '팔괘를 형상한 떡을 어떻게 먹을 수 있겠는가.' 하였으며, 복희도(伏羲圖)를 찾아보고는 곁에 있는 사람들에게 지시하여 앞에 내걸도록 한 다음, 여러 번 절을 하면서 공경심(恭敬心)을 나타내었다. 역학(易學)에 깊이 심취한 것은 이때부터 시작된 것이었다.

그 해 가을에 비로소 사부와의 상견례를 거행하였다. 천자문(千字文)을 읽다가 '사치할 치[侈]' 자에 이르러서는, 입고 있던 반소매 옷과 자줏빛 비단으로 만든 구슬 꾸미개를 장식한 모자를 가리키면서 '이것이 사치한 것이다.' 하고는, 즉시 벗어버렸다. 영묘께서 일찍이 비단과 무명 중에 어느 것이 더 나은가 물으니, 무명이 더 낫다고 대답하였으며, 또 어느 것을 입겠느냐고 물으니, 무명옷을 입겠다고 대답하였다. 영묘께서는 이에 기뻐하시고는 여러 신하들을 대하여 이와 같음을 말하였다. 자란 후에는 항상 무명옷을 입었으니, 검소한 덕행은 타고난 품성에서 비롯된 것이었다. 그런데도 역적들의 음모에서는 도리어 화를 뒤집어씌울 계제(階梯)76)로 삼았으니, 이것은 온 나라 사람들이 다 아는 바이다.

어느 날 하루는 저녁상을 받다가 영묘께서 부르시자, 입안에 넣었던 밥을 즉시 뱉고는 대답을 하면서 일어났다. 곁에 있는 사람들이, '어째서 그렇게 서두르는가?' 하고 물으니, 『소학(小學)』에 이르기를 입에 밥을 물었으면 뱉어야 된다고 하였다.'고 말하였다. 그러자 영묘께서는 '이제 겨우 세 살 밖에 안 되었는데도 체인(體認)77)의 공부를 안다.'고 말씀하였다. 무오(1738)년에 영묘께서 빈청(賓廳)의 경연(經筵)에 임어하셨는데, 이조 판서 조현명이 앞으로 나서서 아뢰기를, '신은 빈청의 경연에 참여하는 관리로서 동궁(東宮)에 있는 세자를 바라보니, 슬기로운 자질이 뛰어나고 영특한 기개가 호방하여, 천고에 보기가 드문 기상을 지니고 있습니다. 그러니, 교육하는 방법에서 서두르거나 방치하는 일이 없어야 할 것입니다. 앞으로의 성취에 대한 책임은 전하에게 있다고 하겠습니다.'고 하였다. 그 후

76) 일이 잘되어 가거나 어떤 일을 행할 수 있게 된 알맞은 형편이나 좋은 기회를 말한다.
77) 마음속으로 깊이 인정함을 이른다.

소조(小朝)가 말씀하시기를 풍원(豊原) 조현명(趙顯命)의 이 말은 나의 마음에 꼭 들어맞는 것이었다. 그래서 대우를 시종 일관 변함이 없도록 했던 것이다.'고 하였다.

기미(1739)년 1월 11일에 영묘께서 묘당에 비망기를 내리어, 을유(1705)년의 옛 전례(前例)[78]에 따라 임금 자리를 물려주면서 이르기를, "내가 즉위한 지 이제 15년이다. 임금 자리를 마치 초개처럼 여기고 있는데, 다행히도 세자가 벌써 만 5세가 되었다. 내가 비록 자리를 내놓는다고 한들 어떻게 백성들을 홀시하겠는가. 송 태종(宋太宗)의 '나를 어떤 데에다 두려는가[79].'라는 말은 이것이 무슨 마음인가."라고 하였다. 명령이 내리자, 조정 신하들이 극력 간청하였으므로 그만 중지하고는, 이어 세자에게 명하여 시민당(時敏堂 : 세자의 거처)에서 축하를 받게 하였다. 그것은 임금 자리를 양보하는 것을 바로 취소했기 때문이었다. 그해 여름에 왕대비에게 휘호(徽號)를 올렸는데, 법복(法服)을 갖춰 입고 예식을 진행하는 동안, 동작에 법도가 있어 전연 실수하는 일이 없었으므로, 궁중에서 다들 혀를 내두르며 감탄하였다.

기주(記注)를 살펴보면, 궁관(宮官) 조중회(趙重晦)가 소를 올려 말하기를, '하늘의 해와 같은 모습을 단번에 보면 알 수 있습니다. 보기에 비상하여 의젓하기가 어른과 같으니, 이것은 정말 하늘이 내신 성인(聖人)입니다. 4, 5일에 한 번씩 지위가 낮은 관료인 요속(僚屬)들을 만나며 8, 9일에 한 번씩 경사(經史)와 도리를 가르치는 정2품의 빈객을 만나는 것을 규례로 삼으소서.' 하니, 그 의견을 따랐다. 이때부터 늘 서연에 나왔는데, 두어 번도 훑어보기 전에 벌써 암송을 해냈으며

---

78) 숙종이 45세에 선위하려 하였는데 이해 영조가 46세로 선위하려 하였음으로 이렇게 말한 것이다.

79) 이는 송나라 태종이, 순화(淳化) 연간에 수왕(壽王) 항(恒)을 태자로 세운 후, 태자가 종묘에 알현하는 행차를 구경하던 서울 사람들이 '소년 천자(少年天子)'라고 추켜세우며 관심을 보였다는 이야기를 듣고, 불유쾌한 심정이 되어 측근에 있던 구준(寇準)을 불러 말하기를 '인심이 벌써부터 태자에게 쏠리고 있으니, 나를 어떤 지경에다 두려 이러하는가.'라고 한 것을 가리킨다. 『송사(宋史)』 권281 「구준열전(寇準列傳)」

오래도록 잊지 않았다.

임술(1742)년 1월 25일에 종묘에 춘전알(春展謁)을 거행하였다. 예식이 끝난 다음 상이 이르기를, '세자가 곁에 있기에 언제 사묘(私廟 : 영조의 어머니를 모신 육상궁)에 갈 것인가를 물었더니, 그가 8살밖에 되지 않았는데도 예절을 표시하려고 하였다.'고 하였다. 그로부터 며칠 뒤인 2월 15일 사묘에 나아가 참배하였는데, 도성 백성들이 슬기로운 모습을 바라보고 춤을 추며 환성을 질렀다. 이에 상이 이르기를 '세자가 예의범절을 익히어 거동함에 착오가 없으니, 신령이 어찌 기뻐하지 않겠는가.'라고 하였다.

그해 3월 26일에 입학하는 의식을 거행하였다. 유생의 옷차림을 하고 문선왕(文宣王)에게 술을 따라 올린 뒤 명륜당(明倫堂)에 이르러, 박사(博士)의 자리 앞에 나아가 『소학』의 제사(題辭)80)를 강론하였는데, 반수교(泮水橋)를 빙 둘러서서 구경하고 있던 자들이 수없이 많았다. 한 번은 학문을 강론하다가 강관(講官)이 세자에게 평소에 공부하려고 하는 것이 무엇이냐고 물으니, 대답하기를 '요(堯)·순(舜)을 배우고 싶을 뿐이고 이밖에는 알지 못한다.'고 하였다. 그러자 강관이 물러나와 말하기를, '삼대(三代) 때와 같은 태평성대를 다시 볼 수 있게 되었다.'고 하였다. 그뿐만 아니라, 효제(孝悌)와 성경(誠敬)에 힘쓰라고 권면하는 자가 있자, 즉시 이 네 글자를 써서 자리 곁에 붙여두었다. 강관이, 정성[誠]과 공경[敬]을 공부함에 있어 어느 것이 우선적이고 어느 것이 나중인지를 물으니, '정성과 공경은 수레의 두 바퀴나 새의 두 날개와 같아서 둘로 가를 수 없다.'고 대답하였다. 궁관(宮官)이 직접 지은 시를 보자고 청하여, 그 가운데 '해가 동방에 떠올라 온 누리를 비추네.(日出東方明四海)'라는 시구가 있는 것을 보고는, 축하하여 말하기를 '이 시구의 기상은 예조(藝祖)의 일출시(日出詩)81)와 꼭 들어맞는다.'고 하였다.

---

80) 책의 첫머리에 그 책을 내게 된 취지나 그 출판을 찬동, 격려하는 뜻을 적은 글이다.

81) 예조는 송 태조(宋太祖) 조광윤(趙匡胤)을 가리킨다. 그가 아직 세력을 얻기 이전에, 어떤 자가 해돋이를 구경하면서 그에게 시를 읊어보라고 하였는데, 즉시 읊어내기를 '해가 처음 떠오르니 혁혁한 빛에, 모든 산이 불에 타는 것 같네. 순식간에 한 바퀴 도니 하늘 길 되

계해(1743)년 3월 17일에 관례(冠禮)를 거행하였는데, 법복(法服) 차림으로 임금을 뵙고, 물러나와 백관의 축하를 받았다. 행록(行錄)을 살펴보면, 언제인가 한 번은 영묘(英廟)를 옆자리에서 모시고 있었는데 영묘께서, '우리나라의 조정 관리들은 예로부터 당파의 논의가 있는데 어떻게 하면 그만두게 할 수 있는가?'라고 물으니, '똑같이 보고 함께 등용하면 될 것입니다.'라고 대답하였으므로, 영묘는 매우 기특히 여기고 기뻐하였다. 영묘께서 정사를 보면서 간혹 밤이 이슥할 때까지 있으면, 반드시 옷매무시를 단정히 하고 잠자리에 드는 것을 기다린 후에야 잠을 잤다. 또 글을 읽을 때면 반드시 시간가는 줄도 모르고 게으름을 피우지 않았으므로, 영묘는 늘 그만하도록 하였다. 병이 나서 영묘께서 임하여 살피시는 경우에는, 반드시 의복을 입고 일어나 앉았으며, 혹시라도 괴로워하는 기색을 나타내지 않았다.

『궁중기문(宮中記聞)』에 의하면, 갑자(1744)년 1월 11일에 혼례(婚禮)를 치렀는데, 영의정인 풍산 홍씨(豊山洪氏) 홍봉한(洪鳳漢)의 딸에게 장가들었다. 사흘 만에 빈궁(嬪宮)과 함께 임금을 따라 종묘에 참배하는 의식을 거행하였다. 이에 앞서, 혜성의 이변이 발생하였는데, 혼례를 치를 때가 되자 혜성이 갑자기 없어졌다. 상이 『고경중마방(古鏡重磨方)』[82]의 편제(篇題)를 써서 궁관으로 하여금 진강(進講)

고, 드디어 서산에 걸렸던 달과 뭇별이 사라지네.(太陽初出光赫赫 千山萬山如火發 一輪頃刻上天衢 逐退群星與殘月)'라 하였는바, 이 시를 후인들이 일출시(日出詩)라고 일컬었다. 「경계시화(庚溪詩話)」 권상(卷上)

82) 퇴계(退溪) 이황(李滉)이 옛 성현들의 잠(箴)·명(銘)·찬(贊) 77수를 모아 엮은 책이다. 책이름은 주자(朱子)의 임희지를 전송하는 시 [송임희지시(送林熙之詩)] 가운데 '옛 거울을 거듭 거듭 갈고 닦는 요령의 옛 방법, 눈이 밝아 편벽하게 햇빛과 더불어 다툴지라도, 우리 집 가는 길을 밝고 밝게 비추네. 하지만 더 이상 병주(幷州)를 고향이라 가리키지는 말게나.(古鏡重磨要古方 眼明偏與日爭光 明明直照吾家路 莫指幷州作故鄕)'라는 구절에서 취하였다. 책의 서두에 영조(英祖)의 어제(御製) 편제(篇題)와 시가 실려 있다. 1744(영조20)년 3월 5일에 내린 어제시(御製詩)는 '거울을 닦고 마음을 연마하는 데는 자연의 방법이 있으니, 마음과 거울은 본디 밝고 빛이 나는 것이니, 명도(明道)와 이천(伊川)은 바로 정로(正路)이며, 회암(晦菴)과 궐리(闕里)는 곧 본향(本鄕)이라.(磨鏡磨心自有方 心日鏡本明光 明道伊川乃正路 晦菴闕里是本鄕)' 「해동문헌총록(海東文獻總錄)」

하도록 명하였다. 상이 묻기를 '마음을 어찌하여 거울에다가 비기고 정성과 공경을 어찌하여 가는[磨] 일에다 비기는가?' 하니, 대답하기를, '공경은 위와 아래를 관철하는 수양이고, 정성은 진실함을 뜻하는 말로서, 정성과 공경이 곧 마음을 다스리는 방도입니다.'라고 하였다. 빈객(賓客) 이종성(李宗城)이 이어 이 설을 부연(敷衍)[83]해서 대답하였는데, 말이 매우 간절하고 진지하였다. 이때부터 그의 성의에 감동되어 매우 융숭하게 대우를 하였다. 그해 겨울에 상이 편치 않다가 병이 낫게 되자, 진연례(進宴禮)를 거행하였다. 이윽고 강석(講席)에 임하시니, 강관이 묻기를, '서연에 나와 글을 읽는 것과 연회에 참가하여 음악을 듣는 것이 어느 것이 더 좋습니까?'고 물으니, 대답하기를, '글을 읽는 것은 이치를 탐구하자는 것이고 음악을 듣는 것은 곧 어른을 모시고 즐기려는 것이니, 글을 읽는 것이 좋은 일임은 분명하고 음악을 듣는 것도 좋은 일이다.' 하였다. 을축(1745)년에 상이 일상 지켜야 할 하늘을 공경하는 경천(敬天), 모두가 본받을 만한 올바른 법인 법조(法曹), 친척과 두텁게 지내라는 돈친(惇親), 백성을 사랑하라는 애민(愛民), 당을 없애버리라는 거당(袪黨), 검소함을 숭상하라는 숭검(崇儉), 마음을 가다듬고 정신을 모아 성의껏 힘쓰라는 여정(勵精), 학문에 힘쓰라는 근학(勤學)의 8가지 상훈(常訓)을 지어 가지고 읽으라고 명하시고는 말씀하시기를, '글자의 음을 더듬거리지 않고 읽어내고, 부연해서 대답을 하는 말에도 근거가 뚜렷하니, 이야말로 신령이 말없이 돕고 요속(僚屬)된 자들이 잘 인도한 덕분이다.' 하였다. 그해 봄에 주강(晝講)을 행하여 『소학』을 강론하면서, 북제(北齊)의 태자(太子)가 고윤(高允)을 두둔한 문제[84]를 놓고 궁관에게 이르기를, '태자가 잘못한 것이다. 아들로서 아버지를

---

83). 덧붙여 알기 쉽게 자세히 설명을 늘어놓음.

84) 위(魏) 나라의 적흑자(翟黑子)가 태무(太武)에게 총애(寵愛)를 받고 병주(并州)에 사신으로 가서 베 1000필(匹)을 뇌물로 받았다가 발각되었다. 흑자가 고윤(高允)에게 의논하기를 "주상(主上)이 물으면 사실대로 고(告)할까요, 은휘(隱諱)하여 말할까요?"하니, 고윤이 말하기를 "공(公)은 유악(유악)의 총애 받는 신하입니다. 죄가 있으나 사실대로 자수(自首)하면 혹 용서를 받을 수 있을지 모르지만 임금을 속이시면 안 됩니다."라 하였다. 최감(崔鑑)과 공손질(公孫質)이 말하기를 "만약 사실대로 말하면 죄를 예측할 수 없습니다. 잠시 은휘하는 것만 못합니다."

속이는 것이 어찌 될 법이나 한 일인가. 고윤이 사실대로 쓴 것은 역사를 기록함에 있어서의 원칙이고, 죽일 만한 죄가 아니다. 이러한 뜻으로 두둔하다가 태무(太武)가 들어주지 않으면, 그때는 눈물을 흘리면서 간해도 될 일이다.' 하였다.

병인(1746)년 봄에 상을 모시고 후원에서 벼 심는 것을 구경하였는데, 임금이 묻기를, '농사짓는 일이 어째서 힘들다고들 하는가?' 하니 대답하기를, '무더운 여름에 물이 펄펄 끓듯이 뜨거운데도 농사꾼들은 농기구를 가지고 일을 하니 그 고생스러움을 짐작할 수 있습니다.'고 하였다. 상이 풍경을 보고 시를 지어보라고 명하시고는, 이어 지은 시를 보고서 말씀하시기를, '수구(首句:시의 첫 구절)는 가뭄을 걱정하여 비가 내리기를 바라는 것이고 낙구(落句:시의 끝 구절)는 나더러 덕을 닦으라고 권면하는 것이다. 내 나이가 벌써 쉰을 넘어섰는데도 세자로부터 더 힘쓰라는 말을 들었으니, 부끄럽기도 하고 한편으로는 갸륵하기도 하다.'라고 하였다. 이어 임금이 밤에 신하를 들게 해서 경연을 베풀던 야대(夜對)를 행하고 말씀하시기를, "오늘 세자의 시를 보니, 뜻이 크고 원대하다. '큰 비가 내린다.'는 한 구(句)는 대풍가(大風歌)[85]의 기상이 있으니, 나의 마음은 이로부터 믿을 데가 있게 되었다."라고 하였다. 한 번은 궁관과 더불어 신축(辛丑)·임인(壬寅)년에 있었던 일[86]을 논하였는데, 의리(義理)의 근원을 환히 변론하였고, 이어 애일잠(愛日

라고 하였다. 혹자가 고윤을 원망하면서 "그대는 어찌 남을 유인(誘引)하여 죽음의 땅으로 나가게 하는가."라며 임금을 뵙고 사실대로 아뢰지 않았다. 임금이 마침내 혹자를 죽였다. 임금이 고윤으로 하여금 태자(太子)에게 경서(經書)를 가르치게 했다. 최호(崔浩)가 사기(史記)의 일로 체포 되자, 태자가 고윤에게 이르길 "들어가 임금을 뵙고 내 스스로 그대를 살 길로 인도(引導)하겠다. 만일 임금께서 물으시거든 그저 내말대로 하라."고 하였다.

85) 한 고조(漢高祖) 유방(劉邦)이 칭제(稱帝)한 후, 고향인 패현(沛縣)에 가서 옛 친구들을 불러 모아 술자리를 마련하고 즐기면서 부른 노래로서, 내용은 '큰 바람이 일어나니 구름이 높이 떠오르네, 온 나라에 위엄을 떨치면서 고향으로 돌아오네. 어찌 용맹한 인재들과 사방을 지키지 않을 손가.(大風起兮雲飛揚 威加海內兮歸故鄉 安得猛士兮守四方)'이다. 「사기(史記)」 한고조본기(漢高祖本紀)

86) 1721(경종1)년과 그 이듬해에 왕위 계승 문제를 두고 노론(老論)과 소론(少論) 사이에 일어난 당화(黨禍)를 가리키며, 일명 신임사화(辛壬士禍), 임인옥사(壬寅獄事)라고도 불린다. 「당의통략(黨議通略)」

箴)[87]을 내리어 자기의 뜻을 표시하였다. 이때 상이 몸조리를 하고 있던 중이었는데, 약원(藥院)의 신하들을 불러 만나보자 부제조(副提調) 홍상한(洪象漢 : 홍봉한의 4촌)이 아뢰기를, '어제 세자가 밤이 새도록 곁에서 모시고 있는 것을 보았습니다. 대체로 효도라는 것은 모든 행동의 근본이 되는 것인데, 어린 나이에 이와 같이 할 수 있다는 것은 진실로 종묘와 사직의 복입니다.'고 하였다. 또 상이 친히 권학가(勸學歌)를 지어 깨우치면서 말씀하시기를, '세자가 근래에 다시 글 읽기에 열중하여, 비록 밤이 이슥해진 후에도 일어나 앉아 독서를 하고 있다. 내가 잠이 오지 않을 때 세자의 글 읽는 소리를 듣노라면, 기운이 한결 솟는다.'고 하였다.

정묘(1747)년에 궁중에 천연두가 발생하여 경덕궁(慶德宮)에 피우(避寓)[88]하도록 명하였으나, 매양 삼전(三殿 : 영조, 정성왕후, 숙종 비 인원왕후)에 오랫동안 문안을 드리지 못하는 점을 염려하며 지냈다. 어떤 연신(筵臣)이 상에게 이 일을 아뢰자, 상께서 말씀하시기를, '어린 나이에 부모를 사랑하는 마음씨가 갸륵하다.'라고 하고는, 당장 그날로 임어하였다. 상이 대궐로 돌아올 때 미쳐 또 다시 몸소 문안을 드리겠다고 자주 청하므로, 상이 처소에 돌아오도록 특명하였다. 한 번은 친히 보리를 심으니 묻기를, '심을 만한 물건들이 많은데 기이한 꽃이나 특이한 나무를 심지 않고, 꼭 보리를 심은 의도는 무엇인가?' 하니 대답하기를, '보리는 곡물이므로 그것이 열매를 맺는 것을 보려고 합니다.'고 하였다. 이에 상이 매우 기뻐하였다.

이해 5월에 상이 환경전(歡慶殿)에 납시어, 빈객(賓客)·춘방(春坊)[89]·계방(桂坊 : 세자익위사)의 관원들을 입시하도록 명하여 서연을 열고는 저녁이 다 되도록 강독하고 논란하다가 파하였다. 상이 대단히 기뻐하여 세자궁의 요속들에게 차등 있게 상을 내렸다. 겨울에 또다시 경덕궁으로 피접(避接)하였는데, 이듬해 무진(1748)년

87) 시간을 아낀다는 의미로, 효도로써 부모를 공양하라는 경계의 글
88) 병이 들어 약을 써도 효험이 없거나 고칠 수 없는 병이 돌 때 살던 곳을 잠시 피해 다른 곳에서 지내던 풍습을 가리킨다.
89) 왕세자의 교육을 맡아 보던 관아로 세자시강원(世子侍講院)을 말한다.

봄에 이르러 궁관으로 하여금 문안드리겠다고 청하였으나, 상이 그만두라고 유시하였다. 문안을 드리는 궁관이 갈 때마다, 꼭 내린 글에 대한 의정(議政)의 봉답(奉答)인 부주(附奏)하는 것을 으레 하는 일로 삼았다.

궁관 이이장(李彝章) 등이 고사(故事)를 진언하니, 답하기를, '예로부터 훌륭한 임금치고 누구인들 큰 효자가 아니었겠는가마는, 공자께서 유독 우순(虞舜)을 칭찬한 것은, 일반 사람의 심정은 사물의 변천에 쉽사리 동요되지만 우순은 온 천하를 가지고도 마음을 움직이지 않았기 때문에 칭송한 것이다. 거친 밥에 푸성귀를 먹고 살던 때이건, 임금이 되어 비단옷을 입고 거문고를 뜯던 때이건, 우순에게야 무슨 상관이 있었겠는가.' 또 말하기를, '이윤(伊尹)은 이 도(道)로 백성들을 깨우쳤는데, 이 도라고 하는 것은 곧 요(堯)·순(舜)의 도이다. 요·순은 남보다 먼저 깨달은 자이고 이윤은 요·순보다 늦게 깨달았으며, 백성들은 그보다 더 늦게 깨달았다. 깨닫는 데는 크고 작음과 얕고 깊음이 있으나, 깨달으면 마찬가지이고 도(道) 또한 마찬가지이다.' 또 말하기를, '백리해(百里奚)가 우공(虞公)에게 간하지 않은 일에 대하여, 맹자는 그를 슬기롭다고 칭찬하였으나 장남헌(張南軒)은 응당 간해야 되는 자리에 있으면서 간하지 않았다면 충성스럽지 못한 것이라고 말하였다. 남의 신하된 자로서 임금을 섬기는 도리는 마땅히 남헌의 설을 옳게 여겨야 할 것이다.'고 하였다. 또 말하기를, '임금에게 어진 이를 좋아하는 성의가 있으면, 한 사람의 군자를 천거하는 것으로 충분히 수많은 소인들을 이겨낼 수 있다. 맹자는 설거주(薛居州)가 외톨이로 되는 것을 걱정하였는데, 군자가 고립하게 되면 걱정스러운 점이 어찌 일개 설거주뿐이겠는가.'라고 하였다. 또 말하기를, '기(氣)는 몸체에 차 있는 것으로서, 그것을 잘 가꾸면 요(堯)·순(舜)이 되고 제대로 가꾸지 못하면 도리어 일에 해로우니, 예를 들면 한(漢)나라 무제(武帝)가 그런 경우이다. 이는 기의 탓이 아니라, 요는 어떻게 가꾸느냐에 달려 있을 따름이다.'라고 하였다.

한 번은 서연에 임어하여 여러 신하들에게 말씀하시기를, '어진 이와 사특한

이가 나아가고 물러가는 것에는 나라의 흥망이 관계되어 있다. 곁에 있는 여러
대부들과 온 나라 사람들이 다들 말하는 이상, 쫓아내거나 승진시키는 데에 무슨
의심할 게 있겠는가. 그런데도 오히려 신중하게 대하는 것은, 진정 좋아하고 미
워하는 것과 공적인 것 사적인 것을 명백하게 구분하지 않을 경우, 여론의 칭송
과 비방을 또한 막아낼 수 없는 것이다. 이 때문에 맹자는 뭇사람이 비방하는 중
에서도 올바른 글인 광장(匡章)을 취하고, 많은 사람들이 칭송하는 중에서도 중자
(仲子)를 비난하였던 것이다. 그러므로 반드시 나의 권도로써 판단을 내리고 취사
를 한 다음에야, 주견이 흔들리는 것을 면할 수 있는 것이다. 이처럼 하지 않으면
아주 큰 칼인 태아검(太阿劍)을 거꾸로 잡고 반란을 일으키는 화란이 있게 된다.'
라고 하였다. 또 서연에 임어하여 맹자가 논한 바, 신하가 되지 아니한 자들에 대
해 강론하면서 말하기를, '주(周)나라의 덕이 지극하여 온 천하가 다들 복종하였
는데, 이러한 때에 주나라의 신하가 되지 아니한 자들은 모두 못된 마음을 품고
백성들을 괴롭힌 자들이다. 천리(天吏 : 임금)된 자로서 어찌 이런 자들을 정벌하지
않을 수 있겠는가. 후일의 선비들이 반드시 '주(紂)의 못된 행실을 도와주었다.'거
나, '민심이 상(商)나라를 떠났다.'는 등의 말로 무왕(武王)을 위하여 변명하니, 이
는 소견이 좁은 것이다.'라고 하였다. 또한 말하기를, '선(善)이란 천하의 공리(公
理)로서, 성심으로 즐겨 취한다면, 천하의 선은 모두 자기의 것이 된다. 이것은
위대하신 순임금의 지극히 공정하고 사사로움이 없는 마음이다. 그러나 아는 것
이 명백하지 못하면 남의 착한 것을 알 수 없으므로, 학문을 함에 있어서는 반드
시 지식을 넓히는 것을 우선시 하여야 한다.'고 하였다. 또 말하기를, '마음이란
한 몸의 주재(主宰)인 셈이니, 잠깐 동안이나마 방심해서는 안 된다. 이 마음이 풀
어지는 날이면, 무슨 일인들 할 수 있겠는가.'라고 하였다. 또 말하기를, '이(利)
치고 인의(仁義)보다 더 큰 것이 없다. 이것이 『주역(周易)』에서 이른바 '의(義)와
이(利)로 천하를 이롭게 한다.'는 것이다. 맹자가 인의(仁義)만 얘기하고 이를 말하
지 않았다는 이는 바로 의(義)·리(利)의 이를 말하는 것이다.'라고 하였다. 또 말하

기를, "공자(孔子)는 '관중(管仲)이 아니었더라면 우리들은 오랑캐가 되고 말았을 것이다.'고 하였는데, 맹자는 '관중이 쓰던 패도(覇道)는 증서(曾西) 같은 자도 쓰지 않았다.'고 하였다. 이는 때에 따라서 상황에 적절하게 한 말로 각각 일리가 있는 것이지, 공자와 맹자가 어찌 견해가 달랐겠는가. 성인이 아니고서야 어느 누군들 때를 제대로 파악한 그 뜻을 알 수 있겠는가."라고 하였다.

이해 여름에 화평옹주(和平翁主)가 죽었다. 이에 앞서 세자가 태어나시던 초기에 상께서 영빈(暎嬪)에게 말하기를, '진중하지 않으면 위엄이 없는 것이니, 칭호를 정하는 이 초기에 마땅히 그 규모를 크게 하여, 일시의 보고 듣는 것을 존엄하게 해야 할 것이다.' 하고는, 백일이 지나자 세자에게 명하여 경묘(景廟)께서 전에 거처하시던 전각에 이어하도록 하고, 전각의 이름을 '저승전(儲承殿)'이라고 하였다. 그리고는 여관(女官 : 궁녀)과 시인(寺人 : 내시)들은 모두 전에 경묘를 섬기다가 갑진(1724)년과 경술(1730)년에 내보냈던 사람들로 충당하였는데, 그것은 누명을 벗겨 불안해하는 자들을 안심시킴으로써 화기(和氣)를 끌어들이려는 것이었다. 그런데 이 무리들은 도리어 남몰래 자기들이 득세한 점을 다행으로 여기고서, 얼마 지나지 않자 주둥이를 놀리고 손뼉을 치면서 자기들 무리에게 타이르기를, '영빈이 비록 세자를 낳기는 하였으나 이는 사친(私親)이다. 군신(君臣)의 의리가 있는 만큼 자주 만나게 해서는 안 된다.'고 하여 만날 때는 반드시 빈(嬪)으로서 정전(正殿)에 나아가 뵙는 예법을 적용하여 예절과 의식 절차 틈바구니에 제약을 받게 해놓았다. 그리하여 영빈은 자주 가보지 못하고 하루에 한 번이나 하루건너 한 번, 또는 며칠 건너 한 번 가기도 하고, 간혹 한 달에 한두 번 가기도 하였다. 꾀가 이미 이루어지자 이번에는 또 대조(大朝)께서 자주 임어하시는 것을 꺼리어, 궁궐의 골목에다 사람들을 늘어 세워 임금의 동정을 엿보았으며, 날마다 허튼소리를 퍼뜨려 현혹을 시켰다. 세자가 이런 상태를 상에게 자세히 아뢰자, 상이 그제야 후회를 하였다. 그러나 여관과 시인들은 곧 경묘조 때에 있던 오래된 자들이었으므로 차마 사형에 처하지 못하였으나, 상의 뜻은 자연히 전과 같을 수 없

었다. 이때에 옹주가 울면서 아뢰기를, '일이 경묘(景廟)와 관계된다는 것은 그 혐의가 매우 적고, 세 종통의 혈맥은 관계된 바가 매우 큰 것인데, 어떻게 일시적으로 혐의를 없애기 위해 사직의 중함을 생각하지 않을 수 있겠습니까. 이 문제 때문에 양궁(兩宮 : 영조와 사도세자) 사이에는 화기가 점차 삭막해지고 있으니, 당장 통곡을 하며 세상을 버리고 싶은 심정입니다.' 하고, 또 모빈(母嬪)에게 간절하게 간하였다. 이때 상은 집복헌(集福軒)에 있었는데, 저승전(儲承殿)과의 거리가 매우 멀리 떨어져 있었다. 정묘(1747)년이 되자 경춘전(景春殿)에 옮기도록 명하였는데, 그것은 거리가 가까운 편리함을 취하고 옹주의 청을 따른 것이었다. 이때에 와서 옹주는 갑자기 병이 나더니, 일어나지 못하였다. 세자는 몹시 슬퍼하면서 변고에 대처할 방도를 깊이 찾았는데, 이 일을 아는 바깥 조정의 사람들은 다들 세자가 위태롭다고 여겼다. 그리하여 풍원부원군(豊原府院君) 조현명(趙顯命), 영성군(靈城君) 박문수(朴文秀), 우빈객(右賓客)[90] 이종성(李宗城) 등이 위기에 임해 적절하게 호위할 것에 대한 의견을 제기하였다.

기사(1749)년 봄에 세자에게 서정(庶政)을 대리(代理)하도록 명하였다. 기주(記注)를 살펴보면, 정월 22일 밤 4경(更)에 상이 한 통의 봉서를 승정원에 내려 보냈는데, 그것은 임금이 살아있는 동안에 아들에게 왕의 자리를 물려주는 내선(內禪)에 관한 일이었다. 승지가 청대하여 되돌려 올리면서 아뢰기를, '조금 전에 덕성합(德成閤)을 지나왔는데, 세자가 벌써 등촉을 밝히고 앉아있었습니다. 그 놀라고 어찌할 줄 몰라 하는 것이 더욱이 어떻겠습니까.'라고 하였다. 이윽고 세자가 대조(大朝)의 문 밖에 나아와서 엎드려 눈물을 흘렸다. 영의정 김재로(金在魯) 등이 입시하여 봉서를 뜯어보니, 처음에는 내선에 관하여 얘기했고 다음에는 대리(代理)에 관하여 언급한 내용이었다. 여러 신하들이 번갈아가며 도로 취소할 것을 청하였는데, 상은 세자더러 앞으로 나오라고 재차 명하였다.

90) 조선시대 세자(世子) 시강원(侍講院)의 정2품(正二品) 문관(文官) 벼슬로 좌빈객과 우빈객이 있었다. 세자의 공부를 가르치는 선생이다.

세자가 어좌 앞에 나아가 엎드려 목메어 울면서 간곡히 청하니, 상이 이르기를, '예전부터 전례가 있던 일이니 놀라지 말라.'고 하였다. 우의정 조현명이 아뢰기를, '신축(1721)년에 정사를 대리하라는 명이 내렸을 때 전하께서 눈물을 흘리면서 서연에 임하였는데, 어찌하여 전하는 그날의 전하 심정을 가지고 세자의 오늘 마음을 헤아리지 않으시는 것입니까.'라고 하자, 임금이 비로소 깨닫고 명을 중지하였다. 이어 현명이 아뢰기를 '첫 번째 문제에 대해서는 다행히도 도로 취소한다는 승인을 받았는데, 비록 두 번째 문제라고 하더라도 신들이 어찌 감히 받들 수 있겠습니까.'라고 하였으나, 상이 들어주지 않았다. 세자가 여전히 엎드린 채 눈물을 흘리고 있었는데 상이 누차 명을 하자 비로소 물러갔다.

그로부터 6일 후에 시민당(時敏堂)에 나아가 대리 조참(朝參)을 행하였는데, 영지(令旨)[91]를 내려 대소 신하들로 하여금 결백한 마음가짐으로 서로 협동하고 한마음으로 나라를 위해 보좌하도록 하였으며, 또 제도로 하여금 백성들의 생업을 각별히 보살피도록 하였다. 또 경외의 혼례나 장례를 제 때에 치르지 못한 사람들에 대하여 관청에서 돌보아주도록 하였다. 우참찬 원경하(元景夏)가 상에게 아뢰기를 '신들이 초연(初筵) 때 내린 왕세자의 명령서인 영지(令旨)를 보니, 누구인들 서로 전하며 고무되어 결백한 마음으로 공경하고 합심할 방도를 생각하지 않겠습니까.'라고 하였으며, 호조 판서 박문수(朴文秀)가 아뢰기를 '대리하라는 어명이 내렸을 때, 세자가 얼굴에 눈물이 가득한 채 의롭게 대처하고 예절에 맞도록 한 일에 대하여, 외부 사람들이 듣고서 다들 경사스러운 일이라고 여겼습니다.'라고 하였다. 그로부터 며칠 후에 '세자가 나보다 낫다.'고 한 상의 하교로 인하여, 문수가 세자를 보살피는 데 대한 말을 극력 진술하였으며, 또 며칠 뒤에는 인재를 등용하며 백성을 돌봐주는 문제로 면대(面對)하고 하교하시어 세자로 하여금 법을 따르게 하기 바란다고 하였다. 또 말하기를 '제왕가(帝王家)의 가법(家法)은 엄격한 것이 비록 좋은 일이기는 하지만, 줄곧 너무 엄해서는 안 될 것입니다.'라

---

91) 왕이 왕세자에게 대리청정을 위임하였을 때 내리는 명령이다.

고 하니, 상이 이르기를 '우리의 가법은 본래부터 이러하다. 옛날에 조심하는 마음을 체득하였기 때문에 나 또한 오늘날이 있게 된 것이다.'고 하였다.

『궁중기문』을 살펴보면, 서연(書筵)에서 『시경』을 강론하다가 궁관(宮官)에게 말하기를 '척호(陟岵)[92] 편(篇)에서 자기가 부모를 생각하는 것은 말하지 아니하고, 부모가 자기를 생각하는 것만을 말하였다. 효자는 부모의 심정을 자기의 마음으로 삼으므로 그 말이 이와 같은 것이며, 자기가 부모를 생각하는 심정도 자연히 그 속에 포함되어 있다.'고 하였다. 또 『상서(尙書)』를 강론하다가 말하기를 '요(堯)·순(舜)은 큰 성인인데도 그 신하는 오히려 게을리 하지 말고 황탄(荒誕: 황당)하지 말도록 경계를 하였다. 신하로서 임금에게 충고하는 도리는 응당 어려운 일을 요구해야 한다. 그러니 임금이 요·순에 미치지 못하는데도 신하가 바른 말을 하지 않는다면, 나라를 다스릴 수 있겠는가.'라고 하였다. 또 말하기를 '은(殷)나라가 세 임금과 주(周)나라의 문왕(文王)은 안일하지 아니한 까닭에 나라를 오랫동안 유지하였고, 순임금은 사람을 등용하여 일을 맡긴 까닭에 편안하여 임금 자리에 가장 오래 있었다. 이것이 비록 다른 것 같지만, 안일하지 않아야만 편할 수 있는 법이니, 임금의 도리에 있어 안일하지 않는 것을 제쳐두고 다른 무엇을 취하겠는가.'라고 하였다.

경오(1750)년 8월에 의소 세손(懿昭世孫)이 태어났으므로, 종묘에 고하고 대사령(大赦令)을 반포하였다. 행록을 살펴보면, 9월에 영묘께서 온천에 거둥하였는데, 그 이튿날 비가 내렸다. 서울에 남아있는 대신(大臣) 영의정 조현명(趙顯命) 등을 불러 이르기를 '대가(大駕)가 떠나자마자 어제 비가 많이 내렸으니, 성상의 체후가 손상되셨을 것이다. 이 때문에 애가 타고 답답하여 경들을 불러 만난 것이다.'라

---

92) 『시경』 "국풍" '8장'에 나오는 아버지를 그리워하는 시로,
저산에 올라가 아버지 계신 곳을 바라보노라.
아버지께서 "아, 아들아! 전쟁터에 가거든
밤낮으로 쉬지 못하겠구나. 부디 몸조심 하여라.
그리고 머뭇거리지 말고 돌아오너라."라 하시는 듯하구나.
(이하 생략)

고 하고는, 이어 서울에 머물러 있는 군사들을 위로하라고 명하였다. 이때로부터 대궐에 돌아올 때까지 거의 20일 가까이, 밤이면 옷을 단정히 가다듬은 채로 아침까지 밤을 새워 걱정하면서, 오랫동안 천안(天顔 : 임금의 얼굴)을 뵙지 못하는 것 때문에 밤낮 그리워하며 걸핏하면 눈물을 억제하지 못하곤 하였다. 궁중에서 이를 매우 의아히 여겨 그 까닭을 물었더니, 말하기를 '내가 태어난 이후로 부모와 처음 멀리 떨어지고 보니, 어버이가 그리운 마음에서 그렇게 되지 않을 수가 없었다.'고 하였다. 상의 수레가 돌아와서, 영묘께서 이 얘기를 듣고는 '세자의 일은 늘 상상 밖이다.'라고 말씀을 하셨다.

기주(記注)에 의하면, 신미(1751)년 가을에 제도(諸道)에 돌림병이 극성하자, 영지(令旨)를 내리어 방백(方伯 : 현재의 도지사)들에게 특별히 보살피고 돌봐주도록 신칙하였다. 임신(1752)년 봄(2월 16일~2월 29일)에 대조(大朝)께 존호(尊號)를 올리는 문제로 여러 날 정청(庭請)[93]을 하니, 상이 황단(皇壇)[94]에 나아가 청명(請命)하는 거조를 행하므로, 여러 신하들이 울면서 내전(內殿)으로 돌아갈 것을 청하였으나, 허락하지 않았다. 세자가 편복(便服) 차림으로 걸어 나가, 임금 앞에 이르러 울면서 간청해 마지않으니, 자전(慈殿)에게만 존호를 올리라고 명하였다. 상이 내전으로 돌아오자 세자가 명정전(明政殿) 월대(月臺)에 나아가 날이 샐 때까지 합문(閤門)에 엎드려 있었다.

이해 3월 4일 통명전(通明殿)에서 의소 세손이 죽었는데, 세자는 스스로 마음을 다져 슬픔을 억제하고, 위로 삼전(三殿)을 위로(慰勞)하였다. 9월에 원손(元孫)이 태어나자 하교하기를 '오늘의 경사는 경오(1750 : 의소세손 탄생)년의 경사보다 낫다.'고 하였다. 겨울에 세자에게 홍역의 증세가 있었으므로 약원(藥院)이 직숙(直宿)을

---

93) 세자나 의정(議政)이 백관을 거느리고 궁정에 이르러 큰일을 보고하고 명령을 기다리던 일을 말한다.

94) 고려(高麗) 때부터 하늘과 땅에 제사(祭祀) 지내기 위해 쌓은 단이다. 지금 서울의 조선(朝鮮) 호텔 안에 있는 황단은 고종이 대한제국을 선포하고 하늘에 천제(天祭)를 올린 곳으로 원구단(圜丘壇)이라고도 한다.

하였는데, 인접할 때면 반드시 예절을 차렸다. 여러 신하들이 침실에서 누워 접견할 것을 청하자 '겹옷 하나 걸치는 것이 뭐가 어렵다고 신하들을 누운 채로 만나겠는가.'고 하였다. 이 무렵 조정의 의논이 두 갈래로 나뉘어 영묘께서 약을 물리치니, 세자가 승지에게 말하기를 '내가 4년 동안 대리(代理)하면서 성교(聖敎)를 몸 받지 못하여 약을 물리치는 일까지 있게 하였으니, 내가 무슨 마음으로 약을 먹겠는가.' 하였다. 11월에 상이 어떤 일로 격해져서 전선(傳禪 : 임금 자리를 물려줌)하겠다는 하교를 내렸다가 금세 도로 취소하였다. 12월에 송현궁(松峴宮)[95]에 행차하여 또 전선(傳禪)을 명하였고, 며칠 후에는 선화문(宣化門)에 나아가 앞서의 명을 다시 선포하였다. 세자가 엎드려 눈물을 떨어뜨리면서 머리를 조아리며 청명(請命)을 하였는데, 이마에서 흘러 떨어진 피가 자리를 적셨다. 영의정 이종성(李宗城)이 아뢰기를 '세자가 비오듯 눈물을 흘리니, 그 성의와 효성이 지극합니다. 전하께서 이미 취소하도록 허락하신 이상 식언(食言 : 거짓말)을 해서는 안 될 것입니다. 이 추운 겨울에 감기라도 걸릴까 몹시 안타깝습니다. 더구나 중한 병을 앓고 난 뒤인데 더 말할 것이 있겠습니까.'라고 하였다. 그러자 이종성 등을 중도부처(中途付處)[96]하라고 명하였다. 이튿날 어가가 육상궁(毓祥宮)에 가니, 세자가 옷자락을 잡고 극력 요청을 하려 했는데, 상은 즉시 행차를 돌려 창의궁(彰義宮)으로 가서 문을 닫아버렸다. 그러자 이날 밤 세자가 걸어서 대궐문 밖에 나아

---

95) 중구 남대문로 3가 남부 회현방 송현에 있는 인조 생부 원종의 옛집으로 인조의 잠저였다. 영조 31(1755)년 원종의 생모인 인빈 김씨 위패를 봉안하고 향사하였으나 후에 저경궁(儲慶宮)으로 개칭하였다.

96) 조선시대의 벼슬아치에 대한 형벌로 중도부처를 줄여 부처(付處)라고도 한다. 관원을 유배시킬 때 어떤 중간 지점을 지정하여 거기에 머물게 하는 것으로, 이는 3등 이하의 죄에 해당되는 것인데, 유배지는 황무지·바닷가·섬 등 지방관이 지정하였다. 귀향(歸鄕)을 허락하지 않은 대신 유배지에서 가족과의 동거는 묵인하였다. 왕족·중신(重臣) 등의 정치범 외에는 배소(配所)에 유폐(幽閉)하는 일 없이 대개 방치하여 두었다. 기록상 부처되는 곳을 구체적으로 밝히지 않거나, 기한이 명시되지 않는 것이 특색이다. 중도부처는 여러 종류가 있는데 형벌이 무거운 순서대로는 부처본관(付處本貫), 부처본향(付處本鄕), 사장부처(私莊付處), 원방부처(遠方付處), 외방부처(外方付處), 자원부처(自願付處)이고 한결 가벼운 형벌로는 자원류(自願流), 외방종편(外方從便), 경외종편(京外從便)이 있다.

가 상소하였으나, 아무런 대답이 없었다. 새벽까지 명을 기다리다가 대궐문을 밀치고 들어가 도로 취소하기를 청하였으나, 따르지 않고는, 서둘러 궁궐로 돌아가라고 명하였다. 그 다음날 밤에 또 대궐문 밖에 나아가서 엎드려 있었으나, 상이 허락하지 않으므로, 돈화문(敦化門) 밖에 물러가 거적자리를 깔고 명을 기다렸다. 이렇게 하기를 여러 날 계속하였다. 상이 북한산성(北漢山城)의 행궁(行宮)으로 가려 하자 세자가 울면서 승지에게 말하기를 '나의 죽고 사는 것이야 진실로 돌아볼 것도 못되나, 이처럼 몹시 추운 때를 당하여 성체(聖體)에 바람을 쏘이니, 마음이 칼로 에이는 듯하여 가만히 있을 수 없다.' 하고는, 즉시 약원(藥院)의 신하로 하여금 상에게 인삼차를 다시 올리게 하였다. 그로부터 며칠 후 상이 비로소 대궐로 돌아왔으며, 앞서의 명을 취소하였다.

『궁중기문』을 살펴보면, 이 무렵 화협옹주(和協翁主)의 상사(喪事 : 1752. 11월. 27)가 있었는데, 애통하고 아쉬움을 억제하지 못하여 말하기를 '나는 이 누이에 대해 각별히 고념(顧念 : 돌보아 줌)하는 정이 있는데, 이제 갑자기 죽었으니 이 슬픔을 어디에다 비기겠는가. 직접 가서 슬픔을 쏟아내지 못하는 처지가 나의 지극한 아쉬움이다.'라고 하였다. 계유(1753)년 정월에, 영의정 이종성이 탄핵을 당하여 성 밖으로 나갔다가, 3월에 비로소 향리(鄕里)에 돌아갔다. 이때에 문녀(文女 : 궁인에서 1753. 2. 8. 소의로 봉함)가 잉태를 하였으므로 중외가 뒤숭숭하였는데, 이종성이 호위하자는 논의를 극력 주장하였다. 지난해 겨울에 하마터면 딴 뜻을 품은 자들에 의해 배척을 받을 뻔하였는데, 이때에 와서 너무도 모해(謀害)가 더욱 심해져서 종성은 성문 밖까지 물러나갔으나 끝내 향리로 돌아가지 않고 있었다. 3월 초에 문녀가 딸을 낳자 비로소 말하기를 '우리 집안은 대대로 나라의 은혜를 받은 만큼, 시속 사람들이 내쫓으려 한다는 이유로 나의 평소 뜻을 움직일 수는 없다. 설사 주먹질과 발길질을 번갈아 퍼붓더라도 오직 나아가는 것 뿐, 물러설 수는 없다. 한 번 죽으면 그만일 따름이다. 이제는 다행히 옹주가 태어났다는 얘기를 들었으니, 내가 귀향할 결심을 할 수 있게 되었다.'고 하고는, 드디어 3월 7

일 영의정 이종성이 글을 올리고 고향으로 돌아갔는데 위유(慰諭)[97]하고 부지런히 힘쓰라는 글을 내렸다. 이에 세자가 말하기를 '많은 사람들이 제아무리 이러쿵저러쿵 말을 하더라도 문녀(文女)의 일에 대해서 나는 결코 그런 일이 없다고 장담한다. 설사 그런 일이 있더라도 일월처럼 밝으신 대조(大朝)께서 어찌 준엄한 꾸지람을 내리지 않으리라 걱정하겠는가. 단지 여러 신하들이 어쩔 줄 몰라 하는 염려를 상신(相臣) 덕분에 진정시킬 수 있었다.'라고 하였다.

이해 겨울에 왕명으로 사형에 해당되는 죄인에게 억울함이 없도록 하기 위하여 3번 심사를 하게 하였는데, 지방관의 심사를 초복(初覆), 형부(刑部) 심사를 재복(再覆), 임금이 친국하는 3차 심사를 삼복(三覆)이라 하여 현재의 삼심제와 같이 정확하고 신중을 기하여 사형을 결정했는데 온전하게 살린 사람이 많았다. 그 후부터 해마다 그리하였다.

밤에 궁관을 불러 강론하다가 자정이 되자, 공물로 올라온 귤을 궁관에게 하사하였다. 귤을 다 먹자 쟁반 안에 시(詩)가 있었는데, 궁료들이 즉석에서 차운시(次韻詩)[98]를 지어 화답하였다.

1754(영조 30)년에는 각도의 고을에서 곡식을 저장해 두던 창고에서 춘궁기(春窮期)인 봄에 백성에게 꾸어주고 추수기인 가을에 받아들이는 제도인 환곡(還穀)에 대해 탕감해주거나 도와주는 부익(裒益)의 정책을 시행하여, 서민들의 고충을 덜게 하였다.

또 땅 구실에 준거(準據)하여 쌀, 무명 따위를 상납하게 하는 제도로 원래 병역을 면제받는 대가로 현역병의 농작에 노동력을 제공하도록 했으나, 후에는 군대의 비용을 충당하기 위하여 역(役)을 면해주는 대신 군보로 받아들이던 삼베나 무명을 돈으로 대납(代納)하는 방납(防納)을 금지시켰다.

태학(太學)의 유생들이, 재예(齋隸)가 임금이 하사한 은 술잔을 가지고 밤에 나

97) 위로하고 타일러 달래는 일.
98) 다른 사람이 지은 시(詩)의 운자(韻字)를 따서 지은 시를 말한다.

오다가 순찰 도는 군졸에게 붙잡혔다는 이유로, 드디어 식당(食堂)에 들어가는 일을 중지하니, 하교하기를 '대조(大朝)께서 유생들을 중시하는 덕의(德意)가 얼마나 큰데, 감히 하찮은 일로 소란을 일으켜 성인의 사당에 사람이 없게 해서야 되겠는가. 병조의 장관을 엄중히 문책하겠다.'라고 하고는, 재유(齋儒)들을 권하여 들어가게 하라고 명하였다.

일찍이 『논어』를 강론하다가 삼월불위(三月不違) 장에 이르러, 강관이 아뢰기를 '이는 공자(孔子)의 말씀인 만큼, 안자(顏子)의 이름을 휘(諱)하는 것은 부당합니다.'고 하니, 말씀하기를 '공자가 말을 했지만 그것을 읽는 사람은 하대의 사람이다.' 하고는, 드디어 휘하고 이름을 부르지 않았다. 또 영지(令旨)를 내려 밖에 있는 서연관들을 모두 참가하게 하고는 사물잠(四勿箴)[99]을 강론하다가 말씀하시기를 "대저 사욕(私慾)이 일어나는 데에는 크고 작은 것과 얕고 깊은 것이 있지만, 하찮은 잘못을 대수롭지 않게 여기다가 점차 큰 과오를 빚어낸다면, 그 해로움은 마찬가지이다. 소열제(昭烈帝)[100]가 말하기를 '자그마한 악(惡)이라고 해서 그 악을 저지르지 말라.'고 하였는데, 이야말로 더없이 지당한 말이다."고 하였다. 상께서 이를 들으시고 가상히 여겨 '학문을 강론한 효력이 참으로 얕지 않다.'고 하였다. 또 『소학』을 강론하면서 말하기를, "사람의 본성에서 우러나오는 4가지 마음씨로 인(仁)에서 나오는 측은지심(惻隱之心)·의(義)에서 나오는 수오지심(羞惡之心)·예(禮)에서 나오는 사양지심(辭讓之心)·지(智)에서 나오는 시비지심(是非之心)인 사단(四端)이 마치 구름이 피어오르듯 느낌을 따라 나타난다고 했는데, 그것이 나타

---

99) 공자가 그의 제자인 안회(顏回)에게 해서는 안 되는 것 4가지를 가르친 것으로, '예의(禮儀)에 어긋나는 것은 보지 말며, 예의에 어긋나는 것은 듣지 말고, 예의에 어긋나는 것은 말하지 말고, 예의에 어긋나는 것은 행하지 말라.'고 한 경잠(警箴)이다.

100) 유비(劉備, 161~223) 자는 현덕(玄德), 묘호가 소열제(昭烈帝)이다. 중국 삼국시대 촉한(蜀漢)의 제1대 황제(재위 221~223)로 관우·장비와 결의형제하였다. 삼고초려(三顧草廬)로 제갈량(諸葛 亮)을 맞아들인 고사가 유명하다. 220년 조비(曹丕:187~226)가 한나라 헌제의 양위를 받아 위(魏)의 황제가 되자, 221년 그도 제위에 올라 한의 정통을 계승한다는 명분으로 국호를 한(漢:蜀漢)이라 하였다.

났을 때는 확충을 해야 하지만 나타나지 않았을 때 역시 공경(恭敬)을 위주로 삼는 공부가 있어야 한다. 발로되지 않았을 때에 공경을 위주로 한 다음에야 절도에 알맞게 발로될 수 있는 것이다. 그러니 공경한다는 것의 뜻을 먼저 분명하게 알아야 할 것이다.'라고 하였다. 또 말하기를 "손사막(孫思邈)[101]이 이르기를 '마음은 조심하면서도 담이 커야 한다.'고 하였다. 무왕(武王)이 군사를 거느리고 맹진(孟津)을 건넌 것은 바로 씩씩한 기상이었다. 그런데도 오히려 '밤낮으로 두려운 심정이다.'고 하였으니, 성인의 심소담대(心小膽大)한 점을 여기에서 역시 알 수 있다."라고 하였다. 겨울에 날씨가 추우니, 죄가 가벼운 죄수들을 석방하였다.

을해(1755)년 반역으로 인하여 일어난 역변(逆變) 때는 주상이 직접 구름차일을 치고 휘장으로 사방을 둘러막고 바닥을 높이고 별다르게 꽃무늬를 놓거나, 채색으로 꽃무늬를 놓아서 짠 돗자리를 펴고 중앙에 임금이 앉을 자리를 임시로 꾸민 장전(帳殿)에 납시어 소조(小朝)를 곁에 있도록 명하시고 중대한 죄인을 국청(國廳)에서 직접 신문하는 친국(親鞫)을 행하면서 이르기를, '신축(辛丑)년인 1721년의 신(辛)과 임인(壬寅)년인 1722년의 임(壬)을 합하여 신임년(辛壬年)의 상소문에 관계된 6적(六賊)과 조태구(趙泰耈), 유봉휘(柳鳳輝) 등에게 지금 비로소 역적으로 처벌하는 역률(逆律)을 추후에 실시하여 이제 의리(義理)가 처음으로 밝아지게 되었다. 그 점을 모두 알아야 할 것이다.'라고 하였다.

『강목(綱目)』을 강론하다가 말하기를 '즉묵성(卽墨城)이 굳게 버티어 함락당하지 않은 일은, 위왕(威王) 때 상을 받은 대부(大夫)가 일찍이 보장책(保章策)[102]을 시행한 공이 있어, 이 날에 그 힘을 본 것인 듯하다.'고 하였다. 또 말하기를 '임금의 총애를 받는 아홉 신하가 이미 전단(田單)[103]을 참소하였건만, 오직 초발(貂勃)만이

---

101) 손사막(孫思邈, 581~682) 당(唐)나라의 의학자(醫學者)로 백가(百家)에 통(通)하고 노장(老壯)의 도(道)에 환하며 겸하여 음양(陰陽)과 의술(醫術)에 통달(通達)했다. 『천금방(千金方)』 93권을 저술(著述)하였으며 인명(人命)은 천금보다 귀중(貴重)하다는 생각에 바탕을 둔 의가(醫家)의 윤리(倫理)를 제창(提唱)했다.

102) 어떤 일이 어려움 없이 이루어지도록 조건을 마련하여 보증하거나 보호하는 방책이다.

그의 억울함을 해명하고 나섰다. 이때 제(齊)나라 임금은 의당 '전단에게 사심(私心)을 두어 두둔하는 것이 아닌가.'고 의심을 했을 법한데, 의심을 하지 않았을 뿐만 아니라, 도리어 등용을 하였으니, 제나라 임금은 참으로 현명한 군주이다.'라고 하였다.

또 민지(澠池)의 회합에 대하여 논하기를 '협곡(夾谷)에서 만났을 때 공자가 예의로써 임금을 인도한 결과 제(齊)나라 임금이 겁을 먹고 감히 노(魯)나라에 위협을 가하지 못하였다. 과연 상여(相如)가 공자처럼 처음부터 예로 따졌다면 반드시이와 같이 힘이 들지는 않았을 것이다.'라고 하였다. 또 말하기를 "한(漢)나라 문제(文帝)는 어진 임금이라고 말할 수 있는데도 황(黃)·로(老)를 숭상하고 상기(喪期)를 단축하는 제도를 정하였으며, 가의(賈誼)[104] 같은 훌륭한 인재가 있는데도등용하지 못하였으니, 끝내 후세의 기의(譏議 : 헐뜯어 평론함)를 면하기 어렵다. 다만 가의의 상소문은 한갓 시정(時政)의 득실에 대해서만 언급하고, 본질적인 병통에 대해서는 언급하지 않았으니, 동자(董子)가 주장한 '임금의 마음을 바로잡는논의'에다 비교할 때 자연히 차등이 있다."라고 하였다.

또 말하기를 '당(唐)나라 현종(玄宗)은, 조정의 일은 재상에게 맡기고, 변방의 일은 장수한테 맡기고는, '내가 다시 무엇을 걱정하겠는가.'라고 하였으니, 이것은옛날에 이른바 '어진 인재를 찾아내는 데에 애쓰고, 그에게 모든 일을 맡기는 데서 몸이 편하게 된다.'는 것과 서로 어긋나지 않는 듯하다. 그러나 현종은 어진

---

103) 제(齊)나라 사람으로 BC 284년 연(燕)·조(趙)·한(韓)·위(魏)·초(楚)나라와 연합을 하여 연나라 악의(樂毅)가 상장군(上將軍)이 되어 제(齊)나라 수도 임치(臨淄)를 공격하여 70여성(城)을 함락시켜 대부분의 영토를 빼앗았으나 즉묵성(卽墨城)만은 전단(田單)이 끝까지 방어하였다. BC 278년 전단의 이간책으로 악의(樂毅)를 제거하고 역시 연나라 장수 기겁(騎劫)마저 공격하여 죽이고 이듬해에는 제나라의 모든 영토를 다시 찾았다.

104) 가의(賈誼 : BC 200~BC 168) 전한(前漢) 문제(文帝) 때 최연소 박사가 된 정치가이자 문인이며 학자였다. 진(秦)나라 때부터 내려온 율령·관제·예악 등의 제도를 개정하고 전한의 관제를 정비하기 위한 많은 의견을 상주했다. 당시 고관들의 시기로 좌천되자 자신의 불우한 운명을 굴원(屈原)에 비유해 「복조부(鵩鳥賦)」와 「조굴원부(弔屈原賦)」를 지었다.

이를 찾아내는 데에 애를 쓰지 못하고, 단지 사람에게 맡기면 편하다는 것만을 안 나머지 천보(天寶) 연간의 난리[105]를 초래하였으니, 두려워하지 않을 수 있겠는가. 그리고 그가 한휴(韓休)와 소숭(蕭嵩)을 논할 때 곁에 있던 신하들에게 사적으로 얘기를 한 것은, 그가 이미 성심껏 어진 이를 좋아하지 못하고 억지로 거스르는 뜻이 있었으니, 이것은 계속적으로 이어나갈 만한 방법이 아니다. 그 정치가 유종의 미를 거둘 수 없으리라는 점을 알 수 있는 것이다.'라고 하였다.

또 말하기를 '위(衛)나라의 사군(嗣君)은 선대 임금이 물려준 토지를 일개 죄수와 바꾸었는데, 법을 세운 것은 엄격하였으나, 경중을 알았다고 말할 수는 없다.'고 하였다. 또 말하기를 '악의(樂毅)가 제(齊)나라를 정벌할 때, 극신(劇辛)은 고립된 군대를 끌고 깊숙이 들어가는 것이라고 논란을 하였다. 그러나 위(魏)나라는 송(宋)나라를 공략(攻略)하고, 조(趙)나라는 하간(河間) 지역을 거머쥐어, 충분히 제나라의 군대를 견제할 수 있었기 때문에 일거에 성공을 하였다. 이 때문에 병법에서는 형세를 살피는 것을 소중하게 여기는 것이다.'라고 하였다.

이해 여름에 날씨가 무더우니 궁관이 서연(書筵) 시각을 개정하자고 청하였다. 이에 명령하기를 '아침저녁에는 조금 선선하므로 글 읽기에 알맞을 뿐 아니라, 대조(大朝)께서 한낮에 주강(晝講)을 하시는데, 내가 어찌 감히 더운 것을 꺼리어 시각을 고치겠는가.'라고 하고는 드디어 허락하지 않았다. 서연관 송명흠(宋明欽)이 현(縣)의 관원이 되어 하직 인사를 하니, 특별히 소대(召對)를 명하여 『대학(大學)』의 '뜻을 성실하게 하고 마음을 바르게 한다.'는 내용을 토론하였는데, 조용하게 주고받는 말이 마치 메아리와 같았다. 송명흠이 말하기를 '뜻을 성실하게 하고 마음을 바르게 한다는 설을 송(宋)나라 황제는 듣기 싫어하였는데, 저하(邸下)께서는 심오한 뜻을 밝히면서 꾸준히 힘쓰고 게을리 하지 않으니, 여기서 저하가

---

105) 천보(天寶)는 당 현종(唐玄宗) 말기의 연호(年號)이다. 초기에는 정사(政事)에 부지런하여 '개원지치(開元之治)'라 불리는 유례가 드문 태평성대를 이룩하였던 현종이, 나중에는 양귀비(楊貴妃)에게 혹(惑)하여 정사를 소홀히 하다가 안록산(安祿山)의 반란을 초래하여 피난을 떠나는 등 말기의 정치가 문란하였다. 『신당서(新唐書)』 권5 현종기(玄宗紀)

학문에 진실한 마음으로 노력한다는 것을 알 수 있습니다.'고 하였다. 또 『맹자(孟子)』를 강론하다가 궁관에게 말하기를 "우(禹)임금이 용사(龍蛇)를 내몰아 진펄에다 살게 하였는데, 우는 어떻게 용사를 내몰았는가. 우가 이미 물길을 터서 길을 뚫음으로써 늪을 진펄로 만들고 나자 물이 흘러가는 곳으로 용사가 따라간 것으로서, 이는 저절로 내몰아 쫓는 상황이 된 것이다. 그러므로 '형세가 그러했을 따름이다.'라고 하였다. 성인이 때를 살피고 기미를 살피어 어디를 들어가든지 터득하지 못하는 일이 없는 것도 역시 그 형세에 순응하기 때문이라고 할 수 있다. 진퇴(進退)와 존망(存亡)의 기미를 아는 것은, 시중(時中)의 성인이다."라고 하였다.

병자(1756)년 5월 낙선당(樂善堂)에 화재가 났다. 기주(記注)를 살펴보면, 세자가 영지(令旨)를 내리어 '불초한 내가 외람되게 대리(代理)를 받든 지가 벌써 8년이 되었으나, 어느 일 하나 성상의 뜻을 제대로 받든 것이 없이 늘 성상의 마음에 걱정만을 끼쳐드리며 오늘날에 이르렀으니, 신하들을 대하기가 참으로 부끄럽다. 다행히 우리 성상의 지극하신 인애(仁愛)에 힘입어 지내고 있는데, 삼가 어제의 하교를 받들자, 감격과 송구스러움이 교차하여 나도 모르게 눈물을 흘렸다. 조정에 있는 대소 신하들은 나를 변변치 못하다고 보지 말고, 일에 따라 올바르게 바로잡도록 하라.'라고 하였다. 상이 그것을 듣고 하교하기를 '세자의 자신을 탓한 말이 어찌 덕이 없어서 그리된 것이겠는가. 조상의 신령이 돌보아주심을 받은 셈이니, 대소 신하들은 우리 세자의 이 뜻을 바탕삼아 지성으로 보좌하도록 하라.'라고 하였다.

『궁중기문』에 의하면, 세자가 본디 술을 입에 대지 않는다는 점은 궁중의 대소 사람들이 다 아는 일인데, 이때에 그와 상반된 말이 돌았다. 세자는 성인의 가르침에 힘쓰지 못했다는 내용의 지시를 내리어 반성하면서 자책을 하였고, 또한 술을 지나치게 마셨다고 상 앞에 말씀드렸다. 이때 좌우에 있던 신하들이 '없는 일을 있다고 하는 것은 도리어 성실하지 못한 것이 된다.'고 말하자, 답하기를 '지극

히 인자하고 지극히 명철하신 전하께서 스스로 그것의 허실을 판별할 수 있는데, 내가 어떻게 감히 스스로 변명하는 말을 입 밖에 낼 수 있겠는가.'고 하였다. 얼마 후에 상이, 세자가 영지(令旨)를 내려 자신을 책하였다는 것을 듣고는 매우 기뻐하면서 '이런 말이 나도는 것은 모두 나의 잘못이다.'고 하면서 누차 감격하고 깨닫는 의사를 드러내 보였고, 그뿐만 아니라 성의(聖意)를 중외에 반시(頒示)하였다.

이에 앞서 화재가 발생한 이튿날 상이 여러 신하들을 꾸짖어 말하기를 '근래의 일을 나에게 알려주는 사람이 없으니, 조정 신하들 중에 믿을만한 자가 없다.'고 하니, 적신(賊臣) 김상로(金尙魯)가 대답하기를 '세자도 역시 두렵기 때문에 감히 그렇게 하지 못한 것입니다.'라고 하였다. 그런 다음 승지에게 물으니, 승지 이이장(李彝章)이 아뢰기를 '세상에 어찌 이런 도리가 있겠습니까. 전하께서는 장차 이런 신하를 어디에다 쓰시렵니까.'라고 하니, 상이 이르기를 '옳다. 승지가 한 말이 과연 옳다.'라고 하였다. 이장이 또 아뢰기를 '아비에게 잘못이 있으면 아들이 간하지 않는 적이 없는 법이니, 그래서 예전 말에 이르기를 '아비에게 간쟁하는 아들이 있다.'고 하였습니다. 아들에게 잘못이 있으면 아비로서 나무라지 않는 적이 없는 법이니, 그래서 옛글에 이르기를 '어진 아버지와 형이 있는 것을 즐거워한다.'고 하였습니다. 부자간에 잘못이 있으면 간하고 나무라는 것이 마땅합니다. 그런데 성인이 이른바 '아비는 아들을 위하여 허물을 숨겨주고 아들은 아비를 위하여 허물을 숨겨준다.'는 것은, 간쟁하고 책망을 하되 다른 사람들이 그 간쟁하고 책망하는 것을 알지 못하게 한다는 것으로, 이것이 바로 허물을 숨긴다는 것입니다. 오늘 아침에 하신 말씀은 실로 성인의 '허물을 숨겨준다.'는 말과는 어긋나는 점이 있으니, 이게 무슨 일입니까.'라고 하였다. 상이 드디어 기뻐하면서 말하기를 '아뢴 말은 지극한 정성에서 나왔다. 승지 같은 사람은 이처럼 걱정을 하지만, 고약한 무리들은 반드시 듣고서 기뻐할 것이다.'고 하였다. 이장은 오히려 본사(本事)를 제대로 알지 못했기 때문에 이런 정도로만 아뢰고 말았던 것이다.

세자의 영지(令旨)가 먼저 내리고 임금의 전교(傳敎)가 뒤이어 내리자, 궁중과 외정(外廷)에서 이를 들은 사람들은 서로를 축하하여 말하기를 '감동하고 깨닫게 된 것은 성상의 인자한 마음에서 나온 것이고, 감동하고 깨닫게 만든 것은 역시 세자의 효성에서 말미암은 것이다.'라고 하였다.

또 영지(令旨)를 내리어 올곧은 말로 극력 간할 것을 구하였으며, 중외에 신칙하여 농사를 장려하고 가난한 자들을 구제하였으며 백성들의 고충을 알아보았다. 이해 겨울에 두환(痘患 : 천연두)을 앓다가 회복되자, 축하를 올리고 사면령을 반포하였다.

정축(1757)년 2월에 정성 왕후(貞聖王后)가 세상을 떠나자, 세자는 가슴을 치며 통곡하면서 슬퍼 어쩔 줄 몰랐다. 빈소를 차릴 때부터 발인을 할 때까지 다섯 번의 전(奠)과 일곱 번의 곡(哭)을 할 때마다 친히 참가하여 그 성의를 나타내었고, 밤낮으로 울음소리를 거의 그치지 아니하였다. 왕실 친척들과 의식을 거드는 집사(執事)들이 다들 감격하여 찬탄하였으며, 중외에서도 이를 듣고 역시 눈물을 훔치지 않는 사람이 없었다. 상이 여러 신하들에게 말하기를 '나는 슬픔에만 겨워 지내지 않고 있는데, 지금 세자가 깊이 슬퍼하는 것을 보니 어찌 슬픔을 누를 수 있겠는가.'라고 하였다. 판부사 유척기(俞拓基)가 아뢰기를 '지난번 성후(聖候)가 불편하셨을 때 숭문당(崇文堂)에 입시하였다가 삼가 동궁을 우러러보니 밤새도록 애를 태우고 있었는데, 혹시라도 큰 병환이 생길까 염려되었습니다. 이제 만약 감정대로 슬퍼하게 놔둔다면, 틀림없이 몸을 손상하게 될 것입니다. 그러니 전하께서 보살피셔야 될 것입니다.'라고 하였다. 이해 3월에 인원 왕후(仁元王后)가 또 세상을 떠나자, 상이 정도에 지나치게 슬퍼하였는데, 세자가 곁에서 모시면서 정례(情禮 : 情理와 禮儀)를 다하여 위로를 하였다. 6월에 정성 왕후를 발인하였다. 궐문 밖에 이르러 곡을 하면서 하직하였는데, 그 슬퍼함이 좌우를 감동시켰으며, 서울의 사녀(士女 : 男子와 女子)들이 서로들 모습을 보려고 눈물을 훔치며 앞을 막았다. 길잡이들이 그들을 밀쳐내자, 사람을 다칠까 싶으니 그만두라고 지시하였다. 우반(虞返) 때

가 되자 교차(郊次)에서 신연(神輦)을 맞이하여 한동안 슬피 곡을 하였는데 자리에 눈물을 비가 오듯이 흘렸고, '장례 행렬이 나의 의장(儀仗)과 서로 막혀 바라볼 수가 없으니, 대오를 나누어서 가게 하라.'고 하였다. 유궁(幽宮)의 지문(誌文)을 친히 지어 간직해 두었는데, 바깥 신하들은 모두들 그 일을 알지 못하였다. 그 뒤로 본래 앓던 병이 매우 위독하였으나, 병을 무릅쓰고 두 혼전(魂殿)에 일곱 번의 우제(虞祭)와 삭망제(朔望祭)를 거행하였는데, 병이 위독해질수록 슬픔도 더욱 더하였다. 이때 보덕(輔德)[106] 윤동승(尹東昇)이 보살피면서 주선한 힘이 매우 컸는데, 매번 말하기를 '동승이 아니었더라면 어떻게 나의 정리를 환히 드러낼 수 있었겠는가.'라고 하였다.

　기주(記注)를 살펴보면, 무인(1758)년 8월 2일인 가을에 상이 혼전(魂殿) 뜰에 엎드려 구두로 주달(奏達 : 임금에게 아룀)하였는데, 감히 들을 수 없는 말이었다. 이어 사관(史官)에게 명하여 쓰게 하였으며, 영의정 이천보(李天輔)를 파직시키라고 명하였다. 그 이튿날 아침에 도승지 채제공(蔡濟恭) 등이 여러 승지와 사관들을 거느리고 아뢰기를 '전하는 어찌하여 이런 일을 하시는 것입니까. 신하된 자로서 감히 쓸 수 없을 뿐만 아니라, 또한 차마 보지 않아야 하는 일이니, 누가 감히 붓을 잡고 기주(記注)에 옮겨 적을 수 있겠습니까. 신들은 만 번 죽음을 무릅쓰고 되돌려 올리고, 물러가 엎드려 처단을 기다리겠습니다.' 하고는, 이어 소매 속에서 구두 주달(奏達)의 등본(謄本)[107]을 꺼내어, 무릎을 꿇고 상의 앞에 놓았다. 한참 지난 후에 상이 이르기를 '말인즉 옳다. 내가 마땅히 받아들이겠다.'라고 하였다.

106) 조선시대 세자시강원(世子侍講院)에 설치되었던 관직이다. 때에 따라 홍문관(弘文館)의 직제학(直提學)·전한(典翰)·응교(應敎)·부응교 중에서 1인을 선임하여 보덕을 겸임하도록 하였다. 영조 때 겸보덕(兼輔德) 등 5인의 겸관직(兼官職)을 시강원에 설치하고 『속대전』에 법제화시켰다. 시강원의 주재관(主宰官)이었던 보덕은 그때까지 종3품이었다가 영조 22(1746)년에 당상관이 되었다.

107) 문서(文書)의 원본(原本) 내용을 그대로 베낌.

이달 그믐에 상이 명정전(明政殿) 월대(月臺)에 임어하였는데, 세자는 시민당(時敏堂) 뒤뜰에 거적자리를 깔고 대죄(待罪)하였다. 영부사 이종성(李宗城)이 구대(求對)하여 아뢰기를 '전하께서 40년 동안 학문에 힘쓰고도 이제 군신 부자간에 처신을 이렇게 하시니, 이것을 신이 안타까워하는 것입니다.'라고 하니, 상이 이르기를 '이제 또 나를 탓하니, 나는 장차 물러가겠다.'라고 하면서 이어 일어서려고 하였다. 대신이 영부사가 한 말이 뜻을 충분히 표현하지 못했다고 하면서, 품고 있는 생각을 다시 진술하게 할 것을 청하자, 종성이 다시 말하기를 '신의 말이 뜻을 충분히 표현하지 못한 것이 아닙니다. 신하로서의 의(義)는, 대조(大朝)에 있으면 임금의 잘못에 대하여 충고하고, 소조(小朝)에 있으면 세자의 잘못에 대하여 충고하는 것입니다. 오늘의 일에 대하여, 신들의 심정은 물론이고 비록 모든 군사와 만백성이라고 하더라도 목을 빼고 죽기를 원하지 않는 자가 없는 것은, 그가 우리 임금의 아들이기 때문입니다. 오직 그에게 종묘·사직과 신인(神人)이 의탁해 있기 때문에, 밤이나 낮이나 바라는 것은 오직 과실(過失)에 대한 소리가 들려오지 않기를 바라는 것이고, 불행하게 과실이 있더라도 또한 드러내려고 하지 않는 것이니, 이는 천리나 인정상 당연한 것입니다. 만약 그렇게 되는 이유를 말할 것 같으면, 바로 그가 우리 임금의 아들이기 때문입니다. 전하와 동궁은 바로 한 몸이나 같은데 어떻게 둘로 나눌 수가 있겠습니까. 한 몸을 둘로 나누어 보시니, 이것을 신이 안타깝게 여기는 것입니다.' 하고는, 이어 간사한 자들을 멀리하고 참소하는 자들을 물리칠 때 대하여 말머리를 꺼낸 후, 다 마치지 않은 채 물러갔다. 제공이 여러 대신들과 함께 시민당 뜰에 돌아와서 세자를 만나니, 세자가 자신을 탓하고 도움을 바라는 하교를 내리므로, 종성과 제공이 성의를 쌓아 임금의 마음을 돌려세울 방도에 대하여 번갈아가며 진술하였다.

『궁중기문』에 의하면, 1759(영조 35)년 정월 열이틀에 영부사 이종성이 죽었는데, 죽을 무렵에 사람들에게 말하기를 '나는 제대로 죽을 수 없게 될 듯하다. 낙선당(樂善堂)에 입시하여 죽음으로써 스스로 밝히려 하였으나 그렇게 하지 못하

였고, 명정전(明政殿)에 입시하여 또 죽음으로써 통렬히 진술하려 하였으나 그만 지레 물러나왔는데, 이제는 다 끝났다. 살아서는 나라를 저버린 사람이 되었으니, 죽어서는 눈을 감지 못하는 원혼(冤魂)이 될 것이다.'라고 하였는데, 보고가 들어 가자, 상이 놀라면서 오랫동안 슬퍼하고 아깝게 여겼다. 세자는 흰 띠를 두르고 소선(素膳)을 들었으며, 성복(成服)하는 날까지 고자(孤子)[108]를 보살피고 제수(祭需)를 하사하기를 삼년상을 마칠 때까지 하였다. 기묘(1759)년에 세손(世孫)의 책례(冊禮)를 행하였고, 중궁(中宮)의 책례를 행하였다. 행록(行錄)에 의하면, 세자는 중 궁을 정성왕후(貞聖王后)와 똑같이 섬겼으므로 궁중에서 모두들 효성(孝誠)이 독실 하다고 우러러 보았으며, 영묘는 감탄하여 말하기를 '내가, 세자가 내전(內殿)을 모시는 것을 보니, 참으로 사람들이 트집을 잡을 수 없겠구나.'라고 하였는데, 이 때문에 내전도 더없이 세자를 사랑하였다.

　이 해에 훈국(訓局)에 『무기신식(武技新式)』을 반포하였다. 『궁중기문』을 살펴보 면, 세자는 유년 시절부터 지도(志度)가 이미 뛰어나 놀이를 할 때면 반드시 병위 (兵威 : 군대의 위력이나 위신)를 진설하곤 하였다. 상이 시험 삼아 그의 소질을 떠보 려고 물어보면 조목조목 대답을 해내곤 하였는데 매우 상세하였다. 일체의 행동 거지와 임기응변하는 방도를 모두 손으로 그리고 입으로 대면서 혹시라도 어긋 나는 경우가 없었다. 뿐만 아니라 병가(兵家)의 서적을 즐겨 읽어, 속임수와 정당 한 수법을 적절하게 변화시키는 묘리(妙理)를 은연중에 정통하지 않은 것이 없었 다. 효묘(孝廟)께서 일찍이 무예를 좋아하여 한가한 날이면 북원(北苑)에 납시어 말을 달리며 무예를 시험하곤 하였는데, 그때에 쓰던 청룡도(靑龍刀)와 쇠로 주조 한 큰 몽둥이가 아직껏 저승전(儲承殿)에 있었다. 그것을 힘깨나 쓰는 무사들도 움직이지 못하였건만, 세자는 15, 16세부터 이미 다루었다. 또 활쏘기와 말을 타 기 잘하여 화살을 손에 쥐고 과녁을 쏘면 반드시 목표를 정확히 맞췄으며, 고삐 를 잡으면 나는 듯이 능숙하게 말을 몰았고, 사나운 말도 잘 다루었다. 그러자 궁

108) 아버지를 여의고 어머니만 모시고 있는 사람이 상중(喪中)에 있을 때 자기를 일컫는 말이다.

중에서 서로들 말하기를 '풍원군(豊原君)이 연석(筵席)에서 효묘(孝廟)를 빼닮았다고 한 말에는 과연 선견지명이 있었다.'고 하였다. 이때 소조는 장신(將臣)들이 무기(武技)에 익숙하지 못한 것을 걱정하여 『무기신식(武技新式)』이라는 병서를 엮어 하사했는데, 명(明)나라 척계광(戚繼光)의 『기효신서(紀效新書)』에 실려 전해진 무기(武技)로는 다만 여섯 가지가 있어, 허리에 차고 다니는 경비용 방망이인 곤봉(棍棒)·등나무의 줄기를 휘어 심(心)을 하고 대 껍질로 얽어 만든 둥근 방패로, 바깥은 거죽이 불룩하고 한복판에 귀면(鬼面)이 붙어있고 안에는 등으로 만든 손잡이가 달려있는 등패(籘牌)·대나무로 자루를 만든 창인데 길이 4.55m, 창끝에는 9~11층의 가지가 붙어 있다. 또 창대 끝과 가지 끝, 가지 안쪽에 쇠붙이로 된 날카로운 날이 있는 낭선(狼筅)·전체의 길이가 4m 안팎의 긴 창으로, 창날은 50cm 안팎, 자루의 길이 3m 가량인데, 끝에 물미가 있으며, 창날과 자루사이에는 칼코등이 있다. 창날의 가운데에 혈조(血漕)가 있으며 자루 위가 희고 검붉은 세 가지 색을 간걸러 칠한 장창(長槍)·끝이 세 갈래로 갈라진 삼지창으로 자루의 길이는 2.3m, 무게가 5근인 당파(鎲鈀)·두 손으로 쥐고 검술을 익히는 칼로 전체길이 129cm, 자루길이 30cm, 칼날 99cm로 날을 구리로 휩싸서 댄 덧 쇠가 있는 쌍수도(雙手刀) 뿐이고 훈련하는 방법 역시 틀린 게 많아 그 모두를 구서(舊書)에 의거해 바로잡고 거기에 또 통대로 만들며 끝에 쇠로 만든 날을 물리거나 대쪽을 깎아 여러 쪽을 부레풀로 붙여, 그 위에 실을 감고 칠을 하였다. 길이 4m, 창날 길이 12cm, 손잡는 쪽 1m와 창날 이외는 물감 칠을 한 죽장창(竹長槍)·누른빛이나 붉은 빛의 작은 기를 단 창으로 창날은 9치[寸], 창 자루는 9자인 기창(旗槍)·보병이 익히던 무예로 환도(還刀)와 비슷한 칼로 끝이 매우 뾰족하다. 날의 길이 1m, 자루 길이 33cm 가량으로 코등이 있으며 무게가 모두 900g 정도인 예도(銳刀)·보병이 일본도(日本刀)를 가지고 검술을 익히는 무예인 왜검(倭劍)·두 사람이 각기 왜검(倭劍)을 가지고 맞서서 검술을 익히는 무예인 교전(交戰)·언월도를 가지고 여러 가지 자세를 취하는데, 월도총도(月刀總圖)에 32자세가 있으며, 칼을 잡는 방법도

금룡전신세(金龍纏身勢), 향전격적세(向前擊賊勢), 장교출해세(長蛟出海勢), 월야참선세(月夜斬禪勢) 등이 있는 월도(月刀)·끝이 조금 뒤로 젖혀져서 장검(長劍)처럼 눈썹 모양 같이 되고 칼등에 상모를 달고 둥근 칼코등이 있다. 자루에 붉은 칠을 하고 물미를 맞추었으며 보병이 하는 검술 가운데 하나로 자세가 여러 가지인 협도(挾刀)·보병이 두 손에 짧은 허리에 차는 칼을 하나씩 가지고 하는 검술인 쌍검(雙劍)·보병이 허리에 차는 칼을 가지고 휘두르는 검술로 14가지 자세를 취할 수 있는 제독검(提督劍)·보병(步兵)이 허리에 차는 칼로써 하는 검술인 본국검(本國劍)·두 사람이 서로 주먹을 써서 지르고 막아내고 하는 격투의 방법인 권법(拳法)·쇠도리깨와 방망이인 편곤(鞭棍) 등 모두 12가지의 기법을 그림까지 곁들여서 치고 찌르고 하는 자세를 나타내고 그것을 하나의 전서(全書)로 엮어 훈국(訓局)에 주어 연습하게 하였다.

일찍이 말하기를 '우리나라는 좁아서 군사를 쓸 땅이 없다. 그러나 동쪽으로는 왜(倭)와 접하고, 북쪽으로는 오랑캐와 이웃하였으며, 서쪽과 남쪽은 큰 바다이니, 바로 옛날의 중원(中原)인 셈이다. 지금은 비록 변경에 경보가 없지만, 마땅히 위험에 대비하는 태세를 구축하여야 한다. 더구나 효묘(孝廟)께서 뜻하신 일을 실현할 데가 없는 데다가, 북쪽 동산[北園]의 한 자 되는 단(壇)은 자다가도 나를 탄식하게 한다. 아, 병기(兵器)는 비록 아무 걱정거리가 없이 편안한 시기라고 하더라도, 성인들은 오히려 만들어 둠으로써 갑작스런 외적을 대처하였는데, 하물며 우리나라에는 효묘께서 결심하신 일까지 있는데 더 말해 무엇 하겠는가.' 하였다. 그리고 도간(陶侃)이 매일 벽돌 1백 장씩을 날랐다는 말[109]을 외울 때마다 고요한 밤 한가한 때이면, 문득 스스로 시험하곤 하였다.

또 말하기를 '의술(醫術)이라는 것은 의심(疑心)을 하는 것이다. 사람의 장부(臟

109) 도간은 진(晉)나라 때 반양(鄱陽) 태생으로, 자는 사행(士行)이다. 그는 광주자사(廣州刺史)로 재임하면서 업무가 한가한 때이면 아침에 벽돌 백 장을 손수 집 밖에 날라다 두었다가 저물녘이 되면 다시 집 안에 날라 들여놓는 일을 반복함으로써, 한가한 시간을 허비하지 않았다. 『진서(晉書)』 권66 도간전(陶侃傳)

附)와 심장·간장을 비록 모조리 알기는 어렵지만, 모색(摸索)하고 유추(類推)하면 역시 이해할 수 있는 것이니, 나라를 치료하는 수법은 논할 것도 없거니와, 진실로 약재(藥材)의 성질을 대강 알고 맥(脈)의 이치를 약간 안다면, 하루에 한 사람을 고치고 이틀에 두 사람을 고치면서 점차 숙련되어 자연히 한때의 명의가 될 것이다. 선비들의 학문도 의심을 가지는 데로부터 의심이 없어지도록 하는 것인데, 더구나 의원이 의심을 가지고 의심을 풀어나가는 것이야 더 말할 것이 있겠는가.' 하였다. 이로부터 처방만 내리면 당장 효험을 보지 않은 것이 없었는데, 그러나 그것은 하찮은 재주라고 하여 유의하지 않았다.

또 말하기를 "옛날에는 의복 제도가 각기 상징하는 것이 있었다. 지금 말하는 창옷[氅衣]과 소매가 둥근 옷[圓袂衣]을 나는 일찍부터 싫어했다. 창옷은 세 면이 막히고 뒤폭만 터졌는데, 그 형상이 음(陰)에 속한다. 옛사람이 말하기를 '중국은 양에 속하고 이적(夷狄)은 음에 속한다.'고 하였는데, 우리나라의 창옷 제도가 나오자 비로소 북쪽으로 건주위(建州衛)[110]와 통하는 조짐이 발생하였다. 둥근 소매 옷은, 앞면은 두 폭을 겹치고 뒤에는 한 폭을 늘어뜨렸으니, 이 역시 남쪽을 향하고 음을 등지는 뜻이 아니다." 하였다. 한가롭게 지낼 때이면, 반드시 와룡관(臥龍冠)을 쓰고 학창의(鶴氅衣)를 입는데, 학창의는 사마광(司馬光)의 심의(深衣)를 모방한 것이었다. 또 말하기를 '우리나라의 정복(正服)은 깃이 둥근 옷[團領]과 철릭[帖裏]인데, 깃이 둥근 옷은 바로 제왕들이 회동(會同)할 때 입는 옷이고, 철릭은 바로 황제(黃帝)의 의복 제도이다. 군복(軍服)의 경우, 소매가 좁은 것은 모두 옛 제도를 숭상한 것이고 싸울 때에 입는 옷이다.'라고 하였다.

또 말하기를 '근래의 습속(習俗)에서는 미리 마련해두는 계책과 근검절약하는 도리를 모른다. 미리 마련해두면 걱정이 없어지고, 검박하게 지내면 재물이 넉넉해진다. 지금의 의복과 그릇들 가운데, 화려하여 사치스런 감이 있거나 산뜻하여

---

110) 중국(中國) 명(明)나라 성조 때에 남만주(南滿洲) 길림 부근(附近)에 여진족(女眞族)을 다스리기 위(爲)하여 설치(設置)했던 지방(地方) 행정(行政) 단위(單位)이다.

몸에 편리한 것들을 나는 가까이한 적이 없다.'라고 하였다. 또 말하기를 '궁궐 안의 사람들 가운데 자기네들의 잘못을 나에게 와서 알려주는 사람이 있기에, 고발한 사람과 고발당한 사람을 서로 대질시켜, 만약 증거가 없을 경우 고발한 사람을 죄주고, 설령 그런 사실이 있더라도 반드시 양쪽을 다 다스리게 하였다. 이로부터 남의 허물을 고자질하는 일이 조금 가라앉았다.'라고 하였다.

사직(司直) 박치원(朴致遠)이 글을 올려 힘쓸 것을 진언하니, 너그러운 비답을 내려 답하였다. 후에 중신(重臣) 서지수(徐志修)가 연석(筵席)에서 진계(陳戒)[111]한 것과 관련하여 말하기를 '이는 정말 나를 사랑하는 것이다.'라고 하였다. 전후로 세자의 덕(德)에 관련된 말을 한자들은 다들 장려하는 말씀을 받았다.

일찍이 계방(桂坊)의 나삼(羅蔘)이 전에 서연(書筵)에서 입바르고 강직한 말이 많았다 하여 후에 궁료를 만나게 되면 반드시 안부를 묻곤 하였다. 하루는 궁관(宮官)이 시사의 염려스러운 것에 대하여 물어보는 자가 있자, 매우 엄하게 나무라면서 말하기를 '이것은 우리 두 궁(宮)을 이간시키는 것이다. 도적이란 지목은 바로 이런 무리들을 이르는 것이다.'라고 하였다.

기주(記注)에 의하면, 이때에 대궐 하인들 중에 영(令)이 내렸다는 핑계 아래 민간에 나가 횡포를 부리는 자가 있었는데, 그 일이 드러나자 즉시 유사(有司)에게 넘기게 하고는, 이어 영지(令旨)를 내리기를 '근래에 기강이 해이해지고 있는데, 이후로도 이런 폐단이 없을지 알 수 없다. 다시 범하는 자가 있으면 법사(法司)가 곧장 스스로 판단하여 잡아다 다스리도록 할 것이다.'라고 하였다.

경진(1760)년 가을에 상이 경희궁(慶熙宮)에 이어(移御)하였다. 7월에 온천에 행행하였다가 8월에 환궁하였다. 행록을 살펴보면, 이때에 세자가 오랫동안 병석에 누워있으므로 영묘께서 온천에 가서 목욕하라고 명하였다. 행차가 강가에 이르니 물이 불어나서 뱃길이 안전하지 않으므로, 날이 저문 후에야 비로소 건넜다. 배 위에서 궁관 이수봉(李壽鳳) 등과 함께 '임금은 배이고 백성은 물이다.'라는 설

111) 임금에게 사리를 베풀어 아룀.

(說)을 강론하였다. 그 이튿날 수원부(水原府)에 이르렀다. 부의 소재지 북쪽에 화산이 있었는데, 바로 기해(1659)년에 영릉(寧陵)을 표지해 둔 곳이었다. 거기에 올라가서 두루 둘러보고 좋은 곳이라고 감탄을 한참 하다가 처소에 돌아왔다. 산성에서 무예를 열병하였다. 행차가 지나는 길가에서, 부로들이 에워싸고 막아서서 다투어 바라보면, 번번이 행차를 멈추고 질고를 물어보고는 조세와 부역을 감해 주라고 명하였으므로, 일로(一路)가 크게 기뻐하였다. 어느 호위 군사의 말이 달아나 콩밭에 들어가서 마구 짓밟고 뜯어먹었는데, 지방관을 불러 밭주인에게 값을 후하게 갚아주라고 하였으며, 호위 군사의 죄를 다스렸다. 고을 안의 나이 많은 자들을 돌봐주었으며, 시골에 파묻혀 있는 선비들을 간곡히 불렀다. 온천에 도착하여서는 날마다 강론하는 자리를 열었는데, 역대 임금들이 온천에 갔을 때에 옥당의 관원을 소대하던 옛 일을 따른 것이었다. 절구시(絕句詩) 1수를 내려 궁관에게 화답하라고 지시하였다.

달이 바뀌자, 망궐례(望闕禮)를 행하는 것의 당부(當否)를 궁료에게 묻고, 이어 말하기를 '오랫동안 서울 궁궐을 떠나 있자니, 그리운 심정을 견디기 어렵다.'고 하였다. 이날 드디어 행차를 돌렸으며 곧바로 경희궁에 나아가 문안 인사를 올리려 하였는데, 영묘가 지신(知申 : 도승지)을 보내어 성 밖에서 마중하여 유시(諭示)하기를 '앓고 난 뒤에 말을 달려 왔으니 마땅히 바로 돌아가서 몸조리를 하고, 조금 지난 후에 차차 와서 만나도록 하라.'고 하였다. 상신(相臣)이 나아가 뵙고 아뢰기를 '학어(鶴御 : 세자의 행차)가 한 번 임하자, 호중(湖中 : 충청도)의 인사들이 비로소 세자의 덕이 탁월하다는 것을 알게 되었으며, 부로나 서인들 치고 덕의를 찬송하지 않는 사람이 없었습니다. 이야말로 신민의 행복입니다.'라고 하였다. 이번 행차 때 궁궐에서 나갈 때부터 행차가 돌아올 때까지 번번이 이수봉(李壽鳳)으로 하여금 경과하는 지역을 돌아다니면서 주민들을 위로하고 타이르는 한편 농사에 손상을 입힌 것을 살피도록 하였다. 또 날씨가 몹시 무더운 때였으므로 약원(藥院)에 명하여 약을 조제하여 도중에서 더위를 먹은 장수와 병졸들을 구료(救療)하

게 한 결과 돌아온 뒤에 한 사람도 앓는 자가 없었다.

　신사(1761)년 당시에 조치해야 될 계책에 대해 대신들에게 문의하니, 대신들이
대답하지 못하였다. 드디어 관서(關西)의 고을에 행차하게 되었는데, 이는 상에게
명을 청하여 도적들의 모의를 저지하려는 것이었다. 그런데 적신(賊臣) 홍계희(洪
啓禧)가 내부에서 변란을 저지르려 하자, 세자가 그 소식을 듣고 말을 재촉하여
곧장 돌아왔다. 이때 한 승지가, 상에게 아뢰어 조정 신하가 세자에게 올린 글을
볼 것을 청하였다. 이에 사태가 급박하게 되었는데, 세자가 몸소 임금 앞에 나아
가, 변란을 처리하려 했던 본의를 빠짐없이 고하니, 상이 그제야 의심이 풀렸다.
후에 세자가 빈연(賓筵 : 손님을 대접하는 자리)에 임어하였을 때 상이 말하기를 '세자
또한 임금이다. 명색은 신하로서 섬긴다고 하면서 간악한 음모를 품어서야 되겠
는가.' 하고는, 역적 계희(啓禧)가 무엄하다는 내용의 하교를 잇달아 내려 한(漢) 무
제(武帝) 때의 간신 강충(江充)에게 비겼다. 이때로부터 음모가 더욱 긴박해졌다.

　임오(1762)년 5월에 적인(賊人) 나경언(羅景彦)이 복주(伏誅)되었다. 기주(記注)와
『궁중기문(宮中記聞)』에 의하면, 경언이 형조에 글 한 통을 투서하였는데, 그 글에
는 '전하의 곁에서 가까이 모시는 신하들이 모두 불충한 생각을 품고 있어 변란이
눈앞에 닥쳐왔다.'는 말이 있었다. 이에 형조의 관리가 본조의 좌석으로부터 그 글
을 소매 속에 넣고 청대를 하였는데, 이때 역적 계희는 기백(畿伯 : 경기도 관찰사)으
로서 먼저 와서 기다리고 있었다. 상이 모두에게 입시하라고 명하였고, 이어 형조
의 관리가 그 글을 상에게 고하자, 상이 크게 놀라서 내시에게 묻기를 '경언은 대
궐 하인 나상언(羅尙彦)의 족속인가?'라고 하니, 내시가 대답하기를 '상언의 형으로
서 전에 대궐 하인으로 있던 자입니다.'고 하였다. 상이 역적 계희에게 묻기를 '궁
성을 호위해야 하겠는가?'라고 하니, 역적 계희가 앞에 나와서 아뢰기를 '나라에
변고가 있으면 궁성을 호위하는 일은 무신(1728 : 이인좌의 난)년에도 이미 행한 적이
있습니다.'라고 하였다. 상이 즉시 성문을 닫고 군사를 동원하여 궁문을 파수하라
고 명하였다. 이어 사복시에 나아가 경언을 국문하자 경언이 옷의 솔기 안에서 또

하나의 봉서를 꺼냈는데, 길이는 5치를 넘고 둘레는 한 줌이 차는 것이었다. 그것을 올리니, 상이 보고 나서 좌상(左相)에게 보였는데, 좌상이 겨우 두어 줄을 보자마자 소리를 내어 울면서 말하기를 '신이 먼저 죽어야 하겠습니다. 동궁이 만약 이 소식을 듣는다면 어떤 마음을 가지게 되겠습니까. 신이 가서 위로를 하겠습니다.' 하니, 상이 그렇게 하라고 하였다. 판의금부사 한익모(韓翼謩) 등이 말하기를 '경언이 흉악한 말을 지어내어 상을 속여 세자를 핍박하게 만들었으니, 그 죄 죽여야 마땅합니다. 엄하게 국문하여 법대로 다스리소서.'라고 하니, 상이 비로소 형장을 가하라고 명하였다. 그러자 사서(司書) 임성(任珹)이 분연히 나서서 익모에게 말하기를 '흉악한 말을, 어찌 경언이 스스로 지어낸 것이겠는가.'라고 하니, 익모가 또 사주한 자를 한시바삐 사핵(査覈 : 조사하여 자세히 밝힘)하기를 청하였다. 상이 노하여 익모의 관직을 파면시키고, 대사간 이심원(李心源)이 익모를 두둔하자, 그도 파직시켰다. 익모 등이 이미 쫓겨난 다음, 경언이 세자를 무함(誣陷)하였다고 자복을 하였다. 그러자 여러 신하들이 이구동성으로 극률(極律)에 처할 것을 청하였다. 동의금 이이장(李彝章)이 말하기를 '여느 사람을 무함해도 오히려 역적이 되는데, 더구나 세자를 무함한 것이야 더 말할 것이 있겠습니까. 흉악한 말은 이미 모두 거짓으로 드러났고 죄인이 이미 자복을 하였으니, 이러한 역적과는 함께 살 수 없습니다.'라고 하면서 앞으로 나서서 극력 말하였는데, 책망하는 하교가 누차 내렸건만 말은 갈수록 강직하여 조금도 수그러들지 않았다. 이때 세자가 대궐문 밖에 걸어가서 대명(待命)하고 있다가, 상이 들어오라고 명하자 드디어 대궐 뜰에 나아와 엎드렸는데, 흐르는 눈물이 도포자락을 적시니 여러 신하들이 감히 쳐다보지 못하였다. 날이 밝을 무렵에 정휘량(鄭翬良)이 비로소 접견을 청하여 아뢰기를 '죄인이 이미 세자를 무함했다는 네 글자를 가지고 자복한 이상 그 죄를 단 하루라도 용서할 수 없습니다.'라고 하니, 상이 이에 경언을 사형에 처하라고 명하였다. 이튿날 아침에야 비로소 세자가 환궁하여 여러 신하들에게 울면서 말하기를 '지극하신 자애심 덕분에 함정에서 벗어나게 되었다.'고 하였다.

　이해 윤 5월 21일에 세상을 떠났는데 '사도(思悼)'라는 시호를 내렸으며, 궁묘(宮墓)의 호칭을 '수은(垂恩)'이라고 내려주었다. 7월 23일에 양주(楊州)의 배봉산(拜峰山) 갑좌(甲坐)[112]의 언덕에 장사지냈다. 장사 지내는 날에 상이 광중(壙中)에 임어하여 어필로 신주를 썼다. 그 다음 달에 조재호(趙載浩)를 북쪽 변방에 귀양 보내고 또 그의 조카인 조유진(趙維鎭)이 죄에 연루되어 옥에 갇혔는데, 대신(臺臣)이 법대로 처단하자고 청하니, 상이 하교하기를 '저 동룡(銅龍)[113]을 쳐다보면 나의 심정이 어떻겠는가. 여러 신하들로서는, 마땅히 차마 말하지 못하는 나의 심정을 생각하여야 할 것이다.' 하고는, 즉시 그 일을 그만두라고 명하였고, 이어 말한 자에게 죄를 주었다. 유진은 여러 번 고문을 받았으나 항언을 하면서 두말을 하지 않았고, 원지(遠地)에 유배되어 가던 도중에 죽었다.

　기주(記注)를 살펴보면, 윤 5월 13일에 검열 윤숙(尹塾)이 대궐 뜰에 내려가 이마를 두드리니 피가 흘러 얼굴을 덮었다. 그리고 호위 구역 밖으로 뚫고 나가 의관(醫官)을 불러 약을 구해 가지고는 소조께 올렸다. 이때에 여러 대신들이 합문(閤門) 밖에 있으면서 들어갈 수 없었는데, 윤숙이 호위 군사들을 꾸짖고 몸을 빼어 뛰쳐나가서는 대신의 손을 잡고 함께 들어왔다. 윤숙이 신만(申晩) 등을 꾸짖어 말하기를 '이처럼 위급한 시기에 대신들이 대궐 섬돌에 머리를 찧고 죽기로 작정하면서 힘껏 간하지 않는다면, 장차 대신을 어디에다 쓰겠는가.'라고 하였다. 적신(賊臣) 구선복(具善復)과 홍인한(洪麟漢) 등이 각기 음흉한 꾀를 부리는 바람에, 윤숙은 마침내 흑산도(黑山島)에 유배되었다. 그러나 상은 오히려 이 사람이 아깝다고 연신 말을 하였다.

---

112) 음양오행설(陰陽五行說)에서 말하는 방위(方位)중 집터나 묏자리가 갑방(甲方)을 등지고 앉아 경방(庚方)을 바라보는 좌향(坐向)이다. 다시 말해서 정동(正東)에서 북(北)으로 15도를 중심으로 한 15도의 각도 안을 등지고 서쪽에서 남으로 15도 되는 방위를 중심으로 한 15도 각도 안을 바라보는 방향으로 흔히 갑좌경향(甲坐庚向)이라 한다.

113) 동룡문(銅龍門)의 약칭으로 동룡문은 한(漢)나라 때 태자궁(太子宮)의 문 이름이다. 여기서는 사도 세자(思悼世子)가 살던 집을 가리킨다. 『한서(漢書)』 성제기(成帝紀)

분사(分司)114)의 한림 임덕제(林德躋)가 뒤이어 뜰아래에 엎드린 채 곁에서 떠나지 않으니, 상이 끌어내라고 명하였다. 그런데도 땅에 버려 앉은 채 일어나지 않자 호위 군사가 끌어내려 했는데, 덕제는 꾸짖어 말하기를 '나의 손은 사필(史筆)을 잡는 손이다. 이 손을 잘릴지언정 끌릴 수는 없다.'라고 하였다. 이에 정의현(旌義縣)에 유배하라고 명하였다. 그로부터 얼마 후에 윤숙과 덕제를 석방하라고 명하였고, 후에 덕제를 등용하였다.

궁관 임성(任珹)·권정침(權正忱) 등은 한사코 나가지 않았으며, 분주서(分注書) 이광현(李光鉉)도 몸을 빼어 뛰쳐나가 의관을 데리고 들어왔다. 도승지 이이장(李彝章)은 머리를 조아리고 눈물을 흘리면서 한사코 간쟁을 하니, 상이 노하여 군문(軍門)에 넘겨 효수하라고 명하였다. 그러자 일단 나갔다가 다시 문을 밀치고 들어와서 땅에 엎드려 통곡을 하였다. 전교(傳敎)를 쓰라고 명하자, 울면서 말하기를 '신은 마땅히 죽어야 하겠습니다. 감히 명을 들을 수 없습니다.' 하고는, 나가 금오문(金吾門) 밖에서 처분을 기다렸다. 패초(牌招)115)를 명하였으나 끝내 나아오지 않았다. 후에 묘소의 공사를 감독하는 직임에 임명하라고 명하였는데, 송영중(宋瑩中) 등이 대간(臺諫)으로서 다른 말을 꾸며 규탄을 하니, 상이 영중 등을 엄하게 배척하였다. 그가 세상을 떠나자 즉시 그의 아들을 녹용하라고 명하였으며, '나라가 어지러우니 어진 정승이 생각난다.'는 하교가 있었다.

분사(分司)의 제조 한광조(韓光肇)는 대궐문을 밀어젖히고 들어와서 관을 벗고 울부짖으니, 상이 파직시키라고 명하였다. 이에 광조가 말하기를 '신은 죽음을 아까워하지 않습니다. 신이 한 마디 하고픈 말이 있습니다.'라고 하였으나, 또 끌어내라고 명하였다. 그러자 광조는 통곡을 하면서 기어나갔다. 그의 아비는 말하기를 '머리를 부딪쳐 죽지 못하였으니, 어떻게 조신(朝臣)의 반열에 참여할 수 있겠

---

114) 조선 때 경연(經筵)의 일을 맡았던 관청(官廳)이다.

115) 조선 시대에, 임금이 승지를 시켜 신하를 부르던 일로 '명(命)' 자를 쓴 나무패에 신하의 이름을 써서 승정원에 속한 하인을 시켜 보냈다.

는가.' 하고는, 드디어 반교(頒敎)하는 데에 불참하였다. 광조는 대정현(大靜縣)으로 유배되었다가 곧이어 석방되었다. 후에 상이 말하기를 '얼마 전의 처분을 내 자신이 뉘우친다.'라고 하였다. 1768(영조44)년 11월 26일 광조가 세상을 떠나자 친히 제문(祭文)을 지었는데, 그 제문에는 '부자가 함께 조정에 있으면서 뜨거운 충성을 다하였다.'고 하였으며, 이어 그의 아들을 녹용(錄用 : 채용함)하였다.

승지 조중회(趙重晦)는 눈물을 흘리면서 극력 진술하니, 섬에 유배시키라고 명하였다가 곧이어 도로 취소하였다. 중회는 또 앞으로 나아가 엎드려 항언하며 굽히지 않다가, 원지(遠地)에 귀양을 당하였다. 후에 '매서운 바람이 불어야 꺾이지 않는 굳센 풀을 알 수 있다.'는 하교가 있었으며, 누차 승진을 시켜 이조 판서로 임명하였다.

제학 한익모는 소명을 다섯 번이나 어기면서 교문(敎文)을 짓지 않으니, 하교하기를 '명분과 의리상 그럴 수 있는 것이니, 부르지 말라.'고 하였다. 또 치사(致詞)를 지어 올리라고 명하였으나, 소패(召牌)[116]가 모두 여덟 번이나 내렸어도 끝까지 나오지 않고, 의금부에서 짚자리를 깔고 대죄하다가 삭직을 당하였다. 후에 누차 그를 칭찬하였으며, 발탁하여 영의정에 임명하였다.

승지 이익원(李翼元)은 극력 항거하면서 전교를 쓰지 않았으며, 승지 정순검(鄭純儉)은 전각(殿閣) 위에 올라가 큰 소리로 말하기를 '신을 죽여주옵소서. 신이 비록 죽을지언정, 감히 이 하교를 반포하지 못하겠습니다.'라고 하였다가, 파직을 당하였다. 총관 이태화(李泰和)는 관을 벗고 머리를 부딪치면서 극력 간하였는데, 후에 특별히 명하여 가자하였다.

갑신(1764)년 가을에 입묘례(入廟禮)를 행하였는데, 상이 임어하여 살펴보았다. 을유(1765)년 5월에 제삿날을 하루 앞두고 시사(視事)[117]를 정지하도록 명하고, 조

---

116) 조선 시대에 임금이 관리를 불러들일 때 사용하던 패. 또는 그 패를 보내어 신하를 부르던 일을 말한다.

117) 임금이 정사(政事)를 보는 일.

정 신하들에게 윤음을 내리기를 '작년 이후 처음으로 이날을 맞는다. 경연을 정지하는 것이, 어떻게 스스로의 편함을 위한 것이겠는가. 아, 마음이 이와 같지 않다면 부모가 아닐 것이고, 또 어떻게 영혼을 위로하겠는가. 아, 신하들이 80을 바라보는 자기 임금의 오늘 심정을 알고 신하로서의 분수를 지킨다면, 부산을 떨고 세력 다툼을 벌이는 마음은 마치 봄눈이나 봄 얼음과 같이 저절로 풀릴 것이다.'라고 하였다. 대신 등이 정섭(靜攝)[118] 중에 계신 만큼 즉시 상선(常膳)[119]을 드시라고 청하였다. 그 이튿날 또 수은묘(垂恩墓)의 헌관 홍낙인(洪樂仁)에게 명하여, 제사를 행한 후에 국내(局內)를 간심(看審)[120]하고 돌아와 아뢰도록 하였다. 낙인이 연석(筵席)에 오르자, 나무들이 얼마나 잘 자랐는지를 상세하게 물었다.

가을이 되자, 상이 어의궁(於義宮)[121]에 행차하여 세손(世孫)더러 사당에 가서 참배하라고 명하고는, 눈물을 흘리면서 그를 보내고는 옛일을 추억하는 말을 많이 하였다. 이어 후원의 기슭에 걸어 올라가서, 담장에 기대어 한동안 멀리 바라보았다. 이후로는 매일 밤중에 번번이 문지방을 두드리면서 한탄하기를 '옛적에 사자궁(思子宮)[122]과 망사대(望思臺)[123]가 있었는데 내가 어찌 스스로 이런 처지를

---

118) 심신을 편안하게 하여 피로나 병을 요양하는 것.

119) 평상시에 임금이 먹는 음식을 말한다. '봄과 여름에 가물고, 땅이 붉게 되었다. 그리하여 임금이 정전으로 피하고 상선을 줄이고 내외의 죄수들을 사면하였다.(春夏旱 赤地 王避正殿 減常膳 赦內外獄囚.)'『삼국사기』 권제10, 17장 뒤쪽, 신라본기 덕흥왕(德興王)편

120) 잘 조사하여 자세히 보아 살핌.

121) 인조(仁祖)의 사저(私邸)이며, 7궁의 하나로 사직동에 있다.

122) 한(漢) 무제(武帝) 황태자의 비행을 강충(江充)이 조사하여 고자질함으로 폐위(廢位)시키자 위기에 처한 태자는 강충의 모함임을 알고 그를 죽인다. 병을 앓고 있던 무제는 뒤늦게 이 사실을 알고 반란을 일으킨 것으로 착각 진압에 나선다. 태자는 반란군이 되어 도망을 치다 호현(湖縣)에서 죽는다. 후에 무제는 모든 사실을 알고 태자가 죽은 곳에 '자식을 생각한다.'는 뜻으로 사자궁을 짓고 '아들의 혼백이 돌아오길 바라고 생각하는 누각(歸來望思之臺)'이라 하였음을 이른다.

123) 무제가 태자를 간신의 모략으로 죽였는데, 후에 사자궁(思子宮)을 짓고 태자의 넋이 돌아오기를 바라는 마음에서 그 안에 누각을 짓고 죄 없이 죽은 사람의 넋이 돌아오기를 바라는 마음에서 지은 누각이다.

당할 줄 생각이나 하였겠는가.'라고 하였다. 또 연신(筵臣)에게 말하기를 '그때의 조정 신하들 가운데 과연 안금장(安金藏)[124]과 같은 충성심을 가진 자가 있었던 가. 이제 와서 협잡하여 다시 제기하는 것은 억하심정(抑何心情)인가.'라고 하였다.

무자(1768)년에 상이 전각 뜰에서 향지영례(香祗迎禮)[125]를 행하였는데, 효장묘(孝章廟) 이하 각 묘의 향축(香祝)에 대하여, 여러 신하들이 압존(壓尊)[126]이라는 이유로 즉시 몸을 굽히지 않자, 상이 성난 소리로 배참(陪參)[127]한 신하들을 파직시키라고 명하고, 이어 병조 판서와 시위(侍衛)한 신하들을 잡아들이도록 하였다. 하교하기를 '아, 한 모퉁이의 푸른 언덕[靑丘]은 바로 조선이다. 세자의 신령을 맞이하는 의식을 여러 신하들이 어떻게 감히 하지 아니하는가. 아, 수은(垂恩)아. 오늘의 여러 신하들 중에는 10년 동안 신하로서 섬기던 자가 많으니, 세자가 죽어서 무심하다고 말하지 말라. 무심 두 글자를 이런 경우에 어떻게 용서할 수 있겠는가.' 하고는, 자정전(資政殿)에 돌아와 대신과 제신들을 전각 앞에 불러놓고, 칙유(飭諭)를 내려 10년 동안 신하로서 섬긴 의리를 알도록 하였다.

그 이튿날에 대정(大政)을 행하였는데, 또 대소 신료들에게 하교하기를 '아, 임오년의 일을 차마 말할 수 있겠는가. 자질(姿質)이 훌륭하였건만, 내가 정말 인자하지 못하였다.'라고 하였다. 경인(1770)년에 왕부(王府)에 임어하여 하교하기를 '지난 일을 새삼스레 제기하여 나에게 들리도록 하는 것은 반역하는 심보이다.'라고 하였다.

갑오(1774)년 여름에 가뭄이 들었는데 친히 묘소에 나아가 제문을 친제(親製)하

124) 당(唐)나라 측천무후(則天武后) 때의 충신. 당시 황사(皇嗣)로 있던 예종(睿宗)이 반역을 꾀한다는 무고(誣告)가 일어나 황사의 측근들이 국문(鞫問)을 받던 중 다들 때리며 캐어묻는 바람에 견디다 못해 자신이 저질렀다고 거짓 진술을 하려고 하자, 이에 안금장이 칼로 배를 그어 창자를 꺼내어 보임으로써 황사의 결백을 주장하였다. 『신당서(新唐書)』 권191 안금장전(安金藏傳)

125) 향으로 지신을 맞아들이는 예식.

126) 웃어른 앞에서 그 위엄에 눌려서 말이나 행동을 자유로이 하지 못하는 것.

127) 지위가 높은 사람을 모시고 함께 참석하던 일.

고 전작례(奠酌禮)를 행하였다. 세손(世孫)이 뒤를 따라갔다. 여러 신하들을 돌아
보면서 이르기를 '오늘 단비가 내릴 것이다.' 말하고는, 이어 찬례(贊禮)[128] 이하
행차를 따라간 근신들에게 차등을 있게 상을 내리라고 명하였다.

병신(1776)년 봄에 이르러 『정원일기(政院日記)』와 공가(公家)[129]의 문적 중 정축
(1757)년부터 임오(1762)년까지의 차마 말하기 곤란한 점이 있는 내용은 모두 세초
(洗草)하라고 명하면서 하교하기를 '세손(世孫)의 이 상소문을 보고 특별히 그의
청을 허락하는 것이다. 지금 나의 마음은 슬픔을 견딜 수 없다.' 하고는, 옥루(玉
淚)를 비가 오듯 떨어뜨렸다. 또 전교를 쓰라고 명하면서 이르기를 "지금 내가 밤
낮으로 오로지 생각하는 것은 조종(祖宗)이 물려준 나라에 있다. 금번의 이 조처
는 실로 나이 어린 아들을 위한 것이다. 아, 임오년 윤5월의 일기에 대하여 사도
(思悼)가 까마득한 저승에서나마 아는 것이 있으면 틀림없이 눈물을 삼키면서 '내
가 장차 여한이 없게 되었다.'고 여길 것이다. 그 때의 일기를 실록의 규례에 따
라 승지와 주서가 함께 차일암(遮日巖)[130]에 가서 세초하도록 하라. 아, 내가 덕이
없는 탓에 만고에 없는 일을 당하였는데 말세의 인심이 수선을 떨고 있다. 비록
일기를 본 사람이라 하더라도 그 문자(文字)를 다시 제기하고 나선다면, 마땅히
무신(1728)년 못된 무리들의 잔당으로 쳐서 엄하게 징치할 것이다. 더구나 훗날에
야 더 말할 것이 있겠는가. 이후로 임오년의 일을 언급할 경우, 마땅히 역률로 논
죄할 것이니, 모두가 이것을 듣고 나라의 법을 범하는 일이 없도록 하라. 어린 아
들이 이미 면유(面諭)[131]를 받들었으니, 내 이제는 마음 놓고 편한 잠을 자게 되
었다."고 하였다.

그 이튿날 또 세손(世孫)에게 명하여, 묘소에 가서 전배(展拜)하고 제사를 지내

---

128) 나라의 제사 때에, 임금을 인도하여 제사를 지내게 하던 일. 또는 그런 일을 하던 벼슬아치.

129) 조정이나 왕실을 가리킨다.

130) 세검정 계곡에 있는 너른 바위로 초초(初草)·중초(中草)는 모두 물에 씻어 이 바위 위에
　　말렸다. 말린 종이는 다시 조지서(造紙署)로 보내어 새로운 종이로 만들어 썼다.

131) 면전에서 말로 타이름.

도록 하였다. 또 하교하기를 '누워서 세손의 오늘날 심정을 생각해 보건대, 어찌
다만 어린 자식의 심정뿐이겠는가. 나의 심정 또한 어떻겠는가. 오늘날처럼 마음
이 괴롭기란 진실로 태어난 이후 처음 있는 일이다.'라 하였다.

『궁원의(宮園儀)』를 살펴보면, 병신(1776)년에 '장헌(莊獻)'이라는 시호(諡號)를 소
급하여 올리고, 궁호(宮號)를 '경모(景慕)', 원호(園號)를 '영우(永祐)'라고 고쳤다. 계
묘(1783)년에 존호를 소급하여 올려 '수덕 돈경(綏德敦慶)'이라고 하였으며, 갑진
(1784)년에 또 존호를 소급하여 올려 '홍인 경지(弘仁景祉)'라고 하였다. 사당 내의
제례(祭禮)는 태묘(太廟)보다 한 등급 낮추었으며, 원의(園儀) 또한 이에 준하였다.

행록을 살펴보면, 2남 2녀를 두었는데, 장남은 의소세손(懿昭世孫)으로서 휘(諱)
가 이정(李琔)이고, 차남은 바로 소자로서 이름은 이산(李祘)이다. 딸들은 광산(光
山) 김기성(金箕性)과 오천(烏川) 정재화(鄭在和)에게 출가하였다. 서자가 3명 있는
데 이인(李䄄), 이진(李禛), 이찬(李禶)이고, 서녀 하나는 당성(唐城) 홍익돈(洪益惇)에
게 시집갔다고 한다. 자손들에 대한 기록은 우선 옛 행장을 따라 간략히 쓰니, 오
르내리는 신령이 도와주기를 기다리는 바이다.

10월 8일인 다음날 날이 채 밝기 전에 상이 재차 원소에 나아가 공사를 감독하
였다. 수도각(隧道閣)의 판위(版位)에 나아가, 원소를 하직하는 의식을 행하였다.
재실에 돌아와 평소의 융복(戎服)을 갖춰 입고 출발하였다. 수원의 향교 앞에 이
르자, 유생 10여 명이 맞이하므로, 불러 만나보고 학문에 힘쓰라고 권하였으며,
이어 수원의 행궁에 들어갔다. 경기 감사와 수원 부사에게 명하여, 부로(父老)·교
속(校屬)들을 데리고 와서 기다리도록 하고는, 호조 판서 서유린(徐有隣)에게 명하
여 위로하고 돌봐주게 하였다. 저녁에 과천 행궁에서 묵었으며, 백성들에게 선유
하였다.

(4)

정조는 아버지를 화산 현륭원으로 옮겨 모시면서 광중(壙中)에 자신이 직접 지은 지문(誌文)을 써 넣는다. 지문이라기보다는 정치적 희생양이 된 아버지의 한(恨)을 구구절절이 풀어 드리고 싶은 아들의 몸부림이었다.

태어날 때부터 1762년 임오화변까지 죄 없는 아버지를 그렸다. 모든 면에서 성군(聖君)의 자질을 타고난 아버지를 지극히 사모하는 마음으로 남아있는 기록과 측근들로부터 들은 사실을 적어 망부(亡父)의 억울함을 자세하게 알렸다.

11살 어린나이에 겪어야 했던 뼈를 깎는 아픔을 털어내지 않고는 도저히 자식이라고 할 수 없었다. 정조는 너무나 영리했다. 할바마마가 가장 걱정하던 아버지에 관한 모든 기록을 사초에서 빼어내 세초를 시키자는 주청을 올렸으니 말이다. 할바마마를 안심시키고 한편 노론을 달래는 처방을 스스로 내렸던 것이다.

지문은 광중에 묻어 영원히 비밀로 부쳐야 할 일이라며 중신을 달래놓고 정조는 1789(정조 13)년 10월 7일 『조선왕조실록』과 자신의 문집인 『홍재전서』 제16권 현륭원지(顯隆園誌)에 전문을 실어 후세 사람들이 모두 볼 수 있도록 하는 기지를 발휘했다. 『조선왕조실록』과 『홍재전서』는 약간의 차이는 있으나 내용은 대동소이하다. 그 글에는 아버지가 행한 숱한 효행과 훌륭한 행적을 일일이 구체적으로 나열하였다. 또한 아버지를 직접 죽음으로 내어 몬 사람들 이름을 일일이 거명했고 반면 아버지를 위해 목숨을 바친 사람과 고초를 겪은 사람을 기록하여 대비시키는 치밀성을 보였다.

세초를 자청한 정조의 숨은 뜻이 어디에 있었는지를 확연히 보여주는 대목이다.

정조가 천릉(遷陵)을 고집한 이유도 바로 시시비비(是是非非)를 가려 아버지를 만천하에 천명(闡明)하여 새로 태어나게 하고 싶은 효심에서였다. 그리고 아버지를 사지로 몰아넣었던 신료들을 모두 천릉에 참여시켜 아버지의 원혼을 위로하고 자신의 입지를 높여 정치적 발판을 아주 굳게 다지고자 했다.

재위 13(1789)년이니 어느 정도 자신의 토대가 구축되기도 했다. 마음속에 품었

던 일을 하나둘 꺼내어 현실화시키기에 별 장애가 없었기 때문이다.

풍수와 역(易)에 남달리 해박하였던 정조를 알면 왜 화산(花山)인지 추측이 갈 것이다. 현륭원은 정조가 아버지에게 바치는 최고의 효(孝)이자 정성이었다. 세자가 묻힌 원소의 격식으로는 유일하게 병풍석(屛風石)과 무인석(武人石)을 설치하였다는 점이다. 왕릉이 아니면서도 양관(梁冠)[132]과 조복(朝服)[133]을 갖춘 석인(石人)을 세워 왕릉의 격식을 교묘하게 조화시킨 원(園)의 백미로 정조가 만든 최고의 걸작이다. 어느 석물이건 화려하다는 점이 특징이다. 병풍석 면석(面石)에는 모란, 두 모퉁이로는 연꽃무늬를 얕게 돋을새김을 했는데 붓으로 그린 그림처럼 익숙하게 사실적으로 표현했다.

인석은 12개이다. 대개 한 조각의 길이는 4자 5치이고 넓이는 1자 3치이며 두께는 8치 5푼이다. 전단(前端)의 높이는 1자 7치이고 밑바닥의 허리에는 옆으로 파서 홈을 만들어 횡가석의 어금니가 물리게 하고, 좌우의 이는 홈을 동일하게 하며 내단(內端)은 깎아서 규수(圭首)를 만들고 전단에는 연잎을 조각하였는데 연잎은 위로 연꽃의 유두(乳頭 : 속명 半開蓮)를 받치고 있다. 12개의 유두에 소전(小篆)으로 판돈녕부사 윤동섬이 써서 8간(干)과 4괘(卦)를 새겨 붉은색으로 채웠다.

병풍석 아랫단에는 기와지붕을 형상화한 와첨상석(瓦檐上石)으로 조성하였다. 1789년의 『현륭원 원소도감의궤』에서 정조는 '와첨상석을 이번에 특별히 사용함은 오로지 미적 아름다움을 위해서이고 아울러 정성을 바친 나의 마음을 두고자 하기 때문이다.'라는 소회를 밝혀놓았다.

전국에서 유명한 석수(石手) 159명을 동원하여 이 모든 석조물들을 만들도록 하였다. 8각 형태의 거대한 장명등과 하엽(荷葉)에 받쳐진 연꽃봉우리 모양의 인석(引石)[134]도 눈길을 끈다. 장명등의 화창(火窓)을 최초로 원형으로 내었다. 살아서

---

132) 문무관(文武官)이 조복을 입을 때에 쓰던 관이다. 징두리의 앞이마 위의 양만 검은빛으로 하고 그 밖은 모두 금빛으로 한다.

133) 관원이 조정에 나아가 하례할 때에 입던 예복. 붉은빛의 비단으로 만들며, 소매가 넓고 깃이 곧다.

겪었던 지상의 일은 잊고 하늘의 태양처럼 빛나시라는 뜻일 것이다. 자세히 살펴보면 알 수 있듯 문무인석, 장명등 등 지면과 맞닿은 부분에 구름무늬의 운족(雲足)을 새겨 천상(天上)임을 상징적으로 표현한 솜씨 또한 절묘하다.

현륭원에 조성된 석물(石物)은 동래부(東萊府) 출신의 무인(武人)이며 천재 조각가로 이름을 떨치던 최천약(崔天若 : 1684~1755)의 작품을 본보기로 하였다. 그 외에 변이진(卞爾珍 : ?~1764), 손수담(孫壽聃), 김하정(金夏鼎), 현덕룡(玄德龍), 김경윤(金慶潤), 최진강(崔鎭岡), 김경유(金景裕), 서극제(徐克悌), 방응문(方應文) 등 그야말로 당대 최고의 조각가들이 기라성(綺羅星)처럼 영조시대를 풍미했다. 의소세손(懿昭世孫)의 묻혀있는 의령원(懿寧園), 영조의 어머니 숙빈 최씨가 잠들어 있는 소령원(昭寧園) 등에 장인들을 보내 참고하도록 하였다. 정조는 대신들과 이야기할 때면 조선 최고의 장인은 누가 뭐래도 죽은 최천약이라는 말을 서슴지 않았다. 조선왕릉 가운데 현륭원을 최고의 걸작으로 꼽는 것은 영조시대에 이미 석물을 다루는 조선 최고의 장인들이 만개해 있었기에 가능했다. 정조가 이를 놓칠 리 없었다. 진경시대가 말해주 듯 문화의 황금기에 만든 현륭원은 그래서 예술적 가치가 가장 뛰어난 것이다.

여북하면 여러 신하들이 모두 말하기를, "석물에 그림을 그리는 수법이 극히 정교하고 세밀하니, 최천약(崔天若)을 시켜서 하더라도 더 잘할 수는 없을 듯합니다. 비록 의식에 소요되는 물품이라 하더라도 능히 뜻대로 성의를 다할 수 있으니, 또한 하늘의 뜻입니다." 하였다.

14일에 석물에 대한 일을 끝냈는데 병풍석 뒤의 8면과 석양(石羊), 석호(石虎)는 봉분 반월형의 앞에 함께 설치하고, 앞 4면과 혼유석, 망주석, 문무석, 석마(石馬), 장명등, 좌향석과 비(碑)는 아래 현궁(玄宮)의 뒤에 설치하였다.

---

134) 우석(隅石)과 면석(面石) 위에는 만석(滿石) 12개를 올려놓는다. 만석은 높이 1척 4촌, 너비 3척 3촌, 길이 12척 3촌이다. 아래 외면(外面) 5촌엔 앙련(仰蓮)을 새긴다. 만석이 서로 꺾여 합쳐지는 곳에 인석을 덧댄다. 덧댄 인석은 12개로 두께 1척 2촌, 길이 6척이다. 인석의 겉 단면에는 모란과 규화(葵花)를 섞바꾸어 조각한다.

정조는 800개의 산봉우리가 읍을 하고 있는 형상의 중심에 원소를 조성하고 다시 인석의 연꽃봉우리를 통하여 억울하게 돌아가신 아버지가 새롭게 거듭나시기를 소망하는 연화화생(蓮花化生)의 애틋한 뜻을 담았으리라.

이것이 화산으로 아버님을 옮겨 모신 참 뜻이 아닐까?

백두대간을 타고 내려오다 속리산(俗離山)에서 갈라지는 한남금북정맥으로, 다시 칠현산(七賢山)에서 한남정맥까지 5~6백 리를 달려 명당 중 명당인 꽃뫼(花山)의 화심(花心)에 자리를 잡는다.

신라 때 명문장가인 최치원(崔致遠 : 857~?)은 속리산을 보고 "도는 사람을 멀리하지 않으나 사람이 도를 멀리하고, 산은 세속을 떠나지 않는데 세속이 산을 떠나네.(道不遠人 人道遠, 山不俗離 俗離山.)"라는 명시(名詩)를 남긴다.

정조의 심금을 울리는 시(詩)이며 현실을 그대로 적나라하게 표현한 글이다.

아버지를 죽음으로 몰아간 사람들과 자신을 아직도 죄인의 아들이라며 인정하려 들지 않는 사람들의 모습을 그린 것 같다. 백두대간(白頭大幹)을 한줄기로 한 백성이라 보기엔 너무 가슴 아프다.

속리(俗離), 칠현(七賢) 5~6백리를 달려 멈춘 꽃뫼(花山)의 화심(花心)을 향하여 하엽(荷葉) 모양의 크고 작은 연봉 8백 봉우리가 힘찬 함성을 지르며 억울함을 호소하고 있는 것 같다. 고종황제 때 일이지만 이미 속세를 떠난 분들과 칠현인 일곱 황제가 나왔으니 명당은 명당인가 보다.

정조는 속리, 칠현, 꽃뫼라는 산(山) 이름이 마음에 쏙 들었다.

연꽃 형상의 주위 산세가 마치 『화엄경』에서 설(說)하는 노사나불(盧舍那佛)[135]의 서원(誓願)과 수행에 의하여 출현한 이상적이며 아주 깨끗한 경계의 세계 다시 말해 수미산 가장 밑으로 수미산을 떠 바치고 있는 풍륜(風輪)[136]이 있고, 그 위

135) 부처님의 진신(眞身 : 참다운 모습)을 나타내는 일컫는 이름이다. 부처님의 신광(身光 : 모습)과 지광(智光 : 지혜)은 법계를 고루 비추어 빠짐이 없으며 원만구족하고 완전무결하다는 것을 상징한다.

136) 수미산(須彌山)을 가장 밑에서 떠받치고 있는 것.

에는 향수해(香水海)[137]가 있으며 이 향수해 안에 일대연화(一大蓮華)가 있고, 이 대연화(大蓮華)에 함장(含藏)된 극락정토인 연화장장엄세계해(蓮華藏莊嚴世界海)에 해당하는 곳이 바로 아버님 원소라는 확신을 갖게 했다.

(5)

현륭원을 비롯하여 이읍 실태를 자세히 실은 지령(旨令)을 책으로 편찬한 『수원하지초록(水原下旨抄錄)』을 보면 1790(정조 14)년을 기준으로 수원부, 광주부, 남양부, 안산군, 진위현, 용인현, 양성현, 과천현의 수령 책임 아래 현륭원에 대한 식목을 1년에 춘추로 2회 실시하였다. 봄에는 청명을 전후한 2월 하순에, 가을에는 9~10월에 한다.

현륭원 천릉이 이루어지던 1789(정조 13)년 10월과 이듬해 봄·가을 두 차례에 걸쳐 식목행사를 했다. 현륭원이 완공된 것은 정조 13년 10월 16일이다.

1790(정조 14)년 2월 19일 원역고(園役庫)를 화성(華城)에 설치하였다. 정조가 하교하기를, '원소(園所)와의 정도(程道)가 서울에서 꼭 1백 여리(里)가 넘음으로 향(香)을 전달하기 위해 왕래하는 일도 오히려 먼 곳에 있는 능(陵)의 규례를 쓰게 된다. 또 본원(本園)의 제반 일에 대해서는 모두 폐단을 줄이려고 하는 판국인데, 더구나 석물(石物)을 다듬거나 석회를 바르며 비가 새는 집을 고치는 따위의 사소한 일들은 더욱이 탁지(度支 : 호조)에 그 책임을 지움으로써 경공인(京貢人)들에게 허다한 폐해를 끼칠 필요가 없다. 경기 관찰사가 친히 연교(筵敎)를 받들어 본 지방에서 원관(園官)의 입회 아래 함께 편리한대로 거행을 하라.

물력(物力)을 저장해 두는 곳도 양주(楊州)의 전례에 의하여 이름을 '원역고(園役庫)'라 하고, 도백(道伯)이 관할하면서 연말에 장부를 마감하여 장계로 보고하라.

또한 해마다 정기적으로 바치는 공물에 따라 공사를 구획하되, 묘당(廟堂 : 의정부)에서는 자세히 헤아려 초기(草記)를 올리고, 호조 선혜청의 당상관과 경기관찰

---

137) 수미산(須彌山)을 둘러싸고 있다는, 향수로 된 바다.

사는 대신(大臣)에게 의논하여 절목(節目)을 만들어 가지고, 경기 감영으로 하여금 뒤에 써서 장계로 보고하게 함으로써, 폐단은 즉시 제거하고 공사는 반듯이 견실하게 하려는 뜻을 알리도록 하라.' 하였다.

거리가 먼 관계로 원소관리의 효율성을 높이기 위한 정조의 합리적 사고방식을 엿볼 수 있는 대목이다.

특히 3차 식목인 1790(정조 14)년 가을에는 씨를 심고, 흙을 채워 돋우고, 잔디를 더 심고, 흙다짐을 하고, 돌을 까는 일과 더불어 소나무, 홰나무, 상수리나무 기타 잡목과 함께 진달래를 비롯한 화초류(花草類)를 많이 심었다.

잡목이나 꽃나무를 제외하고 소나무만 45만 4천여 주를 심었으니 정조가 화산에 얼마나 심혈을 기울였는지 상상이 간다. 소나무는 곧 우리나라 사람이다. 태어나면 금줄에 솔잎을 달고, 죽으면 소나무 칠성판에 눕는다. 그 모진 북풍이 몰아칠 때면 부러질 듯 흔들리면서도 운치 있는 소리를 낸다. 그 소리가 마치 거문고 소리 같다며 옛 시인들은 곧잘 시(詩)를 짓기도 했다. 소나무는 사철 상록수(常綠樹)며 십장생의 하나로 왕조의 끝없는 번영을 뜻하기도 하지만 나무 중의 나무로 왕을 상징하기 때문에 아버지를 왕으로 모시고자 하는 정조의 애틋한 염원이 스며있는 것이다.

정조가 소나무에 정성을 들인 이유로 또 하나가 있다. 해가 뜨는 유파산(流波山)에 부상(扶桑)이라는 뽕나무가 있고 해가 지는 방산(方山)에는 반격송(盤格松)이라는 소나무가 있다는 것이다. 뽕나무, 소나무는 성목(聖木)이다. 해는 말할 것도 없이 임금, 동궁, 아버지인 것이다. 영원히 죽지 않고 반복적으로 재생(再生)하는 것이다. 소나무가 곧 왕이자 아버지였던 것이다.

신라 때 함양태수로 부임한 최치원(崔致遠)이 1,000년 전 범람하는 수해를 막기 위하여 우리나라 최초의 인공림인 상림원(上林園)을 조성했다면, 정조는 200년 전 아버지를 위하여 우리나라 역사상 최초의 인공조림(人工造林)으로 현릉원을 탄생시켰다. 융릉재실 안마당에는 우리나라에서 제일 큰 개비자나무[138]가 있는데 화성

시 504호 천연기념물이다. 아마 이때 심어진 역사의 산물이 아닐까라는 생각이 자꾸만 든다.

그 뿐인가? 오늘날 노송지대(老松地帶)라 불리는 곳도 정조가 아버지 사도세자의 원소(園所) 식목관(植木官)에게 1,000냥을 하사해 능행하는 길목에 소나무 500그루, 버드나무 40그루를 심은 것이 유래가 된 것이다.

화성으로 들어오는 길목에 버드나무를 심어 미륵현(彌勒峴)으로 넘어오려는 도성 쪽의 사악한 기운을 아예 막아버리고 잡귀마저 범접하지 못하도록 했다.

정조는 소나무로 신성한 성역이 있음을 미리 알리고 이곳이 바로 천년만년 길이 이어질 아버님의 나라가 있음을 은유적으로 나타내 보인 것이다.

---

138) 개비자나무(Cephalotaxus koreana) 과(科) 개비자나무 속(屬)에 속하는 약 7종(種)의 교목과 관목이다. 키가 작은 침엽수로 아시아 중·동부가 원산지이며 현재 온대지역의 많은 곳에서 관상용으로 키우고 있다. 열매는 작고 다육질로 서양자두와 비슷한 모양으로 단단한 씨가 한개 들어 있다. 우리나라에는 개비자나무(C. koreana) 1종만이 북위 38°선 이남에서 자라고 있는데, 암꽃과 수꽃이 따로 피는 상록교목이다.

5. 용주사龍珠寺

원래 이곳은 854(신라, 문성왕 16)년 성황산(成皇山) 갈양사(葛陽寺)가 창건되었으나 952(고려, 광종3)년에 불타버린 곳이다.

갈양사는 우리나라에서는 971(고려 광종22)년 혜거국사(惠居國師 : ?~974)가 처음으로 수륙재(水陸齋)를 지낸 절이다. 수륙재란 바다와 육지에 있는 모든 외로운 영혼에게 재(齋)를 올리는 의식을 말한다.

양(梁)나라 무제(武帝)의 꿈에 어떤 신승(神僧)이 나타나, '중생이 업인(業因)에 따라 필연적으로 이르는 여섯 가지의 미계(迷界)인 지옥·아귀(餓鬼)·축생(畜生)·수라(修羅)·인간(人間)·천상(天上)의 6도(六道)와 생물이 생겨나는 4가지 형식, 즉 사람과 같은 태생(胎生)·새와 같은 난생(卵生)·개구리와 같은 습생(濕生)·나비와 같은 화생(化生)으로 태어나는 4생의 중생들이 한없는 고통을 받고 있거늘, 어찌하여 수륙재를 베풀어 그들을 제도하지 않는가? 이들을 제도하는 것이 모든 공덕 중에 으뜸이 되느니라.'에서 수륙재(水陸齋)가 시작되었다.

1789년 정조는 배봉산에 있던 아버지 사도세자의 능을 화산(花山)으로 옮겼다. 원래 이름은 '황제가 된다.'는 성황산(成皇山)이었으나 후대에 내려와 화산으로 바뀐 것이다.

이듬해 장흥(長興) 보림사(寶林寺)의 보경당 사일(寶鏡堂 獅馹)을 도총섭(都摠攝)139)으로 임명 8도도화주(八道都化主)로, 부화주(副化主)는 경기·전라 양도 도화

---

139) 북한산성(北漢山城)에 속한 승군(僧軍)의 최고책임자이다.

주인 성월당 철학(城月堂 哲學)으로 정했다.

정조는 8도관민(八道官民)의 시전(施錢) 8만 7천여 냥이 모이자 아버지를 위한 원찰(願刹)로 용주사(龍珠寺)를 세운다. 아마 갈양사에 대한 내력이 더욱 마음에 들어 굳이 그 곳에 아버지의 원찰을 고집하였는지도 모를 일이다. 더구나 우리나라에서는 최초로 수륙재(水陸齋)를 올렸다는 사실에 주목하였을 것이다. 그리고 원찰로 이보다 더 알맞은 유래를 지니고 있는 곳은 천하 어디에도 없으리라고 정조는 쾌재를 불렀으리라. 수륙재는 꼭 윤달에 지내야 한다고 하였다. 이는 후일 을묘원행과도 불가분의 관계를 갖는다.

이 절은 창건과 동시에 전국 5규정소(五糾正所)[140]의 하나로 승풍(僧風)을 규율에 따라 바르게 계도하는 역할을 담당하기도 한다.

사일(獅馹)은 보림사에 있을 때 임금의 말 못할 속내를 알고 「불설대보부모은중경(佛說大報父母恩重經)」을 올려 인연을 맺으면서 총애를 한 몸에 받고 왕을 불교에 귀의시켰다고 전해진다.

1790(정조 14)년 용주사를 지을 때 남북한산성도총섭(南北漢山城都摠攝)으로 역사(役事)를 감독한다. 그는 후에 8도도승통(八道都僧統)이 되어 전국의 승군(僧軍)을 다스리는 수장(首將)이 된다.

---

140) 조선시대의 승려(僧侶) 감독기관으로 중기 이후 승려의 기강을 바로잡고, 승풍(僧風)을 규찰(糾察)하기 위하여 설치하였다. 광주(廣州) 봉은사(奉恩寺), 양주(楊州) 봉선사(奉先寺), 남한산(南漢山) 개운사(開運寺), 북한산 중흥사(重興寺), 수원(水原) 용주사(龍珠寺)에 두었으며, 이 5대사(五大寺)의 규정소를 5규정소라고 하였다. 이 5규정소가 전국 사찰의 관할구역을 분담하여 감독하였다. 봉은사는 강원도, 봉선사는 함경도, 개운사는 충청도와 경상도, 중흥사는 황해도와 평안도, 용주사는 전라도의 사찰을 각각 관할하였고, 오직 경기도의 사찰만은 5규정소의 공동관할구역으로 하였다. 이 밖에 두 공원소(公員所)가 있어 5규정소를 도왔는데, 두 공원소는 서울 동부 근교에 있는 수락산(水落山)의 흥국사(興國寺)와 서부 근교에 있는 안현산(鞍峴山)의 봉원사(奉元寺)로, 여기에는 사무원이 주재하여 규정소의 사무를 보았다. 이 두 공원소를 합하여 7규정소라고도 하였다. 또한 각 도(道)에도 도규정소가 있어서, 경상도 규정소는 칠곡(漆谷)의 천주사(天柱寺), 전라좌도 규정소는 순천 송광사(松廣寺), 금구(金溝:현 金堤) 금산사(金山寺)는 전라우도 규정소였다. 이 밖의 다른 도에도 도규정소가 있었으나 자세하지는 않다.

용주사 창건 이전까지는 기존의 의승군(義僧軍: 승려 의병) 지휘권을 남·북한산성 도총섭이 갖고 있었으나 정조의 하교로 용주사에 이관시킴으로 용주사의 정치적 위상은 절정을 이룬다.

정조의 치밀한 사전 계획아래 아버지의 원소(園所)를 화산(花山)으로 결정하였으며, 결정하는 이면에는 갈양사 옛터가 있었기 때문이었을 것이다.

마침 현륭원(顯隆園) 공역이 완성된 다음 날인 1789(정조 13)년 10월 17일 원소도감당상(園所都監堂上) 이문원(李文源)이 건의하여 원소에 원찰(願刹)이 있어야 마땅하니 시급히 서둘러 달라고 하였다.

이에 정조는 먼저 사찰의 규모를 정하고 그에 따른 재원조달책을 마련할 수 있도록 하라는 하교를 관련 신료에게 은밀히 내렸다.

이 전교에 우의정 김종수(金鍾秀) 등은 전례에 따라 일종의 임명장(任命狀)으로, 관아(官衙)에서 부유층(富裕層)에게 돈이나 곡식 따위를 받고 관직(官職)을 내릴 때 관직명을 써서 주나 성명은 기입하지 않는다. 이에 의하여 임명된 사람은 실무(實務)는 보지 않고 명색만을 행세하게 되는데, 이 제도는 숙종 3년에 기근(饑饉)을 당하여 가설첩(加設帖)을 만들어 진휼청(賑恤廳)에서 매매한 데서부터 비롯하였다. 이를 공명첩(空名帖) 또는 공명고신첩(空名告身帖)이라 부르는데 용주사 건립도 이렇게 재원을 마련하면 어떻겠느냐는 건의를 한다. 정조는 이 건의를 받아들여 마침내 공명첩을 발급하게 된다.

과거 태조원비 신의고황후의 제릉(齊陵)·정종과 정안왕후의 후릉(厚陵)인 원찰 연경사(衍慶寺)를 중창할 당시 공명첩(空名帖) 120개를 만들어 재원을 조달한 선례가 있었다. 현륭원 원찰의 규모로 보아 연경사의 배 이상 비용이 소요될 것으로 예상 우선 250개의 공명첩을 발급하도록 하여야 한다는 주청을 받아들인 것이다.

그 후 현륭원 공역을 마친지 2개월 후인 12월 전에 용주사의 건립이 기정사실화 되었다고 보면 된다.

이렇게 일이 추진되자 공명첩을 발행하지 않았는데도, 시류에 눈치 빠른 8도

수령방백은 물론 각 진(鎭)에서 자원한 고위신료들이 대시주자(大施主者)를 자청, 이미 그 명단이 거의 확정되기에 이른다.

정조의 치밀한 계획 아래 드디어 용주사의 터 닦기를 1790(정조 14)년 2월 19일에 시작하였다.

진위현령 조윤식(曺允植)을 공사 책임자인 감동(監董)[141]으로 임명하고, 절을 짓는 일은 사일·철학 두 스님이 주관토록 했다.

정조는 즉위 초 7년여 동안 불교탄압정책을 썼다. 정권 기반이 취약한 정조로서는 살아남기 위하여 건국이념인 숭유억불 정책을 들고 나올 수밖에 없었으리라. 자신의 기반이 어느 정도 잡히자 비로소 소신 있는 정치를 펼치기 시작한 것이다.

정조가 평소 경이원지(敬而遠之)하던 불교를 과감히 수용함으로 등을 돌렸던 불교계 인사들의 마음을 모두 껴안을 수 있었다. 원통하게 돌아가신 아버지의 원찰을 짓는 일만은 꼭 불교계의 축복을 받고 싶었다. 한편 친불 정책은 승군(僧軍)이라는 막강한 군대의 절대적 지지까지 얻어내는 뜻밖의 성과도 올린다.

정초(定礎)는 3월 21일, 입주(立柱)와 상량(上樑)은 4월 10일과 15일에 세우고 올렸다.

불상을 만드는 조불(造佛)은 8월 16일, 불상을 만들고 나서, 사귀(邪鬼)가 붙지 못하도록 주문(呪文)을 외며 불상의 눈에 점을 찍는 점안식(點眼式)[142]은 9월 29일에 일사천리로 착착 진행되었다.

---

141) 국가(國家)의 공사(工事)를 감독(監督)하기 위(爲)하여 임시(臨時)로 임명(任命)하던 벼슬이다.

142) 불상을 조각하거나 그린 다음 진언을 외우며 의식을 갖추어 불상의 눈에 붓으로 동자(瞳子)를 찍는 의식으로 개안식(開眼式)이라고도 한다. 새로 조성한 불상 등에 경전과 다라니 등의 복장(腹藏)을 넣고 나면 불상의 조성은 일단 완성되는데, 점안식(點眼式)은 여기에 공양 등의 법요식을 통해 종교적 생명(부처 또는 보살의 靈)을 맞이하는(眞理의 개안) 의식으로 부처가 가진 32상(相)과 80종호(種好)의 장엄이 나타나게 해달라는 것이다. 눈을 그리기 전에 불상의 눈이 육안(肉眼)·천안(天眼)·혜안(慧眼)·법안(法眼)·불안(佛眼)·십안(十眼)·천안(千眼)·무진안(無盡眼)을 성취하기 기원하고 개안광명진언(開眼光明眞言)·안불안진언(安佛眼眞言)·관욕진언(灌浴眞言)·시수진언(施水眞言)·안상진언(眼相眞言) 등을 외어 신비력을 가지게 한다. 점안식에는 불상점안·나한점안·사천왕점안·시왕점안 등이 있다.

용주사 본당(本堂)과 기타 부속건물이 완공되기까지 8도의 읍진(邑鎭)은 물론 도성의 각 궁(宮)·관아 그리고 시전(市廛)[143] 상인들에 이르기까지 자발적인 희사금으로 재원이 충당되었다.

명단을 보면 경기감사 서유방(徐有防)을 위시하여 각도의 감사 9명, 군수, 현감, 부사, 만호, 첨사와 같이 수령급(守令級)의 지방관 87명을 비롯하여 모두 96명에 달하는 관직명이 실려 있다. 그뿐 아니라 각 궁(宮)과 중앙관아, 지방 감영의 이름과 희사액수가 구체적으로 자세하게 기록된 점은 눈여겨볼만하다.

---

143) 옛날부터 내려오던 장거리의 가게를 일컫는데, 조선 왕조는 개성에서 한양으로 천도한 이후 4대에 걸쳐 시전을 설치하는 사업을 벌였다. 1399(정종1)년 한성에 처음으로 시전을 관설(官設)하였으나 건국 초기의 잦은 정변으로 완성되지 못하다가, 태종이 즉위하고 다시 한성으로 도읍을 옮긴 뒤 4차례의 건조 사업 끝에 완성되었다. 이와 함께 시전의 지역적 한계를 정하여 대시(大市)는 장통방(長通坊 : 관철동·장교동), 미곡잡물은 동부 연화동구(蓮花洞口 : 연지동), 남부 훈도방(薰陶坊 : 을지로 2가), 서부 혜정교(惠政橋 : 종로1가), 북부 안국방(安國坊 : 안국동), 중부 광통교, 우마(牛馬)는 장통방 하천가에서 각각 매매하도록 하고 여항소시(閭巷小市)는 각각 사는 곳의 문 앞에서 영업하도록 하였다. 또한 태조 즉위년에는 경시서(뒤에 平市署로 개칭)를 설치하여 물가조절·상업세징수·도량형기의 단속 등 시전의 행정사무를 맡아보게 하였으며, 별도로 청제감(淸齊監)을 두어 시가의 청결을 감독하게 하였다. 이것은 농본주의에 입각한 조선왕조의 상업억압정책의 일환이었다. 이처럼 관청에서 설치한 공랑(公廊)을 사용하는 시전은 일정한 액수의 국역을 지는 유푼각전(有分各廛)과 국역을 지지 않는 무푼각전(無分各廛)으로 구별되었다. 국역은 대체로 관청의 수요에 따라 부과되는 임시 부담금, 궁중 등의 수리·도배를 위한 물품과 경비, 왕실의 관혼상제, 중국에 해마다 파견되는 각종 사절의 세폐(歲幣) 및 수요품 조달 등이었다. 국역은 시전의 이익 정도에 따라 책정되었고 최고 10푼에서 최하 1푼까지 모두 37전이나 되었다. 관청의 필수품을 공급하는 어용상인의 단체였던 시전은 국역의 대가로 상품독점에 관한 전매권과 난전을 금할 수 있는 권리를 가진 봉건적 특권상인의 총칭이었다. 한편 국역을 부담하는 시전 가운데 최대의 국역을 지는 시전 여섯을 추려서 육의전(六矣廛) 또는 육주비전(六注比廛)이라고 하였다. 그러나 이러한 봉건적 상업체계 아래 발전해 온 시전체계는 조선 후기 이후 점차 사상(私商)의 발전과 더불어 해체되어 갔다. 조선 후기 상품화폐경제가 발달하면서 도시를 중심으로 시전체계와 대립하는 난전(亂廛) 그리고 부상대고와 같은 사상체계가 성립하면서 이들의 특권적 상권을 위협한 것이다. 또한 1876년 개항 이후 외래 자본주의 침투는 시전을 더욱 위축시켰고, 특히 1894년 갑오정권이 개혁의 하나로서 시전체계의 봉건적 국역부담과 특권을 파기함으로써 봉건적 시전체계는 명맥을 유지할 수 없었다.

　본당을 비롯한 145칸의 건물과 각종 불구제작(佛具製作)에 들어간 비용이 5만 7,388냥 8전, 사찰 소유의 전답 매수비용 2만 8,116냥 3전, 8도 화주승(化主僧)[144]의 여비 2천 냥 등 용주사의 조영(造營)공사에 총 8만 7,505냥 1전이 들어갔다.

　이 비용 가운데 전국 화주승(化主僧)들이 자기 관할의 8도 사찰로부터 모금한 성금(誠金)이 포함되었음은 두말할 것도 없다.

　정조는 원찰을 짓는다는 구실로 백성들에게 원성을 들어서는 안 된다는 확고한 신념이 있었다. 아버지를 죽음으로 내어 몬 신료들에게는 부담을 줄지언정, 아버지를 위한 역사에는 백성들로부터 칭송과 더불어 오히려 이익이 돌아가도록 하고자 노력하였기 때문이다.

　또한 용주사 건립에 대한 정조의 생각이 구체적으로 어떠했는가는 1789(정조13)년 8월 14일 『일성록(日省錄)』에 여실히 나타난다.

　동지정사(冬至正使)로 내정된 판중추부사 이성원(李性源)이 김홍도(金弘道)·이명기(李命基)를 동지사행[145]의 일원으로 청(淸)에 함께 데려 가겠다고 주청을 드린다. 이성원이 임금께 아뢰길, '김홍도와 이명기를 이번에 마땅히 데리고 가야 하겠는데, 원래 정해진 직책으로 옮겨줄 방도가 없으니, 김홍도는 신(臣)의 군관(軍官) 자격으로 추가 신청하고, 이명기는 금번 화사(畵師) 외에 추가 정원으로 데리고

---

144) 인가에 다니면서 사람들로 하여금 법연(法緣)을 맺게 하고, 시주를 받아 절의 양식을 대는 스님을 말한다.

145) 청나라에 보내던 사절로 대개 동지를 전후하여 보내기 때문에 동지사라 하였으며, 정조사(正朝使)·성절사(聖節使)와 더불어 삼절사(三節使)라 하였다. 무슨 일이 있을 때마다 보내는 임시사절이 아니라 정례사행(定例使行)이었다. 이 정례사행은 원칙대로 엄격히 시행되다가 1645(인조23)년부터 피차의 편의를 보아 날짜에 구애받지 않고 모두 정조(正朝)에 보내기로 했으며, 1723(경종3)년에 다시 강조되어 정례화 되었다. 동지사는 동지를 전후하여 출발, 그해가 가기 전 북경에 도착, 40~60일을 체류한 후 2월에 출발 3월 말이나 4월 초에 돌아오는 것이 통례이다. 황제에게 바치는 예물로는 여러 빛깔의 모시·명주·화석(花席)·백면지(白綿紙)였으며, 황후는 나전소함(螺鈿梳函) 1건, 여러 빛깔의 모시·명주·화석이었으며, 황태후도 황후와 같은 종류를, 황태자에게는 여러 빛깔의 모시·명주·화석·백면지 등을 보냈는데, 이것은 정조사 때와 같고, 성절사 때에는 예외로 황제에게 수달피 20장이 더해졌다.

가고자 합니다.' 하니, 정조가, '그렇게 하라고 하였다.'라는 기록이 보인다.

1789(정조 13)년 11월 8일 판중추부사 이성원(李性源)이 현도상소(縣道上疏)를 올리니, 비답하기를, '떠나간 지 여러 날이 흘렀으니 한갓 그리움만 사무친다. 물을 건너고 들판을 지나 달려갔으니 경은 울적함을 털어내고 번뇌를 씻어낼 수 있었을 것이다. 길에서의 잠자리와 끼니는 제대로 하였는가? 근래 만부(灣府 : 평안북도 의주) 백성들의 근심 때문에 밤낮 마음을 쏟고 있는데, 경은 모쪼록 널리 알아보고 조목조목 아뢰어라. 이미 파악해서 봉(封)하여 보냈는가. 강을 건널 날이 머지 않아 있을 것으로 아는데, 부디 여행길에 몸조심하기를 바란다.' 하였다.

그리고 다음해 2월 20일 동지정사 이성원이 청나라에 다녀온 복명을 하였으니 김홍도와 이명기는 3개월여 동안 이름난 사찰과 연경(燕京 ; 지금의 북경)에 있는 천주교회(天主敎會) 남당(南堂)의 벽화는 물론 유명한 화가들의 작품 등 선진기법을 눈으로 익히기에 부족하지 않을 만큼 시간적 여유를 갖고 자연스럽게 머리속에 넣어왔을 것이다. 특히 정조는 서양미술에 깊은 관심을 보였다.

왜 정조가 탁월한 군주인가는 다 아는 바와 같이 그림에도 뛰어났기 때문에 이런 식견을 갖고 있었던 것이다. 그래서 정조 때 화원은 30명이었는데 이 중 뛰어난 10명은 규장각에 소속시켰다. 이들을 차비대령화원(差備待令畫員)이라 부르는데 여기에 뽑히려면 정조가 주관하는 시험을 치르고 치열한 경쟁을 통과하여야 했다. 그러나 김홍도만은 예외였다니 정조의 신임이 얼마나 두터웠는지 잘 알 수 있다.

서울대학교 박물관에 소장되어 있는 26살(1777년) 때 그린 「묵매」와 동국대학교 박물관에 소장되어 있는 「들국화」 그리고 「파초」, 「온궁영괴대도(溫宮靈槐臺圖)」 등의 유작을 통해 정조의 그림은 이미 학계에 검증된 바 있다.

「묵매」는 중앙을 공간으로 비워 밑에서 양편으로 뻗어 오른 구도를 취함으로 화제(畫題)를 쓸 수 있는 조화를 꾀하면서 서화(書畫)의 묘를 살린 점이 매우 뛰어나다. 매화가지와 세련된 꽃잎 묘사가 예사롭지 않아 사람들의 눈길을 끈다.

「들국화」그림도 둥근 바위를 배치시켜 잡초와 국화를 어울리도록 하여 단조
로움에서 벗어나도록 했다. 특히 먹만으로 그렸으면서 짙음과 옅음을 알맞게 조
절하여 조형감각을 두드러지게 했을 정도로 그림에 일가를 이룬다.

이런 정조가 사일에게 자신이 짓고자하는 뜻을 은밀하게 전했을 것이다. 그래
서 처음부터 계획하고 있던 원찰을 만들 수 있었다. 원찰을 들어가기 위하여 처
음 대하는 문이 왕릉 입구를 나타내는 홍살문이다.

현재 사천왕을 모신 건물에 용주사라는 현판을 달아 홍살문을 막고 있어 본래
정조의 의도를 읽을 수 없어 안타깝다는 생각이 든다. 문화재를 변형시키거나 상
징성을 저하시키는 행위는 이미 금기시 되어 온지 오래되었기 때문이다.

절에서 홍살문은 용주사가 유일하다. 그것은 이 절이 그만큼 특별나다는 뜻이
기도 하다. 용주사는 특이하게도 맨 앞에 홍살문이 있고, 더 들어서면 삼도(三道)
와 삼문(三門)이 나온다. 삼문좌우로 7칸의 행랑을 설치하여 궁궐이나 사대부가에
서만 볼 수 있는 건축양식을 그대로 용주사에 응용한 것이다. 거기다 해치 한 쌍
이 삼문 앞을 지키고 있어 전형적인 궁궐을 닮았다. 삼문의 기둥에 1924년 죽농
(竹儂) 안순환(安淳煥 : 1881~1950)[146]이 쓴 '용주사불(龍珠寺佛)'이라는 주련(柱聯)이 네
기둥에 걸려있어 사도세자와 정조를 다시 한 번 곱씹어 보게 한다.

주련은 용(龍)·주(珠)·사(寺)·불(佛)의 첫 글자를 따서 사언시(四言詩)를 지었는데
무심히 드나드는 사람들의 발길을 멈추게 한다.

> 용이 꽃구름 속에 서리었다가(龍蟠華雲),
> 여의주를 얻어 조화를 부리더니(珠得造化),
> 절문에 이르러 선을 본받아(寺門法禪),
> 부처님 아래서 중생을 제도하네(佛下濟衆).

라고 읊은 기(起)·승(承)·전(轉)·결(結) 네 구(句)가 읽는 사람의 마음을 아리게 한
다. 마치 정조가 130년 전에 감추어 둔, 만물이 처음 생겨나 자라고 삶을 이루며

---

146) 안순환은 당시 독립 운동가들이 드나들던 서울의 유명한 요리 집인 명월관(明月館) 주인.

완성된다는 뜻으로 '하늘이 갖추고 있는 네 가지 덕인 원형이정(元亨利貞)'의 수수 께끼를 풀어놓은 해답과 어쩌면 그리도 같을까.

구천을 떠도는 아버지에게 여의주를 드렸더니 반야용선을 타고 수미산에서 선 (禪)의 진리를 깨달아 부처님 뜻과 같이 중생을 구제한다는 부자간 천리(天理)를 표현한 빼어난 시구(詩句)이기 때문이다. 아울러 우주만물의 역사상(易思想)이기도 하다.

물론 자기 스스로 수행하여 구원을 얻고자 하는 자행의식(自行儀式)을 상구보리 (上求菩提)라 하고, 집에서 불법을 닦는 사람이 절에 있는 스님에게 의뢰하여 대신 행하고 그 공덕(功德)을 돌려받아 구제를 얻고자 하는 타행의식(他行儀式)을 하화 중생(下化衆生)이라고 한다.

이것은 처음부터 정조의 의도였다. 아버지 사도세자가 보리(菩提)의 지혜를 구 하여 닦아 이미 부처가 되셨으니 이제부터 아래에 있는 중생(衆生)을 교화 제도 (濟度)시키면 된다는 뜻이다. 정조의 이런 간절한 염원이 후세 사람들에 의해 간 파 당했기 때문에 이처럼 절묘한 시가 나왔을 것이다. 정조 역시 임금으로 백성 을 구제하여 지상낙원을 만들어 아버지께서 염원하셨던 극락정토를 기어코 만들 겠다는 결의를 다지는 대목 같아 저절로 숙연해진다. 그리고 천보루 문을 지나야 대웅전을 대할 수 있으니 이는 궁궐의 법전이다. 대웅전 마당으로 올라가는 소맷 돌에 구름문양을 새겨놓았다. 모양의 차이는 있으나 현륭원 정자각 소맷돌의 구 름 문양과 짝을 이룬다. 이 소맷돌 난간을 오르면 하늘이 된다. 한편 북(鼓)을 형 상화시켜 왕조의 무궁한 발전을 염원하기도 하였다.

용주사는 들어서면서부터 궁궐과 같은 위엄을 줌으로 다른 사찰과 다르다는 무언의 메타포(metaphor)를 각인시키는 것이다.

왜 그랬을까?

왕조시대에는 임금을 하늘 같이 여겨 임금이 정사를 보는 궁전은 구름 위에 떠 있는 모양으로 장엄(莊嚴)하고 미려(美麗)하게 꾸몄다.

부처를 모시는 법당도 이와 비슷하다. 궁전에 용상이 있으면 불전(佛殿)에는 불상을 모시는 불단이 있다.

특히 정조의 원행도(園行圖)에서 사용하는 의례용 각종기구가 불교의식의 시련행렬(侍輦行列)과 흡사하다는 것은 일반적으로 통용되는 이야기다.

시련(侍輦)이란, 절 입구로부터 부처, 보살이나 영가(靈駕)를 맞이하는 의식이다. 부처와 보살을 맞이하는 상단시련, 호법신중을 맞이하는 중단시련, 천도 받을 영가를 맞이하는 하단시련이 있으나 형식, 절차에 있어서는 차이가 별로 없다.

절 입구에 마련된 시련단(侍輦壇)에서 죽은 사람의 위패(位牌)를 연(輦)에 모시고 절 안을 세 번씩 돌아다니는 의식을 시련행렬이라 한다.

정조는 아버지를 연에 모시고 들어가 법당 대웅전 부처님으로 모신 것이다.

궁궐에서나 대할 수 있는 장초석기둥 위에 나무기둥을 얹은 건물로 앞에서 보면 천보루(天保樓)요, 들어가 보면 차우(此愚) 김찬균(金瓚均 : 1910~?)이 쓴 홍재루(弘齋樓)라는 편액이 눈에 들어온다. 천보루는 남향이고 홍재루는 북향이다.

천보는 『시경』 '녹명지십(鹿鳴之什)'에 신하가 축복(祝福)으로 왕에게 대답하는 노래이다. 홍재는 정조의 호로 '홍우일인재(弘于一人齋)'에서 나온 말로 '임금인 일인으로부터 밀어 넓혀간다.'라는 뜻이다. 천보루는 그래서 아주 특별한 건물이다. 말만 절집이지 궁궐로 지어 부자(父子)가 서로 만나는 눈물겨운 곳이다. 천보는 아버지요, 홍재는 아들이기 때문이다. 아버지의 품에 안긴 아들의 소원은 아버지가 왕이 되는 것이다. 대웅전에서 천보루를 바라보면 천보루가 독립적이지 않고 좌우의 요사(寮舍)와 교묘하게 연결되어 궁궐과 같은 웅장하고 안정감을 주는 멋을 풍긴다. 천보루를 들어서면 부처님이 계신 대웅보전이 나온다. 왕즉불(王卽佛)이라 했으니 부처님이 곧 왕인 것이다. 왕은 두말할 것도 없이 아버지 사도세자인 것이다.

인도의 가비라성(迦毗羅城)에서 정반왕(淨飯王)과 왕비 마야(摩耶)의 아들로 태어난 싯다르타(悉達多)는 왕위에 오르지 않았으나 불교의 개조(開祖)로 세계인이 우

러러 모시는 성왕(聖王)이 된 것이다.

정조는 그런 아버지로 모시고 싶었다. 비록 왕위에는 오르지 못하였으나 부처님과 같은 분이시기를 간절히 바랐다. 그런 아버지로 영원히 받드는 아들이 되길 소망했다. 그래서 자신의 호(號)를 딴 홍재루란 현판을 걸고 남향한 아버지[金堂]를 향해 북향하는 신하의 모습을 상징화한 것이리라. 군신의 예를 그대로 따랐다.

대웅전과 홍재루를 사이에 둔 공간은 어느 누구의 간섭도 없는 아버지와 아들의 나라인 것이다. 그곳에는 노론·소론·벽파·시파도 없고 모함·시기·아첨·아부하는 신하도 없다.

자식을 믿지 못하고 아버지를 무서워하는 권력에 눈먼 천륜, 인륜도 이곳에서는 찾아볼 수 없다. 오직 아버지와 아들이 만나고 있을 뿐이다.

『용주사본말사지(龍珠寺本末寺誌)』에 따르면 대웅전은 문언(文彦), 천보루는 쾌성(快性) 그리고 경전구절을 따서 왼편에 선당(禪堂)이란 뜻의 나유타료(那由他寮)는 의섭(義涉), 오른쪽에 요사(寮舍)라는 뜻의 만수리실(曼殊利室)은 운명(雲明)스님 등이 각각 도편수가 되어 승려들 손으로 직접 지었다니 얼마나 공을 들였는지 짐작케 한다. 다행히 아버지를 사지로 몰아세운 고리타분한 사대부의 손을 피해 부처님 품으로 안겨드리고 싶은 아들의 오롯한 소망을 고스란히 이룰 수 있어 좋았다.

조선은 숭유억불(崇儒抑佛) 정책으로 스님들이 건축·석축·제지·단청·기와·미장 등 다방면에 걸쳐 기술을 익혀 권문세가와 유기적인 관계를 맺어왔다. 아니, 살아남기 위해 권문세가에 빌붙어 지내며 불교의 맥을 잇는 일이라면 무엇이던 마다 않고 해야 했다. 그래서 다방면에 걸친 기능공들을 수많이 길러낼 수 있었다.

그것만이 살아남을 수 방편이었고, 스스로 모든 것을 해결하고 자급자족하지 않으면 안 되는 실정이었기 때문에 자연발생적으로 생겨난 자구책이기도 하였다.

태종, 세종을 거치면서 400년 가까이 온갖 핍박 아래 각종 부역에 시달렸던 스님들이라 이들이 모두 당대 최고의 기술자였다. 물론 임진·병자 양란을 거치면서 많은 발전이 있었지만 여전히 불교는 탄압의 대상이었다.

이런 사실을 누구보다도 잘 알고 있던 정조는 사일을 불러 사전에 의논하였을 것이다. 그 결과 최고의 사찰은 승인공장(僧人工匠)의 손에 의해 이루어진다는 불교의 깊고 내밀한 부분까지 이미 손바닥 들여다보듯 하였다.

여기에다 미진한 점을 보완하기 위하여 정조는 김홍도와 이명기를 청나라에 보내 선진문명에 대한 견문과 특히 연경 천주교 남당에 그려진 미술 분야에 각별한 관심과 세심한 관찰로 새로운 화풍의 그림을 그릴 수 있도록 하라는 밀지를 내렸던 것이다. 앞선 서양문물을 이미 파악하고 있었기 때문이다. 양이(洋夷) 것이라도 앞선 문화는 배워야 한다는 것이 정조의 확고한 신념이었다.

대웅전 후불탱화 「삼세여래체탱」은 「용주사사적기」에 '연풍현감 김홍도가 그렸고...'라고 기록되어 있다. 이 사적기는 용주사 건립 후 35년만인 1825년에 작성되었음으로 1790년 건립당시 김홍도의 직함 '전(前) 찰방(察訪)' 대신에 그 이듬해 겨울에 제수 받은 '연풍현감'이라고 하였을 것으로 추측된다.

『수원지령등록』1790(정조14)년 10월 6일자「간역책응비교리장수승도질(看役策應 神校吏匠手僧徒秩)」에 따르면 '불상 후불탱을 감동(監董)한 전 찰방 김홍도, 절충(折衝) 김득신, 사과(司果)[147] 이명기는... 2월 19일부터 9월 29일까지 합하여 실제 일한 날이 216일이었다.'고 자세히 기록되어 있다.

이어 10월 7일자에는 '불상을 주관 감동한 전 찰방 김홍도는 주상의 특별지시로 사과(司果)벼슬에 임용하고, 감동한 절충 김득신, 사과 이명기... 등 위 사람은 해당부서에 영을 내려 쌀과 베를 후하게 내려주라.'는 중앙과 지방 관청 사이에 오고간 문서로 볼 때 김홍도가 주관한 작품이 확실하다. 「삼세여래체탱」은 440 × 350cm의 큰 그림으로 비단에 광물성 안료인 진채(眞彩)를 베풀어 그렸다.

아버지를 끝까지 인정하지 않으려는 노론을 향해 소리 없는 선전포고를 한 것이다.

---

147) 조선 시대에, 오위(五衛)에 둔 정육품의 군직(軍職)이다. 현직에 종사하고 있지 않은 문관, 무관 및 음관(蔭官)이 맡았다.

채제공의 『번암집(樊巖集)』 '번암선생집권지58(樊巖先生集卷之五十八)' 화산 용주사 상량문(花山 龍珠寺上樑文)에 그 내용이 기록되어 있다.

용주사를 창건하며 당시 좌의정으로 있던 채제공에게 상량문을 제술하여 쓰게 한 것이다. 청(淸)나라 소주(蘇州)에서 들여온 주황색 바탕에 구름무늬가 화려한 비단에 유창(流暢)하고 아름다운 필치와 문장으로 용주사의 창건 배경과 국왕의 만수무강을 비는 내용을 다음과 같이 먹으로 썼다.

세존은 5왕(五王)의 신지(神地)를 점하였다고 나는 들었는데 주(周)나라 목왕(穆王)이 8회도량(八會道場)을 창설하니 영조(靈助)가 있는 듯하였다.

그러나 축천(竺天)의 탄설(誕說)이 애매하니 주대의 왕사(往事)가 있었는지 없었는지? 차라리 용주사가 있는 산 곁에 터를 잡아 좋은 땅의 대열에 표방함만 어찌 같겠는가?

복전(福田)[148]이 도움을 주는 법을 미루어 성수(聖壽)를 무궁토록 빌고 원침 길촉(吉觸)의 소수(所需 ; 易의 水天需 卦)를 받들어 임금의 효성이 다함이 없도록 찬양함이 아니겠는가?

훌륭하도다.

수미사주(須彌四洲)의 하나로 후에 인간세계를 통틀어 이르는 말로 현세(現世)를 뜻하는 염부(閻浮)의 대지가 수성(隋城 ; 지금의 수원)의 일구(一區)만 못하다.

가지는 속리산에서 갈려 5~6백리를 날았고 정기는 조화를 다하며 만억천년이 숨겨져 있다. 흡사 용(龍)인 듯 무궁한 체세(體勢)는 신묘하고 구슬을 희롱하듯 숙기(淑氣)의 뭉침은 다함이 없네. 바라보면 감돌고 꿈틀거려 현화(玄畫)의 묘미를 다하고 운기(雲氣)를 어거한 듯 가까이 하면 주밀(周密)하고 온윤(溫潤)[149]하여 창해에 들어가 대합의 속살을 꺼내온 듯 음(陰)이 들이쉬고 양(陽)이 내쉬어 완연히 九五(주역 乾괘의 군왕의 상)가 하늘에 있는 형세요, 산은 빛나고 물은 고우니 12거(車)를 비친 보배보다 더하다.

형상이 이 같은 줄 생각도 못했으니 실로 만나는 것은 때가 있다.

우리 주상전하의 효도는 백행의 근본이 되었고 학문은 3재(三才)를 꿰뚫으셨다. 신

---

148) 복을 거두는 밭이라는 뜻으로, 삼보(三寶 : 불보, 법보, 승보)·부모·가난한 사람을 비유적으로 이르는 말이다. 삼보를 공양하고 부모의 은혜에 보답하며 가난한 사람에게 베풀면 복이 생긴다고 한다.

149) 마음이 온화(溫和)하고 몸에 화기가 있다.

모(宸慕)[150]가 갱장(羹墻)[151]에 어른거리니 날로 우러르고 달로 찾았으며 성려(聖慮)가 난수(灤水)[152]에 맺히니 서리에도 걱정하고 이슬에도 슬퍼하셨다.

귀룡(龜龍)이 기성(箕聖)[153]의 글에 나타났으니 지금도 비가 알맞고 햇볕도 알맞은 정사가 있으며, 규벽(奎壁)[154]이 주공의 꿈에 응하였으니 어찌 하늘도 아끼지 않고 땅도 아끼지 않은 경사가 없을 것인가?

드디어 임금의 상여를 받들어 상설(象設)을 옮기도다.

옥루(玉淚)가 피를 이루니 어수(御袖)가 얼룩지고 현무(玄霧)가 산을 덮으니 수각(隧閣)이 빛을 발한다.

더구나 온천의 낯익은 길이요, 산성의 옛 요속(寮屬 : 벼슬아치)임에랴.

유민은 길을 막고 다투어 정반성(淨飯城)의 눈물을 뿌렸고 군령(群靈)이 영가(靈駕)를 호위하니 비로소 유마거사(維摩居士)[155]의 위의(威儀)를 갖추도다.

정성이 은연중에 뭉치니 상천(上天)에 닿아 서로 감응하고 길경(吉慶 : 아주 경사스러운 일)이 곧바로 이르니 하지(下地)를 통하여 상서(祥瑞)가 밝도다.

이에 다하지 않음이 없는 정성으로 마침내 여기에 절을 세우자는 논의를 이루었다.

천승(千乘)[156]의 대리를 다하지 못했으니 그래도 중생을 태우고 생사의 바다를 건널

---

150) 옛 궁궐을 애타게 그리워하다.

151) 선왕(先王)을 사모한다는 말로 '옛날 요(堯)임금이 돌아간 후 순(舜)임금이 3년을 그리워하며, 앉으면 담장에 요임금이 보이고, 밥을 먹으면 국속에서도 요임금이 보였다.(昔堯之後, 舜仰慕三年, 坐則見堯於墙, 食則觀堯於羹.)'『후한서(後漢書)』

152) 이장(移葬)을 뜻한다. 옛날 문왕(文王)의 아버지인 '왕계(王季)'의 무덤에 난수의 물이 차서 관(棺)이 드러나게 되자 문왕이 선군(先君)께서 신하와 백성들이 보고 싶으실 것이다.'하고 관을 꺼내어 3일 동안 조정에 가져다 놓았다가 장사를 지낸 데서 유래된 말이다.

153) 28수(二十八宿)를 동서남북으로 나누었는데 동쪽을 가리키는 각(角)·항(亢)·저(氐)·방(房)·심(心)·미(尾)·기(箕)의 일곱 번째 별이다. 하지절(夏至節)의 중성(中星)

154) 작은 글자로 경서(經書)의 부피를 줄임. 또는 옛날 중국에서 제후가 천자를 만날 때 가지던 구슬.

155) 인도 비사리국(毘舍離國)의 장자(長子)로 본명은 유마힐(維摩詰)이며 석가여래와 같은 시대 사람으로 집에 머물면서 보살(菩薩)의 행업(行業)을 닦았으며 지혜제일이라는 문수보살도 그를 당할 수 없었다고 전한다.

156) 승(乘)은 수레를 세는 단위(單位)이다. 주(周)나라 때, 전시(戰時)에 천자(天子)는 만승(萬乘)을, 제후(諸侯)는 천승(千乘)을 내도록 되어 있었다. 그래서 천승지국(千乘之國)은 일천 수레의 나라라는 뜻으로, 큰 제후(諸侯)의 나라를 이르는 말이다.

때 그 사람의 능력·소질에 맞게 깨달음으로 이끌어 가는 가르침을 세 가지 탈 것에 비유한 것으로 성문(聲聞)157)·연각(緣覺)158)·보살(菩薩)159)에게 적합한 가르침을 말한 3승(三乘)의 보시를 바랄 수 있었고 팔방의 추양(追養)160)을 잘 폈으니 시방(十方)의 명우(冥佑)161)를 기대할 수 있었도다.

창포김치로 입맛을 돋우니 태상(太常 ; 奉常寺)에는 진미가 없을 수 없고, 미나리로 충성을 바치니 향주(香廚)에는 두부가 소중하였지.

임금의 마음이 묘하게 운전하니 우러러 심상(心上)의 경륜을 알겠고 중력(衆力)이 즐겨 달려오니 눈앞에 우뚝함을 보겠노라.

그리하여 앞으로 보면 고탑이 죽순 돋아나 듯 하고 뒤를 보면 뫼 뿌리가 꽃이 핀 것 같구나.

기둥이 종횡으로 섰으니 위빈(尉濱 ; 渭水의 물가)에 천묘의 대나무 솟구친 듯 하고, 기와 장 뒤얽히니 지붕 바닥에 7양(七襄)의 베를 짜놓은 듯하다.

오색찬란한 대궐문인 수달(繡闥)을 저물게 제치니 서문의 엷은 안개 창연하여 그림과 같고, 채란(彩欄)의 양지에 기대니 남교의 방초 가느다랗게 하늘과 이어졌네.

삼천병마의 고장에는 예부터 이름이 있어 높다란 부처님의 상을 불일간에 완성했다. 이때에 임금의 수레가 재숙하니 용안에 서글픔 머금었는데, 구씨산(緱氏山)에 학의 그림자는 석장(錫杖)162)을 세운 숲과 방불하고 우소(虞韶)에 봉황이 우니 경(磬)을 치는 곳처럼 붐빈다.

---

157) 부처의 설법(說法)을 듣고 사제(四諦)의 이치를 깨달아 아라한(阿羅漢)이 된 불제자(佛弟子)이다.

158) 열두 인연의 이법(理法)을 인식하여 혹(惑)을 끊어버리고 불생불멸의 진리를 이미 깨달은 성자(聖者)이다.

159) 불도(佛道)를 닦아 보리(菩提)를 구하고 뭇 중생을 교화하여 부처의 다음가는 지위에 있는 성인(聖人)이다.

160) 뒤를 쫓아가 돌아가신 부모를 봉양함을 이른다.

161) 모르는 사이에 신불(神佛)의 도움을 일컫는다.

162) 중이 짚고 다니는 지팡이. 보살(菩薩)이 두타행(頭陀行)을 닦을 때, 또는 길을 갈 때 독사, 독충(毒蛇, 毒蟲) 따위를 쫓거나, 걸식(乞食) 때에는 소리를 내어 그 뜻을 말하거나, 노인(老人)을 만나면 부축하는 데에 쓴다. 밑 부분(部分)은 상아(象牙)나 뿔로 만들고, 가운데 부분(部分)은 나무로 만들며, 윗부분(部分)은 탑(塔) 모양인데 큰 고리를 끼웠고 그 고리에 여러 개의 작은 고리를 달아 소리가 나게 하였다.

매단(梅壇)은 어향(御香)과 함께 부동(浮動)하고 송백(松柏)은 우기(羽旗)와 함께 펄럭인다.

달은 차오르고 해는 솟아오르는 겨를에 만성(萬姓)을 첨망(瞻望)하는 바이나 생각하건대 궁천(窮天), 극지(極地)의 슬픔에는 일천 부처도 모두 슬퍼하리라.

오직 신충(宸衷 : 임금의 마음)에서 처음으로 이름을 내리니 평일에 은덕을 갚고 싶은 마음에 인연함이다.

도선(道詵)[163]의 혜안은 제천을 꿰뚫었고 금쇄로(金鎖老)의 정성스런 마음은 오늘날을 기다렸네.

이에 좋은 게송 불러서 중생에게 널리 고하노라.

어여차! 동쪽 들보 올려라. 해문의 아침 해가 서천에 붉구나. 흡사 신룡(晨龍)이 잠을 막 깨고서, 구슬덩이 안고서 창공에 노니는 것 같구려.

어여차! 서쪽 들보 올려라. 유천의 남북에 마을연기 희미하다. 난여(鸞輿)가 해마다 지나는 곳에 상로(霜露)는 들판에 가득하고, 일만 잎이 처량하다.

어여차! 남쪽 들보 올려라. 여장은 산을 둘렀는데 푸른 아지랑이 떨어지네. 성대(聖代)라 하수(河水)도 맑아 봄은 그림 같은데 늙은 스님 한가히 꽃비 내리는 감당(龕堂)을 쓰네.

어여차! 북쪽 들보 올려라. 팔달산 앞에서 옛 고을을 의지했네. 여전히 옛날의 신풍 마을에서는 닭과 개가 집집마다 제각기 울고 짖네.

어여차! 위쪽 들보 올려라. 성대(聖代)의 왕세자 건상(乾上 : 乾卦)이 왕성하네. 초목도 운이 돌아와 광영의 뜻을 입었으니 설산은 모두가 황제의 능이 있는 곳의 뫼 뿌리 같구나.

어여차! 아래쪽 들보 올려라. 벼는 구름처럼 큰 들에 가득하네. 백두(白頭)로 지팡이 짚고 산 앞에 서있는 늙은이는 화축(華祝)[164]으로 아침마다 북쪽을 향해 하례(賀禮)하

---

163) 도선(道詵, 827~898) 통일 신라 말기의 스님으로 풍수지리설의 대가(大家)로 속성은 김씨(金氏)이다. 혜철대사(惠徹大師)에게 무설설(無說說), 무법법(無法法)을 배워 크게 깨달았으며, 참선삼매의 불도를 닦았다. 그의 음양지리설(陰陽地理說)과 풍수상지법(風水相地法)은 고려와 조선시대까지 큰 영향을 미쳤다. 전남 영암출신으로 별호(別號)를 옥룡자(玉龍子)라 하였으며 저서로 『도선비기』가 있다.

164) 화봉삼축(華封三祝)의 줄임 말로 요(堯) 임금이 화(華 :지금의 龍溪縣 서북) 지방을 순행할 때, 그곳의 봉인(封人)이 요 임금의 덕을 찬양하여, '성인(聖人)은 장수[壽]하시고, 성인은 부

네. 엎드려 바라 건데 들보를 올린 뒤에는 일주(一炷)의 전등과 삼원(三元)의 조촉(調燭)
으로 재앙도 없고 피해도 없이 길이 종국(宗國)에 경사롭고 복스러움을 바치고 치패(致
敗)도 없고 쇠퇴도 없이 길이 선침(仙寢)[165]을 보호하며 도성이 아주 가까우니 군왕이
질병 없이 자주 납시게 하고 운향(雲鄕)이 멀지 않으니 좌우를 살펴 오르락내리락 하
는 것이 보이는 듯하게 하소서."

1970(성상 14)년 경술 대광보국숭록대부 의정부 좌의정 신 채제공은 명을 받들어
글을 짓고 아울러 글씨까지 쓰다. 상량문에 모든 사실이 나타나 있고, 그 속에 임
금의 의중이 잘 드러나 있다. 물론 채제공, 정약용, 조심태, 김홍도와 같은 심복
지신에게조차 직접 말하지 못하는 정조의 크고 깊은 마음은 오직 그 자신밖에 알
수 없었다. 다만 신료나 백성들은 아버지에 대한 효심이 지극하여 벌이는 역사라
고 생각하고 믿었을 것이다.

백두대간으로 내려오다 속리산에서 한남정맥을 타고 5~6백 리를 달려온 끝자
락 화산의 명당은 흡사 용(龍)인 듯 무궁한 지형의 지세가 신묘하여 마치 용이 여
의주(如意珠)를 가지고 노는 듯 자연의 맑은 기운이 뭉쳐 다함이 없다.

비단 현륭원뿐만 아니라 조선의 역대 왕실의 원소 특히 왕의 능은 한남·한북
정맥의 끝나는 혈맥의 화심(花心)을 일반적인 명당으로 꼽았다. 바라보면 감돌고
꿈틀거려 현화(玄畵)의 묘미를 다하고 운기(雲氣)마저 거느려 바른길로 나가게 하
는 듯 가까이하면 허술한 곳 없이 꽉 차고, 부드럽고 인자하여 마치 온화한 기운
이 넓고 큰 바다에 들어가 대합의 속살을 꺼내온 듯 음(陰)이 들어 쉬고 양(陽)이
내 쉬어 군왕의 상이 완연하게 하늘에 있는 형세요, 산은 빛나고 물은 고우니 황
제가 타는 수레가 비친 보배보다도 더하도다. 형상이 이와 같은 줄 생각도 못했
으니 실로 만나는 때가 따로 있다.

(富)하시고, 성인은 다남(多男)하시라'고 축복했다는 고사이다. 이 고사에 근거하여 임금에
게 경축의 인사말을 올릴 때 자주 사용한다.
165) '왕릉(王陵)'을 달리 이르는 말로 신선이 자는 곳이라는 뜻이다.

원찰의 상량문에 다시 한 번 아버지의 원소를 들어 아버지는 왕이고, 특히 이 곳에 모신 후부터 누가 뭐래도 임금이라는 것을 재차 각인시킨 것이다.

십이거(十二車)를 들어 십이궁(十二宮), 십이연기(十二緣起), 십이천(十二天) 등을 접목시켜 왕즉불(王卽佛) 사상을 자연스럽게 만천하에 드러냈다.

1795년 5월 정조는 용주사의 부처님 즉 아버지를 받들고 복을 기원(祈願)하기 위하여 직접 「어제화산용주사봉불기복게(御製花山龍珠寺奉佛祈福偈)」를 지어 바친다. 게(偈)란 불교의 덕을 찬양하는 글이다.

1796년을 간행연대로 추정하는 『불설대보부모은중경(佛說大報父母恩重經)』이 있다. 1책으로 된 목판본으로 한문, 한글로 병기되어 있으며 본문인 한자본이 22장, 언해본 49장으로 구성되어 있다. 용주사에는 부모은중경 목판(木版) 54매, 동판(銅版) 7매, 석판(石板) 24매의 3종류가 있다.

판본에는 서화(書畵)의 작가가 기록되지 않아 여러 가지 추측을 하고 있으나 판화 곳곳에 김홍도의 필치가 보여 그림은 그의 작품으로 보는 견해가 일반적이다.

「대보부모은중경」은 석가모니가 제자들과 동행하다 한 무더기의 사람 뼈를 만나자 예배를 드렸다. 사촌동생 아난(阿難)이 이미 부모의 정도 끊고 출가한 제자들과 함께 큰 충격을 받고 이상하게 여겨 석가모니에게 묻자 이 경(經)을 설한다.

석가모니께서는, '내가 잘나서 세상에 태어난 것이 아니다. 특히 어머님께서 나를 잉태하여 열 달 동안 고생하시고, 낳으신 후 기르신 은혜가 아니었다면 오늘의 내가 있을 수 있겠느냐.'면서 부모님 은혜에 보답하는 것이 얼마나 어려운가를 구체적으로 설하신 것이다.

부모의 자애(慈愛)가 어떤 것인가를 말씀하여 불교가 지향하는 효(孝)를 가르친다. 물론 이 경의 마지막 최고의 보은방법은 두말할 것 없이 자식이 출가 수도하여 진리를 찾아 깨달음을 얻어야 한다고 한다.

전 1권으로 되어 있으며 인도(印度)의 구자국(龜玆國) 출신으로 후진(後秦) 때 구마라습(鳩摩羅什)이 한역(漢譯)한 경전이다.

1553(명종 8)년 『불설대보부모은중경(佛說大報父母恩重經)』을 우리말로 해석한 책이 『은중경언해(恩重經諺解)』이다.

이 경전에서는 부모의 은혜를 다음과 같이 열 가지로 요약하여 설명한다.

첫째, 어머님이 품에 품고 지켜주시는 은혜(懷耽守護恩)
둘째, 생산에 임해서 고통을 이기시는 어머님 은혜(臨産受苦恩)
셋째, 자식을 낳고서 근심을 잊는 은혜(生子忘憂恩)
넷째, 쓴 것은 삼키고 단 것은 뱉어 먹이는 은혜(咽苦吐甘恩)
다섯째, 진자리 마른자리 가려 뉘시는 은혜(廻乾就濕恩)
여섯째, 젖을 먹여 기르시는 은혜(乳哺養育恩)
일곱째, 손발이 다 닳도록 깨끗하게 씻어주시는 은혜(洗濯不淨恩)
여덟째, 먼 길 떠나갔을 때 걱정하시는 은혜(遠行憶念恩)
아홉째, 자식의 장래를 위해 고생을 참으시는 은혜(爲造惡業恩)
열째, 끝까지 불쌍히 여기시는 은혜(究竟憐愍恩)

부모님의 은혜를 보답하기 위해서는 사람이 할 수 있는 모든 선행을 다하여도 갚을 길이 없다는 내용으로 어머님을 내세워 은유적으로 아버지를 표현했다.

양주동(梁柱東 : 1903~1979)이 작사한 것으로 알려진 '어머님 은혜'의 '나실 제 괴로움 다 잊으시고'는 부모은중경에서 발췌한 것이다.

겉으로 「효경(孝經)」을 내세워 「불경」과 습합시켜 가는 과정이 참으로 절묘하다. 효(孝)는 유(儒)·불(佛)이 하나라는 것이다.

용주사는 조선왕조가 조성한 마지막 원찰이다. 그것도 임금이 직접 나서 애정을 쏟아 부은 작품이다. 용주사의 배치는 그래서 여느 절과는 다른 격식을 갖는다.

특히 대웅전 후불탱화인 「삼세여래체탱」은 현실의 왕이 출세간(出世間)의 법왕(法王)인 삼세 부처상을 조성하면서 어진(御眞) 제작보다 더 정성과 품격을 다해 그렸다는 점이다. 가로 3.5m, 세로 4.4m의 대형 통 비단을 사용했다. 그림을 보면 중앙 청련대좌(靑蓮臺座) 위에 높게 정좌한 석가모니불을 모셨고 좌측에 약사불, 우측에 아미타불이다. 석가모니는 붉은 테를 도드라지게 키 모양의 광배로,

약사불과 아미타불은 원형의 두광에 배 모양의 신광으로 표현했는데 테 부분을 화려하게 원색으로 감쌌으며 크기는 아래에 있는 보살들의 것과 비슷하다. 석가모니 두광(頭光) 좌상과 우상에는 분신불로 보이는 두 분상이 있는데 우상의 분신불은 목에 염주를 두른 점이 특이하다. 약사불 위의 작은 화불은 왼손 집게손가락을 뻗치어 세우고 오른손으로 그 첫째마디를 쥐고 있는데 오른손은 불계(佛界)를 왼손은 중생계를 표하는 것으로 중생과 부처는 둘이 아니고 일체라는 깊은 뜻을 상징하는 합장(合掌)과 같은 지권인(智拳印)을 하고 있다. 아미타불의 화불은 노사나불의 설법인(說法印)인 약지와 엄지와의 손가락 머리를 맞추어, 다른 손가락을 뻗쳐 왼손을 가슴 앞에 모아, 오른손으로 그 위를 덮어, 서로 접촉하지 않도록 하여 부처가 설법할 때 쥐는 손의 모습을 하고 있다. 석가불 바로 아래에는 수제자인 아난존자와 가섭존자도 보인다. 아난은 교법(敎法)을 이은 제자답게 범자(梵字)가 적혀있는 경문을, 가섭(迦葉)은 선법(禪法)의 제자답게 말없이 불·보살의 깨달음이나 서원(誓願)을 나타내는 손가락으로 맺는 수인(手印)을 지어 보인다. 그 아래에 석가불의 협시(挾侍)인 보현, 문수보살이 적색과 청색 주조의 천의를 걸친 화려한 전신상을 하고 비스듬히 마주보며 시립하였다. 약사불 아래로는 월광, 일광보살이 그리고 왼쪽 위에 금강저를 들고 있는 보살이 시립하였고 아미타불 아래에는 세지보살, 관음보살과 오른쪽 위에는 연꽃을 든 보살이 서있다.

서방정토에 들기를 바라는 마음과 살아있을 때 세자였음을 알리는 동방약사여래불(東方藥師如來佛)이 있다. 그래서 아미타불(阿彌陀佛) 아래 오른쪽에는 지혜문(智慧門)의 대세지보살, 왼쪽에는 자비문(慈悲門)의 관음보살이 있는 것이다. 이 두 보살의 지혜, 광명이 모든 중생에게 비춰 지옥도·축생도·아귀도인 삼악도(三惡道)를 건지는 무상(無上)의 힘을 발휘한다. 아울러 현세 중생의 모든 고뇌를 구제하여 법화경 보문품의 수난(水難), 화난(火難), 나찰난(羅刹難), 왕난(王難), 귀난(鬼難), 가쇄난(枷鎖難), 원적난(怨賊難)인 칠난(七難)을 없애고 질병을 구제한다는 약사여래불 오른쪽에는 월광보살(月光菩薩), 왼쪽에는 일광보살(日光菩薩)이 좌우에서 부

족한 곳을 도와 보충하는 보처존(補處尊)으로 협시한다.

화폭 사방 귀퉁이에는 사천왕상이 불 세계를 엄히 지키고 있다. 왼쪽 아래에 보검을 든 지국천왕, 오른쪽 아래에는 용과 여의주를 쥔 증장천왕, 오른쪽 위에는 보탑을 든 광목천왕, 왼쪽 위에는 비파를 든 다문천왕이 보살보다 크게 각기 위용을 뽐낸다.

8대보살 위 아미타불과 약사불 옆에 약간 작지만 보살처럼 두광을 두른 분이 제석(帝釋)과 범천(梵天)이다. 제석(帝釋)은 수미산 꼭대기에 있는 도리천의 임금으로, 사천왕과 삼십이천을 통솔하면서 불법과 불법에 귀의하는 사람을 보호하고 아수라의 군대를 정벌한다고 하며, 범천(梵天)은 바라문교(婆羅門敎)의 교조(敎祖)로 우주(宇宙) 만물(萬物)을 조화(造化)하는 신(神)으로 사바세계(娑婆世界)를 주재(主宰)한다고 한다. 석가불과 아미타불 사이와 석가불과 약사불 사이의 세모진 공간에는 10대 제자 가운데 각 3인씩 거의 대칭 형태로 노인, 장년, 청년의 모습으로 달리 표현했다. 또 아미타불과 광목천왕, 약사불과 다문천왕 사이의 좁은 공간에는 용녀와 용왕 같은 인물과 함께 선도를 든 젊은이가 각각 1명씩 그려져 있다. 이 가운데 왼쪽 젊은이는 아무렇게나 늘어진 머리카락과 위 눈꺼풀을 진하게 처리하여 생동감을 나타내고 있는 점 등이 마치 김홍도의 신선도 인물과 흡사하다.

「삼세여래체탱」의 구도를 살펴보면 화면은 불, 보살 및 그 권속으로 꽉 차 있는데 이는 불화가 가지고 있는 본래 불법의 세계를 묘사한 것으로 법과 지혜로 가득 찬 공간임을 나타내기 위한 것이다. 여백이 없는 제약 속에서도 그림의 짜임새를 더욱 돋보이게 구성한 것은 삼세여래에게 붉은 가사를 이용하여 강렬한 색채가 사람의 눈을 그 곳으로 집중되도록 구심점 역할을 하도록 한 점에 있다. 여기에 삼세여래의 녹색 두광은 다시 제석, 범천과 8대보살의 녹색 두광으로 자연스럽게 연결되면서 원만한 타원형으로 화면 전체를 나누어주며 조화와 통일감을 얻는다.

특히 여기서 이 타원형의 구도를 방해할 수 있는 관음, 월광보살의 두광을 투

명한 흑갑사(黑甲紗)로 처리하여 안정감을 배가시켰다.

전체적인 구성을 살펴보면 아래 귀퉁이의 증장, 지국천왕이 위의 세지, 일광보살 그리고 그 위의 아미타, 약사여래, 다시 석가모니불의 작은 두 분신불(分身佛)에 이르기까지 사다리꼴을 이루면서 편안하고 안정된 삼각형의 모양을 이루고 있다는 점이다. 이 삼각형의 아래 가운데에는 강렬한 채색의 보현, 문수보살이 시각의 중심을 이루고 있으며 그 주변의 관음, 월광보살과 아난, 가섭존자를 유난히 밝게 처리하여 여백이 없는 구성의 어려운 문제를 아주 자연스럽게 풀어나갔다. 이처럼 빼어난 구성의 묘(妙)는 조선 후기 전형적인 불화에서는 찾을 수 없는 통일감과 정성을 들여 잘 만든 느낌을 조화롭게 자아내는 걸작 중 걸작이다.

여기에서 가장 주목되는 것은 전반적으로 적용된 원근법적 화풍이다. 작품의 구심점인 삼세여래와 사방의 사천왕상을 뺀 다른 보살과 10대 제자에서 분신불에 이르기까지 대체적으로 원근기법이 적용되었다. 이런 원근법은 조선 후기 일반 회화 작품에서 나타난 현상과 유사하기 때문이다. 거기에다 음영법(陰影法)을 구사했다는 점이다. 불, 보살의 상호와 손, 발 등 신체는 물론 옷의 표현 특히 연화대좌와 구름에 전반적으로 적용된 음영법은 불화, 일반 회화를 막론하고 18세기경의 작품에서는 찾아보기가 참으로 힘들다는 점이다. 명암법의 구사는 특히 상호부분(相好部分)에 두드러져 이마, 콧등, 눈두덩과 뺨을 밝게 처리하였다. 이런 기법은 조선 후기에나 나타나는 현상으로 요철에 대한 느낌이 확연히 다르다.

그 밖에도 여래의 가사 등에 보이는 면적(面的)인 붓의 사용에 의한 음영법은 본격적인 서양화의 필치에서나 볼 수 있는 작법이다. 특히 보현, 문수보살의 윤곽선 밖으로 어두운 운영을 덧대어 도드라지게 묘사한 기법 역시 이전 불화에는 없던 기법이다. 한 마디로 구도와 색의 절묘한 조화가 이루어낸 불화의 정수이다.

과연 누구를 위한 정성일까?

그 해답은 「삼세여래체탱」 하단 중앙에 있다.

　　　주상전하수만세(主上殿下壽萬歲)
　　　자궁저하수만세(慈宮邸下壽萬歲)
　　　왕비전하수만세(王妃殿下壽萬歲)
　　　세자저하수만세(世子邸下壽萬歲)

　이 축원문(祝願文)으로 볼 때 용주사는 정조가 아버지를 위하여 지어드린 또 다른 하나의 궁궐이 틀림없다.

　「감로왕도」 역시 설명한 화풍과 비슷하다. 좌우에 그린 두 그루의 나무가 전체적인 구도와 어울려 화려한 채색이 눈부시다. 상단의 왼편에서 이끄는 장엄한 영혼의 왕생장면은 억울하게 죽은 아버지의 넋을 기리는 정조의 마음일 것이다.
　감로왕이란 금강계 5불 가운데 서방아미타불에 해당하는 부처님이다. 감로(甘露)란 수미산(須彌山) 정상 도리천(切利天)에 있는 신령스러운 단물로 한 방울만 먹어도 온갖 괴로움이 사라지고 죽은 사람은 부활을 한다는 신비의 영약이다. 마치 서왕모(西王母)의 천도(天桃) 같이. 「감로왕도」는 조선에서만 그린 양식의 불화로 불교·유교·민간신앙을 조화시켜 인간의 삶과 죽음, 그리고 죽음 뒤의 세계를 묘사(描寫)한 것이다.
　'무간문(無間門)'이란 현판이 보이듯 무간지옥(無間地獄)[166]으로 들어갈지도 모를 아버지가 아닌가. 초조한 정조는 인로왕보살(引路王菩薩)의 안내를 받으며 서방정토에 극락왕생하는 영혼을 그림으로라도 확인하고 싶었을 것이다.
　정조는 용주사의 창건을 위해 당대의 최고 화원인 김홍도, 이명기를 청나라에

---

166) 불교에서 말하는 팔열지옥(八熱地獄)의 하나로, 사바세계(娑婆世界) 아래, 2만 유순(由旬)되는 곳에 있는 몹시 괴롭다는 곳으로 아비지옥(阿鼻地獄) 또는 무구지옥(無救地獄)이라고 부른다. 사람이 죽어 그 영혼이 이 지옥에 떨어지면 당하는 괴로움이 쉴 사이가 없기 때문에 무간(無間)이라는 이름이 되었다고 한다. 오역죄(五逆罪)를 범하거나, 사탑(寺塔)을 파괴하거나 성중(聖衆)을 비방하고 시주한 재물을 마구 허비하는 사람이 이 지옥으로 떨어진다고 한다. 옥졸(獄卒)이 죄인의 가죽을 벗겨 그 벗겨낸 가죽으로 죄인의 몸을 묶어 불속 수레에 실어, 훨훨 타는 속으로 죄인을 집어던져 몸을 태우며, 야차(夜叉)들은 큰 쇠창을 달구어 죄인의 몸을 꿰거나 입, 코, 배, 등을 꿰어 공중에 던지는 고통을 준다고 한다.

보내 천주교회 남당에 그려진 서양화 기법을 보고 새로운 형식의 탱화를 그려 아 버님께 바치고자 하였다. 그곳에는 동양에서 대할 수 없는 다양한 서양예술품들 이 전시되어 있었다. 그 가운데 특히 서양화법으로 그려진 천주당의 성화(聖畵)는 너무 유명하여 북경을 왕래한 사신들을 통해 정조는 이미 잘 알고 있었다. 그만큼 정조대에는 이미 천주님이 지식인들 사이에 만연되어 있었다는 증거이기도 하다.

한편, 정조는 사실, 철학 등 고승들과 함께 원찰이 아닌 아버님 궁궐을 지은 것 이다.

물론 김홍도라는 걸출한 화원이 있었지만 그 밑에는 이명기, 김득신, 이인문을 위시하여 경옥(敬玉), 연홍(演弘), 설순(說順) 등 기라성 같은 화승(畵僧)들이 참여하 여 심혈을 기울였으리라는 것은 불을 보듯 빤한 일이다. 결코 김홍도·이명기의 연경행이 헛되지 않았다는 생각이 저절로 든다. 모두 정조의 혜안인 것이다.

용주사의 후불탱화가 가지는 조선회화사상의 의의는 참으로 중차대하다.

이런 것으로도 모자라 대웅전 정면 기둥에 '천강유수천강지월(千江流水千江月)'이 라는 주련까지 달았다. 흔히 줄여서 '천강지월(千江之月)'이라고 한다.

달이 흐르는 물에 비친다. 맑고, 흐리고, 깨끗하고, 더럽고를 가리지 않는다.

맑고 깨끗한 물속의 달이, 흐리고 더러운 물속의 달을 보고 더럽다고 비아냥거 려도 어쩔 수 없다. 그렇다고 맑은 물속의 달을 부러워 할 필요는 더 더욱 없다.

모두가 하늘의 달을 향하여 진짜 달이 되기를 원하기 때문이다. 물을 떠나 달 에 오르면 천강(千江)에 비쳤던 달이 모두 하나가 된다. 하늘에 달은 부처요, 천강 에 비친 달은 중생이다. 하늘의 달은 왕이요, 천강에 비친 달은 백성이다.

연원은 「다비(茶毘)」[167] 과정 중 '목욕'의 '부처님 얼굴은 둥근 달 같고 또 천개

---

167) 죽은 사람을 불에 태워서 그 유골을 매장하는 장례법으로 다비는 팔리어 쟈페티에서 나온 말로 소연(燒燃)·분소(焚燒)·소신(燒身)·분시(焚屍), 또는 '태우다'로 번역한다. 또한 사비(闍毘)· 사유(闍維)·아유(雅維)라고 하기도 한다. 불교가 성립되기 전부터 인도에서 행해오던 장례법 이다. 이 법에 따라 석가모니도 그 유체(遺體)를 화장함으로 다비는 불교도(佛敎徒) 사이에 일반화되기에 이른다. 불교가 중국을 거쳐 한국·일본 등으로 전래된 후 스님을 비롯한 불

의 해가 비추는 것 같다.(佛面猶如淨滿月, 亦如千日放光明)'와 '세수'의 '와도 온 곳이 없으니 달그림자가 천강에 드리운 것 같고 가도 간 곳이 없으니 맑은 하늘이 온 세상에 나누어져 있는 것 같다.(來無來所, 如朗月之影現千江, 去無所去, 似澄空而形分諸刹)'에서 온 것이 아닌가 싶다.

속세의 모든 분진인 번뇌를 깨끗이 씻어내고 청정한 부처의 경계를 얻으라는 뜻이다. 그리고 고해의 바다에서 괴로워하며 떠돌다 모든 집착을 놓아버리고 온 천지가 부처님 나라인 해탈(解脫)[168]의 나라에서 걸림 없는 정토를 꾸미자는 것이다. 그래서 정조는 자신의 호를 '만천명월주인옹(萬川明月主人翁)'이라 하지 않았던가. 아버지도 달이요, 자신도 달이라 믿으며 아버지는 돌아가셨지만 아버지는 부처로, 자신은 만백성의 어버이인 임금임을 내세운 것이리라.

돌아가신 아버지의 궁전이 용주사요, 살아 계신 듯 사시라고 쌓고 지은 곳이 상징적인 화성이며 화성행궁이다. 아버지의 나라는 능, 원찰, 화성과 화성행궁으로 이어지는 삼박자를 완벽하게 갖춘 조선왕조 최대 최상의 빼어난 작품(作品)임에 틀림없다.

교도 사이에까지 행하여졌다. 불전(佛典)인 「장아함경(長阿含經)」의 '유행경(遊行經)'에 이 다비의 법식이 상세하게 기록되었다. 석가모니의 제자인 아난(阿難)은 석가모니가 세상을 떠나기 전 장의법(葬儀法)에 대하여 3번이나 물었는데, 석가모니는 그 방법을 상세하게 가르쳐 주었다. 우선 향탕(香湯)에 몸을 깨끗이 씻기고, 새 무명천으로 몸을 두루 감되 500겹으로 차례대로 감고, 몸을 금관에 넣은 후 삼씨에서 짠 기름을 관 안에 붓는다. 그런 다음 금관을 제2의 쇠 곽에 넣고 전단향나무 곽에 다시 넣고 온갖 향으로 쌓아 그 위를 두툼하게 덮은 뒤 태우라고 했다. 다비를 마친 후 사리(舍利)를 수습하여 네거리에 탑묘(塔墓)를 세워 안치하고 탑 표면에 비단을 걸어 나라의 사람들이 법왕(法王)의 탑을 보고 바른 교화를 사모해 이로움을 얻도록 하라고 하였다.

168) 불교에서 인간의 속세적(俗世的)인 모든 속박으로부터 벗어나 자유롭게 되는 상태로 인간의 근본적 아집(我執)으로부터의 해방을 뜻한다. 인도사상(印度思想)과 불교(佛敎)는 이것을 종교·인생의 궁극적 목적으로 추구하였다. 즉, 범부는 탐욕·분노·어리석음 등의 번뇌 또는 과거의 업(業)에 속박되어 있다는 것이다. 이것을 벗어나는 해방이 곧 구원이라는 것이다. 그러나 그 구원은 타율적으로 신에게서 오는 것이 아니라 지혜, 즉 반야(般若)의 진리를 바르게 깨달아 얻음으로써 이루어지는 것이라고 하는 특징이 있다. 결국 번뇌의 속박을 떠나 삼계(三界:欲界·色界·無色界)를 벗어 버리고 무애자재(無礙自在)의 깨달음을 얻는 것을 말한다.

　물론 1879(고종 16)년 11월 15일, 흥선대원군의 형 이최응(李最應 : 1815~1882)이 아뢰기를, '수원(水原)의 용주사(龍珠寺)를 설치하는 문제는 사체(事體)가 다른 곳과는 달라서 지금 내수사(內需司)에서 보고하여 보수할 것을 청하였습니다. 이미 시행해 온 규례대로 공명첩(空名帖)을 300장 정도만 만들어 주어 공사를 시작하는 데 편리하게 하는 것이 어떻겠습니까?' 하니, 윤허하였다는 내용으로 미루어 고종 때 대대적인 보수가 있었음을 알 수 있다.

　용주사를 지은 지 90여 년이 흘렀으니 어찌 보수를 하지 않을 수 있었으랴.

　사도세자의 증손(曾孫) 이최응이 조카인 고종에게 청하였으니 왕이 된 고손(高孫)이 조상의 음덕에 어찌 감읍하지 않을 수 있었으랴. 그것이 역사인 것을.

6. 화성華城 건설

이고(李皐 : 1341~1420)는 여말선초의 문신으로 호를 망천(忘川)이라 했다. 1374(공민왕 23)년 문과에 급제하여, 1389(공양왕 1)년 집의(執義)를 시작으로 한림학사·집현전직제학을 지냈다. 뒤에 사직하고 수원의 광교남탑산(光教南塔山)에서 살았다. 공양왕이 중사(中使)를 보내어 즐기는 바가 무엇인가 물으니 그는 자신이 사는 산천을 극구 칭찬하였는데, 그 말 중에 '사통팔달(四通八達)하여 막힌 데가 없다.'는 말이 있었다.

1392(태조 1)년 이성계는 조선 건국 후 삼사좌승(三司左丞)·경기우도안렴사(京畿右道按廉使)로 등용하고자 하였으나 끝내 응하지 않았다. 태조가 화공에게 그가 거처하는 곳을 그리게 하고 그곳을 팔달산(八達山)이라고 하였다. 원래 이름은 탑산으로 높이가 해발 143m이다. 산 정상에는 마치 탑(塔)을 올려놓은 듯 하다하여 불리게 된 이름이다. 그 후 화성을 건설하며 정상에 서장대(西將臺)를 마치 탑처럼 세워 지었으니 과연 탑산이라 부를 만하다.

탑산 주인 이고(李皐)를 위하여 성신사(聖神社)를 짓고 남문을 팔달문(八達門)이라고 한 것은 태조가 팔달산이라 지은 이름을 정조가 고스란히 그 뜻을 받아들인 것이다. 팔달산, 팔달문은 조선과 같은 말일 수 있다. 팔달산은 수원의 혈처(穴處)이기 때문이다. 그런데 반계 유형원은 수원부가 더 발전하기 위해서는 20리 정도 떨어진 팔달산(八達山) 근처에 터전을 잡아야 한다고 주장했으니 처음부터 정조의 구상과 맞아 떨어진 셈이다.

　그리고 북쪽에 있는 황무지를 개간해 농지로 삼는다면 큰 도시로 발전하는데 아무 장애가 없다고 하였다.

　『반계수록』을 바탕으로 1789(정조 13)년 7월부터 정조는 화성성역공사(華城城役工事)를 실행에 옮긴다.

　수원 신도시 건설과 화성성곽을 다지고 쌓아서 만들기까지 조선후기에 일어나기 시작한 선진적인 북학사상이 큰 밑받침이 되었다. 왜냐하면 신사고를 가진 이들 실학자들이 조직적으로 일을 계획하고, 추진하였기 때문이다.

　처음 읍(邑)을 옮겨 수원에 신도시를 건설하고자 한 것은 17세기 북학의 선구자 유형원(柳馨遠 : 1622~1673)에 의해서다.

　반계(磻溪) 유형원은 「반계수록보유(磻溪隧錄補遺)」 '군현제(郡縣制)'편을 통해 제시한 안(案)을 보면 앞으로 다가올 지도 모를 일을 미리 예측하는 명철한 판단력과 경륜(經綸)을 밝혀 놓았는데 정조는 이 책에서 큰 감명을 받았다.

　축성의 필요성과 또한 이 『반계수록』의 앞을 내다보는 탁견(卓見)에 감동하여 철저히 이행한 정조의 결단이 정말 놀랍다.

　유형원은 정조가 화성 축조를 실행하기 이미 120여 전에 신읍치 일대의 지형 조건, 이읍(移邑)과 축성의 필요성에 대하여 '북쪽 들 가운데 임천(臨川)으로 인한 형세를 살펴보니, 지금 고을에 사는 것 역시 가하기는 하다. 그러나 북쪽들에 견주어 본즉 북쪽들에 있는 산이 하늘과 땅만은 못하더라도 크게 돌아 땅이 태평(太平)하여 농경지가 아늑하고 웅숭깊으며 규모가 너르고 멀어서 성(城)을 쌓아 고을로 삼는다면 참 요지로 영토가 넓어 제후가 군정·민정·재정까지 겸하여 강력하고 큰 힘을 가질만한 곳의 기상이다. 그 땅 안팎으로 1만호는 능히 수용할 수 있을 것이다.(北坪野中臨川因勢按 今之邑居亦云可矣 然方之北坪則 不啻霄壤北坪山 大轉地太平結作深奧 規模宏遠設治建城 眞是大藩鎭氣象也 地內外可容萬戶)'라고 기록 하였다.

　팔달산(八達山) 일대는 예로부터 '용이 날아오르고 봉황이 춤을 춘다.'라는 명당 자리이다. 팔달산 아래 신기리(新機里)를 중심으로 펼쳐진 자리에 새로 들어설 읍

(邑)터는 용복면(龍伏面) 구읍치(舊邑治)에 비해 지형적으로 규모가 클 뿐 아니라 널브러진 모양이 마치 버드나무 잎 같다.

이곳에 성을 쌓아 새로운 읍치로 삼는다면 대도시로 발전할 수 있고 읍 안팎으로 일 만호는 능히 수용할 수 있는 가장 알맞은 땅이라는 것이다.

1794(정조 18)년 1월 15일 임금은 신읍치(新邑治)에 성을 쌓기 위해 몸소 팔달산에 올라가 지세를 살피고 난 뒤, '이곳은 기세가 웅장하고 탁 트였으니 과연 천지가 만든 장대(將臺)라 할만하다. 지금 깃발을 박아놓은 곳을 보니 성 쌓을 언저리를 대략 알 수 있으나 북쪽에 위치한 마을의 인가를 헐어 치워버리자는 논의는 좋은 계책이 아닌 상 싶다.

현륭원이 있는 곳은 화산(花山)이고, 이 부(府)는 유천(柳川)이다. 화(華) 땅을 지키는 사람이요, 요(堯)임금에게 세 가지를 축원하는 뜻을 취하여 이 성의 이름을 화성(華城)이라고 하였는데, 화(花)와 화(華)라는 글자는 서로 통용된다. 화산의 뜻은 대체로 800여 개 봉우리가 오직 이 한 산을 둥그렇게 둘러싸 보호하는 모양이 마치 꽃송이와 같다하여 이른 것이다.

그렇다면 유천성(柳川城)은 남북을 약간 길게 하여 마치 버들잎 모양처럼 만들면 참으로 지니고 있는 중요성이나 가치가 크게 있을 것이다. 어제 화성과 유천의 뜻을 이미 영부사(領府事)에게 언급한바 있지만, 이 성을 좁고 길게 하여 이미 버들잎 모양처럼 만들고 나면 북쪽 모퉁이의 인가들이 서로 어울려 있는 곳에 세 굽이로 꺾이어 천(川)자를 상징한 것이 더욱 유천에 꼭 들어맞지 않겠는가.'라고 말하였다.

정조는 『장자(莊子)』「천지」편에 있는 '화인축성(華人祝聖)'을 인용하여 몸소 '화성'이란 이름을 짓고 성터를 버들잎 형태가 되도록 하라고 하였다. 또 '이 성을 쌓는 것은 장차 억만년의 유구한 대계를 위함에서이니 인화(人和)가 가장 귀중한 것이다. 다가올 먼 앞날을 생각하는 방책을 다 해야 하는데, 아까 성터의 깃발 박은 곳을 보니 성(城) 밖으로 내 보내야 할 민가가 있었다. 어찌 이미 사람이 사는

집을 성역 때문에 철거할 수 있겠는가. 이는 인화를 귀중히 여기는 뜻이 아니다.

성지(城池)의 남쪽과 북쪽 사이의 거리에 있어서도 지나치게 가까운 결점이 있으니, 먼 장래를 생각하는 방도에 있어 더욱 이렇게 해서는 안 된다. 화산과 유천이 서로 바라보고 있으니 우리나라의 억만년 유구한 태평시대를 여는 기업이 될 것이다.

성을 쌓을 때 버들잎 형태를 본뜨고 내 또는 하백(河伯)을 가리키는 '천(川)'자의 모양을 모방하여 구불구불 돌아서 기초를 정하고 인가들도 성안에 들어와 살게 해야 할 터이다.'라는 정조의 민본적인 애민사상과 본래의 의미가 드러난다.

그래서 북쪽 인가들이 있는 곳을 세 굽이로 나누어 마치 유천(柳川)이 살아 흐르는 것 같은 모양을 이루도록 하였으며, 당초 화성의 둘레를 3,600보(步)로 계획하였으나 성터 안 북쪽 민가들이 많이 철거되게 됨으로 1,000보(步)를 늘려 백성들의 피해가 최소화 되도록 성(城)의 형태를 재조정하는 배려도 잊지 않았다.

화성의 형태는 유엽(柳葉)과 같다. 유천(柳川)이 흐르고 천(川)자 모양이 되도록 지형을 세 굽이로 꺾어 균형미와 생동감을 주어 신비로움을 더했다. 3(三)이란 수에는 우주의 생성원리는 물론 삼세인과(三世因果)[169]를 깨끗이 씻어 주는 것이다. 그것도 물속의 궁전에서 살며 물을 다스린 수신(水神)이란 뜻이 천(川)자에 들어 있으니 명당 중 명당이 아닌가. 이 점이 정조의 구상과 딱 맞아 떨어진 것이다.

유(柳)의 파자(破字)는 목(木)＋묘(卯)이다. 목과 묘 모두 동쪽을 가리킨다. 동이 겹쳤으니 춘양(春陽)을 나타낸다. 버드나무는 예로부터 음(陰)을 굴복시키는 중양(重陽)일 뿐만 아니라 잡귀를 물리친다고 믿었다. 그래서 5월에 버드나무가지를 꺾어 대문 위에 걸어놓으면 악귀(惡鬼)가 범접하지 못한다는 벽사(辟邪)의 나무다. 또한 학질에 걸린 경우 환자의 나이 수대로 버들잎을 따서 봉투에 넣은 다음 '유생원댁입납(柳生員宅入納)'이라 써서 큰길에 버리면, 이를 밟거나 줍는 사람에게

---

169) 과거, 현재, 미래를 통하여 영원히 유전(流轉)되는 인과 관계로 과거의 인(因)에 의하여 현재의 과(果)를 받고, 현재의 인에 의하여 미래의 과를 받는 것을 이른다.

학질이 옮겨간다 하여 민간요법으로 쓰이기도 했다.

　물가 어디서나 잘 자라는 버드나무는 줄기찬 생명력으로 재생을 나타내며 칼처럼 생긴 버드나무 잎은 장수 또는 유엽전과 같은 상징을 갖는다. 물과 버드나무는 상생(相生)관계에 있음으로 고을이나 마을, 집터에 이 나무가 있다면 아주 이상적이라고 보았다. 그래서 '버들 꽃 떨어진 터'를 흔히 '매화낙지(梅花落地)'를 본뜬 것이라고 풍수에서 말하지 않던가.

　비교적 높은 곳에 누각 형태의 건물을 세워 주변을 감시하기도 하고, 때에 따라서는 휴식을 할 수 있도록 지은 건축물을 각루(角樓)라 하는데 화성에는 동북, 서북, 서남, 동남의 4곳에 각루가 있다.

　정조가 버드나무와 유천을 상징적으로 응집시킨 곳은 어느 누가 뭐라 해도 동북각루(東北角樓)일 것이다. 1794(정조 18)년 1월 15일, 이아(貳衙: 감영 소재지에 있는 군아)의 뒤에 있는 작은 동산에 올라 여러 신하들에게 이르기를, '평지 가운데서 이 언덕이 갑자기 우뚝 솟아올라 이아의 터를 만들었으니 어찌 기이하지 않은가.' 하였다.

　이어서 일자문성(一字文星)에 이르러 여러 신하들이 의논드리기를, '이곳의 일자문성은 겹으로 되어 있고 용연(龍淵)의 모래 삼각주[砂角]가 왼쪽으로부터 안으로 들어와서 옷깃을 여민 형국으로 되었습니다. 그러니 내문성(內文星)에 성을 쌓되 성의 형태를 조금 축소하여 모래 삼각주에 뒤지게 하고 외문성(外文星)에는 따로 토성(土城)을 쌓아 내성을 보호하게 하는 것이 타당할 듯합니다.' 하였는데,

　정조가 유수 조심태에게 이르기를, '이 성을 곧장 외문성에 쌓되 용연의 모래 삼각주와 내문성을 넘어가게 해서 모두 성 안으로 들어오게 하면 좋겠다.' 하였다. 그리고 용연에 나아가 귀봉(龜峰)을 가리키면서 심태에게 이르기를, '오른쪽은 귀봉이고 왼쪽은 용연이어서 거북과 용이 서로 마주하고 있으니 그 이름 역시 우연하지 않다.' 하였다.

　대체로 용연 기슭은 앞면이 석벽(石壁)으로 되어 있고 아래에는 작은 소(沼)가

있는데, 그 물은 광교산(光敎山)에서 흘러나와 석벽 아래에 이르러 물이 돌아 흐른다. 이곳에서 휘돌아 나와 북쪽으로부터 남쪽으로 읍치(邑治)를 경과하는데, 기슭을 따라가다가 꺾이는 곳에 장차 다리를 걸쳐놓고 성을 쌓아 수문(水門)을 만들려는 것이다.

정조는 조심태에게 이르기를, '일자문성이 두 겹으로 되어 있으니 더욱 두껍고 공고한 기상을 보겠고, 용연의 기슭이 용의 머리로 되어 있고 석벽이 웅크린 것처럼 솟아 있으니 풍기(風氣)가 응결되어 매우 활기찬 기상이 있음을 볼 수 있으며, 겸하여 수해(水害)를 막는 공이 있게 되었으니 마치 이 성 쌓는 역사를 위하여 만들어 놓은 곳인 듯하다. 지리와 지세가 매우 좋아서 오늘 살펴본 뒤로 나의 마음은 매우 만족스럽다. 성을 쌓는 역사의 큰 줄거리는 이러하니, 예컨대 여기에 윤색(潤色)을 더하는 데에 있어서는 이를 맡아 하는 사람에게 달려 있을 뿐이다.'라는 하교에 나타나 있듯 신하들의 의견을 따르지 않고 성안으로 들어오게 하여 동북각루가 만들어진 것이다. 동북각루를 방화수류정(訪華隨柳亭)이라 부르는데, 정자에 앉아 내려다보면 반달 모양의 용연(龍淵)이 있고 그 가운데 작은 섬이 있다. 네모난 연못에 원형의 가산(假山)을 만들어 천원지방(天圓地方)의 형태를 이루도록 하는 것이 일반적이다. 그런데 왜 반달모양의 천연적인 모래 삼각주를 원했을까? 정조는 아버지가 하늘인 왕이 되지 못한 채 세자로 세상을 떠나신 게 늘 한이 되었다. 세자는 반달일 뿐이다. 그 반달이 재생되어 보름달처럼 둥근 하늘이 되시기를 간절히 바라는 정조의 정성이 오롯이 담긴 곳이다. 그래서 반달 섬에 심은 버드나무가 서로 어울려 화성 가운데 가장 빼어난 경치를 뽐내는 것이다. 보름달이 되어 하늘이 되시라는 지존의 눈물겨운 소망이 버드나무에 걸려 비장(悲壯)하기만 하다.

원래 '방화수류'라는 문구는 북송(北宋) 중기 유명한 명도(明道) 정호(程顥)의 칠언절구(七言絕句)인 '춘일우성(春日偶成)'에서 따왔다.

> 구름이 맑고 바람이 부는 대낮에(雲淡風輕近午天)
> 꽃을 찾고 버들을 따라 앞 내를 건너간다.(訪花隨柳過前川)
> 사람들은 내 즐거운 마음을 알지 못하고(傍人不識余心樂)
> 나를 일러 소년처럼 한가하게 논다고 한다.(將謂偸閑學少年)

에서 보여주듯 '꽃을 찾고 버들을 따라간다.'라는 이름이니 '방화수류(訪花隨柳)'란 버들 꽃 떨어진 명당을 가리킨다.

비록 그 형태는 불규칙하지만 주위의 경관과 매우 잘 어울리는 화성의 백미(白眉)이다. 정조의 풍수가 집대성(集大成)된 조선 최고, 최대의 걸작품(傑作品)인 동시에 역사상(易思想)이 응축된 화성 그 자체의 상징물이다. 방화수류정 속에는 정조의 모든 것을 죽은 뒤까지 살아 숨 쉴 수 있게 만든 수수께끼 같은 곳이다. 방화수류정이 있는 지형을 『화성성역의궤』에서는 '광교산(光敎山)의 한쪽 기슭이 남으로 뻗어내려 선암산(仙巖山)이 되었고 또 서쪽으로 감돌아 수리(數里)를 내려가 용두(龍頭)에서 그치고 북쪽을 향하여 평평하게 열렸다. 용두란 용연(龍淵) 위로 불끈 솟은 바위이다. 성(城)은 이에 이르러 산과 들이 어울리게 되고, 물이 모여 아래로 흘러 큰 내에 이르게 되었으니, 이곳은 실로 동북쪽 모퉁이의 요해처(要害處)이며 장안문과 접하고 화홍문하고는 한 다리를 이루면서 뿔처럼 마주서서 일면(一面)을 제압한다. 드디어 아슬아슬한 절벽 성안 바위에 의지한 루(樓)에는 편액이 걸렸는데 왈 방화수류정(訪華隨柳亭)이라. 전 참판 조윤형(曺允亨)이 썼다.'고 기록되어 있다.

광교천(光敎川)이 흐르는 위를 보면 북수문(北水門) 즉 화홍문이 서쪽 44보 거리에 자리 잡아 물소리가 시원하다. 화홍문(華虹門)이란 편액은 당대 제일이라는 유한지(兪漢芝)가 썼다.

대천(大川)위에 지은 조선시대 건축물 가운데 가장 세련(洗練)된 것의 하나로 양편가로 석주(石柱)를 세우고 이무기를 새겼는데 홍(虹)자가 수컷용을 뜻하며 방화수류정의 용연과 자연스럽게 짝을 이룬다. 건물 아래 7개의 홍예문으로 쏟아지는

물소리를 듣노라면 어느새 속진이 말끔하게 씻긴다.

남수문(南水門)은 화홍문에서 곧게 750보(步)에 위치한다. 1796(정조 20)년 다리와 방어용 군사시설 겸용으로 수문위에 문루 대신 가로×세로 30cm, 높이 10cm의 박벽돌을 이용, 슬래브구조로 쌓고 긴 포사(舖舍)를 만들었는데 이는 화성성곽 중에서 가장 취약한 부분임을 고려했기 때문이다. 길이 29.4m, 높이 2.8m의 남수문은 화홍문보다 2개가 많은 9칸의 홍예 수문을 내어 혹시 범람할지 모를 수해에 미리 대비했다.

1922(壬戌)년 6월 대홍수 때 유실된 것으로 추정되기는 하나 1927년 7월 20일 조선일보 사설에 의하면 '1926년 이래로 일제가 남수문을 무너뜨려 건축재료, 또는 하수도 구조축(構造築) 석재로 제공해 온다.'라는 기사로 보아 일제가 계획적으로 도심지 확장을 내세워 철거한 것으로 보인다. 그러나 훼손된 남수문을 현재 복원 중이라니 다행스럽다.

『반계수록』은 26권 13책이며 저자는 지방군현의 폐합(廢合)에 관한 개인의 의견을 기술한 '보유(補遺)' 1책을 미완성으로 남겼다.

저자 서거 후 약 1세기에 가까운 1770(영조 46)년에 그의 후손 유훈(柳薰)이 경상도 관찰사 이미(李瀰)의 서문과 재정 후원으로 대구에서 처음 간행하였고 '보유(補遺)' 1책도 1782(정조 6)년 11월 7일 경상도 관찰사 조시준(趙時俊)이 사헌부 대사헌으로 관직을 받은 후 기금(寄金)을 내어놓고 부탁하여 판관(判官) 홍원섭(洪元燮)이 유형원의 후예(後裔) 유명위(柳明渭)의 발(跋)을 붙여 대구에서 간행한 것이다.

이런 사실로 미루어볼 때 학문을 좋아하는 정조는 물론 조야(朝野)에서 앞을 내다보는 반계 유형원의 해박한 식견을 바탕으로 제도의 결함을 시정하고 민생문제를 해결하고자하는 탁견을 간과하였을 리 만무하다.

성호(星湖) 이익(李瀷)을 위시한 18세기 근기학파(近畿學派) 실학자들이 거의 유형원의 저작을 통하여 자극을 받고 슬기와 재능을 널리 열어 젖일 수 있었다. 이들이 경세치용(經世致用)[170]·실용지학(實用之學)의 학풍을 진작시키려 한 것도 바로

이러한 사회적 분위기와 맞물린 학문적 쏠림현상과 결코 무관할 수만은 없었을 것이다.

유형원은 「부록」 '군현제'에서 읍(邑)을 새롭게 만들기 위해서는 '산천(山川)의 모양과 지세, 논·밭으로 이루어진 들과 인민(人民), 나라를 막을 수 있는 시설이나 성지(城池), 도로의 모양 상태가 높고 가파르며 험하여 막히고 끊어져 있어 적을 막고 자기편을 지키기에 편리한 지점인 요해처(要害處) 등을 일일이 이리저리 비추어보아 적당한지 고려해서 마땅한 곳에 정해야 한다.'고 모두 납득할 수 있도록 하여 당시 나라나 백성을 막론하고 이전부터 내려오던 습관에 따라 널리 퍼져 있던 풍수지리설(風水地理說)을 과감하게 떨쳐버렸다.

그리고 오직 과학적이며 실용적인가의 여부를 치밀하게 관찰하고 조사하여 지형의 적당함과 부적합함을 판단해서 새로운 읍치의 건설요건을 제시했던 것이다.

이는 고려 때부터 일반화 되어있는 풍수도참설(風水圖讖說) 외에 주(州)·부(府)·군(郡)·현(縣) 제도란 것이 그 고을의 크고 작거나, 관방(關防)과 같은 지리적 중요성이나 고을백성의 많고 적음으로 운영되지 못하는 행정의 비효율성을 비판했다.

예를 들면 나라에 대해서 그 지방 사람들이 큰 공을 세우면 작위를 올려주듯 현(縣)을 군(郡)으로 올려 주었다. 반면 역적이 나오거나 반란을 일으키는 등 큰 죄에 해당되면 부(府)에서 군으로 강등시켜 버렸다. 각도의 이름도 이런 연유로 바뀐 예가 허다하다.

공(功)과 죄(罪)에 따라 주부군현제(州府郡縣制)의 승강(昇降)이 되풀이 되어 소위 고을 백성에 대한 공동체벌론 적인 불합리한 점을 간접적으로 꼬집은 것이기도 했다.

유형원은 용복면에 위치한 수원부를 팔달산 아래로 옮긴다면 성 안팎으로 만여호(萬餘戶)를 수용할 수 있는 대번진(大藩鎭), 대도회(大都會)로써 면모를 갖출 수

---

170) 학문은 세상을 다스리는 데에 실질적인 이익을 줄 수 있는 것이어야 한다는 유교의 한 주장이다.

있다고, 이읍(移邑)의 중요성을 미리 내다본 것이다.

화성성역(華城城役)과 신도시 건설이 가시화되기까지는 유형원의 앞을 내다보는 탁견은 물론, 정조의 혜안과 결단력이 빛을 발하는 순간이기도 하다.

1793(정조 17)년 12월에 유형원의 경륜에 깊은 감명을 받은 임금은 "유형원의『반계수록』'보유'에 수원의 읍치를 북평(北坪)으로 옮기고 성지(城池)를 건축해야 한다는 논설이 있다. 일백년 전에 마치 오늘의 이 역사(役事)를 본 것처럼 미리 이런 논설을 한 것은 참으로 기이한 일이다."라며 크게 찬탄할 정도였다.

화성 축성계획수립을 전후해『수록권지22(隨錄卷之二十二)』병제후록(兵制後錄) 또한 임금을 비롯하여 재상, 신료는 물론 재야 실학자들에 이르기까지 큰 주목을 끌기에 충분했다.

특히 유형원은 '병제후록'에서 성을 쌓는 여러 가지 안(案)을 제시하면서 '서울과 지방의 각 병영에서는 번(番)을 서는 군병이 많은데, 평시에는 특별히 중요하고 필요하게 지키거나 방어할 일이 없으니 이 군병으로 하여금 성을 쌓거나 급료로 지급하던 무명이나 베로 대신 부역(賦役)하게 할 것.'을 주장한 바 있었다.

성 쌓는 재원(財源)을 바로 그 번을 중지시키는 대신 받는 정번전(停番錢 : 번을 드는 대신 내는 돈) 10년분을 돌려서 쓸 것을 제안한 유형원의 뛰어난 식견이 정조와 신료들 사이에서 특별한 관심을 모으게 된다. 이후 좀 더 깊이 살펴보고 논의하여 화성성역을 실행하는 것이 좋겠다는 결정적 계기를 마련해 준다.

정조는 '반계 유형원이야 말로 오늘의 국사(國事)와 현실에 유용한 경국제세(經國濟世)의 대학자'라는 큰 찬사를 내렸다.

이미 120년 전에 새로운 읍성(邑城)으로 이전과 축성(築城)에 대한 일을 치밀하고 조직적으로 계획하여 선구자적(先驅者的)인 역할로 역사적인 대사(大事)를 일으키는데 공헌한 것이다. 그래서 진사시에 합격한 처사(處士) 유형원에게 특별히 국가에 공로가 있는 사람에게 사후(死後)에 내리는 벼슬인 이조판서 및 성균관 좨주(祭酒 : 정3품 당상관)를 추증(追贈)하고, 이조로 하여금 그 후손을 찾아 우대하도록

하라는 분부까지 내렸다.

　화성 축성은 처음 계획단계부터 위로는 직접 정조가 주도적으로 나서고 아래로는 복심지신(腹心之臣)인 경세가 채제공이 총책임을 맡았으며, 젊고 판단력이 예민하고 기백이 날카로운 정약용은 설계와 각종 신형 기자재를 만들어 뒷받침을 했다. 감동당상(監董堂上) 조심태는 후에 수원부 유수가 되어 끝까지 도청(都廳) 이유경(李儒敬), 수원부 판관 홍원섭과 함께 변함없는 열성으로 성역을 마무리했다. 한편 서유린, 정민시 등 무리하지 않고 빈틈없이 재원을 조달한 공도 빼어놓을 수 없는 큰 업적이다.

　특히 화성출신의 실학자인 우하영(禹夏永)171)은 1796(정조 20)년 나라에 재앙(災殃) 등이 들 때 바른말을 널리 구하기 위하여 임금이 신하나 백성에게 내리는 말로 오늘날의 법령(法令)과 같은 위력을 발휘하는 '구언윤음(求言綸音)'에 대하여 「병진사월응지소(丙辰四月應旨疏)」와 「수원유생우하영경륜13조(水原儒生禹夏永經綸十三條)」를 올려 조야(朝野)에 알려진 유생으로 4월 20일 13조목의 상소에 대하여 정조의 비답까지 받는다.

---

171) 우하영(禹夏永, 1741~1812) 우성전(禹性傳)의 7대손으로 화성시를 대표하는 조선 후기의 실학자로 본관은 단양(丹陽)·자는 대유 (大猷)·호는 취석실(醉石室)이다. 정서(鼎瑞)의 아들로 큰아버지 정태(鼎台)에게 입양되었다. 7세 때부터 할아버지 보상(寶相)에게 글을 배워 15세 때부터 과거공부를 시작해 벼슬에 뜻을 두었으나 회시(會試)에서 12번 낙방하여 실패하고 만다. 당시 만연했던 과거 부정과 매관매직이 성행했음으로 뜻을 접고 시골의 유생으로 평생을 올곧게 산 대표적 농촌 지식인이다. 직접 농사를 지으며 틈만 있으면 전국을 돌아다니며 사회실정을 체험하였다. 그리고 학문에도 게을리 하지 않고 부지런히 독서와 경험을 통하여 나라와 사회의 경영 및 개혁 방안을 세상에 내놓은 것이 『천일록千一錄』이다. 천 가지 중 한 가지라도 얻을 수 있지 않겠느냐는 뜻의 『천일록』은 우리나라의 역사, 지리, 전제(田制), 군제, 국방, 관제, 농업기술 문제 등에 관한 그의 독창적인 사상과 정책을 기술한 것이다. 1796(정조20)년 조정에서 구언교서(求言敎書)를 널리 구하자 「수원유생우하영경륜(水原儒生禹夏永經綸)」을 만들어 바쳤다. 1804(순조4)년 구언 때 이를 다시 보완해 「천일록」이라고 하여 올렸다. 주로 농업에 관한 사항이 주류를 이루었으며 향약, 화성장시에 외부인의 금지 등 눈여겨볼 부분이 많다. 그러나 안타깝게도 국사에 반영되지도 주목을 받지 못하였다. 앞으로 역사를 공부하는 후학들에 의해 많은 연구를 필요로 하는 보물창고처럼 숨겨진 저술이기도 하다.

그는 『관수만록(觀水漫錄)』을 통해 임진왜란(壬辰倭亂)·병자호란(丙子胡亂)이란 두 번의 국난 때 독성산성(禿城山城)과 광교산(光敎山) 전투에서 승첩(勝捷)을 거둔 수원지방의 국방상 요충지, 즉 군사도시로서의 입지와 역할을 고려하여 화성의 내(內)·외성(外城)을 쌓을 것을 주장하고 있어 이채를 띤다. 그가 말한 외성 축성론(築城論)은 비록 실행에 옮겨지지는 못했으나 그 시대로 볼 때 거의 독보적이라 할 만큼 독특한 입론(立論)을 내포하고 있다. 만약 외성(外城)을 쌓았다면 성제관(城制觀)의 일대 혁신을 일으켰을 것이다.

왜냐하면 그의 성제관(城制觀)은 서울의 부도(副都)로서 신도시 화성이 갖는 산업, 정치, 국방상의 기능과 아울러 진주성이나 남한산성 등이 공격이나 방어를 하는 성으로서의 제 기능을 사실상 발휘할 수 없던 취약점을 생각하여 볼 때, 실용성과 보완책을 마련해 보려는 역사적인 성찰과 반성의 뜻을 담고 있는 당시대 지식인의 고뇌이기도 하다.

용복면에서 수원으로 읍을 옮긴 후 신도시 건설이 어느 정도 자리를 잡아가자 정조는 1792(정조 16)년 삼사(三司 : 사헌부·사간원·홍문관)의 하나로 궁중의 경서·사적·문서를 관리하고 왕을 자문하는 홍문관(弘文館)에서 자료를 뽑고 글을 지어 책을 꾸며내는 직책인 수찬(修撰 : 정6품)으로 있던 정약용에게 읍성 축성을 하기위한 설계안을 만들어 올리도록 명한다.

이때 정약용은 부친상으로 시묘(侍墓) 중이었는데도 왕명을 받자 곧 읍성을 쌓아 만드는 규칙과 제도를 지어 올리니 이것이 이른바 화성축성에 관한 기본계획안이다.

기본계획안 내용은 정약용의 문집 『여유당전서(與猶堂全書)』 시문집, 설(說) 속에 실린 「성설(城說)」과 같은 것이리라 짐작된다. 정약용은 「성설」과 자신의 회갑을 맞아 자서전적 기록으로 자신의 이름, 신분, 행적(行績) 등을 비석(碑石)에 새긴 「자찬묘지명(自撰墓誌銘)」에서 당시의 정세와 형편을 구체적으로 기록해 놓았다.

'신이 삼가 생각하건대, 화성성역의 비용이 많이 들면서도 일은 번잡하고, 시기

는 어려운 때인데 일을 크게 벌여 놓았음으로 성상께서 노심초사하고 계시지만, 조정의 의논은 둘로 갈라져 있습니다. 다만 일을 처음 시작할 때 치밀한 계획을 세워야 함으로 신이 삼가 전에 들은 것을 간추려 외람되나마 어리석은 견해를 올립니다. 첫째는 분류(分類), 둘째는 재료(材料), 셋째는 호참(壕塹 : 성 둘레의 구덩이), 넷째는 축기(築基), 다섯째는 벌석(伐石), 여섯째는 치도(治道), 일곱째는 조거(造車), 여덟째는 성제(城制)입니다. 임금께서 친히 이것을 보셨다니, 몸 둘 바를 모를 정도입니다.'

'나는 윤경(尹耕)[172]의 「보약(堡約)」과 유성룡(柳成龍)의 「성설」에서 도움을 받아 그 중 좋은 방법을 따다가 초루(譙樓 : 문루)·성문 양 옆을 외부로 나오게 하여 옹성(甕城)[173]과 성문을 적으로부터 지키는 네모꼴의 적대(敵臺)·현안(懸案)·옹성아치 상부에 설치된 누조(漏槽)로 적이 성문에 불을 놓아 파괴하려 할 때를 미리 대비하여 만들어 놓은 일종의 방화수조(防火水槽)인 오성지(五星池)의 여러 방법을 이치에 맞게 밝혀 임금께 올렸다. 특히 팔달문은 도로 때문에 성벽이나 적대와 떨어져 있는데 중앙에는 성문이 있다. 그래서 그 남쪽에서 적이 공격할 때 성문을 보호하기 위해 반원형의 옹성(甕城)에는 홍예(虹霓)를 갖추고 문루를 세워 오성지문(五星池門)이라는 이름까지 정약용은 지었다.

왕께서는 1776(정조 즉위년)년 청나라에서 구입해 내각(內閣)에 보관 중이던 『고금도서집성(古今圖書集成)』 속에 포함되어 있는 「원서기기도설(遠西奇器圖說)」을 내려 보내 인중기중지법(引重起重之法)에 대하여 말씀하였다.

나는 이에 「기중가도설(起重架圖說)」을 작성하여 바치고, 활거(滑車)와 고륜(鼓輪) 등을 써서 작은 힘으로도 크고 무거운 물건을 운반할 수 있게 했었다.

성 쌓는 일을 끝마쳤을 때 왕은 말씀하시기를, '다행히 기중가(起重架)를 사용하

---

172) 1495(연산군1)년 별시(別試) 병과(丙科)에 9등으로 출사 연산군 때 정언(正言), 중종 때 사간(司諫)까지 하였다.

173) 무쇠로 만든 독처럼 튼튼히 쌓은 산성(山城)이란 뜻으로 성문을 보호하고 성을 튼튼히 지키기 위하여 큰 성문 밖에 원형(圓形)이나 방형(方形)으로 쌓은 작은 성이다.

여 4만 냥을 절약했다.'고 하셨다.

살펴본 바와 같이 정약용은 김종서(金宗瑞)가 종성(鐘城)에 쌓은 성제를 비롯한 국내의 많은 축성의 예와 유성룡의 문루(門樓) 및 누조(漏槽 : 홈통)에 관한 의견, 윤경의 「보약」은 물론 중국의 축성에 대한 예 등을 종합적으로 검토하여 모두 7권의 글을 지어 올렸다.

이때 정약용이 임금께 올린 것은 성설(城說)·옹성도설(甕城圖說)·포루도설(砲樓圖說)·현안도설(懸案圖說)·기중도설(起重圖說)·총설(總說) 등이었으며, 임금이 내려준 『고금도서집성(古今圖書集成)』 중 「원서기기도설」에 의거하여 거중기와 유형거(游衡車)의 도설을 작성해 올렸음을 알 수 있다.

이와 같은 과정을 거쳐 정약용이 임금에게 올린 「성설」을 토대로 수정, 보완을 거쳐 확정되기에 이른다.

이 계획안은 후에 『화성성역의궤(華城城役儀軌)』 권1과 그리고 정약용이 동서양의 기술서(技術書)를 참고하여 1793(정조 17)년에 만든 「성화주략」을 올려 정조가 직접 「어제성화주략(御製城華籌略)」의 기본 골격을 만들어 지침서로 활용하게 된다. 그러나 실제로 『어제성화주략』은 정약용이 지은 책이지만 정조 사후 정치적인 문제가 작용 정조가 지은 것으로 격상시켰다.

특히 화성에서 눈여겨보아야 할 독특한 기술로 17세기 이래 실학자와 선진적인 경세가들이 시종일관 주장한 벽돌을 제조, 적재적소에 맞도록 잘 응용하여 축성하였다는 점이다.

벽돌을 쓸 것인가 말 것인가를 놓고 고심하다가 마침내 1793(정조17)년 12월 성역착공 바로 전에 성의 재료로 쓸 것을 결정하여 광주(廣州)에 소재하는 왕륜번조(旺倫燔造), 서봉동번조(棲鳳洞燔造) 수원 북성외번조(北城外燔造) 등에서 구워 옮겨 날라다 썼다. 화성축성에 있어서는 실제로 석재(石材)를 주재료로 쓰면서 장안문(長安門 : 북문, 편액 전 참찬 趙允亨)·팔달문(八達門 : 남문, 편액 조윤형)·창룡문(蒼龍門 : 동문, 편액 판부사 俞彦鎬)·화서문(華西門 : 서문, 편액 좌의정 蔡濟恭) 등 4대문의 문 앞에 둥글게 또

는 네모지게 한 겹 더 작은 성을 쌓아서 성문을 이중으로 지킬 수 있도록 설치한
옹성(甕城)을 비롯하여 일종의 망루(望樓)와 같은 시설물은 이미 남한산성이나 강
화도의 해안주변에 설치한 예는 있으나 돈의 내부가 빈 것은 화성이 처음이다.

벽돌로 삼면에 섬돌을 쌓고 그 가운데를 비워둔다. 널빤지로 누를 만들어 가운
데를 2층으로 구분한 다음 나무 사닥다리를 놓고, 위아래에 공안(公眼)을 많이 뚫
어서 바깥의 동정을 엿볼 수 있게 한다.

프랑크(Frank)는 프랑스 사람을 뜻하지만, 중국에서는 유럽 사람을 일반적으로 그
렇게 부름으로 사실은 포르투갈 제(製) 화포로 포의 뒷부분에 화약과 탄환을 장전
하는 신형 대포를 불랑기(佛狼機)라 부른 것이다.

대·중·소의 백자총은 한 번에 많은 탄환을 발사하는 총인데 적군(敵軍)으로 하여
금 화살이나 총탄이 어느 곳으로부터 날아오는지 모르도록 내·외벽을 원형이나 방
형(方形)으로 2~3층을 쌓아 올리고 위에 누정(樓亭)을 세운 다음 총구를 만들어 내·
외벽을 돌면서 적을 사격할 수 있게 만든 공심돈(空心墩)을 서북, 남, 동북 3개소에
두었다.

잇달아 여러 개의 화살이 나가는 쇠뇌를 쏘는 노수(弩手)가 머무는 노대(弩臺)도
만들었다.

성벽에 기어오르는 적을 공격하기 위해 성벽 일부를 밖으로 돌출시켜 쌓은 치
성(雉城)[174]과 유사하게 하면서 내부를 공심돈과 같이 비워 그 안에 화포를 감추
어 두었다가 적을 공격하도록 만든 포루(砲樓)를 서, 북, 동, 동북, 남쪽 등 5개소
에 설치하였다.

비교적 높은 위치에 누각모양의 건물을 세워 주변을 감시하기도 하고 때로는
휴식을 즐길 수 있도록 한 각루(角樓)도 동북, 서북, 서남, 동남 4개소에 배치했다.
행궁을 지키고 성을 파수하며 주변을 정찰하여 인근에서 일어나고 있는 일을 알

---

174) 성가퀴라고도 부른다. 성 위에 낮게 담을 쌓아 이곳에 몸을 숨기고 적을 감시하거나 공
　　격한다.

리는 역할을 하는 시설로 다섯 개의 큰 연기구멍을 두어 신호를 보낼 수 있도록 하였으며, 성벽 일부를 치성처럼 밖으로 돌출 시키고 아래는 돌을 쌓고 위는 벽돌을 성벽보다 높이 쌓아 상부에 성가퀴를 둔 봉돈(烽墩)도 만들었다.

봉돈은 일반 봉수대와 달리 단순한 봉수대가 아니고 요새인 것이다. 유사시 봉돈은 하나의 치성(雉城)으로 많은 총구를 내어 자체적 방어능력을 갖도록 했다. 그리고 행궁과 서장대(西將臺)를 마주보게 하여 국경과 해안의 정보를 알릴 수 있도록 한 역할까지 겸하도록 효율성을 고려했다.

뿐만 아니라 성곽에서 이용하는 깊숙하고 후미진 곳에 적이 알지 못하게 하는 출입구를 내어 필요시 사람이나 가축이 드나들고 양식을 나르도록 한 비밀통로인 북암문·동암문·서암문·서남암문·남암문 등 다섯 곳에 암문(暗門)을 만들었다.

이들을 만드는 데 벽돌이 69만 4천 919개가 쓰여 다른 성에서는 찾아볼 수 없는 굳고 튼튼한 특성과 함께 건축공학적으로도 곱고 아름다움을 한껏 뽐낼 수 있게 했다. 여기에 부수적으로 필요한 암키와·숫키와가 51만 3천 79장, 암막새·수막새는 1만 5천 910장, 전각·문루와 같은 큰 건물의 지붕 대마루 양쪽 머리에 얹는 용두(龍頭) 138개, 용마루 끝의 장식물로 독수리 머리라는 뜻을 가진 취두(鷲頭) 20개, 전각 네 귀의 추녀 끝에 끼는 용두형(龍頭形)·귀두형(鬼頭形)의 토수(吐首) 66개, 궁전(宮殿)의 추녀(醜女)나 용마루, 또는 박공 머리 위에 얹은 온갖 형상(形象)인 잡상(雜像) 165개, 궁궐이나 정자 따위의 지붕마루 가운데 세우는 탑 모양의 절병통(節瓶桶) 2좌(坐), 굴뚝 위에 장식으로 얹는 기와로 만든 지붕모양인 연가(煙家) 4좌(坐)가 만들어진 것으로 보아 화성은 이미 그 자체가 궁궐이라고 보아야 한다.

성을 쌓음에 있어 벽돌에 대한 인식은 17세기 『반계수록』에 처음 나타났다.

그 후 성호 이익을 거쳐 18세기 중엽 청(淸)의 연경을 다녀온 박지원, 박제가 등 북학파에 의해 그 선진성과 실용성이 깊이 인식되었다.

박지원은 『열하일기』 도강록(渡江錄)을 비롯하여 여러 곳에서 벽돌의 실용성을

역설했다.

한편 그의 제자인 박제가는 『북학의(北學議)』 내편 '벽(甓)'조에서 누대(樓臺)·성곽·담장을 비롯하여 교량·분묘·구거(溝渠)·제언(堤堰) 등에 이르기까지 벽돌의 편리함과 유용성을 자세히 설명하며 그 제조와 보급이 한시 바삐 이루어져야 한다고 보다 강력히 주장한다. 아울러 이 책 「성(城)」조에 따르면 중국에서는 성곽 축조에 있어 벽돌 사용이 이미 보편화 되어있다고 했다. 벽돌에 의한 시설물 축조는 어느 것보다 견고성과 그 축성법에서 뛰어나다며 다음과 같이 언급하고 있다.

'성은 모두 돌로 쌓았다. 벽돌은 회(灰)로 붙였고, 회를 쓴 것이 너무 엷어서 간신히 붙을 정도였다. 쌓는 방법은 먼저 돌로 터를 닦거나 혹은 큰 벽돌을 쌓아 터를 닦기도 하였다. 그런 다음에 벽돌을 쌓았는데 혹은 가로 또는 세로로, 혹은 세우거나 눕혀 안팎이 서로 어긋나게 하면서 성 두께대로 모두 쌓아 올렸다.

안팎 사이를 더러 흙으로 채우기도 하였으나 그 넓이의 3분의 1이 못 된다. 그럼으로 엿 뭉치처럼 뭉치어 대포(大砲)를 맞아도 다 부서지지 않도록 되었다.'

유형원 이후 이익을 거쳐 박지원, 박제가 등 북학파들이 주장하는 성의 재료로는 벽돌의 편리함과 유효성이 정약용을 통해 그대로 받아들여진다.

특히 정약용보다 스물한 살이 많은 수원부 출신 실학자 우하영은 『천일록(千一錄)』과 『관수만록(觀水漫錄)』을 통하여 더 강력히 주장하고 있었다.

북학파의 기수(旗手) 박제가는 일찍이 정조로부터 인격과 학식을 겸비한 사람이라고 인정받아 규장각(奎章閣) 4검서관(四檢書官)으로 발탁되었으며, 1778(정조2)년 사은사(謝恩使) 채제공을 따라 청나라에 다녀온 후 『북학』 '내·외편'을 저술하였다. 그리고 1798(정조 22)년에는 임금에게 올리는 이 책의 판본인 '진소본(進疏本)'을 제출했으며 그 이전에 정조가 벽돌을 성의 재료로 결정하게 하는 데도 직·간접적으로 큰 영향을 주었을 것으로 믿어진다.

아울러 정조의 최측근으로 한 몸에 총애를 받던 정약용의 「성설」에서 성을 쌓는 데는 벽돌이 가장적합하다고 서술함으로 마침내 화성성역 당시 구체적으로

실용화되었다고 할 수 있다. 화성성역에 있어 빼어놓을 수 없는 점으로는 성을 쌓는 일의 효율성을 높이고 능률을 올리기 위하여 새로운 운반도구인 유형거(游衡車)와 거중기(擧重器)를 만들어 직접 현장에 투입시켰다는 사실이다.

『화성성역의궤』에 보면 짐을 실어 나르는 도구인 유형거 10량(輛)을 새롭게 고안(考案)하여 만들었다고 기록되어 있다. 이는 다 아는바와 같이 정약용의 진언(進言)에 의해서이다.

유형거는 짐을 싣고도 비탈진 곳을 힘들이지 않고 올라갈 수 있어서 석재, 벽돌, 목재 등을 실어 나르는데 편리하고, 바퀴가 튼튼한 것이 특징이기도 하다.

예를 들면 평상시 쓰는 수레 100대로 324일 걸려서 실어 나를 짐도 이 유형거로는 70량을 이용하여 154일 만에 옮길 수 있었기 때문에 공사기간의 단축은 물론 인력과 재물절약에도 크게 도움이 되었다. 아울러 화성을 쌓을 당시 운반도구로 특기할 점은 거중기를 만들어 썼다는 사실이다. 거중기는 민간에서 이미 사용하던 녹로(轆轤 : 밧줄 감는 장치)의 원리를 한 단계 상승시킨 것이다. 성을 쌓기 전에 정조는 스위스의 콘스탄스(Constance : 현 독일령) 태생인 예수회 수도자이자 과학자인 테렌츠(Joannes Terrenz, 중국 이름으로 鄧玉函 : 1576~1630))가 지은 『원서기기도설(遠西奇器圖說)』을 정약용에게 내려주어 이 책을 자세히 살피고 대조하여 도움이 될 자료를 발췌, 설계에 응용한 기기이다.

거중기는 뜻 그대로 무거운 물건을 들어 올리는 데 쓰는 재래식 기계로, 큰 나무틀 위와 아래로 각각 도르래 4개씩을 매달아 연결하고 아래 도르래 밑으로 물체를 매어달고, 뒤 도르래 양쪽으로 잡아당길 수 있도록 끈을 연결하여 이 끈을 물레의 일종인 녹로에 감아 녹로를 돌림에 따라 도르래에 연결된 끈을 통해 무거운 물체를 작은 힘으로 들어 올릴 수 있게 고안된 아주 편리한 도구이다.

정약용이 『기중도설(起重圖說)』에서 밝힌 바에 의하면 '활거(滑車 : 도르래)가 무거운 물건을 움직이는 데 편리한 점이 두 가지가 있는데, 첫째는 힘을 더는 것이요, 둘째는 무거운 물건을 떨어뜨리지 않는 것이라고 말했다.

100근의 물건을 드는 데는 100근의 힘이 필요하나, 활거 1구(具)를 쓰면 50근, 2구를 쓰면 무게의 4분의 1에 해당하는 25근의 힘만으로도 들 수 있다. 활거의 수가 늘어나면 같은 이치로 힘이 배가된다.

지금 상하 도르래 8개를 결합하면 25배(사실은 256배이나 25배라 한 것은 계산착오라기 보다 기록의 착오로 보아야 함)의 엄청난 힘을 얻을 수 있다.'라고 하였다.

여기다 녹로에 밧줄 감는 장치를 덧붙인다면 40근의 힘으로 2만5천근의 무게도 능히 들 수 있다고 하였다.

설명한 바와 같이 거중기는 성을 쌓는 공사에 무거운 자재들을 들어 올리는데 사용되어 작업능률을 4~5배까지 높일 수 있었다. 왜냐하면 과학기술을 응용하여 외부의 힘이 구조물을 구성하고 있는 각 부분의 재료나 전체에 어떤 변화를 일으키는가를 연구하는 공학의 한분야인 구조역학(構造力學)의 원리를 이용한 당시 최고의 신기자재였기 때문이다.

『화성성역의궤』 '권수(卷首) 도설(圖說)'에 따르면, '큰 돌 하나의 무게가 1만 2천근(斤)인데, 불과 30명밖에 안 되는 장정으로 힘을 쓰니 순식간에 한사람 당 400근의 무게를 들어 올린 셈'이라고 기록되어 있다.

이는 앞에서 정약용이 말한 「기중도설」의 '40근의 힘으로 능히 2만5천근의 무게를 움직일 수 있다.'는 설명과 거의 맞아 떨어진다.

이 밖에 화성축조를 위하여 다수의 수레와 기자재를 새로 만들어 실제로 공사에 사용하여 큰 성과를 올렸다.

섬돌 층계나 축대, 지댓돌로 쓰기 위하여 길게 다듬은 장대석(長臺石)이나 두리기둥 나무인 원주목(圓柱木) 등을 나르기 위하여 대거(大車)라는 큰 달구지 8량(輛)을 만들어 매량(每輛) 소 40여 마리가 운반(卷首 圖說 : 此運每輛駕牛四十餘隻)했다.

이보다 규모가 작은 별평거(別平車) 17량으로는 중석(中石)이나 누주(樓柱) 등을 운반하였는데 많게는 소 10마리, 적게는 4마리나 5마리가 끌었다. 또 평거(平車) 76량을 만들었으며, 풍천(豊川)과 장연(長淵)에서 올라온 일종의 공물인 수레를 나

라에 우선 만들어 바치고 나중에 값을 타내기로 계약된 공계거(貢契車) 17량은 삯을 주고 품을 사서 부렸다. 소 1마리가 끄는 나무바퀴가 좌우 두 개 달린 발거(發車) 2량을 새롭게 만들어 작은 돌을 날랐으며, 바퀴가 좌우 2개씩 4개 달린 수레로 장정 4명이 밀고 당기도록 새로 만든 동거(童車) 192량도 제작하였다.

이밖에도 두 개의 널판을 깎아 위아래로 구멍을 뚫어 함께 엮어 맨 다음 판 밑에 둥그런 나무를 깔아 놓고 목재나 돌을 싣고 끌어당기는 끌 판인 구판(駒板) 8좌(坐), 땅이 닿는 부분을 둥글게 만든 널판을 양쪽으로 세운 후 두 널판 사이에 6~7개의 횡목을 설치하여 맨 앞 횡목에 밧줄을 매어 끌 수 있도록 한 썰매인 설마(雪馬) 9좌(坐)를 만들었다.

특히 이 설마는 겨울 공사 때 얼어붙은 땅에서 돌을 실어 나르는 데 크게 기여하였다.

그 밖에도 땅을 다질 때 필요한 돌 달굿대인 석저(石杵), 나무달굿대인 목저(木杵) 등 자질구레한 도구까지 일일이 만들어 적재적소에 썼다.

이런 크고 작은 수레와 각종 기자재의 활용으로 1792(정조 18)년 정월, 화성축성 공사기간을 당시에는 10년으로 잡았는데 이보다 훨씬 날짜를 앞당긴 1794(정조 20)년 9월에 완성을 보았으니 불과 2년 9개월 밖에 걸리지 않았다.

4대문을 갖춘 궁궐이었다. 남문은 팔달문(八達門), 북문은 장안문(長安門), 동문은 창룡문(蒼龍門), 서문은 화서문(華西門)이라 하였다.

성역이 끝난 뒤 정조는 거중기의 역할을 높이 평가하면서 '다행히 기중가(起重架)를 사용하여 4만 냥의 비용을 절약했다.'라고 술회했으며, 완전히 축성된 화성을 돌아보면서 이 성이야말로 우리나라에서는 처음으로 성제(城制)를 제대로 갖춘 것이라고 자찬까지 하였다. 화성축성과 북학이 서로 잇대어 맺게 된 역사적 의의를 간단하게 간추려 말하면 다음과 같다.

화성성곽을 보면 확연히 들어나듯이 돌과 벽돌을 아주 알맞게 조화시킴으로 고구려에서 조선후기에 이르기까지 전통적인 성곽의 건축기법을 과감하게 업그

레이드(upgrade)하여 보다 근대적인 양식으로 계승·발전시켰다는 점이다.

또한 각 시설물들은 평상시와 유사시에 발생할지도 모를 사건을 미리 염두에 두어 실용성을 살려 어느 경우를 막론하고 그 기능을 최대한 높일 수 있도록 복합적으로 설계되었다는 우수성 또한 빼놓을 수 없다.

타의 추종을 불허하는 튼튼한 기초를 바탕으로 한 축성법, 벽돌의 적절한 활용, 다양한 기능을 가진 시설물들이 한결같이 과학적인 축성기술로 이루어졌음에도 아름다운 조형미를 갖춘 조선시대 최고의 성곽과 건축물로서의 역사적 의의가 자못 크다. 그러나 무엇보다도 공기 단축의 원동력은 치자(治者)와 백성들의 일사불란한 한마음 한뜻이 있어야 이루어지는 것이다.

아무리 기계가 우수해도 기계를 다루는 사람의 열정 없이는 능률을 올릴 수 없기 때문이다. 이제까지의 공역(公役)에는 병역과 같이 의무만 있지 노력한 일에 대한 보수가 없었다. 그렇지 않으면 국가나 공공단체가 보수 없이 국민에게 의무적으로 책임지우는 부역(賦役)을 시켰던 것이다. 이럴 때 일의 능률이나 공기단축을 기대한다는 것은 사실 불가능하거나 어려웠다. 일이 끝난 후의 민심이반이나 국가에 대한 원망이 따르는 것은 당연한 일이기도 했다.

『화성성역의궤』는 권수(卷首) 1권, 원편(原編) 6권, 부편(附編) 3권을 합하여 10권 9책으로 짜여졌다. 그 구성을 살펴보면 대체적으로 권수에는 공사일정, 공사감독관의 명단과 직위, 건물 각 부분을 그림으로 설명하는 도설(圖說)이 실려 있다. 도설에는 공사에 사용된 기계·기구 등의 그림과 사용 설명이 수록되었다. 지게, 가래, 괭이, 두레박과 같은 자질구레한 물건을 모두 망라하였다. 그림을 그려 설명한 것은 한자로 쓰는 말과 우리의 토박이말이 서로 섞여 글로는 그 제도를 알기 어렵기 때문이라는 사실을 밝혔다.

한편 화성 전체를 한눈에 볼 수 있는 화성전도가 있으며 아울러 중요한 시설들을 성(城) 안팎에서 본 모습 그대로 원형을 내도(內圖)와 외도(外圖)로 나누어 그려 규모, 특징 등을 자세히 실어 놓았다. 훼손된 화성을 언제나 원형대로 복원할 수

있도록 한 정확한 자료를 기록으로 남긴 점은 정말 정조의 위대한 업적이다.

거중기·녹로 등 기계, 기구의 경우, 전도(全圖)는 물론 분도(分圖)까지 그려 부속품의 모양과 조립과정을 일목요연하게 하여 누구나 쉽게 알 수 있도록 하는 치밀성까지 보였다.

권 1에는 어제성화주략(御製城華籌略), 전교(傳敎), 윤음(綸音), 유지(有旨), 전령(傳令), 연설(筵說), 계사(啓辭)를 기록해 넣었다.

어제성화주략은 성곽축조 기본계획을 실었는데, 성곽의 규모와 재료, 기초, 치도, 채석, 수레제작방법, 성벽의 제도 등에 관한 정조의 견해가 고스란히 담겨있다.

다산 정약용의 저술에는 대개의 내용이 자신에 의해 연구되었다는 사실로 미루어보아 정조가 죽은 후 노론들에 의해 고의적으로 정약용을 아예 삭제하였거나 폄훼시켰을 것으로 추측된다. 화성축성은 물론 주교도섭 등을 주도적으로 한 정약용의 이름을 어느 곳에서나 찾아보기 어려운 예가 이를 뒷받침한다.

전교를 보면, 성역에 대한 지시와 유형원이 『반계수록』을 통하여 수원읍성(水原邑城)을 예측한 탁견에 보답하는 차원에서 그 후손을 포상하고, 성역(城役) 종사자들과 주민들에게 피해가 가지 않도록 하라는 내용이다. 윤음과 유지는 극심한 가뭄에 성역을 중지시키고, 그 대신 상을 내리는 등 정조의 애민사상을 극명하게 들여다 볼 수 있다.

전령 속에는 조심태·성역도청 이유경·장용외사 서유린 등에게 전달한 정조의 지시가 실려 있다. 특히 더위의 기운을 씻겨주는 데 먹는 척서단(滌署丹)을 비롯하여 여러 약재를 하사한 기록, 음식을 베풀어 위로하고 장용영외영을 다스리는 방도 등에 관한 내용을 담았다. 연설에는 경연(經筵)에서 정조의 자문과 이에 답한 내용을 실었으며, 계사에는 임금에게 올린 상주문(上奏文)과 그 결과를 실었다.

권2에는 어제(御製)·어사(御射)·반사(頒賜)·호궤(犒饋)·상전(賞典)·의주(儀註)·절목(節目)·고유문(告由文)·상량문(上樑文)·비문(碑文)을 수록했다. 어제에는 화성거동시 정조가 지은 7수(七首)의 시(詩)를, 어사에는 정조가 화성에서 활쏘기 한 내용

을 실었다.

반사는 척서단, 제중단과 같은 약재와 무명, 모자, 부채, 달력 등을 성역에 참가한 사람들에게 나누어준 사실을 적었고, 호궤는 정조가 하사한 음식으로 사기 진작을 위하여 베푼 오늘날의 회식과 같은 성격이다.

상전에는 총 8회에 걸친 시상 내용이 실렸고, 의주에는 개기(開基), 상량문봉안(上樑文奉安), 대호궤(大犒饋), 성신사봉안(城神祠奉安) 때의 의식에 관한 절차와 정조가 서장대에 친히 올라 주간 군사훈련인 성조식(城操式)과 야간훈련인 야조식(夜操式)의 의식과 절차가 기록되었다.

절목에는 행궁의 담장과 성상(城上)을 경계하고 지키는 데 필요한 '궁장윤파성상고수절목(宮墻輪把城上孤守節目)'을 1796년 정월에, 성상(城上)이나 루(樓)·포(鋪)에 대한 기계(器械) 배치, 군사들에 대한 호령(號令), 포사(舖舍)·누포(樓舖)에 대한 군사배치, 거둥 시의 군사들의 파수방법, 성을 수리하는데 드는 재원(財源)을 운영하는 수성청(修城廳)의 수성청 설시절목(修城廳設施節目), 1798년 10월에는 부근 5읍의 군사를 합속(合屬)시키는 「부근5읍군병합속절목(附近五邑軍兵合屬節目)」 등 여러 행사와 공사 진행에 대한 절차를 기록했다.

고유문은 성지시역(城址始役)을 비롯하여 성곽에 딸린 주요 건축물의 착공 때 지은 제문(祭文)을 수록한 것이고 상량문은 이들 건축물을 상량할 때 지은 제문이다.

마지막으로 비문은 성역(城役)의 전말을 기록한 김종수(金鍾秀)의 「화성기적비(華城紀蹟碑)」인데 성역의 주역이 정조라는 것과 재원(財源)은 왕실의 사재(私財)에서 나왔다는 다소 사실과 차이가 나는 부분도 있다.

권3에는 장계(狀啓)·별단(別單)·이문(移文)을 실었다.

장계는 감사 또는 왕명으로 지방에 나간 관원이 현지에서 왕이나 상관에게 올리는 보고문으로 각도에서 성역에 필요한 각종 물자를 운송한 일과 이 일에 참여한 이들에게 임금이 상을 내린 내용이다.

별단은 왕에게 올린 문서에 첨부하는 문서인데 수원유수 조심태가 올린 11종

과 도청 이유경이 올린 2종이 수록되어 있다. 이문은 관청과 관청 사이에 주고받은 문서로 성역에 소요된 각종 물자의 분정(分定), 생산, 운송 등에 대한 보고와 조치사항이 기록되어 있다.

권 4에는 내관(來關)·감결(甘結)·품목(稟目)·사목(事目)·식례(式例)·공장(工匠)을 실었다. 내관은 상급관청과 하급관청 사이에서 오고 간 72종으로 성역에 소요된 목재, 철물, 석회, 쌀, 콩 등 물자의 분정, 생산, 운송에 따르는 보고 및 조치와 소요 재원 조달에 관한 내용이다. 감결은 상급관청에서 하급관청에 내린 문서로 40종이 있는데 주로 성역에 관한 주의사항이나 지시사항이 주류를 이룬다. 품목에는 왕의 허가를 얻어 사용한 물건의 가지 수와 양을, 사목에는 공사(公事)에 관하여 정한 규칙을, 식례엔 공사에 관한 전례를, 공장에는 공사에 참여한 기술자의 종류와 이름, 일한 날짜를 출신지별로 분류하여 기록하였다.

부편 1에는 화성행궁, 공해(公廨)·단묘(壇廟)·정거(亭渠)·역관(驛館)에 대한 위치와 시설, 규모 등을 수록하였다.

부편 2에서는 부편 1에 들어있는 곳에 관한 전교·연설·계사·어제·어사·절목·고유문·상량문·장계·별단·이문·내관·감결 등이 포함되어 있다.

부편 3에는 부편 1에 들어있는 곳에 관한 재용이 수록되어 있다. 맨 마지막에는 본편과 부편을 합산한 재용을 다루었으며 사용하고 남은 재고를 돈으로 환산하여 기록하였다.

『화성성역의궤』를 살펴보면 당시 건설공사와 관련된 참으로 방대한 사실들이 기록되어 있어 우리에게 큰 교훈과 아울러 아주 중요한 내용들을 알려주는 교과서 겸 참고서이다. 여기 기록된 내용을 보고 화성을 완성하기까지 축성과정에 따른 공사종사자, 공사자재, 공사기술, 공사경비 등으로 나누어 알아보고자 한다.

공사종사자는 크게 나누어 공사를 감독하는 관리계층(管理階層)과 직접 공사의 노역을 담당한 노동계층(勞動階層)으로 분류할 수 있다.

관리계층은 주로 조정의 전, 현직관리들이 담당했으며, 노동계층은 서울과 수

원주변이 대부분을 차지하였으나 석수(石手) 등 일부는 전국 각지에서 올라온 사람이었다. 각종 공장(工匠)들과 공사장에서 삯을 받고 품팔이 하는 단순 노동자인 모군(募軍) 등 투입된 인부는 연 70만여 명이나 되었다.

1792(정조 16)년 『호구총수』 기록에 당시 도성(서울)의 인구는 18만 9,287명에 4만 3,963호라고 한다. 제주를 포함 전국의 인구는 743만 8,165명이고 168만 9,596호였으니 얼마나 큰 역사(役事)였는지 가늠이 갈 것이다.

공사 관리를 책임 맡은 관리 가운데 중요 직책과 그 직책에 임명된 사람들을 간추려 보면, 총리대신 영중추부사 채제공(摠理大臣 領中樞府事 蔡濟恭), 감동당상 행부사직 조심태(監董堂上 行副司直 趙心泰), 도청 행부호군 이유경(都廳 行副護軍 李儒敬), 책응도청 수원부판관(策應都廳 水原府判官) 김노성(金魯成)·정동협(鄭東協)·홍원섭(洪元燮)으로 이어진다. 이들이 공사 전체의 총체적인 책임자이고 그 아래로 별감동(別監董), 국가의 공사를 감독하기 위하여 임시로 임명하던 벼슬로, 특히 각 궁전을 짓는데 많이 동원된 감동(監董), 별간역(別看役), 건축이나 토목 따위의 공사를 보살피는 간역(看役) 등의 직책이 주어지고, 여기에 현직이나 전직관리들이 공사의 각종 감독 일을 맡아보았다.

이 밖에 감독은 아니지만 경각사에 딸린 아전인 서리(書吏), 글을 베끼어 쓰는 서사(書寫), 관아의 창고를 지키고 감시하는 창고지기인 고직(庫直) 등의 직책이 있었다. 한편 노동계층에서 가장 중요한 역할들을 한 공장(工匠)들은 모두 1,821명에 이르렀고 직종별로는 22종이었다.

그 내용은 돌을 전문적으로 가공하는 석수(石手) 642명, 나무를 다루어 집을 짓거나 가구·기구 따위를 만드는 일을 업으로 하는 목수(木手) 335명, 미장이인 이장(泥匠) 295명, 기와와 벽돌을 만들고 굽는 와벽장(瓦甓匠) 150명, 대장장이인 야장(冶匠) 83명, 지붕에 기와 잇는 일을 업으로 삼던 기와장이인 개장(蓋匠) 34명, 수레를 만드는 거장(車匠) 10명, 그림을 그리는 화공(畵工) 46명, 단청할 때 가칠하는 가칠장(假漆匠) 48명, 대인거장(大引鉅匠) 30명, 소인거장(小引鉅匠) 20명, 기거장

(歧鉅匠) 27명, 걸거장(乬鉅匠) 12명, 공조(工曹)·교서관(校書館)·선공감(繕工監)에서 조각 일을 맡아하던 조각장(雕刻匠) 36명, 선공감(繕工監)에 딸렸던 기술자로 연자매를 만들던 마조장(磨造匠) 2명, 배 만드는 목수인 선장(船匠) 8명, 나막신을 만드는 목혜장(木鞋匠) 34명, 말안장을 만드는 안자장(鞍子匠) 4명, 집 주변에 가설물을 설치하는 부계장(浮械匠) 2명, 병풍장(屛風匠)·문짝에 돌쩌귀, 배목, 고리 따위를 박아서 문얼굴에 들이 맞추는 일을 전문으로 하는 박배장(朴排匠)·석회를 굽는 회장(灰匠) 각 1명씩이었다.

　장인들이 온 곳을 보면 약 절반정도의 기술자들인 1,101명이 서울출신이고, 그 외에 경기도, 충청도, 강원도, 황해도, 경상도, 전라도 평안도 등에서 내노라하다는 사람들이 모여들었다. 이들은 대부분 지방에서 석공·목공으로 이름을 떨치던 기술자였으며 이 가운데 목공 27명, 석수 6명, 화공 40명 등 불교 사원의 승려들이 포함되어 있다. 화공은 거의 스님들로 이루어졌다 해도 지나친 말이 아니다. 이 공장(工匠)들은 모두 일정한 노임을 받았는데 그 지급규정을 살펴보면, 석수(石手)는 한 조가 되어 같이 일하는 사람을 묶어 1패라 하는데, 석수 1명과 조역 1명이다. 이들에게는 매일 쌀 6되, 돈 4전5푼(每日 米 : 六升 錢 : 四錢五分), 야장(冶匠) : 매 패(每牌) 즉 한조에게는 돈 8전9푼, 목수(木手)는 한 사람 당 매일 돈 4전2푼이며, 나머지 공장들은 4전2푼 또는 3전2푼을 받았다.

　당시의 쌀 가격은 획일적으로 말할 수는 없으나 대체로 1전으로 2되 반의 쌀을 살 수 있었다고 하니 이를 환산하면, 석수는 하루 노동의 대가로 조역 1명과 함께 약 1말 7되, 목수는 혼자서 약 1말을 받은 셈이다.

　공장 외에 짐을 나르거나 단순한 노역을 하는 담군(擔軍)과 모군(募軍)은 각각 3전이나 2전5푼의 노임을 받았다.

　화성성역 공사는 워낙 규모가 컸기 때문에 많은 양의 자재가 요구되거나 필요하였는데 이들 자재는 기본적으로 관(官)에서 직접 공급하는 것을 원칙으로 하고 부분적으로는 민간으로부터 사들여 썼다.

우선 자재 가운데 가장 큰 비중을 차지하는 석재(石材)는 공사장 가까이에 있는 공석면(空石面) 숙지산(孰知山)과 그곳에서 5리 떨어진 여기산(如岐山)으로부터 대부분 떠왔으며 그 밖에도 권동(權洞)의 석록산(石麓山), 아어산(亞於山)에서도 석맥(石脈)이 발견되고 팔달산(八達山)에서도 석맥(石脈)을 찾았음으로 가까스로 성축을 위한 석재를 확보할 수 있었다.

숙지산 81,100덩이, 여기산 62,400덩이, 석록산과 아어산에서 30,200덩이, 팔달산 13,900덩이 등 크고 작은 각종 돌의 수량이 자그마치 18만 7천 6백여 덩어리나 되었다. 이 밖에도 구들장 800장은 호조에서 300장 강화부에서 500장을 조달하였다. 목재의 경우에는 총 소요량이 일반목재 9,686주, 송판 2,300립(立), 서까래용 8,220개이고 나머지는 민간으로부터 구입하였다.

관급으로 조달된 목재는 충청의 안면도, 황해 장산곶, 강원도, 전라도에서 벌목하여 바닷길을 이용 구포(지금의 화성시 비봉면 구포리)에서 작업한 후 공사장으로 운반하였다. 민간으로부터 사들이는 일은 경기수상(京畿水上), 광주(廣州), 뚝섬에서 양화진에 이르는 경강(京江), 남양(南陽), 수원부의 다섯 군데에서 사들였는데 민간에서 사들인 목재는 대개가 송판, 서까래 등 작은 재목이었다. 석재, 목재 이외의 나머지 자재들은 거의가 관급이었지만 그 가운데 각종 철물과 탄(炭), 석회(石灰)와 중국에서 들여온 주홍 물감인 당주홍(唐朱紅)과 같은 단청 원료들은 민간에서 사들였다.

화성성역의 공사비용은 물론 정부에서 모두 염출(捻出)해야만 되었는데, 먼저 조정에서 약 87만 냥의 돈과 1천 5백석의 쌀을 조달하였다. 그리고 자금의 대부분은 앞으로 10년 동안 군영이나 기타 지방관부가 거두어들일 것을 예상해 있는 돈을 미리 앞당겨 사용하는 방안을 취하였다.

이렇게 하여 조달된 공사 자금은 대체적인 추산으로 자재비에 약32만 냥, 인건비에 약30만 냥, 운반비에 22만 냥, 기타비용에 9만 냥이 소요되었다. 쌀 1천 495석은 돈으로 환산한 것이다.

자재비, 운반비의 대부분은 석재 채취와 운반에 쓰여 졌으며 인건비에서는 공장 노임이 14만 냥, 모군(募軍)의 품삯이 13만 냥 정도였다.

기타 비용 중에는 성벽주변의 기존민가를 철거하고 토지를 사들이는 데 1만 2천 냥이 소요되었고 공장들의 포상이나 병간호에 약8천 냥이 소요되었다.

이와 같이 화성은 완성되기까지 많은 인력과 경비, 자재 등이 투입 되었음에도 모두 원활히 조달되고 진행될 수 있었던 것은 무엇보다도 영·정조 통치 이후 제반 경제력이 안정되었고 사회의 불안도 비교적 적었던 배경을 무시할 수 없다.

특히 건축 공장(工匠)에 대한 노임이 비교적 높아 생활을 보장받을 수 있도록 해준 점이 주목된다.

18세기 중반까지만 하더라도 이러한 종류의 건축 공사나 공공역사에는 으레 부역노동의 굴레를 벗어날 수 없었기 때문이다. 기술자들의 노동은 군인들의 군역의무와 비슷하여 나라의 토목·건축 따위의 일터에서 1년 가운데 일정 기간을 좋던 나쁘던 관청에 나가 의무적인 노동에 매달리지 않으면 안 되는 실정이었다.

그러던 것이 16세기경부터 군역이 해이해지는 틈을 타 기술자들도 관청의 부역을 기피하기 시작하였으며 이런 경향은 17세기에 들어오며 더욱 확대된다. 따라서 17세기 관청공사에는 구인고용제도와 유사한 기술자의 고용도 나타나기에 이른다. 이런 와중에 기술자 아닌 잡역부들도 일정한 품삯을 받으며 고용되고 있었다. 그러나 유독 기술자들의 경우는 기본적으로 여전히 관의 구속을 받고 있었으며 노동의 조건 역시 조선 전기의 부역노동 단계를 벗어나지 못하고 있는 실정이었다. 그 단적인 사례로 기술자들에게 지급한 품삯을 보면 잘 알 수 있다. 당시 기술자들 품삯은 잡역부보다 오히려 낮게 책정되어 있었다. 직종 사이에 격차를 두지 않아 목수나 기와장이나 모두 획일적으로 생계유지비 정도의 품삯을 받았다. 이런 상황에서 벗어나 기술자들이 정당한 보수를 받게 된 것은 18세기 말부터이며 화성성역은 그런 변화의 정착단계에서 만들어진 것이다. 왜냐하면 당시로는 예상보다 파격적인 품삯을 모든 참여자들에게 능력에 맞게 지급하였기

때문이다. 지금까지 내려오던 고정관념을 깨뜨린 관(官)의 혁명인 것이다. 화성축
조 사업에 참여하면 돈을 벌 수 있다는 입소문이 전국을 강타하며 품을 팔기 위
해 8도에서 힘깨나 쓰거나 기술을 가졌다는 사람들이 너도나도 수원으로 모여드
는 진풍경이 연출되기도 했다.

　이전에는 나라에서 하는 일은 공역(公役)·부역(賦役)·관역(官役) 등의 구실이나
이유를 붙여 백성을 몹시 혹독하게 부리거나 또는 착취자의 노릇을 했다. 그러나
정조는 달랐다. 특히 아버지와 관련된 대역사를 할 때는 반드시 후한 임금을 주어
사람을 부렸다. 이는 정조의 철학이기 전에 확고한 신념이기도 했다.

　행궁 서쪽 팔달산 중턱인 우측 기슭 병풍바위 위에 서좌동향(西坐東向)으로 1796
년 봄, 수원 화성을 지키는 산신(山神)을 위하여 성신사(城神祠)를 지어 민간신앙
을 습합시킴으로 고을 백성들의 마음을 안정시키려는 전통적인 습속을 과감히
실천한다. 물론 팔달산 주인 이고(李皐)를 함께 모셔 조화를 꾀했다.

　그뿐인가?

　행궁 앞에는 130m에 이르는 어도(御道)가 있고, 밤이면 통행금지를 알리기 위
해 28번을 치던 인경(또는: 人定)과 통행금지 해제를 알리는 33번의 파루(罷漏)를
치기 위해 종각(鐘閣)을 지었다. 종각과 종로(鐘路)가 있는 것은 곧 도성과 같다는
의미이다. 정조는 창룡문(蒼龍門), 팔달문(八達門), 화서문(華西門), 장안문(長安門)의
4대문을 만들고 아버지와 자신의 나라를 정성들여 세운 것이다. 비록 육조(六曹)
거리는 없어도 종로를 만든 사실 하나만으로도 도성을 떠올리게 한다. 곧 상인들
이 정착하여 성시를 이루면 구름처럼 모여드는 사람들로 운종가(雲從街)가 될 것
이다. 정조는 아버지와 자신이 만나는 성스러운 자리를 공개적으로 만들면서 백
성들에게 원성을 듣지 않으려 노심초사한 고뇌가 곳곳에서 숨겨 있다.

　아버지에 대한 추승사업이나, 아버지를 위한 건축·건설에는 백성의 칭찬과 아
울러 조정신료와 만백성의 협조 내지는 호응을 얻고 싶었기 때문이다.

　정조는 내탕금(內帑金)을 아끼지 않고 과감히 푼 결과, 자신은 빈털터리가 되어

검소한 생활로 일관할 수밖에 없었다. 정조는 임금이면서도 소찬으로 하루 두 끼만 먹고 해어진 옷을 빨아 입을 정도로 아주 검박한 생활을 하였으나 백성과 아버지에 대해서는 아무 것도 아끼지 않는 성군이었다.

그 예로 1790(정조14)년 서유구(徐有榘)가 우연히 정조의 수라상을 보았다. 그는 『일득록(日得錄)』에서 '마침 임금의 수라상이 올라 왔는데 반찬이 두세 가지밖에 되지 않았고, 그릇도 하나같이 일그러졌거나 흠이 있었다.'며 놀라워하고 있다.

정조는 어선(御膳)과 그릇을 보고 놀라는 신하들에게 오히려 '법만 가지고 저절로 시행될 수 없고, 말로 가르치는 것은 몸으로 가르치는 것만 못하기에 내 허물을 없앤 뒤에 남을 비판할 수 있다는 뜻에서 이렇게 하는 것.'이라고 아무렇지도 않게 말했다 한다.

김조순(金祖淳)도 『일득록』에서 '부지런히 일하고 검소함을 밝히는 것이 우리 왕가의 법도이다.'라는 정조의 이야기를 적고 있다.

애민사상과 아버지에 대한 효(孝)가 이루어낸 정치이념이자 자신의 좌우명이기에 가능한 일이었다. 이는 해박한 지식과 세상을 보는 혜안이 아니고는 누구도 감히 흉내 낼 수 없는 성인의 모습인 것이다.

7. 화성행궁華城行宮

행궁은 임금이 지방으로 거둥할 때 임시로 머무르기 위해 특별히 지은 궁(宮)으로 고려(高麗) 시대는 이궁(離宮 또는 离宮)이라 했다.

행궁제도는 이미 삼국시대부터 있어왔다.

우리나라 상고시대부터 대한제국 말기에 이르기까지 문물, 제도를 분류, 1903 (광무 7)년 『동국문헌비고(東國文獻備考 : 1782년, 정조6년)』를 보충, 수정 편찬한 책을 다시 박용대(朴容大) 등 30여 명에 명하여 더 넣어 보태고 채워『증보문헌비고(增補文獻備考)』를 1908(순종 2)년에 간행하였다. 이 책에 의하면, 백제 16대 진사왕(辰斯王;?~392년) 392년 '왕이 구원(狗原)으로 사냥을 갔다가 10일이 지나도 돌아오지 않았다. 11월에 왕이 '구원행궁(狗原行宮)'에서 죽었다.'라는 기록이 보인다.

물론 11대 비류왕(比流王 : ?~344) 325년 11월에 왕이 구원에서 사냥을 했다는 기록도 있어 구원은 왕도(王都) 남쪽 가까운 곳에 자리한 임금의 사냥터로 그곳에는 이미 왕이 임시로 머무를 수 있는 '행재소(行在所)'가 있었으리라 추측된다.

『고려사(高麗史)』에는 '현종(顯宗 ; 992~1031) 때 행궁에서 연등회를 베풀었다.'는 기록과, 공민왕(恭愍王 ; 1330~1374) 때에는 '밤에 도적이 행궁에 들어가 침전에 이르렀으나 왕이 숨어 위기를 벗어났다.'는 기록이 있다.

그밖에 풍수지리설에 의해 서경(西京 : 지금의 평양)·남경(南京 : 지금의 서울)·동경(東京 : 지금의 경주)에 이궁을 지어 운영하였다는 사실은 이미 널리 알려진 일이다.

조선이 들어서며 여러 가지 기능을 하는 많은 행궁이 지어졌다. 남한산성 내의

광주부 행궁, 북한산성내의 양주행궁, 강화도의 강화부 행궁, 온양의 온양행궁, 전주의 전주행궁은 전쟁이나 비상시 또는 휴양, 전배(展拜) 등의 목적으로 사용하기 위해 지어진 임금의 임시 거소였다.

정조 때에 와서는 과천, 시흥, 안양, 안산, 사근참, 화성행궁 등이 건립된다.

행궁은 성격, 위치 용도에 따라 그 기능을 세 가지로 나누는 것이 보통이다.

첫째, 전쟁이나 비상사태를 당하여 위급함을 피하고 국정을 계속 집무하기 위하여 범국가적으로 성역공사를 하고, 그 안에 행궁을 짓는 경우로 때에 따라서는 장기적으로 머무를 수 있는 철저한 준비와 대책이 뒤따른다.

둘째, 경관이 수려한 곳 또는 온천과 같이 임금이 관광이나 휴양을 하기 위하여 머무는 행궁으로 요즘의 별장과 같은 용도이다.

셋째, 각 곳에 분산되어 있는 궁궐, 종묘, 문묘, 능원에 참배할 때 임금이 잠시 머물기 위해 마련된 행궁이 있다.

온양으로 휴양을 다니며 선대왕들이 과천, 사근참, 수원을 이용했다. 가까운 예로 1717(숙종 43)년 3월 1일 종묘에 고하고 도성을 출발하여 온궁(溫宮)에서 목욕을 하고 4월 3일 창덕궁으로 환궁(還宮)시 수원, 과천행궁을 이용한 기록이 있다.

정조는 아버지 사도세자의 원소를 화산(花山)인 현륭원으로 옮기며 1790(정조 14)년에 과천행궁(果川行宮)과 사근참행궁(肆覲站行宮 : 또는 沙斤行宮)을 다시 손질하였다. 화성성역을 착공하고 난 직후인 1794(정조 18)년 4월에 비로소 시흥로(始興路)를 새롭게 개설하며 정조가 다니던 원행(園行) 길도 자연히 바뀌게 되었다. 다른 행궁보다 비교적 규모가 큰 114칸짜리 시흥행궁(始興行宮)을 시작으로 안양행궁(安養行宮)과 1795(정조 19)년에는 안산행궁(安山行宮)을 지어 임금이 현륭원 거둥시 화성행궁에 머무르기 위한 편의시설을 완벽하게 마련하였다.

왕의 행차를 위하여 1790년에서 1795년까지 과천행궁·안양행궁·사근참행궁·시흥행궁·안산행궁·화성행궁 등 6개소의 행궁을 새롭게 짓거나 개축하였다.

시흥대로 건설로 현륭원 참배는 용양봉저정(龍驤鳳翥亭), 시흥행궁, 안양행궁,

사근참행궁, 진목정(眞木亭), 화성행궁으로 이어지게 된다.

그때부터 과천을 이용하지 않았다. 일설에는 과천을 지나 인덕원(仁德院)으로 가는 길목에 찬우물점을 거치도록 되어있는데 이곳에 영조 때 좌의정을 지낸 김약로(金若魯 : 1694~1753)의 묘가 있어 정조는 이를 피하고 싶어 했다고 한다.

노론영수로 영의정을 지냈으며 아버지의 죽음에 깊이 관여한 김상로(金尙魯 : 1702~?)의 4촌 형이기 때문이라 한다. 영조가 후일 세손에게 '김상로는 너의 원수이다.'라고 말했을 정도로 문녀(文女)와 내통하여 사도세자를 죽게 하는데 결정적 역할을 한 인물이다. 정조가 즉위하여 그의 관직을 추탈(追奪)[175]한 것으로 보아 어느 정도 사실에 가깝다는 생각이 든다.

행궁 가운데 화성행궁은 왕의 원행(園行)을 목적으로 지어졌다기보다는 정조의 정치적 꿈과 야망이 숨겨져 있는 아주 특별한 곳이다.

아버지에 대한 효를 내세워 온 나라에 만연되어 있는 반목·질시·갈등·투기·모함·불신·파벌·시기·반역·암투·이간 등을 모두 묶어 형체 없이 정화시켜 순정(順正)한 나라를 만들려는 거대한 산실이 화성행궁이기 때문이다.

일찍이 정조는 화성성역이 시작되기 2개월 전인 1793(정조 17)년 11월 16일 「연설(筵說)」에서 '무릇 성역은 행궁을 위한 것이요, 병권을 잡고 요해처를 지키는 중진(重鎭)을 위함이다.(大抵城役爲行宮也, 爲重鎭也.)'라 했으며, 「수성고설시절목(修城庫設施節目)」에서 다음과 같이 화성행궁의 의의를 밝히고 있다.

> '화성에 성을 쌓는 것은 선침(仙寢)을 공호(拱護)[176]하고 행궁을 호위하기 위함이다. 그 요충에 자리 잡고 걸터앉아 있는 품이 남한산성과 더불어 형세가 서로 연결되어 경사(京師 : 서울)를 막아서 감싸고 있다.'

또한 1797(정조 21)년 1월 판중추부사 김종수(金鍾秀)가 지은 「화성기적비(華城紀蹟碑)」에도 다음과 같이 그 행정, 군사적 기능을 강조하고 있다.

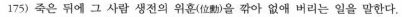

175) 죽은 뒤에 그 사람 생전의 위훈(位勳)을 깎아 없애 버리는 일을 말한다.
176) 보배처럼 받들어 지키고 보호하다.

'뭇 장정들이 힘을 합치고 여러 장인들이 서로 다투어 일하도록 하여 드디어 이 길고 넓으며 높은 성을 쌓았다네. 길이 억만년에 천지가 다하도록 선침을 호위하고 행궁을 보호하며 서울의 날개가 되어 장엄하고 엄숙한 모습으로 기보(畿輔)[177]의 큰 진(鎭)이 되게 하였으니, 이것은 한꺼번에 네 가지 아름다움이 갖추어진 것이다.(衆丁齊力輩工爭移逐使屹屹崇墉包絡延綿維億萬年地久天長以拱護于, 仙寢, 衛于行宮而爲京師之翼蔽儼然成畿輔之一大鎭於是乎一擧而四美具)'(화성기적비 중 일부)

이상의 기록들로 보아 정조의 화성성역 사업은 화산에 모신 아버지 원소에 대한 호위와 팔달산 자락 성 안에 자리 잡은 행궁을 수호하는 것은 물론 기보(畿輔)의 역할을 크게 내세웠다.

화성행궁은 단순한 건축조형물이 아니다. 정조가 지향하는 마음속 깊은 곳에 품은 생각을 풀어내고 자신이 준비해온 왕권강화를 바탕으로 개혁정치를 이룩하려는 상징물로 정치, 군사, 경제는 물론 인화적인 큰 의미를 담고 있다는 점을 헤아리지 않으면 안 된다.

1789(정조 13)년 7월부터 현륭원 천봉을 앞두고 신읍을 팔달산 아래로 이치(移置)하기 시작할 때부터 화성행궁은 이미 착공되었다. 주지하듯이 9월 말에는 벌써 행궁 27칸을 위시하여 3문(三門) 5칸, 왼쪽익랑(翼廊) 9칸, 오른쪽익랑 6칸, 서변행각(西邊行閣) 5칸, 서상고(棲上庫) 10칸, 중문(中門) 5칸, 지방관아의 안채인 내아(內衙) 34칸, 중문 4처, 향교(鄕校) 51칸, 중문 1처, 군인이 필요로 하는 물자를 보관하는 창고인 군수고(軍需庫) 19.5칸, 객사의 부속 건물로 방과 곳간으로 되어 객사를 관리하는 인원과 중앙관료를 수행한 사람들이 묵고 객사에 필요한 물품을 보관하는 곳인 공수(公須) 7칸, 관청 5칸, 곡식 곳간인 창사(倉舍) 60칸, 각처 담장 278칸 등을 짓고 만들었다.

1790(정조 14)년 5월 초에 이르면 득중정(得中亭) 9칸, 대문 1칸, 진남루(鎭南樓) 6칸, 좌익문(左翊門) 3칸, 문의 좌우 쪽에 잇대어 지은 행랑인 좌우익랑(左右翼廊) 6

---

177) 경기지방으로 서울을 도와줌.

칸, 남익랑 6칸, 북익랑 5칸, 강무당(講武堂) 16칸, 와호헌(臥護軒) 15.5칸, 대문 1칸, 익랑 8칸, 장용영전목고(壯勇營錢木庫) 1칸, 잡물고(雜物庫) 2칸, 미고(米庫) 5칸, 비장청(裨將廳) 15칸, 향청(鄕廳) 19칸, 군향고대청(軍餉庫大廳) 5.5칸, 고사(庫舍) 42칸, 지방관아에서 민간으로부터 징발한 말을 두던 곳간 마루인 고마고대청(雇馬庫大廳) 4.5칸, 고사(庫舍) 6칸, 관청대청(官廳大廳) 6.5칸, 고사(庫舍) 18칸, 임금이 타는 말의 마구간인 어승마마구(御乘馬馬廐) 10칸, 군기대청(軍器大廳) 6칸, 군수고·미고(米庫) 6칸, 군기총검고(軍器銃劍庫) 5칸, 명륜당(明倫堂) 10칸, 집사청(執事廳) 24.5칸, 관창(官倉) 17칸, 방영군관청(防營軍官廳) 12칸, 도둑을 잡는 군졸들의 일을 보는 토포군관청(討捕軍官廳) 19.5칸, 총리영(摠理營)에 딸린 군사들이 있는 별효사청(別驍士廳) 6칸, 군아(郡衙)에서 아전이 일을 보던 작청(作廳) 28칸, 영선(營繕) 10칸, 왼쪽 방은 아악(雅樂), 오른쪽 방은 속악(俗樂)을 맡았던 장악원(掌樂院)을 아울러 이르던 교방(敎坊)이 6칸, 객사익랑(客舍翼廊) 4칸, 외삼문(外三門) 3칸, 바깥담장 199칸 등 국가소유의 건물과 군대가 주둔하는 병영이 새로 지어졌다.

『수원신읍영건공해간수성책(水原新邑營建公廨間數成冊)』에 따르면 수원 신읍에 지어진 건물은 국가 소유의 공해(公廨)와 임금을 상징하는 '궐(闕)'자를 새긴 패(牌)를 나무로 만들어 궁궐을 향해 관사에 모셔놓고 음력 초하루와 보름에 수령이 이 '궐패'에 절을 올리는 망궐례(望闕禮)를 올렸다고 한다. 한편 왕명을 받들고 내려오는 벼슬아치를 대접하고 묵게 하던 객사(客舍), 향교 및 군영으로 크게 나누어 지었다는 기록이 전한다.

먼저 공해(公廨)에는 장남헌(壯南軒)을 위시하여 득중정(得中亭), 은약헌(隱若軒), 내아(內衙), 비장청(裨將廳)과 정문인 진남루(鎭南樓) 등이 들어있다.

전패(殿牌)를 받들어 모시고 한 달에 두 차례씩 왕께 절을 올리는 예(禮)를 행하며, 때에 따라서는 손님을 맞이하는 곳으로 수원 신읍에는 벽대청(甓大廳)과 동서헌(東西軒)의 객사(客舍)가 있었다.

각 주군(州郡)에 공자를 받드는 사당인 문묘(文廟)를 설치한 교육기관인 향교(鄕

校)는 성전(聖殿)을 중심으로 제사를 관장하는 전사청(典祀廳)과 여러 유현(儒賢)의 위패를 모신 동무(東廡)와 여러 유현의 신주(神主)를 모신 서무(西廡), 학생들이 거처하며 글을 읽는 동재(東齋)와 서재(西齋)로 구성되어있다.

기타 건물로는 강무당, 군기대청, 군향고대청, 초관청(哨官廳)과 그 외에 영선, 별고, 미고, 집사청 등을 들 수 있다.

당시의 군영건물은 장용영이 설립된 초기였던 만큼, 1793년 즉 정조 17년 신읍치(新邑治)에 장용외영이 설치되고, 1795(정조 19)년과 1798(정조 22)년 군영에 대한 대대적인 개편이 이루어짐에 따라 자연히 늘어난 지휘관 및 병력수(兵力數)에 비례하여 건물을 신축 또는 증축하였을 것이다.

화성행궁은 화성축조가 완공되는 것과 때를 같이하여 576칸 규모의 웅장한 건물이 된다.

1789(정조 13)년부터 1800(정조 24)년 사이에 정조는 13차례 화성능행을 한다. 이렇게 되자 화성행궁은 창덕궁(昌德宮) 다음으로 명실상부한 부궁(副宮)이 될 정도로 규모, 시설, 구조, 기능면에서 단연 뛰어났을 뿐만 아니라 정치적인 비중도 상상을 초월할 정도로 컸다.

1800(순조 1)년에 처음 간행된 『화성성역의궤』의 『화성전도도설(華城全圖圖說)』과 규장각 소장본인 작자미상의 『화성행궁도(華城行宮圖)』에 묘사된 화성행궁의 전체 그림을 보면, 행궁은 팔달산 정상 서장대(西將臺) 아래 산기슭을 중심으로 경사지가 펼쳐지고 시가지가 열리는 곳의 평지에 자리 잡고 있다.

성내 중심부에 자리 잡은 행궁은 그 우측 뒤편에서 시냇물이 앞쪽으로 흘러 내려, 전면 우측에서 좌측으로 흘러가는 형국으로 풍수에서는 서입동류(西入東流)라 하여 최고의 명당수(明堂水)로 꼽는다.

행궁은 앞쪽이 장방형(長方形)으로 홍살문을 들어서 정면 중앙에서 약간 안으로 들어간 터에 정문인 신풍루(新豊樓)가 자리 잡고 있는데 이곳을 가기 위해서는 반드시 신풍교(新豊橋)를 건너야했다. 홍살문을 지나자마자 다리가 나오도록 한

것은 신성한 공간으로부터 더 지엄한 곳으로 들어선다는 상징적 의미를 부여한 것이다.

신풍루 뒤쪽 정서(正西) 방향에 좌익문(左翊門), 그 뒤로 중양문(中陽門)과 맨 위에 봉수당(奉壽堂)이 있다. 마치 용주사를 방불케 하는 배치이다.

신풍루, 좌익문, 중양문, 봉수당이 중심축을 이루며 비대칭이긴 하나 좌우로 나머지 건물을 거느려 궁궐(宮闕)의 법식을 확실하게 보여준다.

정조는 궁궐을 지으며 많은 생각을 했다. 자신이 상왕으로 물러나 살 곳이니 전호(殿號)를 하나쯤 붙인다고 누가 뭐랄까? 사실은 아버지의 나라인 만큼 전각(殿閣)을 지어 바치고 싶었다. 그러나 전호(殿號)를 붙임으로 평지풍파를 일으키고 싶지 않았다. 그 대신 행궁 각 건물의 당호(堂號)는 중국 한나라를 비롯한 역대 제왕의 고사를 인용하여 정조가 직접 이름을 지였다. 정조는 그런 임금이었다.

'봉수당은 곧 나의 자궁(慈宮)을 받들어 잔으로 수(壽)를 드리는 곳이며, 장락당은 대개 한(漢)나라의 궁실 이름에서 취한 것이지만, 내가 곧 머무는 곳이니라.'라고 정조는 전교를 내려 이 건물의 건립과 편액을 하게 된 경위를 밝혔다.

각 건물의 편액과 상량문을 쓴 관료들을 알아본다.

장남헌(壯南軒), 화성행궁(華城行宮), 장락당(長樂堂), 복내당(福內堂), 득중정(得中亭)은 정조의 친필로 일부 편액이 현재 궁중유물전시관에 소장되어있다.

봉수당(奉壽堂), 낙남헌(洛南軒), 신풍루 편액은 당대 최고의 서예가인 전 참판 조윤형(趙允亨)·봉수당 상량문은 판중추부사 이병모(李秉模)·장락당 상량문은 좌참찬 정민시(鄭民始)·경룡관(景龍館) 편액은 전 판서 조종현(趙宗鉉), 상량문은 도승지 황승원(黃昇源)·복내당(福內堂) 상량문은 예조판서 민종현(閔鍾顯)·낙남헌 상량문은 이조판서 심환지(沈煥之)·노래당(老來堂) 편액은 좌의정 채제공(蔡濟恭), 상량문은 우의정 윤시동(尹蓍東)·유여택(維與宅)의 헌액(軒額)은 전 참의 유사모(柳師模)·진남루(鎭南樓) 편액은 부사 조심태(趙心泰)·강무당행각(講武堂行閣) 편액은 훈련대장 서유대(徐有大), 상량문은 대호군 이병정(李秉鼎)이 지었다.

행궁을 지으며 가장 심혈을 기울인 건물이 봉수당과 장락당이다. 일부 시설은 복합적인 평면구조를 이루어 퍽 이색적이다. 낙남헌과 노래당은 함께 붙어 있는 건물이면서 이름과 방향이 다르다.

봉수당과 장락당 역시 마찬가지이다. 큰 건물임에도 두 채를 접합시켜 전통건축 형식을 벗어나면서 근대적 건축형태를 보여준다. 이런 건축은 냉난방의 효율성은 물론 사용면에서도 무척 편리하다.

봉수당은 남향, 장락당은 동향으로 임금과 동궁이라는 함의를 은연 중 나타내는 건물로 행궁의 백미를 이룬다. 자연스럽게 봉수당은 자좌오향(子坐午向)으로 자리 잡는다. 편액은 당대 최고의 서예가 조윤형이 썼다. 봉수당은 원래 장남헌(壯南軒)이란 어제(御製)의 이름을 갖고 있었기는 하지만. 임금인 정조는 자신이 머물 곳은 장락당이라고 직접 언급했다. 꼭 동향으로 앉거나 잠을 자며 자신은 늘 동궁이라는 것이다. 그렇다면 봉수당은 두말할 것 없이 아버지의 자리 곧 어좌인 것이다.

상량문을 짓고 편액을 쓰고 『화성기적비(華城紀蹟碑)』를 김종수로 하여금 짓게 한 것은 나라에서 총력을 기울이는 대역사인 만큼 당색(黨色)을 떠나 노론·소론·남인을 참여시켜 대화합을 이루어 내고 싶은 정조의 정치적 계산이 틀림없이 깔려있었을 것이다. 자신을 호시 탐탐 노리는 심환지, 김종수 등 노론 중에서도 골수분자를 자신의 울타리 안으로 스스로 들어오게 한 것이다. 그리고 이들을 교묘한 방법으로 이용하였다고 본다. 이 틀에서 과거를 잊고 파벌이나 정파를 떠나 모두 왕의 진정한 신하가 되어 국가와 백성을 생각하라는 큰 의미를 부여한 성역인 셈이다. 그래서 정조는 노론, 소론, 남인의 좌장들로 하여금 화성의 각종 편액, 상량문, 화성기적비 등을 쓰게 하여 무언의 화합과 단결을 요구한 것이다.

화성과 화성행궁은 정조 자신이 계획한 마스터플랜(master plan)을 화려하게 꽃피운 이상 국가이자 이상향(理想鄉)이다.

죽은 아버지와 산 자신이 합일할 수 있는 유일한 곳이며, 아울러 자신이 죽은

후에도 역시 아버지와 함께 할 영원한 영혼의 안식처로 선택했기 때문이다.

현륭원, 용주사, 화성, 화성행궁은 그래서 장조와 정조의 영원한 안식처이자 부자가 이생에서 이루지 못한 꿈을 활짝 펼치는 아름다운 효(孝)의 무대이자 모두를 잊고 새 세상을 여는 화해의 장인 셈이다.

특히 화성축성, 행궁건설, 배다리 부설을 하면서는 서양의 앞선 기술이나 과학적인 방법을 택했다는 점이다. 풍수나 역을 중시한 현륭원 천봉과는 정반대의 과학적 방법을 모색하여 최대한 일의 능률을 높이고자 노력했다. 그대신 형이상의 의식이나 작업은 우리의 전통을 그대로 따르며 쫓았다. 유불선(儒佛仙)은 물론 민간신앙까지 아우르며 아버지를 위한 일이라면 하나도 피하거나 놓지는 법이 없었다.

정조는 어떻게 하면 백성의 마음을 얻어 돌아가신 아버지의 원혼을 씻어드릴까 노심초사 했다. 행사는 화려하게 치르면서도 준비과정은 어느 누구도 감히 흉내 낼 수 없는 치밀한 계획 아래 한 치의 오차도 없이 시행하였다. 동원된 사람에게는 넉넉한 품삯과 회식을 시켜 사기를 북돋아 주고 필요한 때에는 약을 내리는 자애로운 임금이었다. 아울러 벼슬아치들에게도 포상, 가자(加資), 호궤 등을 베풀어 신명나도록 하였다.

아마 마음속으로는 남인이 믿는 천주님을 그리워했을는지 모를 일이다. 하늘은 편을 가르는 일이 없으니까.

8. 한강 배다리 舟橋

(1)

주교(舟橋)는 글자 그대로 배다리이다. 다리를 놓기 어려운 한강에 배를 나란히 묶어 그 위에 목판(木板)을 깔아 강을 건너게 하는 임시방편의 부교(浮橋)를 배다리라고 하는 것이다.

우리나라 배다리의 역사는 호태왕비문(好太王碑文)에 "왕이 강물에 이르러 말하기를, 나는 하느님의 아들이며 어머니는 하백(河伯)의 딸인 추모왕(鄒牟王)이니라. '나를 위해 거북은 떠오르고 굵은 갈대로 연결하라.(爲我連葭浮龜)' 그러자 '그 말소리가 신령에게 통한즉 거북이 떠오르고 그 위로 굵은 갈대가 잇대어 연결되었다.(應聲卽爲葭連浮龜)'라 기록되어 있다." 또 『삼국사기』 고구려 시조 동명성왕조(東明聖王條)에 보면 주몽이 엄사수(압록강)에 이르러 강을 건너려하자 다리가 없었다. '나는 하느님의 아들이고 하백의 외손자이다. 오늘 도망가는데 쫓아오는 자들이 거의 들이닥치게 되었으니 어찌하면 좋겠느냐.(今日逃走, 追者垂及如何, 於是)'라 외치자 '이때에 물고기와 자라들이 물위로 떠올라 다리를 이루니, 주몽이 건너자 물고기와 자라들이 이내 흩어졌다.'라는 전설적인 내용이 있는 것으로 보아 주교와 비슷할 것이라는 상상을 해본다.

이 밖에 고려 10대 정종(靖宗 ; 1018~1046)이 1045년 임진강(臨津江)에 배다리를 놓았다는 기록도 보인다. 그러나 배다리를 한강에 부설하면서 과학적인 방법을 통하여 가장 효율적으로 단기간에 설치한 임금은 정조이다. 정조가 현륭원과 화성

행궁에 행차할 때 한강에 설치한 배다리에 대한 기록이 아주 자세히 남아 있어 이를 입증한다. 배다리의 설치공법과 기술은 거의 정약용에 의해 이루어진 것이다.

　정조는 주교를 이용하기 위해 1789(정조13)년 12월 4일 우의정 김종수가 아뢰기를 '부교(浮橋)를 1년에 한번 조성하는 것은 정해진 규례이고, 재력과 목재도 이미 떼어주었으니 마땅히 주관하는 아문(衙門)이 있어야 할 것입니다. 주교사(舟橋司)라고 부르면서 준천사(濬川司)[178]에 합부(合付)하는 동시에, 본사(本司)의 유사당상으로 하여금 겸대하여 관할, 거행하게 하며, 도제조 이하 예겸 당상도 역시 준천사의 겸임 당상이 똑같이 관할하는 것이 좋겠습니다.' 하였는데, 이때 와서 비변사가 아뢰기를, '주교사의 도제조 3사람은 3정승이 예겸하고, 제조 6사람은 준천사의 주관 당상 및 병조판서, 한성부 판윤, 훈련·금위·어영대장이 겸임하고, 낭청 3사람은 병조의 일군색낭청(一軍色郎廳), 한성부의 도로교량차지낭청(道路橋梁次知郎廳), 세 군문의 무관 종사관(從事官) 가운데 한 사람을 차임하여 맡기는 것이 좋겠습니다. 그리고 영남(嶺南)의 별회곡(別會穀) 중에서 쌀 2천석(石)에 한하여 감모조(減耗條)로 해마다 떼어주어 주교사의 비용으로 삼게 하소서.' 하였다. 비변사의 보고와 우의정 김종수의 건의에 의해「주교사(舟橋司)」라는 임시관청을 설치한다.

---

178) 1760(영조36)년에 서울 성내(城內)의 치산치수(治山治水)를 위하여 설치한 관청으로 당시 서울의 개천(開川 : 지금의 청계천)은 홍수피해가 막심해 조정에서 대규모로 인력을 동원 개천에 쌓인 모래와 흙을 파서 쳐내기로 했다. 그래서 준천사를 신설하여 도제조(都提調 : 정1품) 3명, 제조(提調 : 종2품 이상) 6명, 도청(都廳 : 정3품 당상관) 1명, 낭청(郎廳 : 정7품) 3명을 임명 관리하도록 하였다. 이들은 모두 겸직으로, 도제조는 현직 의정(議政), 제조는 병조판서·한성판윤·훈련대장·금위대장·어영대장과 비변사(備邊司) 당상관에서 1명을 뽑아 직무를 맡아보도록 했다. 도청은 당상관인 어영천총(御營千摠)이 겸하고, 낭청은 동·서·남 3도참군(三道參軍)이 겸하였다. 그 뒤 준천사는 부속기관으로 주교사(舟橋司)를 두어 선박·교량·조운(漕運) 등의 사무도 관할하였다. 준천사는 본래 문관(文官)의 관청이었으나, 1865(고종 2)년 무관의 관청으로 이속되었다가 그 사무가 청계천 공사에 치중된다고 하여 1882년 한성부(漢城府)에 통합되었다.

(2)

비변사의 보고를 받은 정조는 1790(정조 14)년 7월 1일, 『주교지남(舟橋指南)』 '15 조목'을 골격으로 배다리[舟橋]의 제도를 정하여 내린다.

상이 현륭원(顯隆園)을 수원(水原)에 봉안하고 1년에 한 번씩 참배할 차비를 하였는데, 한강을 건너는 데 있어 옛 규례에는 용 배[龍舟]를 사용하였으나 그 방법에 불편한 점이 많다 하여 배다리의 제도로 개정하고 묘당(廟堂 : 의정부의 별칭)으로 하여금 그 세목을 만들어 올리게 하였다. 그러나 상의 뜻에 맞지 않았다. 이에 상이 직접 생각해내어 『주교지남(舟橋指南)』을 만들었는데, 그 책의 내용은 이러하였다.

배다리의 제도는 『시경(詩經)』에도 실려 있고, 사책(史册)에도 나타나 있어 그것이 시작된 지 오래되었다. 그러나 우리나라는 지역이 외지고 고루함으로 인하여 아직 시행하지 못하고 있다. 내가 한가한 여가를 이용하여 부질없이 아래와 같이 적었다. 묘당에서 지어 올린 주교사(舟橋司)의 세목을 논변(論辨)하고 이어 어제문(御製文)을 첫머리에 얹혀 『주교지남』이라고 이름을 붙였다.

1. **지형이다.** 배다리를 놓을 만한 지형은 동호(東湖) 이하에서부터 노량(露梁)이 가장 적합하다. 왜냐하면 동호는 물살이 느리고 강 언덕이 높은 것은 취할 만하나 강폭이 넓고 길을 돌게 되는 것이 불편하다. 빙호(冰湖)는 강폭이 좁아 취할 만하나 남쪽 언덕이 평평하고 멀어서 물이 겨우 1척만 불어도 언덕은 10장(丈)이나 물러나가게 된다. 1척이 불어나는 얕은 물에는 나머지 배를 끌어들여 보충할 수 없으므로 형편상 선창을 더 넓혀야 하겠으나 선창은 밀물이 들이쳐 원래 쌓은 제방도 지탱하지 못하는데 더구나 새로 쌓아서야 되겠는가. 건너야 할 날짜는 이미 다가왔는데 수위의 증감을 짐작하기 어려워 한나절 동안이나 강가에서 행차를 멈추었던 지난해의 일을 교훈으로 삼아야 한다. 또 강물의 성질이 여울목의 흐름과 달라서 달리는 힘이 매우 세차고 새 물결에 충격을 받은 파도가 연결한 배에 미치게 되므로 빙호는 더욱 쓸 수 없다. 모든 여러 가지 좋은 점을 갖추고

있으면서 겸하여 결함이 없는 노량만 같지 못하다. 다만 수세가 상당히 높아 선창을 옛 제도대로 쓸 수 없는 점이 결점이다. 이것 역시 좋은 제도가 있는 만큼【아래 선창교(船艙橋) 조항에 보인다.】염려할 것은 없다. 이제 이미 노량으로 정한 이상 마땅히 노량의 지형을 살피고 역량을 헤아려 논의해야 하겠다.

2. **물의 넓이이다.** 배가 얼마나 들어가는지를 알려면 먼저 물의 넓이가 얼마인가를 반드시 정해야 한다. 노량의 강물 넓이가 약 2백 수십 발이 되나【발은 기준이 없으나 일체 지척(指尺) 6척을 한 발로 삼는다.】강물이란 진퇴가 있으므로 여유를 두어야 하니 대략 3백 발로 기준을 삼아야 한다. 배의 수용 숫자를 논하는 데는 그 강물의 진퇴에 따라 적당히 늘이고 줄이는 것이 실로 무방할 것이다.

3. **배의 선택이다.** 지금의 의견에 의하면 앞으로 아산(牙山)의 조세 운반선과 훈련도감의 배 수십 척을 가져다가 강 복판에 쓰고 양쪽 가장 자리에는 소금 배로 충당해 쓰겠다고 하나, 소금 배는 뱃전이 얕고 밑바닥이 좁아서 쓸모가 없다. 그러므로 5개강의 배를 통괄하여 그 수용할 숫자를 헤아리고, 배의 높낮이의 순서를 갈라 그 완전하고 좋은 배를 골라【모두 아래에 보인다.】일정한 기호를 정해 놓고 훼손될 때마다 보충하며 편리한 대로 참작 대처하는 것만 못할 것이다.

4. **배의 수효이다.** 여러 가지 재료에【종량(縱樑)과 횡판(橫板) 등이다.】드는 경비를 알려면 반드시 배의 수효를 먼저 정해야 하고, 배의 수효를 정하려면 반드시 먼저 배 하나하나의 넓이가 얼마인가를 헤아려야 한다. 가령 갑(甲)이란 배의 넓이가 30척이 된다면【5발로 계산한다.】을(乙)이라는 배의 넓이는 29척이 되며, 병(丙)과 정(丁)의 배도 차례차례 재어서 등급을 나누어 연결하고 통틀어 계산하여 강물의 넓이 1천 8백자(尺)에【3백 발로 계산한다.】맞춘다면 배가 얼마나 수용될 수 있으리라는 것을 알 수 있고, 각종 재료의 경비도 또한 이를 미루어 추정할 수 있다. 지금 경강(京江)에 있는 배의 넓이를 일체 30자로【만약 5발에 차지 않는 것이 있으면 그 척수에 따라 배의 수를 더해주어야 한다.】계산한다면 강물의 넓이 3백발 안에 배 60척이 들어갈 수 있을 것이다.

5. 배의 높이이다. 대개 배다리의 제도는 한복판이 높고 양면은 차차 낮아야만 미관상 좋을 뿐 아니라 실용에도 합당하다.【물이 얕은 곳에는 당연이 작은 배여야 하고, 물이 깊은 곳에는 큰 배여야 한다.】높고 낮은 형세를 살피려면 반드시 먼저 선체의 높고 낮음을 정해야 한다. 가령 중앙 갑배의 높이가 12척【2발로 따진다.】이라면 좌우에 있는 을 배의 높이는 11척 9치가 되며 좌우에 있는 병·정의 배 또한 각각 등급을 낮춤으로 층 차가 현저히 다르게 하지 말아야 한다. 우선 배 하나하나의 높이가 얼마라는 것을 배열해 놓는다면 한 장의 종이 위에 차례로 분배할 수 있고 그리하여 군영의 대오를 정렬한 것처럼 한눈에 들어오게 한다면 문밖을 나가지 않아도 배다리는 손바닥 위에 환하게 있게 되는 것이다. 만약 1푼 1치를 따져 조금씩 줄이지 않다가 갑자기 높아지거나 낮아지게 된다면 미관상 좋지 않을 뿐 아니라 그 층 차가 나는 곳에는 메우기가 힘들고 또 대나무 발을 쳐서 미봉(彌縫)[179] 해야 할 것이다. 지난해 대나무발의 비용이 천 냥이 넘었는데 매년 이 비용도 또한 감당하기 어렵다. 지금 이 방법을 쓴다면 공석으로 덮는 정도에 불과하니, 이 어찌 비용을 줄이는 한 가지 방법이 되지 않겠는가. 다만 배의 높이와 넓이를 미리 기록해 두어야 제때에 가져다 쓸 수 있다. 3월 이후에는 각처의 배가 각자 떠나 바람을 따라 표박하다보니 찾아 붙잡아 쓸 수 없으니 지금 마땅히 도성 근처의 한강(漢江), 용산(龍山), 마포(麻浦), 현호(玄湖), 서강(西江)인 오강(五江)의 선주로 하여금 각기 자기 선박이 정박해 있는 곳을 알리라고 하여 그것을 열서(列書)하여 책을 만들어야 한다.

예를 들면 이가(李哥)의 배는 호남 어느 고을에 가 있고 김가(金哥)의 배는 호서 어느 고을에 가 있다는 것을 일일이 파악한 후 특별히 근실하고 청백한 사람을【많은 사람이면 혹 폐단이 우려되니, 단지 한두 사람이면 된다.】골라 배가 정박해 있는 각처를 돌며 책에 기록된 것을 조사하여 그 배의 높이와 넓이의 척수를 재어 아무개의 배는 아무 배 아래라는 것을 일일이 적어 가지고 오게 해야 한다. 그리

---

179) 빈 구석이나 잘못된 것을 임시변통으로 이리저리 주선해서 꾸며댐.

하고 그 배의 높이를 재는 방법은 두 가지가 있다. 그 하나는 물속으로 들어간 길이이고, 하나는 물 밖으로 나온 높이이니, 이것을 만약 자세히 살펴 조사하지 않으면 어긋나기 쉽다. 물밖에 나온 높이는 수직선으로 재어야 하고 물속에 들어간 길이는 곡척으로 재어야 하며, 완전한지 불완전한지에 대해서도 또한 충분히 살펴서 공정하게 기록해야 한다. 이같이 한 연후에 그가 돌아오기를 기다렸다가 책에 실려 있는 내용과 대조 검열하여 넓고 좁음을 헤아려 배가 몇 척이 필요한가를 정하고 높고 낮음을 헤아려 차례차례 배열할 순서를 정하며, 온전한지 낡았는지에 따라 의당히 취사선택을 한다. 그러면 곧 누구의 갑선(甲船)과 누구의 을선(乙船) 몇 척이면 배다리를 놓을 수 있다는 것을 정할 수 있을 것이다. 명목이 이미 정해진 다음에는 각 선주들에게 알려서 배가 뽑힌 사유를 알게 하고 각처에 공문을 띄워 발송기일을 독촉하면, 담당 관리가 한 번 장부를 상고함으로써 배는 기일을 맞추어 모여들게 되고 다리는 하루도 걸리지 않아 완성할 수 있다.

　6. 종량(縱梁)이다. 【배 위에 세로로 연결하는 것이다.】 종량을 돛대로 쓰면 세 가지 폐단이 있다. 대체로 돛대는 아래는 굵고 위는 가늘어서 연결할 때 자연히 올록불록하게 되고 판자를 그 위에 깔아놓을 때 매우 고르지 못한 것이 첫째 결함이다. 그리고 돛대를 연결할 때 많은 배를 쭉 펴놓기 때문에 1척의 배가 고장이 나도【깨어지거나 물에 잠기게 될 때이다.】옆 배가 지장을 받아 고쳐 보충하기 불편한 것이 둘째의 결함이다. 그리고 돛대는 곧 상인들의 개인물건이므로 혹시 꺾어지기라도 하면 또한 백성들에게 폐단을 끼치게 되는 것이 셋째 결함이다. 지금 논의에 의하면 별도로 긴 나무를 깎아서 쓰는 것이 편리하겠다고 한다.

　그러나 이와 같이 할 경우 두 가지의 폐단은 구제할 수 있지만 1척의 배가 고장이 났을 때 곁의 배가 지장을 받는 폐단은 여전하다. 또 긴 장대는 다른 데서 구할 수 없고 다만 호남의 섬 가운데서만 베어 와야 하는데, 바다로 운반할 때는 강물과 같이 나무를 뗏목처럼 묶어 물에 떠내려 보낼 수 없으므로 부득이 큰 배에 싣게 된다. 그러나 1척의 배를 가로지르는 긴 나무라서 많이 실을 수 없다. 혹

은 배의 옆에다 달아 끌기도 하고 혹은 배의 머리에 매게 되는데, 배 하나에 많아야 수십 주를 끌고 오는 것에 불과하다. 천리의 바닷길을 항해하여 무사히 도착한다는 것도 기대하기 어렵거니와, 또 그 중간에 농간을 부리는 폐단이 속출하여 여러 고을이 소란스러울 것은 필연적인 형세이다.

이번엔 긴 장대를 쓰지 않고 많은 배를 연결할 때 다만 배마다 장대 1개씩 쓰는 것을 기준으로 삼아야 한다. 배의 넓이가 5발이 되면 종량의 길이는 7발로 기준을 삼아 그 2발의 나머지 길이가 뱃전의 양편을 걸치게 해야 하니, 곧 갑이란 배의 종량이 을이란 배의 종량과 서로 맞붙는 것이 1발씩 되게 하고, 병이란 배의 종량과 맞붙는 것도 1발씩 되게 한다. 또 그 갑이란 배의 종량 끝부분이 을이란 배의 가룡목(駕龍木)【곧 배 안에 가로지른 나무로서 배 안에 버텨놓아 한 간, 두 간으로 가르는 것이다.】위에 맞닿아 을이란 배의 종량과 서로 합하게 하고 을이란 배의 종량 끝부분이 갑이란 배의 가룡목과 맞닿아 갑이란 배의 종량과 서로 합하게 한 다음 칡 밧줄로 얽어 탕개[180]로 조인다. 모든 다리를 차례차례 이런 식으로 만든다면 건들건들 유동할 리가 만무하다.

그러나 논자들은 오히려 완고한 긴 장대만 못하다고 할 수 있을 것이다. 그렇다면 또 두 종량이 서로 맞닿는 곳에 구멍을 뚫고 빗장을 질러놓으면 더욱 안전하게 될 것이다. 그렇게 되면 1척의 배가 고장 난다 하더라도 양쪽에 동인 밧줄만 풀면 고장 난 배를 고칠 수 있으니, 또한 어찌 장대를 길게 놓아 많은 배가 지장을 받겠는가. 【또 기구를 창고에 출납할 때에도 또한 매우 간편할 것이다.】어로(御路)의 넓이를 4발로 정하였다면 1발 사이마다 1개의 종량을 놓아야 한다. 그렇게 되면 배마다 5개의 종량이 들 것이며 60척의 배에 들어가는 것은 3백 개가 될 것이다. 장대마다의 길이가 7발에 불과하므로 1척의 배에 1백 개는 충분히 실을 것이며 따라서 3척의 운반선이면 충분히 실어 나를 수 있다. 그러므로 바다를 항해

---

180) 물건의 동인 줄을 죄어치는 제구로 동인 줄의 중간에 비녀장을 질러 틀어 넘기면 줄이 졸아들게 된다.

하느라 겪는 고난도 없게 된다. 종량의 크기는 네모로 깎되 면마다 1척으로 표준을 삼으면 쓰기에 알맞을 것이다.

7. 횡판(橫板)이다. 어로(御路)의 넓이가 4발이 된다면 횡판의 길이도 또한 4발이다. 횡판의 넓이는 1척【곧 지척(指尺)을 말한다. 자의 규격이 영조척(營造尺 : 대략 30.65cm)에 비하면 8푼이 적고 예기척(禮器尺 : 대략 28.9cm)에 비하면 2푼이 많다.】이상으로 표준을 삼고, 두께는 3치【영조척으로 따진다.】이상으로 표준을 삼는다. 응당 강물의 넓이 1천 8백 척에 맞추자면 횡판 또한 1천 8백장이 들어야 한다. 그 수송 방법은 배 1척이 3백 개를 충분히 실을 수 있다면 불과 6척의 운반선으로 넉넉히 실어 나를 수 있다. 그런데 지금의 논의에 의하면 종량과 횡판에 드는 소나무가 적어도 5천주도 적지 않을 것이다 하고 호조에 속한 종8품으로 계산을 맡아보던 벼슬아치들과 일을 맡아 주관하는 사람들은 그것도 오히려 부족하다고 한다. 이것이 이른바 계산에 밝지 못하고 간교한 폐단이 속출하는 원인이다. 이상에서 배정한 숫자로 계산한다면 보통 소나무 1주당 종량 2개가 나오고, 큰 소나무 1주당 횡판 4장이 나오게 되니, 보통 소나무는 3백주이며 큰 소나무는 4백 50주다.【이는 다 쓰고 남을 정도로 잡은 것이다.】합하여 7백 50주면 충분히 여유가 있으니 5천주가 든다는 말이 어찌 근사하기나 한 것인가. 종량에 쓸 나무는 장산곶(長山串)에서도 베어 올 수 있고, 횡판에 쓸 나무는 안면도(安眠島)에서도 베어 올 수 있다. 대개 큰 소나무는 주당 판자가 4개만 나오지는 않는다. 설사 몸통이 작은 것이라도 길이는 8~9발은 넉넉히 되니, 그 절반을 잘라 두 토막으로 만들고 또 그 절반을 톱으로 켜면 1주에 횡판 4개는 나오고도 남음이 있다. 대개 소나무를 작벌할 때 농간을 부리는 폐단이 한두 가지가 아니다. 아전은 이를 기화로 사정을 쓰고, 상인은 이를 계기로 이익을 본다.

그러므로 해당 수령을 엄중히 신칙하여 직접 검사하고 낙인(烙印)을 찍어서 홋날 적간(摘奸 : 부정의 유무를 캐어 살핌)할 때의 증거로 삼도록 해야 한다. 그리고 횡판은 반드시 큰 소나무를 베어 쓰고 어린 소나무는 잘 길러서 오래된 것을 쓰고

어린 것을 기르는 방법을 지켜야 한다. 종량에 쓰는 나무로 말하면 그 몸통은 작은 기둥에 불과하고 길이는 7발에 불과하며 나무는 3백주에 불과하므로 서울근교의 어느 산에서나 편리한 대로 얼마든지 베어다 써도 될 것이다.

　8. 잔디를 까는 일이다. 배다리를 놓는 방법을 강구한 지 오래되었으나 아직까지 잔디를 까는 일을 걱정해본 적이 없으니 이는 몹시 소홀한 처사이다. 대개 잔디는 다른 풀과 달라서 한해에 몽땅 떼어내면 5년 동안은 되살아나지 않는다. 지난해의 공사에 첫날에는 5보 이내의 간격으로 떼어냈고 다음날에는 10보 이내의 간격으로 떼어냈는데, 다음날 공력의 성과가 첫날의 절반밖에 되지 않았다. 이런 식으로 미루어 금년에 1백보 밖에서 떼어내고 명년에 수 백보 밖에서 떼어내면 그 공사비용도 따라서 몇 배로 늘어날 것이다. 또 역군을 모집하는 방법도 본디 낭비가 많다. 더구나 오합지졸(烏合之卒)을 일일이 통솔할 수 없는데다가 복잡하고 소란한 가운데 아전들의 농간이 늘어나게 된다. 매년 배다리의 부역에 잔디를 까는 일이 첫째의 폐단이 된다.

　이미 각자의 배를 하나씩 연결하는 방법을 쓰는 이상, 각 배가 모이기 전에, 또 서로 연결하기 전에 즉시 각 배로 하여금 각각 그 배 위에 깔 잔디가 몇 장이나 들겠는가를 계산하게 한 다음, 미리 지나는 길에 【양화(楊花)나 서강(西江) 등과 같은 곳이다.】 각 배의 사공들이 힘을 합쳐 떼어내어 각기 자기 배에 싣고 갔다가 배를 연결한 후 각기 자기 배에 깔도록 미리 규정을 정하여, 그 선주들이 거행할 줄을 알게 한다면 이른바 만인이 힘을 합치면 하루도 못되어 완성한다는 격이 될 것이다. 어떤 사람은 배에 종사하는 사람들을 괴롭혀서는 안 된다고 하나 이미 대오를 편성한c데다가 이익까지 보게 되었으니 형편상 마다할 수 없는 일이다. 그리고 삼태기나 가래와 같은 도구는 관청에서 마련하여 각 배에 나누어주고 혹시 그 배가 바뀌게 되면 【아래 상벌조항에 보인다.】 즉시 인계하여 영구히 맡아서 사용하되 연한을 정해야 한다. 혹시 기한 내에 분실할 경우 각자 변상 대치하도록 일정한 규정을 만들어야 한다.

9. **난간이다.** 난간은 어로(御路)의 가장자리에 말뚝을 세워 만드는 것이다. 1발마다 말뚝 1개씩 박는다면 좌우편에 드는 말뚝이 선창까지 7백 개에 불과하다. 그리고 작은 대발로 둘러치는데 대발마다 각각 5발로 기준 한다면 좌우편에 드는 대발이 선창까지 1백 5~60부(浮)에 불과하다.

10. **닻을 내리는 일이다.** 지난해의 역사 때에는 닻을 내린 것이 난잡하여 각 배의 닻줄이 서로 엉켰었는데, 만약 풍파가 일 때라도 당한다면 손상되기 쉽다. 닻을 내릴 때에는 의당 갑의 닻줄은 갑의 뱃머리에 닿게 하고, 을의 닻줄은 을의 뱃머리에 닿게 하여 서로 엉키는 일이 없도록 간격을 정연하게 한다면 설사 풍랑이 인다 하더라도 자연 뒤엉키는 문제가 없을 것이다.

11. **기구를 보관하는 일이다.** 배마다의 크기가 서로 같지 않으니 각 배의 기구【종량(縱梁) 등의 기구이다.】 또한 일정하지 않다. 그러므로 나누어 줄 때마다 쉽게 분별하지 못한다. 마땅히 기구마다 그 위에 대오의【아래 보인다.】 몇 번째 배, 어떤 색깔, 몇 번째 도구라고 새겨서 각각 종류별로 모아 구별하여 새로 지은 창고에 간직하고 별도로 한 사람을 두어 그 출납을 맡아보게 하며, 또 각 대오로 하여금 인계인수를 명확히 하게 하면 자연 분실하거나 혼란한 폐단이 없을 것이다.

12. **대오를 결성하는 일이다.** 대체로 군제에 있어 대오로 편성하여 질서 있게 통제하는 법이 없다면 호령을 가히 행할 수 없고 상벌을 가히 명확하게 할 수 없다. 지금 10인이 한배를 타도 주관하는 사공이 있어 그 배를 절도에 맞게 통솔하는데 하물며 1백 척의 배가 공히 하나의 다리로 묶여진 상황에 도맡아 통솔하는 사람이 없어서야 되겠는가. 모이는 시간이 일정하지 않을 때 누가 그 독촉을 맡으며, 반열이 서로 어그러질 때 누가 그 정돈을 맡으며, 공사가 부진할 때 누가 그 감독을 맡으며, 기구의 분실이 있을 때 누가 그 변상을 맡으며, 파괴된 것을 보수하지 않을 때 누가 그 규찰을 맡으며, 한 사람이 죄를 지고 백 사람이 서로 미룰 때 누가 그 책벌을 맡겠는가.

지금 마땅히 먼저 배의 수효를 정하고 고루 나누어 대오를 만들어야 한다. 가

령 60척의 배로 하나의 다리를 만든다면 마땅히 제일 큰 배 1척을 강 복판에 높이 세워 상선(上船)으로 정하고 60척을 여섯으로 나누어 각 10척의 배로 1대(隊)를 만드는데, 상선 북쪽에 있는 30척을 좌부(左部)의 3대로 삼고, 상선 남쪽에 있는 30척을 우부의 3대로 삼는다. 【배의 수효에 따라 고르게 나누어 명칭을 붙이고 편리하도록 대오를 묶는다.】 다음에는 3대 중에서 제1, 제2, 제3의 번호를 붙일 것이며, 그 다음에는 1대 중에서 제1, 제2로부터 제9, 제10까지 번호를 붙인다. 그리고 한 대마다 한 명의 대장(隊長)을 정하여 【혹은 사공, 혹은 선주 가운데서 골라 정한다.】 10척을 통솔하게 하며, 한 부마다 한 명의 부장을 정하여 【혹은 군교(軍校), 혹은 한산(閑散)[181] 가운데서 골라 정한다.】 3개 대를 통솔하게 하며, 따로 별감관(別監官) 1인을 정하여 【경험이 있고 일을 맡아 처리할 수 있는 사람으로 정한다.】 상선(上船)에 자리 잡고 있으면서 배다리에 대한 전체의 일을 총괄하게 한다. 그리하여 각기 그들로 하여금 질서 있게 통제하게 하고 잘못하는 일이 있으면 그들에게서 곤장이나 태장을 맞게 한다. 한배에 잘못이 있어도 곧 그 대장(隊長)이 책임을 지고, 일대(一隊)에 잘못이 있으면 곧 그 부장(部長)이 책임을 지며, 혹시 배다리 전체에 잘못이 있으면 곧 도감관(都監官)이 책임을 진다. 그리하면 배다리 안에는 자연 군사제도가 이루어져서 호령이 엄격하고 모든 사람들이 자기 일을 열심히 할 것이다. 거둥의 명이 있을 때에는 법대로 거행할 뿐, 조정에서 다시 강조할 필요도 없다. 그리하여 하루아침에 북을 울리고 떠나기만 하면 무지개 같은 배다리는 이미 완성된다. 무엇 때문에 시끄럽게 모여 논의하며 알리기에 급급하여 수많은 사람을 소란하게 하고 많은 돈을 낭비할 필요가 있겠는가.

13. 상벌이다. 배다리의 역사는 매우 중대한 일로서 많은 사람들이 부역에 참가하고 많은 사람들이 쳐다본다. 상벌이 있어 권장하고 징계하지 않는다면 어떻게 일을 추진해 나갈 것인가. 지금 마땅히 서울 부근 포구의 선주(船主)들을 불러

---

181) 아직 무과(武科)를 하지 못한 한량(閑良)과 품계(品階)만 있고 실직(實職)이 없는 산관(散官)을 아울러 이르는 말이다.

모아놓고 선박 생활의 큰 소원과 큰 이익으로써 앞을 다투어 서로 쟁취하려는 것
이 무엇인가를 물어야 한다. 가령 삼남(三南)의 세곡 운반선 및 해서(海西)의 소금
운반선 등에서 그가 가장 하고 싶어 하는 일을 선택하게 하고 배마다 일단 주교
안(舟橋案)에 들어가 대오에 편성될 경우 첩지를 만들어 주고 이권을 차지하도록
허락하면【한계를 정하여 그것을 벗어나지 않게 한다. 혹시라도 세력을 믿고 위반하는
일이 발각될 경우에는 경중을 나누어 처벌한다.】 백성들이 자연 권장하게 될 것이며,
일단 범죄가 있을 경우 즉시 그 명단에서 제거하고 다른 배로 대신하게 하면 이
익이 있는 곳에 벌책 또한 적지 않으므로 형장과 도형·유형을 쓰지 않아도 백성
들은 자연 징계하게 될 것이다.

　　이와 같이 될 경우 오강(五江)의 뱃사람들은 배다리에 편성되는 것을 좋은 직분
으로 받들게 되어, 그 기회를 얻지 못한 자는 오직 얻지 못할까 걱정하고 이미
얻은 자는 혹시라도 잃을까 걱정하면서 혹시라도 남에게 뒤질세라 성력을 다해
일에 참가할 것이다. 은혜를 베풀면서도 낭비하지 않고 수고롭게 하면서도 원망
을 사지 않고 위엄을 보여도 사나움이 되지 않는다는 것이 바로 이것을 두고 한
말이다. 또 그 부장이나 대장은 몇 번의 행차만 겪은 다음 변장(邊將)이나 둔감(屯
監)[182]으로 기용하도록 규정을 정하여 시행하면 더욱 격려하고 권장하는 방법이
될 것이다.

　　14. 기한 내에 배를 모으는 일이다. 서울 부근 포구의 배는 언제나 9~10월 사
이에 각처로 갈려 나가 정박하여 겨울을 지내면서 봄 조운[春漕]을 기다리는데, 이
는 남보다 앞서 이익을 취하기 위해서다. 그런데 지금은 배다리의 문안에 원래
정해진 곳이 있어 이익을 차지하도록 허락해주었으므로 애당초 남과 이익을 경
쟁할 일이 없다. 무엇 때문에 앞질러 가서 겨울을 지내겠는가. 봄 거둥은 정월
그믐께나 2월 초순에 하도록 정해졌는데, 비록 3월이 되도록 그대로 머물러 있다
가 행차가 지나간 뒤에 조용히 바다로 나간다 하더라도 바람이 순한 때를 만나는

---

182) 지방에 주둔한 군대의 군량이나 관청의 경비에 쓰도록 지급된 토지를 감독하는 관직이다.

것은 오히려 이르다 할 것이다. 【그대로 1년 내 떠다니면서 장사해도 지장이 없다.】 가을 거둥 때는 8월 10일께나 보름께 일제히 와서 대기하도록 특별히 조항을 세워놓고 영구히 준행하게 해야 할 것이다.

15. 선창다리이다. 지금 논의에 선창은 다리로 대신하는 것이 상책이라고 한다. 그러나 이 방법은 얕은 물을 다리 밑으로 흘려보내어 그 물이 언덕을 핥아 무너뜨릴 우려가 없게 할 뿐이다. 만약 새로 불은 물이 갑자기 닥쳐와서 물결이 몇 자나 더 불어나게 되면 배다리는 물에 떠서 역시 몇 자나 높아지고 선창 배는 그 자리에 박혀 움직이지 않은 채 물을 따라 오르내리지 못하므로 배다리를 쳐다보는 것이 마치 뜰에서 지붕을 쳐다보는 것 같을 것이니 이를 장차 어찌하겠는가. 그 대책으로는 하는 수 없이 배 1척을 뽑아내어 선창머리와 배다리의 머리 사이가 좀 떨어지게 한 다음 긴 판자를 깔아서 길을 연결하여 오르내리는데 지나치게 급하지 않게 하는 정도에 불과하다. 이 어찌 위태롭고 군색하지 않겠는가.

지금 장소를 이미 노량(露梁)으로 정하였는데, 노량의 밀물은 언제나 세차서 거의 3~4척이나 높이 오르며 아침저녁으로 드나드는 바람에 갑자기 높아졌다 낮아졌다 하여 접촉에 대응하는 시기를 예측할 수 없으므로 그 방법은 소용이 없다. 여기에 한 가지 방법이 있다. 사람들은 혹시 사정에 어둡다 하겠지만 실은 아주 안전한 것이다. 대개 그 효능으로 말하면 선창다리가 물을 따라 오르내려 배다리와 서로 오르락내리락하게 하는 것이니, 물결이 1장이나 더 불어나더라도 항상 배다리와 떨어지지 않고 함께 서로 유지하는 것이다. 이 어찌 좋은 방법이 아니겠는가.

먼저 길고 두꺼운 판자 수십 장을 엮되 긴 빗장과 은잠(隱簪)으로 연결하고, 【배의 밑창을 만들듯이 한다.】 다음은 큰 나무를 둘러 아래위로 맞대고, 【배의 문을 만들듯이 한다.】 다음은 긴 판자로 뱃전을 각각 2층으로 둘러막은 다음에 【나룻배를 만들 듯이 한다.】 헌솜으로 틈을 막아 물이 새어들지 못하게 하기를 꼭 배를 만드는 것처럼 한다. 그리고 난 다음 그 머리를 배다리 밑에 닿게 하여 수면에 뜨

게 하고, 그 꼬리는 곧바로 밀물의 흔적이 있는 경계를 지나서 언덕 위에 붙여놓는데 이를 이름 하여 부판(浮板)이라 하고, 다음은 부판 위에 규정대로 다리를 만들되 그 높이와 넓이는 배다리로 기준을 삼아 배다리와 선창다리의 두 머리가 꼭 맞게 하여 평면으로 만들어서【이전 제도처럼 빈틈이 나게 해서는 안 된다.】 그 길을 연결해 놓으면 물을 따라 높아졌다 낮아졌다 하여 배와 다름이 없을 것이다.

　어떤 사람은 말하기를 '배다리는 많은 배를 서로 연결하여 그 세력이 서로 버티기 때문에 발로 차고 밟아도 움직이지 않지만, 지금 이 부판은 단순하고 머리가 가벼운 만큼 큰 다리로 내리누르고 많은 말이 밟으면 떴다 잠겼다 하지 않을 수 있겠는가.' 하지만, 이것은 그렇지 않다. 대개 물에 뜨는 이치는 물체의 밑창이 클수록 물의 압력을 많이 받는다. 지금 부판은 수십 개의 큰 판자를 가로로 연결하여 물에 띄워놓은 만큼 그 물의 힘을 받는 것은 몇 만근 정도가 아니다. 그러나 또 한 가지 명백하여 의심의 여지가 없는 방법이 있다. 먼저 아(Y)자형의 큰 나무 두 그루를 베어다가 두 개의 기둥을 만들어 선창다리의 좌우 머리에 마주 세워놓고 굵은 밧줄로 배다리 배의【가장 가에 있는 배로서 선창다리와 맞닿는 배.】 가룡목(駕龍木)에다 동여맨다.【물이 불을 때 주교의 배가 높아졌다 낮아졌다 하면 역시 편리한 대로 고쳐 동여맨다.】 다음은 아주 굵은 밧줄로 부판(浮板) 머리를 매어【좌우를 다 그렇게 한다.】 세워놓은 기둥의 두 가닥을 진위에 올려 걸고 밧줄 끝에 큰 주머니를 달아매고 많은 돌덩이를 주머니 속에 채워서 늘어뜨려 추로 만든다. 그리고 추의 무게는 반드시 늦춰지지도 않고 끌어당겨지지도 않게 하는 것을 한도로 한다. 늦추어지지 않게 한다는 것은 사람과 말이 선창을 밟아도 부판이 조금도 잠기지 않음을 말함이고, 끌어당겨지지 않는다는 것은 부판이 스스로는 조금도 들리지 않음을 말한다. 그렇다면 이 판자는 이따금 떠오를 때는 있어도【물이 불을 때를 말한다.】 잠겨들 때는 없을 것이니, 이 어찌 안전하고 또 안전하지 않겠는가. 조수가 밀려오는 곳이나 세찬 물이 불어날 때 이 방법을 제외하고는 선창다리와 배다리가 수시로 높아졌다 낮아졌다 하는 걱정을 없앨 수 없을

것이다. 그리고 부판을 이동하는 방법은 부판의 밑창에다 바퀴를 여섯 개나 여덟 개쯤 달면 5~6인이 끌어도 언덕에 올릴 수 있을 것이다. 또 물체가 커서 보관하기가 불편한 것이 문제라면 그것을 두 척, 혹은 세 척으로 나누었다가 【가죽 과녁을 나누었다 합쳤다 하는 것과 같이 한다.】 필요할 때 다시 합친다면 무엇이 문제이겠는가. 이상에서 논의한 여러 가지 일은 넉넉히 여유를 두고 대충 말한 것에 불과하다. 만약 실지 일에 부닥쳐 조치하되 분수(分數)를 참작한다면 또 얼마간의 수를 줄일 수 있으며, 선창다리와 부판에 필요한 물건도 또한 충분히 그 속에서 나올 수 있을 것이다.

주교 절목(舟橋節目)에 '배다리를 설치할 때는 나룻 길을 먼저 보아야 하는데, 노량진 건널목은 양쪽의 언덕이 마주 대하여 높고 강 복판의 흐름은 평온하면서도 깊다. 그리고 그 길이와 넓이도 뚝섬[纛島]이나 서빙고(西氷庫)에 비하여 3분의 1은 적어 지형의 편리함과 공역의 절감이 오강(五江)의 나룻 길 중에 가장 으뜸이다. 이에 노량진 길을 온천에 행차할 때와 선릉(宣陵)·정릉(靖陵)·장릉(章陵)에 행차할 때 모두 이 길을 이용할 것을 영구히 결정하고, 헌릉(獻陵)·영릉(英陵)·영릉(寧陵)에 행차할 때에는 광진(廣津)으로 옮겨 설치한다.'고 하였다.

(3)

이에 대해 밝히자면 다음과 같다. 노량나루터의 지형은 북쪽 언덕은 높고 남쪽 언덕은 평편하고 낮으며 한결같이 모래사장으로 되어 남쪽 언덕과 북쪽 언덕의 형세가 다른데 양쪽 언덕이 마주 대해 높이 솟아있다고 한 것은 실로 잘못이다. 또 조수의 왕래로 인하여 수면의 높낮이가 조석으로 변하니 배다리 역시 응당 높아졌다 낮아졌다 하는데, 강 복판의 흐름은 평온하면서도 깊다는 말 또한 잘못이며 깊다고 한 말은 더욱 의미가 없다. 그리고 보면 배다리가 물을 따라 높아졌다 낮아졌다 하는 것은 사실 괜찮지만 양쪽 언덕에다가 다리를 만든다는 것은 가장 불편하다. 해설은 선창다리 조항에 보인다.

절목에 '배다리에 필요한 배는 나라의 배와 개인의 배를 섞어서 써야만 부족할 우려가 없다. 나라의 배는 훈련원의 배 10척과 아산(牙山) 공진창(貢津倉)[183]의 조운선(漕運船)[184] 12척을 쓰고 개인의 배는 서울 부근 포구의 배를 쓰는데, 혹시 큰

183) 충남 아산군 공세리(貢稅里)에 설치한 조창(漕倉)으로 세조 때 설치되어 충청도 40여 고을의 세곡을 배로 실어 날랐다. 처음 공세곶창(貢稅串倉)이라 했는데 이름 뿐 창사(倉舍)가 없어 연해안 포구에 세곡을 쌓아두었다. 1523(중종 18)년 비로소 80칸의 창사를 마련하고 창고의 이름을 공진창이라 불렀다. 11월에서 다음해 1월까지 목천·연기·천안·온양·전의·청주 등 인근 고을의 세곡을 수납 보관하였다가, 3월 10일 안으로 경창(京倉)까지 배로 운송하였는데, 운송항로는 남양·인천의 연해안을 지나 강화수로를 거쳐 한강을 거슬러 올라가는 길을 이용했다. 세곡의 운송을 위하여 적재량이 800석인 조선(漕船) 15척을 보유하였으며, 포(布)를 납부하는 조군(漕軍) 720명이 배속되었다. 아산현감이 세곡을 안전하게 운반하도록 감독하였으며, 해운판관이 충청도·전라도의 조운 업무를 총 관리하였다. 17세기부터 세곡을 포·돈으로 대신 내거나 임운(賃運)으로 직접 경창으로 운반함에 따라 조창의 기능이 약화되어, 1638(인조16)년경에는 6개 고을의 세곡만 조운되었다. 조선 후기에 조창의 기능이 약화되면서 충청도도사가 겸임하였다가, 1762(영조38)년 이후 아산현감이 직접 주관하였다. 19세기에 들어와서는 조창 자체가 혁파되었다. 평시에는 고직 2명이 배치되어 창고를 간수하였다.

184) 조선 시대 나라에서 받아들이는 조세미(租稅米)를 각 지방의 창고에서 경창(京倉)으로 실어 나르던 선박이다. 선박의 구조에 대한 정확한 기록은 없지만, 1461(세조7)년 10월 2일 당시 좌의정이며 전선색제조(典船色提調)인 신숙주(申叔舟)가 '신(臣)이 여러 포(浦)의 병선(兵船)을 보니, 임의(任意)대로 만들어 체제(體制)가 각기 달라서 모두 쓸 수가 없었습니다. 선군(船軍)은 여러 곳의 요역(徭役)에 흩어져 나아가서 배를 지키는 자는 한두 사람에 지나지 않았습니다. 이는 다름이 아니라 조선(漕船)에만 뜻을 두고, 병선(兵船)은 소홀히 하였기 때문에 그 폐단이 여기에 이른 것입니다. 신의 생각으로는, 조선(漕船)과 병선(兵船)을 둘로 하는 것은 불가합니다. 하나의 배로 두 가지를 겸용(兼用)하는 것은 제작하는 기교(技巧)에 있으니, 청컨대, 전선색(典船色)으로 하여금 조선(漕船)을 고쳐 만들게 하되, 판자(板子)로 막아서 설치할 수도 있고 철거할 수도 있게 하여, 조선(漕船)으로 사용할 때에는 이를 설치하고, 전선(戰船)으로 사용할 때에는 철거하도록 하소서. 이와 같은 체양(體樣)을 여러 포(浦)에 나누어 보내어 이를 모방하여 만들게 하면 일거양득(一擧兩得)이 될 것입니다.'라 하여 조정에서 그의 의견대로 제조하여 사용하였다는 기록이 있다. 따라서 조운선은 임진왜란 때 전선으로 사용된 판옥선의 구조와 거의 유사할 것으로 추정된다. 얕은 강이나 밀물을 따라 내륙으로 깊숙이 들어 갈 수 있고 조수간만의 차가 심한 서해 연안 을 항해하기 위하여 바닥이 평평한 평저선으로 각기 배의 크기와 규모가 달랐을 것이다. 16세기까지 제작된 배는 모두 전투선과 조선을 겸할 수 있어 병조선(兵漕船)이라 했다. 조선에는 선장 격인 사공(沙工)과 사공의 일을 돕는 격군(格軍)이 승선하였는데, 해운(海運)에는 사공 1명과

물이 져서 나루가 불어날 때를 당할 경우 또한 예비하는 방도가 없어서는 안 되
는 만큼 서울 부근 포구의 배 10척만 더 정비해둔다.' 하였다.

(4)

이에 대해 밝히자면 다음과 같다. 나라의 배건, 개인의 배건 논할 것 없이 재어
보기도 전에 어떻게 몇 척이 필요한지 알 것인가. 만약 훈련원의 배와 조운하는
배의 높이가 서로 맞지 않으면 그 중에는 필시 쓸 수 없는 것도 있겠는데, 지금
나라의 배와 개인의 배를 합쳐 42척으로 그 숫자를 결정하니, 이는 너무도 타산
이 없는 말이다. 나머지 배 몇 척을 미리 준비한다는 것은 당연히 그렇게 해야
할 일이기는 하나, 양쪽 언덕까지 다리를 만들어 조금도 움직일 수 없다면 큰물
이 져서 나루가 넓어질 때를 당하여도 나머지 배는 쓸 곳이 없다. 지난번 빙호(氷
湖)에 큰물이 졌을 때도 어찌 나머지 배가 없어서 그리된 것이겠는가. 갑자기 큰
물을 만나 나머지 배로 연결 보충하려 한다면 두 언덕의 다리를 헐고 다시 만드
는 외에는 다른 방법이 없을 것이다. 그렇기 때문에 판자를 띄워 다리를 만든다
는 말도 또한 부득이한 데서 나온 것이다. 절목에 '나라의 배나 개인의 배를 막론
하고 정돈 단속하는 규정이 없으면 반드시 기강이 문란할 우려가 있고, 또 배를
부리는 것은 엄연히 강가에 사는 백성들의 생업이니, 그들 중에 부유하고 근실하
며 일을 아는 사람을 뽑아 그로 하여금 선계(船契)를 모아 사공을 통솔하는 일을
도맡아 거행하게 하되, 선계에서 집행할 조건은 여론을 참작하여 별도로 절목을
만든다.'고 하였다.

(5)

이에 대해 밝히자면 다음과 같다. 이 조항은 우선 배를 선택하여 완전히 결정
한 다음에 다시 여론을 참작하여 편리하게 결정하는 것이 좋겠다.

격군 15명, 수운(水運)에는 사공 1명, 격군 3명이 배속되었다. 조선의 건조는 주로 태안·변
산·완도 등에서 만들었다.

절목에 '아산 공진창(貢津倉)의 조운선 12척을 주교사에 이속하여 선계(船契)로 넘기고, 조운의 규정은 모두 호서의 전례에 의하여 거행함으로써 선계에 든 사람들이 혜택을 보게 한다. 그리고 조운이 끝난 후 다리를 만드는 여가에는 먼 도(道)나 가까운 도의 공적인 짐이나 사적인 짐을 막론하고 또한 한 차례씩 실어 나르는 것을 허락한다.'하였다.

(6)

이에 대해 밝히자면 다음과 같다. 배를 선택하는 조항에 이미 자세히 말하였다. 절목에 '개인의 배로서 선계에 든 것은 특별히 살아갈 밑천을 만들어주어서 참가하기를 즐겁게 여기는 길을 열어주지 않을 수 없다. 그러므로 삼남(三南)의 조운선과 각도의 전선·병선 가운데서 연한이 차 못쓰게 된 것을 모두 값을 받고 선계에 든 사람들에게 내주고 그 돈으로 배다리를 놓는 배를 보수하는 비용으로 삼게 하되 전선·병선으로서 연한이 차 못쓰게 된 것은 3년, 조운선으로서 연한이 차 반납된 것은 영구히 선계로 이속한다.' 하였다.

(7)

이에 대해 밝히자면 다음과 같다. 이것은 강가에 사는 백성들이 뇌물 질을 하면서 도모한 것이다. 이미 세미(稅米) 조운(漕運)의 이익을 독차지하고 또 못쓰게 된 배의 이익을 독차지하게 한다면 선계에 든 자는 모두 몇 년이 안 되어 저마다 부자가 될 것이다. 못쓰게 된 전선 1척이면 수하(水下)의 큰 배 2척은 충분히 만들 수 있고, 못쓰게 된 병선과 조선 또한 각각 큰 배 1척씩은 만들 수 있다. 큰 배 1척에 드는 물량이 거의 천금에 가까우니 그 이익이 어찌 만금으로 논할 뿐이겠는가. 비록 값을 받고 내준다 하지만 해당한 값을 다 받지 못하는 이상 그들이 얻는 이익은 엄청날 것이다. 이미 이와 같을진대 다리를 만드는 모든 일을 일체 그 선계로 하여금 전적으로 담당하게 하는 것이 사리로 보아 당연하다. 지금 그 이익을 독차지하

게 하고도 또 조정으로 하여금 허다한 돈과 곡식을 이전처럼 낭비하게 한다면 나라와 개인이 함께 이익을 보는 본의가 어디에 있겠는가. 조정에서는 1전을 허비하지 않고 그들을 시켜 거행하게 하더라도 반드시 좋아 날뛰면서 남에게 뒤질세라 앞을 다투어 달려들 것인데 지금 감히 한량없는 욕심을 내어 이익 외의 이익을 독점한다면 이 얼마나 통탄할 일인가. 이는 뇌물질의 소치가 아니면 필시 당상관 등이 속아서 한 말일 것이다.

절목에 '삼남에서는 고을의 세곡을 바치는 때로부터 실어 나르는 일을 선계(船契)에 넘겨 그들의 생업을 돕고 있으나, 이것은 8개 포구 백성들의 생계이므로 전적으로 선계에 이속시킬 수 없다. 훈련원의 배는 자체적으로 정한 규정이 있고, 조운선은 이미 조세 운반을 거친 만큼 더 논의할 필요가 없다.. 수하(水下)의 개인 배 30척에 대해서는 호남과 호서 두 도(道) 가운데서 거리의 원근과 배 값의 고하를 참작하여 절반씩 희망에 따라 떼어주고 주교사(舟橋司)로부터 호조와 선혜청에 공문을 띄워 나누어 보내도록 한다.'하였다.

(8)

이에 대해 밝히자면 다음과 같다. 경강(京江)의 배가 옛날에는 천여 척이 넘었는데 지금은 수백 척밖에 없다. 그렇다면 이익을 내는 것이 점차 전과 같지 못하다는 것을 알 수 있는데, 조세곡(租稅穀)을 나르는 데서 또 이익을 선계에 나누어 주게 되었으니, 선계에 든 60척 외에 100척이나 10척의 뱃사람들은 어찌 본업을 잃고 뿔뿔이 헤어지지 않을 수 있겠는가. 특별히 편리하게 살아갈 근거를 강구함으로써 억울해 하는 일이 없도록 하는 것이 마땅할 것이다. 절목에 '나라 배와 개인 배 52척을 합하여 하나의 선계를 모으고 배의 대장을 만들어 10척마다 각각 선장 1인을 낸다. 나라 배 22척에 감관(監官) 1인을 차출하고 개인 배 30척에 감관 1인을 차출하며 나라 배와 개인 배를 아울러 도감관(都監官) 1인을 차출하여 차례차례 통솔할 지위로 삼되, 감관 3인은 3군문의 별군관(別軍官)에 나누어 소속시켜

근무기간을 통산한 뒤에 혹시 빈자리가 나면 선계로부터 공정한 의논에 따라 후보자를 권점하여 주관하는 당상관에게 보고하고 각 군문에 공문을 띄우며, 선장 역시 권점으로 차출하고 똑같이 보고한다.' 하였다.

(9)

이에 대해 밝히자면 다음과 같다. 배다리에 속한 배가 이미 하나의 선계로 이루어졌다면 나라 배와 개인 배로 나누어 둘로 만들 필요가 없다. 가령 배가 50척이 된다면 나라 배, 개인 배를 논할 것 없이 으레 섞어서 쓸 것이며, 10척마다 각각 대장(隊長)을 내고 25척마다 각각 감관 1인을 내어 좌부와 우부로 만들어야 한다. 이에 특별히 도감관 1인을 선출하여 그로 하여금 총괄적으로 거느리게 해야만 피차 서로 미루는 폐단이 없을 것이다. 감관 3인을 군문에 소속시키는 것은 매우 타당치 못한 것 같고 또 3인이 윤번(輪番)으로 수직(守直)을 서게 되면 직무상 자연 지장을 줄 것이며, 기본관직에 임명하려면 군문 또한 모순되는 일이 많을 것이다. 그러므로 차라리 주교사의 벼슬만 전적으로 맡겨서 상근하는 자리로 만들고 차출 시에는 그들로 하여금 후보자를 권점하게 하는 것이 무방할 것이다.
절목에 '관청을 노량진 접경에 짓되 사무 보는 청사 8칸, 목재창고 15칸, 쌀 창고 5칸, 창고지기와 군사들이 수직하는 집 5칸, 대문 1칸, 곁문 1칸, 헛간 3칸으로 할 것이며 주교사에서 물자와 인력을 내어 짓는다. 수직에 관한 일은 감관 3인이 윤번제로 입직하고 하인으로는 창고지기 겸 대청지기 1명, 군사 1명이 영구히 도맡아 보게 한다.' 하였다.

(10)

이에 대해 밝히자면 다음과 같다. 이 조항은 그럴듯하기는 하나 다시 생각해볼 여지가 있다.
절목에 '필요로 하는 여러 가지 잡물을 이미 주교사에서 조달하여 쓰기로 한

이상 물자를 해결할 방도가 없어서는 안 된다. 영남의 별회곡(別會穀) 중에서 대미(大米 : 쌀)를 2천 석씩 매년 떼어내 돈으로 만들어 쓰고, 쌀과 베를 쓸 곳이 있으면 공진창(貢津倉)의 조운미 중에서 적절하게 가져다 쓰도록 한다. 물자를 출납하는 데서 남는 것이 있으면 주관하는 당상관이 특별히 살피도록 한다.' 하였다.

(11)

이에 대해 밝히자면 다음과 같다. 배다리를 설치함에 있어 마땅히 일이 단순하고 비용이 절감되는 것을 첫째가는 계책으로 삼아야 한다. 그렇다면 대미 2천 석을 해마다 떼어낸다는 것은 대체적 의미로 보아 결함이 있는 것 같다. 포구 백성들의 생업은 조운(漕運)보다 더 앞설 것이 없는데, 일단 선계에 들면 그 이익을 독점할 수 있기 때문에 지금 머리가 터지도록 경쟁하여 혹시라도 빠질까 염려하며 심지어는 천금을 가지고 뇌물 질을 하기까지 하니, 백성들이 크게 원한다는 것을 미루어 알 수 있다. 이미 그 크게 원하는 바를 들어준다면 다리공사가 하루도 안 되어 완성되리라는 것은 또한 손바닥을 보듯 훤하다. 그렇다면 그 중에 필요한 약간의 경비는 매년 5백 냥이면 만족할 것이다. 또 전선과 병선, 그리고 조운선을 떼어주는 것은 이미 전에 없던 큰 이익인데, 또 한없이 많은 재물을 내어 한갓 뱃사람들만 더욱더 부유하게 만드는 술책을 쓰는 것은 완전히 몰지각한 처사이다. 쌀은 역부들의 요식 외에는 종전처럼 낭비할 필요가 없다.

절목에 '배다리를 만드는 제도는 배 자체의 대소에 따라 차례대로 이어붙인 다음에 닻을 내려 단단히 고정시키고 굵은 칡 밧줄로 동이며, 또 크고 둥근 고리로 각 배의 상하 좌우를 연결하고 가는 칡 밧줄로 꿰어 처맨 다음, 위에는 길이로 연결된 나무를 깔고 가로로 긴 송판을 깔고서 모두 간간이 크고 작은 못을 친다. 그 다음 빈 가마니를 펴 흙을 채우고 잔디를 입히며, 양쪽 가에는 난간을 설치하여 한계를 만든다. 그리고 배마다 사공 3명씩 나누어 배치하여 불을 단속하고 물을 방지하도록 한다.' 하였다.

(12)

이에 대해 밝히자면 다음과 같다. 다리를 만드는 제도는 의당 배의 높낮이에 치중해야 하는데 배의 대소만을 거론하니 이는 이미 그 방법에 어두운 것이다. 크고 둥근 고리를 다는 것은 오직 공사만 번거롭고 도리어 흔들흔들 일렁이게 할 염려가 있으므로 더욱 부당하다. 빈가마니에다 흙을 채우는 것 또한 의미가 없다. 배의 높이를 헤아려 잇대어 연결하고 길이로 걸치는 나무의 양쪽 머리를 한데 묶어서 가룡목(駕龍木)에 연결한 다음에 긴 판자를 쭉 깔며 탕개로 바싹 조인 다음 빈가마니를 드문드문 때에 따라 펴고 뗏장으로 덮게 되면 그 이상 더할 것이 없다. 그리고 갑이란 배는 을이란 배와 밀착시키고, 을이란 배는 병이란 배와 차례차례로 밀착시키면 된다. 만약 큰 고리를 마주 박아놓으면 두 배가 연접된 부분에 자연 공간이 생기게 되니, 물결이 부딪칠 때 어찌 흔들리는 폐단이 없겠는가.

절목에 '긴 송판 4천장은 통영(統營)과 안면도(安眠島)의 바람에 넘어진 소나무 중에서 판자를 만들어 쓰되, 판자의 길이는 9척, 두께는 2치, 넓이는 1척 2~3치로 규정할 것이며, 통수영(統水營)에서 나무를 다듬어 배를 세내어 실어다가 저장해 두고 쓰게 한다. 그리고 사용한 뒤에는 당상관과 도청(都廳 : 준천사에 속한 정3품 당상관)이 직접 숫자를 확인하여 입고시키는데, 그 중에 만약 파손된 판자가 있을 경우, 주교사에서 통수영으로 공문을 보내 바람에 넘어진 소나무 중에서 판자로 만든 것을 가져다 하나하나 보충한다.' 하였다.

(13)

이에 대해 밝히자면 다음과 같다. 긴 송판 4천장에 대한 말은 너무도 지각이 없다. 또 길이를 9척으로 하고 넓이를 1척 2~3치로 마련한다는 것은 더욱 그 까닭을 알 수 없다. 노량나루의 넓이가 가령 2백 발이 되고 1발이 6척이라면 곧 1백 20척이 된다. 판자의 넓이가 1척이라면 필요한 것은 자연 1천 2백 장이 되고 이밖에는

더 필요치 않다. 설사 약간의 여분을 둔다 하더라도 무슨 4천 장까지야 되겠는가. 다만 어로(御路)를 4발로 정한다면 판자의 길이도 또한 4발이 되어야만 다리 위를 평면으로 만들 수 있을 것이다. 9척의 판자로 마치 억지로 공간을 보충하는 것처럼 하는 것은 실로 잘못이다. 바람에 넘어진 소나무로 말하면 각처에 무슨 바람에 넘어진 소나무가 그리 많겠는가. 조정에서는 비록 바람에 넘어진 소나무가 허다하다고 알리지만 생소나무를 베면서 이름만 바람에 넘어진 소나무라고 하는 것이 의례적인 일이다. 이것이 이른바 이름만 있고 실속은 없는 것으로서 농간의 폐단이 더욱 많아지는 원인이다. 그러므로 차라리 필요한 수량을 정해가지고 해당 도에 엄히 신칙하여 생소나무를 찍어 보내게 하는 것이 공명정대하게 처리하는 일이 될 것이다. 그리고 나무의 길이와 넓이 또한 수심을 재고 배를 잰 자로 재단해야 서로 부합될 수 있다. 그러므로 서울에서 자 하나를 만들어 보내도록 하는 것이 좋겠다. 통영은 너무 멀기 때문에 장산곶(長山串)과 안면도(安眠島)의 것을 가져다 써야 할 것이다.

절목에 '길이로 연결할 나무 4백주는 그 길이는 25~6척에서 30척에 이르며 끄트머리의 직경은 7치로 한다. 장산곶에서 베어가지고 본 고을에서 배를 세내어 실어다가 저장해 두고 쓰도록 하되, 숫자를 헤아려 입고시키고 파손된 것을 보충하는 등의 일은 긴 송판의 실례대로 처리한다.' 하였다.

(14)

이에 대해 밝히자면 다음과 같다. 길이로 연결할 나무의 마련도 지나친 것 같다. 모두 30척으로 계산해도 2백 50개면 충분하고 40척으로 계산하면 2백 개로 충분하다. 이것 역시 배의 척수를 측정한 뒤에야 실제의 수를 확정할 수 있다.

절목에 '선창에 놓는 다리에 소요되는 나무 1백 개도 또한 길이 20척에, 끄트머리의 직경이 8~9치가 되는 것으로써 장산곶에서 베어 본 고을로부터 배를 세내어 수송하고, 주교사에서 보관해두고 보충하는 등의 일 또한 긴 송판의 사례와

길이로 연결하는 나무의 사례에 의해 시행한다.' 하였다.

(15)

이에 대해 밝히자면 다음과 같다. 이 다리는 뱃머리와 서로 맞닿게 되므로 어로(御路)의 넓이도 마땅히 배다리의 길 너비와 같아야 한다. 그렇다면 넓게 깔 긴 소나무 역시 배다리에 깐 긴 판자와 같아야 한다. 지금 20척으로 마련한 것은 기둥을 견고하게 하기 위한 것 같으나, 다리 위에 잡목으로 공간을 메우는 것은 물자만 낭비할 뿐이고 사용한 뒤에는 자연 없어져버린다. 이것 또한 긴 송판으로 배다리에 잇대어 깔았다가 해마다 그대로 쓰는 것이 좋을 것이다.

절목에 '생 칡 30사리를 매년 제철에 경기지역 산골에서 생산되는 것을 사들여 저장해두었다가 사용한다.' 하였다.

(16)

이에 대해 밝히자면 다음과 같다. 생 칡 1사리라도 여러 고을에 배정하면 온갖 폐단이 생길 수 있다. 이와 같은 사소한 물자는 서울에서 사서 쓰고 외방 고을에 폐단을 끼치는 일은 일체 없애야 한다. 절목에 '선창머리의 다리에 펴는 싸리 울타리[杻杷子]를 2백 부(部) 정도 주교사에서 사들여 쓰게 한다.' 하였다.

(17)

이에 대해 밝히자면 다음과 같다. 긴 송판을 쓰기로 했으니 울타리는 쓸 필요가 없다. 빈가마니 위에 흙을 덮는 것으로 충분하다.

절목에 '크고 둥근 고리와 각종 철물은 주교사로부터 필요에 따라 사다가 쓰며 이를 두드려 주조할 때에 드는 숯 값과 모든 공임비용 또한 주교사에서 마련하여 쓴다.' 하였다.

(18)

이에 대해 밝히자면 다음과 같다. 철물은 그리 널리 쓰이지 않고 그 중 큰 고리는 더욱 쓸 데가 없다.

절목에 '빈 가마니 5천 장에 대하여 별영(別營)에 2천 장, 경기 연변의 각 고을에 3천 장을 미리 배정해놓았다가 필요할 때 가져다 쓰게 한다.' 하였다.

(19)

이에 대해 밝히자면 다음과 같다. 빈 가마니 3천 장은 그 값이 수십 금에 불과하지만 이를 나누어 배정하면 폐단을 끼치게 되므로 서울에서 마련하여 쓰는 것이 마땅하다.

절목에 '탕개로 쓸 참나무 3백 개는 주교사에서 값을 주고 사다 쓰게 하되 그것을 저장해두고 보충하는 등의 일은 역시 다른 목재의 실례에 의하여 시행한다. 그리고 다리 위의 빈 곳을 메우고 좌우편에 난간을 만들기 위한 약간 작은 서까래나무는 주교사로부터 필요할 때 사다가 쓰고, 난간 위의 가름대 나무는 긴 대나무를 사서 쓰되 다 보관해두게 한다.' 하였다.

(20)

이에 대해 밝히자면 다음과 같다. 난간 위의 가름대 나무를 긴 대나무로 하는 것 또한 폐단이 있을 것 같다. 약간 가는 서까래 나무 중 조금 긴 것을 쓰는 것이 무방하고 또 오랫동안 사용하는 방법이 된다.

절목에 '다리를 만들 때의 역군과 흙을 져 나르고 잔디를 떠 나를 군정은 선계(船契) 중에서 특별히 장정을 택하여 쓸 것이며, 인부들의 품값은 2전 5푼 정도로 하고 따로 우두머리를 정하여 그가 거느리고 부역에 참가하게 한다.' 하였다.

(21)

이에 대해 밝히자면 다음과 같다. 이 조항은 가장 잘 생각하지 못한 점이다. 부근에서 잔디를 뜨는 것을 해마다 규례로 삼는다면 잔디를 어떻게 감당해내겠는가. 또 허다한 군정을 모아들일 경우 비록 일일이 감독하고 신칙한다 하더라도 허구한 날 품값을 받는 것만 생각한다면 그 돈을 어떻게 감당하겠는가. 더구나 잔디를 뜨는 곳은 점점 멀어져서 공사는 배나 더디므로 그 폐단을 걷잡을 수 없을 것이다. 이미 잔디 입히는 조항에 자세히 언급하였거니와 이 방법을 제외하고는 달리 다른 방법이 없을 것이다.

절목에 '주교사의 도제조는 세 정승이 으레 겸하고, 제조는 병조 판서, 한성 판윤, 세 군문의 대장이 으레 겸하고, 주관하는 당상관은 준천사(濬川司)를 주관하는 당상관이 겸하여 관리하며, 도청(都廳)도 준천사 도청(濬川司都廳)이 또한 겸하여 관리한다.' 하였다.

(22)

이에 대해 밝히자면 다음과 같다. 제조는 여러 사람이 필요치 않다. 두세 사람으로 하여금 주관하게 하면 책임을 전담시킬 수 있고 명령이 여러 갈래로 나가는 폐단이 없을 것이다. 또 생각건대 장차 「주교사」에 혹 사고가 있으면 3정승이 분주히 지시를 기다리게 되고, 여러 당상관들도 모두 중요한 임무로 겸직까지 하게 되니 조정의 처분도 반드시 모순 될 것이다. 그 인원을 줄이고 책임을 전담시키는 것이 실로 온당하다.

절목에 '다리를 만드는 공사에 재곡(財穀)을 출납하는 것은 주교사의 주관당상(主管堂上)이 전적으로 관리하여 거행하고, 예겸 당상(例兼堂上)은 다리 공사를 할 때 윤번으로 왕래하면서 검열하며 감독한다. 또 다리를 만들 때 세 군문의 장교 각 3인과 군사 각 6명을 영리하고 근실한 사람으로 정하여 보낸다. 또 다리를 만들 때 주교사의 주관 당상이 나가볼 적에는 수어청(守禦廳)과 총융청(摠戎廳) 두

군영의 전배(前排)[185]를 전례대로 정하여 보낸다. 또 주교사에서 인장 하나를 만들어 사용한다. 또 원역(員役)은 준천사 원역(濬川司員役)이 겸임하여 거행하고 주관 당상의 하인 1명과 창고지기 겸 대청지기 1명, 군사 1명을 특별히 배치한다. 더 설치한 원역의 요포(料布)와 겸역(兼役)한 원역에게 더 주는 요식에 관한 일은 준천사의 전례에 의해 참작하여 별도로 마련한다. 또 영남의 별회곡(別會穀)을 돈으로 만드는 조항과 아산(牙山)의 조군(漕軍 : 조운선에 종사하는 수부)에게 주는 베는 준천사와 양사(兩司)에서 돈으로 만드는 규례에 의하여 균역청(均役廳)에서 받아 두었다가 주교사 주관 당상의 공문이 있을 때 필요한 수량을 수시로 출납한다. 아산의 세미 운반에 필요한 쌀은 주교사에서 받아 내려 보내되, 각 군영 군향색(軍餉色)의 예에 의하여 도청(都廳)이 전적으로 관리하여 거행한다. 조운선을 만약 개조하거나 뱃바닥을 고칠 일이 있으면 균역청에서 가외로 떼어주는 예에 의하여 안면도(安眠島) 부근 고을의 미포(米布) 중 필요한 양을 바꾸어 준다.' 하였다.

(23)

이에 대해 밝히자면 다음과 같다. 이상의 여러 항목은 원래 자질구레한 것으로서 배다리의 일을 토의 결정한 다음 적당히 조치할 수 있다.

(24)

배다리 설치장소는 폭이 좁으며 물의 흐름이 완만하며 수량(水量)의 변화에도 영향을 가장 적게 받는 노량진을 택했다. 주교가설 책임자는 정약용이었다.

1793(정조 17)년 1월 11일 주교사(舟橋司)가 주교절목(舟橋節目)을 올렸는데 그 내용은 다음과 같다.

봄, 가을로 능원(陵園)을 배알(拜謁)할 적에 나루를 건너야 할 때를 만나면 선창에서 물을 건너는 데에 쓰이는 크고 작은 선박의 숫자가 4~5백 척에 달하므로,

---

185) 임금이 거동할 때에 연(輦) 앞에 늘어서던 궁궐 나인들을 말한다.

서울과 지방에서 배를 찾아 구하다 보면 중간에서 농간을 부려 뱃사람들이 받는 폐단이 갈수록 더욱 심해졌다.

그런데 현륭원(顯隆園)을 수원으로 옮긴 뒤로 해마다 한 번씩의 행행에 나루를 통해 강을 건너야 했다. 이에 정조는 뱃사람들의 폐단에 대해 깊이 마음을 쓰고 근심하여 특별히 배다리의 제도를 개선하여 새롭게 만듦으로 배를 찾아다니는 일을 영원히 혁파하도록 하였다.

단지 뚝섬에서 양화도(楊花渡) 사이에 있는 경강(京江)의 큰 배들만을 가져다가 연결시켜 교량을 만들어 놓으니, 폐단은 사라지고 일은 간단해졌다. 공력도 줄고 비용이 적어져서, 실로 이것이 강을 쉽게 건널 수 있는 도구인지라 이에 영구한 법으로 삼는 바이다.

배다리의 배치는 당연히 물길이 좋은 곳을 가려서 해야 한다. 동호(東湖)로부터 그 하류로 강폭이 좁고 양쪽 언덕은 높으며 여울진 곳과 멀어서 물의 흐름이 완만한 곳으로는 노량(鷺梁)이 제일이다.

또 임금이 타던 가마의 하나로 덩 모양 비슷한데, 좌우와 앞에 구슬을 꿰어 만든 발이 있고 채가 긴 연(輦)이 건너다니기에도 평탄하고 곧아 우회됨이 없음으로, 물길은 노량나루로 정한다.

중종(中宗)의 선릉(宣陵)·성종(成宗)과 계비 정현왕후(貞顯王后)의 정릉(靖陵)·선조의 아버지 원종(元宗)과 인헌왕후(仁獻王后)의 장릉(章陵)·현륭원에 행행할 때와 온천(溫泉)에 행행할 때에도 모두 이 길을 이용하고, 태종(太宗)과 원경왕후(元敬王后)의 헌릉(獻陵)·세종(世宗)과 소헌왕후(昭憲王后)의 영릉(英陵)·효종(孝宗)과 인선왕후(仁宣王后)의 영릉(寧陵)을 행행할 때에는 광진(廣津)에 옮겨 설치한다.

선창의 배설은 으레 큰 배를 강가에 대놓고 언덕의 좌·우측에 긴 나무를 늘어 세우고, 그 안에는 모래와 흙으로 채워 배의 높이와 수평을 이루게 한다.

그 일에 드는 비용은 극히 많이 소요되었으나 행사를 치르고 나면 헐어버리고 매년 이를 다시 설치해야 하니, 그 비용을 지탱할 수가 없다.

그래서 마침내 돌로 그것을 대신 쌓기로 하고 강가의 잡석을 모아 고기비늘 모양처럼 가지런히 맞물려 높게 쌓아올리고 석회로 그 빈틈들을 메우면 그것이 완고하고 튼튼하여 한번 쌓아서 영구히 쓸 수 있게 되겠기에 이렇게 하기로 결정한다.

교량에 쓰일 선척에 대해서는 남북으로 선창의 거리가 1백 90발[把：두 팔을 벌린 길이]이므로 여기에는 큰 배가 의당 36척이 소요될 것이니, 경강의 개인 배와 훈국(訓局：훈련도감)의 배를 택일하여 쓰기로 한다.

경강의 큰 선박이 지금 현재 도합 80척이니 교량에 소요될 새로 만든 완고한 배 36척 이외의 배들은 모두 배다리의 왼쪽과 오른쪽으로 나누어 세워서 배다리를 끈으로 잡아매거나 호위하는 구실에 쓰이도록 한다.

배다리의 제도는, 배치하여 연결시킬 즈음에 먼저 여러 배 가운데서 몸체가 가장 크고 뱃전이 가장 높은 것을 골라 강 한복판에 정박시켜서 중심의 표적을 삼게 한다.

그리고 이어 크고 작고 높고 나직한 것들을 차례로 왼쪽과 오른쪽에 줄지어 연결시켜 선창에 닿게 함으로써, 다리를 가운데는 높고 양쪽은 낮게 하여 무지개모양의 궁륭교(穹隆橋)가 되게 한다.

늘어세워 묶는 방법은, 배를 먼저 상류를 향해 닻을 내리게 하고 가룡목(駕龍木)은 양쪽의 끝이 서로 닿지 않도록 어긋나게 배치하여 서로 끼어들게 해서 바로 이 배와 저 배의 뱃전 판자가 개 이빨처럼 서로 맞물려 틈새가 나지 않도록 한다. 그런 후 남쪽과 북쪽 선창의 항선(項船)을 먼저 큰 밧줄로 배의 앞쪽인 이물과 뒤쪽인 고물을 나누어 묶어서 언덕위의 못에 잡아매고, 다음에 종보[마룻보]와 버팀목으로 묶는다. 그리고 가로로 판자를 깔고 다음에 난간과 적교(吊橋)[186]를 만들어 놓은 후 홍살문을 설치한다.

배들을 늘어세운 뒤에, 이전에는 돛대를 배 위에 가로로 놓고 각 배들을 묶었는

---

186) 양쪽 언덕에 줄이나 쇠사슬을 건너지르고, 거기에 의지하여 매달아 놓은 다리 즉 현수교를 말한다.

데, 돛대 기둥이 밑동은 크고 끝 쪽은 가늘어서 가로로 놓고 묶기에 불편하였다. 그리고 또 크고 긴 것을 가로로 여러 배에 뻗쳐 잇게 함으로써 배 한척에서 탈이 발생하면 묶은 줄을 풀기가 또한 어려웠다. 그러니 별도로 장산곶(長山串)에서 길이 35자 가로 세로의 넓이 1자되는 소나무를 구해다가, 배마다 각기 다섯 주(株)씩을 배에 깔아놓은 판자의 길이를 헤아려 분배해서 세로로 묶되, 두 쪽 끝이 뱃전을 걸쳐 밖으로 나가게 한다. 그리고 두 배의 종보 머리는 서로 마주 잇닿게 하고 말목을 맞세워 박은 다음 칡 밧줄로 야무지게 묶는다. 그리고 또 버팀목을 배 위에다 세워 배가 흔들리는 걱정을 없게 한다.

이전에는 배 위에다 발[笆子 : 대, 갈대, 수수깡, 싸리 따위로 발처럼 엮거나 결은 물건]을 깔고서 모래와 흙을 채우고 그 위에 잔디를 깖으로써, 설치하고 철거할 때에 일이 많을 뿐만 아니라 만일에 비라도 만나게 되면 언제나 매우 질척거려서 낭패를 보기가 십상이었다.

양호(兩湖 : 동호와 노량)에 나누어 맡긴 장송판(長松板)으로 너비는 한 자, 두께는 세 치, 길이는 어가(御駕)의 길 너비 4발의 폭에 한정된 것을 고기비늘처럼 나란히 종보 위에 가로로 깔고, 두 판자가 맞닿는 곳에는 드러나지 않게 못을 박아 서로 맞물리게 한다.

또 아래쪽에는 견마철(牽馬鐵)로 두 판자가 맞닿는 곳에 걸쳐 박고, 또 판자의 양쪽 끝에는 보이지 않게 구멍을 뚫어 삼밧줄을 꿰어서 왼쪽과 오른쪽의 종보에 묶어 움직이거나 노는 폐단이 없게 한다.

깔판의 좌우 양쪽에는 먼저 중방목(中枋木)을 설치하고 다음으로 짧은 기둥을 매양 한 칸에 한 개씩 늘어세운다. 그리고 둥근 나무를 대강 네모지게 다듬어 길이가 3m가량 되게 하고 한 쪽면의 폭이 30cm 가량 되는 벽련목(劈鍊木)을 사용하여 가로로 열십자 모양의 난간을 만들어 두 기둥 사이에 연이어 박아 넣는다. 그런 다음 먼저 기둥 한쪽에다 서로 마주보게 변석(邊錫)을 뚫어 난간이 서로 마주 붙어 드나들 수 있도록 뒤에서 받쳐주는 역할을 하도록 만든다.

노량나루는 바로 조수(潮水)가 드나드는 곳이라서 밀물이 많으면 수위(水位)가 3~4자 높아지고 적어도 두어 자는 높아져 배다리가 물에 떠받쳐 선창보다 높아지고, 조수의 많고 적음에 따라 위아래로 층이 갈라져 길의 형태를 이루지 못한다. 그런데 비록 선창을 더 쌓고자 하여도 밀물과 썰물의 출입으로 인하여 수위가 갑자기 높아졌다 낮아졌다 하므로, 때에 따라 일을 중지하기에 어려움이 있다.

대략 적교(吊橋)의 제도를 본떠 널다리를 만들되, 세로로는 종보를 배치하고 가로로는 넓은 널빤지를 깔아 다리모양처럼 똑같이 만든다. 그리고 널다리의 종보 머리를 항선(項船)의 종보 머리에 연접시키되, 요철(凹凸) 모양으로 깎아 서로 잇대서 수레의 바퀴 따위가 벗어지지 않도록 구대에 내려지르는 큰 못이나 인방 같은 것이 물러나지 않도록 기둥과 인방 대가리를 얼러서 꽂는 나무못인 비녀장 지르는 것을 마치 삼배목(三排目 : 비녀장에 배목 셋을 꿴 장식) 궤도와 같이 하여 자유자재로 구부러지고 펴지도록 한다.

그렇게 할 경우 조수가 밀려들어 다리가 높아지면 널다리의 한쪽 머리가 배를 따라 들려져서 한쪽은 약간 높고 한쪽은 낮아지는 형세가 되겠지만 경사가 가파르기까지는 않을 것이고, 조수가 밀려 나가면 평평해져서 선창의 위가 판판하게 도로와 연결이 될 것이다.

남쪽과 북쪽 선창에 각기 한 개의 홍살문을 설치하여 배다리의 경계를 표시하고 가운데 가장 높은 배에도 홍살문을 세워 강물의 복판임을 표시한다.

배다리를 놓고 철수하는 일을 보아 지키고, 거둥이 있을 때 벌려 서서 호위하는 일에 군졸이 없을 수 없다. 배 한 척의 격군(格軍 : 노를 젓는 군인)이 12명으로, 총 80척의 격군은 거의 1천 명에 가까우니, 이들로 군대를 조직하고 군사 명부를 작성하여 본 주교사에 비치한다.

그리하여 배다리를 놓고 철수할 때는 이들 격군을 돌아가며 부리고, 거둥 때는 주교사 소속의 배 한 척당 12명씩의 격군에게 전건(戰巾)을 씌우고 청·황·적·백·흑 빛깔의 더그래[號衣]를 입혀 좌우 난간 밖 뱃머리에 벌려 세우고, 협선(挾船)의

격군은 좌우 협선에 벌려 세워서 호위로 삼는다.

이미 창설하여 군대의 대오를 지었으면 부하를 거느리는 책임자가 없을 수 없다.

배다리의 중심에서 남쪽은 전부(前部), 북쪽은 후부(後部)로 삼아 배 세 척으로 1개의 선단(艐)을 구성해 전후 각기 다섯 개의 선단을 이루어서 오사(五司)의 제도를 대략 본뜨고, 나머지 배들은 중앙에 배속시킨다.

협총(協總) 한 사람을 두어 전후를 통솔하게 하되, 본 주교사의 도청(都廳)으로 겸임시키고, 전·후부에는 각기 영장(領將) 1명씩을 두되 주교사의 감관(監官) 두 사람으로 임명하며, 매 선단에는 각기 선단의 우두머리 1명씩을 두되 주교사의 영장 10명으로 임명해서 단속하고 통제하게 한다.

군졸이 있은 다음에는 당연히 표시하는 깃발이 있어야 한다. 그러나 여기는 진영을 짜는 것과는 다름이 있으니, 굳이 큰 깃발을 쓸 필요가 없다. 의당 배와 물의 의미를 상징하게 해서 육군(陸軍)의 깃발 제도와 구별 지어야 할 것이다.

중앙의 홍살문 양쪽에는 큰 두 개의 깃발을 세우되, 하나는 황색으로 하여 중심을 표시하고 하나는 흑색을 써서 수덕(水德)을 상징한다.

배마다 이물에는 각기 한 개의 깃발을 세우되, 청·황·적·백·흑의 빛깔로 5개 선단의 차례를 상징한다. 그리고 깃발의 띠는 중앙을 상징하고, 기각(旗脚)은 해당 부(部)를 상징하며, 깃발 앞면에는 아무 선단의 몇째 배라는 것을 써서 대오를 표시한다.

배마다 고물[船尾]에도 역시 각기의 깃발을 한 개씩 꽂되, 청·황·적·백·흑의 빛깔과 깃발의 띠와 기각(旗脚)은 이물[船首]의 제도를 그대로 따르고, 깃발의 앞면에는 새매나 물새를 그려 예부터 내려오는 화선(畵船)의 제도를 상징한다.

배에는 또한 각기 바람을 살필 수 있는 깃발인 상풍기(相風旗) 한 개씩을 세워 바람을 점칠 수 있게 한다.

대가(大駕)가 물을 건너는 때에 있어서는 이미 장령(將領)과 군졸을 배치하였으니 총감독할 대장이 없을 수 없음으로, 대가를 수종하는 이외에 군영에 남아 있거

나 부대에 남아 있는 대장은 병조에서 삼망(三望)을 갖추어 들여 낙점을 받는다. 그러나 만일 해당 군영의 대장이 거가를 따라갈 때에는 인원을 갖추어 의망(擬望)할 수 없으니, 수어청(守禦廳)과 총융청(摠戎廳)의 수어사나 총융사를 임시로 계청(啓請)하여 합해서 의망해 들인다.

배다리를 놓을 때나 평상시에 있어 선창의 석축(石築)과 창고에 쟁여놓은 목재들은 반드시 그것만을 관장해서 살피는 사람이 있어야만 소홀하게 취급하는 폐단이 없을 것이다.

노량진(鷺梁鎭)을 본 주교사에 이속 시키고 본 주교사가 별장을 차출하여 착실히 관장하게 해야 할 것이며, 해당 노량진의 진영에 있는 환곡과 돈은 한결같이 옛날 그대로 유치시켜 모든 것을 꾸려갈 수 있도록 한다.

나룻 길을 건널 때에는 으레 나룻머리에 어가가 머물 처소[大次]가 있어야 하나, 그것을 준비하려면 드는 비용이 적지 않으니 노량진의 진영막사를 본 주교사의 관사로 정해서 행행할 때에 어가의 처소로 삼는다.

배다리에 드는 종보·깔판·난간 등속의 나무로 된 물품들은 반드시 거두어 보관하는 곳이 있어야만 썩거나 손상될 걱정이 없을 것이다.

노량나루의 본 주교사 근방에 창고 70칸을 지어 각종 나무로 된 물품들을 보관해 두도록 한다.

어가의 처소를 지키고 수리하고 청소하고 군불을 지피는 등속의 일을 해당 노량진에서 주관해 거행하도록 하려면 자연 급료로 지급할 베[布]나 비용의 수요가 있어야 하니, 금위영(禁衛營)의 돈 1천 냥을 본 노량진에 대출해 주어 이자를 받아 비용의 수요로 삼게 한다.

배다리를 놓거나 철거할 때에 각 선박의 격군(格軍)을 돌아가며 쓰기로 한다면 별로 재용이 많이 들어갈 것이 없겠지만 또한 어지간한 잡비는 들지 않을 수 없으니, 호남에 감해준 조세 운반비용의 무명 6동(同 : 1동은 50필) 26필을 본 주교사에 소속시키고, 호조가 그것을 받아 넘겨주어 비용의 수요로 삼게 한다. 그리고

쓰고 남은 것은 차츰 저축해 두어 불시의 비용에 쓰도록 한다.

　노량진 남쪽과 북쪽의 언덕 근처에 살면서 배를 만드는 장인들은 하나같이 본 주교사의 대장에 올려 잡역을 면제해 주고 다리를 놓을 때 부릴 수 있게 한다.

　배다리가 이미 정해진 뒤에 공조가 선창을 쌓는 일이 없으면 본조 소속의 각 강(各江)의 관령(管領)들을 모두 본 주교사에 이속시켜 부린다.

　다리를 놓거나 다리를 철거할 때에는 당연히 감독하는 사람이 있어야 할 것이나, 각 군문의 장교(將校)들을 파견 받아쓰게 되면 폐단만 있을 뿐 아니라, 배 위에서 일하는 것을 살피는 것이 또한 익숙한 뱃사람들만 못할 것이다. 그러니 배의 주인 가운데 부지런하고 성실하며 사리를 아는 사람으로 도감관(都監官) 1명, 감관(監官) 2명, 영장(領將) 10명을 가려 뽑아 배를 분담해 관리하고 격군을 통솔하여 착실하게 감독하도록 한다.

　대가가 나루를 건널 때에 다리 위에서 신호하는 깃발은 당연히 배 위에 꽂아둔 깃발을 사용하되, 깃발을 드는 사람은 좌우에 벌려 선 격군을 쓴다.

　깃발은 노량나루의 본 주교사에 갈무리해 두었다가 임시해서 내다쓴다. 그리고 수리하거나 다른 것으로 바꾸는 등의 일은 본 주교사가 거행한다.

　상풍기(相風旗)와 격군이 쓰고 입는 전건(戰巾)·더그레와 띠는, 처음에는 본 주교사가 만들어 지급해 주고, 뒤에 수리하거나 다른 것으로 바꾸는 것에 대해서는 배의 주인들이 담당해서 거행하도록 한다.

　감관(監官)은 영장(領將) 가운데 출마한 후보자들의 성명을 죽 적어놓은 다음 전형관(銓衡官)이 뽑고 싶은 사람의 성명아래 둥근 점을 찍어 점수가 많은 사람을 선발하는 방식으로 지금의 투표와 흡사한 방법으로 차출[圈點]하고, 영장은 각 배 주인들 중에서 부지런하고 성실하며 사리를 아는 자를 가려 그들로 하여금 공론에 따라 권점으로 차출하게 하되, 감관은 2년마다 바꾸기로 한다.

(25)

깔 판자·종보(마룻보)·난간·철물(鐵物) 등속은 착실히 살펴서 손상을 입히거나 잃어버리지 않으면 10여 년은 지탱할 수 있을 것이다. 그러나 약간 고치거나 바꾸어야 할 것에 대해서는 남아 있는 데에서 가져다 쓰도록 한다. 혹 많은 수효를 꼭 바꾸어 써야 할 경우, 종보는 장산곶(長山串)에서 가져다 쓰고, 깔 판자는 삼남의 바람에 쓰러진 소나무를 가져다 쓴다. 대신 철물 등속은 본 주교사에서 마련한다.

경강(京江)의 개인 배를 다리 공사에 동원시켰으면 수고에 보답하는 도리가 없을 수 없다. 뱃사람의 일이란 오로지 양호(兩湖: 호서와 호남으로 충청도와 전라도)의 세곡을 실어 나르는 것이 위주인데, 근래 서울과 지방에서 토색질[187]하는 폐단이 갈수록 심해져서 이익을 잃게 되었으니, 각항의 폐단을 특별히 금하여 없애도록 따로 절목을 만들어서 이를 준행하도록 한다.

배를 부림에 있어 요긴하거나 대수롭지 않을 때가 있고 각 고을의 배 삯에도 또한 후하고 박함이 있으니, 등급을 나누어 구별하는 일이 없을 수 없다. 감관과 영장은 그 자신은 이미 감독의 일을 맡았고 배도 또한 배다리에 편입되었으니, 노역이 가장 많은 그들을 1등으로, 배다리에 편입된 배를 2등으로, 좌우의 협선(挾船)을 3등으로 삼는다. 그리고 각 고을에는 그들 고을의 후하고 박함에 따라 세 등급으로 구분지어 공정하게 추첨하여 각 고을에서 등수 나눈 것을 버리게 하고, 그들로 하여금 스스로 가리는 폐단이 없게 한다.

배들이 곡식을 싣거나 행상을 하기 위해 수시로 멀리 출행함으로 인해서 갑자기 모으기에 어려움이 있다. 봄·가을로 능에 행행하는 데는 본시 정해진 달이 있으니, 기한에 맞추어 일제히 와 기다리게 하라는 뜻을 미리 각 배 주인들에게 거듭 단속시켜 감히 기일을 놓지는 일이 없게 한다. 그래서 만일 기일을 어기고 오지 않는 자가 있으면 배 주인을 엄히 징계하고 추첨에서 제외시킨다.

---

187) 벼슬아치가 백성을 상대로 돈이나 물건 따위를 억지로 달라고 하는 행위를 말한다.

주교사의 도제조는 삼공(三公)이 예겸(例兼)하고, 제조는 삼군문의 대장이 예겸한다. 그리고 주관당상(主管堂上) 1인은 비국에서 별도로 계하(啓下)를 받아서 준천사(濬川司)의 주관당상까지 겸관(兼官)하게 하고, 도청(都廳) 1인은 삼군문의 천별장(千別將) 중에서 가려 계하(啓下)를 받아서 역시 준천사의 도청까지 겸관하게 한다.

다리를 놓을 때 사람들을 부리고 재용(財用)을 관장하는 일은 본 주교사의 주관당상이 모두 관장해서 거행하고, 예겸당상은 다리를 놓을 때 번갈아 오가면서 일을 감독한다.

큰 밧줄로 배의 이물과 고물을 나누어 묶어서 언덕 위의 못에 매어두는 일은 위에서 논한 바가 있으나, 밧줄이 끝내 튼튼하지는 못하고 또 해를 지내다보면 썩어 상하게 되는 폐단이 없지 않다. 그러니 쇠줄 열 발[把]짜리와 다섯 발짜리 각각 네 개씩으로 남쪽과 북쪽 항선(項船)의 이물과 고물을 나누어 묶어서 언덕 위의 못에 걸어 매어 고정시킨다.

다리 위의 깃발에는 대군물(大軍物 : 기치·창검 따위의 여러 가지를 다 갖춘 군대 물건)의 제도와 소군물(小軍物)의 제도가 있는데, 대군물은 황색대기(黃色大旗)와 흑색대기, 각각 1개, 바람을 살펴보는 상풍기(相風旗 : 바람의 상태나 모양을 살핌) 72개, 선단 소속을 알리는 종선기(鯮船旗) 36개, 돛대 끝에 다는 매 그림의 바람개비인 골익기(鶻鷁旗 : 송골매 그림) 36개이고, 소군물은 황색대기와 흑색대기, 상풍기·종선기는 수대로 늘어세우고 골익기는 두지 않는다.

대군물과 소군물은 주사 진영으로부터 임시로 지휘를 받는다. 그러나 다리 위의 군물이 만일 대군물로 명이 내리면 주사대장의 해당 영의 군물도 대군물로 거행하고, 만일 소군물로 명이 내리면 해당 영의 군물도 소군물로 거행한다.

해당 영의 대군물은 주사영의 인기(認旗) 1개, 대·중·소의 오방기(五方旗) 각 5개, 문기(門旗) 10개, 각기(角旗) 8개, 청도기(淸道旗)·금고기(金鼓旗) 각 2개로 도합 38개이고, 대장의 명령을 전달하는 군사인 순령수(巡令手)·군대에서 죄인을 다루는 뇌

자(牢子) 각 15쌍(雙), 나발, 소라, 대가, 호적을 불고, 징, 북, 라, 바라를 치는 군악대인 취타수(吹打手) 33명, 척후병으로 당보기를 가지고 높은 곳에 올라서 적의 동정·형편을 알리던 당보수(塘報手)·군기시(軍器寺)의 벼슬로 병기, 깃발, 융장(戎杖) 등을 관리하는 별파진(別破陣)·임금의 가마를 뒤에서 호위하는 난후아병(攔後牙兵) 각 20명이다. 그리고 소군물은 주사영의 인기 1개, 큰 오방기 5개, 각기 4개, 황문기(黃門旗)·청도기·금고기 각 2개로 도합 15개이고, 순령수·뇌자 각 10쌍, 당보수·별파진·난후아병이 각 10명이다.

선창머리에 혹시라도 모래가 쌓여 맨 머리에 있는 배와의 거리가 서로 사이가 뜨게 떨어지면 그 형편에 따라 당연히 선창 앞쪽으로 물려 만들어야 한다. 전면에 먼저 몸체가 크고 길이가 40자 정도 되는 두 개의 방목(方木)에 다섯 개의 구멍을 나누어 뚫고 다섯 개의 기둥을 박되, 기둥 나무 양쪽 끝에는 각각 가로로 비녀장을 박아서 5층 사다리 모양처럼 되게 한다.

하방목(下方木)을 물속에 3자쯤 한정하여 내리되, 기둥나무 사이사이 네 곳에 각기 8~9자쯤 되는 작은 말목 두 개의 위쪽에 구멍을 뚫어 하방목 좌·우에 꽂고 비녀장을 말목 위쪽 구멍에 가로질러서, 하방목이 떠서 이동하거나 솟아오르는 폐단을 막는다. 그리고 이어 모래를 빈 가마에 담아 방목의 상단 양쪽에 늘어 쌓아서 석축(石築) 밑쪽을 누르고 있게 한다.

뒤쪽에 기둥나무를 곧게 세우고 이어 걸치는 종보를 얹고, 사면은 두 층으로 나누어 가로 세로로 중방목을 박아서 마치 집을 짓는 모양과 같게 한다.

버팀목과 종보와 깔 판자와 드러나지 않은 못과 견철(牽鐵)과 끈으로 얽는 것은 모두 배다리의 구조와 같게 한다. 그리고 다시 몸체가 큰 가름대의 가장 긴 것 두 개로 좌·우측 깔 판자의 양쪽 가장자리에 덧대어 물러나지 않게 한다고 되어 있다.

(26)

　이 절목을 기본 삼아 몇 차례의 경험을 바탕으로 을묘 원행 때 현륭원 참배를 위해 한강에 설치한 배다리는 다음과 같다.

　강에 가만히 띄워 벌려 놓은 배[橋排船] 36척, 배위에 걸치는 가로대[橫楔] 72주(株), 세로대[縱楔] 175주, 다리위에 설치할 널빤지[鋪板] 1,039장, 버팀목[撑柱木] 170개, 거멀목[蛭木] 70개, 회룡목(回龍木) 108개, 크고 작은 못[大小釘] 900개, 견마철(牽馬鐵) 5,804개, 머리가 있는 못[頭釘] 24개, 채정목(叉釘木) 175주, 큰 비녀못인 대채정(大叉釘) 10개, 작은 비녀못인 소채정(小叉釘) 10개, 윤통(輪桶) 10좌(坐), 큰 거멀못[大蛭釘] 10개, 대견철(大牽鐵) 8개, 철사를 꼬아서 만든 줄[鐵索] 77거리(巨里), 대철삭(大鐵索) 8거리, 난간(欄干) 240척(隻), 판(板) 92개, 난간의 귀퉁이에 세운 기둥머리[法首] 242주(柱), 머리가 'ㄱ'자 모양으로 꼬부라진 못[曲釘] 692개, 관철(鶴鐵) 73개, 문고리나 삼배목에 꿰는 쇠[排目]146개, 홍살문(紅箭門) 3면(面), 학판(鶴板) 2좌(坐), 두정(頭釘) 8개, 깃발을 거는 붉은 쇠줄[升旗紅大索] 4거리(巨里), 좌우로 따라다니며 호위하는 배 12척, 대나무 발이 150~160부(浮) 등이다.

　강 양쪽에 선창을 설치했다. 선창은 나무를 사용하지 않고 주변에 흩어져 있는 각종 돌을 모아 주교의 높이와 맞도록 쌓고 석회를 발라 항구적으로 이용할 수 있도록 하였다. 이 선창을 활용하여 배를 고정시키는 역할을 배가시킬 수 있었다. 배다리에 사용되는 배는 이물과 고물에 닻줄 물레를 달고 이물과 고물에서 닻을 강에 내려 배가 움직이지 못하도록 고정시킨다. 배와 배를 서로 연결할 때에는 먼저 상류를 향해서 닻을 내리게 한 다음, 배를 서로 연결 시켜주는 삼판(杉板) 사이에 가룡목(駕龍木)을 개의 이빨처럼 서로 꽉 물리게 연결하여 배의 흔들림을 막았다.

　남북의 양끝에 있는 항선(項船)의 머리와 꼬리부분을 단단히 묶어 강안상(江岸上)에 있는 못에 걸었다. 그런 다음 세로 막대기인 종량(從樑)과 버팀목인 탱주(撑

柱)를 연결하고 이어 횡판을 깐 뒤 난간 및 적교(吊橋)와 홍살문을 설치하였다.

횡판을 깔 때 판자가 맞닿는 곳에 표가 나지 않도록 못을 박고 아래쪽은 견마철(牽馬鐵)로 처리하였으며, 판자의 양끝에는 구멍을 뚫어 삼 줄로 꿰어 좌우의 사이로 막대에 묶었다.

선창과 항선을 연결하는 도로는 적교(吊橋) 형태를 취하도록 하여 조수(潮水)가 드나들어 수면에 변동이 일더라도 안전하도록 하였다.

다리의 양끝과 중간 부분에 홍살문 3개를 세웠다.

홍살문은 시작과 끝을 시각적으로 드러나게 하고 가운데 홍살문은 가장 깊은 강심(江心)에, 제일 큰 배에 세워서 이곳이 강 한가운데임을 나타나게 했다. 강심은 모든 다리건설작업의 표준지점이 되기 때문이다.

뿐만 아니라 이 표준지점을 가장 높게 하고 양쪽으로 점차 경사지게 하여 다리 모양을 마치 반달처럼 꾸며 장엄하고 아름답게[美麗]하여 물위에 뜬 것이 아니라, 하늘에 걸린 무지개인 듯 신비감을 자아내도록 했다.

교배선은 한강의 5강(五江)에 있는 경강선(京江船)을 선택하여 배의 높낮이에 따라 순서와 기호를 부여하여 관리하였다.

중앙의 가장 큰 배를 중심으로 배 한 척은 상류를 향하여 뱃머리를 두고 한 척은 하류를 향하도록 교차시켜 가면서 늘어세워 점차 남북으로 약간의 경사를 자연스럽게 이루게 했다. 이렇게 배치시켜야 닻을 내릴 때 닻끼리 서로 엉키지 않고 배들이 질서 있게 가지런해질 수 있다.

주교에 동원된 배는 국가에서 주는 특전이 있어 불평불만 없이 아주 적극적인 호응이 뒤따랐다.

배다리는 강을 건너는 기능에다 미적인 면을 추가했다. 배다리 양옆으로 난간을 설치하여 잔디를 깔고 송판 위에는 황토를 뿌려 다리를 건너는 것이 아니라 맨 땅인 길을 걷는 것과 같은 안정감을 같도록 했다.

배다리 위에 까는 잔디는 각자 양화(楊花)나 서강(西江)에서 일반적으로 떠오는

것이 상례였다.

첫 배에는 뱃전 4곳에 쇠사슬을 단단히 걸고 한끝을 모래밭 속에 깊이박아 움직이지 못하도록 하였다. 배다리 좌우로는 난간을 만들어 안전을 도모하고 그 뒤로는 각종 깃발을 꽂았다. 임금이 행차할 때에는 150개의 깃발과 풍향기 72개로 지정하였다.

물론 배다리 좌우에는 만약의 사태에 대비하여 호위군사가 무장을 한 채 다섯 발 간격으로 배치되었다.

임금의 왕복행차가 완전히 끝나면 주교는 해체되고 사용하였던 배들은 원래의 용도로 되돌아간다. 그리고 배다리에 쓰였던 재목과 각종 부속들은 잘 보관하였다가 행사가 있을 경우 재사용하게 했다.

연산군(燕山君)이 과천에 있는 청계산(淸溪山)으로 사냥을 하러 가기 위해 민간인의 배 800척을 동원하여 한강에 주교를 놓아 원성을 듣기도 한 사실을 잘 알고 있던 정조는 치밀하고 용의주도하게 준비를 했다. 그러나 주교사라는 임시관청을 만들고 정3품 당상관을 책임자로 삼아 합리적이고 과학적인 방법으로 한강에 배다리를 설치한 것은 정조가 최초이다.

(27)

배를 만드는 곳[造船場]은 노량진, 밤섬, 서강, 용산 등에서 주로 이루어졌다. 강배도 이곳에서 만들었는데 주위에 있는 나무를 많이 이용하였다. 그러다보니 곧은 나무보다 굽었거나 못생긴 나무들이 더 많았다. 이 나무들을 솜씨 좋은 목수[船匠 또는 耳匠]가 생김새를 잘 활용해 훌륭한 배를 만들어 냈다.

우리나라의 전통적인 배는 밑을 평평하게 하기 위하여 나무판을 넓적하게 붙여 만드는 것이 특징인데 이를 본판(本版) 또는 저판(底版)이라 부르며 평저선(平底船)이라 한다. 그래서 얕은 물에서도 통행하기가 편리하며 아무 곳에나 접안하기가 좋다. 또 부력이 강해 물에 뜨는 힘이 아주 세다. 여기에다 부판(浮板)으로 밑

에서 받쳐주었으니 배다리는 그야말로 탄탄대로가 될 수밖에 없었다. 조운선(漕運船)이 배다리로 안성맞춤인 까닭이 바로 평저선으로 만들어졌기 때문인 것이다. 그래서 소금 배는 뱃전이 얕고 밑바닥이 좁아서 쓸모가 없었던 것이다.

하루 두 번 밀물과 썰물로 인해 정박(碇泊)해있는 배는 두 차례씩 젖고 마르기를 반복해 나무가 잘 썩는 폐단이 있기 마련이다. 이를 방지하기 위하여 목재와 목재를 잇는 곳에는 나무못을 이용해 부식을 방지하는 것이 우리나라 목선(木船)의 특징이다. 쇠못으로 배를 만들 경우 배 바닥의 널빤지를 갈아 넣거나 나무못을 박아 배를 수리할 때 배의 외판 가운데 흠집이 난 부분만을 교체하기란 불가능했다. 그래서 우리나라 배가 우수한 것이다.

본판 좌우로 긴 널조각을 배 크기에 알맞도록 수직으로 쌓는데 이를 삼판(杉版) 또는 현판(舷版)이라 한다. 삼판 사이 좌우로 긴 나무막대기를 끼워 넘어지지 않게 하는데 이를 가룡목(駕龍木)이라 부른다.

배의 앞뒤 부분도 수직으로 쌓아 만드는데 앞을 노판, 뒤를 축판이라 하며 흔히 하판(荷版)이라 통칭하기도 한다. 본판에다 삼판, 노판, 축판을 붙여 배 모양이 이루어지면 삼판위에 현란(舷欄)이라고 하는 배의 난간을 두른다. 이 현란 사이를 가룡목으로 서까래처럼 연결시켜 그 위에다 갑판을 만드는 것이다. 그리고 후미에 키[舵]를 설치한다.

이렇게 이루어진 배는 파도가 일어도 마치 물위에 떠있는 바가지와 흡사하다. 방향을 바꾸기도 용이하고 바람을 맞아도 전복될 위험이 덜하다. 오히려 바람을 적절히 이용하기 위하여 쌍돛을 주름잡아서 달았으므로 풍향에 따라 가속도를 낼 수 있도록 과학적 기술까지 접목시켰다. 바람이 너무 강하게 불면 돛을 아예 내리거나 하나만을 사용하는 기술로 배를 부리는 지혜를 지닌 우리 선조들이었다.

현재 보는 나무배는 전통적인 우리나라의 것이 아니고 모두 일본형의 설계를 답습하고 있는 실정이다.

주교사(舟橋司)의 치밀하고 용의주도한 계획과 실행으로 동호에서 노량진까지

배다리 설치공사는 2월 13일에 시작하여 불과 12일 만인 2월 24일에 끝마쳤다. 그 당시 주교사에서는 20일 가량 시간이 소요될 것으로 판단했으나 그 절반 정도밖에 걸리지 않았다.

행사 닷새전인 윤 2월 4일에는 '주교도섭습의(舟橋渡涉習儀)'라 하여 배다리를 이용하여 강을 건너는 예행연습을 실시하였다. 사전 점검으로 혹시 일어날지 모르는 불상사를 막기 위해서이다. 배다리를 설치 한지 꼭 열흘 뒤의 예행연습이었다.

우리가 지금 보는 배가 아니라 예전부터 내려오던 우리고유의 배로 배다리를 놓았던 것이다. 거북선을 정확히 복원하지 못하듯 이렇게 가다가는 우리나라 전통의 고유한 목선 하나 제대로 복원하지 못할까 염려스럽다.

205년 전인 1795년 정조를 건너다니게 했던 배를 다시 한강에 띄우는 날이 오기를 손꼽아 기대해 본다. 아스라이 들려오는 옛 격군들의 뱃노래가 어디선가 금방 들려올 것만 같다.

배다리는 요즘 공병에 의해 건설되는 초현대식 부교(浮橋)의 효시라 하여도 과히 틀리지 않다.

1950년 6월 28일 6·25사변으로 정부가 한강인도교를 폭파 타이드 아치(tied arch) 3경간(三徑間)과 판형교(板形橋, Plate Girder Bridge) 일부분이 파괴되었다. 그 후 국군의 진격으로 북진하였으나 중공군(中共軍)의 개입으로 다음해 1월 4일 후퇴하며 2개의 부교(浮橋, Pontoon Bridge)를 설치하였다. 당시 설치한 부교는 제2차 세계대전 때 사용했던 M4와 M2였다. 네다섯의 보트를 물 위에 나란히 띄운 뒤 그 위에 알루미늄의 판자를 덮어 연결시킨 방식이었다. 부교 1개는 폭 4.2m, 길이 25m정도였다. 1Km가 넘는 한강을 건너려면 40개 이상의 부교가 필요했다. 25m짜리 M4를 연결해 1Km의 부교를 설치하자면 1~2일이 걸렸다. M4와 M2는 부양력이 떨어졌다. 무게가 44톤인 M46 전차와 14.5톤인 8인치 자주포가 69m 간격으로 지나가는데 M4부교가 물에 잠시 잠겼다고 한다. 아무튼 이 두 곳에 설치된 부교로 10만 병력과 수많은 장비가 한강을 건넜다. 그리고 부교를 해체할 시간조차 없어 1월

4일 새벽 3시 30분경 폭파시켜버렸다.

　정조는 이 보다 155년 전 이미 완벽한 부교를 설치해 평지와 같이 한강을 건넜다. 많은 배를 이용한 것이 아니라 단 36척으로 1Km가 넘는 한강을 도로처럼 사용한데 대하여 후손으로 자긍심을 갖는다. 오늘날 세계를 놀라게 하는 경제 기적이 우연히 아니라는 사실을 암시해준 정조의 계시(啓示)라면 지나친 비약일까?

　한강의 기적은 이미 정조 때 이미 이루어졌다.

♣ 참고문헌

한국국사 편찬위원회, 『조선왕조실록(朝鮮王朝實錄)』, 탐구당, 1986

『국역조선왕조실록』 CD_ROM

『국역홍재전서』 CD_ROM

한영우, 『정조의 화성행차 그 8일』, 효형출판, 1998

한영우, 『조선왕조 의궤』, 일지사, 2005

정조사상연구회, 『정조사상연구』 창간호~6권, 1998~2003

이성무, 『조선시대 당쟁사』, 동방미디어, 2002

한국역사연구회, 『역사문화수첩』, 역민사, 2000

서울대학교 규장각, 『화성성역의궤(華城城役儀軌)』, 보경문화사, 1994

서울대학교 규장각, 『원행을묘정리의궤(園行乙卯整理儀軌)』, 보경문화사, 1994

이희평, 우리시대의 한국문학(10) 고전수필 중 『화성일기』, 계몽사, 1994

민승기, 『조선의 무기와 갑옷』, 가람기획, 2007

김문식·신병주, 『조선왕실 문화의 꽃 의궤』, 돌베개, 2005

이원섭 역, 『시경(詩經)』, 현암사, 1969

서울특별시, 『서울6백년사』, 삼화인쇄주식회사, 1978

화성시, 『화성시사』, 경기도인쇄정보산업협동조합, 2005

수원시, 『수원시사』, 경기출판사, 1996

유형원, 『반계수록(磻溪隨錄)』, 명문당, 1994

김석진, 『주역강해(周易講解)』, 대유학당, 2001

한동석, 『우주변화(宇宙變化)의 원리(原理)』, 대원출판, 2003

이경업, 『씻김굿』, 한얼미디어, 2004

이덕일, 『사도세자의 고백』, 휴머니스트, 2007

이이화, 『문화군주 정조의 나라 만들기』, 한길사, 2007

국립고궁박물관, 『전시안내도록 국립고궁박물관』, 씨마스커뮤니케이션, 2007

혜경궁 홍씨(이선형 옮김), 『한중록』, 서해문집, 2008

법제자료, 『국조오례의』, 비매품, 1982

최형국, 『조선무사(朝鮮武史)』, 인물과 사상사, 2009

동아출판사 편집부, 『동아원색세계대백과사전』, 1984

정조, 『정조, 이산의 오경백편』, 느낌이 있는 책, 2009

정조, 『정조어찰첩(正祖御札帖)』 성균관대학교 동아시아학술원·성균관대학교 출판부,
        2009

♣ 영조(英祖) 약사(略史)

1693(숙종19)년 4월 26일 궁인(宮人) 최씨(崔氏:24세)를 숙원(淑媛)으로 삼음.

1694(숙종20)년 6월 2일 숙원 최씨(25세)를 숙의(淑儀)로 삼음.

1694(숙종20)년 9월 20일 숙의 최씨, 왕자 금(昑:영조)을 낳음.

1695(숙종21)년 6월 8일 숙의 최씨를 귀인(貴人)으로 삼음.

1699(숙종25)년 10월 23일 귀인 최씨(30세)를 숙빈(淑嬪)으로 삼음.

1699(숙종25)년 12월 24일 왕자 금(昑)을 연잉군(延礽君)으로 봉(封)함.

1703(숙종29)년 12월 15일 연잉군(10세) 관례(冠禮)를 행함. ―창경궁 요화당(瑤華堂)

1704(숙종30)년 2월 21일 연잉군, 가례(嘉禮) ―진사(進士) 서종제(徐宗悌)의 딸

1711(숙종37)년 9월 6일 연잉군(18세) 마마를 앓음.

1711(숙종37)년 9월 24일 연잉군, 차도가 있어 의관(醫官)에게 가자(加資)함.

1712(숙종38)년 2월 12일 연잉군, 궁궐을 나와 창의궁(彰義宮)으로 이사.

1718(숙종44)년 3월 9일 숙빈 최씨, 49세로 창의궁에서 졸(卒). ―1716년 10월 14일부터
　　　병이 중하여 피접을 나와 아들 연잉군이 모심.

1718(숙종44)년 5월 12일 양주 고령동(高嶺洞) 옹장리(瓮場里)에 숙빈 최씨를 장사지냄.

1720(숙종46)년 6월 8일 숙종 60세로 승하.

1720(숙종46)년 6월 13일 경종(景宗:33세), 경희궁 숭정문(崇政門)에서 즉위.

1721(경종1)년 8월 20일 연잉군을 왕세제(王世弟)로 삼음.

1721(경종1)년 8월 21일 영의정 김창집(金昌集)의 주청으로 연잉군 위호(位號)를 왕세제
　　　로 정함. (연잉군은 세제 임명의 명을 거두어 줄 것을 요청)

1721(경종1)년 8월 25일 세제 임명의 명을 거두어 줄 것을 거듭 요청.

1721(경종1)년 9월 6일 왕세제와 세자빈 입궁.

1721(경종1)년 9월 15일 왕세제가 효령전(孝寧殿)의 망제(望祭)를 섭행(攝行).

1721(경종1)년 9월 26일 왕세제와 세자빈 책봉례(册封禮)(경종, 면복(冕服)으로 인정전(仁
　　　政殿)에서)

1721(경종1)년 10월 10일 왕세제가 정사를 대행하도록 비망기(備忘記)를 내림.

1721(경종1)년 10월 15, 16일 정사를 대행하게 한 명을 거둘 것을 청하는 왕세제의 상소.

1721(경종1)년 10월 17일 왕세제 대행의 명을 회수.

1721(경종1)년 12월 22일 환관(宦官) 박상검(朴尙儉)·문유도(文有道)와 궁인(宮人) 석렬(石烈)·필정(必貞)이 왕세제를 살해하려 함.(사위하려는 왕세제를 說書 宋寅明이 설득)

1722(경종2)년 4월 23일 이이명(李頤命)·김창집(金昌集)을 사사(賜死).

1722(경종2)년 8월 14일 이건명(李健命) 참형(斬刑).

1722(경종2)년 10월 29일 조태채(趙泰采) 사사(賜死).

1724(경종4)년 8월 25일 경종, 창경궁 환취정(環翠亭)에서 37세로 승하.

1724(경종4)년 8월 30일 왕세제 연잉군(31세), 인정문(仁政門)에서 즉위.

1724(영조즉위)년 12월 16일 양주 천장산(天藏山:현 성북구 석관동)에 능호(陵號)를 의릉(懿陵)으로 정하고 장례를 치름.

1725(영조1)년 2월 25일 왕자 경의군(敬義君:효장세자, 7세)을 왕세자로 삼음.

1725(영조1)년 12월 23일 경복궁 북쪽에 어머니 숙빈묘(淑嬪廟)의 완성(完成).

1728(영조4)년 3월 14일 봉조하 최규서(崔奎瑞)가 용인(龍仁)에서 79세의 몸으로 입궐하여 급변(急變)을 알리고 「역정포고의(逆情布告議)」라는 토난책(討難策)을 올림.

1728(영조4)년 3월 15일 이인좌(李麟佐)의 반란(反亂).

1728(영조4)년 3월 27일 이인좌를 참(斬)함.

1728(영조4)년 11월 16일 왕세자(10세)가 창경궁 진수당(進修堂)에서 훙서(薨逝)함.

1729(영조5)년 1월 26일 효장세자를 파주(坡州)에 장례함.

1729(영조5)년에 『삼강행실도(三綱行實圖)』를 모든 도(道)에 내려 보내 감영(監營)에서 각 인(刻印)하여 배포토록 함. 1434(세종16)년 간행. 교서관(校書館)에서 인출(引出).

1730(영조6)년 6월 29일 경종 비 선의왕후(宣懿王后) 어씨(魚氏:26세), 경희궁 어조당(魚藻堂)에서 승하.

1930(영조6)년 8월 6일 「삼강행실」과 「이륜행실(二倫行實)」(1518, 중종18 간행)을 승정원·홍문관·예문관에 내리라고 명함.

1730(영조6)년 10월 19일 의릉에 왕과 왕비의 봉분을 앞뒤로 배치한 동원상하봉(同園上下封) 형식으로 선의왕후의 장례를 지냄.

1730(영조6)년 11월 27일 귀인(貴人) 이씨(李氏)를 봉(封)하여 영빈(暎嬪)을 삼음.

1732(영조8)년 2월 18일 『경종대왕실록(景宗大王實錄)』 완성.

1732(영조8)년 11월 29일 화순옹주(和順翁主), 월성위(月城尉) 김한신(金漢藎)에게 13살 동
갑에게 하가(下嫁)함.

1733(영조9)년 1월 10일 금주령(禁酒令) －도성의 쌀값이 등귀하고 품귀현상으로

1734(영조10)년 1월 1일 『농가집성(農歌集成)』의 판본(板本)을 인출(引出)하여 팔도와 양도
에 널리 반포. －1655(효종6)년 공주목사 신속(申洬)지음

1735(영조11)년 1월 12일 숙종 후궁 영빈(寧嬪:67세) 김씨 졸(卒).

1735(영조11)년 1월 21일 영빈이씨(暎嬪李氏), 원자(元子:사도세자) 낳음. －창경궁 집복
헌(集福軒)

25일 영조, 인정전에 나가 원자 탄생을 백관으로부터 하례를 받고 교문(敎文)반포. 원
자를 중호(中壺)에서 기른다하니 정성왕후(貞聖王后)의 아들로 양육됨.

1736(영조12)년 1월 1일 2세인 원자를 왕세자로 삼고 3월에 책봉례를, 4일에는 이름을
선(愃)으로 지음.

1737(영조13)년 8월 8일 임금은 자신 앞에서 싸우는 파당(派黨)을 질책하며 주원(廚院)에
게 감선(減膳)을 명함.

1738(영조14) 8월 16일 화평옹주(和平翁主:12세), 박사정(朴師正)의 아들 금성위(錦城尉) 박
명원(朴命源:14세)에게 하가(下嫁).

1739(영조15)년 3월 28일 단경왕후 복위 －중종(中宗)의 첫째부인 신씨(愼氏). 시호(諡號)
단경(端敬), 휘호(徽號) 공소순열(恭昭順烈), 능호(陵號) 온릉(溫陵)-

1740(영조16)년 9월 2일 송경(松京) 만월대(滿月臺)에 나가 문무과(文武科)를 실시. 문과
는 전명조(全命肇) 등 3인, 무과는 전흥제(田興齊) 등 10인을 뽑고 다음날에는 성균
관(成均館) 전배.

1743(영조19)년 4월 5일 화협옹주(11세), 신만(申晩)의 아들인 영성위(永城尉) 신광수(申
光綬:13세)에게 하가.

1744(영조20)년 1월 11일 왕세자(11세), 홍봉한(洪鳳漢)의 동갑내기 딸과 가례.

1744(영조20)년 3월 7일 어머니 숙빈 묘호(廟號)를 육상(毓祥), 묘호(墓號)를 소령(昭寧)이
라함.

1744(영조20)년 10월 13일 승정원 화재로 인정문(仁政門)과 좌우행각,『승정원일기』완
　　　전 소실.

1744(영조20)년 11월 28일 『속대전(續大典)』간행. 송인명(宋寅明) 완성, 교정(校正).-

1746(영조22)년 2월 17일 「자성편(自省編)」을 지어내림. 내편(內編)은 심신(心身), 외편(外
　　　編)은 감계(監戒)를 위주로 지음. 창경궁 덕성합(德成閤)에서 여러 신하들을 접견.

1746(영조22)년 6월 5일 노론 4대신을 치제(致祭)하게 함. (원경하(元景夏)의 주청으로 고
　　　(故) 영의정 김창집(金昌集), 고 좌의정 이건명(李健命)·이이명(李頤命), 고 우의정 조
　　　태채(趙泰采) 등)

1747(영조23)년 9월 29일 숙종 비 인원왕후(仁元王后)의 회갑(回甲).

1748(영조24)년 6월 24일 박명원 부인 화평옹주(22세)로 죽음.

1749(영조25)년 1월 27일 왕세자, 대리청정을 시작.

1749(영조25)년 2월 24일 『탁지정례(度支定例)』(조선 영조·정조대 호조에서 왕실의 각
　　　궁(宮)·전(殿)과 중앙 각 사(司) 등의 재정 용도를 규정한 책) 내림.

1749(영조25)년 7월 6일 화완옹주(和緩翁主:13세), 일성위(日城尉) 정치달(鄭致達:10세)에게
　　　하가함.

1750(영조26)년 7월 11일 균역청(均役廳):전의감(典醫監)에 만든 균역법 시행청(廳) 만듦.

1750(영조26)년 8월 27일 세자빈 홍씨(16세), 원손(元孫) 낳음.

1751(영조27)년 11월 14일 현빈(賢嬪) 조씨(趙氏:효장세자 비, 37세), 창덕궁 건극당(建極
　　　堂)의 동실(東室)인 의춘헌(宜春軒)에서 훙서(薨逝).

1752(영조28)년 3월 4일 의소세손(懿昭世孫:3세) 통명전(通明殿)에서 훙서(薨逝).

1752(영조28)년 9월 22일 세자빈 홍씨(18세), 왕세손(후일 정조)을 낳자 신하들이 원손
　　　(元孫)이라 칭하기를 청함.

1752(영조28)년 11월 27일 영성위 신광수 부인 화협옹주(20세) 졸(卒).

1753(영조29)년 2월 8일 궁인 문씨(文氏)를 소원(昭媛)으로 삼음.

1753(영조29)년 2월 27일 화유옹주(和柔翁主:14세), 동갑내기 창성위(昌城尉) 황인점(黃仁
　　　點)에게 하가.

1753(영조29)년 6월 25일 어머니 숙빈 최씨 묘(廟)를 궁(宮), 묘(墓)를 원(園)으로 격상시
　　　킴. 시호 추증, 화경(和敬).

1753(영조29)년 8월 6일 육상궁에 친제(親祭). 숙빈의 아버지에게 영상(領相) 추증.

1755(영조31)년 2월 4일 전라감사 조운규(趙雲逵)가 나주괘서사건(羅州掛書事件)을 보고.

1755(영조31)년 2월 11일 금부도사가 나주로 내려가 괘서사건의 주모자인 윤지(尹志)등 모든 적신을 체포.

1756(영조32)년 2월 1일 송시열(宋時烈)·송준길(宋浚吉)을 문묘(文廟)에 종사(從祀)하도록 명함.(태학장의(太學掌議) 이인빈(李寅彬)이 성균생원(成均生員) 등을 거느리고 상서 (上書).

1757(영조33)년 2월 15일 왕비 정성왕후(貞聖王后:66세), 창경궁 관리합(觀理閤)에서 승 하. 화완옹주 남편 일성위 정치달(20세) 졸(卒).

1757(영조33)년 3월 26일 대왕대비(숙종 두 번째 계비 인원왕후(仁元王后:71세), 창덕궁 경복전(景福殿) 서쪽 영모당(永慕堂)에서 승하.

1757(영조33)년 6월 4일 왕비 정성왕후, 서오릉의 홍릉(弘陵)에 장사지냄.

1757(영조33)년 6월 14일 「상례보편(喪禮補編)」 수정 보완 하명.

1757(영조33)년 7월 12일 인원왕후, 서오릉 숙종의 명릉(明陵)에 쌍릉(雙陵)으로 장사지냄.

1757(영조33)년 7월 21일 경순왕묘(敬順王墓:신라 마지막 왕)를 후예(後裔) 김효대(金孝大) 등이 장단(長湍)에서 찾아 개봉(改封).

1757(영조33)년 10월 10일 시임·원임대신들과 망예(望瘞)를 고치어 망료례(望燎禮)로 하 고 조조례(朝祖禮)로 정함. 판위(版位)에서 정6품인 사헌부 감찰은 축관이 축문(祝 文) 묻는 것을 감시할 때는 망예위에서 감시했으나 썩지 않고 더러워 불에 태우도 록 하면서 사초지로 옮겨 붙지 않도록 감시하며 망료위가 되었음. 이때부터 축문 을 소지(燒紙)하게 되었음.

1757(영조33)년 12월 16일 사치풍토를 근절시키라고 선포. - 부녀자의 다리(髢髻)*를 금(禁)하고 쪽으로 대신하게 함. 당하관(堂下官) 시복(時服)은 홍색(紅色)을 금하고 청록색(靑綠色)을 입힘.

1758(영조34)년 1월 4일 월성위 김한신과 17일 화순옹주가 39세로 졸(卒). 화순옹주는 남편을 따르기 위해 굶어 죽음.

1759(영조35)년 6월 22일 66세의 임금이 15세의 정순왕후(貞純王后)를 어의궁(於義宮)에

* 여자들이 머리숱을 많이 보이게 하기 위해 덧붙이는 딴 머리로 요즘의 가발

644

나가 친영례(親迎禮) 행함. 중궁에 입궐하여 동뢰례(同牢禮)를 거행.

1760(영조36)년 2월 28일 경덕궁(慶德宮)을 경희궁(慶熙宮)으로 변경 ─ 돈의문(敦義門) 안의 궐호(闕號)가 장릉(章陵)의 시호(諡號)와 음(音)이 같다는 이유

1760(영조36)년 2월 18일 개천(開川)의 준천(濬川) 공역(公役) 시작. ─ 역민(役民) 10만여 명, 경비 10만여 전(錢)을 들여 3월 6일 『준천사실(濬川事實)』이라는 소책자를 만들고 병조판서·한성판윤·삼군문대장이 준천사(濬川司)를 예겸(例兼)하도록 함.

1761(영조37)년 6월 17일 『경세문답(警世問答)』 지음 ─ 자신과 세상을 경계하는 뜻을 가짐

1762(영조38)년 5월 22일 나경언(羅景彦) 고변사건(告變事件)

1762(영조38)년 윤5월 13일 세자를 폐서인으로 삼고 안에다 엄히 가둠.(上幸昌德宮, 廢世子爲庶人, 自內嚴囚.)

1762(영조38)년 윤5월 21일 사도세자 홍서. 왕세자의 호를 사도세자로 회복.

1764(영조40)년 2월 23일 왕세손을 효장세자(孝章世子:진종)의 후사로 삼음.

1764(영조40)년 4월 14일 정후겸(鄭厚謙:16세)을 일성위 정치달의 양자로 들여 장원서봉사(掌苑署奉事)를 제수. ─ 집안이 몹시 한미한 인천에서 생선장수를 업으로 삼는 정석달(鄭錫達)의 아들

1764(영조40)년 7월 8일 통신사 정사 조엄(趙曮), 쓰시마에서 고구마 재배법을 배운 후 고구마를 처음 들여옴.

1764(영조40)년 12월 20일 화령옹주(和寧翁主), 청성위(青城尉) 심능건(沈能建)에게 하가.

1765(영조41)년 윤2월 2일 정후겸(鄭厚謙), 1소(一所)에 응시하여 양장(兩場)에 합격함.

　*과거시험에는 3장(三場)이 있는데 초장(初場)은 사서, 오경에서 각각 1장씩을 강(講)하는 강경시험(講經試驗)이고, 중장(中場)은 표(表), 논(論), 고부(古賦) 가운데 1편의 제술시험(製述試驗)이며, 종장(終場)은 경(經), 사(史), 시무(時務) 중에서 책문일편(策問一篇)을 제술하는 시험임.

1765(영조41)년 7월 12일 화길옹주(和吉翁主:12세)는 능성위(綾城尉) 구민화(具敏和)에게 하가시킬 것을 정함.

1768(영조44)년 6월 6일 정후겸(鄭厚謙:20세) 승지(承旨) 발탁.

1770(영조46)년 8월 5일 『동국문헌비고(東國文獻備考)』 40권을 배진(陪進). ─ 편집청(編輯廳)의 당상(堂上)과 낭청(郎廳)

1771(영조47)년 10월 17일 경기전(慶基殿)에 묘(廟)를 건립 후 묘호를 조경묘(肇慶廟)라 함.

1772(영조48)년 12월 18일 화길옹주(능성위 구민화의 부인) 졸(卒).

1773(영조49)년 4월 5일 하향대제(夏享大祭)의 의식을 마치고, 한림(翰林)·주서(注書)의 소시(召試)를 행함. 한림에는 정민시(鄭民始), 홍국영(洪國榮) 등 4명을, 주서에는 신사오(申史澳) 등 3인을 뽑음.

1775(영조51)년 12월 7일 왕세손에게 서정(庶政)을 대리청정(代理廳政)시킴.

1776(영조52)년 2월 4일 『정원일기(政院日記)』를 창의문(彰義門) 밖 차일암(遮日巖)에서 세초(洗草). -사도세자에 관한 일체

1776(영조52)년 2월 9일 왕세손에게 어사은인(御賜銀印)과 어제유서(御製諭書)를 내림. 전날 임금이 친히 여덟 구(句)를 지어 『효손록(孝孫錄)』에 써 보이고 교서관(校書館)을 시켜 간인케 함.

1776(영조52)년 3월 5일 경희궁 집경당(集慶堂)에서 승하(昇遐:83세).

1776(정조즉위)년 7월 25일 건원릉 서쪽 원릉(元陵)에 안장(安葬).

■ 저자 박영목

'모세의 기적'이 하루 두 번 일어난다는 화성시 제부도 근처 바닷가에서 1942년 출생했다. 혹독한 일제 말기와 6.25동란을 겪으며 살아남은 것을 보면 정말 기적은 기적이다.

꿈 많던 학창시절엔 4.19와 5.16이란 격랑을 온몸으로 겪었다. 그 어려웠던 시절 산업의 첨병으로 허리띠를 졸라매고 한강의 기적을 이루는 데 한몫을 했다고나 할까?

민주화운동을 한 사람들이 각광을 받고 있지만, 묵묵히 국가경제 발전에 초석이 되었다는 자부심을 갖고 사는 사람들과 크게 다를 바 없는 소박한 사람이다. 이 나이에 병마와 치열하게 싸우며 글을 쓴다는 기적을 다시 한 번 보여주고 싶은 헛된 욕심이 나를 되돌아보게 한다.

죽는 날까지 꿈을 이루기 위하여.

정조의 복수,
그 화려한 여드레

초판인쇄   2010년 7월 25일
초판발행   2010년 8월 10일
저   자   박영목
발 행 인   권호순
발 행 처   시간의물레
등   록   2002년 12월 9일
등록번호   제1-3148호
주   소   서울특별시 마포구 마포동 322번지 1층
전   화   02-3273-3867
팩   스   02-3273-3868
전자우편   mulrebook@empal.com
I S B N   978-89-6511-000-2 (93910)
정   가   35,000원

* 잘못된 책은 바꿔드립니다.

* 표지지도 출처 : 華城全圖 (『華城城役儀軌』, 서울대학교 규장각 소장)